IMPORTANT

HERE IS YOUR REGISTRATION CODE TO ACCESS MCGRAW-HILL
PREMIUM CONTENT AND MCGRAW-HILL ONLINE RESOURCES

For key premium online resources you need THIS CODE to
gain access. Once the code is entered, you will be able to
use the web resources for the length of your course.

Access is provided only if you have purchased a new book.

If the registration code is missing from this book, the registration screen on our
website, and within your WebCT or Blackboard course will tell you how to obtain
your new code. Your registration code can be used only once to establish
access. It is not transferable

To gain access to these online resources

1. USE your web browser to go to: **www.mhhe.com/kontakte5**

2. CLICK on "First Time User"

3. ENTER the Registration Code printed on the tear-off bookmark on the right

4. After you have entered your registration code, click on "Register"

5. FOLLOW the instructions to setup your personal UserID and Password

6. WRITE your UserID and Password down for future reference. Keep it in a safe place.

If your course is using WebCT or Blackboard, you'll be able to use this code to
access the McGraw-Hill content within your instructor's online course.

To gain access to the McGraw-Hill content in your instructor's WebCT or
Blackboard course simply log into the course with the user ID and Password
provided by your instructor. Enter the registration code exactly as it appears to
the right when prompted by the system. You will only need to use this code the
first time you click on McGraw-Hill content.

These instructions are specifically for student access. Instructors are not required
to register via the above instructions.

Thank you, and welcome to your
McGraw-Hill Online Resources.

ISBN-13: 978-0-07-295435-7
ISBN-10: 0-07-295435-3 t/a
Terrell, Kontakte
A Communicative Approach, 5/e

REGISTRATION CODE

UNQF-UTNW-Q9RH-NXBJ-HJ3K

Kontakte

A COMMUNICATIVE APPROACH

FIFTH EDITION

TRACY D. TERRELL
Late, University of California, San Diego

ERWIN TSCHIRNER
Herder-Institut, Universität Leipzig

BRIGITTE NIKOLAI

CONSULTANT:
ELKE RIEBELING
University of California, San Diego

Boston   Burr Ridge, IL   Dubuque, IA   Madison, WI   New York   San Francisco   St. Louis
Bangkok   Bogotá   Caracas   Kuala Lumpur   Lisbon   London   Madrid   Mexico City
Milan   Montreal   New Delhi   Santiago   Seoul   Singapore   Sydney   Taipei   Toronto

 **Higher Education**

This is an book.

Kontakte: A Communicative Approach

Published by McGraw-Hill Higher Education, an operating unit of The McGraw-Hill Companies, Inc., 1221 Avenue of the Americas, New York, NY 10020. Copyright © 2004, 2000, 1996, 1992, 1988 by The McGraw-Hill Companies, Inc. All rights reserved. No part of this publication may be reproduced or distributed in any form or by any means, or stored in a database or retrieval system, without the prior written consent of The McGraw-Hill Companies, Inc., including, but not limited to, in any network or other electronic storage or transmission, or broadcast for distance learning.

This book is printed on acid-free paper.
This book is printed on recycled paper containing a minimum of 50% total recycled fiber with 10% postconsumer de-inked fiber.

5 6 7 8 9 0 VNH / VNH 0 9 8 7 6

ISBN-13: 978-0-07-256077-0; ISBN-10: 0-07-256077-0 (Student Edition)
ISBN-13: 978-0-07-287973-5; ISBN-10: 0-07-287973-4 (Instructor's Edition)

Vice president/Editor-in-chief: *Thalia Dorwick*
Publisher: *William R. Glass*
Senior sponsoring editor: *Christa Harris*
Development editor: *Paul Listen*
Director of development: *Susan Blatty, Scott Tinetti*
Executive marketing manager: *Nick Agnew*
Project manager: *Roger Geissler*
Senior production supervisor: *Randy Hurst*
Senior designer: *Violeta Diaz*
Interior designer: *Carolyn Deacy*
Cover designer: *Linda Robertson*
Photo research coordinator: *Nora Agbayani*
Illustrators: *Sally Richardson, Erik Watson*
Art editor: *Emma Ghiselli*
Compositor: *The GTS Companies/York, PA Campus*
Printer: *Von Hoffmann Press*

Cover: Paul Klee, "Tempelgärten," 1920. ©2003 Artists Rights Society (ARS), New York/VG Bild Kunst, Bonn

Because this page cannot legibly accommodate all the copyright notices, page A-108 constitutes an extension of the copyright page.

Library of Congress Cataloging-in-Publication Data

Terrell, Tracy D.
    Kontakte: a communicative approach/Tracy D. Terrell, Erwin Tschirner, Brigitte Nikolai.—5th ed.
        p. cm.
    "This is an EBI book"—CIP t.p. verso.
    Includes index.
    ISBN 0-07-256077-0 (student ed.: alk. paper)—ISBN 0-07-287973-4 (instructor's ed.: alk. paper)
    1. German language—Grammar. 2. German language—Textbooks for foreign speakers—English.
I. Tschirner, Erwin P., 1956 II. Nikolai, Brigitte. III. Title.
    PF3112.T425 2004
    468.2'421—de21
2003059172

www.mhhe.com

Contents

Einführung

Einführung

To the Instructor

Keeping Pace with the Profession: From Proficiency to the National Standards

Built on the foundation of four highly successful editions, the Fifth Edition of *Kontakte* offers a truly communicative approach that supports functional proficiency in all language skills. We believe that competent speakers must have an appropriate background knowledge of the communicative and cultural contexts in which language occurs. *Kontakte* places cultural competence, as an integral part of language learning, on par with communicative competence by providing natural contexts within which students can acquire and practice language.

Moreover, *Kontakte* supports the National Standards, as outlined in *Standards for Foreign Language Learning: Preparing for the 21st Century* (1996; National Standards in Foreign Language Education Project, a collaboration of the ACTFL, AATG, AATF, and AATSP). The five "Cs" of Communication, Cultures, Connections, Comparisons, and Communities describe what students should know and be able to do as a result of their language study. *Kontakte* provides a solid foundation for their implementation.

Communication: Kontakte emphasizes communication in meaningful contexts in the target language. Throughout, students listen to and read comprehensible German and have ample opportunities to use German in autograph, interview, information gap, role-play, writing, and other personalized activities.

Cultures: The **Dialoge,** the **Kultur... Landeskunde... Informationen** boxes, the **Videoblick,** the **Videoecke,** and the **Lektüre** present various perspectives on the cultures of German-speaking people. Students listen to, read, and respond to texts and—in the video—to interviews with native speakers.

Connections: Chapter themes and activities encourage students to link their study of German with their personal lives and other subjects they are studying.

Comparisons: The **Situationen,** the **Kultur... Landeskunde... Informationen** boxes, the **Videoblick,** and the **Videoecke** lead students to make comparisons between their world and that of German-speaking people.

Communities: Through a number of activities, such as expanded **Nach dem Lesen** exercises, students have direct contact with the German-speaking world at home and abroad. The new Online Learning Center website provides additional opportunities for contact with the German-speaking world.

New to the Fifth Edition

Throughout the review process, we received valuable input from instructors and students alike. As a result, we have undertaken a number of changes in the Fifth Edition, without altering the basic concept and approach of *Kontakte.*

- At the request of reviewers, information-gap, role-play, and interview activities now appear as early as **Einführung A,** thus providing students earlier opportunities for simple, controlled production.
- Each chapter now has two readings, each with pre-, while-, and post-reading activities. These **Lektüren** are placed within the chapter topics where thematically most relevant. The activities are designed to develop the full range of reading strategies. Some readings have glossing, but others have **Mini-Wörterbücher,** in order to practice different reading strategies. Refer to the Instructor's Manual for more details.
- There are new and engaging vocabulary displays in many chapters.
- Each chapter has a **Videoblick** feature tied to the *Blickkontakte* video. It appears among the **Situationen** at a thematically relevant place. The Instructor's Manual provides additional activities for these video clips.
- The topics **Beschreibungen** and **Eigenschaften** are merged under **Beschreibungen** in **Einführung B. Der Körper** is also in **Einführung B.** The result is a balance of topics in the introductory chapters: **Einführung A** and **B** now have six topics each.

- The topic of **Tiere** is now in **Kapitel 10,** replacing **Kleider und Aussehen,** which many felt to be redundant with clothing topics in **Einführung A** and **Kapitel 2.**
- **Kapitel 12** has a new title to better reflect its content: **Die moderne Gesellschaft.**
- The conjugation of **sein** and **haben** is now presented in **Einführung B.**
- Dative verbs are now introduced much earlier, namely in **Kapitel 6.**
- To better reflect real-world language use, the comparative and superlative are now introduced together in **Kapitel 7.**
- The simple past tense of **haben** and **sein** now appears alongside the review of perfect tense in **Kapitel 7,** allowing for a more natural integration of the formal structures with communicative contexts.
- To improve on the affinity between vocabulary topic and grammar, the imperative summary appears in **Kapitel 10** where students learn to ask and give directions and formulate polite requests.
- The passive voice is now in **Kapitel 10** as well.
- Subjunctive **hätte** and **wäre** are now presented alongside **würde** + infinitive in **Kapitel 12,** thereby providing a more rounded presentation of the communicative tools for talking about probability and irreality.
- In **Kapitel 12,** we have re-introduced and updated the topic **Das liebe Geld** from the Second Edition.
- In **Kapitel 12,** genitive prepositions are now introduced alongside the general introduction to genitive case.
- The **Strukturen und Übungen** section of **Kapitel 12** now presents a thorough overview summary of case.

A Guided Tour of *Kontakte,* Fifth Edition

Each chapter, with the exception of the two introductory chapters, has the following structure:

- **Situationen**
- **Videoecke**
- **Wortschatz**
- **Strukturen und Übungen**

Our guided tour presents an overview of the chapter structure and features of *Kontakte.*

Situationen

Colored drawings introduce vocabulary. Activities for communication support the acquisition of vocabulary and structures. Grammar references tie activities to specific grammar points.

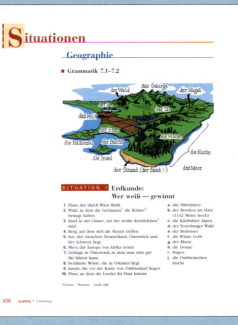

Wortschatz

Lists contain all the newly introduced vocabulary in the chapter. Diacritical marks help students learn proper pronunciation.

Lektüre

Two readings, along with pre- and post-reading exercises, support reading skills. The readings appear in the **Situationen** sections.

Videoecke

Activities support listening/viewing comprehension skills for the interview footage found on the *Blickkontakte* video.

Strukturen und Übungen

Clear, concise grammar explanations and form-focused exercises provide a solid foundation for acquiring grammatical structures.

Situationen

Communicative activities form the core of *Kontakte*. Most activities are done with partners, small groups, or the whole class.

Kultur... Landeskunde... Informationen

These short cultural readings offer insights into the German-speaking world. They are accompanied by activities that aid students in comparing and contrasting their own culture with that of the German-speaking countries.

Videoblick

Appearing once in each chapter, this video feature shows a still-frame from the **Galerie** video clip and presents questions to activate students' background knowledge and reveal their schemata of interpretation.

Lesehilfe

This sidebar box offers background information on readings and tips to students for improving their reading skills.

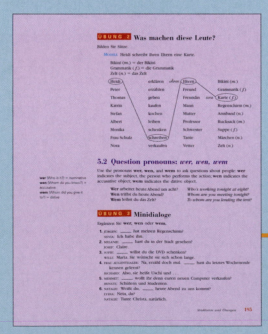

Übungen

Following each of the grammar descriptions, these form-focused exercises practice the key grammatical concepts of the chapter.

Wissen Sie noch?

A mini-review and cross-reference for students to key grammar points that have already been covered.

Icons

Six different icons indicate information gap, writing, role-playing, listening, interview, and autograph activities.

Exciting Multimedia Supplements for *Kontakte,* Fifth Edition

The Fifth Edition of **Kontakte** is accompanied by an array of multimedia supplements to support your instruction and your students' language learning needs.

Blickkontakte Video

The Fifth Edition of **Blickkontakte** offers the variety of authentic video materials that has won wide praise. As before, the Fifth Edition contains interviews with native speakers, filmed on location in Leipzig. Viewing and listening comprehension for the **Interview** segments are supported by the **Videoecke** feature in each chapter, consisting of photographs, interview questions, and viewing activities.

Fourteen selections from authentic German television broadcasts, called **Galerie,** correspond to the new **Videoblick** feature found in each chapter of the main text. These were selected based on their accessibility, cultural and linguistic richness, and their interest to present-day students. In addition to the **Videoblick** exercises, the *Instructor's Manual* contains overhead transparencies and expanded activities that correspond to the **Galerie** segments. Yet another set of activities for the **Galerie** segments is included in the student CD-ROM.

Student CD-ROM

The student CD-ROM for the Fifth Edition contains updated interactive video activities based on the **Blickkontakte** video. There are also new grammar and vocabulary exercises, as well as listening, speaking, and writing activities. A new set of culture activities has been added as well.

Online *Arbeitsbuch*

New to the Fifth Edition is the exciting **Online Arbeitsbuch,** produced in collaboration with Quia™. This online version of the paper *Arbeitsbuch* offers students an integrated *Audio Program* and self-correcting and self-scoring activities. Instructors will find a sophisticated gradebook feature and tracking of student and class performance.

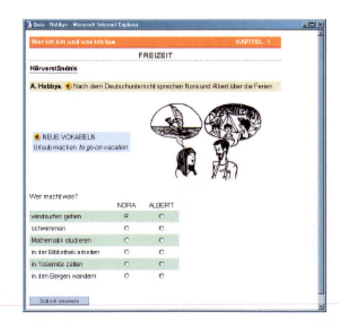

Online Learning Center

An entirely new **Online Learning Center** website accompanies the Fifth Edition of *Kontakte.* This website offer students a wide variety of resources, including additional vocabulary and grammar practice, cultural activities, and much more. *Premium Content* is available on the ***Online Learning Center;*** this password-protected *Premium Content* is provided free of charge to all students purchasing a new textbook. *Premium Content* includes the complete *Audio Program* to accompany the ***Arbeitsbuch.*** Students purchasing a used textbook may purchase access to the *Premium Content* separately, for a nominal fee.

Instructors will find digital color transparencies, links to professional resources, and other valuable tools on the Instructor's Center of the ***Online Learning Center.***

The *Kontakte* Program: Exceptional Instructional Materials

The instructional package of **Kontakte,** Fifth Edition, includes the following materials, designed to complement your instruction and to enhance your students' learning experience. Please contact your local McGraw-Hill sales representative for information on availability and costs of these materials.

Available to adopters *and* to students:

- *Student Edition.* Full-color textbook with activities, grammar explanations and exercises, and helpful appendices.
- *Textbook Listening Program.* A 1-hour program containing the dialogues, selected texts from the **KLI** boxes, and readings, is available free on the Online Learning Center.
- ***Arbeitsbuch.*** A complete manual for further practice and acquisition of the four skills and cultural competence.
- *Online **Arbeitsbuch.*** This online version of the ***Arbeitsbuch,*** produced in collaboration with Quia™, offers the same outstanding practice activities as the paper ***Arbeitsbuch,*** with many additional advantages such as automatic feedback and scoring, and a gradebook feature for instructors.
- *Audio Program.* A 7-hour program, on audio CD or MP3, containing pronunciation practice and listening comprehension texts, including the dialogues and narration series from the main text.
- *Interactive CD-ROM.* This interactive CD-ROM, completely revised for the Fifth Edition, includes vocabulary practice activities and games, grammar practice activities, as well as cultural, reading, writing and speaking activities. The CD-ROM also includes extensive video-based activities, which offer students an excellent source of authentic input.

- New! ***Kontakte*** Online Learning Center. A web-based learning center with online activities and study resources for students, as well as a variety of resources for instructors.
- *A Practical Guide to Language Learning: A Fifteen-Week Program of Strategies for Success,* by H. Douglas Brown (San Francisco State University). A brief introduction to language learning written for beginning students.

Available to adopters only:

- *Instructor's Edition.* The main text containing margin notes with suggestions for using and expanding on the materials in the text, additional cultural information, teaching hints, and listening comprehension texts.
- ***Blickkontakte*** video to accompany ***Kontakte.*** A 1-hour video containing 14 interview segments with native speakers (filmed in Leipzig) and 14 non-commercial video clips from ZDF broadcasts.
- *Instructor's Resource CD-ROM.* A CD-ROM containing testing materials from the *Test Bank,* color and black-and-white electronic overhead transparencies, the *Instructor's Manual,* and the *Audioscript.*
- *Instructor's Manual.* A handy manual that provides a guided walk through **Einführungen A/B** and **Kapitel 1** presents information on Natural Approach theory and practice and offers hints and practical guidance to instructors. Included in the *Instructor's Manual* are transparency masters of the drawings in the main text as well as video activities for the authentic television footage on the ***Blickkontakte*** video.

- *Audioscript.* A transcript containing all the material recorded in the *Audio Program.*
- *Test Bank* with *Testing Audio Program.* A collection of testing materials—thoroughly revised for the Fifth Edition—for assessing listening comprehension, vocabulary, grammar, reading, writing, culture, and oral proficiency.

- *Picture File.* 50 full color, 9″ × 12″ photographs taken exclusively for ***Kontakte*** in Germany, Austria, and Switzerland.
- *From Input to Output.* A 1-hour instructional video containing demonstrations of the Natural Approach using ***Kontakte*** and filmed at the University of Iowa.

The Natural Approach

Kontakte is based on Tracy D. Terrell's Natural Approach, which originally drew on aspects of Stephen D. Krashen's "Monitor Model" and its five hypotheses on instructed second-language acquisition. These five hypotheses are discussed in detail in the *Instructor's Manual* that accompanies **Kontakte.** The following are among the most important aspects of the Natural Approach as applied in this program:

1. **Comprehension precedes production.** Students' ability to use new vocabulary and grammar is directly related to the opportunities they have to listen to and read vocabulary and grammar in a natural context.

2. **Production needs to be acquired, too.** While comprehension activities need to take up a large amount of classroom time in early chapters and considerable amounts in later chapters as well, students need to be given numerous opportunities to express their own meaning in communicative contexts. Ideally, comprehension activities are topped off by speaking and/or writing, and production activities are introduced by listening or reading.

3. **Speech emerges in stages.** *Kontakte* allows for three stages of language development:
   Stage 1. Comprehension: **Einführung A**
   Stage 2. Early speech: **Einführung B**
   Stage 3. Speech emergence: **Kapitel 1**
   The activities in **Einführung A** are designed to give students an opportunity to develop good comprehension skills without being required to speak much German. The activities in **Einführung B** are designed to encourage the transition from comprehension to an ability to make natural responses with short phrases. By the end of the **Einführung,** most students are making the transition from short answers to longer phrases and short sentences, using the materials of the **Einführung.** With the new material in each chapter, students will pass through the same three stages.

4. **Speech emergence is characterized by grammatical errors.** It is to be expected that students will make many errors when they begin putting words together into sentences, because it is difficult to monitor spontaneous speech. These early errors do not become permanent, nor do they affect students' future language development. We recommend correcting errors by expanding and rephrasing students' responses into grammatically correct sentences.

5. **Group work encourages speech.** Most of the activities lend themselves to pair or small-group work, which allows for more opportunities to interact in German during a given class period and provides practice in a non-threatening atmosphere.

6. **Students acquire language best in a low-anxiety environment.** Students will be most successful when they are interacting in communicative activities that they enjoy. The goal is for them to express themselves as best they can and to develop a positive attitude toward their second-language experience. The Natural Approach instructor will create an accepting and enjoyable environment in which to acquire and learn German.

7. **The goal of the Natural Approach is proficiency in communication skills.** Proficiency is defined as the ability to convey information and/or feelings in a particular situation for a particular purpose. Grammatical accuracy is one part of communicative proficiency, but it is not a prerequisite.

Acknowledgments

We would like to extend our heartfelt thanks to Elke Riebeling, who reviewed the manuscript for the Fifth Edition and provided many valuable suggestions and comments. We are also very grateful to Catherine (Katy) T. Fraser, who was deeply involved in the revision of previous editions of *Kontakte* and whose insight and experience have greatly enhanced the textbook. We also thank Catherine for the wonderful work she did with the *Test Bank* for the Fifth Edition, which was completely revised based on her detailed suggestions and edits. Thanks are also due to Patty Schindler (University of Colorado, Boulder) for the excellent, detailed review of the entire textbook that she undertook; we are grateful to her for her input. We are very grateful to Petra Clayton (Cuesta College) for her detailed and careful revision of the Fifth Edition *Arbeitsbuch.* Petra's enthusiasm for the teaching and learning of German is reflected in this revision. Further thanks are owed to Ulla Hirschfeld (Universität Halle) for her excellent work on the pronunciation and orthography sections in the *Arbeitsbuch* and for the pronunciation and spelling appendix in the main text, and to Christina Kuhn (Universität Gh Kassel) for her dedicated work on previous editions, in which she updated and improved many of the activities as well as provided many of her own texts and activities.

We are also indebted to our colleagues, the staff, and the students of the Herder Institute (Universität Leipzig) for their participation in and help with the video shoot and with the development of video activities, in particular Elke Wagenbret, Irina Anghel, Ruth-Ulrike Deutschmann, Michael Ehrlich, Birgit Kirchner, Heike Lehmann, Birgit Meerholz-Härle, Anja Möhring Lourdes Neupavet, Kristina Peuschel, Judith Poppitz, Agnieszka Przepióra, Anke Sägenschnitter, Daniela Scholze, Ulrike Sperr, Sophie Wagner, Brit Wegenmayr, and Yvonne Zschauer. We would also like to acknowledge Birgit Kirchner for her work on the grammar tables for the CD-ROM, Anja Möhring, Ruth-Ulrike Deutschmann, and Daniela Scholze for their work on the CD-ROM video activities, and John Cleek and Claudia Becker for their work on the CD-ROM. We are also very grateful to Anja Möhring for her contributions to the Video Activities in the Video Guide portion of the *Instructor's Manual* and the CD-ROM.

We gratefully acknowledge our debt to the many instructors who over the past years have personally shared their experiences with us, especially James P. Pusack, Sue K. Otto, and the graduate student instructors of the University of Iowa. In addition, we would like to express our gratitude to the many members of the language teaching profession whose valuable suggestions contributed to the preparation of this new edition. We have learned tremendously from the loyal users of *Kontakte* and are always interested in hearing what they have to say. The appearance of their names does not necessarily constitute their endorsement of the text or its methodology.

Cynthia Chalupa, *West Virginia University, Morgantown*

Thomas DiNapoli, *Louisiana State University*

Linda Froehlich, *University of Tennessee, Knoxville*

Annaliese Gerl, *Santa Monica College*

Frauke Harvey, *Baylor University*

Elke Heckner, *University of Oregon*

Christa Henderson, *Kansas State University*

Ruth Kath, *Luther College*

Randall Lund, *Brigham Young University, Provo*

Hiram Maxim, *Georgetown University*

Laura McGee, *Western Kentucky University*

Alene Moyer, *University of Maryland, College Park*

Isolde Mueller, *St. Cloud University*

Susanne Nimmrichter, *Millersville University*

Deborah Parker, *University of Missouri, Kansas City*

Frank Pilipp, *Georgia Institute of Technology*

Elke Riebeling, *University of California, San Diego*

Bianca Rosenthal, *California Polytechnic State University*

Patty Schindler, *University of Colorado, Boulder*

Katrin Schroeter, *University of New Mexico, Albuquerque*

Mary Wauchope, *San Diego State University*

Jutta Whitaker-Gamboa, *Orange Coast College*

Special thanks to Dirk Hasenpusch and Stuart Cohen for their fine photographs. Our gratitude to Daniela Gibson and Anja Voth, who as the native readers edited the language for style and authenticity; to Arden Smith, who painstakingly compiled the German-English and English-German end vocabularies; and to David Sweet, who secured reprint permissions for the realia and readings.

The updated look of the interior of *Kontakte* is due to the artistry of Sabrina Dupont. We thank Amanda Kavanagh for the imaginative cover. We also thank the GTS Graphics, York, Pennsylvania production staff, whose fine work made our lives so much easier; and the editing, production, and design team at McGraw-Hill, whose expertise helped transform manuscript into book: Roger Geissler, Randy Hurst, and Nora Agbayani. Carine Held was instrumental in developing the new technology that accompanies this text. Nick Agnew, Rachel Amparo, and the rest of the McGraw-Hill marketing and sales staff deserve praise for so actively promoting *Kontakte* over the past years.

We continue to thank Eirik Børve, who launched the first edition; our first and second edition editors, Jeanine Briggs and Eileen LeVan, whose work is still found in the pages of this edition; and our splendid third edition consultant, Dierk Hoffmann, who helped us improve the culture and grammar of *Kontakte.*

We would also like to express our enduring thanks to Gregory Trauth, editor extraordinaire of the third and fourth editions and best of friends. We still miss you, Gregory.

Special thanks are due to our Development Editor, Paul Listen, whose amazing attention to detail and fine editorial eye have greatly enhanced the Fifth Edition. It has been a true pleasure to work with Paul.

Finally, we express our heartfelt gratitude to the McGraw-Hill world language editorial staff: Christa Harris, our Sponsoring Editor, whose support and encouragement are deeply appreciated; William R. Glass, our Publisher, whose guidance and experience helped bring this project to its successful completion; and especially Thalia Dorwick, our Editor-in-Chief and long-time colleague and friend, who has been with us since the start and whose vision, dedication and commitment to excellence have shaped *Kontakte* since its first edition. Thalia, we wish you the best in all your future endeavors.

To the Student

The Cast of Characters

The people you will read and talk about in ***Kontakte*** reappear in activities and exercises throughout the text. Some are American students, and others are from Germany, Austria, and Switzerland.

First, there is a group of students learning German at the University of California at Berkeley. Although they all have different majors, they are all in Professor Karin Schulz's German class. You will meet eight students in the class: Steve (Stefan), Heidi, Al (Albert), Nora, Monique (Monika), Peter, Kathy (Katrin), and Thomas. Each uses the German version of his or her name.

Peter Heidi Professor Karin Schulz
Monika
Stefan
Nora Albert Thomas Katrin

Little by little, you will be introduced to people who live in various parts of the German-speaking world. For example, in Göttingen, Germany, you will meet Silvia Mertens and her boyfriend, Jürgen Baumann. You will also get to know the Schmitz family. Rolf Schmitz, who is studying psychology at the University of California in Berkeley and who knows many of the students in Professor Schulz's German class, lives with his parents in Göttingen over the university holidays. He was born in Krefeld, a town near Düsseldorf, where his grandmother, Helene Schmitz, still lives. Rolf has twin sisters, Helga and Sigrid.

Jürgen Silvia
Rolf
Oma Schmitz Helga Sigrid

In Germany, you will also accompany an American student, Claire Martin, on her travels. Her best friends are Melanie Staiger and Josef Bergmann from Regensburg.

Claire Josef Melanie

In Berlin, you will meet Renate Röder, who is single and who works for a computer company. Renate travels a lot and speaks several languages in addition to German. You will also meet Mehmet Sengün. Mehmet, who came with his family to Berlin from Turkey when he was 10, works as a truck driver.

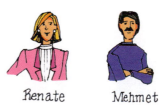
Renate Mehmet

In Dresden, you will meet Sofie Pracht, a student at the Technische Universität. Sofie is studying biology and wants to become a biologist. Her best friend is Willi Schuster, who is also a student at the TU Dresden. Marta Szerwinski, a friend of Sofie's and Willi's, comes from Poland, but is currently working in Dresden.

Sofie   Willi   Marta

In the Munich neighborhood of Schwabing, you will meet two families: the Wagners and the Rufs. In the Wagner family, you will meet Josie and Uli, their son Ernst, and their daughters, Andrea and Paula. Jens Krüger, their cousin, comes to visit quite often, so you will meet him as well. The Wagners' neighbors are the Ruf family: Jochen Ruf, a writer who works at home and takes care of the children and household, and Margret, a businesswoman who is president of Firma Seide, which manufactures toys. They have two children: Jutta, who is a student at the Goethe Gymnasium (*high school*) with Jens Krüger, and Hans, her younger brother.

die Familie Wagner
Uli
Josie   Jens   Andrea
Paula Ernst

die Familie Ruf
Hans   Jochen
Margret   Jutta

There are others in the neighborhood as well, such as Herr Günter Thelen and Herr Alexander

Siebert, Frau Sybille Gretter, Frau Judith Körner, Michael Pusch—who is very taken with himself—and his girlfriend, Maria Schneider.

Herr Alexander Siebert   Frau Judith Körner
Herr Günter Thelen   Frau Sybille Gretter

Maria   Michael

In Austria, you will get to know Richard Augenthaler, who is 18 and has just graduated from high school.

Richard

In Switzerland, you will meet the Frisch family, Veronika and Bernd and their three children. Veronika and Bernd live and work in Zürich, but they like to travel, and we will follow them on different occasions.

Bernd   Natalie   Veronika
die Familie Frisch
Lydia   Rosemarie

Getting Started with Kontakte

During your German course, you will be working primarily with two texts: The main text and the ***Arbeitsbuch.*** Both texts have been designed to provide you with ample opportunities to practice German in natural contexts. The following chart will give you an overview of these two books.

The Main Text	What Is It?	How Will It Help?
Situationen *(oral activities)*	Oral activities done in class with instructor and classmates.	Give you opportunities to listen to and interact with others in German.
Lektüre, Kultur... Landeskunde... Informationen *(reading, culture boxes)*	Short readings and visuals on interesting topics or cultural topics relevant to the German-speaking world. For class or homework.	Allow you to acquire German and help you to learn about the German-speaking world.
Videoblick, Videoecke *(video view, video corner)*	Video-based activities and exercises.	Allow you to hear and view a wide range of native speakers in authentic contexts.
Wortschatz *(vocabulary list)*	A list of the new words that appear in the **Situationen.**	For reference or review.
Strukturen und Übungen *(grammar and exercises)*	Explanations and examples of grammar rules followed by exercises, at the end of each chapter.	For self-study and for reference. Refer to the grammar when you edit your writing.
Appendices A, B	Part 2 of the **Informationsspiele** and **Rollenspiele.**	For use in the paired information gap and role-play activities.
Appendix C	Rules for the German Spelling Reform.	For quick reference.
Appendix D	Phonetics Summary Tables. A summary of German pronunciation and spelling.	For quick reference.
Appendix E	Grammar Summary Tables. Summaries of major grammatical points introduced.	For quick reference.
Appendix F	Verb charts of conjugation patterns of regular verbs and a list of strong and irregular weak verbs.	For quick reference.
Appendix G	Answers to single-response grammar exercises.	For checking your answers.
End vocabularies	German-English/English-German end vocabularies containing all the vocabulary used in ***Kontakte.***	For reference.

The *Arbeitsbuch* (Laboratory Manual and Workbook)

	What Is It?	How Will It Help?
Hörverständnis (listening comprehension)	Authentic listening activities with short comprehension activities.	Provide you with more opportunities to listen to and acquire German outside of class.
Aussprache und Orthographie (pronunciation and spelling)	Recorded pronunciation and spelling exercises.	Introduce you to the sound system and spelling conventions of German.
Schriftliche Aktivitäten (written work)	Writing activities, coordinated with the chapter theme, vocabulary, and grammar.	Allow you to practice vocabulary and grammatical structures and to express yourself in writing creatively.
Kulturecke (cultural corner)	Activities that review key cultural points found in the corresponding chapter of the main text.	Help you identify, review, and remember the important cultural information of the chapter.
Answer key	Answers to many of the recorded **Hörverständnis** and **Aussprache und Orthographie** exercises as well as to some of the **Schriftliche Aktivitäten** exercises.	Give you immediate feedback on comprehension, pronunciation and spelling, and written activities.

Deutschland und Luxemburg Einwohner

Deutschland (2003): 82,5 Mio
Luxemburg (2003): 454.157
Maßstab 2,0 cm = 100 km

DÄNEMARK

OSTSEE

NORDSEE

Helgoland

Flensburg

Hiddensee

Rügen

Stralsund

Kiel

SCHLESWIG-HOLSTEIN

Rostock

Greifswald

Ostfriesische Inseln

Cuxhaven

Lübeck

MECKLENBURG-VORPOMMERN

Güstrow

Neubrandenburg

HAMBURG

Bremerhaven

Hamburg

Schwerin

Emden

Leer

BREMEN

Lüneburg

Prenzlau

Oldenburg

Bremen

BRANDENBURG

Havel

Oder

POLEN

NIEDERSACHSEN

LÜNEBURGER HEIDE

Ems

Weser

Wolfsburg

BERLIN

Berlin

Osnabrück

Hannover

Brandenburg

Potsdam

Frankfurt

DIE NIEDERLANDE

Bielefeld

Braunschweig

Hameln

Magdeburg

Eisenhüttenstadt

Oder

TEUTOBURGER WALD

Bad Harzburg

SACHSEN-

Münster

Paderborn

Brocken

Wernigerode

Dessau

Wittenberg

Cottbus

NORDRHEIN-WESTFALEN

Essen

Dortmund

HARZ

Göttingen

ANHALT

Eisleben

Halle

Neiße

Krefeld

Ruhr

Kassel

THÜRINGEN

Leipzig

Görlitz

Düsseldorf

Köln

Rhein

Fulda

Erfurt

Weimar

Saale

SACHSEN

Meißen

Dresden

Aachen

Marburg

Eisenach

Jena

Chemnitz

Bonn

Gießen

Fulda

THÜRINGER WALD

Gera

Zwickau

BELGIEN

Limburg

HESSEN

Suhl

ERZGEBIRGE

Koblenz

Frankfurt

RHÖN

Wiesbaden

Mosel

EIFEL

Mainz

Main

Bayreuth

TSCHECHIEN

RHEINLAND-

HUNSRÜCK

Würzburg

FRÄNKISCHE ALB

LUXEMBURG

PFALZ

Trier

Worms

Nürnberg

BÖHMER WALD

Luxemburg

Ludwigshafen

Mannheim

Kaiserslautern

Rothenburg ob der Tauber

BAYERN

SAARLAND

Heidelberg

Regensburg

BAYERISCHER WALD

Saarbrücken

Rhein

Straubing

BADEN-

Karlsruhe

Donau

Passau

WÜRTTEMBERG

Stuttgart

Isar

Mosel

SCHWARZWALD

Neckar

SCHWÄBISCHE ALB

FRANKREICH

VOGESEN

Tübingen

Ulm

Augsburg

Inn

München

Rottweil

Chiemsee

Freiburg

Friedrichshafen

Garmisch-Partenkirchen

BAYERISCHE ALPEN

Berchtesgaden

Konstanz

Lindau

Bodensee

Zugspitze

ÖSTERREICH

DIE SCHWEIZ

ISLAND
Reykjavik

NORWEGEN
SCHWEDEN
FINNLAND
Helsinki
Oslo
Stockholm
ESTLAND
Tallinn
LETTLAND
Riga
LITAUEN
Wilna
Minsk
WEISSRUSSLAND

NORDSEE
OSTSEE

Schottland
Nordirland
England
Wales

ATLANTISCHER
OZEAN

IRLAND
Dublin

GROSSBRITANNIEN
London

Der Ärmelkanal

DÄNEMARK
Kopenhagen

DIE NIEDERLANDE
Amsterdam
Brüssel
BELGIEN

Berlin

DEUTSCHLAND

Prag
TSCHECHIEN

Luxemburg
LUXEMBURG

Paris

LIECHTENSTEIN
FRANKREICH
Bern
DIE SCHWEIZ
SLOWENIEN
Ljubljana
Zagreb

(ZU RUSSLAND)

Warschau
POLEN

Kiew

DIE SLOWAKEI

MOLDAWIEN
Kischinjo

Wien
ÖSTERREICH
Budapest
UNGARN

RUMÄNIEN
Bukarest

KROATIEN
BOSNIEN UND
HERZEGOWINA
VATIKANSTADT

Belgrad
SERBIEN UND
MONTENEGRO
Sarajevo

BULGARIEN
Sofia

ANDORRA
MONACO

Korsika

PORTUGAL
Madrid

Lissabon

SPANIEN

Mallorca

Sardinien

Rom
ITALIEN

Skopje
Tirana
ALBANIEN

MAZEDONIEN

GRIECHENLAND
Athen

Straße von
Gibraltar

Rabat

Algier

Tunis

Sizilien

Kreta

MALTA

MITTELMEER

MAROKKO

TUNESIEN

ALGERIEN

Tripolis

LIBYEN

Europa, Nordafrika und der Nahe Osten

Maßstab 2,0 cm = 500 km

Moskau

RUSSLAND

KASACHSTAN

ARALSEE

USBEKISTAN

UKRAINE

KASPISCHES MEER

TURKMENISTAN

SCHWARZES MEER

Tiflis
GEORGIEN ASERBAIDSCHAN
ARMENIEN
Baku
Jeriwan

Ankara

DIE TÜRKEI

Teheran

DER IRAN

Nikosia
ZYPERN

SYRIEN

Bagdad

DER IRAK

Beirut
DER LIBANON
Damaskus

Tel Aviv
ISRAEL
Amman
JORDANIEN
TOTES MEER

KUWAIT
Kuwait-Stadt

PERSISCHER GOLF

Kairo
...YPTEN

SAUDI
ARABIEN

EU-LÄNDER (ab Mai 2004)	EINWOHNER (2003)
Belgien	10,3 Mio.
Dänemark	5,4 Mio.
Deutschland	82,5 Mio.
Estland	1,4 Mio.
Finnland	5,2 Mio.
Frankreich	60,2 Mio.
Griechenland	10,7 Mio.
Großbritannien	60,1 Mio.
Irland	3,9 Mio.
Italien	58,0. Mio.
Lettland	2,3 Mio.
Litauen	3,6 Mio.
Luxemburg	0,4 Mio.
Malta	0,4 Mio.
die Niederlande	16,2 Mio.
Österreich	8,2 Mio.
Polen	38,6 Mio.
Portugal	10,1 Mio.
Schweden	8,9 Mio.
die Slowakei	5,4 Mio.
Slowenien	1,9 Mio.
Spanien	40,2 Mio.
Tschechien	10,2 Mio.
Ungarn	10,0 Mio.
Zypern	0,8 Mio.
Gesamtbevölkerungszahl	454,9 Mio.

Österreich

Einwohner (2003): 8,2 Mio

Maßstab 1,5 cm = 50 km

TSCHECHIEN

DEUTSCHLAND

Gmünd
Horn
Krems
Donau
Linz
Sankt Pölten
WIEN
Melk
Wien
OBERÖSTERREICH
Amstetten
Baden
Gmunden
NIEDERÖSTERREICH
Eisenstadt
Salzburg
Bad Ischl
Wiener Neustadt
Neusiedler See
Bodensee
Mariazell
Bregenz
Kufstein
Sankt Johann in Tirol
Salzkammergut
Hallstatt
Liezen
BURGENLAND
Reutte
Wörgl
Bischofshofen
Enns
STEIERMARK
Bruck an der Mur
Oberwart
VORARLBERG
Innsbruck
Kitzbühel
Zell am See
Radstadt
Feldkirch
Arlberg
Inn
Bruck
SALZBURG
Sankt Georgen
Güssing
Landeck
Mauterndorf
TIROL
Osttirol
(zu Tirol)
Graz
UNGARN
Vintschgau
Lienz
Mur
DIE SCHWEIZ
Meran
Spittal an der Drau
Feldkirchen
SÜDTIROL
Drau
Klagenfurt
Bozen
KÄRNTEN
Wörther See
Villach

ITALIEN
SLOWENIEN

SCHAFFHAUSEN
DEUTSCHLAND
Schaffhausen
BASEL
(STADT)
Kreuzlingen
Rhein
THURGAU
Basel
Rhein
Winterthur
Bodensee
Liestal
Frauenfeld
BASEL
(LAND)
Baden
St. Gallen
St. Margrethen
Delemont
AARGAU
ZÜRICH
Herisau
AUSSER-RHODEN
JURA
Aarau
Zürich
Appenzell
SOLOTHURN
Reuss
INNER-RHODEN
FRANKREICH
Solothurn
Zürichsee
SANKT
Biel
Zug
GALLEN
ÖSTERREICH
LUZERN
ZUG
Vaduz
Einsiedeln
Glarus
LIECHTENSTEIN
Luzern
SCHWYZ
Neuchâtel
Vierwaldstätter See
GLARUS
NEUENBURG
Bern
Stans
Schwyz
Braunwald
Sarnen
NIDW.
Altdorf
Chur
Neuenburger See
BERNER
Klosters
OBERLAND
UNTERWALDEN
Engelberg
Davos
Fribourg
Thun
Brienz
OBW.
URI
FREIBURG
Brienzer See
Andermatt
Disentis
GRAUBÜNDEN
WAADT
Interlaken
Jungfrau
Grindelwald
St. Moritz
Lausanne
Jungfraujoch
Montreux
Gstaad
Genfer See
Brig
Sion
Rotten
TESSIN
Genf
Bellinzona
GENF
WALLIS
Locarno
Matterhorn
Zermatt
Lugano
Langensee

NIDW = NIDWALDEN
OBW = OBWALDEN

**Die Schweiz
und Liechtenstein
Einwohner**

Schweiz (2003): 7,3 Mio
Liechtenstein (2003): 33.145
Maßstab 2,0 cm = 50 km

ITALIEN

Kontakte

Erich Heckel: *Fränzi und Dodo* (1909),
Buchheim Museum, Bernried,
Germany

ERICH HECKEL

Erich Heckel (1883–1970) was born in Saxony and is one of the main representatives of German Expressionism. He joined with other artists of his time to form the group "Die Brücke" in 1905. This painting is an excellent example of the expressionist use of vivid colors and almost abstract style.

Your goals in **Einführung A** should be to relax, listen to as much German as possible, and get to know your classmates. The focus of this chapter is primarily on listening skills; after you have heard German for several weeks, speaking it will come naturally to you.

Themen

Aufforderungen
Namen
Kleidung
Farben
Begrüßen und Verabschieden
Zahlen

Kulturelles

Vornamen
Farben als Symbole
Videoblick: Guten Tag und Auf Wiedersehen
So zählt man...   So schreibt man...
Videoecke: Persönliche Daten

Strukturen

A.1 Giving instructions: polite commands
A.2 What is your name? The verb **heißen**
A.3 The German case system
A.4 Grammatical gender: nouns and pronouns
A.5 Addressing people: **Sie** versus **du** or **ihr**

Situationen

Aufforderungen

■ **Grammatik A.1**

Stefan   Nora   Peter   Frau Schulz   Albert   Heidi

SITUATION 1 **Aufforderungen**

a.   b.   c.   d.

e. 7   f. 2   g. 5   h. 3

1. Geben Sie mir die Hausaufgabe!   **5.** Gehen Sie!
2. Öffnen Sie das Buch!   **6.** Springen Sie!
3. Schließen Sie das Buch!   **7.** Laufen Sie!
4. Nehmen Sie einen Stift!   **8.** Schauen Sie an die Tafel!

SITUATION 2   Wer macht das?

Hören Sie zu und schreiben Sie die Zahlen unter die Bilder.

a. _____

b. _____

c. _____

d. _____

e. _____

f. _____

g. _____

h. _____

Namen

■ Grammatik A.2–A.3

—Wie heißt du?
—Heidi.
—Wie schreibt man das?
—H-E-I-D-I. Und wie heißt du?

Heidi   Stefan

BUCHSTABEN					
Schreiben	**Sprechen**	**Schreiben**	**Sprechen**	**Schreiben**	**Sprechen**
A a	[a:]	*J j*	[jɔt]	*L s*	[ɛs]
Ä ä	[ɛ:]	*K k*	[ka:]	*ß*	[ɛs'tsɛt]
B b	[be:]	*L l*	[ɛl]	*T t*	[te:]
C c	[tse:]	*M m*	[ɛm]	*U u*	[u:]
D d	[de:]	*N n*	[ɛn]	*Ü ü*	[y:]
E e	[e:]	*O o*	[o:]	*V v*	[fau]
F f	[ɛf]	*Ö ö*	[ø:]	*W w*	[ve:]
G g	[ge:]	*P p*	[pe:]	*X x*	[ɪks]
H h	[ha:]	*Q q*	[ku:]	*Y y*	['ʏpsilɔn]
I i	[i:]	*R r*	[ɛr]	*Z z*	[tsɛt]

Kultur... Landeskunde... Informationen

Vornamen

- Was sind häufige[1] Vornamen in Ihrem Land für Personen über 60 Jahre? für Personen um die 40? für Personen um die 20? für Neugeborene[2]?
- Welche Vornamen gefallen Ihnen[3]?
- Welche deutschen Vornamen gibt es auch in Ihrem Kurs?
- Welche deutschen Familiennamen gibt es in Ihrem Kurs?
- Möchten Sie einen deutschen Vornamen annehmen[4]? Welchen?

Beliebteste[5] Vornamen in Deutschland 2002

Mädchennamen	Jungennamen
1. Marie	1. Alexander
2. Sophie	2. Maximilian
3. Maria	3. Paul
4. Anna / Anne	4. Leon
5. Laura	5. Lukas
6. Lea	6. Jonas
7. Katharina	7. Tim
8. Sarah	8. David
9. Julia	9. Niklas
10. Lena	10. Luca

Quelle: Gesellschaft für deutsche Sprache, e.V. (Wiesbaden).

[1]common   [2]newborns   [3]gefallen . . . do you like   [4]adopt   [5]Most popular

SITUATION 3 Wie heißt... ?

1. Wie heißt die Frau mit dem Buch? _Nora_
2. Wie heißt der Mann mit dem Stift? _Albert_
3. Wie heißt die Frau an der Tafel? _Karin Schulz_
4. Wie heißt die Frau an der Tür? _Monika_
5. Wie heißt der Mann mit der Brille? _Stefan_
6. Wie heißt der Mann mit dem Schnurrbart? _Peter_
7. Wie heißt die Frau mit dem Ball? _Heidi_
8. Wie heißt der Mann mit dem langen Haar? _Thomas_

SITUATION 4 Interview: Wie schreibt man deinen Namen?

MODELL ein Student / eine Studentin mit Brille →
             S1: Wie heißt du?
     S2 (*mit Brille*): Mark.
             S1: Wie schreibt man das?
             S2: M-A-R-K.

NAME

1. ein Student / eine Studentin mit Brille   _____
2. ein Student / eine Studentin in Jeans   _____
3. ein Student / eine Studentin mit langem Haar   _____
4. ein Student / eine Studentin mit einem Buch   _____
5. ein Student / eine Studentin mit Ohrring   _____
6. ein Student / eine Studentin mit kurzem Haar   _____

Kleidung

■ **Grammatik A.4**

der Hut die Krawatte das Hemd die Jacke die Bluse der Rock
das Sakko das Kleid der Mantel
der Anzug die Hose die Schuhe die Stiefel

Michael Pusch   Jens Krüger   Maria Schneider   Josie Wagner

SITUATION 5 **Kleidung**

Wer im Deutschkurs trägt _____?

1. eine Bluse Maria
2. einen Rock Maria
3. eine Jacke Jens
4. ein Kleid Josie
5. Stiefel Maria
6. ein Hemd Micheal
7. eine Hose Jens
8. einen Hut Micheal
9. Sportschuhe Jens
10. einen Pullover Jens
11. eine Krawatte Micheal
12. einen Anzug Micheal

Informationsspiel: 10 Fragen

Stellen Sie zehn Fragen. Für jedes „Ja" gibt es einen Punkt.

MODELL   S1: Trägt Thomas einen Anzug?
         S2: Nein. Trägt Frau Körner einen Hut?
         S1: Nein.

	THOMAS		NORA	
	JA	NEIN	JA	NEIN
einen Anzug	☐	☒	☐	☐
eine Bluse	☐	☐	☐	☐
ein Hemd	☐	☐	☐	☐
eine Hose	☐	☐	☐	☐
einen Hut	☐	☐	☐	☐
eine Jacke	☐	☐	☐	☐
eine Jeans	☐	☐	☐	☐
ein Kleid	☐	☐	☐	☐
eine Krawatte	☐	☐	☐	☐
einen Mantel	☐	☐	☐	☐
einen Pullover	☐	☐	☐	☐
einen Rock	☐	☐	☐	☐
ein Sakko	☐	☐	☐	☐
Schuhe	☐	☐	☐	☐
Socken	☐	☐	☐	☐
Sportschuhe	☐	☐	☐	☐
Stiefel	☐	☐	☐	☐
ein Stirnband	☐	☐	☐	☐
ein T-Shirt	☐	☐	☐	☐

Thomas   Nora   Herr   Frau
                              Siebert   Körner

---

*This is the first of many information-gap activities in **Kontakte.** Pair up with another student. One of you will work with the pictures on this page. The other will work with different pictures in Appendix A. The goal is to complete the activity speaking only German, while not looking at your partner's pictures.

Farben

■ **Grammatik A.4**

Meine Mitstudenten

Schauen Sie Ihre Mitstudenten und Mitstudentinnen an. Was tragen sie?

NAME	KLEIDUNG	FARBE
1. Heidi	Rock	blau
2. _____	_____	_____
3. _____	_____	_____
4. _____	_____	_____
5. _____	_____	_____

An einer Bushaltestelle
in Basel

Kultur... Landeskunde... Informationen

Farben als Symbole

_____ ist die Liebe[1]
_____ ist die Unschuld[2]
_____ ist die Trauer[3]
_____ ist die Treue[4]
_____ ist die Hoffnung[5]
_____ ist der Neid[6]

Ich liebe Dich mehr...

...als meinen Teddybär!

[1]love [2]innocence [3]grief, sorrow [4]loyalty [5]hope [6]envy

SITUATION 8 ## Umfrage: Was ist deine Lieblingsfarbe?

MODELL S1: Ist deine Lieblingsfarbe blau?
        S2: Ja.
        S1: Unterschreib bitte hier.

UNTERSCHRIFT

1. Ist deine Lieblingsfarbe blau?   _____
2. Trägst du gern schwarz?   _____
3. Hast du zu Hause braune Socken?   _____
4. Ist deine Lieblingsfarbe rot?   _____
5. Trägst du gern gelb?   _____
6. Hast du zu Hause ein grünes T-Shirt?   _____
7. Ist deine Lieblingsfarbe lila?   _____
8. Hast du zu Hause ein weißes Hemd?   _____

Begrüßen und Verabschieden

■ **Grammatik A.5**

Guten Morgen!   Guten Tag!   Guten Abend!

Auf Wiedersehen! Wiedersehen!   Tschüss! Bis bald!

SITUATION 9 **Dialoge**

1. Jürgen Baumann spricht mit einer Studentin.

> JÜRGEN: Hallo, bist du ___ hier?
> MELANIE: __. Du auch?
> JÜRGEN: Ja. Sag mal, _____?
> MELANIE: Melanie. Und __?
> JÜRGEN: Jürgen.

2. Frau Frisch ruft Herrn Koch an.

> HERR KOCH: Koch.
> FRAU FRISCH: Guten Tag, Herr Koch, _____ Frisch. Unser Videorekorder ist kaputt.
> HERR KOCH: ___, ich komme morgen vorbei.
> FRAU FRISCH: Gut. Bis dann. _____.

3. Jutta trifft ihren Freund Jens.

> JUTTA: Servus, Jens.
> JENS: Ach, _____, Jutta.
> JUTTA: Wo willst __ denn hin?
> JENS: __ muss zum Fußballtraining.
> JUTTA: Na, dann _____!
> JENS: _____. Mach's gut, Jutta.

Guten Tag. Quandt. Ich bin Paulines Mutter.

Guten Tag und Auf Wiedersehen

Sie sehen eine Reihe von Videoclips aus *Blickkontakte*, in denen sich Leute begrüßen oder voneinander verabschieden. Sehen Sie sich die Clips an, und schreiben Sie zu jedem Clip auf:

- Wer sind diese Leute: Mann oder Frau, jung oder alt?
- Begrüßen sich die Leute oder verabschieden sie sich?
- Welche Tageszeit ist es: Morgen, Mittag, Nachmittag, Abend, Nacht?
- Sagen sie **Sie** oder **du?**

SITUATION 10* **Rollenspiel: Begrüßen**

S1: Begrüßen Sie einen Mitstudenten oder eine Mitstudentin. Schütteln Sie dem Mitstudenten oder der Mitstudentin die Hand. Sagen Sie Ihren Namen. Fragen Sie wie alt er oder sie ist. Verabschieden Sie sich.

Begrüßen

---

*This is the first of many role-playing activities in **Kontakte.** Pair up with another student. One of you takes the role of S1. The corresponding role for the other person (S2) appears in Appendix B.

Zahlen

0	null	10	zehn	20	zwanzig	30	dreißig
1	eins	11	elf	21	einundzwanzig	40	vierzig
2	zwei	12	zwölf	22	zweiundzwanzig	50	fünfzig
3	drei	13	dreizehn	23	dreiundzwanzig	60	sechzig
4	vier	14	vierzehn	24	vierundzwanzig	70	siebzig
5	fünf	15	fünfzehn	25	fünfundzwanzig	80	achtzig
6	sechs	16	sechzehn	26	sechsundzwanzig	90	neunzig
7	sieben	17	siebzehn	27	siebenundzwanzig	100	hundert
8	acht	18	achtzehn	28	achtundzwanzig		
9	neun	19	neunzehn	29	neunundzwanzig		

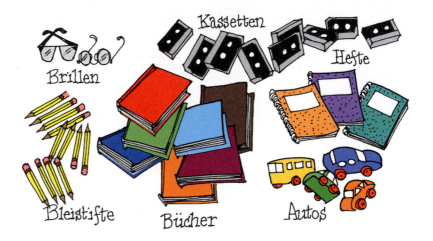

SITUATION 11   Wie viele?

Wie viele Studenten/Studentinnen im Kurs tragen…?

eine Hose	_viele_
eine Brille	_eins_
eine Armbanduhr	_null_
eine Bluse	_drei_
einen Rock	_eins_
Sportschuhe	_eins_

Kultur... Landeskunde... Informationen

So zählt man . . .

eins, zwei, drei . . .

So schreibt man . . .

1   7

eine Eins   eine Sieben

SITUATION 12   Informationsspiel: Zahlenrätsel

Verbinden Sie die Punkte. Sagen Sie Ihrem Partner oder Ihrer Partnerin, wie er oder sie die Punkte verbinden soll. Dann sagt Ihr Partner oder Ihre Partnerin Ihnen, wie Sie die Punkte verbinden sollen. Was zeigen Ihre Bilder?

S1: Start ist Nummer 1. Geh zu 18, zu 7, zu 29, zu 13, zu 60, zu 32, zu 12, zu 5, zu 14, zu 20, zu 11, zu 9, zu 3, zu 80, zu 23, zu 19, zu 4, zu 27, zu 8, zu 15, zu 35, zu 26, zu 2, und zum Schluss zu 17. Was zeigt dein Bild?

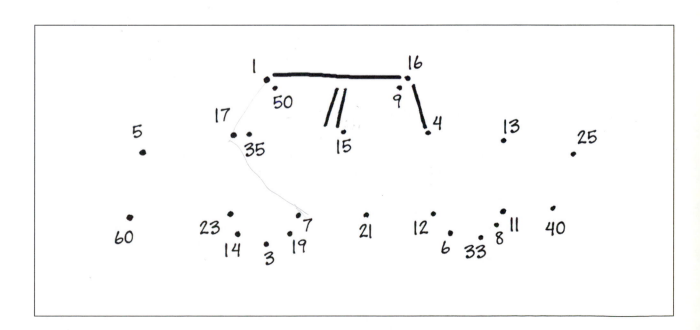

Videoecke

Aufgabe 1

The following table was filled in incorrectly. Listen to the video interviews and decide which information goes in which column.

1.　　　　　　2.　　　　　　3.　　　　　　4.

	A	B	C	D
Name	Niki	Sven	Ayse	Juliane
kommt aus	Dresden	Dormagen	Berlin	Graz
Fremdsprachen	Russisch, Englisch, Spanisch, Latein	Russisch, Englisch	Latein, Englisch, Türkisch	Englisch, Französisch, Spanisch, Latein, Griechisch, Hebräisch
Lieblingsfarbe	dunkelblau	gelb	gelb	blau
Glückszahl	keine	drei	sieben	keine

Aufgabe 2

Niki, Sven, Ayse, and Juliane describe where they come from in more detail. Match the place names with the additional information given in each interview.

1. _____ Dresden
2. _____ Dormagen
3. _____ Friedrichshain
4. _____ Graz

a. im Süden Österreichs
b. im Zentrum Berlins
c. die Hauptstadt von Sachsen
d. in der Nähe von Köln

Wortschatz

Aufforderungen — Instructions

arbeiten Sie mit einem Partner*	work with a partner
geben Sie mir	give me
gehen Sie	go, walk
hören Sie zu	listen
laufen Sie	go, run
lesen Sie	read
nehmen Sie	take
öffnen Sie	open
sagen Sie	say
schauen Sie	look
schließen Sie	close, shut
schreiben Sie	write; spell
setzen Sie sich	sit down
springen Sie	jump
stehen Sie auf	get up, stand up

Kleidung — Clothes

er/sie hat...	he/she has . . .
hast du... ?	do you have . . . ?
er/sie trägt...	he/she is wearing . . .
trägst du... ?	do you wear . . . ? / are you wearing . . . ?
eine Armbanduhr	a watch
eine Brille	glasses
eine Hose	pants
eine Krawatte	a tie
einen Anzug	a suit
einen Mantel	a coat; an overcoat
einen Ohrring	an earring
einen Rock	a skirt
ein Hemd	a shirt
ein Kleid	a dress
ein Sakko	a sports jacket
ein Stirnband	headband
Stiefel	boots

Ähnliche Wörter†

er/sie trägt... eine Bluse, eine Jacke; einen Hut; Schuhe, Sportschuhe

Farben — Colors

gelb	yellow
lila	purple
rosa	pink
schwarz	black

Ähnliche Wörter

blau, braun, grau, grün, orange [oraŋʒə], rot, weiß

Zahlen — Numbers

1	eins	20	zwanzig
2	zwei	21	einundzwanzig
3	drei	22	zweiundzwanzig
4	vier	23	dreiundzwanzig
5	fünf	24	vierundzwanzig
6	sechs	25	fünfundzwanzig
7	sieben	26	sechsundzwanzig
8	acht	27	siebenundzwanzig
9	neun	28	achtundzwanzig
10	zehn	29	neunundzwanzig
11	elf	30	dreißig
12	zwölf	40	vierzig
13	dreizehn	50	fünfzig
14	vierzehn	60	sechzig
15	fünfzehn	70	siebzig
16	sechzehn	80	achtzig
17	siebzehn	90	neunzig
18	achtzehn	100	hundert
19	neunzehn		

Begrüßen und Verabschieden — Greeting and Leave-Taking

auf Wiedersehen!	good-bye
bis bald!	so long; see you soon
grüezi!	hi (*Switzerland*)
grüß Gott!	good afternoon; hello (*formal; southern Germany, Austria*)
guten Abend!	good evening
guten Morgen!	good morning

---

*The diacritic marks in the **Wortschatz** list are meant to help you learn which vowels are stressed. A dot below a single vowel indicates a short stressed vowel. An underline below a single vowel, double vowel, or dipthong (combination of two different vowels) indicates a long stressed vowel. Note that these markings are not used in written German but are provided here as an aid to pronunciation.

†**Ähnliche Wörter** (*similar words; cognates*) lists contain words that are closely related to English words in sound, form, and meaning and compound words that are composed of previously introduced vocabulary.

guten Tag!	good afternoon; hello (*formal*)
hallo!	hi (*informal*)
mach's gut!	take care (*informal*)
servus!	hello; good-bye (*informal; southern Germany, Austria*)
tschüss!	bye (*informal*)
viel Spaß!	have fun
die Hand schütteln	to shake hands

Personen — People

die Frau	woman; Mrs.; Ms.
die Lehrerin	female teacher, instructor
der Herr	gentleman; Mr.
der Lehrer	male teacher, instructor
die Mitstudenten	fellow (male) students
die Mitstudentinnen	fellow (female) students

Ähnliche Wörter

die Freundin, die Mutter, die Professorin, die Studentin; der Freund, der Mann, der Professor, der Student

Sonstige Substantive — Other Nouns

die Tafel	blackboard
die Tür	door
der Stift	pen
der Bleistift	pencil
Lieblings-	favorite
die Lieblingsfarbe	favorite color
der Lieblingsname	favorite name

Ähnliche Wörter

die Kassette, die Schule; der Ball, der Fußball, der Kurs der Deutschkurs, der Name der Familienname, der Vorname, der Teddybär, der Videorekorder; das Auto, das Buch, das Telefon

Fragen — Questions

was zeigen Ihre Bilder?	what do your pictures show?
welche Farbe hat...?	what color is...?
wer...?	who...?
heißen	to be called, be named
wie heißen Sie?	what's your name? (*formal*)
wie heißt du?	what's your name? (*informal*)
ich heiße...	my name is...

wie schreibt man das?	how do you spell that?
wie viele...?	how many...?
wo willst du denn hin?	where are you going?

Wörter im Deutschkurs — Words in German Class

die Antwort	answer
die Einführung	introduction
die Frage	question
die Grammatik	grammar
die Hausaufgabe	homework
die Sprechsituation	conversational situation
die Übung	exercise
der Wortschatz	vocabulary
das Kapitel	chapter
stellen Sie Fragen	ask questions
tun	to do
unterschreib bitte hier	sign here, please
verbinden	to connect

Sonstige Wörter und Ausdrücke — Other Words and Expressions

aber	but
auch	also, too; as well
bitte	please
gibt es...?	is there...? / are there...?
hübsch	pretty
kaputt	broken
mein(e)	my
mit	with
mit dem kurzen Haar	with the short hair
mit dem langen Haar	with the long hair
mit dem Ohrring	with the earring
mit dem Schnurrbart	with the mustache
nein	no
nicht	not
oder	or
schmutzig	dirty
sein	to be
sondern	but (rather/on the contrary)
trägst du gern...?	do you like to wear...?
viel	a lot, much
viele	many
von	of; from
zählen	to count
zu Hause	at home

Ähnliche Wörter

alt, danke, dann, hier, in neu, oft, so und

Strukturen und Übungen

command form = verb + **Sie**

A.1 Giving instructions: polite commands

The instructions your instructor gives you in class consist of a verb, which ends in **-en,** and the pronoun **Sie** (*you*).* Like the English *you*, German **Sie** can be used with one person (*you*) or with more than one (*you* [*all*]). In English instructions the pronoun *you* is normally understood but not said. In German, **Sie** is a necessary part of the sentence.

Stehen Sie bitte **auf.**	*Please stand up.*
Nehmen Sie bitte das Buch.	*Please take the book.*

With certain instructions, you will also hear the word **sich** (*yourself*).†

Setzen Sie sich, bitte.	*Sit down, please.*

ÜBUNG 1 **Im Klassenzimmer**

Was sagt Frau Schulz zu den Studenten?

Nehmen Sie einen Stift! 5
Sagen Sie „Guten Tag"! 6
Schauen Sie an die Tafel! 4
Schließen Sie das Buch! 7

Schreiben Sie „Tschüss"! 8
Öffnen Sie das Buch! 3
Hören Sie zu! 1
Geben Sie mir die Hausaufgabe! 2

1. Peter **2.** Heidi **3.** Monika **4.** Nora

5. Albert **6.** Stefan **7.** Thomas **8.** Katrin

---

*The pronoun **Sie** (*you*) is capitalized to distinguish it from another pronoun, **sie** (*she; it; they*).
†**Sich** is a reflexive pronoun; its use will be explained in **Kapitel 11.**

A.2 What is your name? The verb *heißen*

Use a form of the verb **heißen** (*to be called*) to tell your name and to ask for the names of others.

heißen = to be called
Wie heißen Sie? (*formal*)
Wie heißt du? (*informal*)

Wie **heißen Sie?** / Wie **heißt du?***	What is your name?
Ich heiße . . .	My name is . . .

heißen (singular forms)		
ich	heiße	*my name is*
du	heißt	*your name is*
Sie	heißen	
er	heißt	*his name is*
sie	heißt	*her name is*

ÜBUNG 2 Minidialoge

Ergänzen Sie[1] das Verb **heißen:** heiße, heißt, heißen.

1. ERNST: Hallo, wie heißt [a] du?
   JUTTA: Ich heiße [b] Jutta. Und du?
   ERNST: Ich heiße [c] Ernst.
2. HERR THELEN: Guten Tag, wie heißen [a] Sie bitte?
   HERR SIEBERT: Ich heiße [b] Siebert, Alexander Siebert.
3. CLAIRE: Hallo, ich heiße [a] Claire und wie heißt ihr?
   MELANIE: Ich heiße [b] Melanie und er heißt [c] Josef.

A.3 The German case system

Case shows how nouns function in a sentence.

German speakers use a *case system* (nominative for the subject, accusative for the direct object, and so on) to indicate the function of a particular noun in a sentence. The article[†] or adjective that precedes the noun shows its case. You will learn the correct endings in future lessons. For now, be aware that you will hear and read articles and adjectives with a variety of endings. These various forms will not prevent you from understanding German. Here are all the possibilities.

der, das, die, dem, den, des	*the*
ein, eine, einen, einem, einer, eines	*a, an*
blau, blaue, blauer, blaues, blauen, blauem	*blue*

---

*The difference between **Sie** (*formal*) and **du** (*informal*) will be explained in Section A.5.
†Articles are words such as *the, a,* and *an,* which precede nouns.
[1]**Ergänzen...** *Supply*

In addition, definite articles may contract with some prepositions, just as *do* and *not* contract to *don't* in English. Here are some common contractions you will hear and read.

in	+	das	= ins	*into the*
in	+	dem	= im	*in the*
zu	+	der	= zur	*to the*
zu	+	dem	= zum	
an	+	das	= ans	*to/on the*
an	+	dem	= am	*to/at the*

A.4 Grammatical gender: nouns and pronouns

In German, all nouns are classified grammatically as masculine, neuter, or feminine. When referring to people, grammatical gender usually matches biological sex.

MASCULINE	FEMININE
der Mann	**die** Frau
der Student	**die** Studentin

masculine = **der**
neuter = **das**
feminine = **die**
plurals (all genders) = **die**

When referring to things or concepts, however, grammatical gender obviously has nothing to do with biological sex.

MASCULINE	NEUTER	FEMININE
der Rock	**das** Hemd	**die** Hose
der Hut	**das** Buch	**die** Jacke

The definite article indicates the grammatical gender of a noun. German has three nominative singular definite articles: **der** (*masculine*), **das** (*neuter*), and **die** (*feminine*). The plural article is **die** for all genders. All mean *the*.

	Singular	Plural
Masculine	der	die
Neuter	das	die
Feminine	die	die

der → er = *he, it*
das → es = *it*
die → sie = *she, it*
die (*pl.*) → sie = *they*

The personal pronouns **er, es, sie** (*he, it, she*) reflect the gender of the nouns they replace. For example, **er** (*he, it*) refers to **der Rock** because the grammatical gender is masculine; **es** (*it*) refers to **das Hemd** (*neuter*); **sie** (*she, it*) refers to **die Jacke** (*feminine*). The personal pronoun **sie** (*they*) refers to all plural nouns.

—Welche Farbe hat **der Rock?**	*What color is the skirt?*
—**Er** ist gelb.	*It is yellow.*
—Welche Farbe hat **das Hemd?**	*What color is the shirt?*
—**Es** ist weiß.	*It is white.*

—Welche Farbe hat **die Jacke?**	*What color is the jacket?*
—**Sie** ist braun.	*It is brown.*
—Welche Farbe haben **die Bleistifte?**	*What color are the pencils?*
—**Sie** sind gelb.	*They are yellow.*

Sometimes gender can be determined from the ending of the noun; for example, nouns that end in **-e,** such as **die Jacke** or **die Bluse,** are usually feminine. The ending **-in** indicates a female person: **die Studentin, die Professorin.**

In most cases, however, gender cannot be predicted from the form of the word. It is best, therefore, to learn the corresponding definite article along with each new noun.*

ÜBUNG 3 Kleidung

Frau Schulz spricht über die Kleidung. Ergänzen Sie **er, es, sie** oder **sie** (Plural).

Frau Schulz:

1. Hier ist die Jacke. _____ ist neu.
2. Und hier ist das Kleid. _____ ist modern.
3. Hier ist der Rock. _____ ist kurz.
4. Und hier ist die Bluse. _____ ist hübsch.
5. Hier ist das Hemd. _____ ist grün.
6. Und hier sind die Schuhe. _____ sind schmutzig.
7. Hier ist der Hut. _____ ist rot.
8. Und hier ist die Hose. _____ ist weiß.
9. Hier sind die Stiefel. _____ sind schwarz.
10. Und hier ist der Anzug. _____ ist alt.

ÜBUNG 4 Welche Farbe?

Welche Farbe haben diese Kleidungsstücke? Ergänzen Sie **er, es, sie** oder **sie** (Plural) und die richtige Farbe.

1. A: Welche Farbe hat Marias Rock?
   B: _____ ist _____.
2. A: Welche Farbe hat Michaels Hose?
   B: _____ ist _____.
3. A: Welche Farbe hat Michaels Hemd?
   B: _____ ist _____.
4. A: Welche Farbe hat Michaels Hut?
   B: _____ ist _____ und _____.
5. A: Welche Farbe haben Marias Schuhe?
   B: _____ sind _____.
6. A: Welche Farbe haben Michaels Schuhe?
   B: _____ sind _____.
7. A: Welche Farbe hat Marias Bluse?
   B: _____ ist _____.

---

*Some students find the following suggestion helpful. When you hear or read new nouns you consider useful, write them down in a vocabulary notebook, using different colors for the three genders; for example, use blue for masculine, black for neuter, and red for feminine. Some students also write nouns in three separate columns according to gender.

> ## Achtung!
>
> All German nouns are capitalized, whether they are common nouns (objects, concepts: **Jacke, Freund**) or proper nouns (names of people, countries, etc.: **Heidi, Deutschland**).

A.5 Addressing people: *Sie* versus *du* or *ihr*

German speakers use two modes of addressing others: the formal **Sie** (*singular* and *plural*) and the informal **du** (*singular*) or **ihr** (*plural*). You usually use **Sie** with someone you don't know or when you want to show respect or social distance. Children are addressed as **du.** Students generally call one another **du.**

Use **du** and **ihr** with friends, family, and children. Use **Sie** with almost everyone else.

	Singular	Plural
Informal	du	ihr
Formal	Sie	Sie

Frau Ruf, **Sie** sind 38, nicht wahr?
Jens und Jutta, **ihr** seid 16, nicht wahr?
Hans, **du** bist 13, nicht wahr?

Ms. Ruf, you are 38, aren't you?
Jens and Jutta, you are 16, aren't you?
Hans, you are 13, aren't you?

ÜBUNG 5 *Sie, du* oder *ihr*?

Was sagen diese Personen: **Sie, du** oder **ihr**?

1. Student → Student
2. Professor → Student
3. Freund → Freund
4. Studentin → zwei Studenten
5. Frau (40 Jahre alt) → Frau (50 Jahre alt)
6. Student → Sekretärin
7. Doktor → Patient
8. Frau → zwei Kinder

Gustav Klimt: *Margaret Stonborough-Wittgenstein* (1905), Neue Pinakothek, Munich

GUSTAV KLIMT

Gustav Klimt (1862–1918) was born in Vienna, Austria. His paintings are highly symbolic and very decorative. This painting of Margaret Stonborough-Wittgenstein nicely demonstrates the elegant—sometimes even decadent—style of Jugendstil *art.*

EINFÜHRUNG B

In **Einführung B,** you will continue to develop your listening skills and will begin to speak more German. You will learn to talk about your classroom, the weather, and people: their character traits, family relationships, and national origins.

Themen

Das Klassenzimmer
Beschreibungen
Der Körper
Die Familie
Wetter und Jahreszeiten
Herkunft und Nationalität

Kulturelles

Wie sind die jungen Deutschen?
Videoblick: Das Wetter
Wetter und Klima
Die Lage Deutschlands in Europa
Videoecke: Familie

Strukturen

B.1 Definite and indefinite articles
B.2 Who are you? The verb **sein**
B.3 What do you have? The verb **haben**
B.4 Plural forms of nouns
B.5 Personal pronouns
B.6 Origins: **Woher kommen Sie?**
B.7 Possessive adjectives: **mein** and **dein/Ihr**

Situationen

Das Klassenzimmer

■ **Grammatik B.1**

die Kreide

der Schwamm

die Decke

der Tageslichtprojektor

die Lampe

der (Blei)stift

die Wand

die Uhr

die Professorin

die Tafel

der Stuhl

die Tür

das Fenster

das Buch

der Tisch

das Papier

die Studentin

der Student

der Boden

das Heft

SITUATION 1 **Das Klassenzimmer**

Wie viele ——— sind im Klassenzimmer?

1. Studenten	**6.** Türen
2. Tische	**7.** Bücher
3. Fenster	**8.** Tafeln
4. Lampen	**9.** Professoren/Professorinnen
5. Uhren	**10.** Hefte

Gegenstände[1] im Klassenzimmer

MODELL s1: Was ist grün?
        s2: Die Tafel und die Tür (sind grün).

1. weiß
2. schmutzig
3. sauber
4. neu
5. alt
6. klein
7. groß
8. grün
9. grau
10. _____

a. der Boden
b. das Fenster
c. die Tafel
d. die Uhr
e. der Schwamm
f. der Tisch
g. das Buch
h. die Tür
i. die Decke
j. _____

Beschreibungen

■ **Grammatik B.2–B.3**

groß
schlank

alt
Bart

jung
klein

langes,
braunes
Haar

kurzes,
blondes Haar

kurzes,
graues
Haar

Michael Pusch

Herr Siebert

Jens Krüger

Maria Schneider

Jutta Ruf

Frau Körner

[1]objects

SITUATION 3 Im Deutschkurs

1. Wer ist _____?
   a. blond
   b. groß
   c. klein
   d. schlank
   e. jung
   f. alt

2. Wer hat _____?
   a. braunes Haar
   b. graues Haar
   c. kurzes Haar
   d. langes Haar
   e. einen Bart
   f. blaue Augen
   g. braune Augen

SITUATION 4 Interaktion: Wie bist du?

MODELL S1: Bist du glücklich?
        S2: Ja, ich bin glücklich.
  oder Nein, ich bin nicht glücklich.

	ICH	MEIN PARTNER	MEINE PARTNERIN
glücklich	☐	☐	☐
traurig	☐	☐	☐
konservativ	☐	☐	☐
schüchtern	☐	☐	☐
religiös	☐	☐	☐
ruhig	☐	☐	☐
freundlich	☐	☐	☐
verrückt	☐	☐	☐
sportlich	☐	☐	☐

Mir geht's gut

Ach, wie traurig!

Wie sind die jungen Deutschen?

„Wie sind Sie?" Kreuzen Sie an. Was kreuzen 50 Prozent oder mehr junge Amerikaner (15–34 Jahre) wahrscheinlich[1] an?

	ICH	ANDERE JUNGE AMERIKANER
Ich bin glücklich.	☐	☐
Ich arbeite hart.	☐	☐
Ich bin optimistisch.	☐	☐
Ich bin ernsthaft.	☐	☐
Ich habe Zukunftsangst.[2]	☐	☐
Ich interessiere mich für Politik.	☐	☐
Ich toleriere Seitensprünge.[3]	☐	☐
Ich bin religiös.	☐	☐

- Schauen Sie sich die Grafik an. Was sagen junge Amerikaner? Korrigieren Sie Ihre Antworten.
- Aus welchen Ländern kommen die jungen Menschen in der Studie?
- Wie viel Prozent der jungen Deutschen interessieren sich für Politik? Wie viel Prozent der jungen Amerikaner?
- Wie viel Prozent der jungen Deutschen tolerieren Homosexualität? Wie viel Prozent der jungen Amerikaner?
- Wie viel Prozent der jungen Deutschen finden Seitensprünge akzeptabel? Wie viel Prozent der jungen Amerikaner?

[1] probably   [2] fear about the future   [3] extramarital affairs, infidelity

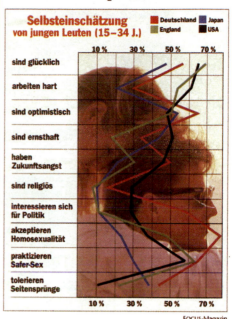

STUDIE

Untreu und politisch

Selbsteinschätzung von jungen Leuten (15–34 J.)

Deutschland   Japan
England   USA

- sind glücklich
- arbeiten hart
- sind optimistisch
- sind ernsthaft
- haben Zukunftsangst
- sind religiös
- interessieren sich für Politik
- akzeptieren Homosexualität
- praktizieren Safer-Sex
- tolerieren Seitensprünge

10 % 30 % 50 % 70 %

FOCUS-Magazin

Der Körper

- **Grammatik B.4**

das Gesicht: die Augen, die Ohren, die Nase, der Mund

der Bauch

das Haar, der Kopf, die Schulter, der Rücken, der Arm, die Hand, das Bein, der Fuß

der Körper

SITUATION 5 Welches Monster ist das?

MODELL S1: Mein Monster hat fünf Beine und vier Arme.
S2: Das ist Momo.

Die Familie

■ **Grammatik B.5**

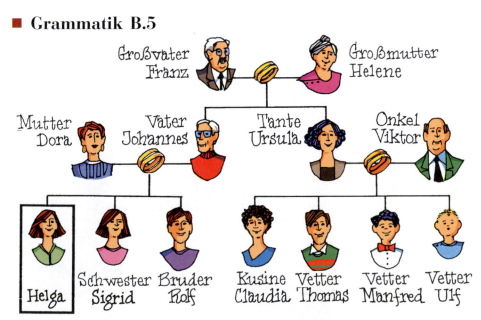

Dora und Johannes Schmitz sind verheiratet. Sie haben drei Kinder: einen Sohn und zwei Töchter.

SITUATION 6 Interview: Die Familie

1. Wie heißt dein Vater/Stiefvater? Wie alt ist er? Wo wohnt er?
2. Wie heißt deine Mutter/Stiefmutter? Wie alt ist sie? Wo wohnt sie?
3. Hast du Geschwister? Wie viele? Wie heißen sie? Wie alt sind sie? Wo wohnen sie?

SITUATION 7* Informationsspiel: Familie

MODELL S2: Wie heißt Richards Vater?
S1: Er heißt Werner.
S2: Wie schreibt man das?
S1: W-E-R-N-E-R. Wie alt ist er?
S2: Er ist _____ Jahre alt. Wo wohnt er?
S1: Er wohnt in Innsbruck. Wie heißt Richards Mutter?
S2: Sie heißt _____.
S1: Wie schreibt man das?
S2: _____.

		Richard	Sofie	Mehmet
Vater	Name	Werner	Erwin	
	Alter		50	59
	Wohnort	Innsbruck		Izmir
Mutter	Name		Elfriede	Sule
	Alter			
	Wohnort	Innsbruck	Dresden	
Bruder	Name	Alexander		Yakup
	Alter	15	27	34
	Wohnort			
Schwester	Name		—	
	Alter		—	
	Wohnort	Innsbruck	—	Izmir

*This is an information-gap activity in table form. Pair up with another student. One of you will work with the following chart, the other with the corresponding chart in Appendix A. Different information is missing in each chart.

Wetter und Jahreszeiten

WIE IST DAS WETTER?

Es ist sonnig und warm.

Es ist sehr heiß.

Es ist kalt.

Es regnet.

Es ist kühl.

Es schneit.

Es ist windig.

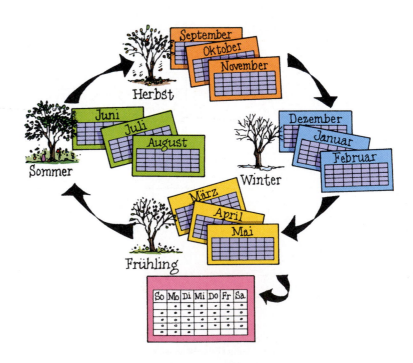

Wetter und Klima

Wie ist das Wetter in Ihrer Stadt? Kreuzen Sie an.

	IM WINTER	IM SOMMER
sonnig	☐	☐
warm	☐	☐
(sehr) heiß	☐	☐
(sehr) feucht	☐	☐
mild	☐	☐
(sehr) kalt	☐	☐
viele Niederschläge[1] (Schnee/Regen)	☐	☐
windig	☐	☐
Temperaturunterschiede[2]	große	geringe[3]

An der Universtät in Heidelberg. Es regnet wieder einmal.

Deutschland hat ein gemäßigtes[4] Klima mit Niederschlägen in allen Jahreszeiten. Im Nordwesten ist das Klima mehr ozeanisch mit warmen, aber selten heißen Sommern und relativ milden Wintern. Im Osten ist es eher[5] kontinental. Im Winter liegen die Temperaturen im Durchschnitt[6] zwischen 1,5 Grad Celsius (°C) im Tiefland[7] und minus 6°C im Gebirge,[8] im Juli liegen sie zwischen 18 und 20°C.

   Ausnahmen[9]: Am Rhein ist das Klima sehr mild, hier wächst[10] sogar Wein. Oberbayern hat einen warmen alpinen Südwind, den Föhn. Im Harz sind die Sommer oft kühl und im Winter gibt es viel Schnee.

Wie sind die Temperaturen in Deutschland? Benutzen Sie die Tabelle.

	Sommer	Winter Tiefland	Winter Gebirge
in °C			
in °F			

Welche Gebiete[11] bilden Ausnahmen?

wo			
Klima	sehr ____	warmer ____	Sommer: ____ Winter: ____

Temperaturen in Fahrenheit und Celsius

Fahrenheit → Celsius

32 subtrahieren und mit 5/9 multiplizieren

°F	°C
0	-17,8
32	0
50	~ 10
70	21,1
90	32,2
98,6	37
212	100

Celsius → Fahrenheit

Mit 9/5 multiplizieren und 32 addieren

°C	°F
-10	14
0	32
10	~ 50
20	68
30	86
37	98,6
100	212

[1]precipitation [2]temperature variations [3]minor [4]moderate [5]more [6]im . . . on average [7]lowlands [8]mountains [9]exceptions [10]grows [11]areas

Es ist immer so bei uns in München.

[1]here: *next few*

Das Wetter

Sie sehen einen Film über das Wetter in Bayern und in Thüringen.

- Ist es Winter oder Sommer?
- Wo ist es warm?
- Wo liegt Schnee?
- Wie wird das Wetter in den nächsten[1] Tagen?

SITUATION 8 ## Dialog: Das Wetter in Regensburg

Josef trifft[1] Claire an der Uni.

JOSEF: Schön heute, nicht?
CLAIRE: Ja, sehr ____ und ____ —wirklich schön!
JOSEF: Leider ____ es so oft hier in Bayern—auch im _____.
CLAIRE: Ist es auch oft __ und ____ hier?
JOSEF: Ja, im _____. Und manchmal ____ es noch im April.

SITUATION 9 ## Informationsspiel: Temperaturen

MODELL S1: Wie viel Grad Celsius sind 90 Grad Fahrenheit?
S2: _____ Grad Celsius.

°F	90	65	32	0	−5	−39
°C		18		−18		−39

[1]*meets*

Herkunft und Nationalität

■ **Grammatik B.6–B.7**

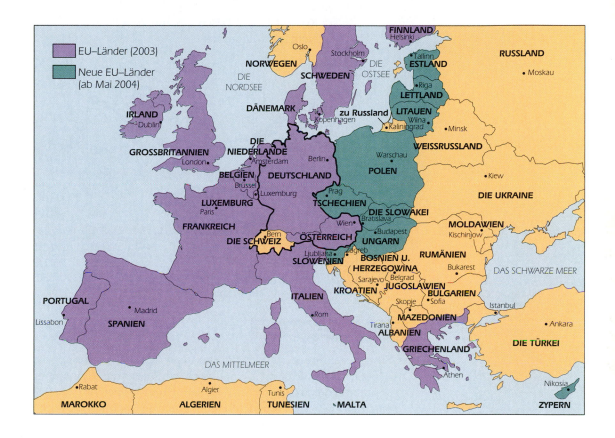

| EU–Länder (2003) |
| Neue EU–Länder (ab Mai 2004) |

FINNLAND
Helsinki

Oslo · Stockholm · Tallinn
NORWEGEN · DIE OSTSEE · ESTLAND
RUSSLAND
· Moskau

DIE NORDSEE · SCHWEDEN · Riga
LETTLAND

DÄNEMARK · LITAUEN
Kopenhagen · zu Russland · Wilna · Minsk
· Kaliningrad

IRLAND
· Dublin

GROSSBRITANNIEN · DIE NIEDERLANDE · Berlin · Warschau · WEISSRUSSLAND
· London · Amsterdam · POLEN

BELGIEN · DEUTSCHLAND · Kiew
Brüssel · Prag · DIE UKRAINE
LUXEMBURG · Luxemburg · TSCHECHIEN
Paris · DIE SLOWAKEI · MOLDAWIEN
FRANKREICH · Wien · Bratislava · Kischinjow

DIE SCHWEIZ · Bern · ÖSTERREICH · UNGARN · Budapest · RUMÄNIEN
· Ljubljana · Zagreb · DAS SCHWARZE MEER
SLOWENIEN · BOSNIEN U. HERZEGOWINA · Bukarest
· Sarajevo · Belgrad · JUGOSLAWIEN · BULGARIEN
ITALIEN · KROATIEN · Skopje · Sofia · Istanbul
· Rom · MAZEDONIEN · Ankara
· Tirana · ALBANIEN · DIE TÜRKEI

PORTUGAL · Madrid
Lissabon · SPANIEN · GRIECHENLAND
· Athen
Nikosia

DAS MITTELMEER

· Rabat · Algier · Tunis
MAROKKO · ALGERIEN · TUNESIEN · MALTA · ZYPERN

SITUATION 10 Dialog: Woher kommst du?

Claire trifft Melanie auf einer Party.

CLAIRE: Wie heißt du?
MELANIE: Melanie. _____?
CLAIRE: Claire.
MELANIE: Bist du _____?
CLAIRE: Ja.
MELANIE: Und _____ kommst du?
CLAIRE: ___ New York. Und du?
MELANIE: Aus Regensburg. Ich __ von hier.

SITUATION 11 Herkunft

MODELL
S1: Woher kommt Silvia Mertens?
S2: Sie kommt aus _____.
S1: Wer kommt aus Dresden?
S2: _____.
S1: Kommt Bernd Frisch aus Innsbruck?
S2: Nein, er kommt aus _____.

SITUATION 12 Rollenspiel: Herkunft

S1: Sie sind ein neuer Student / eine neue Studentin an einer Universität in Deutschland. Sie lernen einen anderen Studenten / eine andere Studentin kennen. Fragen Sie, wie er / sie heißt und woher er / sie kommt. Fragen Sie auch, ob er / sie Freunde / Freundinnen in anderen Ländern hat und welche Sprachen sie sprechen.

Kultur... Landeskunde... Informationen

Die Lage Deutschlands in Europa

Deutschland liegt mitten in Europa. Es grenzt an[1] Dänemark, ____, Tschechien, Österreich, die _____, Frankreich, Luxemburg, _____ und die Niederlande. Die Grenzen[2] Deutschlands sind ____ Kilometer lang. Die längste Grenze ist die mit Österreich. Sie ist ___ Kilometer lang. Die Grenze zu Dänemark ist nur __ Kilometer lang, die Grenze zu Polen ___, zu Tschechien 811, zur Schweiz ___, zu Frankreich 448, zu Luxemburg ___, zu Belgien 156 und zu den Niederlanden ___ Kilometer. Im Norden grenzt Deutschland an zwei Meere, die Nordsee und die _____. Deutschland gehört[3] zur Europäischen Union. Welche Länder gehören noch zur Europäischen Union? Schauen Sie auf die Karte auf Seite 35.

[1]grenzt . . . has borders with [2]borders [3]belongs

Videoecke

Birgit, geboren am 6.12.1964 in Munderdingen in der Nähe von Ulm, wohnt zur Zeit in München.

Ivo, geboren am 21.7.1980 in Leipzig, macht gerade sein Abitur. Vater kommt aus Jugoslawien, Mutter aus Leipzig.

Aufgabe 1

Listen to the interview with Birgit and decide if the following statements are true (**richtig**) or false (**falsch**). Correct any false statements.

	RICHTIG	FALSCH
1. Birgit hat zwei Schwestern.	☐	☐
2. Eine Schwester wird nächste Woche 32.	☐	☐
3. Birgits Mutter ist Hausfrau.	☐	☐
4. Birgits Großeltern leben noch.	☐	☐
5. Ihre Onkeln und Tanten sieht Birgit nur selten.	☐	☐
6. Birgit ist verheiratet.	☐	☐
7. Birgit hat einen Sohn.	☐	☐

Aufgabe 2

Listen to the interview with Ivo and decide which of the following answers are correct.

1. Ivo hat	☐ drei Geschwister.	☐ vier Geschwister.
2. Ivo ist	☐ 1980 geboren.	☐ 1964 geboren.
3. Ivos Mutter	☐ ist in Rente.	☐ hat ihre eigene Firma.
4. Ivo	☐ hat noch Großeltern.	☐ hat keine Großeltern mehr.
5. Ivo hat Verwandte in	☐ Italien.	☐ Jugoslawien.
6. Ivo ist	☐ verlobt.	☐ verheiratet.
7. Ivo	☐ hat Kinder.	☐ hat keine Kinder.

Wortschatz

Das Klassenzimmer — The Classroom

die **Decke**, -n*	ceiling
die **Kreide**	chalk
die **Tafel**, -n (R)†	blackboard
die **Uhr**, -en	clock
die **Wand**, ¨e	wall
der **Boden**, ¨	floor
der **Schwamm**, ¨e	eraser
	(*for blackboard*)
der **Stift**, -e (R)	pen
der **Bleistift**, -e (R)	pencil
der **Tisch**, -e	table
der **Unterricht**	class; instruction
das **Fenster**, -	window
das **Heft**, -e	notebook

Ähnliche Wörter

die **Lampe**, -n; die **Professorin**, -nen (R); die **Studentin**, -nen (R); die **Uni** / **Universität**; der **Professor**, **Professoren** (R); der **Student**, -en (R); der **Stuhl**, ¨e; das **Buch**, ¨er (R); das **Papier**

Beschreibungen — Descriptions

er/sie hat...	he/she has ...
einen **Bart**	a beard
blondes Haar	blonde hair
kurzes Haar	short hair
blaue Augen	blue eyes
er/sie ist...	he/she is ...
dick	large, fat
ernsthaft	serious
glücklich	happy
groß	tall; big
klein	short; small
nett	nice
ruhig	quiet, calm
sauber	clean
schlank	slender, slim
schön	pretty, beautiful
schüchtern	shy
traurig	sad
verrückt	crazy

Ähnliche Wörter

blond, **freundlich**, **intelligent**, **jung**, **konservativ**, **lang**, **nervös**, **optimistisch**, **progressiv**, **religiös**, **sportlich**, **tolerant**

Der Körper — The Body

der **Bauch**, ¨e	belly, stomach
der **Kopf**, ¨e	head
der **Mund**, ¨er	mouth
der **Rücken**, -	back
das **Auge**, -n	eye
das **Bein**, -e	leg
das **Gesicht**, -er	face
das **Ohr**, -en	ear

Ähnliche Wörter

die **Hand**, ¨e; die **Schulter**, -n; der **Arm**, -e; der **Fuß**, ¨e; das **Haar**, -e

Die Familie — The Family

die **Frau**, -en (R)	woman; wife
die **Nichte**, -n	niece
die **Schwester**, -n	sister
die **Tante**, -n	aunt
der **Mann**, ¨er (R)	man; husband
der **Vetter**, -n	male cousin
das **Kind**, -er	child
die **Eltern**	parents
die **Großeltern**	grandparents
die **Geschwister**	siblings

Ähnliche Wörter

die **Kusine**, -n; die **Mutter**, ¨; die **Großmutter**, ¨; die **Tochter**, ¨; der **Bruder**, ¨; der **Neffe**, -n; der **Onkel**, ¨ der **Sohn**, ¨e; der **Vater**, ¨; der **Großvater**, ¨

---

*Beginning with this chapter, the plural ending of nouns is indicated in the vocabulary lists. Refer to page 45 for explanation.
†(R) indicates words that were listed in a previous chapter and are presented again for review.

Wetter und Jahreszeiten — Weather and Seasons

der **Frühling**	spring
im Frühling	in the spring
der **Herbst**	fall, autumn
der **Monat, -e**	month
es...	it . . .
ist feucht	is humid
ist schön	is nice
ist 18 Grad Celsius/	is 18 degrees Celsius
regnet	is raining; rains
schneit	is snowing; snows

Ähnliche Wörter

der **Januar**, im **Januar**, der **Februar**, der **März**, der **April**, der **Mai**, der **Juni**, der **Juli**, der **August**, der **September**, der **Oktober**, der **November**, der **Dezember**, der **Sommer**, der **Winter**; **Fahrenheit**, **heiß**, **kalt**, **kühl**, **sonnig**, **warm**, **windig**

Länder, Kontinente, Meere — Countries, Continents, Seas

Deutschland	Germany
Frankreich	France
Griechenland	Greece
Österreich	Austria
Russland	Russia
Tschechien	Czech Republic
Ungarn	Hungary
Weißrussland	Belarus
die **Ostsee**	Baltic Sea
die **Schweiz**	Switzerland
das **Mittelmeer**	Mediterranean Sea

Ähnliche Wörter

Afrika, Ägypten, Albanien, Algerien, Amerika, Asien, Australien, Belgien, Bosnien und Herzegowina, Brasilien, Bulgarien, China, Dänemark, England, Europa, Finnland, Großbritannien, Holland, Irland, Israel, Italien, Japan, Jugoslawien, Kanada, Kroatien, Kuba, Liechtenstein, Marokko, Mexiko, Moldawien, Neuseeland, Nordirland, Norwegen, Palästina, Polen, Portugal, Rumänien, Schweden, Slowenien, Spanien, Südafrika, Südamerika, Tunesien; die **Nordsee,** die **Slowakei,** die **Türkei,** die **Ukraine;** die **Niederlande** (*pl.*), die **USA** (*pl.*)

Herkunft — Origin

der/die **Deutsche, -n**	German (Person)
Ich bin Deutsche/r.	I am German.
der **Franzose, -n** / die **Französin, -nen**	French (Person)
der **Österreicher, -** / die **Österreicherin, -nen**	Austrian (Person)
der **Schweizer, -** / die **Schweizerin, -nen**	Swiss (Person)

Ähnliche Wörter

die **Amerikanerin, -nen;** die **Australierin, -nen;** die **Engländerin, -nen;** die **Japanerin, -nen;** die **Kanadierin, -nen;** die **Mexikanerin, -nen;** der **Amerikaner, -;** der **Australier, -;** der **Engländer, -;** der **Japaner, -;** der **Kanadier, -;** der **Mexikaner, -**

Sprachen — Languages

Deutsch	German
Französisch	French

Ähnliche Wörter

Arabisch, Chinesisch, Englisch, Italienisch, Japanisch, Portugiesisch, Russisch, Schwedisch, Spanisch, Türkisch

Sonstige Wörter und Ausdrücke — Other Words and Expressions

das ist...	this/that is . . .
das sind...	these/those are . . .
dein(e)	your (*informal*)
ein bisschen	a little (bit)
genau	exactly
heute	today
Ihr(e)	your (*formal*)
kennen	to know
kommen (aus)	to come (from)
leider	unfortunately
manchmal	sometimes
noch	even, still
sehr	very
sonst	otherwise
sprechen	to speak
wann	when
was	what
welch-	which
wer	who
wie	how
wirklich	really
wo	where
woher	from where
wohnen (in)	to live (in)

Strukturen und Übungen

B.1 Definite and indefinite articles

Recall that the definite article **der, das, die** (*the*) varies by gender, number, and case.* Similarly, the indefinite article **ein, eine** (*a, an*) has various forms.

<table>
<tr><td>

Das ist **ein** Buch. Welche Farbe hat **das** Buch?

Das ist **eine** Tür. Welche Farbe hat **die** Tür?

</td><td>

This is a book. What color is the book?

This is a door. What color is the door?

</td></tr>
</table>

Here are the definite and indefinite articles for all three genders in the singular and plural, nominative case. There is only one plural definite article for all three genders: **die.** The indefinite article (*a, an*) has no plural.

Wissen Sie noch?

masculine = **der**
neuter = **das**
feminine = **die**
plural (all genders) = **die**

Review grammar section A.4.

der → ein
das → ein
die → eine
die (*pl.*) → ø

	Singular	Plural
Masculine	**der** Stift	**die** Stifte
	ein Stift	Stifte
Neuter	**das** Buch	**die** Bücher
	ein Buch	Bücher
Feminine	**die** Tür	**die** Türen
	eine Tür	Türen

ÜBUNG 1   Im Klassenzimmer

Frau Schulz spricht über die Gegenstände im Klassenzimmer und die Farben. Ergänzen Sie den unbestimmten[1] Artikel, den bestimmten[2] Artikel und die Farbe.

MODELL FRAU SCHULZ: Das ist eine Lampe.
Welche Farbe hat die Lampe?
STUDENT(IN): Sie ist gelb.

1. Und das ist _____ᵃ Stift. Welche Farbe hat _____ᵇ Stift? Er ist _____.ᶜ

2. Und das ist _____ᵃ Stuhl. Welche Farbe hat _____ᵇ Stuhl? Er ist _____.ᶜ

3. Und das ist _____ᵃ Tafel. Welche Farbe hat _____ᵇ Tafel? Sie ist _____.ᶜ

*See Sections A.3 and A.4.
[1]*indefinite*   [2]*definite*

4. Und das ist _____^a Uhr. Welche Farbe hat _____^b Uhr? Sie ist _____.^c

5. Und das ist _____^a Buch. Welche Farbe hat _____^b Buch? Es ist _____.^c

6. Und das ist _____^a Brille. Welche Farbe hat _____^b Brille? Sie ist _____.^c

ÜBUNG 2   **Was ist das?**

Herr Frisch spricht mit seiner kleinen Tochter.

MODELL   Ist das eine Decke? →
Nein, das ist ein Bleistift.

1. Ist das eine Tür?

2. Ist das eine Uhr?

3. Ist das eine Lampe?

4. Ist das ein Tisch?

5. Ist das ein Stuhl?

6. Ist das eine Studentin?

7. Ist das ein Heft?

8. Ist das eine Tafel?

B.2   Who are you? The verb *sein*

sein = to be

Use a form of the verb **sein** (*to be*) to identify or describe people and things.

—**Sind Jutta und er** blond?	*Are Jutta and he blonde?*
—Ja, **sie sind** blond.	*Yes, they are blonde.*
Peter ist groß.	*Peter is tall.*
Das Fenster ist klein.	*The window is small.*

Achtung!

NOT = **NICHT**

— Ist Jens groß?
— Nein, er ist **nicht** groß, er ist klein.

sein					
Singular			*Plural*		
ich	bin	*I am*	wir	sind	*we are*
du	bist	*you are*	ihr	seid	*you are*
Sie	sind		Sie	sind	
er		*he*			
sie	ist	*she* is	sie	sind	*they are*
es		*it*			

Minidialoge

Ergänzen Sie das Verb **sein:** bin, bist, ist, sind, seid.

1. MICHAEL: Ich bin Michael. Wer _____ᵃ du?

   JENS: Ich _____ᵇ Jens. Jutta und ich, wir _____ᶜ gute Freunde.

2. FRAU SCHULZ: Das ist Herr Thelen. Er _____ᵃ alt.

   STEFAN: Herr Thelen ist alt?

   FRAU SCHULZ: Ja, Stefan. Herr Thelen ist alt, aber Maria und Michael _____ᵇ jung.

3. HERR THELEN: Jutta und Hans, wie alt _____ᵃ ihr?

   JUTTA: Ich _____ᵇ 16 und Hans _____ᶜ 13.

4. MICHAEL: Wer bist du?

   HANS: Ich _____ᵃ Hans.

   MICHAEL: Wie alt bist du?

   HANS: Ich _____ᵇ 13.

B.3 What do you have? The verb *haben*

haben = to have

The verb **haben** (*to have*) is often used to show possession or to describe physical characteristics.

Ich habe eine Brille.	*I have glasses.*
Hast du das Buch?	*Do you have the book?*
Nora hat braune Augen.	*Nora has brown eyes.*

haben					
Singular			**Plural**		
ich	habe	*I have*	wir	haben	*we have*
du	hast	*you have*	ihr	habt	*you have*
Sie	haben		Sie	haben	
er		*he*			
sie	hat	*she* } *has*	sie	haben	*they have*
es		*it*			

Minidialoge

Ergänzen Sie das Verb **haben:** habe, hast, hat, habt, haben.

1. FRAU SCHULZ: Nora, _____ᵃ Sie viele Freunde und Freundinnen?

   NORA: Ja, ich _____ᵇ viele Freunde und Freundinnen.

2. MONIKA: Stefan, _____ du einen Stift?

   STEFAN: Nein.

3. PETER: Hallo, Heidi und Katrin! _____ᵃ ihr das Deutschbuch?

   HEIDI: Katrin _____ᵇ es, aber ich nicht.

   PETER: Dann _____ᶜ wir zwei. Ich _____ᵈ es auch.

B.4 Plural forms of nouns

Just as with English, there are different ways to form plurals in German.

Albert hat ein Heft. Peter hat
zwei Heft**e.**
Heidi hat eine Kusine. Katrin hat
zwei Kusine**n.**

*Albert has one notebook. Peter
has two notebooks.
Heidi has one cousin. Katrin
has two cousins.*

These guidelines help to recognize and form the plural of German nouns.

1. Most feminine nouns add **-n** or **-en.** They add **-n** when the singular ends in **-e;** otherwise, they add **-en.** Nouns that end in **-in** add **-nen.**

eine Lampe, zwei Lampe**n**
eine Tür, zwei Tür**en**

eine Frau, zwei Frau**en**
eine Studentin, zwei Studentin**nen**

2. Masculine and neuter nouns usually add **-e** or **-er.** Those plurals that end in **-er** have an umlaut when the stem vowel is **a, o, u,** or **au.** Many masculine plural nouns ending in **-e** have an umlaut as well. Neuter plural nouns ending in **-e** do not have an umlaut.

MASCULINE **(der)**

ein Rock, zwei Röck**e**
ein Mann, zwei Männ**er**

NEUTER **(das)**

ein Heft, zwei Heft**e**
ein Buch, zwei Büch**er**

3. Masculine and neuter nouns that end in **-er** either add an umlaut or change nothing at all. Many nouns with a stem vowel of **a, o, u,** or **au** add an umlaut.

MASCULINE **(der)**

ein Bruder, zwei Brüder

NEUTER **(das)**

ein Fenster, zwei Fenster

4. Nouns that end in a vowel other than unstressed **-e** and many nouns of English or French origin add **-s.**

ein Auto, zwei Auto**s**

ein Hotel, zwei Hotel**s**

The following chart summarizes the guidelines provided above.

Singular	Plural	Examples
ein _____er	no ending: some words add an umlaut where possible	ein Lehrer, zwei Lehrer ein Vater, zwei Väter
ein _____	add **-e;** masculine words often add an umlaut, neuter words do not	ein Rock, zwei Röck**e** ein Haar, zwei Haar**e**
ein _____	add **-er;** add an umlaut where possible	ein Mann, zwei Männ**er** ein Buch, zwei Büch**er**
eine _____	add **-n, -en,** or **-nen,** depending on final letter of the word	eine Lampe, zwei Lampe**n** eine Tür, zwei Tür**en** eine Freundin, zwei Freundin**nen**
ein(e) _____ (*foreign words*)	add **-s**	ein Hobby, zwei Hobby**s** eine Kamera, zwei Kamera**s**

Beginning with this chapter, the plural endings of nouns are indicated in the vocabulary lists as follows.

LISTING	PLURAL FORM
das **Fenster, -**	die **Fenster**
der **Bruder,** ⸚	die **Brüder**
der **Tisch, -e**	die **Tische**
der **Stuhl,** ⸚e	die **Stühle**
das **Kleid, -er**	die **Kleider**
der **Mann,** ⸚er	die **Männer**
die **Tante, -n**	die **Tanten**
die **Uhr, -en**	die **Uhren**
die **Studentin, -nen**	die **Studentinnen**
das **Auto, -s**	die **Autos**

ÜBUNG 5 Der Körper

Wie viele der folgenden Körperteile hat der Mensch[1]?

Arm	Fuß	Nase
Auge	Haar	Ohr
Bein	Hand	Schulter
Finger		

Der Mensch hat zwei ———, . . .

ÜBUNG 6 Das Zimmer

Wie viele der folgenden Dinge sind in Ihrem[2] Zimmer? (ein[e], zwei,..., viele, nicht viele)

das Buch
das Fenster
die Lampe
der Stuhl
der Tisch
die Tür
die Uhr
die Wand

In meinem Zimmer ist/sind ——— Buch/Bücher,...

[1]*person*   [2]*your*

B.5 Personal pronouns

Personal pronouns refer to the speaker (first person), to the person addressed (second person), or to the person(s) or object(s) talked about (third person).

	Singular		Plural	
First person	ich	*I*	wir	*we*
Second-person informal	du	*you*	ihr	*you*
Second-person formal	Sie	*you*	Sie	*you*
Third person	er	*he, it*	sie	*they*
	es	*it*		
	sie	*she, it*		

Wissen Sie noch?

der → **er** = *he, it*
das → **es** = *it*
die → **sie** = *she, it*
die (*pl.*) → **sie** = *they*

Review grammar section A.4.

As you know, third-person singular pronouns reflect the grammatical gender of the nouns they replace.

—Welche Farbe hat **der Hut?**	*What color is the hat?*
—**Er** ist braun.	*It is brown.*
—Welche Farbe hat **das Kleid?**	*What color is the dress?*
—**Es** ist grün.	*It is green.*
—Welche Farbe hat **die Bluse?**	*What color is the blouse?*
—**Sie** ist gelb.	*It is yellow.*

The third-person plural pronoun is **sie** for all three genders.

—Welche Farbe haben **die Schuhe?**	*What color are the shoes?*
—**Sie** sind schwarz.	*They are black.*

ÜBUNG 7   Welche Farbe?

Frau Schulz spricht über die Farbe der Kleidung. Antworten Sie!

1. Welche Farbe hat der Hut?
2. Welche Farbe hat das Hemd?
3. Welche Farbe hat die Hose?
4. Welche Farbe hat die Bluse?
5. Welche Farbe haben die Socken?
6. Welche Farbe hat das Kleid?
7. Welche Farbe hat der Rock?
8. Welche Farbe haben die Stiefel?
9. Welche Farbe hat die Jacke?
10. Welche Farbe hat der Mantel?

B.6 Origins: *Woher kommen Sie?*

kommen aus =
to come from (a place)

To ask about someone's origin, use the question word **woher** (*from where*) followed by the verb **kommen** (*to come*). In the answer use the preposition **aus** (*from, out of*).

—Woher kommst du /   *Where do you come from?*
  kommen Sie?
—Ich komme aus Berlin.   *I'm from Berlin.*

kommen			
ich	komme	wir	kommen
du	kommst	ihr	kommt
Sie	kommen	Sie	kommen
er sie es	kommt	sie	kommen

Most verbs follow a conjugation pattern similar to that of **kommen.** The infinitive of German verbs, that is, the basic form of the verb, ends in **-n** or **-en.**

Kommen Sie heute Abend?   *Are you coming tonight?*
Warten Sie! **Ich komme** mit!   *Wait! I'll come along.*

ÜBUNG 8 Minidialoge

Ergänzen Sie **kommen, woher** und **aus** und die Personalpronomen.

1. MEHMET: Woher _____ᵃ du, Renate?
   RENATE: Ich _____ᵇ aus Berlin.
2. FRAU SCHULZ: Woher _____ᵃ Lydia?
   KATRIN: Lydia kommt _____ᵇ Zürich.
   FRAU SCHULZ: _____ᶜ kommen Josef und Melanie?
   STEFAN: Sie _____ᵈ aus Regensburg.
   FRAU SCHULZ: Und woher komme _____ᵉ?
   ALBERT: Sie, Frau Schulz, Sie kommen _____ᶠ Kalifornien.
3. FRAU SCHULZ: Kommt Sofie aus Regensburg?
   HEIDI: Nein, _____ᵃ kommt aus Dresden.
   FRAU SCHULZ: Kommen Josef und Melanie aus Innsbruck?
   STEFAN: Nein, sie _____ᵇ aus Regensburg.
4. ANDREAS: Silvia und Jürgen, kommt _____ᵃ aus Göttingen?
   SILVIA: Ja, _____ᵇ kommen aus Göttingen.

der → mein, dein, Ihr
das → mein, dein, Ihr
die → meine, deine, Ihre
die (pl.) → meine, deine, Ihre

B.7 Possessive adjectives: *mein* and *dein/Ihr*

The possessive adjectives **mein** (*my*), **dein** (*informal your*), and **Ihr** (*formal your*) have the same endings as the indefinite article **ein.** In the plural, the ending is **-e.** Here are the nominative forms of these possessive adjectives.

	Onkel (*m.*)	Auto (*n.*)	Tante (*f.*)	Eltern (*pl.*)
ich	mein	mein	meine	meine
du	dein	dein	deine	deine
Sie	Ihr	Ihr	Ihre	Ihre

Achtung!

Note that the forms of **Ihr** are capitalized, just as **Sie** is, when they mean *your.*

—Woher kommen **deine** Eltern, Albert?
—**Meine** Eltern kommen aus Mexiko.

Wie heißt **Ihr** Vater, Frau Schulz? Und **Ihre** Mutter?

Where are your parents from, Albert?
My parents are from Mexico.

What is your father's name, Ms. Schulz? And your mother's name?

Achtung!

Just as in English, an **s** added onto someone's name in German indicates possession. In German, however, there is no apostrophe before the **s.**

Das ist Helga. Das ist Helgas Vater.
This is Helga. That is Helga's father.

ÜBUNG 9 Minidialoge

Ergänzen Sie die Possessivpronomen.

1. FRAU SCHULZ: Wo sind _____ Hausaufgaben?
   PETER: Sie liegen leider zu Hause.
2. ONKEL: Ist das _____[a] Hund?
   NICHTE: Nein, das ist nicht _____[b] Hund. Ich habe keinen Hund.
3. LYDIA: He, Rosemarie! Das ist _____[a] Kleid.
   ROSEMARIE: Nein, das ist _____[b] Kleid. _____[c] Kleid ist schmutzig.
4. KATRIN: Woher kommen _____[a] Eltern, Frau Schulz?
   FRAU SCHULZ: _____[b] Mutter kommt aus Schwabing und _____[c] Vater kommt aus Germering.

ÜBUNG 10 Woher kommen sie?

Beantworten Sie die Fragen.

1. Woher kommen Sie?
2. Woher kommt Ihre Mutter?
3. Woher kommt Ihr Vater?
4. Woher kommen Ihre Großeltern?
5. Woher kommt Ihr Professor / Ihre Professorin?
6. Wie heißt ein Student aus Ihrem Deutschkurs und woher kommt er?
7. Wie heißt eine Studentin aus Ihrem Deutschkurs und woher kommt sie?

KAPITEL 1

Carl Spitzweg: *Der Bücherwurm*
(1850), Museum Georg Schäfer,
Schweinfurt/Deutschland

CARL SPITZWEG

Carl Spitzweg (1808–1885) war ein sehr volkstümlicher[1] deut-
scher Maler und Autodidakt. Seine Bilder sind oft sehr ironisch.
„Der Bücherwurm" ist ein gutes Beispiel[2] für Spitzwegs humor-
volle Perspektive.

[1]popular   [2]example

Wer ich bin und was ich tue

In **Kapitel 1** you will learn to talk about how you spend your time: your studies, your recreational pursuits, and what you like and don't like to do.

Themen
Freizeit
Schule und Universität
Tagesablauf
Persönliche Daten

Kulturelles
Freizeit
Schule und Universität
Videoblick: Christkindl
Videoecke: Tagesablauf

Lektüren
Brief eines Internatsschülers
Guten Tag, ich heiße...

Strukturen
1.1   The present tense
1.2   Expressing likes and dislikes: **gern / nicht gern**
1.3   Telling time
1.4   Word order in statements
1.5   Separable-prefix verbs
1.6   Word order in questions

49

Situationen

Freizeit

■ **Grammatik 1.1–1.2**

Peter und Stefan wandern gern.

Ernst spielt gern Fußball.

Melanie tanzt gern.

Jutta und Gabi spielen gern Karten.

Veronika reitet gern.

Michael spielt gern Gitarre.

Thomas segelt gern.

Herr und Frau Ruf gehen gern spazieren.

SITUATION 1 **Hobbys**

Sagen Sie **ja** oder **nein.**

1. In den Ferien...

    a. reise ich gern.

    b. koche ich gern.

    c. spiele ich gern Volleyball.

    d. arbeite ich gern.

2. Im Winter...

    a. gehe ich gern ins Museum.

    b. spiele ich gern Karten.

    c. gehe ich gern Schlitten fahren.

    d. schwimme ich gern.

3. Meine Eltern...

    a. spielen gern Tennis.

    b. spielen gern Golf.

    c. gehen gern ins Kino.

    d. singen gern.

4. Mein Bruder / Meine Schwester...

    a. wandert gern in den Bergen.

    b. zeltet gern.

    c. boxt gern.

    d. spielt gern Gitarre.

5. Mein Deutschlehrer / Meine Deutschlehrerin...

    a. geht gern auf Partys.

    b. reitet gern.

    c. geht gern ins Konzert.

    d. spielt gern Fußball.

SITUATION 2 **Informationsspiel: Freizeit**

MODELL s1: Wie alt ist Rolf?

s2: _____.

s1: Woher kommt Richard?

s2: Aus _____.

s1: Was macht Richard gern?

s2: Er _____.

s1: Wie alt bist du?

s2: _____.

s1: Woher kommst du?

s2: _____.

s1: Was machst du gern?

s2: _____.

	Alter	Wohnort	Hobby
Richard	18		
Rolf		Berkeley	
Jürgen	21		geht gern tanzen
Sofie	22	Dresden	
Jutta			hört gern Musik
Melanie	21		besucht gern Freunde
mein Partner / meine Partnerin			

SITUATION 3 Interview: Was machst du gern?

MODELL S1: Ich spiele gern Karten. Du auch?
S2: Ja, ich spiele auch gern Karten.
Nein, ich spiele nicht gern Karten.

1. Ich spiele gern Schach.
2. Ich wandere gern.
3. Ich gehe gern spazieren.
4. Ich reite gern.
5. Ich singe gern.
6. Ich spiele gern Volleyball.
7. Ich höre gern Musik.
8. Ich koche gern.
9. Ich tanze gern.
10. Ich lerne gern Deutsch.

Kultur... Landeskunde... Informationen

Freizeit

- Was machen Menschen in Ihrem Land in ihrer Freizeit?
- Was machen Sie in Ihrer Freizeit? am Wochenende? abends? in den Ferien?
- Was machen Ihre Eltern in ihrer Freizeit? am Wochenende? abends? in den Ferien?
- Wie viele Stunden Freizeit haben Sie am Tag?
- Was machen Deutsche in ihrer Freizeit? Was ist anders als in Ihrem Land? Was ist ähnlich?
- Wie viele Stunden Freizeit haben Deutsche am Tag? Raten[1] Sie!

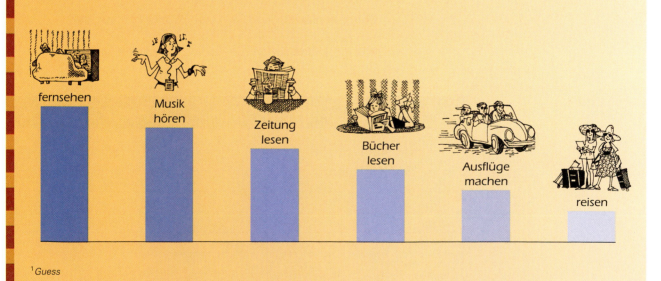

[1]Guess

SITUATION 4 Umfrage

MODELL   S1: Schwimmst du gern im Meer?
               S2: Ja.
               S1: Unterschreib bitte hier.

UNTERSCHRIFT

1. Schwimmst du gern im Schwimmbad?   _____
2. Trinkst du gern Kaffee?   _____
3. Spielst du gern Gitarre?   _____
4. Hörst du gern Musik?   _____
5. Gehst du gern zelten?   _____
6. Arbeitest du gern?   _____
7. Gehst du gern joggen?   _____
8. Tanzt du gern?   _____
9. Spielst du gern Golf?   _____
10. Machst du gern Fotos?   _____

Schule und Universität

■ Grammatik 1.3

SITUATION 5 Dialog: Was studierst du?

Stefan trifft Rolf in der Cafeteria der Universität Berkeley.

STEFAN: Hallo, bist du __ hier?
ROLF: Ja, ich _____ aus Deutschland.
STEFAN: Und was machst __ hier?
ROLF: Ich _____ Psychologie. Und du?
STEFAN: _____.

SITUATION 6 Wie spät ist es?

S1: Wie spät ist es?
S2: Es ist _____.

1. 2. 3. 4. 5.

6. 7. 8. 9. 10.

SITUATION 7 Informationsspiel: Juttas Stundenplan

MODELL S1: Was hat Jutta am Montag um acht Uhr?
S2: Sie hat Latein.

Uhr	Montag	Dienstag	Mittwoch	Donnerstag	Freitag
8.00–8.45		Mathematik	Deutsch		Französisch
8.50–9.35	Deutsch			Latein	
9.35–9.50	←		Pause		→
9.50–10.35	Biologie	Sozialkunde		Geschichte	
10.40–11.25			Physik		Deutsch
11.25–11.35	←		Pause		→
11.35–12.20	Sport		Erdkunde		Latein
12.25–13.10		Deutsch		Sozialkunde	frei

SITUATION 8 Interview

1. Welche Fächer hast du in diesem Semester? Welche Fächer magst du? Welche Fächer magst du nicht?
2. Wann beginnt am Montag dein erster (1.) Kurs? Welcher Kurs ist das? Wann gehst du am Montag nach Hause?
3. Wann beginnt am Dienstag dein erster Kurs? Welcher Kurs ist das? Wann gehst du am Dienstag nach Hause?
4. Arbeitest du? An welchen Tagen arbeitest du? Wann beginnt deine Arbeit?
5. Wann gehst du in der Woche ins Bett? Und am Wochenende?

Kultur... Landeskunde... Informationen

Schule und Universität

- Wann beginnt in Ihrem Land morgens die Schule?
- Wann gehen die Schüler nach Hause?
- Wann und wo machen sie Hausaufgaben?
- Wann haben sie Freizeit?
- Welche Schulfächer haben Schüler?
- Welches sind Pflichtfächer[1]?
- An welchen Tagen gehen die Schüler in die Schule?

Schauen Sie auf Juttas Stundenplan (Situation 7).

- Wann beginnt für Jutta die Schule?
- Wann geht sie nach Hause?
- Welche Fächer hat Jutta?
- Wie viele Fremdsprachen hat sie?
- An welchen Tagen geht sie in die Schule?

Was meinen Sie?

- Wann und wo macht Jutta Hausaufgaben?
- Wann hat sie Freizeit?

Große Pause an einem Gymnasium in Berlin

[1] required subjects

Tagesablauf

■ **Grammatik 1.4–1.5**

06:30 Herr Wagner steht auf.

07:15 Er duscht.

07:15 Er frühstückt.

07:45 Er geht zur Arbeit.

17:30 Er geht einkaufen.

19:00 Er räumt die Wohnung auf.

20:45 Er geht im Park spazieren.

23:15 Er geht ins Bett.

SITUATION 9 **Bildgeschichte: Ein Tag in Sofies Leben**

SITUATION 10 Interview

1. Was machst du samstags?

   a. Spielst du Fußball?
   b. Stehst du spät auf?
   c. Gehst du im Park spazieren?

   d. Rufst du deine Eltern an?
   e. Gehst du einkaufen?
   f. Besuchst du Freunde?

2. Was machst du montags?

   a. Stehst du früh auf?
   b. Frühstückst du zu Hause?
   c. Trinkst du Kaffee?
   d. Kaufst du ein?

   e. Arbeitest du in der Bibliothek?
   f. Hast du Zeit für Sport? Was machst du?

3. Was machst du freitags?

   a. Gehst du tanzen?
   b. Bleibst du zu Hause?
   c. Hörst du Musik?

   d. Rufst du Freunde an?
   e. Räumst du dein Zimmer auf?
   f. Spielst du Tennis?

SITUATION 11 Informationsspiel: Diese Woche

MODELL   S1: Was macht Silvia am Montag?
         S2: Sie steht um 6 Uhr auf.
         S1: Was machst du am Montag?
         S2: Ich _____.

	Silvia Mertens	Mehmet Sengün	mein(e) Partner(in)
Montag		Er geht um 7 Uhr zur Arbeit.	
Dienstag	Sie arbeitet am Abend in einer Kneipe.		
Mittwoch		Er singt im Männerchor.	
Donnerstag		Er geht einkaufen.	
Freitag	Sie geht tanzen.		
Samstag	Sie geht mit Freunden ins Kino.		
Sonntag	Sie besucht ihre Eltern.		

SITUATION 12 Interview

1. Wann stehst du auf?
2. Wann duschst du?
3. Wann frühstückst du?
4. Wann gehst du zur Uni?
5. Wann kommst du nach Hause?
6. Wann machst du das Abendessen?
7. Wann gehst du ins Bett?

Lektüre

Vor dem Lesen

A. Think back to when you were in the ninth grade and answer the following questions.

Welchen Tagesablauf haben Schüler in Ihrem Land in der 9. Klasse?

1. Wann stehen die Schüler und Schülerinnen während der Woche auf?
2. Wann frühstücken sie?
3. Wann beginnt der Unterricht?
4. Wann ist Mittagspause?
5. Wann ist der Unterricht zu Ende?
6. Wann essen die Schüler und Schülerinnen zu Abend?
7. Wann gehen sie ins Bett?

B. In the following text, underline the words that are English or that seem to be closely related to English. If you are unsure about a word that looks similar to an English word, look it up in the glossary in the appendices of this book. Then write it in the margin of the text next to the German word.

Arbeit mit dem Text

A. You can guess the meaning of many words from context. Guessing from context is a very useful skill, especially when reading. Try to guess the meaning of the following words by looking at the sentences in which they appear. Some hints are provided.

1. **Morgentoilette** (line 5) HINT: the first things you do after getting up to get ready for the day
2. **von... bis** (line 7) HINT: used to express time periods
3. **meistens** (line 8) HINT: used to express frequencies; related to English "most"
4. **Brötchen** (line 10) HINT: something to eat for breakfast on which you may put jam

Brief eines Internatsschülers

LESEHILFE

Before reading this text, look at its structure. Judging from the salutation at the beginning—**Liebe Ana**—and the greeting at the end—**Bis bald und alles Liebe Dein Felix**—you might guess that it is a letter. It is written by Felix to his friend Ana. Felix is a ninth-grade student at an **Internat** (boarding school). Apparently Ana has asked Felix what his day looks like, and he is telling her that in his letter.

Liebe Ana,

du hast mich in deinem letzten Brief nach meinem Tagesablauf gefragt. Er ist wahrscheinlich[1] auch nicht viel anders[2] als bei euch. Wir stehen während der Woche morgens sehr früh auf, nämlich um 6 Uhr 55. Dann machen wir unsere Morgentoilette. Um 7 Uhr 20 versammeln wir uns zu einem kurzen Morgengebet.[3]

Von 7 Uhr 20 bis 7 Uhr 40 haben wir Zeit zum Frühstücken. Ich bin meistens schon nach 10 Minuten fertig,[4] weil[5] ich so früh noch gar keinen Hunger habe. Ich trinke nur eine Tasse Kakao und esse ein Brötchen oder vielleicht nur ein halbes mit Marmelade. Danach gehen wir zum Unterricht. Der Unterricht beginnt bei uns um 7 Uhr 55. Immer nach zwei Schulstunden haben wir eine Pause. Nach der sechsten Stunde gibt es Mittagessen.

Das Mittagessen dauert von 13 Uhr 10 bis 13 Uhr 40. Bis 15 Uhr 30 haben wir dann Freizeit. Manche üben Klavier,[6] treiben Sport, lesen, hören Musik oder verbringen[7] die Zeit mit ihren Freunden. Fernsehen dürfen[8] wir nicht. Um 15 Uhr 30 gibt es Tee und Kuchen. Ab 16 Uhr ist „Silentium". So nennen wir die Zeit, in der wir unsere Hausaufgaben machen. Sie heißt Silentium, weil keine lauten Aktivitäten erlaubt sind, damit[9] wir ungestört unsere Hausaufgaben machen können. Wer[10] früher fertig ist, kann lesen oder mit Kopfhörer Musik hören, aber nicht laut.

Um 18 Uhr gibt es Abendessen und danach ist Abendfreizeit. Im Sommer spielen wir oft Fußball oder fahren Inliner oder mit dem Skateboard. Im Winter spielen wir Brettspiele[11] oder am Computer, schreiben Briefe so wie ich gerade oder sehen fern. Um 21 Uhr müssen wir in unsere Zimmer und um 21 Uhr 30 müssen wir das Licht ausmachen.[12] Am Wochenende dürfen wir eine Stunde länger aufbleiben.

So, jetzt müssen wir in unsere Zimmer. Ich schreibe morgen weiter.

Bis bald und alles Liebe

Dein Felix

---

5. **Mittagessen** (line 14) HINT: what do you eat after six hours of school
6. **üben** (line 16) HINT: what you do with a piano to improve proficiency
7. **ungestört** (line 21) HINT: The reason for the slience is so that students may work _____; notice the prefix **un-**.
8. **Kopfhörer** (line 23) HINT: gadget that fits on your head for listening to music
9. **ausmachen** (line 29) HINT: what you do to the lights when you go to bed

---

[1] *probably* [2] *different* [3] das Gebet *prayer* [4] *finished* [5] *because* [6] *piano* [7] *pass* [8] *are allowed* [9] *so that* [10] *Whoever* [11] *board games* [12] das... *turn off the light*

B. What is Felix's day like? What does he do, and when? Read the text and match the activity to the time.

Was macht Felix wann?

1. _____ 6.55 Uhr	**a.** Er macht sein Morgengebet.
2. _____ 7.20 Uhr	**b.** Es gibt Tee und Kuchen.
3. _____ 7.20–7.40 Uhr	**c.** Der Unterricht beginnt.
4. _____ 7.55 Uhr	**d.** Er macht das Licht aus.
5. _____ 13.10–13.40 Uhr	**e.** Silentium: er macht Hausaufgaben.
6. _____ 13.40–15.30 Uhr	**f.** Er hat Freizeit.
7. _____ 15.30 Uhr	**g.** Es gibt Abendessen und dann ist Abendfreizeit.
8. _____ 16.00–18.00 Uhr	**h.** Er steht auf.
9. _____ 18.00–21.00 Uhr	**i.** Er frühstückt.
10. _____ 21.30 Uhr	**j.** Er isst zu Mittag.

C. Zwischen den Zeilen lesen.[1] When reading and listening, we usually understand more than what is being said. We come to conclusions based on particular information or indications. When we do this we are drawing inferences. What are possible answers to the following questions? On what information from the text do you base your inferences?

Was glauben Sie? Was steht im Text dazu?

1. Auf welche Art[2] von Internat geht Felix?
2. Wann schreibt er den Brief?
3. Wer ist Ana?

Nach dem Lesen

Schreiben Sie einem Klassenkameraden einen Brief auf Deutsch über Ihren Tagesablauf. Schreiben Sie ca. 100 Wörter. Vergessen Sie nicht die Anrede[3] und den Abschiedsgruß.

Liebe Ana / Lieber Felix
...
Viele Grüße / Herzliche Grüße / Alles Liebe
Deine Ana / Dein Felix

[1]Zwischen... *Reading between the lines*   [2]welche... *what kind*   [3]*salutation*

Persönliche Daten

■ Grammatik 1.6

Antrag auf Ausstellung eines Personalausweises

Familienname: *Ruf*

geborene(r): *Schuler*

Vornamen: *Margret*

Geburtstag: *13. April 1965*

Geburtsort: *Augsburg*

Staatsangehörigkeit: *deutsch*

Augenfarbe: blau, grau, (grün), braun   Größe *172* cm

München *Sonnenstr.* *11*
             Straße   Hausnummer

München, den *30.5.2004*

Margret Ruf
     Unterschrift des Antragstellers

SITUATION 13 Dialog: Auf dem Rathaus

Melanie Staiger ist auf dem Rathaus in Regensburg. Sie braucht einen neuen Personalausweis.

BEAMTER: Grüß Gott!

MELANIE: Grüß Gott. Ich brauche einen neuen _____.

BEAMTER: ___ ist Ihr Name, bitte?

MELANIE: Staiger, Melanie Staiger.

BEAMTER: Und __ wohnen Sie?

MELANIE: In Regensburg.

BEAMTER: ___ ist die genaue Adresse?

MELANIE: Gesandtenstraße 8.

BEAMTER: Haben Sie auch ____?

MELANIE: Ja, die Nummer ist 24352.

BEAMTER: ____ sind Sie geboren?

MELANIE: Am 3. ___ 1984.

BEAMTER: Was sind Sie _____?

MELANIE: Ich bin Studentin.

BEAMTER: Sind Sie verheiratet?

MELANIE: ___ Ich bin ledig.

Was braucht das Nürnberger Christkindl am dringendsten? Jawohl, warme Schuhe und gute Nerven.

Christkindl

Der Christkindlmarkt[1] in Nürnberg wird jedes Jahr zur Weihnachtszeit[2] vom Christkindl eröffnet. In diesem Clip lernen Sie das Christkindl kennen.

- Wer spielt die Rolle des Nürnberger Christkindls?
- Wie alt ist diese Person?
- Was für Fragen stellen ihr die Kinder?
- Was sind ihre Hobbys?

[1] Christmas market   [2] Christmas time

SITUATION 14 ## Interview: Auf dem Rathaus

1. Wie heißen Sie?
2. Wie alt sind Sie?
3. Wo sind Sie geboren?
4. Wo wohnen Sie?
5. Was ist Ihre genaue Adresse?
6. Was ist Ihre Telefonnummer?
7. Was studieren Sie?
8. Sind Sie verheiratet?
9. Welche Augenfarbe haben Sie?
10. Welche Haarfarbe?

SITUATION 15 ## Rollenspiel: Auf dem Auslandsamt

s1: Sie sind Student/Studentin und möchten ein Jahr lang in Österreich studieren. Gehen Sie aufs Auslandsamt und sagen Sie, dass Sie ein Stipendium möchten. Beantworten Sie die Fragen des Beamten / der Beamtin. Sagen Sie am Ende des Gesprächs „Auf Wiedersehen".

Schreiben Sie die fehlenden Angaben[2] in den Steckbrief.

NÜTZLICHE WÖRTER

der Bankräuber = *bank robber*
der Spitzname = *nickname*
besonderes Kennzeichen = *distinguishing feature*
die Narbe = *scar*
das Halstuch = *bandanna*
bewaffnet = *armed*

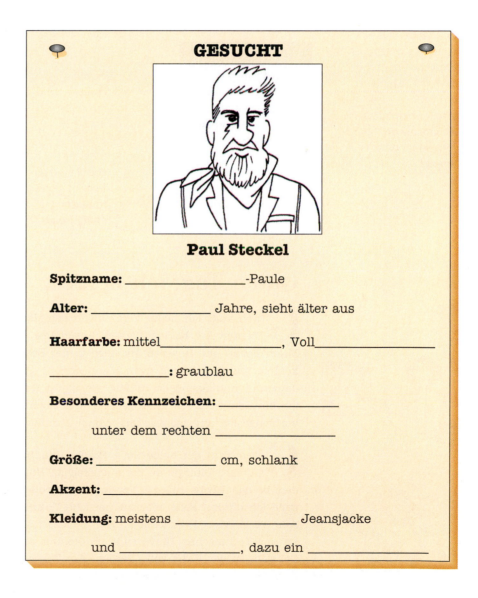

GESUCHT

Paul Steckel

Spitzname: _____-Paule

Alter: _____ Jahre, sieht älter aus

Haarfarbe: mittel_____, Voll_____

_____: graublau

Besonderes Kennzeichen: _____

unter dem rechten _____

Größe: _____ cm, schlank

Akzent: _____

Kleidung: meistens _____ Jeansjacke

und _____, dazu ein _____

[1]*Wanted*   [2]*information*

Lektüre

LESEHILFE

In this reading, several of the characters of **Kontakte** are introduced. Before reading, look at each of the pictures and say as much as you can about the characters, based on the drawings. Now read the text once through. How closely do the pictures reflect what is in the text?

Vor dem Lesen

Welche Informationen geben Sie, wenn Sie sich vorstellen[1]? Kreuzen Sie an.

☐ Name   ☐ Freunde   ☐ Herkunft
☐ Alter   ☐ Geburtsdatum   ☐ Schulnoten[3]
☐ Beruf/Studienfach   ☐ Gewicht[2]   ☐ Interessen
☐ Familie   ☐ Hobbys   ☐ Adresse

Minwörterbuch

das **Fahrrad**	bicycle
die **Gärtnerei**	nursery (gardening)
der **Geschäftsmann**	businessman
der **Lastwagen**	truck
der **Ort**	town
seit	for
die **Sozialkunde**	social studies
die **Speditionsfirma**	trucking company
unterrichten	to teach
unterwegs	on the road

Guten Tag, ich heiße...

Guten Tag, ich heiße Veronika Frisch. Ich bin verheiratet und habe drei Töchter. Sie heißen Natalie, Rosemarie und Lydia. Ich lebe mit meinem Mann Bernd und unseren Töchtern in der Schweiz. Wir wohnen in Zürich. Ich komme aus Zürich und mein Mann kommt aus Luzern. Ich bin dreiunddreißig
5 Jahre alt und Bernd ist fünfzig. Bernd ist Geschäftsmann hier in Zürich und ich bin Lehrerin. Ich unterrichte Französisch und Sozialkunde. Meine Freizeit verbringe ich am liebsten mit meiner Familie. Außerdem reise ich gern.

Guten Tag, ich heiße Sofie Pracht, bin 22 und komme aus Dresden. Ich studiere Biologie an der Technischen Universität Dresden. Ein paar Stun-
10 den in der Woche arbeite ich in einer großen Gärtnerei. In meiner Freizeit gehe ich oft ins Kino oder ich besuche Freunde. Ich spiele Gitarre und tanze sehr gern. Mein Freund heißt Willi Schuster. Er studiert auch hier in Dresden an der Technischen Universität. Er kommt aus Radebeul. Das ist ein kleiner Ort ganz in der Nähe von Dresden. Am Wochenende fahren wir manchmal mit
15 dem Fahrrad nach Radebeul und besuchen seine Familie.

[1]sich... *introduce yourself*   [2]*weight*   [3]*grades*

Guten Tag, ich heiße Mehmet Sengün. Ich bin 29 und in Izmir, in der Türkei, geboren. Ich lebe jetzt seit 19 Jahren hier in Berlin. Ich wohne in Kreuzberg, einem Stadtteil von Berlin, in einer kleinen Wohnung. In Kreuzberg leben sehr viele Türken — die Berliner nennen es Klein-Istanbul — und viele meiner türkischen Freunde wohnen ganz in der Nähe. Im Moment arbeite ich für eine Speditionsfirma hier in der Stadt. Ich fahre einen Lastwagen und bin viel unterwegs. Ich weiß nicht, aber richtig zu Hause fühle ich mich in Berlin auch nicht und für die Deutschen bin ich immer der Türke.

20

Berlin-Kreuzberg, die türkische Hauptstadt Deutschlands

Arbeit mit dem Text

Was erfahren Sie über Veronika Frisch, Sofie Pracht und Mehmet Sengün? Vervollständigen Sie die Tabelle.

Name	Veronika Frisch	Sofie Pracht	Mehmet Sengün
Alter			
Geburtsort			
Familie/Freunde			
Wohnort			
Beruf			
Studienfach			
Freizeit			
Sonstiges[1]			

Nach dem Lesen

Stellen Sie sich vor.[2] Schreiben Sie einen kurzen Text. Kleben[3] Sie ein Foto auf das Papier oder zeichnen.[4] Sie ein Selbstporträt. Hängen Sie Ihre Texte im Klassenzimmer an die Wand.

[1]*other information*   [2]Stellen... *introduce yourself*   [3]*glue*   [4]*draw*

Videoecke

- Was studierst du?
- Gibt es da interessante Seminare?
- Wann beginnen deine Seminare?
- Wann stehst du da auf?
- Was machst du dann?
- Was machst du mittags?
- Was machst du in deiner Freizeit?
- Und was machst du dieses Wochenende?

Uli, geboren am 8. November 1975, kommt aus Marburg (Hessen). Ihre Hobbys sind Musik, Sport, Lesen, Reisen und Briefe schreiben.

Michael, geboren am 2. August 1974, kommt aus Magdeburg (Sachsen-Anhalt). Seine Hobbys sind Angeln, Basteln und Lesen.

Aufgabe

Uli oder Michael? Welche Aussagen treffen auf Michael zu, welche auf Uli? Schreiben Sie U (Uli) oder M (Michael) neben die folgenden Aussagen.

1. _____ studiert Ostslawistik und Deutsch als Fremdsprache.
2. _____ studiert Humanmedizin.
3. _____ hat keine interessanten Seminare.
4. _____ steht um halb sieben auf.
5. _____ geht ins Bad, duscht, zieht sich an und frühstückt.
6. _____ isst mittags in der Mensa.
7. _____ ruht sich aus, wenn er Zeit hat.
8. _____ singt im Chor, macht Sport und besucht Veranstaltungen in der Gemeinde.
9. _____ liest gern und geht gern angeln.
10. _____ geht dieses Wochenende mit Freunden angeln.
11. _____ geht auf eine Wochenendfreizeit mit ihrer Gemeinde.

Wortschatz

Freizeit	Leisure Time
lesen (R)	to read
er/sie **liest**	he/she reads
Zeitung lesen	to read the newspaper
liegen	to lie
in der Sonne liegen	to lie in the sun
reisen	to travel
segeln	to sail
spielen	to play
wandern	to hike
zelten	to camp

Ähnliche Wörter

die **Gitarre, -n;** die **Karte, -n;** die **Musik;** die **Sonnenbrille, -n;** der **Ball,** ¨e (R); der **Fußball,** ¨e (R); der **Kaffee;** der **Volleyball,** ¨e; das **Foto, -s;** das **Golf;** das **Hobby, -s;** das **Schach;** das **Squash;** das **Tennis; boxen; hören; kochen; reiten; schwimmen gehen; singen; tanzen; windsurfen gehen**

Orte	Places
die **Arbeit**	work
zur Arbeit gehen	to go to work
der **Berg, -e**	mountain
in die Berge gehen	to go to the mountains
in den Bergen	to hike in the
wandern	mountains
das **Kino, -s**	movie theater, cinema
ins Kino gehen	to go to the movies
das **Meer, -e**	sea
im Meer schwimmen	to swim in the sea
das **Rathaus,** ¨er	town hall
auf dem Rathaus	at the town hall
das **Schwimmbad,** ¨er	swimming pool
ins Schwimmbad	to go to the swimming
fahren	pool

Ähnliche Wörter

die **Party, -s; auf eine Party gehen;** die **Uni, -s** (R); **zur Uni gehen; auf der Uni sein;** der **Park, -s; im Park spazieren gehen;** das **Bett, -en; ins Bett gehen;** das **Haus,** ¨er; **zu Hause sein; nach Hause gehen;** das **Konzert, -e; ins Konzert gehen;** das **Museum, Museen; ins Museum gehen**

Schule und Universität	School and University
die **Erdkunde**	earth science; geography
die **Geschichte**	history
die **Kunstgeschichte**	art history
die **Informatik**	computer science
die **Kunst**	art
die **Lehrerin, -nen** (R)	female teacher, instructor
die **Prüfung, -en**	test
die **Schülerin, -nen**	female pupil
die **Sozialkunde**	social studies
die **Wirtschaft**	economics
der **Lehrer, -** (R)	male teacher, instructor
der **Maschinenbau**	mechanical engineering
der **Schüler, -**	male pupil
der **Stundenplan,** ¨e	schedule
das **Auslandsamt,** ¨er	center for study abroad
das **Fach,** ¨er	academic subject
das **Stipendium,**	scholarship
Stipendien	
das **Studium, Studien**	university studies
die **Ferien** (*pl.*)	vacation

Ähnliche Wörter

die **Biologie,** die **Chemie,** die **Linguistik,** die **Literatur;** die **Mathematik;** die **Musik;** die **Pause, -n;** die **Physik;** die **Religion;** die **Soziologie;** der **Kurs, -e** (R); der **Sport;** das **Latein;** das **Semester, -; lernen; studieren**

Persönliche Daten	Biographical Information
die **Farbe, -n**	color
die **Größe, -n**	height
die **Narbe, -n**	scar
die **Staatsangehörigkeit,**	nationality, citizenship
-en	
die **Unterschrift, -en**	signature
der **Beruf, -e**	profession
was sind Sie von	what's your profession?
Beruf?	
der **Familienstand**	marital status
der **Geburtstag, -e**	birthday

der **Personalausweis**, -e	(personal) ID card
der **Spitzname**, -n	nickname
der **Wohnort**, -e	residence
das **Alter**	age
ledig	unmarried
verheiratet	married

Ähnliche Wörter

die **Adresse**, -n; die **Augenfarbe**; die **Haarfarbe**; die **Nummer**, -n; die **Hausnummer**, -n; die **Telefonnummer**, -n; die **Person**, -en; die **Präferenz**, -en; der **Name**, -n (R); der **Familienname**, -n (R); der **Vorname**, -n (R); **geboren**; **wann sind Sie geboren?**

Tagesablauf — Daily Routine

die **Woche**, -n	week
in der Woche	during the week
der **Abend**, -e	evening
der **Tag**, -e	day
den ganzen Tag	all day long
der **Montag**	Monday
der **Dienstag**	Tuesday
der **Mittwoch**	Wednesday
der **Donnerstag**	Thursday
der **Freitag**	Friday
der **Samstag**	Saturday
der **Sonntag**	Sunday
das **Wochenende**, -n	weekend
am Wochenende	over the weekend
früh	early
spät(er)	late(r)
um wie viel Uhr... ?	at what time . . . ?
wann?	when?
um halb drei	at two thirty
um sechs (Uhr)	at six o'clock
um sieben Uhr zwanzig	at seven twenty
um Viertel vor vier	at a quarter to four
um zwanzig nach fünf	at twenty after/past five
welcher Tag ist heute?	what day is today?
wie spät ist es?	what time is it?
wie viel Uhr ist es?	what time is it?

Ähnliche Wörter

die **Sekunde**, -n; der **Moment**, -e; **im Moment**

Sonstige Substantive — Other Nouns

die **Tasche**, -n	bag; purse; pocket
die **Wohnung**, -en	apartment
der **Brief**, -e	letter
das **Abendessen**, -	supper, evening meal
das **Halstuch**, ¨er	bandanna
das **Motorrad**, ¨er	motorcycle
Motorrad fahren	to ride a motorcycle

Verben mit trennbaren Präfixen — Verbs with Separable Prefixes

ab·holen	to pick (somebody) up (from a place)
an·kommen	to arrive
an·rufen	to call up
auf·hören (mit)	to stop (doing something)
auf·räumen	to clean (up)
auf·stehen	to get up
aus·füllen	to fill out
aus·gehen	to go out
ein·kaufen (gehen)	to (go) shop(ping)
ein·packen	to pack up
fern·sehen	to watch TV
er/sie sieht fern	he/she is watching TV

Sonstige Verben — Other Verbs

arbeiten	to work
besuchen	to visit
bleiben	to stay, remain
brauchen	to need; to use
duschen	to (take a) shower
fliegen	to fly
frühstücken	to eat breakfast
kaufen	to buy
kennen lernen	to get acquainted with
mögen	to like
ich mag	I like
du magst	you like
spazieren gehen	to go for a walk
suchen	to look for
unterschreiben	to sign

Ähnliche Wörter

beginnen, reparieren, trinken

Sonstige Wörter und Ausdrücke — Other Words and Expressions

gern	gladly, with pleasure
wir singen gern	we like to sing
ihr(e)	her
sein(e)	his

Strukturen und Übungen

1.1 The present tense

One German present-tense form expresses three different ideas in English.

Ich spiele Gitarre.

> *I play the guitar.*
> *I'm playing the guitar.*
> *I'm going to play the guitar.*

Most German verbs form the present tense just like **kommen (Einführung B).**

spielen			
ich	spiele	wir	spielen
du	spielst	ihr	spielt
Sie	spielen	Sie	spielen
er sie es }	spielt	sie	spielen

Gabi und Jutta **spielen** gern Karten.

Gabi and Jutta like to play cards.

Verbs whose stems end in an **s**-sound, such as **-s, -ss, -ß, -z (-ts)**, or **-x (-ks)**, do not add an additional **-s-** in the **du**-form: **du tanzt, du heißt, du reist.**

—Wie **heißt du?**
—**Ich heiße** Natalie.

What's your name?
My name's Natalie.

Verbs whose stems end in **-d** or **-t** (and a few other verbs such as **regnen** [*to rain*] and **öffnen** [*to open*]) insert an **-e-** between the stem and the **-st** or **-t** endings. This happens in the **du-, ihr-,** and **er/sie/es-**forms.

Reitest du jeden Tag?

Do you go horseback riding every day?

reiten			
ich	reite	wir	reiten
du	reitest	ihr	reitet
Sie	reiten	Sie	reiten
er sie es }	reitet	sie	reiten

ÜBUNG 1 Was machen sie?

Kombinieren Sie die Wörter. Achten Sie auf die Verbendungen.

MODELL Ich besuche Freunde.

1. ich	lernen	Freunde
2. ihr	besuche	ins Kino
3. Jutta und Jens	studiert	Spaghetti
4. du	hört	ein Buch
5. Melanie	reisen	gut Tennis
6. ich	kochen	nach Deutschland
7. wir	lese	in Regensburg
8. Richard	spielst	Spanisch
9. Jürgen und Silvia	geht	gern Musik

ÜBUNG 2 Minidialoge

Ergänzen Sie das Pronomen.

1. CLAIRE: Arbeitet Melanie?
   JOSEF: Nein, _____ arbeitet nicht.
2. MICHAEL: Schwimmen _____ gern im Meer?
   FRAU KÖRNER: Ja, sehr gern. Und Sie?
3. MEHMET: Was machst _____^{a} im Sommer?
   RENATE: _____^{b} fliege nach Spanien.
4. CLAIRE: Woher kommt _____^{a}?
   HELGA UND SIGRID: _____^{b} kommen aus Krefeld.
5. JÜRGEN: _____^{a} studiere in Göttingen. Und _____^{b}?
   KLAUS UND CHRISTINA: _____^{c} studieren in Berlin.

ÜBUNG 3 Minidialoge

Ergänzen Sie die Verbendungen.

1. CLAIRE: Du tanz___^{a} gern, nicht?
   MELANIE: Ja, ich tanz___^{b} sehr gern, aber mein Freund tanz___^{c} nicht gern.
2. FRAU SCHULZ: Richard geh___^{a} im Sommer in den Bergen wandern.
   STEFAN: Und was mach___^{b} seine Eltern?
   FRAU SCHULZ: Seine Mutter reis___^{c} nach Frankreich und sein Vater
      arbeit___.^{d}
3. JÜRGEN: Wir koch___^{a} heute Abend. Was mach___^{b} ihr?
   KLAUS: Wir besuch___^{c} Freunde.

1.2 Expressing likes and dislikes: *gern / nicht gern*

verb + **gern** = *to like to do something*

verb + **nicht gern** = *to dislike doing something*

To say that you like doing something, use the word **gern** after the verb. To say that you don't like to do something, use **nicht gern.**

Ernst spielt **gern** Fußball.	*Ernst likes to play soccer.*
Josef spielt **nicht gern** Fußball.	*Josef doesn't like to play soccer.*

I	II	III	IV
Sofie	spielt	gern	Schach.
Willi	spielt	auch gern	Schach.
Ich	spiele	nicht gern	Schach.
Monika	spielt	auch nicht gern	Schach.

The position of **auch/nicht/gern** (in that order) is between the verb and its complement.*

ÜBUNG 4 **Was machen die Studenten gern?**

Bilden Sie Sätze.

MODELL Heidi und Nora schwimmen gern.

Heidi/Nora

Monika /Albert 1.

Heidi 2.

Stefan 3.

Nora 4.

Peter 5.

Katrin 6.

Monika 7.

Albert 8.

---

*The complement provides additional information and thus "completes" the meaning of the verb: **ich spiele** → **ich spiele Tennis; ich höre** → **ich höre Musik.**

Und diese Personen?

Sagen Sie, was die folgenden Personen gern machen.

> MODELL Frau Ruf liegt gern in der Sonne. Jutta liegt auch gern in der Sonne, aber Herr Ruf liegt nicht gern in der Sonne.

1. Frau Ruf Jutta Herr Ruf
2. Jens Ernst Jutta
3. Jens Jutta Andrea
4. Michael Maria die Rufs die Wagners

1.3 Telling time

Ask the time in German in one of two ways.

Wie spät ist es?
Wie viel Uhr ist es?

What time is it?

Es ist eins.
Es ist ein Uhr.

Es ist drei.
Es ist drei Uhr.

vor = *to*
nach = *after*

Es ist Viertel vor elf.
Es ist zehn Uhr fünfundvierzig.

Es ist Viertel nach elf.
Es ist elf Uhr fünfzehn.

Es ist zehn (Minuten) vor acht.
Es ist sieben Uhr fünfzig.

Es ist zehn (Minuten) nach acht.
Es ist acht Uhr zehn.

The expressions **Viertel, nach, vor,** and **halb** are used in everyday speech. In German, the half hour is expressed as "half before" the following hour, not as "half after" the preceding hour, as in English.

halb = *half, thirty*
halb zehn = *half past nine, nine thirty*

Es ist halb zehn.

It is nine thirty (halfway to ten).

The 24-hour clock (0.00 to 24.00) is used when giving exact or official times, as in time announcements, schedules, programs, and the like. With the 24-hour clock only the pattern (*number*) **Uhr** (*number of minutes*) is used.

Ankunft	km	Abfahrt	Anschlüsse
14.22 Potsdam Stadt		**14.24**	
	✦	14.43	Wildpark 14.49 Werder (Havel) 14.56 (204)
	24	E 15.01	Wustermark 15.39 Nauen 15.57 (204.4)
			S-Bahnanschlüsse (Taktverkehr) bestehen in Richtung: Wannsee – Westkreuz – Charlottenburg – Zool Garten (Ⓢ 3)

Der Zug geht um vierzehn Uhr vierundzwanzig.
The train leaves at two twenty-four p.m.

ÜBUNG 6 **Die Uhrzeit**

Wie spät ist es?

MODELL Es ist acht Uhr.

1.   2.   3.   4.

5.   6.   7.   8.

1.4 Word order in statements

In English, the verb usually follows the subject of a sentence.

SUBJECT	VERB	COMPLEMENT
Peter	takes	a walk.

Even when another word or phrase begins the sentence, the word order does not change.

	SUBJECT	VERB	COMPLEMENT
Every day,	Peter	takes	a walk.

In statements, verb second.

In German statements, the verb is always in second position. If the sentence begins with an element other than the subject, the subject follows the verb.

I	II	III	IV
SUBJECT	VERB		COMPLEMENT
Wir	spielen	heute	Tennis.
	VERB	SUBJECT	COMPLEMENT
Heute	spielen	wir	Tennis.

ÜBUNG 7 Rolf

Unterstreichen[1] Sie das Subjekt des Satzes. Steht das konjugierte Verb vor[2] oder nach[3] dem Subjekt?

1. <u>Rolf</u> kommt aus Krefeld.   *nach* _____
2. Im Moment studiert er in Berkeley. _____
3. Seine Großmutter wohnt noch in Krefeld. _____
4. Samstags geht Rolf oft ins Kino. _____
5. Am Wochenende wandert er oft in den Bergen. _____
6. Außerdem treibt er gern Sport. _____
7. Im Sommer geht er surfen. _____
8. Er geht auch ins Schwimmbad der Uni. _____

ÜBUNG 8 Sie und Ihr Freund

Bilden Sie Sätze. Beginnen Sie die Sätze mit dem ersten Wort oder den ersten Wörtern in einer Zeile. Beachten[4] Sie die Satzstellung.[5]

MODELL Heute (ich / sein _____) → Heute bin ich fröhlich.

1. Ich (studieren _____)
2. Im Moment (ich / wohnen in _____)
3. Heute (ich / kochen _____)
4. Manchmal (ich / trinken _____)
5. Ich (spielen gern _____)
6. Mein Freund (heißen _____)
7. Jetzt (er / wohnen in _____)
8. Manchmal (wir / spielen _____)

[1]*Underline* [2]*before* [3]*after* [4]*Pay attention to* [5]*word order*

1.5 Separable-prefix verbs

Many German verbs have prefixes that change the verb's meaning. They combine with the infinitive to form a single word.

stehen	*to stand*	aufstehen	*to stand up*
gehen	*to go*	ausgehen	*to go out*
kommen	*to come*	ankommen	*to arrive*

In statements, verb second, prefix last.

When you use a present-tense form of these verbs, put the conjugated form in second position and put the prefix at the end of the sentence. The two parts of the verb form a frame or bracket, called a **Satzklammer,** that encloses the rest of the sentence.

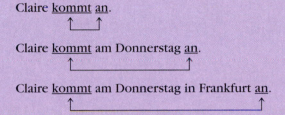

Claire <u>kommt</u> <u>an</u>.

Claire <u>kommt</u> am Donnerstag <u>an</u>.

Claire <u>kommt</u> am Donnerstag in Frankfurt <u>an</u>.

Here are some common verbs with separable prefixes.

abholen	*to pick up, fetch*	aufstehen	*to get up*
ankommen	*to arrive*	ausfüllen	*to fill out*
anrufen	*to call up*	ausgehen	*to go out*
aufhören	*to stop, be over*	einkaufen	*to shop*
aufräumen	*to clean up, tidy up*	einpacken	*to pack up*

ÜBUNG 9 Eine Reise in die Türkei

Mehmet fliegt morgen in die Türkei. Was macht er heute? Ergänzen Sie die folgenden Wörter: **ab, an, auf, auf, auf, aus, aus, ein, ein.**

1. Er steht um 7 Uhr _____.
2. Er räumt die Wohnung _____.
3. Er packt seine Sachen[1] _____.
4. Er ruft Renate _____.
5. Er füllt ein Formular _____.
6. Er holt seinen Reisepass _____.
7. Er kauft Essen[2] _____.
8. Abends geht er _____.
9. Er geht ins Kino. Der Film hört um 22 Uhr _____.

[1]*things*   [2]*food*

ÜBUNG 10 Was machen die Leute?

Verwenden Sie die folgenden Verben.

abholen	aufräumen	ausgehen
ankommen	aufstehen	einkaufen
anrufen	ausfüllen	einpacken

MODELL Frau Schulz kauft ein paar Lebensmittel ein.

Rolf
1.

Thomas
2.

Heidi / Thomas
3.

Albert
4.

Peter / Monika
5.

Peter / Monika
6.

Frau Schulz
7.

Stefan
8.

1.6 Word order in questions

When you begin a question with a question word (for example, **wie, wo, wer, was, wann, woher**), the verb follows in second position. The subject of the sentence is in third position. Any further elements appear in fourth position.

In **w**-questions, verb second.

I	II	III	IV	
Wann	beginnt	das Spiel?		*When does the game start?*
Was	machst	du	heute Abend?	*What are you doing tonight?*
Wo	wohnst	du?		*Where do you live?*
Welches Fach	studierst	du?		*Which subject are you studying?*

Here are the question words you have encountered so far.

wann	*when*	wie	*how*
was	*what*	wie viel(e)	*how much (many)*
welcher*	*which*	wo	*where*
wer	*who*	woher	*from where*

Questions that can be answered by *yes* or *no* begin with the verb.

Tanzt du gern?	*Do you like to dance?*
Arbeitest du hier?	*Do you work here?*
Gehst du ins Kino?	*Are you going to the movies?*

ÜBUNG 11 Ein Interview mit Marta Szerwinski

Schreiben Sie die Fragen.

MODELL du + heißen + wie + ? → Wie heißt du?

1. du + sein + geboren + wann + ?
2. du + kommen + woher + ?
3. du + wohnen + wo + ?
4. du + haben + Augenfarbe + welch- + ?
5. du + sein + groß + wie + ?
6. du + studieren + ?
7. du + studieren + Fächer + welch- + ?
8. du + arbeiten + Stunden + wie viele + ?
9. du + machen + gern + was + ?

ÜBUNG 12 Noch ein Interview

Stellen Sie die Fragen.

1. —Ich heiße Sofie.
2. —Nein, ich komme nicht aus München.
3. —Ich komme aus Dresden.
4. —Ich studiere Biologie.
5. —Er heißt Willi.
6. —Er wohnt in Dresden.
7. —Nein, ich spiele nicht Tennis.
8. —Ja, ich tanze sehr gern.
9. —Nein, ich trinke kein Bier.
10. —Ja, Willi trinkt gern Bier.

---

*The endings of **welcher** vary according to gender, number, and case of the following noun. They are the same endings as those of the definite article. Therefore, **welcher** is called a **der**-word.

(M)	(N)	(F)	(Pl)
welcher Name	welches Alter	welche Adresse	welche Studienfächer

Ernst Ludwig Kirchner:
Berliner Straßenszene
(1913), Brücke Museum,
Berlin

ERNST LUDWIG KIRCHNER

*Ernst Ludwig Kirchner (1880–1936) wurde in Aschaffenburg ge-
boren und war ein Maler[1] und Grafiker des Expressionismus. Er
war Mitbegründer[2] der Künstlergruppe „Die Brücke" in Dresden. Ab 1911 wohnte er in Berlin, wo er viele Straßenszenen
malte.[3]*

[1]*painter*   [2]*co-founder*   [3]*painted*

Besitz und Vergnügen

In **Kapitel 2** you will learn to talk more about things: your own possessions and things you give others. You will also learn how to describe what you have and don't have and to give your opinion on matters of taste or style.

Themen

Besitz
Geschenke
Kleidung und Aussehen
Vergnügen

Kulturelles

Der Euro
Videoblick: Mode ist, wie man sich fühlt
Vergnügen
Videoecke: Hobbys

Lektüren

Ringe fürs Leben zu zweit
Porträt: Anne-Sophie Mutter und Salzburg

Strukturen

2.1 The accusative case
2.2 The negative article: **kein, keine**
2.3 What would you like? **Ich möchte...**
2.4 Possessive adjectives
2.5 The present tense of stem-vowel changing verbs
2.6 Asking people to do things: the **du**-imperative

Situationen

Besitz

■ **Grammatik 2.1–2.2**

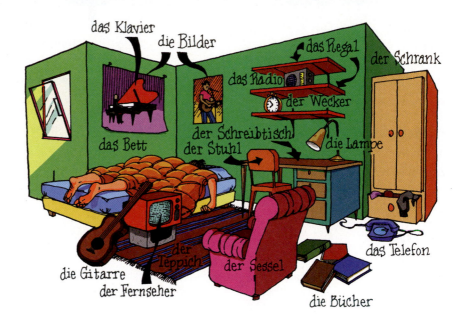

SITUATION 1 **Hast du eine Gitarre?**

MODELL S1: Hast du einen Schlafsack?
S2: Ja, ich habe einen Schlafsack.
Nein, ich habe keinen Schlafsack.

Der Euro

Fragen Sie Ihren Partner oder Ihre Partnerin.

1. Wie heißt die Währung[1] in dem Land, in dem du geboren bist?
2. Welche Münzen gibt es, z. B. 1-Cent-Münzen, 2-Cent-Münzen?
3. Welche Geldscheine gibt es, z. B. 1-Dollar-Scheine, 2-Dollar-Scheine?
4. Welche Farbe haben die Geldscheine?
5. Welche Bilder und Symbole gibt es auf den Geldscheinen und Münzen?

Lesen Sie den Text zum Thema *Euro* und beantworten Sie die Fragen zum Text.

1. Wie viele Länder hat die EU? In wie vielen Ländern der EU gilt der Euro als gesetzliches Zahlungsmittel? In welchen Ländern der EU gilt er noch nicht?
2. In welchen weiteren Ländern ist der Euro gesetzliches Zahlungsmittel?
3. Welche Rolle spielt der Euro in der Schweiz?
4. Was sieht man auf den Euro-Scheinen, was auf den Euro-Münzen? Sind alle Euro-Scheine und -Münzen in allen Ländern gleich?
5. Was zeigt die deutsche und die österreichische 10-Cent-Münze und was die deutsche und österreichische 2-Euro-Münze?

Seit dem 1. Januar 2002 gibt es in Deutschland und in elf anderen Ländern der Europäischen Union (EU) eine neue Währung: den Euro. Der Euro ist gesetzliches Zahlungsmittel[2] in Deutschland und Österreich, in Finnland, in Belgien, Luxemburg und in den Niederlanden, in Frankreich, in Italien, in Spanien, in Portugal, in Irland und in Griechenland. Nur die EU-Länder Dänemark, Schweden und Großbritannien behalten vorerst[3] ihre alten Währungen.

Neben den 12 Ländern der Eurozone ist der Euro in 12 weiteren Ländern die offizielle Währung. In den drei europäischen Kleinstaaten Andorra, Monaco, San Marino und im Vatikanstaat, und auch in den vier Ländern des ehemaligen[4] Jugoslawiens, nämlich im Kosovo, in Montenegro, in Kroatien und in Serbien, ist der Euro gesetzliches Zahlungsmittel, dazu in allen vier französischen Überseegebieten: Französisch-Guayana, Martinique, Guadeloupe und Réunion. Die Schweiz ist nicht Mitglied[5] der EU und auch nicht Mitglied der Eurozone. Trotzdem[6] akzeptiert man fast überall in der Schweiz neben[7] der eigenen Währung, dem Schweizer Franken, auch den Euro.

Ein Euro hat 100 Cent. Der größte Geldschein ist der 500-Euro-Schein und die kleinste Münze ist die 1-Cent-Münze. Neben 1-, 2-, 5-, 10-, 20- und 50-Cent-Münzen gibt es auch 1- und 2-Euro-Münzen. Die Scheine sind in allen Ländern gleich.[8] Sie zeigen auf einer Seite Brücken[9] und auf der anderen Seite Fenster und historisch wichtige Portale. Der 5-Euro-Schein zeigt z.B. eine Brücke und ein Portal im klassischen Stil und der 50-Euro-Schein eine Brücke und ein Fenster aus der Renaissance.

Eine Seite der Münzen ist ebenfalls in allen Ländern gleich. Sie zeigt die Länder der Eurozone. Die andere Seite ist von Land zu Land verschieden.[10] Die deutschen 10-, 20- und 50-Cent-Münzen zeigen z.B. das Brandenburger Tor und die 1- und 2-Euro-Münzen den deutschen Adler.[11] Alle acht österreichischen Münzen haben ein anderes Motiv, die österreichische 10-Cent-Münze z.B. zeigt den Stefansdom[12] und die 2-Euro-Münze die österreichische Pazifistin Bertha von Suttner.

[1]*currency* [2]*gesetzliches... legal tender* [3]*behalten... will keep for the time being* [4]*former* [5]*member*
[6]*Nonetheless* [7]*in addition to* [8]*the same* [9]*bridges* [10]*different* [11]*eagle* [12]*der Dom cathedral*

500 Euro

50 Euro

10 Euro

5 Euro

10 cent   2 Euro

10 cent (D)   2 Euro (D)

10 cent (A)   2 Euro (A)

Dialog: Stefan zieht in sein neues Zimmer

Katrin trifft Stefan im Möbelgeschäft.

KATRIN: Hallo, Stefan. Was machst du denn hier?

STEFAN: Ach, ich brauche noch ein paar Sachen. Morgen ziehe ich in _____.

KATRIN: Was brauchst du denn?

STEFAN: Ach, alles Mögliche.

KATRIN: Was hast du denn schon?

STEFAN: Ich habe einen _____, eine ____ und... und... und einen ____.

KATRIN: Das ist aber nicht viel. _____ hast du denn?

STEFAN: So 30 Dollar.

KATRIN: Ich glaube, du bist im falschen Geschäft. Der Flohmarkt ist viel besser ____.

STEFAN: Ja, vielleicht hast du Recht.

Informationsspiel: Was machen sie morgen?

MODELL
S1: Schreibt Silvia morgen einen Brief?
S2: Ja.
S1: Schreibst du morgen einen Brief?
S2: Ja. (Nein.)

	Jürgen	Silvia	mein(e) Partner(in)
schreibt/schreibst... einen Brief	−		
kauft/kaufst... ein Buch	+		
schaut/schaust... einen Film an			
ruft/rufst... eine Freundin an	−	+	
macht/machst... Hausaufgaben	+		
isst/isst... einen Hamburger			
besucht/besuchst... einen Freund	+	+	
räumt/räumst... das Zimmer auf	−		

Interview: Besitz

1. Hast du wertvolle Sachen? DVD-Spieler, Auto, Computer? Was möchtest du haben?
2. Was hast du in deinem Zimmer? Was möchtest du haben?
3. Hast du Schmuck? Was möchtest du haben?
4. Hast du einen Hund oder eine Katze? Möchtest du einen Hund oder eine Katze haben?

Geschenke

■ **Grammatik 2.3**

SITUATION 5 **Was möchten sie?**

MODELL S1: Was möchte Herr Siebert?
       S2: Er möchte _____.

Auf der Suche nach dem
coolsten Computerspiel

SITUATION 6 Dialog: Ein Geschenk für Josef

Melanie trifft Claire in der Mensa.

MELANIE: Josef hat nächsten Donnerstag _____.

CLAIRE: Wirklich? Dann brauche ich ja noch ein _____ für ihn. Mensch, das ist schwierig. Hat er denn Hobbys?

MELANIE: Er ____ Gitarre und ___ gern Musik.

CLAIRE: Hast du schon ein Geschenk?

MELANIE: Ich ____ ein Songbuch kaufen. Aber es ist ziemlich ___. Kaufen wir es zusammen?

CLAIRE: Ja, klar. Welche Art Musik hat er denn ___?

MELANIE: Ich glaube, Soft-Rock und Oldies. Elton John, Céline Dion und so.

SITUATION 7 Zum Schreiben: Eine Einladung

Schreiben Sie eine Einladung zu einer Party. Benutzen Sie das Modell unten und Ihre Phantasie!

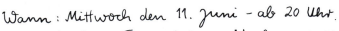

CALIGULA* PARTY

Wann: Mittwoch den 11. Juni - ab 20 Uhr.
Wo: Ludwig-Thomaheim - Neubau 5. Stock.
Wie: Im Kostüm der Epoche, mit
eigenem Kissen, um darauf
zu ruhen.

 B.D.E.A. (Bring Deinen Eigenen Alkohol)
* Der wahnsinnige römische Kaiser

SITUATION 8 Rollenspiel: Am Telefon

S1: Sie rufen einen Freund / eine Freundin an. Sie machen am Samstag eine Party. Laden Sie Ihren Freund / Ihre Freundin ein.

Lektüre

LESEHILFE

Before starting to read it is always useful to look at the complete text, the title, and any subtitles, accompanying pictures, tables, photos, or drawings, in order to get a general idea of what the text will be about. Look at this text, its title, subtitles and its accompanying pictures. Then write down what the main topic of the text probably is and what subtopics it suggests.

Vor dem Lesen

German and English are closely related languages and share many words. Sometimes the words look almost identical, with minor spelling variations such as German **k** or **z** for English *c*. Sometimes you have to use a little guesswork to see the English word in the German one, as in the word **Ägypter** (*Egyptian*). In the following text, underline the words whose meanings you think you can guess by knowing English.

Ringe fürs Leben zu zweit

Symbole ewiger[1] Liebe

Der Ehering symbolisiert ewige Liebe: er hat keinen Anfang und kein Ende. So wie der Ring kein Ende hat, soll auch die Liebe nie aufhören. Er signalisiert aller Welt: Dieser Mann / Diese Frau ist verheiratet. Jeder Ring kann zum Ehering werden. In Deutschland ist der Ehering oft ein einfacher goldener Ring. Zum Ehering wird ein Ring durch die eingravierte Schrift. Auch auf sehr schmale Ringe kann man die Vornamen der Eheleute und das Hochzeitsdatum eingravieren.

5

Wenn[2] der Ring einmal am Finger ist, darf er nie[3] mehr herunter kommen. Wenn der Ring kalt wird, wird auch die Liebe kalt. Wenn der Ring zerbricht oder wenn er verloren geht, dann ist das schlecht für die Liebe.

10

Das Herz als Sitz der Liebe

Die alten Griechen und Ägypter trugen den Ehering am linken Ringfinger. Sie glaubten,[4] dass eine Ader[5] von diesem Finger direkt zum Herzen führt. Sie glaubten, dass das Herz der Sitz der Liebe ist. Ein bekannter Kinderreim lautet:

Er (oder sie) liebt mich von Herzen,
15   *mit Schmerzen,[6]*
oder gar nicht.

linke Hand   rechte Hand

kleiner Finger
Ringfinger
Mittelfinger
Zeigefinger
Daumen

[1]*eternal*   [2]*When, If*   [3]*darf… it must never*   [4]*believed*   [5]*vein, artery*   [6]*pain*

Wenn man wissen möchte, ob der Freund oder die Freundin einen[1] liebt, dann pflückt man eine Blume und reißt ihr nacheinander
20 alle Blütenblätter ab.[2] Bei jedem Blütenblatt sagt man eine Zeile des Reims. Das, was man beim letzten Blütenblatt sagt, gilt.[3]

In Italien trägt man den Ring noch heute an der linken Hand. In Deutschland trägt man
25 nur den Verlobungsring[4] an der linken Hand. Den Ehering trägt man an der rechten Hand.

das Blütenblatt

Arbeit mit dem Text

A. Guess the meaning of the following words by looking at the context of the sentences in which they appear. Some hints are provided.

1. **Ehering** (Zeile 1) HINT: **Ehering** is a compound of **Ehe** and **Ring.** Look at the drawing. What kind of rings are they? What might **Ehe** mean?
2. **Anfang** (Zeile 1) HINT: the opposite of the noun **Ende**
3. **aufhören** (Zeile 2) HINT: a verb similar in meaning to the noun **Ende**
4. **Eheleute** (Zeile 6) HINT: You already guessed **Ehe. Leute** means people; what might the combination of these two words mean?
5. **herunter** (Zeile 8) HINT: Because the second clause contains the phrase *must never,* **herunter** is probably the opposite of **am Finger.**
6. **zerbricht** (Zeile 9–10) HINT: What bad things can happen to a ring? The root of this word is **brich.** German **ch** is often English *k.* What English word is spelled *br__k* and is something bad?
7. **verloren** (Zeile 10) HINT: Ignore the prefix **ver-** and the **-n** for a moment. German **r** is sometimes related to English *s.* What verb is this?
8. **Herz** (Zeile 12 und 13) HINT: What might be called the seat of love (line 13) and be connected to other parts of the body by a vein?
9. **Kinderreim** (Zeile 13) HINT: You know what **Kinder** means. If you pronounce **Reim,** it sounds like *rhyme,* which is its meaning. What might the combination of these two words mean?

B. Beantworten Sie die folgenden Fragen.

1. Warum symbolisiert ein Ring ewige Liebe?
2. Was signalisiert ein Ehering der Welt[5]?
3. Welche Ringe trägt man in Deutschland oft als Eheringe?
4. Was ist oft in Eheringen eingraviert?
5. Was passiert, wenn der Ring vom Finger herunter kommt? Was glauben viele Leute?
6. Was macht man in Deutschland, wenn man wissen möchte, ob der Freund oder die Freundin einen liebt?
7. Was trägt man in Deutschland an der linken Hand und was an der rechten Hand?

[1]here: *you*   [2]reißt... *plucks all its petals one at a time*   [3]*is valid*   [4]*engagement ring*   [5]der... *to the world*

A. Gibt es in Ihrer Klasse unterschiedliche Traditionen und Kulturen? Sammeln Sie in Ihrer Klasse Antworten auf die folgenden Fragen.

1. Trägt man in Ihrer Kultur Eheringe? Wenn ja, an welchem Finger welcher Hand trägt man sie? Wenn nicht, wie signalisiert man, dass Menschen verheiratet sind? Oder signalisiert man es gar nicht?
2. Was macht man in Ihrer Kultur, wenn man herausfinden möchte, ob jemand einen liebt?

B. Was halten Sie von Symbolen, die zeigen, dass zwei Menschen miteinander durchs Leben gehen wollen? Finden Sie sie wichtig? Warum (nicht)?

Kleidung und Aussehen

■ **Grammatik 2.4**

der Haarschnitt
der Ohrring
die Halskette
die Sporthose
Silvia

die Sonnenbrille
der Bademantel
die Handschuhe
der Gürtel
Rolf

HELGA: Wie findest du ihren Haarschnitt?
SIGRID: Sieht gut aus!

SIGRID: Wie findest du seinen Bademantel?
HELGA: Nicht schlecht!

das Piercing
der Schal
das Armband
das Nachthemd
Melanie

das Unterhemd
die Unterhose
die Socken
die Sandalen
Michael

CLAIRE: Wie findest du ihr Nachthemd?
JOSEF: Klasse!

JUTTA: Na, wie findest du seine Socken?
JENS: Hässlich!

Interaktion: Wie findest du
meine Sportschuhe?

1. Kreuzen Sie an, was Sie heute tragen.
2. Fragen Sie, wie Ihr Partner / Ihre Partnerin es findet.

> MODELL S1: Wie findest du meine Schuhe?
> S2: Deine Schuhe? Nicht schlecht.

---

echt stark   klasse   Finde ich ganz toll!

voll süß   super

Steht/Stehen dir gut!   Sieht/Sehen gut aus!

	Was Sie heute tragen	Wie Ihr(e) Partner(in) es findet
meine Hose		
meine Schuhe		
mein Kleid		
meinen Trainingsanzug		
meinen Gürtel		
mein Armband		
meine Halskette		
meinen Ohrring / meine Ohrringe		

SITUATION 10 Umfrage: Hast du einen
neuen Haarschnitt?

> MODELL: S1: Hast du einen neuen Haarschnitt?
> S2: Ja.
> S1: Unterschreib bitte hier.

UNTERSCHRIFT

1. Hast du einen neuen Haarschnitt?   _____

2. Trägst du heute Socken?   _____

3. Magst du Ledergürtel?   _____

4. Hast du eine silberne Halskette?   _____

5. Trägst du gern Sporthosen?   _____

6. Hast du ein Piercing?   _____

7. Trägst du gern einen Schal?   _____

8. Schläfst du im Schlafanzug?   _____

9. Magst du weiße Unterhosen?   _____

10. Trägst du manchmal ein Unterhemd?   _____

"In" ist, was grell ist

Videoblick

Mode ist, wie man sich fühlt

Sie sehen einen Bericht über Jugendmode in
Deutschland:

> Wie nennt man diese Mode?
> Ist es teuer, sich so zu kleiden?
> Was sind die Hauptbestandteile[1] dieser Mode?
> Wie finden Sie diese Mode?

[1]*main components*

SITUATION 11 **Frau Gretters neuer Mantel**

Bringen Sie die Sätze in die richtige Reihenfolge.

_____ Von Kaufland. Er ist wirklich sehr schön.

_____ Finde ich ganz toll. Woher haben Sie ihn?

__1__ Guten Tag, Frau Körner.

_____ Ach, mein Mantel ist auch schon so alt. Ich brauche dringend etwas
für den Winter.

_____ Guten Tag, Frau Gretter. Wie geht's denn so?

_____ Gehen Sie doch auch mal zu Kaufland. Da gibt es gute Preise.

_____ Danke, ganz gut. Wie finden Sie denn meinen neuen Mantel?

SITUATION 12 **Flohmarkt**

Schreiben Sie fünf Sachen auf, die Sie verkaufen. Schreiben Sie auf, wer sie
kauft und wie viel sie kosten.

MODELL: s1: Ich verkaufe meine Ohrringe. Brauchst du Ohrringe?
  s2: Nein danke, ich brauche keine Ohrringe.
  oder Zeig mal. Ja, ich finde deine Ohrringe toll. Was kosten sie?
  s1: 2 Euro.
  s2: Gut, ich nehme sie.

ZU VERKAUFEN	KÄUFER/KÄUFERIN	PREIS
1. _____	_____	_____
2. _____	_____	_____
3. _____	_____	_____
4. _____	_____	_____
5. _____	_____	_____

Lektüre

Vor dem Lesen

A. Beantworten Sie die folgenden Fragen.

1. Spielen Sie ein Musikinstrument? Wenn ja, welches?
2. Hören Sie gern klassische Musik? Gehen Sie manchmal ins Konzert?
3. Haben Sie einen Lieblingskomponisten oder eine Lieblingskomponistin?
4. Waren Sie schon mal in Salzburg? Was wissen Sie über die Stadt?

B. Lesen Sie die Wörter im Miniwörterbuch. Suchen Sie sie im Text und unterstreichen Sie sie.

Miniwörterbuch

die **Aufführung**	performance
besichtigen	to see, visit
das **Festspiel**	festival
das **Geburtshaus**	birthplace
vor allem	above all

Anne-Sophie Mutter

Porträt: Anne-Sophie Mutter und Salzburg

Anne-Sophie Mutter (geboren 1963) ist Violinistin und gibt Konzerte in der ganzen Welt. Anne-Sophie war ein musikalisches Wunderkind. Schon mit 13 Jahren spielte sie bei den Salzburger Festspielen unter dem Dirigenten Herbert von Karajan. Das war der Beginn ihrer Karriere. Heute gibt sie vor allem
5 klassische Violinkonzerte von Mozart oder Beethoven. Sie hat drei Kinder und hört in ihrer Freizeit gern Jazzmusik.

Seit 1920 finden im Sommer in Salzburg in Österreich zahlreiche Opern-, Konzert- und Schauspielaufführungen statt, die Salzburger Festspiele. Viele Fans der klassischen Musik kommen aber auch in die Stadt, um das Geburtshaus
10 des berühmten Komponisten Wolfgang Amadeus Mozart zu besichtigen, der 1756 in Salzburg geboren wurde.

Arbeit mit dem Text

Welche Aussagen sind falsch? Verbessern Sie die falschen Aussagen!

1. Anne-Sophie Mutter gibt nur in Salzburg Konzerte.
2. 1970 spielte sie bei den Salzburger Festspielen.
3. Herbert von Karajan war ihr Vater.
4. Sie gibt vor allem klassische Violinkonzerte von Mozart oder Beethoven.
5. Anne-Sophie Mutter ist Mutter von drei Kindern.
6. Die Salzburger Festspiele gibt es seit 1756.

Nach dem Lesen

Suchen Sie weitere Informationen über Anne-Sophie Mutter und Salzburg im Internet. Suchen Sie Antworten auf die folgenden Fragen.

1. Wo ist Anne-Sophie Mutters nächstes Konzert? Wann? Welche Stücke spielt sie?
2. Wann sind die nächsten Salzburger Festspiele?
3. Was kann man sonst noch in Salzburg machen?

Vergnügen

■ **Grammatik 2.5–2.6**

Herr Wagner schläft gern.

Jens fährt gern Motorrad.

Sofie trägt gern Hosen.

Melanie lädt gern Freunde ein.

Mehmet läuft gern im Wald.

Ernst isst gern Eis.

Hans liest gern Bücher.

Natalie sieht gern fern.

Interview: Was machst du lieber?

MODELL   S1: Schwimmst du lieber im Meer oder lieber im Schwimmbad?
         S2: Lieber im Meer.

1. Isst du lieber zu Hause oder lieber im Restaurant?
2. Spielst du lieber Volleyball oder lieber Basketball?
3. Trägst du lieber ein Hemd (eine Bluse) oder lieber ein T-Shirt?
4. Fährst du lieber Fahrrad oder lieber Motorrad?
5. Schreibst du lieber Postkarten oder lieber Briefe?
6. Liest du lieber Zeitungen oder lieber Bücher?
7. Lädst du lieber Freunde oder lieber Verwandte ein?
8. Läufst du lieber im Wald oder lieber in der Stadt?
9. Fährst du lieber ans Meer oder lieber in die Berge?
10. Schläfst du lieber im Hotel oder lieber im Zelt?

Umfrage: Fährst du jedes Wochenende nach Hause?

MODELL   S1: Fährst du jedes Wochenende nach Hause?
         S2: Ja.
         S1: Unterschreib bitte hier.

UNTERSCHRIFT

1. Fährst du jedes Wochenende nach Hause?   _____
2. Schläfst du manchmal im Klassenzimmer?   _____
3. Vergisst du oft wichtige Geburtstage?   _____
4. Siehst du mehr als vier Stunden pro Tag fern? _____
5. Trägst du oft eine Krawatte?   _____
6. Lädst du oft Freunde ein?   _____
7. Liest du jeden Tag eine Zeitung?   _____
8. Sprichst du mehr als zwei Sprachen?   _____

Informationsspiel: Was machen sie gern?

MODELL   S1: Was trägt Richard gern?
         S2: Pullis.
         S1: Was trägst du gern?
         S2: _____

	Richard	Josef und Melanie	mein(e) Partner(in)
fahren	Motorrad		
tragen		Jeans	
essen	Wiener Schnitzel		
sehen	Fußball		
vergessen		ihr Alter	
waschen	sein Auto		
treffen	seine Freundin		
einladen	seinen Bruder		
sprechen		Englisch	

Kultur ... Landeskunde ... Informationen

Vergnügen

Was ist am Wochenende für Sie am wichtigsten[1]?
Kreuzen Sie an:

Ausschlafen ☐
Fernsehen ☐
Sport ☐
Lesen ☐
Hobbys ☐
Freunde einladen ☐

Lesen Sie zuerst, was Deutschen am Wochenende
am wichtigsten ist. Beantworten Sie dann die
Fragen.

- „Glotze" ist ein anderes Wort für _____.
- In welchen vier Bereichen gibt es
  Unterschiede zwischen Männern und Frauen?
- Sind Hobbys wichtiger für Frauen oder für
  Männer?
- Wer liest lieber, Männer oder Frauen?
- Machen Sie dieselbe Umfrage in Ihrem Kurs. Wie
  ist das Resultat? Gibt es auch Unterschiede
  zwischen Männern und Frauen? Ist das Resultat
  typisch (repräsentativ) für Studenten?

FOCUS-FRAGE

„Was ist Ihnen am Wochenende am wichtigsten?"

GLOTZE TOTAL
von 1300 Befragten* antworteten

Fernsehen	**49%**
Familienleben	**45%**
Ausschlafen	**44%**
Ausflüge[2] machen	**37%**
Natur erleben[3]	**35%**
Hobbys	**34%**
Lesen	**32%**
Partnerschaft pflegen[4]	**27%**
Faulenzen[5]	**26%**
Ausgehen/Kneipen[6]	**23%**
In Ruhe einkaufen	**19%**
Sport	**18%**
Kultur/Kino/Konzerte	**17%**
Reparaturen erledigen[7]	**16%**

Deutliche[8] Unterschiede[9] zwischen Männern und Frauen gibt
es in den Bereichen[10] „Familienleben" (38 % zu 51 %),
„Hobbys" (43 % zu 26 %), „Lesen" (24 % zu 39 %) und
„Reparaturen" (28 % zu 6 %). Die alten und neuen Bundesländer unterscheiden sich am meisten bei „Familienleben" (43
% zu 52 %) und „Faulenzen" (29 % zu 17 %)

* Repräsentative Umfrage des Sample-Instituts für Focus im Mai.
  Mehrfachnennungen möglich

[1]*am... most important* [2]*excursions* [3]*to experience* [4]*to nurture* [5]*to take it easy, be lazy* [6]*bars, taverns*
[7]*to take care of, handle* [8]*significant* [9]*differences* [10]*areas*

Bildgeschichte: Ein Tag in Silvias Leben

Videoecke

- Was für Hobbys hast du?
- Gehst du gern auf Partys?
- Was gehört zu einer richtigen Party?
- Gehst du oft ins Kino?
- Welche Filme guckst du gern?
- Gehst du gern einkaufen?
- Wofür gibst du das meiste Geld aus?
- Trägst du gern Schmuck?
- Besitzt du irgendwas Besonderes?
- Wie hast du das bekommen?

Yvonne, geboren am 15. Juli 1975, kommt aus Rochlitz (Sachsen). Sie studiert Erziehungswissenschaften und Sozialpädagogik.

Ulrike, geboren am 16. März 1973, kommt aus Berlin. Sie studiert Dolmetschen und Übersetzen Englisch–Spanisch, Journalistik und Deutsch als Fremdsprache.

Aufgabe 1

Was sagt Yvonne? Verbinden Sie die beiden Satzhälften.

1. Am Wochenende, wenn ich Zeit habe, _____
2. Ich gehe sehr gern auf Partys _____
3. Ich gehe sehr gern ins Kino, _____
4. Ich gehe sehr gern einkaufen _____
5. Das meiste Geld gebe ich für Lebenshaltungskosten aus _____
6. Ich trage sehr gern Schmuck, _____
7. Das ist eine silberne Brosche _____

a. aber meist nur zu besonderen Anlässen.
b. male ich Aquarelle oder mit Ölfarben.
c. nur momentan habe ich leider nicht viel Zeit.
d. und dann bummel' ich in Leipzig durch die Innenstadt.
e. und dann natürlich für Kleidung.
f. und die stammt aus dem 19. Jahrhundert.
g. von meinen Freundinnen.

Aufgabe 2

A. Worüber spricht Ulrike? Unterstreichen Sie die Wörter, die Sie hören!

schwimmen	gute Stimmung	Krimis
Fahrrad fahren	Spaß haben	Liebesfilme
joggen	Musik	Dramas
Inline skaten	tanzen	Horrorfilme
tauchen	essen und trinken	Ohrringe
Ski fahren	Klamotten	Ring
Step-Aerobic	weggehen	Brosche
lesen	Action-Filme	Kette
viele nette Leute	Komödien	Tauchausrüstung

B. Ordnen Sie die Wörter den folgenden Kategorien zu: Hobbys, Party, Filme, Besitz.

Wortschatz

Besitz	Possessions		
der **Fernseher**, -	TV set	der **Schlittschuh**, -e	ice skate
der **Koffer**, -	suitcase	der **Schmuck**	jewelry
der **Rucksack**, ⸚e	backpack	der **Schreibtisch**, -e	desk
der **Schlafsack**, ⸚e	sleeping bag	der **Tennisschläger**, -	tennis racket
der **Schlitten**, -	sled	der **Wecker**, -	alarm clock
		das **Bild**, -er	picture

das **Fahrrad**, ⸚er	bicycle
das **Faxgerät**, -e	fax machine
das **Handy**, -s [hɛndi]	cellular phone
das **Klavier**, -e	piano
das **Surfbrett**, -er	surfboard

Ähnliche Wörter
der **CD-Spieler**, -; der **Computer**, -; der **DVD-Spieler**, -;
der **Videorekorder**, - (R); der **Walkman**, **Walkmen**; das
Buch, ⸚er (R); das **Kochbuch**, ⸚er; das **Songbuch**, ⸚er;
das **Wörterbuch**, ⸚er; das **Radio**, -s; das **Telefon**, -e (R);
das **Autotelefon**, -e

Haus und Wohnung — Home and Apartment

der **Schrank**, ⸚e	wardrobe
der **Sessel**, -	armchair
der **Stuhl**, ⸚e (R)	chair
der **Teppich**, -e	carpet
das **Regal**, -e	bookshelf, bookcase
das **Zimmer**, -	room

Ähnliche Wörter
die **Katze**, -n; der **Hund**, -e; das **Haus**, ⸚er (R)

Kleidung und Schmuck — Clothes and Jewelry

die **Halskette**, -n	necklace
die **Sonnenbrille**, -n (R)	sunglasses
die **Sporthose**, -n	tights
die **Unterhose**, -n	underpants
der **Bademantel**, ⸚	bathrobe
der **Gürtel**, -	belt
der **Handschuh**, -e	glove
der **Trainingsanzug**, ⸚e	sweats
das **Armband**, ⸚er	bracelet
das **Nachthemd**, -en	nightshirt
das **Unterhemd**, -en	undershirt

Ähnliche Wörter
die **Jeans** (*pl.*); die **Socke**, -n; der **Pullover**, -; der **Pulli**, -s;
der **Ring**, -e; der **Ohrring**, -e (R); der **Schal**, -s; das
Piercing; das **T-Shirt**, -s

Sonstige Substantive — Other Nouns

die **Art**, -en	kind, type
die **Bibliothek**, -en	library
die **Einladung**, -en	invitation

die **Lust**	desire
hast du Lust?	do you feel like it?
die **Mensa**, **Mensen**	student cafeteria
die **Mitbewohnerin**, -nen	female roommate, housemate
die **Reihenfolge**, -n	order, sequence
die **Sache**, -n	thing
die **Stadt**, ⸚e	city
die **Stunde**, -n	hour
die **Tasse**, -n	cup
die **Telefonzelle**, -n	telephone booth
die **Zeitung**, -en	newspaper
der **Gruselfilm**, -e	horror film
der **Haarschnitt**, -e	hair cut
der **Mensch**, -en (*wk. masc.*)	person
Mensch!	Man! Oh boy! (*coll.*)
der **Mitbewohner**, -	male roommate, housemate
der **Wald**, ⸚er	forest, woods
im Wald laufen	to run in the woods
das **Frühstück**, -e	breakfast
das **Geld**	money
das **Geschäft**, -e	store
das **Geschenk**, -e	present
das **Jahr**, -e	year
das **Studentenheim**, -e	dorm
das **Vergnügen**	pleasure
das **Zelt**, -e	tent
die **Verwandten** (*pl.*)	relatives

Ähnliche Wörter
die **Karte**, -n (R); die **Geburtstagskarte**, -n; die
Postkarte, -n; die **Telefonkarte**, -n; die **Party**, -s; die
Pizza, -s; der **Basketball**, ⸚e; der **Bus**, -se; der **Film**, -e;
der **Flohmarkt**, ⸚e; der **Geburtstag**, -e (R); der
Kilometer, -; das **Bier**, -e; das **Ding**, -e; das **Eis**; das **Fax**,
-e; das **Hotel**, -s; das **Restaurant**, -s; das **Telegramm**, -e

Verben — Verbs

an·schauen	to look at
aus·sehen, **sieht... aus**	to look
es sieht gut aus	it looks good
ein·laden, **lädt... ein**	to invite
essen, **isst**	to eat
fahren, **fährt**	to drive, ride
glauben	to believe
klingeln	to ring
laufen, **läuft** (R)	to run
lieben	to love
Recht haben	to be right

schicken	to send
schlafen, schläft	to sleep
Sport treiben	to do sports
stehen	to stand
das steht / die stehen dir gut!	that looks / they look good on you
treffen, trifft	to meet
treffen wir uns...	let's meet …
verkaufen	to sell
wissen, weiß	to know
ziehen	to move

Ähnliche Wörter

bringen; finden; gratulieren; kosten; sehen, sieht; vergessen, vergisst; waschen, wäscht

Adjektive und Adverbien
Adjectives and Adverbs

bequem	comfortable
billig	cheap, inexpensive
dringend	urgent(ly)
echt	real(ly)
einfach	simple, simply
falsch	wrong
ganz	whole; *here:* quite
grell	gaudy, shrill; *here:* cool, neat
hässlich	ugly
hübsch	pretty
langweilig	boring
richtig	right, correct
schlecht	bad
schwierig	difficult
teuer	expensive
toll	neat, great
wertvoll	valuable, expensive
wichtig	important
ziemlich	rather
ziemlich groß	pretty big

Ähnliche Wörter

besser; schick

Possessivpronomen
Possessive Adjectives

dein, deine, deinen	your (*informal sg.*)
euer, eure, euren	your (*informal pl.*)
ihr, ihre, ihren	her, its; their
Ihr, Ihre, Ihren	your (*formal*)
mein, meine, meinen	my
sein, seine, seinen	his, its
unser, unsere, unseren	our

Präpositionen
Prepositions

an	at; on; to
am Samstag	on Saturday
am Telefon	on the phone
ans Meer	to the sea
bei	with; at
bei Monika	at Monika's
bis	until
bis acht Uhr	until eight o'clock
für	for
zu	to; for (*an occasion*)
zur Uni	to the university
zum Geburtstag	for someone's birthday

Sonstige Wörter und Ausdrücke
Other Words and Expressions

alles	everything
alles Mögliche	everything possible
also	well, so, thus
da	there
dich	you (*accusative case*)
diese, diesen, dieser, dieses	this; these
ein paar	a few
etwas	something
heute Abend	this evening
ihn	him; it (*accusative case*)
kein, keine, keinen	no; none
klar!	of course!
lieber	rather
ich gehe lieber...	I'd rather go …
mittags	at noon
morgen	tomorrow
natürlich	naturally
nie	never
niemand	no one, nobody
schon	already
vielleicht	perhaps
wenn	if; when
zusammen	together

Strukturen und Übungen

2.1 The accusative case

The nominative case designates the subject of a sentence; the accusative case commonly denotes the object of the action implied by the verb, such as what is being possessed, looked at, or acted on by the subject of the sentence.

Wissen Sie noch?

Case indicates the function of a noun in a sentence.

Review grammar A.3.

nominative = subject
accusative = direct object

Jutta hat einen Wecker.   *Jutta has an alarm clock.*
Jens kauft eine Lampe.   *Jens buys a lamp.*

Here are the nominative and accusative forms of the definite and indefinite articles.

	Tisch (*m.*)	Bett (*n.*)	Lampe (*f.*)	Bücher (*pl.*)
Nominative	der	das	die	die
Accusative	den			
Nominative	ein	ein	eine	—
Accusative	einen			

Note that only the masculine has a different form in the accusative case.

Der Teppich ist schön. Kaufst du **den** Teppich?   *The rug is beautiful. Are you going to buy the rug?*

ÜBUNG 1 Im Kaufhaus

Was kaufen diese Leute? Was kaufen Sie?

MODELL Jens kauft **den** Wecker, das Regal und den Videorekorder.

	Jens	Ernst	Melanie	Jutta	ich
der Pullover	–	–	–	+	
der Wecker	+	–	–	–	
die Tasche	–	+	+	–	
das Regal	+	–	+	–	
die Lampe	–	–	–	+	
die Stühle	–	+	–	–	
der Videorekorder	+	–	–	+	
der Schreibtisch	–	+	+	–	

ÜBUNG 2 **Ihr Zimmer**

Was haben Sie in Ihrem Zimmer?

  MODELL   Ich habe einen/eine/ein/_____,...

das Bett	der Schrank
das Bild / die Bilder	der Schreibtisch
die Bücher	der Sessel
der Fernseher	der Stuhl / die Stühle
die Gitarre	das Telefon
das Klavier	der Teppich
die Lampe / die Lampen	der Wecker
das Radio	_____
das Regal / die Regale	

2.2 The negative article: *kein, keine*

Kein and **keine** (*not a, not any, no*) are the negative forms of **ein** and **eine**.

Im Klassenzimmer sind **keine** Fenster.	*There aren't any / are no windows in the classroom.*
Stefan hat **keinen** Schreibtisch.	*Stefan doesn't have a desk.*

The negative article has the same endings as the indefinite article **ein.** It also has a plural form: **keine.**

ein → kein
einen → keinen
eine → keine
[plural] → keine

	Teppich (*m.*)	Regal (*n.*)	Uhr (*f.*)	Stühle (*pl.*)
Nom./Acc.	ein/einen	ein	eine	–
Nom./Acc.	kein/keinen	kein	keine	keine

—Hat Katrin **einen** Schrank?	*Does Katrin have a wardrobe?*
—Nein, sie hat **keinen** Schrank.	*No, she doesn't have a wardrobe.*

—Hat Katrin **Bilder** an der Wand?		*Does Katrin have pictures on the wall?*
—Nein, sie hat **keine** Bilder an der Wand.		*No, she has no pictures on the wall.*

Vergleiche[1]

Wer hat was? Was haben Sie?

MODELL   Albert hat keinen Computer. Er hat einen Fernseher und eine Gitarre, aber er hat kein Fahrrad. Er hat ein Telefon und Bilder, aber er hat keinen Teppich.

	Albert	**Heidi**	**Monika**	**ich**
der Computer	−	+	−	
der Fernseher	+	−	−	
die Gitarre	+	+	−	
das Fahrrad	−	−	+	
das Telefon	+	+	+	
die Bilder	+	−	+	
der Teppich	−	+	+	

2.3 What would you like? *Ich möchte...*

Use **möchte** (*would like*) to express that you would like to have something. The thing you want is in the accusative case.

Ich möchte **eine Tasse Kaffee,** bitte.	*I'd like a cup of coffee, please.*
Hans möchte **einen Fernseher** zum Geburtstag.	*Hans would like a TV set for his birthday.*

Möchte is particularly common in polite exchanges, for example in shops or restaurants.

KELLNER:	Was möchten Sie?	WAITER:	*What would you like?*
GAST:	Ich möchte ein Bier.	CUSTOMER:	*I'd like a beer.*

möchte = *would like*

Following are the forms of **möchte.** Note that the **er/sie/es**-form does not follow the regular pattern; it does not end in **-t.**

[1]*Comparisons*

möchte			
ich	möchte	wir	möchten
du	möchtest	ihr	möchtet
Sie	möchten	Sie	möchten
er			
sie }	möchte	sie	möchten
es			

Wissen Sie noch?

The **Satzklammer** forms a frame or a bracket consisting of the main verb and either a separable prefix or an infinitive.

Review grammar 1.5.

To say that someone would like to do something, use **möchte** with the infinitive of the verb that expresses the action. This infinitive appears at the end of the sentence. Think of the **Satzklammer** used with separable-prefix verbs, and pattern your **möchte** sentences after it. Other verbs similar to **möchte** are explained in **Kapitel 3.**

Peter <u>möchte</u> einen Mantel <u>kaufen</u>.   Sofie <u>möchte</u> ein Eis <u>essen</u>.

ÜBUNG 4 **Der Wunschzettel**

Was, glauben Sie, möchten diese Personen?

MODELL   Meine beste Freundin möchte einen Ring.

das Auto	die Katze	der Ring
der Computer	der Koffer	die Rollerblades
der DVD-Spieler	das Motorrad	die Sonnenbrille
der Fernseher	die Ohrringe	die Sportschuhe
die Hose	der Pullover	der Teppich
der Hund	das Radio	der Videorekorder

1. Ich _____
2. Mein bester Freund / Meine beste Freundin _____
3. Meine Eltern _____
4. Mein Mitbewohner / Meine Mitbewohnerin und ich _____
5. Mein Nachbar / Meine Nachbarin in der Klasse _____
6. Mein Professor / Meine Professorin _____
7. Mein Bruder / Meine Schwester _____

2.4 Possessive adjectives

Use the possessive adjectives **mein, dein,** and so forth to express ownership.

—Ist das **dein** Fernseher?	*Is this your TV?*
—Nein, das ist nicht **mein** Fernseher.	*No, that's not my TV.*
—Ist das Sofies Gitarre?	*Is this Sofie's guitar?*
—Ja, das ist **ihre** Gitarre.	*Yes, that's her guitar.*

Here are the nominative forms of the possessive adjectives.

Just as the personal pronoun **sie** can mean either *she* or *they*, the possessive adjective **ihr** can mean either *her* or *their*. When it is capitalized as **Ihr,** it means *your* and corresponds to the formal **Sie** (*you*).

Singular	Plural
mein Auto (*my car*)	**unser** Auto (*our car*)
dein Auto (*your car*) **Ihr** Auto (*your car*)	**euer** Auto (*your car*) **Ihr** Auto (*your car*)
sein Auto (*his/its car*) **ihr** Auto (*her/its car*)	**ihr** Auto (*their car*)

Note the three forms for English *your:* **dein** (*informal singular*), **euer** (*informal plural*), and **Ihr** (*formal singular* or *plural*).

Albert und Peter, wo sind **eure** Bücher?	*Albert and Peter, where are your books?*
Öffnen Sie **Ihre** Bücher auf Seite 133.	*Open your books to page 133.*

Possessive adjectives have the same endings as the indefinite article **ein.** They agree in case (*nominative* or *accusative*), gender (*masculine, neuter,* or *feminine*), and number (*singular* or *plural*) with the noun that they precede.

Possessive adjectives have the same endings as **ein** and **eine.**
ein → mein
eine → meine
einen → meinen
[plural] → meine

Mein Pulli ist warm. Möchtest du **meinen** Pulli tragen?	*My sweater is warm. Would you like to wear my sweater?*
Josef verkauft **seinen** Computer.	*Josef is selling his computer.*

Like **ein,** the forms of possessive adjectives are the same in the nominative and accusative cases—except for the masculine singular, which has an **-en** ending in the accusative.

Possessive Adjectives
Nominative and Accusative Cases

	Ring (m.)	Armband (n.)	Halskette (f.)	Ohrringe (pl.)
my	mein/meinen	mein	meine	meine
your	dein/deinen	dein	deine	deine
your	Ihr/Ihren	Ihr	Ihre	Ihre
his, its	sein/seinen	sein	seine	seine
her, its	ihr/ihren	ihr	ihre	ihre
our	unser/unseren	unser	unsere	unsere
your	euer/euren	euer	eure	eure
your	Ihr/Ihren	Ihr	Ihre	Ihre
their	ihr/ihren	ihr	ihre	ihre

ÜBUNG 5 Hans und Helga

Beschreiben Sie Hans und Helga.

Seine Haare sind braun.
_____ Augen sind grün.
_____ Halskette ist lang.
_____ Schuhe sind schmutzig.
_____ Gitarre ist alt.
_____ Zimmer ist groß.
_____ Fenster ist klein.

Ihre Haare sind blond.
_____ Augen sind blau.
_____ Halskette ist...
...
...
...
...

ÜBUNG 6 Minidialoge

Ergänzen Sie **dein, euer** oder **Ihr.** Verwenden Sie die richtige Endung.

1. FRAU GRETTER: Wie finden Sie meinen Pullover?
   HERR WAGNER: Ich finde _____ Pullover sehr schön.
2. BERND: Weißt du, wo meine Brille ist, Veronika?
   VERONIKA: _____ Brille ist auf dem Tisch.
3. OMA SCHMITZ: Helga! Sigrid! Räumt _____ Schuhe auf!
   HELGA UND SIGRID: Ja, gleich, Oma.
4. HERR RUF: Jutta! Komm mal ans Telefon! _____ Freundin ist am Apparat.[1]
   JUTTA: Ich komme.
5. HERR SIEBERT: Beißt _____ Hund?
   FRAU KÖRNER: Was glauben Sie denn! Natürlich beißt mein Hund nicht.
6. NORA: Morgen möchte ich zu meinen Eltern fahren.
   PETER: Wo wohnen _____ Eltern?
   NORA: In Santa Cruz.
7. JÜRGEN: Silvia und ich, wir verkaufen unseren Computer.
   ANDREAS: _____ Computer! Der ist so alt, den kauft doch niemand!

[1]*phone*

Wissen Sie noch?

Use **du (dein)** and **ihr (euer)** to address people whom you know well and whom you address by their first name. Use **Sie (Ihr)** for all other people.

Review grammar A.5.

Flohmarkt

Sie und die Studenten und Studentinnen in Frau Schulz' Deutschkurs brauchen Geld und organisieren einen Flohmarkt. Schreiben Sie Sätze. Wer verkauft was?

MODELL   Monika verkauft ihre CDs.

Monika	verkaufe	ihr	Computer (der)
Thomas	verkaufen	ihre	Ohrring (der)
ich	verkaufen	ihre	Wörterbuch (das)
Katrin	verkaufen	ihren	Trainingsanzug (der)
Peter und Heidi	verkauft	ihren	CDs (*pl.*)
wir	verkauft	mein	Bücher (*pl.*)
Stefan	verkauft	seine	Gitarre (die)
Nora und Albert	verkauft	seinen	Bilder (*pl.*)
Frau Schulz	verkauft	unsere	Telefon (das)

2.5 The present tense of stem-vowel changing verbs

In some verbs, the stem vowel changes in the **du-** and the **er/sie/es**-forms.

— **Schläfst** du gern?   *Do you like to sleep?*
— Ja, ich **schlafe** sehr gern   *Yes, I like to sleep very much.*

Ich **lese** viel, aber Ernst **liest**   *I read a lot, but Ernst reads*
mehr.   *more.*

These are the types of vowel changes you will encounter.

There are four types of stem vowel changes: **a → ä, au → äu, e → i, e → ie.**

a → ä	fahren:	du fährst	er/sie/es fährt	*to drive*
	schlafen:	du schläfst	er/sie/es schläft	*to sleep*
	tragen:	du trägst	er/sie/es trägt	*to wear*
	waschen:	du wäschst	er/sie/es wäscht	*to wash*
	einladen:*	du lädst... ein	er/sie/es lädt... ein	*to invite*
au → äu†	laufen:	du läufst	er/sie/es läuft	*to run*
e → i	essen:	du isst‡	er/sie/es isst	*to eat*
	geben:	du gibst	er/sie/es gibt	*to give*
	sprechen:	du sprichst	er/sie/es spricht	*to speak*
	treffen:	du triffst	er/sie/es trifft	*to meet*
	vergessen:	du vergisst‡	er/sie/es vergisst	*to forget*
e → ie§	lesen:	du liest‡	er/sie/es liest	*to read*
	sehen:	du siehst	er/sie/es sieht	*to see*
	fernsehen:	du siehst... fern	er/sie/es sieht... fern	*to watch TV*

---

*Recall that verb stems ending in -**d** or -**t** insert an -**e**- before another consonant: **ich arbeite, du arbeitest.** Verb forms that contain a vowel change do not insert an -**e**-: **du lädst ein.** Verb forms without this vowel change, however, do insert an -**e**-: **ihr ladet ein.**

†Recall that **äu** is pronounced as in English *boy.*

‡Recall that verb stems that end in -**s**, -**ß**, -**z**, or -**x** do not add -**st** in the **du**-form, but only -**t**.

§Recall that **ie** is pronounced as in English *niece.*

Jürgen **läuft** jeden Tag 10 Kilometer.	*Jürgen runs 10 kilometers every day.*
Ernst **isst** gern Pizza.	*Ernst likes to eat pizza.*
Michael **sieht** gern **fern.**	*Michael likes to watch TV.*

Achtung!

—Läufst du **gern** in der Stadt?	*Do you like to jog in the city?*
—Nein, ich laufe **lieber** im Wald.	*No, I prefer jogging in the forest.*

ÜBUNG 8 Minidialoge

Ergänzen Sie das Pronomen.

1. OMA SCHMITZ: Seht _____[a] gern fern?
   HELGA UND SIGRID: Ja, _____[b] sehen sehr gern fern.
2. FRAU GRETTER: Lesen _____[a] die Zeitung?
   MARIA: Im Moment nicht. _____[b] lese gerade ein Buch.
3. HERR SIEBERT: Isst Ihre Tochter gern Eis?
   HERR RUF: Nein, _____[a] isst lieber Joghurt. Aber da kommt mein Sohn, _____[b] isst sehr gern Eis.
4. SILVIA: Wohin[1] fährst _____[a] im Sommer?
   ANDREAS: _____[b] fahre nach Spanien. Und wohin fahrt _____[c]?
   SILVIA: _____[d] fahren nach England.

ÜBUNG 9 Jens und Jutta

Ergänzen Sie das Verb. Verwenden Sie die folgenden Wörter.

machen (2×)	sehen
fahren (2×)	lesen
essen (3×)	schlafen

MICHAEL: Was _____[a] Jutta und Jens gern?
ANDREA: Jutta _____[b] sehr gern Motorrad. Jens _____[c] lieber fern.
MICHAEL: Was essen sie gern? _____[d] Jens gern Chinesisch?
ERNST: Jens _____[e] gern Italienisch, aber nicht Chinesisch. Und Jutta _____[f] gern bei McDonald's.
MICHAEL: Und ihr, was _____[g] ihr gern?
ANDREA: Ich _____[h] gern Bücher und Ernst _____[i] gern. Und im Winter _____[j] wir gern Schlitten.

[1]*Where*

Was machen Sie gern?

Sagen Sie, was Sie gern machen, und bilden Sie Fragen.

> MODELL   ich/du: bei McDonald's essen →
> Ich esse (nicht) gern bei McDonald's. Isst du auch (nicht) gern bei McDonald's?

1. wir/ihr: Deutsch sprechen
2. ich/du: Freunde einladen
3. ich/du: im Wald laufen
4. ich/du: Pullis tragen
5. wir/ihr: fernsehen
6. ich/du: Fahrrad fahren
7. wir/ihr: die Hausaufgabe vergessen
8. ich/du: schlafen

2.6 Asking people to do things: the *du*-imperative

Use the **du**-imperative when addressing people you normally address with **du,** such as friends, relatives, other students, and the like. It is formed by dropping the **-(s)t** ending from the present-tense **du**-form of the verb. The pronoun **du** is not used.

Drop the **-(s)t** from the **du**-form to get the **du**-imperative.

(du) arbeitest →	Arbeite!	*Work!*
(du) isst →	Iss!	*Eat!*
(du) kommst →	Komm!	*Come!*
(du) öffnest →	Öffne!	*Open!*
(du) siehst →	Sieh!	*See!*
(du) tanzt →	Tanz!	*Dance!*

Verbs whose stem vowel changes from **a(u)** to **ä(u)** drop the umlaut in the **du**-imperative.

(du) fährst →	Fahr!	*Drive!*
(du) läufst →	Lauf!	*Run!*

Imperative sentences always begin with the verb.

Trag mir bitte die Tasche.	*Please carry the bag for me.*
Öffne bitte das Fenster.	*Open the window, please.*
Reite nicht so schnell!	*Don't ride so fast!*
Sieh nicht so viel fern!	*Don't watch so much TV!*

Wissen Sie noch?

To form commands for people you address with **Sie,** invert the subject and verb: **Sie kommen mit.** → **Kommen Sie mit!**

Review grammar A.1.

ÜBUNG 11 Probleme, Probleme

Peter spricht mit Heidi über seine Probleme. Heidi sagt ihm, was er machen soll.

MODELL PETER: Ich vergesse alles. (1)
        HEIDI: Schreib es dir auf! (e)

1. Ich vergesse alles.
2. Ich sehe den ganzen Tag fern.
3. Ich arbeite zu viel.
4. Ich bin zu dick.
5. Ich trinke zu viel Kaffee.
6. Ich esse zu viel Eis.
7. Mein Pullover ist alt.
8. Ich koche nicht gern Italienisch.
9. Das Wochenende ist langweilig.
10. Ich fahre nicht gern Auto.

a. Treib Sport!
b. Trink Cola!
c. Lies ein Buch!
d. Mach eine Pause!
e. Schreib es dir auf!
f. Fahr Fahrrad!
g. Iss lieber Joghurt!
h. Lade deine Freunde ein!
i. Kauf dir einen neuen Pullover!
j. Koch Chinesisch!

ÜBUNG 12 Ach, diese Geschwister!

Ihr kleiner Bruder macht alles falsch. Sagen Sie ihm, was er machen soll.

MODELL Ihr kleiner Bruder isst zu viel. → Iss nicht so viel!

1. Ihr kleiner Bruder schläft den ganzen Tag.
2. Er liegt den ganzen Tag in der Sonne.
3. Er vergisst seine Hausaufgaben.
4. Er liest seine Bücher nicht.
5. Er sieht den ganzen Tag fern.
6. Er trinkt zu viel Cola.
7. Er spricht mit vollem Mund.
8. Er trägt seine Brille nicht.
9. Er geht nie spazieren.
10. Er treibt keinen Sport.

ÜBUNG 13 Vorschläge[1]

Machen Sie Ihrem Freund / Ihrer Freundin Vorschläge.

MODELL deinen Eltern einen Brief / schreiben →
        Schreib deinen Eltern einen Brief.

1. heute ein T-Shirt / tragen
2. keine laute Musik / spielen
3. den Wortschatz / lernen
4. deine Freunde / anrufen
5. nicht allein im Park / laufen
6. nicht zu lange in der Sonne / liegen
7. dein Zimmer / aufräumen
8. heute Abend in einem Restaurant / essen
9. nicht zu spät ins Bett / gehen
10. früh / aufstehen

[1]Suggestions

Wer Jemandt hie der gern welt lernen dütsch schriben und läsen uß dem aller kürtzisten grundt den Jeman erdencken kan do durch ein Jeder der vor nit ein buchstaben kan der mag kürtzlich und bald begriffen ein grundt do durch er mag von Jm selbs lernen sin schuld uff schribe und läsen und wer es nit gelernen kan so ungeschickt were den will ich um nut und vergeben glert haben und gantz nut von Jm zü lon nemen er sig wer er well burger oder hantwercks ge sellen frouwen und junckfrouwen wer sin bedarff der kum har Jn der wirt drüwlich glert um ein zimlichen lon · aber die Junge knabe und meitlin noch den konualten wie gewonheit ist · 1 5 1 6 ·

Ambrosius Holbein: *Ein Schulmeister und seine Frau bringen drei Knaben und einem Mädchen das Lesen bei* (1516), Kunstmuseum, Basel

AMBROSIUS HOLBEIN

Dieses Gemälde[1] von Ambrosius Holbein (1494–1519) entstand als Aushängeschild[2] eines Schulmeisters. Das Schulmeisterschild zeigt einen Lehrer und seine Frau, die drei Jungen und einem Mädchen das Lesen beibringen.[3]

[1]painting   [2]sign-board   [3]teaching

Talente, Pläne, Pflichten

In **Kapitel 3,** you will learn how to describe your talents and those of others. You will learn how to express your intentions and how to talk about obligation and necessity. You will also learn additional ways to describe how you or other people feel.

Themen

Talente und Pläne
Pflichten
Ach, wie nett!
Körperliche und geistige Verfassung

Kulturelles

Videoblick: Handys in der Schule
Jugendschutz
Schuljahr und Zeugnisse
Videoecke: Fähigkeiten und Pflichten

Lektüren

Das Geheimnis der Küchenbank (Ulrike Kaup)
Die PISA-Studie

Strukturen

3.1   The modal verbs **können, wollen, mögen**
3.2   The modal verbs **müssen, sollen, dürfen**
3.3   Accusative case: personal pronouns
3.4   Word order: dependent clauses
3.5   Dependent clauses and separable-prefix verbs

Situationen

Talente und Pläne

■ **Grammatik 3.1**

Peter kann ausgezeichnet kochen.

Rosemarie und Natalie können gut zeichnen.

Deutsch ist toll!

Claire kann gut Deutsch

Melanie und Josef wollen heute Abend zu Hause bleiben und lesen.

Silvia will für Jürgen einen Pullover stricken.

Sofie und Willi wollen tanzen gehen.

SITUATION 1 Kochen

Bringen Sie die Sätze in die richtige Reihenfolge.

_____ Spaghetti esse ich besonders gern.

_____ Dann komm doch mal vorbei.

_____ Nicht so gut. Aber ich kann sehr gut Spaghetti machen.

_____ Kannst du Chinesisch kochen?

__1__ Kochst du gern?

_____ Ja, ich koche sehr gern.

_____ Ja, gern! Vielleicht Samstag?

_____ Gut! Bis Samstag.

SITUATION 2 Informationsspiel: Kann Katrin kochen?

MODELL S1: Kann Peter kochen?
          S2: Ja, fantastisch.
          S1: Kannst du kochen?
          S2: Ja, aber nicht so gut.

	[+]		[0]		[−]	
	ausgezeichnet fantastisch sehr gut gut		ganz gut		nicht so gut nur ein bisschen gar nicht kein bisschen	

	Katrin	Peter	mein(e) Partner(in)
kochen	ganz gut		
zeichnen		kein bisschen	
tippen	nur ein bisschen		
Witze erzählen	ganz gut		
tanzen		sehr gut	
stricken		kein bisschen	
Skateboard fahren	ganz gut		
Geige spielen	ausgezeichnet		
schwimmen	gut		
ein Auto reparieren		nicht so gut	

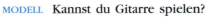

SITUATION 3 Bingo-Interview

MODELL Kannst du Gitarre spielen?   Ja = 2 Punkte
        Kann deine Mutter / dein Vater Gitarre spielen?   Ja = 1 Punkt

1. Walzer tanzen
2. Schlittschuh laufen
3. Französisch
4. einen Salat machen
5. einen Fernseher reparieren
6. einen Pullover stricken
7. Haare schneiden
8. gute Fotos machen
9. Tischtennis spielen
10. ein deutsches Lied singen

SITUATION 4 Ferienpläne

Melanie und Josef wollen beide einen Teil[1] ihrer Ferien zu Hause in Regensburg verbringen, aber auch eine Reise machen. Was wollen sie wo machen? Können sie etwas zusammen machen? Hören Sie zu und ergänzen Sie die Tabelle.

NÜTZLICHE WÖRTER

die Ausstellung   *exhibition*
die Garage   *garage*
die Querflöte   *transverse flute*
sitzen   *to sit*

	Melanie	Josef	beide zusammen
in München			
zu Hause in Regensburg			
auf der Reise			

Lektüre

Vor dem Lesen

A. The following children's story is entitled "The Secret of the Kitchen Bench." Look at the drawings and—keeping the title of the story in mind—guess what the story will be about. Come up with possible answers to these questions:

Wer sind die Hauptpersonen? *Who are the main characters?*
Wo findet die Geschichte statt? *Where does the story take place?*
Wann findet sie statt? *When does it take place?*
Was passiert? *What happens?*

B. The following words are important for the story. Match them with the sentences or phrases explaining or paraphrasing them. Then find these words in the story and underline them.

1. _____ das Autodach
2. _____ etwas Langes
3. _____ nach draußen
4. _____ der Deckel
5. _____ wach werden
6. _____ wecken
7. _____ schnurstracks

a. the lid of a container
b. the roof of a car
c. directly
d. a long object
e. to cause someone to awaken
f. the opposite of falling asleep
g. outside the house

[1]*part*

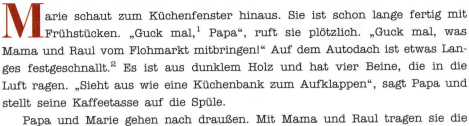

Das Geheimnis der Küchenbank

Marie schaut zum Küchenfenster hinaus. Sie ist schon lange fertig mit Frühstücken. „Guck mal,[1] Papa", ruft sie plötzlich. „Guck mal, was Mama und Raul vom Flohmarkt mitbringen!" Auf dem Autodach ist etwas Langes festgeschnallt.[2] Es ist aus dunklem Holz und hat vier Beine, die in die Luft ragen. „Sieht aus wie eine Küchenbank zum Aufklappen", sagt Papa und stellt seine Kaffeetasse auf die Spüle.

Papa und Marie gehen nach draußen. Mit Mama und Raul tragen sie die Bank ins Haus. Mama ist schrecklich stolz. „Die Bank war ganz billig", sagt sie. „Nur den doofen Deckel kriegen wir nicht auf." „Der klemmt[3]", sagt Raul. „Das ist kein Problem", sagt Papa. „Das repariere ich morgen, da habe ich Zeit."

In der Nacht wird Raul plötzlich wach. Da hat es doch gerade geklopft[4]! Er hört es ganz deutlich. Kerzengerade sitzt er im Bett. „Marie", ruft er leise. Aber Marie hat das Klopfen auch gehört und liegt bis zur Nase unter der Decke.[5] Raul klettert aus dem Bett und weckt Papa und Mama. „Du hast bestimmt geträumt[6]", beruhigt ihn Mama. „Jetzt klopft keiner mehr!" „Doch", flüstert Raul. „Da ist es wieder." Und jetzt hören Mama und Papa auch ganz deutlich, dass da einer klopft. Es kommt aus der Küche.

Mit einem Mal sind Mama und Papa hellwach. Papa springt aus dem Bett und marschiert schnurstracks in die Küche. Mama und Raul schleichen aufgeregt hinterher. Da steht Marie auch auf. Und dann starren alle auf die Bank. Papa versucht noch einmal den Deckel hochzuklappen.[7] Doch der bewegt sich nicht. „Verdammter Mist", flucht Papa. „Vielleicht geht es damit", sagt Mama und gibt Papa einen Tortenheber.[8] Papa schiebt den Tortenheber zwischen Deckel und Bank und versucht vorsichtig den Deckel anzuheben. Das Holz ächzt und knarrt. Dann ein Ruck und der Deckel springt auf. Im selben Moment hört man ein lautes Kreischen.[9]

Vor Schreck lässt Papa den Tortenheber fallen. Ein bleiches[10] Gesicht sieht Papa an, dann Mama und Raul und dann Marie. Es hat zwei funkelnde Augen, einen blassen Mund und zwei blitzende Eckzähne. „Wahnsinn", flüstert Marie. „Ein kleiner Vampir!" Langsam richtet sich der Vampir auf. Seine langen dünnen Finger umklammern eine leere Blutkonserve.[11] Er hält sie Papa unter die Nase. „Voll machen!", krächzt[12] er mit heiserer Stimme. „Pfui Teufel", sagt Papa. Aber er geht zum Kühlschrank und holt eine Flasche Kirschsaft.[13] Damit füllt er die Konserve. „Was soll das denn?", fragt Raul erstaunt. „Vampire trinken doch Blut!" „Ein Vampir, der eine Küchenbank mit einem Sarg verwechselt,[14] trinkt bestimmt auch Saft", sagt Papa.

Gierig[15] setzt der Vampir die Konserve an die bleichen Lippen. Aber dann schüttelt er sich und spuckt den Saft in hohem Bogen wieder aus.[16] Direkt auf Mamas Nachthemd. „Bingo", sagt Raul. „So eine Schweinerei!", schimpft Mama. Der Vampir schüttelt sich noch einmal. „Schmeckt wie Spülwasser",

[1]Guck… *Look* [2]*fastened* [3]Der… *It's stuck* [4]Da… *Something was knocking* [5]*blanket, covers* [6]*dreamt* [7]*to open up* [8]*cake server* [9]*screech* [10]*pale* [11]*blood bag* [12]*croaks* [13]*cherry juice* [14]eine… *confuses a kitchen bench with a coffin* [15]*greedily* [16]spuckt…aus *spits out*

sagt er böse. „Will Teufelszeug! Dalli, Dalli!" Da weiß Papa Bescheid.[1] Ist vom Abendessen nicht noch eine halbe Flasche Rotwein übrig? Die holt Papa jetzt und schenkt ein.[2] Der Vampir nimmt einen Probeschluck.[3] Mama und Raul gehen in Deckung.[4] Doch diesmal trinkt der Vampir die Konserve in einem Zug leer. „Er mag das Zeug", jubelt Raul. „Er hat nicht einen Tropfen übrig gelassen!" „So", sagt Mama, „jetzt, wo er satt ist, wird er hoffentlich Ruhe geben!"

Aus: Ulrike Kaup, *Ein Vampir vom Flohmarkt*

Arbeit mit dem Text

NÜTZLICHE WÖRTER
die Ecke *corner, edge*
der Floh *flea*
die Küche *kitchen*
der Sinn *sense*
spülen *to wash, rinse*
der Teufel *devil*
der Wahn *delusion*
das Wasser *water*
der Wein *wine*
die Zähne *teeth*
das Zeug *stuff*

A. In German, there are many nouns that consist of two or more individual words. When you know the parts, it is relatively easy to guess what the compound means. What are the English equivalents of the following words?

1. die Eckzähne
2. der Flohmarkt
3. das Küchenfenster
4. der Kühlschrank
5. das Nachthemd
6. der Rotwein
7. das Spülwasser
8. das Teufelszeug
9. der Wahnsinn

B. Die Handlung. Die folgenden Sätze fassen die Geschichte zusammen[5]. Bringen Sie die Sätze in die richtige Reihenfolge.

_____ Dann probiert Papa es mit Rotwein.
_____ Der Vampir hat Hunger und möchte Blut trinken.
_____ Der Vampir trinkt den Rotwein bis auf den letzten Tropfen aus.
_____ Die ganze Familie geht in die Küche.
_____ Doch der Vampir spuckt den Kirschsaft in hohem Bogen auf Mamas Nachthemd.
_____ In der Bank sitzt ein kleiner Vampir und kreischt.
_____ In der Nacht hört Raul ein Klopfen und weckt seine Eltern.
_____ Mama und Raul bringen eine Küchenbank vom Flohmarkt mit.
__1__ Marie und Papa sitzen am Frühstückstisch.
_____ Papa öffnet die Bank mit einem Tortenheber.
_____ Zuerst probiert Papa es mit Kirschsaft.

Nach dem Lesen

The story goes on. How do you think it continues? What happens to the little vampire after having drunk all that wine? Come up with ideas on how the story might continue and then finish it.

Wie geht die Geschichte weiter? Schreiben Sie ca. 100–150 Wörter.

[1]weiß... *Papa knows what to do*   [2]schenkt... *pours(it) in*   [3]nimmt... *here: tries a sip*   [4]gehen... *take cover*
[5]fassen... *summarize the story*

Pflichten

■ **Grammatik 3.2**

Jens ist faul, er muss mehr lernen.

Er darf nicht mit Jutta ins Kino gehen

Frau Frisch muss den Tisch decken.

Mutti, darf ich die Kerzen anzünden?

Sag Vati, er soll den Fernseher ausmachen.

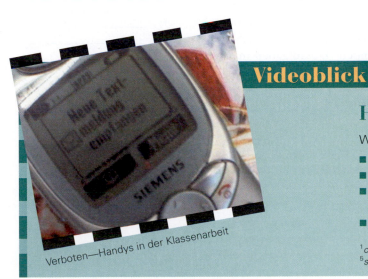

Verboten—Handys in der Klassenarbeit

Videoblick

Handys in der Schule

Was ist in der Schule erlaubt? Was ist verboten?

- Wo gibt es Schummelhilfe[1] bei Klassenarbeiten[2]?
- Was kann man per SMS schicken[3]?
- Darf man in der Schule seinen Bauchnabel[4] zeigen?
- Wer hat mit Schulklamotten[5] keine Probleme?

[1]*cheating help* [2]*tests* [3]*per... send via cell phone* [4]*belly button*
[5]*school clothes*

Schlechtes Zeugnis!

Jens hat drei Fünfen im Zeugnis.

- Was muss er machen? Was darf er nicht machen? Kreuzen Sie an.
- Schreiben Sie dann noch eine Sache dazu, die er machen muss, und eine, die er nicht machen darf.
- Entscheiden Sie schließlich, was am wichtigsten ist (1), was weniger wichtig (2–9) und was am unwichtigsten (10).

MUSS	DARF NICHT		WIE WICHTIG? (1–10)
☐	☐	in die Disko gehen	_____
☐	☐	Latein lernen	_____
☐	☐	den ganzen Tag in der Sonne liegen	_____
☐	☐	seine Hausaufgaben machen	_____
☐	☐	jeden Tag ins Schwimmbad gehen	_____
☐	☐	eine Woche nach Italien fahren	_____
☐	☐	Nachhilfe nehmen	_____
☐	☐	mit seinen Lehrern sprechen	_____
☒	☐	_____	_____
☐	☒	_____	_____

Umfrage: Musst du neben dem Studium arbeiten?

MODELL S1: Musst du neben dem Studium arbeiten?
        S2: Ja.
        S1: Unterschreib bitte hier.

UNTERSCHRIFT

1. Musst du neben dem Studium arbeiten? _____
2. Kannst du gut Auto fahren? _____
3. Musst du mal wieder deine Eltern besuchen? _____
4. Darfst du in deiner Wohnung Tiere haben? _____
5. Musst du heute noch Hausaufgaben machen? _____
6. Kannst du jeden Tag bis Mittag schlafen? _____
7. Musst du oft einkaufen gehen? _____
8. Darfst du schon Bier trinken? _____

SITUATION 7 Dialog

Rolf trifft Katrin in der Cafeteria.

ROLF: Hallo, Katrin, ist hier noch __?
KATRIN: Ja, klar.
ROLF: Ich hoffe, ich störe ___ nicht beim Lernen.
KATRIN: Nein, ich muss auch mal ____ machen.
ROLF: Was machst du denn?
KATRIN: Wir haben morgen eine _____ und ich ____ noch das Arbeitsbuch machen.
ROLF: ____ ihr viel für euren Kurs arbeiten?
KATRIN: Ja, ganz schön viel. Heute Abend ___ ich bestimmt nicht fernsehen, ___ ich so viel lernen muss.
ROLF: Ich glaube, ich störe dich nicht länger. _____ für die Prüfung.
KATRIN: Danke, tschüss.

SITUATION 8 Stefans Zimmer

Stefans Mutter kommt zu Besuch.

Das ist Stefans Zimmer.

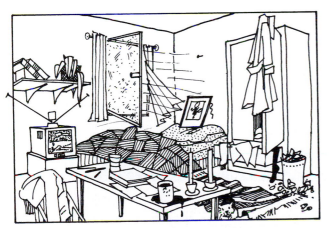

So soll es sein.

Was muss Stefan machen?

den Tisch abräumen
die Kerzen anzünden
seine Kleidung aufräumen
das Bett machen
den Papierkorb ausleeren
den Boden sauber machen
die Pflanze gießen
den Schrank zumachen
das Fenster zumachen
das Bild an die Wand hängen
die Bücher gerade stellen
den Fernseher ausmachen
die Katze aus dem Zimmer werfen

Jugendschutz

Nicht in jedem Alter darf man alles. In Deutschland regelt das Jugendschutzgesetz,[1] in welchem Alter Kinder und Jugendliche etwas dürfen oder können.

MIT 13

- darf man in den Ferien arbeiten.
  aber: Die Eltern müssen es erlauben[2] und die Arbeit muss leicht sein.

MIT 15

- kann man mit der Arbeit anfangen.
  aber: Man darf nur 8 Stunden am Tag und 5 Tage in der Woche arbeiten.
- darf man im Restaurant Bier oder Wein trinken.
  aber: Die Eltern müssen dabei sein.[3]

MIT 16

- darf man von zu Hause wegziehen.[4]
  aber: Die Eltern müssen es erlauben.
- darf man heiraten.[5]
  aber: Die Eltern müssen es erlauben.
  und: Der Partner muss über 18 Jahre alt sein.
- darf man bis 24.00 Uhr in die Disko gehen.
- darf man rauchen.

MIT 18

- darf man den Führerschein[6] für ein Auto oder ein Motorrad machen.
- darf man ohne Erlaubnis heiraten.
- darf man wählen.[7]
- darf man im Kino alle Filme sehen.
- darf man im Restaurant Alkohol trinken.
- darf man so lange in die Disko gehen, wie man will.

In Deutschland ist man mit 18 Jahren erwachsen.[8]

Wie ist es in Ihrem Land? Machen Sie eine Tabelle.

Mit 13	Mit 15	Mit 16	Mit 18	Mit . . .
		Auto fahren		

heiraten	wählen	Alkohol trinken
in die Disko gehen	alle Filme sehen	Auto fahren
arbeiten	erwachsen sein	rauchen

[1] law for the protection of minors   [2] permit   [3] dabei... be present   [4] move away   [5] marry   [6] driver's license
[7] vote   [8] grown-up

Ach, wie nett!

■ **Grammatik 3.3**

MARIA: Der Fernseher läuft ja den ganzen Tag.
MICHAEL: Soll ich ihn ausmachen?

FRAU KÖRNER: Ich finde den Mantel einfach toll!
FRAU GRETTER: Kaufen Sie ihn doch!

OMA SCHMITZ: Die Tasche ist so schwer.
HELGA: Komm, Oma, ich trage sie.

PRINZESSIN: Hier ist mein Taschentuch. Du darfst mich nie vergessen.
PRINZ: Nein, Geliebte, ich vergesse dich nie!

SILVIAS FREUNDIN: Samstag geben wir eine Party. Ich möchte euch gern einladen.

ZWEI TRAMPERINNEN: Hallo, wir wollen nach Regensburg. Nehmt ihr uns mit?

SITUATION 9 Minidialoge

Was passt?

1. Es ist kalt und das Fenster ist offen!
2. Der Wein ist gut.
3. Du hast nächste Woche
3. Geburtstag?
4. Der Koffer ist so schwer.
5. Die Suppe ist wirklich gut!
6. Wie findest du Paul Simon?
7. Das Haus ist schmutzig.

a. Komm, ich trage ihn.
b. Machen Sie es bitte zu.
c. Darf ich ihn probieren?
d. Ich mag sie aber nicht.
e. Ja, ich gebe eine Party und ich lade euch ein.
f. Ich mache es morgen sauber.
g. Ich mag ihn ganz gern.

SITUATION 10 Dialog

Heidi sucht einen Platz in der Cafeteria.

HEIDI: Entschuldigung, _____?

STEFAN: Ja, sicher.

HEIDI: Danke.

STEFAN: _____?

HEIDI: Ja, ich glaube schon. Bist du nicht auch in dem Deutschkurs um neun?

STEFAN: Na, klar. Jetzt ___ ich's wieder. Du ___ Stefanie, nicht wahr?

HEIDI: Nein, ich heiße Heidi.

STEFAN: Ach ja, richtig… Heidi. Ich heiße Stefan.

HEIDI: ____ kommst du eigentlich, Stefan?

STEFAN: ___ Iowa City, und du?

HEIDI: Ich bin aus Berkeley.

STEFAN: Und was studierst du?

HEIDI: _____. Vielleicht Sport, vielleicht Geschichte oder vielleicht Deutsch.

STEFAN: Ich studiere auch Deutsch, Deutsch und _____. Ich möchte in Deutschland bei einer amerikanischen Firma arbeiten.

HEIDI: Toll! Da verdienst du sicherlich viel Geld.

STEFAN: _____.

SITUATION 11 Rollenspiel: In der Mensa

S1: Sie sind Student/Studentin an der Uni in Regensburg. Sie gehen in die Mensa und setzen sich zu jemand an den Tisch. Fragen Sie, wie er/sie heißt, woher er/sie kommt und was er/sie studiert.

Die Mensa der Universität Regensburg. Haben Sie Hunger?

SITUATION 12 Ratespiel

Was ist das?

1. _____ Man trägt sie im Sommer an den Füßen.
2. _____ Man trägt ihn nach dem Duschen.
3. _____ Man trägt es im Bett.
4. _____ Man trägt ihn im Winter um den Hals.
5. _____ Man trägt sie im Ohr.
6. _____ Man trägt sie unter der Kleidung.
7. _____ Man trägt sie im Winter an den Händen.

a. der Schal
b. die Ohrringe
c. die Handschuhe
d. die Unterhose
e. der Bademantel
f. die Sandalen
g. das Nachthemd

Lektüre

Vor dem Lesen

NÜTZLICHE WÖRTER

fähig *able*
Fähigkeit *ability*
ganz *whole*
Gewohnheit *habit*
Grund *basis*
Kraft *power, force*
Leistung *achievement*
mindestens *at least*
Niveau *level*
Pflicht *requirement*
schwach *weak*
stark *strong*
vor *before*
Wissen *knowledge*
Wissenschaft *science*
Zeit *time*

For many years Germany's school system was held in high esteem even internationally. In the following brochure on the PISA study, you will discover how things have changed dramatically.

A. Before reading the text, look at the section titles and write down the seven questions posed by the brochure.

B. *Recognizing word parts.* The PISA text is about scholastic achievement and contains a number of compound nouns and adjectives that refer to school and learning. Below is a list of several of those compounds. Read through the text and find them. Then use the NÜTZLICHE WÖRTER list to help you match each word with its English equivalent. Check your answers by looking them up in the glossary at the back of the book.

1. Schulleistungsstudie
2. leistungsfähig
3. Leistungsfähigkeit
4. leistungsstärkst
5. leistungsschwächst
6. Schulleistung
7. Grundwissen
8. Naturwissenschaft
9. Lesegewohnheit
10. Pflichtschulzeit
11. Grundschulniveau
12. Mindeststandard
13. Lehrkräfte
14. Vorschulalter
15. Ganztagsschule

a. ability to achieve
b. able to achieve
c. all-day school
d. basic knowledge
e. elementary school level
f. highest achieving
g. lowest achieving
h. minimum standard
i. natural science
j. pre-school age
k. reading habit
l. required school time
m. scholastic achievements
n. study of scholastic achievement
o. teachers, faculty

Die PISA-Studie

Was heißt PISA? Die Abkürzung PISA steht für „Programm for International Student Assessment", eine internationale Schulleistungsstudie.

Was untersucht[1] PISA? PISA untersucht drei Bereiche:[2] Lesekompetenz, mathematisches Grundwissen und naturwissenschaftliches Grundwissen. PISA untersucht nicht nur, was die Schülerinnen und Schüler wissen, sondern auch ob[3] sie es anwenden[4] können.

Wer nimmt an der Studie teil[5]? Die Studie testet 15-jährige Schülerinnen und Schüler in ihren Schulen. 32 Länder nehmen teil. In jedem Land testet man zwischen 4.500 und 10.000 Schülerinnen und Schüler.

Welche Ziele[6] hat PISA? Die einzelnen Länder erfahren,[7] wie gut ihre Schülerinnen und Schüler im internationalen Vergleich sind und wie leistungsfähig ihr Schulsystem ist.

Worum geht es bei PISA außerdem[8]? Außer der Leistungsfähigkeit der Schülerinnen und Schüler erfasst die Studie auch ihren familiären Hintergrund, ihre Einstellung zum Lernen, ihre Lernstrategien, ihre Lesegewohnheiten, ihren Umgang mit neuen Technologien und ihre schulische Karriere. Die Schulleiter beantworten Fragen zur Schule, zu ihrer finanziellen und personellen Situation, zur Klassengröße und zur Motivation von Eltern und Schülern. Aus diesen drei Elementen ergibt sich ein Profil der Schülerinnen und Schüler gegen Ende der Pflichtschulzeit.

Wie hat Deutschland abgeschnitten[9]? Bei der ersten PISA-Studie aus den Jahren 2000-02 liegt Deutschland im letzten Drittel[10] der teilnehmenden Länder. Fast jedes vierte Kind hat enorme Schwierigkeiten beim Lesen. Beim Rechnen und in den Naturwissenschaften erreicht ein Viertel[11] der Schüler höchstens Grundschulniveau. Außerdem ist Deutschland eines der Länder mit dem größten Abstand zwischen den leistungsstärksten und leistungsschwächsten Schülern. Im Gegensatz zu anderen Ländern schafft Deutschland es nicht, dass auch die schwachen Schüler ein akzeptables Leistungsniveau erreichen. Der Einfluss der sozialen Herkunft auf die Schulleistungen ist in Deutschland viel größer als in anderen Ländern. Das deutsche Schulsystem fördert nur die leistungsstärksten Schüler und selbst die nur im Mittelmaß.

Was kann man tun, damit deutsche Schüler künftig besser abschneiden[12]? Darüber wird in Deutschland heftig diskutiert. Folgende Maßnahmen[13] sind im Gespräch:[14]

- Man muss schwache Schüler mehr fördern.[15]
- Man braucht Mindeststandards.
- Man muss Kinder früher einschulen.
- Man muss das Wiederholen von Klassen überdenken.
- Man braucht mehr Angebote für besonders gute Schüler.
- Man muss „schwache Leser" frühzeitig erkennen und fördern.
- Man muss die Qualifikation der Lehrkräfte verbessern.[16]
- Man muss Kindern im Vorschulalter mehr Angebote zum Lernen machen.
- Man braucht in Deutschland mehr Ganztagsschulen.
- Man braucht realistische Lernziele.

Quelle: www.schulentwicklung-plus.de „Schulleistungsstudie PISA"

Arbeit mit dem Text

Beantworten Sie die folgenden Fragen zum Text.

1. Welche schulischen Bereiche untersucht PISA?
2. Welche beiden Aspekte dieser Bereiche untersucht PISA?
3. Wie alt sind die getesteten Schüler?
4. Wie viele Länder nehmen an der Studie teil?
5. Wie viele Schülerinnen und Schüler testet man in jedem Land?
6. Was erfahren die Länder aus der PISA-Studie?
7. Wie viel Prozent der deutschen Schüler haben große Probleme beim Lesen, und wie viele beim Rechnen und in den Naturwissenschaften?

[1]*analyzes* [2]*areas* [3]*whether* [4]*use* [5]*nimmt... teil participates* [6]*goals* [7]*discover* [8]*Worum... What else does PISA deal with?* [9]*fared* [10]*third* [11]*quarter* [12]*fare* [13]*measures* [14]*im... being discussed* [15]*encourage* [16]*improve*

Nach dem Lesen

Der Text schlägt 10 Maßnahmen[1] als Reaktion auf den PISA-Schock vor.[2]
Welche dieser Maßnahmen sind am wichtigsten? Welche kosten mehr Geld?
Welche Maßnahmen soll Deutschland als erstes ergreifen[3]? Nennen Sie die
fünf wichtigsten Maßnahmen und bringen Sie sie in eine Rangfolge[4] von 1
bis 5.

[1]*measures*   [2]vorschlagen *to propose, suggest*   [3]*here: take*   [4]*order of importance*

Körperliche und geistige Verfassung

■ **Grammatik 3.4–3.5**

Er ist glücklich.

Sie sind traurig.

Er ist wütend.

Sie ist krank.

Sie sind in Eile.

Sie ist müde.

Sie haben Hunger.

Er hat Langeweile.

Er hat Durst.

Er hat Angst.

Informationsspiel: Was machen sie, wenn… ?

MODELL S1: Was macht Renate, wenn sie müde ist?
S2: Sie trinkt Kaffee.
S1: Was machst du, wenn du müde bist?
S2: Ich gehe ins Bett.

	Renate	Ernst	mein(e) Partner(in)
1. *traurig ist/bist*	ruft ihre Freundin an		
2. *müde ist/bist*		schläft	
3. *in Eile ist/bist*		ist nie in Eile	
4. *wütend ist/bist*	wirft mit Tellern		
5. *krank ist/bist*		isst Hühnersuppe	
6. *glücklich ist/bist*	lädt Freunde ein		
7. *Hunger hat/hast*	isst einen Apfel	schreit laut „Hunger!"	
8. *Langeweile hat/hast*			
9. *Durst hat/hast*	trinkt Mineralwasser		
10. *Angst hat/hast*		läuft zu Mama	

Interview: Wie fühlst du dich, wenn… ?

MODELL S1: Wie fühlst du dich, wenn du um fünf Uhr morgens aufstehst?
S2: Ausgezeichnet!

[+]	ausgezeichnet fantastisch sehr gut gut	[0]	ganz gut	[−]	nicht besonders gut ziemlich schlecht mies total mies

1. wenn du um fünf Uhr morgens aufstehst
2. wenn du die ganze Nacht nicht schlafen kannst
3. wenn du drei Filme hintereinander ansiehst
4. wenn deine Freunde dich auf eine Party einladen
5. wenn du eine Arbeit oder einen Test zurückbekommst
6. wenn du ein Referat schreiben musst

7. wenn das Semester zu Ende ist
8. wenn du einkaufen gehen willst, aber kein Geld hast
9. wenn alle deine T-Shirts schmutzig sind
10. wenn du eine gute Note bekommst

SITUATION 15 # Warum fährt Frau Ruf mit dem Bus?

Kombinieren Sie!

> MODELL S1: Warum fährt Frau Ruf mit dem Bus?
> S2: Weil ihr Auto kaputt ist.

1. Warum fährt Frau Ruf mit dem Bus?

2. Warum hat Hans Angst?

3. Warum geht Jutta nicht ins Kino?

4. Warum geht Jens nicht in die Schule?

5. Warum kauft Andrea Hans eine CD?

6. Warum fährt Herr Wagner nach Leipzig?

7. Warum ist Ernst wütend?

8. Warum fährt Frau Gretter in die Berge?

9. Warum geht Herr Siebert um zehn Uhr ins Bett?

10. Warum ruft Maria ihre Freundin an?

a. weil er Geburtstag hat

b. weil ihr Auto kaputt ist

c. weil er vielleicht nicht versetzt wird

d. weil sie für eine Klassenarbeit lernen muss

e. weil er blau macht (Klassenarbeit in Latein!)

f. weil er seinen Bruder besuchen will

g. weil sie wandern geht

h. weil er in Mathe so viele Hausaufgaben hat

i. weil sie sie ins Kino einladen will

j. weil er jeden Tag um sechs Uhr aufsteht

SITUATION 16 # Zum Schreiben: Auch in Ihnen steckt ein Dichter!

Schreiben Sie ein Gedicht!

> MODELL Wasser   ein Nomen = Thema
> kühl, nass   zwei Adjektive
> schwimmen, segeln, tauchen   drei Verben
> Sonne auf meiner Haut   vier Wörter, die ein Gefühl ausdrücken[1]
> Sommer   ein Nomen = Zusammenfassung[2]

Mögliche Themen: Hund, Oma, Wochenende, Uni, Deutsch usw.

[1]express   [2]summary

Schuljahr und Zeugnisse

Wie ist das in Ihrem Land?

1. Wann beginnt das Schuljahr? Wann endet es?
2. Welche Fächer hat man in der 9. Klasse?
3. Welche Fremdsprachen lernt man in der 9. Klasse?
4. Wie oft gibt es Zeugnisse[1]? Wann?
5. Muss jemand die Zeugnisse unterschreiben? Wer?
6. Was passiert, wenn ein Schüler in vielen Fächern sehr schlechte Noten[2] hat?

Sie hören einen Text über die deutschen Schulen. Hören Sie gut zu und beantworten Sie dann die Fragen.

- Das Schuljahr beginnt im _____ oder _____ .
- Das Schuljahr ist im _____, _____ oder _____ zu Ende.
- Wann gibt es Zeugnisse? In der _____ und am _____ des Schuljahres.
- Schreiben Sie neben die Wörter die richtige Note (Zahl) und was es in Ihrem Land ist.

	IN DEUTSCH-LAND	IN IHREM LAND
„sehr gut"	___	___
„gut"	___	___
„befriedigend"[3]	___	___
„ausreichend"[4]	___	___
„mangelhaft"[5]	___	___
„ungenügend"[6]	___	___

- Wann bleibt man sitzen[7]?

ZEUGNIS

Schuljahr 20 **03/04**   1. Halbjahr   Klasse **9 b**

Jens Krüger
Vor- und Zuname des Schülers/der Schülerin
geboren am **22. 8. 89** in **München**

Pflichtunterricht

Deutsch	4	Mathematik (Fachleistungskurs)	4
Rechtschreiben	4	Physik/Chemie	5
Englisch (Fachleistungskurs)	5	Biologie	3
Latein	5	Musik	2
Welt- und Umweltkunde	3	Kunst	2
Religion	4	Werken	2
Werte und Normen	4	Textiles Gestalten	/
		Sport	1

Wahlpflichtunterricht und wahlfreier Unterricht
Italienisch 4

Bemerkungen
Jens ist bei seinen Mitschülern beliebt.

Goslar, den **1. Feb. 2004**
Datum der Ausstellung
Cramer
Klassenlehrer(in)   *U. Möller* Schulleiter(in)

gesehen: *Arnd Krüger*
Unterschrift eines Erziehungsberechtigten

Miniwörterbuch

entscheiden	to decide
die **Klasse, -n**	grade, level
das **Resultat, -e**	result
die **Versetzung**	promotion into the next grade

[1] report cards [2] grades [3] satisfactory [4] sufficient [5] poor [6] insufficient [7] bleibt... sitzen *flunks, is held back a grade*

Videoecke

- Hast du handwerkliche oder künstlerische Fähigkeiten?
- Was kannst du nicht so gut?
- Was für Pflichten hast du?
- Was machst du heute Abend?
- Was machst du am Wochenende?

Juliane ist am 26. Februar 1978 in Bergen auf der Insel Rügen geboren. Sie studiert Spanisch und Biologie.

Denis ist am 10. Mai 1981 in Leipzig geboren. Er geht ans Gymnasium und macht gerade sein Abitur. Er spricht Englisch und Französisch.

Aufgabe 1

Was können Juliane und Denis gut? ☺ Was müssen sie tun? 😐 Was können sie nicht gut und was mögen sie nicht? ☹ Kreuzen Sie an.

	JULIANE				DENIS	
☺	😐	☹		☺	😐	☹
☐	☐	☐	Porträts zeichnen	☐	☐	☐
☐	☐	☐	Grafiken zeichnen	☐	☐	☐
☐	☐	☐	Querflöte spielen	☐	☐	☐
☐	☐	☐	Fahrräder reparieren	☐	☐	☐
☐	☐	☐	bohren	☐	☐	☐
☐	☐	☐	Motorrad reparieren	☐	☐	☐
☐	☐	☐	Zimmer aufräumen	☐	☐	☐
☐	☐	☐	sauber machen	☐	☐	☐
☐	☐	☐	Müll runterbringen	☐	☐	☐
☐	☐	☐	Wäsche waschen	☐	☐	☐

Aufgabe 2

Was machen Juliane und Denis heute Abend? Schreiben Sie auf.

Wortschatz

Talente und Pläne — Talents and Plans

der **Besuch, -e** — visit
  zu Besuch kommen — to visit
der **Schlittschuh, -e** (R) — ice skate
  Schlittschuh laufen, läuft — to go ice-skating
der **Witz, -e** — joke
  Witze erzählen — to tell jokes

schneiden — to cut
  Haare schneiden — to cut hair
stricken — to knit
tauchen — to dive
tippen — to type
zeichnen — to draw

Ähnliche Wörter

der **Ski, -er; Ski fahren, fährt;** der **Walzer, -**
das **Skateboard, -s; Skateboard fahren, fährt**

Pflichten — Obligations

ab·räumen — to clear
  den Tisch ab·räumen — to clear the table
decken — to set; to cover
  den Tisch decken — to set the table
gerade stellen — to straighten
gießen — to water
  die Blumen gießen — to water the flowers
putzen — to clean
sauber machen — to clean

Körperliche und geistige Verfassung — Physical and Mental States

die **Angst, ⁻e** — fear
  Angst haben — to be afraid
die **Eile** — hurry
  in Eile sein — to be in a hurry
die **Langeweile** — boredom
  Langeweile haben — to be bored

das **Glück** — luck; happiness
  viel Glück! — lots of luck, good luck
das **Heimweh** — homesickness
  Heimweh haben — to be homesick

ärgern — to annoy; to tease
schreien — to scream, yell

stören — to disturb
weinen — to cry

beschäftigt — busy
eifersüchtig — jealous
faul — lazy
krank — sick
müde — tired
wütend — angry

Ähnliche Wörter

der **Durst; Durst haben;** der **Hunger; Hunger haben;**
das **Gefühl, -e; fühlen; wie fühlst du dich?; ich fühle mich…** ; **frustriert**

Schule — School

die **Nachhilfe** — tutoring
die **Sprechstunde, -n** — office hour

der **Satz, ⁻e** — sentence
der **Sommerkurs, -e** — summer school

das **Arbeitsbuch, ⁻er** — workbook
das **Beispiel, -e** — example
  zum Beispiel (z. B.) — for example
das **Referat, -e** — report
das **Studium, Studien** — course of studies

Sonstige Substantive — Other Nouns

die **Ärztin, -nen** — female physician
die **Blume, -n** — flower
die **Geige, -n** — violin
die **Geliebte, -n** — beloved female friend, love
die **Hauptstadt, ⁻e** — capital city
die **Haut** — skin
die **Kerze, -n** — candle
die **Kneipe, -n** — bar, tavern
die **Oma, -s** — grandma
die **Pflicht, -en** — duty; requirement

der **Arzt, ⁻e** — male physician
der **Papierkorb, ⁻e** — wastebasket
der **Punkt, -e** — point
der **Roman, -e** — novel

das **Gedicht, -e** — poem
das **Krankenhaus, ⁻er** — hospital

das **Lied**, -er	song
das **Mittagessen**	midday meal, lunch
das **Taschentuch**, ¨-er	handkerchief
das **Tier**, -e	animal

Ähnliche Wörter

die **CD**, -s; die **Disko**, -s; die **Firma**, **Firmen**; die **Pflanze**, -n; die **Nacht**, ¨-e; die **Vase**, -n; der **DVD-Spieler**, -; der **Mittag**, -e; der **Plan**, ¨-e; der **Platz**, ¨-e; das **Alphabet**; das **Aspirin**; das **Licht**, -er; das **Talent**, -e; das **Taxi**, -s; das **Tischtennis**

Modalverben — Modal Verbs

dürfen, **darf**	to be permitted (to), may
können, **kann**	to be able (to), can; may
mögen, **mag**	to like, care for
möchte	would like (to)
müssen, **muss**	to have to, must
sollen, **soll**	to be supposed to
wollen, **will**	to want; to intend, plan (to)

Sonstige Verben — Other Verbs

an·machen	to turn on, switch on
an·sehen, **sieht…an**	to look at; to watch
an·ziehen	to put on (clothes)
an·zünden	to light
auf·machen	to open
auf·passen	to pay attention
aus·geben, **gibt…aus**	to spend
aus·machen	to turn off
aus·leeren	to empty
aus·ziehen	to take off (clothes)
bekommen	to get, receive
belegen	to take (a course)
ein·steigen	to board
erzählen	to tell
mit·nehmen, **nimmt…mit**	to take along
probieren	to try, taste
rauchen	to smoke
stellen	to put, place (upright)
verbringen	to spend (*time*)
verreisen	to go on a trip
vorbei·kommen	to come by, visit
werfen, **wirft**	to throw
zu·machen	to close

Ähnliche Wörter

baden, **hängen**, **hoffen**, **kämmen**, **kombinieren**, **lachen**, **leben**, **mit·bringen**; das **Bild** an die **Wand hängen**

Adjektive und Adverbien — Adjectives and Adverbs

ausgezeichnet	excellent
beliebt	popular
besonders	particularly
bestimmt	definitely, certainly
eigentlich	actually
fertig	ready; finished
die **ganze Nacht**	all night long
ganz schön viel	quite a bit
nass	wet
schnell	quick, fast
schwer	heavy; hard, difficult
wahr	true

Sonstige Wörter und Ausdrücke — Other Words and Expressions

bei dir	at your place
blau machen	to take the day off
dreimal	three times
einander	one another, each other
hintereinander	in a row
miteinander	with each other
Entschuldigung!	excuse me
gar nicht	not a bit
immer	always
jede	each, every
jede Woche	every week
jemand	someone, somebody
jetzt	now
kein bisschen	not at all
mit mir	with me
na	well
nach	after; to
neben	beside, in addition to
nur	only
pro	per
schade!	too bad
sicher	sure
sicherlich	certainly
sofort	immediately
versetzt	promoted
von der Arbeit	from work
warum	why
weil	because
wieder	again
schon wieder	once again
wohin	where to
zu Fuß	on foot
zum Arzt	to the doctor
zum Mittagessen	for lunch

Strukturen und Übungen

3.1 The modal verbs *können, wollen, mögen*

Wissen Sie noch?

The **Satzklammer** forms a frame or a bracket consisting of a verb and either a separable prefix or an infinitive. This same structure is used with the modal verbs.

Review grammar 1.5 and 2.3.

Modal verbs, such as **können** (*can, to be able to, know how to*), **wollen** (*to want to*), and **mögen** (*to like to*) are auxiliary verbs that modify the meaning of the main verb. The main verb appears as an infinitive at the end of the clause.

The modal **können** usually indicates an ability or talent but may also be used to ask permission. The modal **wollen** expresses a desire or an intention to do something. The modal **mögen** expresses a liking; just as its English equivalent, *to like*, it is commonly used with an accusative object.

Kannst du kochen?	*Can you cook?*
Kann ich mitkommen?	*Can I come along?*
Sofie und Willi wollen tanzen gehen.	*Sofie and Willi want to go dancing.*
Ich mag aber nicht tanzen.	*I don't like to dance.*
Magst du Spaghetti?	*Do you like spaghetti?*

Modals do not have endings in the **ich-** and **er/sie/es-**forms. Note also that these modal verbs have one stem vowel in all plural forms and in the polite **Sie-**form, and a different stem vowel in the **ich-, du-,** and **er/sie/es-**forms.

können = *can*
wollen = to want to
mögen = to like (to)

	können	**wollen**	**mögen**
ich	kann	will	mag
du	kannst	willst	magst
Sie	können	wollen	mögen
er/sie/es	kann	will	mag
wir	können	wollen	mögen
ihr	könnt	wollt	mögt
Sie	können	wollen	mögen
sie	können	wollen	mögen

ÜBUNG 1 Talente

A. Wer kann das?

MODELL Ich kann Deutsch.   *oder*   Wir können Deutsch.

1. Deutsch
2. Golf spielen
3. Ski fahren
4. Klavier spielen
5. gut kochen

mein Freund / meine Freundin
meine Eltern
ich/wir
mein Bruder / meine Schwester
der Professor / die Professorin

B. Kannst du das?

MODELL Gedichte schreiben → Kannst du Gedichte schreiben?
              oder   Könnt ihr Gedichte schreiben?

1. Gedichte schreiben   du
2. Auto fahren   ihr
3. tippen
4. stricken
5. zeichnen

Pläne und Fähigkeiten

Was können oder wollen diese Personen (nicht) machen?

> MODELL   am Samstag / ich / wollen →
>   Am Samstag will ich Schlittschuh laufen.

Golf spielen	nach Europa fliegen	Witze erzählen
Haare schneiden	schlafen	zeichnen
ins Kino gehen	Ski fahren	_____?

1. heute Abend / ich / wollen
2. morgen / ich / nicht können
3. mein Freund (meine Freundin) / gut können
4. am Samstag / mein Freund (meine Freundin) / wollen
5. mein Freund (meine Freundin) und ich / wollen
6. im Winter / meine Eltern (meine Freunde) / wollen
7. meine Eltern (meine Freunde) / gut können

3.2 The modal verbs *müssen, sollen, dürfen*

The modal **müssen** stresses the necessity to do something. The modal **sollen** is less emphatic than **müssen** and may imply an obligation or a strong suggestion made by another person. The modal **dürfen,** used primarily to indicate permission, can also be used in polite requests.

Jens muss mehr lernen.	*Jens has to study more.*
Vati sagt, du sollst sofort nach Hause kommen.	*Dad says you're supposed to come home immediately.*
Frau Schulz sagt, du sollst morgen zu ihr kommen.	*Ms. Schulz says you should come to see her tomorrow.*
Darf ich die Kerzen anzünden?	*May I light the candles?*

	müssen	**sollen**	**dürfen**
ich	muss	soll	darf
du	musst	sollst	darfst
Sie	müssen	sollen	dürfen
er/sie/es	muss	soll	darf
wir	müssen	sollen	dürfen
ihr	müsst	sollt	dürft
Sie	müssen	sollen	dürfen
sie	müssen	sollen	dürfen

Achtung!

German **will** is not the equivalent of English *will* but means rather "want(s)" or "intend(s) to."

---

müssen = *must*
sollen = *to be supposed to*
dürfen = *may*

nicht müssen = *not to have to, not to need to*
nicht dürfen = *mustn't*

When negated, the English expressions *to have to* and *must* undergo a change in meaning. The expression *not have to* implies that there is no need to do something, while *must not* implies a strong warning. These two distinct meanings are expressed in German by **nicht müssen** and **nicht dürfen,** respectively.

Du musst das nicht tun.	*You don't have to do that.*
	or: *You don't need to do that.*
Du darfst das nicht tun.	*You mustn't do that.*

Achtung!

Remember the two characteristics of modal verbs:

1. no ending in the **ich-** and **er/sie/es-**forms;
2. one stem vowel in the **ich-, du-,** and **er/sie/es-**forms and a different one in the plural, the formal **Sie,** and the infinitive. (Note, however, that **sollen** has the same stem vowel in all forms.)

ÜBUNG 3 **Jutta hat eine Fünf in Englisch.**

Was muss sie machen? Was darf sie nicht machen?

1. mit Jens zusammen lernen
2. viel fernsehen
3. in der Klasse aufpassen und mitschreiben
4. jeden Tag tanzen gehen
5. jeden Tag ihren Wortschatz lernen
6. amerikanische Filme im Original sehen
7. ihren Englischlehrer zum Abendessen einladen
8. für eine Woche nach London fahren
9. fleißig[1] die englische Grammatik lernen

ÜBUNG 4 **Minidialoge**

Ergänzen Sie **können, wollen, müssen, sollen, dürfen.**

1. ALBERT: Hallo, Nora. Peter und ich gehen ins Kino. _Willst_[a] du nicht mitkommen?
   NORA: Ich _will_[b] schon, aber leider _kann_[c] ich nicht mitkommen. Ich _muss_[d] arbeiten.
2. JENS: Vati, _darf_[a] ich mit Hans fischen gehen?
   HERR WAGNER: Nein! Du hast eine Fünf in Physik, eine Fünf in Latein und eine Fünf in Englisch. Du _musst_[b] zu Hause bleiben und deine Hausaufgaben machen.

[1]*diligently*

JENS: Aber, Vati! Meine Hausaufgaben _kann_ [c] ich doch heute Abend machen.

HERR WAGNER: Nein, aber du _darfst_ [d] zu Hans gehen und dann _könnt_ ihr eure Hausaufgaben zusammen machen.

3. HEIDI: Hallo, Stefan. Frau Schulz sagt, du _sollst_ [a] morgen in ihre Sprechstunde kommen.

STEFAN: Morgen _kann_ [b] ich nicht, ich habe keine Zeit.

HEIDI: Das _magst_ [c] du Frau Schulz schon selbst sagen. Bis bald.

3.3 Accusative case: personal pronouns

As in English, certain German pronouns change depending on whether they are the subject or the object of a verb.

Ich bin heute Abend zu Hause. Rufst du **mich** an?	*I will be home tonight. Will you call me?*
Er kommt aus Wien. Kennst du **ihn?**	*He is from Vienna. Do you know him?*

A. First- and second-person pronouns: nominative and accusative forms

Nominative		Accusative	
ich		mich	*me*
du		dich	*you*
Sie		Sie	*you*
wir		uns	*us*
ihr		euch	*you*
Sie		Sie	*you*

Wer bist **du?** Ich kenne **dich** nicht.	*Who are you? I don't know you.*
Wer seid **ihr?** Ich kenne **euch** nicht.	*Who are you (people)? I don't know you.*

B. Third-person pronouns: nominative and accusative forms

	Nominative		Accusative	
Masc.	er		ihn	*him, it*
Fem.		sie		*her, it*
Neuter		es		*it*
Plural		sie		*them*

der → er
den → ihn
das → es
die → sie

Recall that third-person pronouns reflect the grammatical gender of the noun they stand for: **der Film → er; die Gitarre → sie; das Foto → es.** This relationship also holds true for the accusative case: **den Film → ihn; die Gitarre → sie; das Foto → es.** Note that only the masculine singular pronoun has a different form in the accusative case.

Wo ist der Spiegel? Ich sehe **ihn** nicht.	*Where is the mirror? I don't see it.*
Das ist meine Schwester Jasmin. Du kennst **sie** noch nicht.	*This is my sister Jasmin. You don't know her yet.*
—Wann kaufst du die Bücher?	*—When will you buy the books?*
—Ich kaufe **sie** morgen.	*—I'll buy them tomorrow.*

ÜBUNG 5 Minidialoge

Ergänzen Sie **mich, dich, uns, euch, Sie.**

1. KATRIN: Holst du mich heute Abend ab, wenn wir ins Kino gehen?
   THOMAS: Natürlich hole ich _____ ab!
2. STEFAN: Halloo! Hier bin ich, Albert! Siehst du _____ᵃ denn nicht?
   ALBERT: Ach, *da* bist du. Ja, jetzt sehe ich _____.ᵇ
3. SABINE: Guten Tag, Frau Schulz. Sie kennen _____ noch nicht. Wir sind neu in Ihrer Klasse. Das ist Rick, und ich bin Sabine.
   FRAU SCHULZ: Guten Tag, Rick. Guten Tag, Sabine.
4. MONIKA: Hallo, Albert. Hallo, Thomas. Katrin und ich besuchen _____ heute.
   ALBERT UND THOMAS: Toll! Bringt Kuchen mit!
5. STEFAN: Heidi, ich mag _____ᵃ!
   HEIDI: Das ist schön, Stefan. Ich mag _____ᵇ auch.
6. FRAU SCHULZ: Spreche ich laut genug? Verstehen Sie _____ᵃ?
   KLASSE: Ja, wir verstehen _____ᵇ sehr gut, Frau Schulz.
7. STEFAN UND ALBERT: Auf Wiedersehen, Frau Schulz! Schöne Ferien! Und vergessen Sie uns nicht!
   FRAU SCHULZ: Natürlich nicht! Wie kann ich _____ denn je vergessen?

ÜBUNG 6 Der Deutschkurs

MODELL Machst du gern **das** Arbeitsbuch für **Kontakte**?
        Ja, ich mache **es** gern. *Oder:* Nein, ich mache **es** nicht gern.

Tipp: das → es   den → ihn   die → sie

1. Machst du gern **das** Arbeitsbuch für **Kontakte**?
2. Kannst du **das** deutsche Alphabet aufsagen?
3. Kennst du **den** beliebtesten deutschen Vornamen für Jungen?
4. Liest du gern **die** Grammatik?
5. Lernst du gern **den** Wortschatz?
6. Kennst du **die** Studenten und Studentinnen in der Klasse?
7. Vergisst du oft **die** Hausaufgaben?
8. Magst du **deinen** Lehrer oder **deine** Lehrerin?

ÜBUNG 7 Was machen diese Personen?

Beantworten Sie die Fragen negativ.

MODELL Kauft Michael das Buch? →
        Nein, er kauft es nicht, er liest es.

Verwenden Sie diese Verben.

anrufen, ruft an
anziehen, zieht an
anzünden, zündet an
ausmachen, macht aus

essen, isst
kaufen
schreiben

trinken
verkaufen
waschen, wäscht

Sondern on the contrary, but rather (handwritten annotation)

1. Liest Maria den Brief?

Nein, sie ihn liest nicht, sie schreibt es (handwritten)

2. Isst Michael die Suppe?

Nein, er isst sie nicht, er trinkt sie (handwritten)

3. Macht Maria den Fernseher an?

Nein, sie macht ihn nicht an, sie macht ihn aus (handwritten)

4. Kauft Michael das Auto?

Nein, er kauft es nicht, er verkauft es (handwritten)

5. Zieht Michael die Hose aus?

Nein, er zieht sie nicht aus, er zieht sie an. (handwritten)

6. Trägt Maria den Rock?

Nein, sie trägt ihn nicht, sondern sie kauft ihn (handwritten)

7. Bestellt[1] Michael das Schnitzel?

Nein, er bestellt es nicht, sondern er isst es. (handwritten)

8. Besucht Michael seinen Freund?

Nein, er besucht ihn nicht, sondern er ruft ihn an (handwritten)

9. Kämmt Maria ihr Haar?

Nein, sie kämmt ihr Haar nicht, sondern sie wäscht es. (handwritten)

10. Bläst Michael die Kerzen aus[2]?

Nein, er bläst sie nicht aus, sondern er zündet sie an (handwritten)

3.4 Word order: dependent clauses

Use a conjunction such as **wenn** (*when, if*) or **weil** (*because*) to add a modifying clause to a sentence.

Mehmet hört Musik, **wenn** er traurig ist.
Renate geht nach Hause, **weil** sie müde ist.

Mehmet listens to music whenever he is sad.
Renate is going home because she is tired.

In the preceding examples, the first clause is the main clause. The clause introduced by a conjunction is called a *dependent clause*. In German, the verb in a dependent clause occurs at the end of the clause.

[1]bestellen *to order (in a restaurant)*   [2]*Bläst... aus? Is [he] blowing out... ?*

MAIN CLAUSE	DEPENDENT CLAUSE
Ich bleibe im Bett,	wenn ich krank **bin.**
I stay in bed	*when I am sick.*

When **wenn** or **weil** begins a clause, the conjugated verb appears at the end of the clause.

In sentences beginning with a dependent clause, the entire clause acts as the first element in the sentence. The verb of the main clause comes directly after the dependent clause, separated by a comma. As in all German statements, the verb is in second position. The subject of the main clause follows the verb.

I DEPENDENT CLAUSE	II VERB	III SUBJECT	
Wenn ich krank bin,	bleibe	ich	im Bett.
When I'm sick, I stay in bed.			
Weil sie müde ist,	geht	Renate	nach Hause.
Because she's tired, Renate is going home.			

ÜBUNG 8 Warum denn?

Beantworten Sie die Fragen.

MODELL   Warum gehst du nicht in die Schule? → Weil ich krank bin.

1. Warum gehst du nicht in die Schule?
2. Warum liegt dein Bruder im Bett?
3. Warum esst ihr denn schon wieder?
4. Warum kommt Nora nicht mit ins Kino?
5. Warum sieht Jutta schon wieder fern?
6. Warum sitzt du allein in deinem Zimmer?
7. Warum trinken sie Bier?
8. Warum machst du denn das Licht an?
9. Warum singt Jens den ganzen Tag?
10. Warum bleibst du zu Hause?

a. Durst haben
b. krank sein
c. traurig sein
d. Langeweile haben
e. Angst haben
f. glücklich sein
g. lernen müssen
h. müde sein
i. Hunger haben
j. keine Zeit haben

ÜBUNG 9 Ist das immer so?

Sagen Sie, wie das für andere Personen ist und wie das für Sie ist.

MODELL   S1: Was macht Albert, wenn er müde ist?
S2: Wenn Albert müde ist, geht er nach Hause.
S1: Und du?
S2: Wenn ich müde bin, trinke ich einen Kaffee.

1. Albert ist müde.
2. Maria ist glücklich.
3. Herr Ruf hat Durst.
4. Frau Wagner ist in Eile.
5. Heidi hat Hunger.
6. Frau Schulz hat Ferien.
7. Hans hat Angst.
8. Stefan ist krank.

a. Sie trifft Michael.
b. Er geht nach Hause.
c. Sie fährt mit dem Taxi.
d. Sie kauft einen Hamburger.
e. Er trinkt eine Cola.
f. Er geht zum Arzt.
g. Er ruft: „Mama, Mama".
h. Sie fliegt nach Deutschland.

3.5 Dependent clauses and separable-prefix verbs

As you know, the prefix of a separable-prefix verb occurs at the end of an independent clause.

Rolf **steht** immer früh **auf.**   *Rolf always gets up early.*

In a dependent clause, the prefix is attached to the verb form, which is placed at the end of the clause.

Rolf ist immer müde, wenn er   *Rolf is always tired when he*
früh **aufsteht.**   *gets up early.*
Helga, bitte **mach** das Fenster   *Helga, please don't open the*
nicht **auf!** Es wird kalt, wenn   *window. It gets cold when*
du es **aufmachst.**   *you open it.*

When there are two verbs in a dependent clause, such as a modal verb and an infinitive, the modal verb comes last, following the infinitive.

INDEPENDENT CLAUSE   Rolf **muss** früh **aufstehen.**   *Rolf has to get up early.*
DEPENDENT CLAUSE   Er ist müde, wenn er früh   *He is tired when he has to get*
    aufstehen muss.   *up early.*

INDEPENDENT CLAUSE   Helga hat kein Geld. Sie **kann**   *Helga doesn't have any money.*
    nichts **machen.**   *She can't do anything.*
DEPENDENT CLAUSE   Sie hat Langeweile, weil sie   *She's bored because she can't*
    nichts **machen kann.**   *do anything.*

ÜBUNG 10   Warum ist das so?

MODELL Jürgen ist wütend, weil er immer so früh aufstehen muss.

1. Jürgen ist wütend.
2. Silvia ist froh.
3. Claire ist in Eile.
4. Josef ist traurig.
5. Thomas geht nicht zu Fuß.
6. Willi hat selten Langeweile.
7. Marta hat Angst vor Wasser.
8. Mehmet fährt in die Türkei.

a. Sie muss noch einkaufen.
b. Er muss immer so früh aufstehen.
c. Seine Freundin nimmt ihn zur Uni mit.
d. Er sieht immer fern.
e. Sie kann nicht schwimmen.
f. Er will seine Eltern besuchen.
g. Melanie ruft ihn nicht an.
h. Sie muss heute nicht arbeiten.

Kiymet Benita Bock: *Kindheits-erinnerungen* (1996)

KIYMET BENITA BOCK

Die Künstlerin Kiymet Benita Bock stellte dieses Werk im Rahmen[1] eines Projektes aus,[2] in dem sich behinderte[3] Menschen zum bildnerischen Gestalten[4] treffen konnten. Aus dem Projekt entstand die Künstlergruppe „Die Schlumper", benannt[5] nach dem Standort des Ateliers im Hamburger Stadthaus „Schlump".

[1]framework [2]stellte...aus *exhibited* [3]*handicapped* [4]bildnerischen... *creative expression* [5]*named*

Ereignisse und Erinnerungen

KAPITEL 4

In **Kapitel 4,** you will begin to talk about things that happened in the past: your own experiences and those of others. You will also talk about different kinds of memories.

Themen

Der Alltag
Urlaub und Freizeit
Geburtstage und Jahrestage
Ereignisse

Kulturelles

Videoblick: Kindererziehung
Feiertage und Brauchtum
Universität und Studium
Videoecke: Feste und Feiern

Lektüren

Aufräumen (Martin Auer)
Porträt: Ingeborg Bachmann und Klagenfurt

Strukturen

4.1 Talking about the past: the perfect tense
4.2 Strong and weak past participles
4.3 Dates and ordinal numbers
4.4 Prepositions of time: **um, am, im**
4.5 Past participles with and without **ge-**

Situationen

Der Alltag

- **Grammatik 4.1**

Ich habe geduscht.

Ich habe gefrühstückt.

die Universität

Ich bin in die Uni gegangen.

Ich bin in einem Kurs gewesen.

Ich habe mit meinen Freunden Kaffee getrunken.

nach Hause

Ich bin nach Hause gekommen.

Ich habe zu Mittag gegessen.

Ich bin nachmittags zu Hause geblieben.

Ich habe abends gelernt.

SITUATION 1 Was haben Sie gemacht?

Bringen Sie diese Aktivitäten in eine chronologische Reihenfolge.

Gemüsemarkt in Freiburg. Waren Sie heute schon beim Einkaufen?

1. Heute Morgen...

_____ habe ich meine Bücher genommen.

_____ habe ich gefrühstückt.

_____ habe ich geduscht.

_____ bin ich in die Uni gegangen.

2. Gestern Nachmittag...

_____ bin ich nach Hause gekommen.

_____ habe ich Basketball gespielt.

_____ habe ich Essen gemacht.

_____ bin ich einkaufen gegangen.

3. Gestern Abend...

_____ habe ich einen Film gesehen.

_____ habe ich zu Abend gegessen.

_____ bin ich ins Bett gegangen.

_____ habe ich das Geschirr gespült.

4. Letzten Samstag...

_____ bin ich spät ins Bett gegangen.

_____ habe ich viel getanzt.

_____ habe ich mit einer Freundin gesprochen.

_____ bin ich auf ein Fest gegangen.

5. Letzten Mittwoch...

_____ bin ich ins Kino gegangen.

_____ habe ich in der Bibliothek gearbeitet.

_____ bin ich in die Uni gefahren.

_____ habe ich gearbeitet.

SITUATION 2 Dialog: Das Fest

Silvia und Jürgen sitzen in der Mensa und essen zu Mittag.

SILVIA: Ich bin furchtbar ____.

JÜRGEN: Bist du wieder so spät ins Bett _____?

SILVIA: Ja. Ich bin heute früh erst um vier Uhr nach Hause _____.

JÜRGEN: Wo ____ du denn so lange?

SILVIA: Auf einem Fest.

JÜRGEN: _____?

SILVIA: Ja, ich habe ein paar alte Freunde _____ und wir haben uns sehr gut _____.

JÜRGEN: Kein Wunder, _____!

Situationen **141**

SITUATION 3 Das letzte Mal

MODELL Wann hast du mit deiner Mutter gesprochen? →
Ich habe gestern mit meiner Mutter gesprochen.

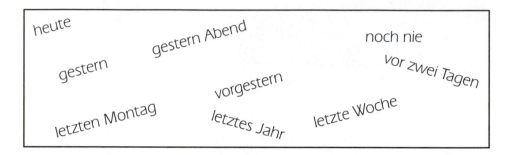

heute

gestern

gestern Abend

noch nie

vor zwei Tagen

vorgestern

letzten Montag

letztes Jahr

letzte Woche

1. Wann hast du dein Auto gewaschen?
2. Wann hast du gebadet?
3. Wann bist du ins Theater gegangen?
4. Wann hast du deine beste Freundin / deinen besten Freund getroffen?
5. Wann hast du einen Film gesehen?
6. Wann bist du in die Disko gegangen?
7. Wann hast du gelernt?
8. Wann bist du einkaufen gegangen?
9. Wann hast du eine Zeitung gelesen?
10. Wann hast du das Geschirr gespült?
11. Wann bist du spät ins Bett gegangen?
12. Wann bist du den ganzen Abend zu Hause geblieben?

SITUATION 4 Zum Schreiben: Ein Tagebuch

Schreiben Sie auch ein Tagebuch. Vielleicht haben Sie das früher schon einmal auf Englisch gemacht. Machen Sie sich zuerst ein paar Notizen. Was ist letzte Woche passiert? Was haben Sie gemacht? Was wollen Sie nicht vergessen?

MODELL Letzte Woche habe/bin ich...

> 28. Juli 2004
>
> Habe einen total coolen Jungen kennen gelernt! Er heißt Billy, eigentlich Paul, aber er sieht aus wie Billy Idol. Er ist total süß!! Habe gleich einen Brief an Geli geschrieben und ihr von Billy erzählt. Warte jetzt auf Gelis Antwort... Außerdem haben wir Zeugnisse bekommen. Das war nicht so gut...

Juttas Tagebuch

Lektüre

Vor dem Lesen

Der folgende Text ist eine kurze Geschichte mit dem Titel „Aufräumen".[1] Die Hauptfigur in dieser Geschichte ist das Kind „Kim". Wir wissen nicht, wie alt Kim ist. Wir wissen nur, dass sie heute eine Entscheidung trifft,[2] die ihre Eltern normalerweise treffen. Denken Sie an Ihre Kindheit[3] und beantworten Sie die folgenden Fragen:

1. In welchem Alter glaubt man, dass man erwachsen[4] ist? Mit 10 Jahren schon? Mit 12 Jahren vielleicht? Mit 16 Jahren? Warum glaubt man, dass man erwachsen ist? Nennen Sie Beispiele.
2. Wie war es für Sie mit Hausarbeit als Kind? Welche Arbeiten haben Sie zu Hause gemacht? Haben Sie sie freiwillig[5] gemacht? Was ist passiert, wenn Sie sie nicht gemacht haben?

Miniwörterbuch

auswandern	to emigrate	**merken**	to notice, feel
der **Ausweg**	way out	**schimpfen**	to scold
bis in alle Ewigkeit	for all eternity	**schließlich**	after all
einmal	for once	**sich freuen auf**	to look forward to
endlich	finally	**sich umsehen**	to look around
keinen Spaß machen	to be no fun		

LESEHILFE

The verb phrase **werden** + *infinitive*, as in **ich werde aufräumen,** is an example of the future tense. In German, this tense indicates a firm intention, a promise, or likelihood. In this story, the future tense serves both purposes: **ich werde aufräumen** (firm intention) and **sie wird schimpfen** (likelihood). You will learn more about the future tense in **Kapitel 8**.

Aufräumen

von Martin Auer

Heute bin ich von der Schule nach Hause gekommen, bin in mein Zimmer gegangen, habe mich umgesehen und habe zu mir selber gesagt: „Also, heute räume ich ein-
5 mal mein Zimmer auf. So wie das aussieht, da macht es ja wirklich keinen Spaß mehr, hier zu wohnen. Nach dem Essen werde ich gleich
10 mein Zimmer aufräumen."

Und ich habe richtig gemerkt, wie ich mich gefreut habe auf mein auf-

[1]*to clean up*   [2]*eine Entscheidung... makes a decision*   [3]*childhood*   [4]*grown up*   [5]*willingly*

LESEHILFE

In a negative context, the verb **brauchen** is like a modal verb. It means *to not have to do something.* Thus, **Niemand braucht es mir zu sagen** means *Nobody has to tell me.*

geräumtes Zimmer. Schließlich ist es ja mein Zimmer und ich muss drin wohnen, und ich habe zu mir selber gesagt: „Siehst du", habe ich zu mir gesagt,
15 „ich bin alt genug, dass ich selber weiß, wann ich mein Zimmer aufräumen
muss, und niemand braucht es mir zu sagen!" Und ich habe gemerkt, dass ich
mich gefreut habe, dass ich ganz von selber mein Zimmer aufräumen werde,
ohne dass es mir jemand gesagt hat.

Beim Mittagessen hat meine Mutter dann zu mir gesagt: „Kim", hat sie ge-
20 sagt, „heute räumst du endlich einmal dein Zimmer auf!"

Da war ich ganz traurig.

Und jetzt sitze ich da und kann mein Zimmer nicht freiwillig aufräumen.
Und unfreiwillig mag ich es nicht aufräumen. Und wenn ich es heute nicht
aufräume, dann wird die Mutter mit mir schimpfen und wird morgen wieder
25 sagen, ich soll mein Zimmer aufräumen und dann kann ich es morgen auch
nicht freiwillig aufräumen. Und so weiter, bis in alle Ewigkeit.

Und in einem so unordentlichen Zimmer mag ich auch nicht wohnen. Ich
sehe keinen Ausweg. Ich glaube, ich muss auswandern.

Arbeit mit dem Text

A. Entscheidungen und Gefühle. In diesem Text sehen wir viele Modalverben. Ergänzen Sie die Modalverben in den folgenden Sätzen. Sehen Sie dann im
Text nach, ob sie auch im Text so stehen.

1. Schließlich ist es ja mein Zimmer und ich _____ drin wohnen.
2. Ich bin alt genug, dass ich selber weiß, wann ich mein Zimmer
   aufräumen _____.
3. Niemand _____ es mir zu sagen.
4. Und jetzt sitze ich da und _____ mein Zimmer nicht freiwillig aufräumen.
5. Dann wird die Mutter mit mir schimpfen und wird morgen sagen,
   ich _____ mein Zimmer aufräumen.
6. Und in einem so unordentlichen Zimmer _____ ich auch nicht wohnen.
7. Ich glaube, ich _____ auswandern.
8. Und unfreiwillig _____ ich es nicht aufräumen.

In dieser Geschichte drücken die Modalverben Gefühle aus.[1] Welche weiteren
Wörter drücken Gefühle aus? Schreiben Sie sie auf!

B. Kim erzählt die Geschichte im Perfekt. Hier sind die Infinitive der Verben.
Schreiben Sie die Perfektformen dazu, die Kim mit diesen Verben verwendet.

Infinitiv	Subjekt + Hilfsverb + Partizip
sich freuen	*ich habe mich gefreut*
gehen	
kommen	
merken	
sagen	

[1]ausdrücken *to express*

C. Wer, wo, wann, was? Arbeiten Sie in kleinen Gruppen und beantworten Sie die folgenden Fragen. Schreiben Sie die Antworten auf.

1. Wer sind die Personen der Geschichte? Was wissen wir über sie?
2. Wo spielt die Geschichte? Welche Orte gibt es? Welcher Ort ist wohl der wichtigste?
3. Wann spielt die Geschichte? Wie lange dauern die Ereignisse?
4. Was passiert? Erzählen Sie die Geschichte in kurzen Sätzen wieder. („Kim kommt nach Hause...")

Nach dem Lesen

Kim hat einen Entschluss gefasst.[1] Sie möchte mit ihrer Mutter über ihr Problem sprechen. Spielen Sie diese Szene.

[1]einen... *made a decision*

Urlaub und Freizeit

■ Grammatik 4.2

Jutta ist ins Schwimmbad gefahren.

Sie hat in der Sonne gelegen.

Sie ist geschwommen.

Sie hat Musik gehört.

Jens und Robert haben Postkarten geschrieben.

Sie sind in den Bergen gewandert.

Sie haben Tennis gespielt.

Sie haben viel gelesen.

Richards Wochenende

Dialog: Hausaufgaben für Deutsch

Heute ist Montag. Auf dem Schulhof des Albertus-Magnus-Gymnasiums sprechen Jens, Jutta und ihre Freundin Angelika übers Wochenende.

JENS: Na, habt ihr die Hausaufgaben für Deutsch _____?

JUTTA: Hausaufgaben? Haben wir für Deutsch Hausaufgaben auf?

JENS: Habt ihr das erste Kapitel von dem Roman nicht _____?

JUTTA: Hast du das _____, Angelika?

ANGELIKA: Ich habe keine Ahnung, wovon Jens spricht!

JENS: Also ihr habt es _____. Habt ihr denn wenigstens Mathe gemacht?

ANGELIKA: Wir haben es _____, aber die Aufgaben waren zu schwer. Da haben wir _____.

JENS: Was habt ihr denn übers Wochenende überhaupt _____?

ANGELIKA: Eigentlich eine ganze Menge. Ich habe Musik ____ und _____.

JENS: Das ist aber nicht viel.

ANGELIKA: Doch! Und am Samstagabend haben Jutta und ich über alles Mögliche _____ und _____.

JUTTA: Ich bin am Sonntag mit meinen Eltern und Hans _____. Wir waren an der Isar und haben ein Picknick _____.

JENS: Kein Wunder, dass ihr keine Zeit für Hausaufgaben hattet!

SITUATION 7 Am Wochenende

Schauen Sie auf die Bilder und finden Sie die passende Antwort auf jede Frage.

1. _____ Was hat Frau Ruf am Freitag gemacht?

2. _____ Was hat Jutta am Samstag gemacht?

3. _____ Was haben Jutta und Hans am Sonntag gemacht?

4. _____ Was haben die Frischs am Sonntag gemacht?

5. _____ Was hat Michael am Samstag gemacht?

6. _____ Was hat Jens am Sonntag gemacht?

7. _____ Was hat Herr Ruf am Freitag gemacht?

8. _____ Was hat Richard am Samstag gemacht?

a. Sie haben den Hund gebadet.

b. Er hat mit Maria zu Abend gegessen.

c. Sie sind in den Bergen gewandert.

d. Er hat stundenlang ferngesehen.

e. Sie hat Billy kennen gelernt.

f. Sie ist nach Augsburg gefahren.

g. Er hat für seine Familie die Wäsche gewaschen.

h. Er ist zum Strand gefahren.

SITUATION 8 Umfrage: Hast du das gemacht?

Was hast du am Wochenende gemacht?

UNTERSCHRIFT

1. Hast du bis mittags geschlafen? _____
2. Bist du tanzen gegangen? _____
3. Hast du mit jemandem gefrühstückt? _____
4. Hast du Sport getrieben? _____
5. Hast du Hausaufgaben gemacht? _____
6. Hast du eine E-Mail geschrieben? _____
7. Bist du ins Kino gegangen? _____
8. Hast du ein Buch gelesen? _____
9. Hast du Wäsche gewaschen? _____
10. Hast du deine Wohnung geputzt? _____

ektüre

Vor dem Lesen

A. Beantworten Sie die folgenden Fragen.

1. Haben Sie schon einmal ein Gedicht oder eine Kurzgeschichte[1] geschrieben?
2. Haben Sie schon einmal einen deutschen Roman gelesen? Wenn ja, welchen?
3. Was wissen Sie über Klagenfurt?

B. Lesen Sie die Wörter im Miniwörterbuch. Suchen Sie sie im Text und unterstreichen Sie sie. Lesen Sie dann den Satz und versuchen Sie, ihn zu verstehen.

Miniwörterbuch

der **Brunnen**	fountain
erhalten	to receive
erinnern an	to commemorate
die **Erzählung**	story
die **Gegenwart**	present (time)
gehören	to belong
das **Hörspiel**	radio play
die **Kurzgeschichte**	short story
der **Lindwurm**	a type of (usually wingless) dragon
soll (gelebt haben)	is said (to have lived)
sterben (starb)	to die (died)
der **Umstand**	circumstance
verfilmt werden	to be made into a movie
zählen zu	to be among

[1]*short story*

Porträt: Ingeborg Bachmann und Klagenfurt

Ingeborg Bachmann (1926–1973) kam aus Klagenfurt und studierte Philosophie in Innsbruck, Graz und Wien. Sie schrieb Gedichte, Hörspiele und Kurzgeschichten. Bachmann zählt zu den wichtigsten Autorinnen der deutschsprachigen Literatur der Gegenwart. Zu ihren Werken gehören der Roman

5 Malina (1971) und die Erzählung „Das dreißigste Jahr" (1961), die beide verfilmt wurden. Sie erhielt Preise für Literatur in Österreich und Deutschland, unter anderem den Preis der Gruppe 47 und den Georg-Büchner-Preis. Sie starb 1973 unter mysteriösen Umständen in Rom.

Klagenfurt ist die Hauptstadt von Kärnten, Österreichs südlichstem Bundes-

10 land, und liegt ganz in der Nähe des Wörther Sees. Auf dem Marktplatz steht der Lindwurmbrunnen. Er erinnert an den Drachen, der früher im Wörther See gelebt haben soll.

Arbeit mit dem Text

Welche Aussagen sind falsch? Verbessern Sie die falschen Aussagen!

1. Ingeborg Bachmann kam aus der Schweiz.
2. Sie studierte Philosophie und Theologie.
3. Sie war Schriftstellerin.
4. Einige ihrer Werke wurden verfilmt.
5. Sie starb in Berlin unter mysteriösen Umständen.
6. Kärnten ist Österreichs südlichstes Bundesland.
7. Im Wörther See soll früher ein Dinosaurier gelebt haben.

Nach dem Lesen

Suchen Sie weitere Informationen über Ingeborg Bachmann und Klagenfurt im Internet. Suchen Sie Antworten auf die folgenden Fragen.

1. Wie ist Ingeborg Bachmann gestorben?
2. Welches Buch von ihr wird am meisten verkauft?
3. Wer hat letztes Jahr den Ingeborg-Bachmann-Preis gewonnen?
4. Was ist der Spitzname von Klagenfurt?

Der Lindwurmbrunnen in Klagenfurt

Geburtstage und Jahrestage

■ **Grammatik 4.3–4.4**

Marta hat am ersten Oktober Geburtstag.
Richard hat am zwölften Oktober Geburtstag.
Frau Schmitz hat am achten Juli Geburtstag.
Mehmet hat am einunddreißigsten Juli Geburtstag.
Josef hat am fünfzehnten April Geburtstag.
Veronika hat am siebenundzwanzigsten April Geburtstag.

SITUATION 9 ## Dialog: Welcher Tag ist heute?

Bringen Sie die Sätze in die richtige Reihenfolge.
Marta und Sofie sitzen im Café. Sofie fragt:

_____ Nein, welches Datum?
_____ Montag.
_____ Wirklich? Ich dachte, er hat im August Geburtstag.
_____ Hast du denn schon ein Geschenk?
__1__ Welcher Tag ist heute?
_____ Ach so, der dreißigste.
_____ Der dreißigste? Mann, dann ist ja heute Willis Geburtstag!
_____ Das ist es ja! Ich hab' noch nicht einmal ein Geschenk.
_____ Nein, Christian hat im August Geburtstag, aber Willi im Mai.
_____ Na, dann viel Spaß beim Geschenke kaufen!

SITUATION 10 Informationsspiel: Geburtstage

MODELL s1: **Wann ist Sofie geboren?**
          s2: **Am neunten November 1978.**

Person	Geburtstag	Person	Geburtstag
Willi	30. Mai 1979	*Thomas*	
Sofie		*Heidi*	23. Juni 1983
Claire	1. Dezember 1978	*mein(e) Partner(in)*	
Melanie		*sein/ihr Vater*	
Nora	4. Juli 1986	*seine/ihre Mutter*	

SITUATION 11 Erfindungen und Entdeckungen

MODELL s1: **Wer hat den Bleistift erfunden?**
          s2: _____ .
          s1: **Wann hat er ihn erfunden?**
          s2: _____ .

Cyril Demian
1829

Friedrich Staedler
1662

Emil Berliner
1887

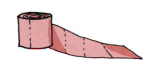

Joseph Cayetti
1857

Melitta Bentz
1908

Laszlo Biro
1938

Peter Mitterhofer 1864

> das Toilettenpapier   der Kugelschreiber   die Schallplatte
>
> der Bleistifit   der Kaffeefilter   das Akkordeon
>
> die Schreibmaschine

MODEL S1: Wer hat das Radium entdeckt?

S2: _____.

S1: Wann hat sie es entdeckt?

S2: _____.

Marie Curie
1898

Friedrich Herschel
1781

Alexander Fleming
1928

Leif Eriksson
1000

das Penizillin   Amerika   das Radium   der Uranus

SITUATION 12 Interview

1. Wann bist du geboren (Tag, Monat, Jahr)? Wann ist dein Freund / deine Freundin geboren (Tag, Monat, Jahr)? Wann ist dein Vater / deine Mutter geboren (Tag, Monat, Jahr)?
2. Wann bist du in die Schule gekommen (Monat, Jahr)? Wann hast du angefangen zu studieren (Monat, Jahr)?
3. Was war der wichtigste Tag in deinem Leben? Was ist da passiert? In welchem Monat war das? In welchem Jahr?
4. In welchem Monat warst du zum ersten Mal verliebt? hast du zum ersten Mal Geld verdient? hast du einen Unfall gehabt?
5. An welchen Tagen in der Woche arbeitest du? hast du frei? gehst du ins Kino? besuchst du deine Eltern? hast du Geld? gehst du ins Sprachlabor?
6. Um wie viel Uhr stehst du auf? ist dein erster Kurs? gehst du nach Hause? gehst du ins Bett?

Ich will immer gut aussehen.

Videoblick

Kindererziehung

Wie soll man Kinder erziehen?[1] Kinder antworten auf wichtige Fragen.

- Wie viel Taschengeld[2] ist genug?
- Wie lange darf man als Kind fernsehen?
- Wann müssen Kinder ins Bett?
- Brauchen Kinder ein Handy?
- Brauchen Kinder eine Schuluniform?

[1]raise [2]allowance

Feiertage und Brauchtum[1]

- Welches sind die Familienfeste in Ihrem Land?
- Was macht man an diesen Festen?
- Wer feiert[2] zusammen?
- Kennen Sie deutsche Feiertage und Bräuche[3]? Wenn ja, welche?

Auf dem Christkindlmarkt in München im Jahre 1897

Der Adventskalender: Ein deutscher Exportartikel in christlicher Tradition ist über 100 Jahre alt. Amerika ist das Importland Nummer 1.

- Weihnachten in Deutschland: An welchen Tagen feiert man?
- Welche deutschen Weihnachtstraditionen kennen Sie?
- Wie feiern die Deutschen am liebsten Weihnachten? Analysieren Sie die Umfrage.

TAG FÜR TAG: Adventskalender lassen die Erwartungen steigen

FOCUS-FRAGE

„Wo verbringen Sie Weihnachten?"

EIN FAMILIENFEST ZU HAUSE

von 1300 Befragten*
antworteten

zu Hause	**73 %**
bei den Eltern/Kindern	**21 %**
bei Freunden	**3 %**
im Urlaub	**3 %**

83 Prozent der Deutschen verbringen Weihnachten im Kreis der Familie, 7 Prozent zusammen mit dem Partner, 6 Prozent mit Freunden, 4 Prozent feiern alleine.

* Repräsentative Umfrage des Sample-Instituts für FOCUS im Dezember

[1]tradition [2]celebrates [3]customs

Ereignisse

■ **Grammatik 4.5**

1. Wann sind Sie aufgewacht?

2. Wann sind Sie aufgestanden?

3. Wann sind Sie von zu Hause weggegangen?

4. Wann hat Ihr Kurs angefangen?

5. Wann hat Ihr Kurs aufgehört?

6. Wann sind Sie nach Hause gekommen?

7. Wann haben Sie unsere Prüfungen korrigiert?

1. Wann hast du eingekauft?

2. Wann hast du das Geschirr gespült?

3. Wann hast du mit deiner Freundin telefoniert?

4. Wann hast du ferngesehen?

5. Wann hast du dein Fahrrad repariert?

6. Wann bist du abends ausgegangen?

SITUATION 13 Informationsspiel: Das Wochenende der Nachbarn

MODELL S1: Was hat Herr Siebert am Samstag gemacht?
S2: Er hat seinen Keller aufgeräumt.

	am Freitag	am Samstag	am Sonntag
Herr Siebert	hat seinen Fernseher repariert		hat seine Nichte besucht
Herr Thelen		ist verreist	
Frau Gretter		hat Ernst ein Märchen erzählt	
mein Partner / meine Partnerin			

SITUATION 14 Interview: Gestern

1. Wann bist du aufgestanden?
2. Was hast du gefrühstückt?
3. Wie bist du zur Uni gekommen?
4. Was war dein erster Kurs?
5. Was hast du zu Mittag gegessen?
6. Was hast du getrunken?
7. Wen hast du getroffen?
8. Was hast du nachmittags gemacht?
9. Wie war das Wetter?
10. Wo bist du um sechs Uhr abends gewesen?
11. Was hast du abends gemacht?
12. Wann bist du ins Bett gegangen?
13. Ist gestern etwas Interessantes passiert? Was?

SITUATION 15 Erinnerungen: Ein indiskretes Interview

1. Wann hast du deinen ersten Kuss bekommen? Von wem?
2. Wann bist du zum ersten Mal ausgegangen? Mit wem?
3. Wann hast du deinen Führerschein gemacht?
4. Wann hast du dein erstes Bier getrunken?
5. Wann hast du deine erste Zigarette geraucht?
6. Wann hast du zum ersten Mal ein F bekommen? In welchem Fach?
7. Wann bist du zum ersten Mal nachts nicht nach Hause gekommen?
8. Wann _____?

Universität und Studium

Heinrich-Heine-Universität Düsseldorf

- Wann haben Sie mit dem Studium am College oder an der Universität angefangen?
- Welche Voraussetzungen[1] (High-School-Abschluss, Prüfungen usw.) braucht man für ein Studium?
- An welchen Universitäten haben Sie sich beworben[2]?
- Studieren Sie an einer privaten oder staatlichen Hochschule[3]?
- Müssen Sie Studiengebühren[4] bezahlen?
- Wie lange dauert Ihr Studium voraussichtlich?
- Welchen Abschluss[5] haben Sie am Ende Ihres Studiums?
- Was für Kurse müssen Sie belegen?

Die meisten Universitäten in Deutschland sind Institutionen der Bundesländer und damit öffentliche Universitäten. Es gibt nur wenige private Hochschulen. Das Erststudium ist normalerweise kostenlos. In manchen Bundesländern gibt es Studiengebühren ab dem 13. Semester oder wenn man ein zweites Studium machen will. Man muss allerdings nicht sehr viel zahlen. In Nordrhein-Westfalen zum Beispiel zahlt man 650 Euro pro Semester.

Viele Studenten arbeiten während des Semesters und in den Semesterferien. Nur ca. 20% der Studenten an deutschen Universitäten bekommen ein Stipendium oder eine finanzielle Hilfe vom Staat, das sogenannte BAföG (Bundesausbildungsförderungsgesetz[6]). Der BAföG-Höchstsatz[7] beträgt zur Zeit knapp[8] 600 Euro im Monat.

Man braucht normalerweise das Abitur,[9] um an einer Universität zu studieren. Beim Abitur nach 12 oder 13 Schuljahren sind die Studienanfänger 18 bis 20 Jahre alt. Für einige Fächer, vor allem Medizin, Zahnmedizin,[10] Pharmazie, Betriebswirtschaftslehre (BWL),[11] Biologie und Psychologie gibt es einen „Numerus Clausus". Das bedeutet: Nur wer sehr gute Noten hat, darf studieren. Manchmal gibt es außerdem noch einen Test.

Das Studium dauert bei den alten Studiengängen Magister, Staatsexamen und Diplom je nach Fach[12] zwischen vier und sechs Jahren. An vielen Universitäten gibt es aber auch schon die neuen Studiengänge: Bachelor oder Bakkalaureus und Master. Diese neuen Studiengänge werden eingeführt, um international vergleichbare[13] Studienabschlüsse zu haben. Ein Bakkalaureusstudium dauert meist drei Jahre und ein Masterstudium noch zwei weitere Jahre.

Deutschland steht an dritter Stelle hinter den USA und Großbritannien in der Zahl ausländischer[14] Studenten. 7% der Studenten in Deutschland kommen aus dem Ausland, die meisten aus Osteuropa und Asien. Zum Vergleich: Der Anteil ausländischer Studenten in den USA beträgt knapp 4%. Allerdings studieren relativ wenige Deutsche im Ausland, nämlich nur knapp 3%, die meisten in Großbritannien und den USA. US-Amerikanische Studenten gehen allerdings noch seltener für ein Semester oder mehr ins Ausland, nämlich nur knapp 1%.

- Vergleichen Sie das Studium in Deutschland und in Ihrem Land. Was ist anders? Was ist ähnlich?

[1]*prerequisites* [2]*sich… applied* [3]*college, university* [4]*fees, tuition* [5]*degree; diploma* [6]*federal law for the promotion of higher education* [7]*maximum amount* [8]*barely* [9]*roughly: high school diploma* [10]*dentistry* [11]*business administration* [12]*je… depending on the discipline* [13]*comparable* [14]*foreign*

SITUATION 16 Rollenspiel: Das Studentenleben

S1: Sie sind Reporter/Reporterin einer Unizeitung in Österreich und machen ein Interview zum Thema: Studentenleben in Ihrem Land. Fragen Sie, was Ihr Partner / Ihre Partnerin gestern alles gemacht hat: am Vormittag, am Mittag, am Nachmittag und am Abend.

Videoecke

- ■ Wie hast du Pfingsten[1] verbracht?
- ■ Was war das Interessanteste, das dir in den letzten Tagen passiert ist?
- ■ Wann hast du Geburtstag?
- ■ Wie feierst du deinen Geburtstag?
- ■ Wie hast du deinen letzten Geburtstag gefeiert?
- ■ Was war der schönste Tag in deinem Leben?

[1]*Pentecost*

Susann ist am 25. Mai 1977 in Riesa in Sachsen geboren und ein Jahr später mit ihrer deutschen Mutter und ihrem syrischen Vater nach Damaskus gezogen. Dort hat sie 18 Jahre gelebt, bevor sie 1996 wieder nach Deutschland gezogen ist, um in Leipzig Arabistik und Deutsch als Fremdsprache zu studieren.

Heike ist am 16. März 1973 in Leipzig geboren. Sie ist mit einem Ukrainer verheiratet. Sie spricht Russisch, Weißrussisch, Ukrainisch und Polnisch und sie studiert Ostslawistik und Polonistik.

Aufgabe 1

Susann. In welcher Reihenfolge stellt man die Fragen? Welche Antworten gehören zu den Fragen?

FRAGEN	ANTWORTEN
1. _____ Was ist heute Morgen passiert?	a. Sie hat ihre Arabisch-Prüfung mit „sehr gut" bestanden.
2. _____ Was ist vor drei Wochen passiert?	b. Sie ist vom Lärm der Straße aufgewacht.
3. _____ Wie hat sie letztes Jahr ihren Geburtstag gefeiert?	c. Sie war bei ihren Eltern und hat Geburtstag gefeiert.
4. _____ Wie hat sie Pfingsten verbracht?	d. Sie war mit ihrer Schwester in der Oper.

Aufgabe 2

Heike. Welche Aussagen sind richtig, welche sind falsch? Verbessern Sie die falschen Aussagen.

	RICHTIG	FALSCH
1. Am Freitag hat sie verschlafen.	☐	☐
2. Am Sonntag und Montag war sie im Garten.	☐	☐
3. Sie hat den Rasen gemäht und Unkraut gejätet.[1]	☐	☐
4. Dabei ist eine Maus draufgegangen.[2]	☐	☐
5. Sie ist vom Sternzeichen[3] her ein Fisch.	☐	☐
6. Ihre Eltern wohnen in der Ukraine.	☐	☐
7. Sie feiert ihren Geburtstag immer in der Ukraine.	☐	☐

Aufgabe 3

Die Mausgeschichte. Vervollständigen Sie den Text mit den folgenden Wörtern: erschreckt,[4] Garten, gehoben,[5] gejätet, gestrichen,[6] Maus, Platte, verschlafen[7]

Am Sonnabend habe ich _____. Am Sonntag und Montag waren wir im _____. Wir haben Unkraut _____ und den Zaun[8] _____. Als wir im Garten waren, haben wir eine Gehwegplatte[9] hoch _____ und da kam eine _____ unten vor. Wir haben uns so _____, dass wir die _____ fallen lassen haben[10] und dabei ist die Maus draufgegangen.

Wortschatz

Unterwegs	**On the Road**
die **F<u>a</u>hrkarte, -n**	ticket
der **B<u>a</u>hnhof, ¨e**	train station
der **F<u>ü</u>hrerschein, -e**	driver's license
der **Schl<u>a</u>fwagen, -**	sleeping car
der **<u>U</u>nfall, ¨e**	accident
der **<u>U</u>rlaub, -e**	vacation

Zeit und Reihenfolge	**Time and Sequence**
der **<u>A</u>bend, -e (R)**	evening
am <u>A</u>bend	in the evening

der **<u>A</u>lltag**	daily routine
der **N<u>a</u>chmittag, -e**	afternoon
der **V<u>o</u>rmittag, -e**	late morning
das **D<u>a</u>tum, D<u>a</u>ten**	date
welches D<u>a</u>tum ist heute?	what is today's date?
das **M<u>a</u>l, -e**	time
das l<u>e</u>tzte Mal	the last time
zum <u>e</u>rsten Mal	for the first time
abends	evenings, in the evening
g<u>e</u>stern	yesterday
gestern <u>A</u>bend	last night

---

[1]Unkraut... *pulled weeds* [2]ist... *got killed* (slang) [3]*(astrological) sign* [4]*got frightened* [5]*lifted* [6]*painted*
[7]*slept in* [8]*fence* [9]*stepping stone* [10]fallen... *dropped*

letzt-	last
letzte Woche	last week
letzten Montag	last Monday
letzten Sommer	last summer
letztes Wochenende	last weekend
nachmittags	afternoons, in the afternoon
nachts	nights, at night
vorgestern	the day before yesterday
an (R)	on; in
am Abend	in the evening
am ersten Oktober	on the first of October
an welchem Tag?	on what day?
bis (R)	until
bis um vier Uhr	until four o'clock
einmal	once
warst du schon einmal... ?	were you ever . . . ?
erst	not until
erst um vier Uhr	not until four o'clock
früh (R)	in the morning
bis um vier Uhr früh	until four in the morning
schon (R)	already
seit	since; for
seit zwei Jahren	for two years
über	over
übers Wochenende	over the weekend
vor	ago
vor zwei Tagen	two days ago

Schule und Universität — School and University

die Aufgabe, -n	assignment
die Grundschule, -n	elementary school
die Vorlesung, -en	lecture
der Kugelschreiber, -	ballpoint pen
das Gymnasium, Gymnasien	high school, college prep school
auf·haben	to be assigned
was haben wir auf?	what's our homework?
halten, hält, gehalten*	to hold
ein Referat halten	to give a paper / oral report

Feste und Feiertage — Holidays

der Feiertag, -e	holiday
der Nationalfeiertag, -e	national holiday
das Familienfest, -e	family celebration
(das) Weihnachten	Christmas

Ähnliche Wörter

die Tradition, -en; der Muttertag; der Valentinstag; das Picknick, -s

Ordinalzahlen — Ordinal Numbers

erst-	acht-
der erste Oktober	neunt--
zweit-	zehnt-
dritt-	elft-
viert-	zwölft-
fünft-	dreizehnt-
sechst-	zwanzigst-
siebt-	hundertst-

Sonstige Substantive — Other Nouns

die Ahnung	idea, suspicion
keine Ahnung	(I have) no idea
die Erinnerung, -en	memory, remembrance
die Limonade, -n	soft drink
die Menge, -n	amount
eine ganze Menge	a whole lot
die Nachbarin, -nen	female neighbor
die Rechnung, -en	bill; check (in restaurant)
die Umfrage, -n	survey
die Unizeitung, -en	university newspaper
der Einwanderer, -	immigrant
der Keller, -	basement, cellar
der Kuss, Küsse	kiss
der Nachbar, -n (wk. masc.)	male neighbor
der Ort, -e	place, town
der Strand, ¨e	beach
das Erlebnis, -se	experience
das Geschirr	dishes
Geschirr spülen	to wash the dishes
das Jahrzehnt, -e	decade
das Märchen, -	fairy tale
das Sprachlabor, -s	language laboratory
das Tagebuch, ¨er	diary

---

*Strong and irregular verbs are listed in the **Wortschatz** with the third-person singular, if there is a stem-vowel change, and with the past participle. All verbs that use **sein** as the auxiliary in the present perfect tense are listed with **ist.**

Ähnliche Wörter

die **Comp**uterfirma, **Comp**uterfirmen; die
Information, -en; die **Rep**orterin, -nen; die **Rolle**,
-n; die **Wäsche**; die **Zigar**ette, -n; der **Garten**, -̈; der
Kaffeefilter, -; der **Rep**orter, -; der **Tee**; der **Ur**anus; das
Akkordeon, -s; das **Café**, -s; das **Int**erview, -s; das
Penizillin; das **Proz**ent, -e; das **Stud**entenleben; das
Theater, -; das **Thema**, **Themen**; das **Toil**ettenpapier;
das **Wunder**, -; kein **Wunder**

Sonstige Verben	Other Verbs
ab·fahren, fährt... ab, ist abgefahren	to depart
an·fangen, fängt... an, angefangen	to begin
antworten*	to answer
auf·wachen, ist aufgewacht	to wake up
aus·wandern, ist ausgewandert	to emigrate
bezahlen	to pay (for)
dauern	to last
entdecken	to discover
erfinden, erfunden	to invent
ergänzen	to complete, fill in the blanks
passieren, ist passiert	to happen
spülen	to wash; to rinse
verdienen	to earn
verstehen	to understand
war, warst, waren	was, were

Ähnliche Wörter

diskutieren; **essen**, isst, **gegessen** (R); zu **Abend** essen;
fotografieren; **gewinnen**, **gewonnen**; **halten**,
gehalten; **korrigieren**; **sitzen**, **gesessen**; **telefonieren**;
weg·gehen, ist **weggegangen**

Adjektive und Adverbien	Adjectives and Adverbs
furchtbar	terrible
geschlossen	closed
links	left
mit dem linken **Fuß** **auf**·stehen, ist **aufgestanden**	to get up on the wrong side of the bed
süß	sweet
verliebt	in love

Ähnliche Wörter
politisch, **total**

Sonstige Wörter und Ausdrücke	Other Words and Expressions
diese, **dieser**, **dieses** (R)	this, that, these, those
doch!	yes (on the contrary)
etwas	something
etwas **Interessantes**/ **Neues**	something interesting/ new
genug	enough
gleich	right away
in (R)	in; at
im **Garten**	in the garden
im **Café**	at the cafe
ja	indeed
das ist es ja!	that's just it
stimmt!	that's right
überhaupt	anyway
wem	whom (*dative*)
wen	whom (*accusative*)
wenigstens	at least
zu	too
zu **schwer**	too heavy

*Regular weak verbs are listed only with their infinitive.

Strukturen und Übungen

4.1 Talking about the past: the perfect tense

In conversation, German speakers generally use the perfect tense to describe past events. The simple past tense, which you will study in **Kapitel 9,** is used more often in writing.

Ich **habe** gestern Abend ein Glas Wein **getrunken.**	*I drank a glass of wine last night.*
Nora **hat** gestern Basketball **gespielt.**	*Nora played basketball yesterday.*

German forms the perfect tense with an auxiliary (**haben** or **sein**) and a past participle (**gewaschen**). Participles usually begin with the prefix **ge-.**

	AUXILIARY		PARTICIPLE
Ich	**habe**	mein Auto	**gewaschen.**

Wissen Sie noch?

You've already seen how a **Satzklammer** forms a frame or a bracket consisting of a verb and either a separable prefix or an infinitive (grammar 1.5, 2.3, and 3.1). Note here how the **Satzklammer** is composed of **haben/sein** and the past participle.

Verbs with **sein** = no direct object; change of location or condition.

The auxiliary is in first position in yes/no questions and in second position in statements and **w**-word questions. The past participle is at the end of the clause.

Hat Heidi gestern einen Film **gesehen?**	*Did Heidi see a movie last night?*
Ich **habe** gestern zu viel Kaffee **getrunken.**	*I drank too much coffee yesterday.*
Wann **bist** du ins Bett **gegangen?**	*When did you go to bed?*

Whereas most verbs form the present perfect tense with **haben,** several others use **sein.** To use **sein,** a verb must fulfill two conditions.

1. It cannot take a direct object.
2. It must indicate change of location or condition.

sein	**haben**
Ich **bin aufgestanden.**	Ich **habe gefrühstückt.**
I got out of bed.	*I ate breakfast.*
Stefan **ist** ins Kino **gegangen.**	Er **hat** einen neuen Film **gesehen.**
Stefan went to the movies.	*He saw a new film.*

Here is a list of common verbs that take **sein** as an auxiliary. For a more complete list, see Appendix F.

ankommen	*to arrive*	ich bin angekommen
aufstehen	*to get up*	ich bin aufgestanden
einsteigen	*to board*	ich bin eingestiegen

fahren	to go, drive	ich bin gefahren
gehen	to go, walk	ich bin gegangen
kommen	to come	ich bin gekommen
schwimmen	to swim	ich bin geschwommen
wandern	to hike	ich bin gewandert

In addition to these verbs, **sein** itself and the verb **bleiben** (*to stay*) take **sein** as an auxiliary.

Bist du schon in China **gewesen**?   *Have you ever been to China?*

Gestern **bin** ich zu Hause **geblieben**.   *Yesterday I stayed home.*

ÜBUNG 1 Rosemaries erster Schultag

Ergänzen Sie **haben** oder **sein**.

Rosemarie _____ᵃ bis sieben Uhr geschlafen. Dann _____ᵇ sie aufgestanden und _____ᶜ mit ihren Eltern und ihren Schwestern gefrühstückt. Sie _____ᵈ ihre Tasche genommen und _____ᵉ mit ihrer Mutter zur Schule gegangen. Ihre Mutter und sie _____ᶠ ins Klassenzimmer gegangen und ihre Mutter _____ᵍ noch ein bisschen dageblieben. Die Lehrerin, Frau Dehne, _____ʰ alle begrüßt. Dann _____ⁱ Frau Dehne „Herzlich willkommen" an die Tafel geschrieben.

Beantworten Sie die Fragen.

1. Wann ist Rosemarie aufgestanden?
2. Wohin sind Rosemarie und ihre Mutter gegangen?
3. Wer ist Frau Dehne?
4. Was hat Frau Dehne an die Tafel geschrieben?

ÜBUNG 2 Eine Reise nach Istanbul

Ergänzen Sie **haben** oder **sein**.

JOSEF UND MELANIE:

Wir _____ᵃ ein Taxi genommen. Mit dem Taxi _____ᵇ wir zum Bahnhof gefahren. Dort _____ᶜ wir uns Fahrkarten gekauft. Dann _____ᵈ wir in den Orientexpress eingestiegen. Um 5.30 _____ᵉ wir abgefahren. Wir _____ᶠ im Speisewagen[1] gefrühstückt. Den ganzen Tag _____ᵍ wir Karten gespielt. Nachts _____ʰ wir in den Schlafwagen gegangen. Wir _____ⁱ schlecht geschlafen. Aber wir _____ʲ gut in Istanbul angekommen.

Beantworten Sie die Fragen.

1. Wohin sind Josef und Melanie mit dem Taxi gefahren?
2. Wann sind sie mit dem Zug abgefahren?
3. Wo haben sie gefrühstückt?
4. Was haben sie nachts gemacht?

[1]*dining car*

Ein ganz normaler Tag

Ergänzen Sie das Partizip.

aufgestanden	gefrühstückt	gehört
gearbeitet	gegangen	getroffen
geduscht	gegessen	getrunken

Heute bin ich um 7.00 Uhr _____.[a] Ich habe _____,[b] _____[c] und bin an die Uni _____.[d] Ich habe einen Vortrag _____.[e] Um 10 Uhr habe ich ein paar Mitstudenten _____[f] und Kaffee _____.[g] Dann habe ich bis 12.30 Uhr in der Bibliothek _____[h] und habe in der Mensa zu Mittag _____.[i]

4.2 Strong and weak past participles

German verbs that form the past participle with **-(e)t** are called *weak verbs*.

weak verbs =
ge- + verb stem + **-(e)t**

arbeiten	gearbeitet		*work*	*worked*
spielen	gespielt		*play*	*played*

To form the regular past participle, take the present tense **er/sie/es**-form and precede it with **ge-**.

er	spielt	→	er	hat	gespielt
sie	arbeitet	→	sie	hat	gearbeitet
es	regnet	→	es	hat	geregnet

strong verbs =
ge- + verb stem + **-en;**
the verb stem may have vowel or consonant changes.

Verbs that form the past participle with **-en** are called *strong verbs*. Many verbs have the same stem vowel in the infinitive and the past participle.

k**o**mmen	→	gek**o**mmen

Some verbs have a change in the stem vowel.

schw**i**mmen	→	geschw**o**mmen

Some also have a change in consonants.

geh**en**	→	gega**ng**en

Here is a reference list of common irregular past participles.

PARTICIPLES WITH haben

essen, gegessen	*to eat*
halten, gehalten	*to hold*
lesen, gelesen	*to read*
liegen, gelegen	*to lie, be situated*
nehmen, genommen	*to take*
schlafen, geschlafen	*to sleep*
schreiben, geschrieben	*to write*
sehen, gesehen	*to see*
sprechen, gesprochen	*to speak*
tragen, getragen	*to wear, carry*
treffen, getroffen	*to meet*
trinken, getrunken	*to drink*
waschen, gewaschen	*to wash*

PARTICIPLES WITH sein

ankommen, angekommen	*to arrive*
aufstehen, aufgestanden	*to get up*
bleiben, geblieben	*to stay, remain*
einsteigen, eingestiegen	*to board*
fahren, gefahren	*to go (using a vehicle), drive*
gehen, gegangen	*to go*
kommen, gekommen	*to come*
schwimmen, geschwommen	*to swim*
sein, gewesen	*to be*

ÜBUNG 4 **Das ungezogene[1] Kind**

Stellen Sie die Fragen!

> MODELL SIE: Hast du schon geduscht?
> DAS KIND: Heute will ich nicht duschen.

1. Heute will ich nicht frühstücken.
2. Heute will ich nicht schwimmen.
3. Heute will ich keine Geschichte lesen.
4. Heute will ich nicht Klavier spielen.
5. Heute will ich nicht schlafen.
6. Heute will ich nicht essen.
7. Heute will ich nicht Geschirr spülen.
8. Heute will ich den Brief nicht schreiben.
9. Heute will ich nicht ins Bett gehen.

ÜBUNG 5 **Katrins Tagesablauf**

Wie war Katrins Tag gestern? Schreiben Sie zu jedem Bild (auf der nächsten Seite) einen Satz. Verwenden Sie diese Ausdrücke.

> MODELL Katrin hat bis 9 Uhr im Bett gelegen.

arbeiten
abends zu Hause bleiben
ein Referat halten
nach Hause kommen
bis neun im Bett liegen
regnen

mit Frau Schulz sprechen
einen Rock tragen
Freunde treffen
ihre Wäsche waschen

[1]naughty

4.3 Dates and ordinal numbers

To form ordinal numbers, add **-te** to the cardinal numbers 1 through 19 and **-ste** to the numbers 20 and above. Exceptions to this pattern are **erste** (*first*), **dritte** (*third*), **siebte** (*seventh*), and **achte** (*eighth*).

Ordinals 1–19 add **-te** to the cardinal number (but note: **erste, dritte, siebte, achte**).

eins	**erste**	*first*
zwei	zweite	*second*
drei	**dritte**	*third*
vier	vierte	*fourth*
fünf	fünfte	*fifth*
sechs	sechste	*sixth*
sieben	**siebte**	*seventh*
acht	**achte**	*eighth*
neun	neunte	*ninth*
. . .		
neunzehn	neunzehnte	*nineteenth*

Ordinals 20 and higher add **-ste** to the cardinal number.

zwanzig	zwanzigste	*twentieth*
einundzwanzig	einundzwanzigste	*twenty-first*
zweiundzwanzig	zweiundzwanzigste	*twenty-second*
. . .		
dreißig	dreißigste	*thirtieth*
vierzig	vierzigste	*fortieth*
. . .		
hundert	hundertste	*hundredth*
. . .		

Ordinal numbers usually end in **-e** or **-en.** Use the construction **der** + **-e** to answer the question **Welches Datum... ?**

All dates are masculine:
der zweit*e* Mai
am zweit*en* Mai

Welches Datum ist heute?	*What is today's date?*
Heute ist **der** achtzehnte Oktober.	*Today is October eighteenth.*

Use **am** + **-en** to answer the question **Wann... ?**

Wann sind Sie geboren?	*When were you born?*
Am achtzehnt**en** Juni 1983.	*On the eighteenth of June, 1983.*

Ordinal numbers in German can be written as words or figures.

am zweiten Februar	*on the second of February*
am 2. Februar	*on the 2nd of February*

ÜBUNG 6 Wichtige Daten

Beantworten Sie die Fragen.

1. Welches Datum ist heute?
2. Welches Datum ist morgen?
3. Wann feiert man Weihnachten?
4. Wann feiert man den Nationalfeiertag in Ihrem Land?
5. Wann feiert man das neue Jahr?
6. Wann feiert man Valentinstag?
7. Wann ist dieses Jahr Muttertag?
8. Wann ist nächstes Jahr Ostern?
9. Wann beginnt der Frühling?
10. Wann beginnt der Sommer?

um

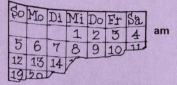

am

am

im

4.4 Prepositions of time: *um, am, im*

Use the question word **wann** to ask for a specific time. The preposition in the answer will vary depending on whether it refers to clock time, days and parts of days, months, or seasons.

um   CLOCK TIME

—Wann beginnt der Unterricht?   *When does the class start?*
—**Um** neun Uhr.   *At nine o'clock.*

am   DAYS AND PARTS OF DAYS*

—Wann ist das Konzert?   *When is the concert?*
—**Am** Montag.   *On Monday.*

—Wann arbeitest du?   *When do you work?*
—**Am** Abend.   *In the evening.*

im   SEASONS AND MONTHS

—Wann ist das Wetter schön?   *When is the weather nice?*
—**Im** Sommer und besonders   *In the summer and especially*
   im August.   *in August.*

No preposition is used when stating the year in which something takes place.

—Wann bist du geboren?   *When were you born?*
—Ich bin 1985 geboren.   *I was born in 1985.*

ÜBUNG 7 Melanies Geburtstag

Ergänzen Sie **um, am, im** oder —.

Melanie hat _____ª Frühling Geburtstag, _____ᵇ April. Sie ist _____ᶜ 1982 geboren, _____ᵈ 4. April 1982. _____ᵉ Dienstag kommen Claire und Josef _____ᶠ halb vier zum Kaffee. Melanies Mutter kommt _____ᵍ 16 Uhr. _____ʰ Abend gehen Melanie, Claire und Josef ins Kino. Josef hat auch _____ⁱ April Geburtstag, aber erst _____ʲ 15. April.

ÜBUNG 8 Interview

Beantworten Sie die Fragen.

1. Was machst du im Winter? im Sommer?
2. Wie ist das Wetter im Frühling? im Herbst?
3. Was machst du am Morgen? am Abend?
4. Was machst du am Freitag? am Samstag?
5. Was machst du heute um sechs Uhr abends? um zehn Uhr abends?
6. Was machst du am Sonntag um Mitternacht?

---

*Note the exceptions: **in der Nacht** (*at night*) and **um Mitternacht** (*at midnight*).

4.5 Past participles with and without *ge-*

Separable-prefix verbs form
their past participles with
-ge- before the verb stem.

WEAK VERBS

prefix + **-ge-** + stem + **-(e)t**

STRONG VERBS

prefix + **-ge-** + stem + **-en**

The verb stem may have
vowel or consonant changes.

A. Participles with ge-

German past participles usually begin with **ge-**. The past participles of separable-prefix verbs begin with the prefix; the **ge-** goes between the prefix and the verb.

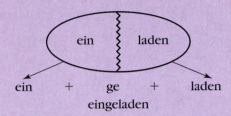

Frau Schulz **hat** Heidi und Nora zum Essen **eingeladen.**	*Frau Schulz invited Heidi and Nora for dinner.*

Here are the infinitives and past participles of some common separable-prefix verbs.

PAST PARTICIPLES WITH **haben**

anfangen	angefangen	*to start*
anrufen	angerufen	*to call up*
aufräumen	aufgeräumt	*to tidy up*
auspacken	ausgepackt	*to unpack*
fernsehen	ferngesehen	*to watch TV*

PAST PARTICIPLES WITH **sein**

ankommen	angekommen	*to arrive*
aufstehen	aufgestanden	*to get up*
ausgehen	ausgegangen	*to go out*
weggehen	weggegangen	*to go away, leave*

SEPARABLE PREFIXES

an
auf
aus
mit
weg
wieder
zusammen

and others

B. Participles without ge-

There are two types of verbs that do not add **ge-** to form the past participle: verbs that end in **-ieren** and verbs with inseparable prefixes.

1. Verbs ending in **-ieren** form the past participle with **-t: studieren** → **studiert.**

Verbs ending in **-ieren** are
weak: verb stem + **-t.**

Paula **hat** zwei Semester Deutsch **studiert.**	*Paula studied German for two semesters.*

Here is a list of common verbs that end in **-ieren.**

buchstabieren	buchstabiert	*to spell*
diskutieren	diskutiert	*to discuss*
fotografieren	fotografiert	*to take pictures*
korrigieren	korrigiert	*to correct*
probieren	probiert	*to try, taste*
reparieren	repariert	*to repair, fix*
studieren	studiert	*to study*
telefonieren	telefoniert	*to telephone*

Almost all verbs ending in **-ieren** form the perfect tense with **haben**. The verb **passieren** (*to happen*) requires **sein** as an auxiliary: **Was ist passiert?** (*What happened?*)

2. The past participles of inseparable-prefix verbs do not include **ge-**: **verstehen → verstanden.**

> Stefan **hat** nicht **verstanden**.   *Stefan didn't understand.*

Whereas separable prefixes are words that can stand alone (**auf, aus, wieder,** and so forth), inseparable prefixes are simply syllables: **be-, ent-, er-, ge-, ver-,** and **zer-.** The past participles of most inseparable-prefix verbs require **haben** as an auxiliary. Here is a list of common inseparable-prefix verbs and their past participles.

bekommen	bekommen	*to get*
besuchen	besucht	*to visit*
bezahlen	bezahlt	*to pay*
entdecken	entdeckt	*to discover*
erfinden	erfunden	*to invent*
erzählen	erzählt	*to tell*
verdienen	verdient	*to earn*
vergessen	vergessen	*to forget*
verlieren	verloren	*to lose*
verstehen	verstanden	*to understand*

ÜBUNG 9 Ein schlechter Tag

Herr Thelen ist gestern mit dem linken Fuß aufgestanden. Zuerst hat er seinen Wecker nicht gehört und hat verschlafen. Dann ist er in die Küche gegangen und hat Kaffee gekocht. Nach dem Frühstück ist er mit seinem Auto in die Stadt zum Einkaufen gefahren. Er hat geparkt und ist erst nach zwei Stunden zurückgekommen. Herr Thelen hat einen Strafzettel[1] bekommen und 20 Euro bezahlt für falsches Parken. Er ist nach Hause gefahren, hat die Wäsche gewaschen und hat aufgeräumt. Beim Aufräumen ist eine teure Vase auf den Boden gefallen und zerbrochen.[2] Als die Wäsche fertig war, war ein Pullover eingelaufen.[3] Herr Thelen ist dann schnell ins Bett gegangen. Fünf Minuten vor Mitternacht ist das Haus abgebrannt.[4]

A. Richtig (R) oder falsch (F)?

1. _____ Herr Thelen hat gestern verschlafen.
2. _____ Vor dem Frühstück ist er in die Stadt gefahren.
3. _____ Herr Thelen hat falsch geparkt.
4. _____ Er hat seine Wohnung aufgeräumt.
5. _____ Herr Thelen braucht ein neues Haus.

[1]*ticket* [2]*broken* [3]*shrunk* [4]*burned down*

B. Suchen Sie die Partizipien heraus, bilden Sie die Infinitive und schreiben Sie sie auf.

PARTIZIPIEN MIT **ge-**	INFINITIVE	PARTIZIPIEN OHNE **ge-**	INFINITIVE
_____	_____	_____	_____
_____	_____	_____	_____
⋮	⋮	⋮	⋮

ÜBUNG 10 **In der Türkei**

Mehmet ist in der Türkei. Was hat er gestern gemacht? Verwenden Sie die Verben am Rand.[1]

Mehmet ist in der Türkei bei seinen Eltern. Gestern _____ er um 17 Uhr _____.[a] Er _____ seine Eltern und Geschwister _____[b] und einen Tee mit ihnen _____.[c] Dann _____ er in sein Zimmer _____[d] und _____ _____.[e]

gehen
ankommen
trinken
schlafen
begrüßen

Nach einer Stunde _____ er zum Abendessen in die Küche _____.[f] Seine Eltern _____ ihn viel über sein Leben in Deutschland _____[g] und Mehmet _____ über seine Arbeit und seine Freunde _____.[h] Sie _____ noch einen Tee _____[i] und _____ um 23 Uhr ins Bett _____.[j]

gehen
trinken
fragen
sprechen
gehen

ÜBUNG 11 **Interview**

Fragen Sie Ihren Partner / Ihre Partnerin. Schreiben Sie die Antworten auf.

MODELL mit deinen Eltern telefonieren (wie lange?) →
    S1: Hast du gestern mit deinen Eltern telefoniert?
    S2: Ja.
    S1: Wie lange?
    S2: Eine halbe Stunde.

1. früh aufstehen (wann?)
2. jemanden fotografieren (wen?)
3. jemanden besuchen (wen?)
4. ausgehen (wohin?)
5. etwas bezahlen (was?)
6. etwas reparieren (was?)
7. etwas Neues probieren (was?)
8. fernsehen (wie lange?)
9. etwas nicht verstehen (was?)
10. dein Zimmer aufräumen (wann?)

[1]*margin*

Adolph von Menzel: *Eisenwalzwerk*
(1872–75), Alte Nationalgalerie, Berlin

ADOLPH VON MENZEL

Das Eisenwalzwerk[1] *von Adolph Menzel (1815–1905) ist ein Bild des Realismus. Die Welt der Arbeit, besonders der Industriearbeit, als Thema der Malerei war im 19. Jahrhundert neu. In Oberschlesien[2] (im heutigen[3] Polen) arbeitete er von 1872 bis 1875 an diesem Werk.*

[1] iron rolling mill [2] Upper Silesia [3] present-day

Geld und Arbeit

In **Kapitel 5,** you will talk about shopping, jobs, and the workplace, and daily life at home. You will expand your ability to express your likes and dislikes and learn to describe your career plans.

Themen

Geschenke und Gefälligkeiten
Berufe
Arbeitsplätze
In der Küche

Kulturelles

Ladenschluss in Deutschland
Videoblick: Azubibewerbung
Ausbildung und Beruf
Videoecke: Studium und Arbeit

Lektüren

Schwitzen fürs Image
Die Welt aus den Augen einer Katze

Strukturen

5.1 Dative case: articles and possessive adjectives
5.2 Question pronouns: **wer, wen, wem**
5.3 Expressing change: the verb **werden**
5.4 Location: **in, an, auf** + dative case
5.5 Dative case: personal pronouns

Situationen

Geschenke und Gefälligkeiten

■ Grammatik 5.1–5.2

SITUATION 1 Interaktion: Was schenkst du deiner Mutter?

Sie haben in der Lotterie 2 000 Euro gewonnen. Für 500 Euro wollen Sie Ihrer Familie und Ihren Freunden Geschenke kaufen. Was schenken Sie ihnen?

MODELL   S1: Was schenkst du deiner Mutter?
             S2: Einen/Ein/Eine _____.
             S1: Was schenkst du deinem Vater?
             S2: Einen/Ein/Eine _____.

	ich	mein(e) Partner(in)
deiner Mutter		
deinem Vater		
deiner Schwester		
deinem Bruder		
deinem Großvater		
deiner Großmutter		
deinem Freund/deiner Freundin		
deinem Professor/deiner Professorin		
deinem Mitbewohner/deiner Mitbewohnerin		

SITUATION 2 Ist das normal?

Welches Bild gehört zu welchem Satz?

1.   a.   b.

_____ a. Jens gießt seiner Tante die Blumen.
_____ b. Jens gießt seine Tante.

2.   a.   b.

_____ b. Jutta repariert ihren Bruder.
_____ a. Jutta repariert ihrem Bruder das Radio.

3.   a.   b.

_____ b. Silvia kauft das Kind.
_____ a. Silvia kauft dem Kind die Schokolade.

4.   a.   b.

_____ Herr Ruf kocht der Familie das Essen.
_____ Herr Ruf kocht die Familie.

Sagen Sie *ja, nein* oder *vielleicht*.

1. Wem geben die Studenten ihre Hausaufgaben?
   a. dem Professor   c. dem Hausmeister
   b. ihren Eltern   d. dem Taxifahrer
2. Wem schreibt Rolf einen Brief?
   a. seiner Katze   c. seinem Friseur
   b. dem Präsidenten   d. seinen Eltern
3. Wem kauft Andrea das Hundefutter?
   a. ihrer Mutter   c. ihrem Hund
   b. ihrem Freund Jens   d. ihren Geschwistern
4. Wem repariert Herr Ruf das Fahrrad?
   a. seinem Hund   c. seinen Nachbarn
   b. seiner Mutter   d. seinem Sohn

Bildgeschichte: Josef kauft Weihnachtsgeschenke.

Es ist fast Weihnachten und Josef hat noch keine Geschenke.

Ladenschluss in Deutschland

Wie ist das in Ihrem Land?

- Wann gehen Sie meistens einkaufen?
- Zu welchen Zeiten kann man einkaufen?
- Welche Geschäfte sind am Wochenende geöffnet? Welche Geschäfte sind am Wochenende geschlossen?
- Gibt es Tage, an denen alles geschlossen ist?

Wie ist es in Deutschland? Lesen Sie den Text und beantworten Sie die Fragen.

- Zu welchen Zeiten kann man in Deutschland einkaufen?
- Kann man am Wochenende einkaufen? Wenn ja, wann?
- Wann sind fast alle Läden geschlossen?
- Wie lange dürfen Bäckereien am Sonntag öffnen?
- Sind alle Apotheken an Sonn- und Feiertagen geschlossen?
- Wo kann man auch nach 20 Uhr und auch an Sonn- und Feiertagen Lebensmittel kaufen?

In Deutschland regelt ein Gesetz, das Ladenschlussgesetz,[1] an welchen Tagen und wie lange die Läden[2] geöffnet sind. Ein Ladenbesitzer[3] darf seinen Laden von montags bis samstags von 6 bis 20 Uhr öffnen. Die meisten Läden machen aber morgens erst zwischen 8.30 und 9.30 Uhr auf und viele schließen schon um 18 Uhr. An Sonn- und Feiertagen sind fast alle Läden geschlossen.

Es gibt aber auch Ausnahmen[4]: Bäckereien[5] dürfen sonntags und an Feiertagen zwischen 7 Uhr und 17.30 Uhr öffnen, aber nur für drei Stunden, und wochentags schon um 5.30 Uhr. Für Apotheken[6] gibt es einen Notdienst,[7] das heißt, eine Apotheke in einem Ort hat sonn- und feiertags und auch nachts offen, die anderen sind geschlossen.

Ausnahmen gibt es auch für Zeitungsläden, Tankstellen[8] und Geschäfte in Bahnhöfen. In den größeren Städten haben viele Tankstellen auch an den Sonn- und Feiertagen bis 24 Uhr geöffnet. In den Tankstellenshops und an größeren Bahnhöfen kann man dann Lebensmittel[9] einkaufen, wenn der Supermarkt schon zu ist.

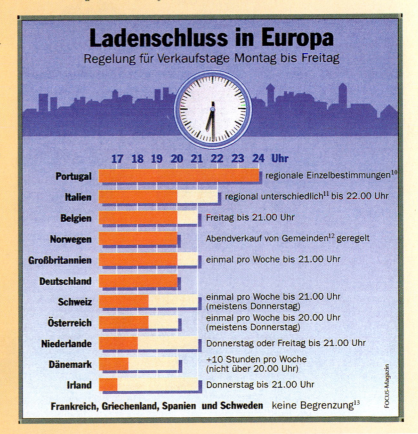

Ladenschluss in Europa
Regelung für Verkaufstage Montag bis Freitag

17 18 19 20 21 22 23 24 Uhr

Portugal	regionale Einzelbestimmungen[10]
Italien	regional unterschiedlich[11] bis 22.00 Uhr
Belgien	Freitag bis 21.00 Uhr
Norwegen	Abendverkauf von Gemeinden[12] geregelt
Großbritannien	einmal pro Woche bis 21.00 Uhr
Deutschland	
Schweiz	einmal pro Woche bis 21.00 Uhr (meistens Donnerstag)
Österreich	einmal pro Woche bis 20.00 Uhr (meistens Donnerstag)
Niederlande	Donnerstag oder Freitag bis 21.00 Uhr
Dänemark	+10 Stunden pro Woche (nicht über 20.00 Uhr)
Irland	Donnerstag bis 21.00 Uhr

Frankreich, Griechenland, Spanien und Schweden keine Begrenzung[13]

FOCUS-Magazin

---

[1] *law governing store hours* [2] *stores* [3] *store owner* [4] *exceptions* [5] *bakeries* [6] *pharmacies* [7] *emergency service* [8] *gas stations* [9] *groceries* [10] *individual regulations* [11] *variable* [12] *communities* [13] *limit*

Berufe

■ Grammatik 5.3

der Kellner   der Arzt   der Verkäufer   die Zahnärztin

der Pilot   die Anwältin   der Richter   der Friseur

die Bibliothekarin   die Arbeiterin   der Koch   die Mechanikerin

der Kassierer   die Architektin   die Ingenieurin   der Krankenpfleger

Finden Sie den richtigen Beruf.

Anwältin		Schriftsteller
Architekt(in)	Kellner(in)	Krankenpflegerin
Ärztin	Lehrer	Pilot	Kassiererin

1. Dieser Mann unterrichtet an einer Schule. Er ist _____.
2. Diese Frau untersucht Patienten im Krankenhaus. Sie ist _____.
3. Dieser Mann fliegt ein Flugzeug. Er ist _____.
4. Diese Person arbeitet im Restaurant. Sie ist _____.
5. Diese Person zeichnet Pläne für Häuser. Sie ist _____.
6. Diese Frau arbeitet auf dem Gericht. Sie ist _____.
7. Diese Frau pflegt kranke Menschen. Sie ist _____.
8. Dieser Mann schreibt Romane. Er ist _____.
9. Diese Frau arbeitet in einem Supermarkt. Sie ist _____.

SITUATION 6 Bildgeschichte: Was Michael Pusch schon alles gemacht hat

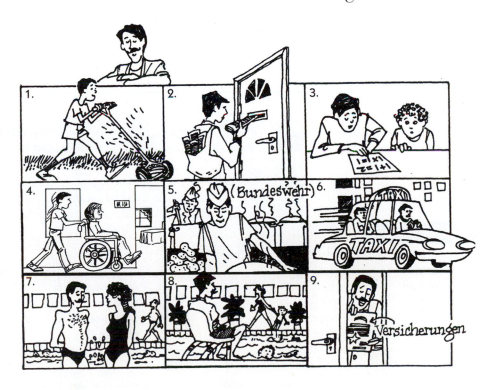

SITUATION 7 Berufe

Machen Sie Listen. Suchen Sie zu jeder Frage drei Berufe. In welchen Berufen...

1. verdient man sehr viel Geld?
2. verdient man nur wenig Geld?
3. gibt es mehr Männer als Frauen?
4. gibt es mehr Frauen als Männer?

5. muss man gut in Mathematik sein?
6. muss man gut in Sprachen sein?
7. muss man viel reisen?
8. muss man viel Kraft[1] haben?

SITUATION 8 Interview

1. Arbeitest du? Wo? Als was? Was machst du? An welchen Tagen arbeitest du? Wann fängst du an? Wann hörst du auf?
2. Was studierst du? Wie lange dauert das Studium? Was möchtest du werden? Verdient man da viel Geld? Ist das ein Beruf mit viel Prestige?
3. Was ist dein Vater von Beruf? Was hat er gelernt (studiert)? Was ist deine Mutter von Beruf? Was hat sie gelernt (studiert)?

[1]*strength*

Lektüre

Vor dem Lesen

1. Haben Sie als Schüler/Schülerin gejobbt[1]? Was haben Sie gemacht?
2. Was haben Sie mit Ihrem Lohn[2] gemacht?
3. Ab welchem Alter[3] darf man in Ihrem Land arbeiten?
4. Was wissen Sie schon über Jens Krüger und Jutta Ruf? Lesen Sie im Vorwort[4] des Buches nach.
5. Lesen Sie den Titel, Untertitel und die Kurztexte zu den Fotos und tragen Sie die Informationen zu Marco und Kathrin in die Tabelle ein.

Name	Alter	Job	Stundenlohn	Geld für...
Marco				
Kathrin				
Jens				
Jutta				

Miniwörterbuch

abschreiben	to copy (from another person)	**jeweils**	in both cases
der **Antrieb**	motivation	das **Jugendarbeits-**	law governing working
einräumen	to stock	**schutzgesetz**	conditions for adolescents
erhalten	to maintain	die **Klamotten**	clothes (*slang*)
erlaubt	permitted	der **Klassenkamerad**	classmate
der **Gymnasiast**	pupil at a Gymnasium	**reichen**	to be enough
hüten	to look after		

[1]*worked a part-time job*   [2]*pay*   [3]*Ab... From what age*   [4]*preface*

DEUTSCHLAND

Marco, 16,
jobbt als Hilfsarbeiter auf dem
Bau. Verdienst: 7 Euro die Stunde.
Wunschtraum: ein Honda-Moped

Kathrin, 14,
Nachmittags Bürohilfskraft, abends
Babysitting. 2-3mal die Woche.
Ausgaben: CD's, USA-Urlaub

KINDERARBEIT

Schwitzen fürs Image

**Mehr als 400 000 deutsche Schulkinder jobben, viele illegal. Ihr Antrieb
fast immer: Designerklamotten, Statussymbole, mit anderen mithalten**

LESEHILFE

Scanning a text is one
way to find details with-
out reading word for
word. How many brand
names and products
can you identify by
scanning the text?

Zum Beispiel Jens Krüger aus München: Pünktlich morgens um sieben ist Jens im Supermarkt. Er räumt Regale ein und hilft hier und dort aus. Acht Stunden arbeitet er am Tag—für vier Euro pro Stunde. Samstags, während der Ferien und manchmal auch in der Woche.

Jens ist Gymnasiast in München, geht in die neunte Klasse. Im Supermarkt jobbt er seit seinem zwölften Lebensjahr.

Jens ist einer von vielen. Die meisten seiner Klassenkameraden und -kame- radinnen jobben. Von seinem Lohn kauft sich Jens „Nike"-Turnschuhe, „Stüssy"-Jacken für 225 Euro oder die schwarzen „Levi's" für 90 Euro. „Es gefällt mir, so viel Geld für Klamotten auszugeben und es sieht einfach cool aus", sagt er. Auch da ist er nicht der einzige. 90 Prozent aller „Kinderar- beiter" jobben, um sich ihren Lifestyle zu erhalten. Denn das ist wichtig in der Clique. „Chevignon"-Rucksack, „Levi's"-Jeans oder „Scott"-Mountainbike sind genauso wichtig fürs Image wie das „Mercedes"-Cabrio für die Eltern.

Jens' Lehrer finden seine Freizeitaktivitäten nicht so toll, denn für Lernen und Hausaufgaben hat er natürlich wenig Zeit. Genauso wie Jutta. Sie jobbt als Babysitterin und in einer Boutique. „Wenn ich die Hausaufgaben nicht ma- chen kann, schreibe ich eben ab", sagt sie. Zweimal die Woche hütet sie zwei Kleinkinder aus der Nachbarschaft. An zwei Nachmittagen und samstagvor- mittags jobbt sie jeweils drei Stunden in einer Boutique—für fünf Euro die

Stunde. Außerdem bekommt sie die Kleidung in der Boutique billiger. Sie braucht das Geld für Kino, Disko und CDs.

Jens bekommt nur 15 Euro Taschengeld im Monat von seinen Eltern. Das reicht natürlich vorn und hinten nicht. Sein Vater hat nichts dagegen, dass
25 Jens jobbt: „Solange er arbeitet, kommt er nicht auf dumme Gedanken", sagt er.

Arbeit mit dem Text

1. Tragen Sie in die Tabelle auf Seite 178 ein, wo Jens und Jutta jobben, wie viel sie verdienen und wofür sie das Geld ausgeben.
2. Woher kommen die meisten „Markenklamotten[1]"? Wie finden Sie die Preise?
3. Warum ist die Kleidung so wichtig für die Jugendlichen?
4. Wofür haben Jutta und Jens wenig Zeit?
5. Ist das legal, was Jutta und Jens machen? Warum (nicht)?
6. Wann hat Jens angefangen, im Supermarkt zu arbeiten? War das legal?

Nach dem Lesen

1. Machen Sie eine Umfrage im Kurs. Stellen Sie die folgenden Fragen. Welche Jobs hattest du? Wie alt warst du, als du deinen ersten Job hattest? Wie viel hast du gearbeitet? Wie viel hast du verdient? Was hast du dir von deinem Geld gekauft?
2. Sammeln Sie die Antworten und machen Sie ein Plakat mit dem Titel: *Die Jobs unserer Kursteilnehmer.* Hängen Sie das Plakat aus.

[1]*brand-name clothes*

Arbeitsplätze

■ **Grammatik 5.4**

SITUATION 9 Der Arbeitsplatz

MODELL s1: Wo arbeitet eine Anwältin?
s2: Auf dem Gericht.

---

im Krankenhaus   auf der Post   in der Autowerkstatt   in der Schule

    auf der Polizei   auf dem Gericht

im Kaufhaus   in der Kirche   auf der Universität

    im Schwimmbad   in der Gaststätte   auf der Bank

---

1. eine Anwältin
2. ein Arzt
3. ein Automechaniker
4. eine Bademeisterin
5. ein Bankangestellter
6. eine Kellnerin

7. ein Lehrer
8. eine Polizistin
9. ein Postbeamter
10. ein Priester
11. eine Professorin
12. eine Verkäuferin

SITUATION 10 Minidialoge

auf der Post

    im Hotel

an der Kinokasse

    in der Bäckerei

auf der Bank

    im Schwimmbad

auf dem Bahnhof

an der Tankstelle

    in der Gaststätte

Wo finden diese Dialoge statt?

1. —Guten Tag, ich möchte ein Konto eröffnen.
   —Füllen Sie bitte dieses Formular aus und gehen Sie zum Schalter 3.
2. —Ich hätte gern eine Fahrkarte nach Bonn.
   —Hin und zurück oder einfach?
3. —Zwei Briefmarken für Postkarten in die USA, bitte.
   —Das sind zweimal einen Euro zehn, zwei Euro zwanzig zusammen.
4. —Guten Tag, einmal voll tanken und kontrollieren Sie bitte das Öl.
   —Wird gemacht.
5. —Grüß Gott, geben Sie mir bitte ein Bauernbrot.
   —Bitte sehr! Sonst noch etwas?
6. —Guten Abend, ich hätte gern ein Doppelzimmer für eine Nacht.
   —Mit oder ohne Dusche?
7. —Könnten Sie mir sagen, wo die Umkleidekabinen sind?
   —Ja, die sind gleich hier um die Ecke.
8. —Zwei Eintrittskarten für *Harry Potter,* bitte.
   —Tut mir Leid, der Film ist leider schon ausverkauft.
9. —Hallo! Zahlen bitte!
   —Gerne. Zusammen oder getrennt?

Rechtschreibtests bestehen meist aus Diktaten oder Aufsätzen; manchmal müssen Sie selbst falsche Wörter korrigieren.

Azubibewerbung

Wer in Deutschland nach der Schule einen Beruf lernen möchte, wird Azubi.[1] Man bewirbt sich[2] bei einer Firma oder in einem Betrieb[3] und lernt dort einen Beruf. Der Ausschnitt aus **Blickkontakte** zeigt, was bei einer Bewerbung[4] wichtig ist.

- Was bezahlt das Arbeitsamt?
- Was gehört in die Bewerbungsmappe[5]?
- Woraus besteht der Auswahltest?
- Was ist wichtig im Vorstellungsgespräch[6]?

[1] =Auszubildende(r): *apprentice* [2]bewirbt... *applies* [3]*shop*
[4]*application* [5]*application package* [6]*job interview*

SITUATION 11 ## Zum Schreiben: Vor der Berufsberatung

Morgen haben Sie einen Termin beim Berufsberater. Bereiten Sie sich auf das Gespräch vor. Machen Sie sich Notizen zu den Stichwörtern von der Liste.

- Schulbildung
- familiärer[1] Hintergrund (Beruf der Eltern usw.)
- Interessen, Hobbys
- Lieblingsfächer, besondere Fähigkeiten
- Qualifikationen (Fremdsprachen, Computerkenntnisse usw.)
- Erwartungen[2] an den zukünftigen[3] Beruf (Geld, Arbeitszeiten, Urlaub usw.)

SITUATION 12 ## Rollenspiel: Bei der Berufsberatung

S1: Sie arbeiten bei der Berufsberatung. Ein Student / Eine Studentin kommt in Ihre Sprechstunde. Stellen Sie ihm/ihr Fragen zu diesen Themen: Schulbildung, Interessen und Hobbys, besondere Kenntnisse, Lieblingsfächer.

[1]*family* [2]*expectations* [3]*future*

Ausbildung und Beruf

Wie ist es in Ihrem Land?

- Welchen Schulabschluss[1] braucht man für eine Berufsausbildung?
- Wie bekommt man eine Berufsausbildung?
- Wo lernt man die praktische Seite des Berufs? Wie lange dauert das?
- Wo lernt man die theoretische Seite? Wie lange dauert das?
- Macht man am Ende eine Prüfung? Was ist man dann?

Jens hat keine Lust auf Schule und später Studium. Wenn er die zehnte Klasse erfolgreich[2] abschließt,[3] hat er den Realschulabschluss. Er möchte am liebsten eine praktische Ausbildung machen, z. B. als Gärtner, Automechaniker oder Koch. Ein Facharbeiter[4] verdient mehr als ein ungelernter Arbeiter. Die Grafik zeigt, wie die Ausbildung für Jens weitergeht.

Wie ist es in Deutschland?

- Wie lange dauert eine Ausbildung oder Lehre?
- Wo bekommt man die theoretische Ausbildung?
- Wo lernt man die praktische Seite des Berufs?
- Was bekommt man am Ende der Gesellenprüfung?
- Was ist man am Schluss[5]?

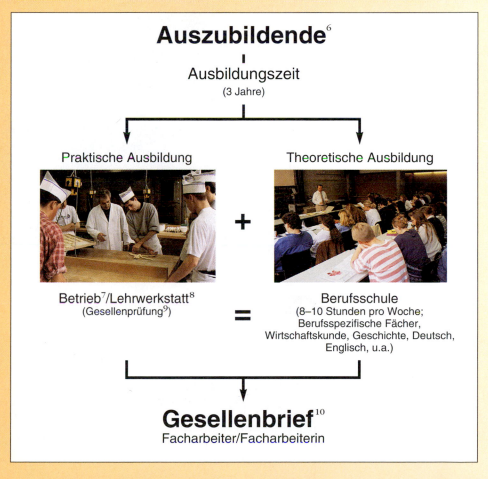

Auszubildende[6]

Ausbildungszeit
(3 Jahre)

Praktische Ausbildung + Theoretische Ausbildung

Betrieb[7]/Lehrwerkstatt[8]
(Gesellenprüfung[9])

=

Berufsschule
(8–10 Stunden pro Woche;
Berufsspezifische Fächer,
Wirtschaftskunde, Geschichte, Deutsch,
Englisch, u.a.)

Gesellenbrief[10]
Facharbeiter/Facharbeiterin

[1]degree of education   [2]successfully   [3]graduates from   [4]trade worker; skilled worker   [5]am... in the end
[6]those receiving a specialized education   [7]business   [8]apprentice shop   [9]trade workers' examination
[10]certificate of completed apprenticeship

In der Küche

■ **Grammatik 5.4–5.5**

die Tassen · der Topflappen · die Küchenwaage · das Besteck · das Geschirr · die Pfanne · die Salatschüssel · der Topf · die Küchenuhr · die Papiertücher

der Geschirrschrank · die Küchenlampe · der Kühlschrank · der Wasserhahn · das Spülbecken · der Küchentisch · der Herd · der Backofen · die Besteckschublade · die Geschirrspülmaschine

---

SITUATION 13 Wo ist... ?

MODELL   S1: Wo ist der Küchentisch?
          S2: Unter der Küchenlampe.

am Fenster	unter dem Geschirrschrank
auf dem Herd	unter dem Herd
im Geschirrschrank	in der Geschirrspülmaschine
im Kühlschrank	unter dem Kühlschrank
in der Besteckschublade	

1. Wo ist die Geschirrspülmaschine?
2. Wo ist die Küchenuhr?
3. Wo ist der Backofen?
4. Wo ist das Spülbecken?
5. Wo sind die Papiertücher?

6. Wo ist die Pfanne?
7. Wo ist das Geschirr?
8. Wo ist der Topf?
9. Wo sind die Gläser?
10. Wo ist das Besteck?

SITUATION 14   Interaktion: Küchenarbeit

Wie oft spülst du das Geschirr?

mehrmals am Tag	einmal in der Woche
jeden Tag	einmal im Monat
fast jeden Tag	selten
zwei- bis dreimal in der Woche	nie

Wie oft... ?	ich	mein(e) Partner(in)
gehst du einkaufen		
kochst du		
deckst du den Tisch		
spülst du das Geschirr		
stellst du das Geschirr weg		
machst du den Herd sauber		
machst du den Tisch sauber		
machst du den Kühlschrank sauber		
fegst du den Boden		
bringst du die leeren Flaschen weg		

SITUATION 15   Umfrage: Kochst du mir ein Abendessen?

MODELL   s1: Kochst du mir morgen ein Abendessen?
        s2: Ja.
        s1: Unterschreib bitte hier.

UNTERSCHRIFT

1. Kochst du mir morgen ein Abendessen? _____
2. Backst du mir einen Kuchen zum Geburtstag? _____
3. Kaufst du mir ein Eis? _____
4. Schenkst du mir deinen Kugelschreiber? _____
5. Hilfst du mir heute bei der Hausaufgabe? _____
6. Kannst du mir die Grammatik erklären? _____
7. Schreibst du mir in den Ferien eine Postkarte? _____
8. Kannst du mir ein Lied vorsingen? _____
9. Kannst du mir hundert Dollar leihen? _____

SITUATION 16 Dialog: Chaos in der Küche

In der Küche herrscht Chaos und Herr Ruf ist sauer.

HERR RUF: Jutta, komm mal her!

JUTTA: Ja, Papa. Warum schreist du denn so?

HERR RUF: Weil es hier aussieht wie im Schweinestall! Warum ist Marmelade _____?

JUTTA: Ich habe mir ein Brot gemacht und das ist dann in die Schublade gefallen.

HERR RUF: Und warum ist die Kaffeemaschine _____?

JUTTA: Hans brauchte Platz _____ für seine Legos.

HERR RUF: Das Kochbuch liegt _____! Unglaublich!

JUTTA: Weil es da warm ist. Es war leider nass.

HERR RUF: Und warum ist der Kuchen _____?

JUTTA: Keine Ahnung!

HERR RUF: Ihr glaubt wohl, dass Aufräumen meine Lieblingsbeschäftigung ist!

JUTTA: Ach, Papa, das ist doch nicht so schlimm. Ich hole Hans und dann helfen wir dir.

Lektüre

Vor dem Lesen

Was machen Katzen gern?
Was mögen sie nicht?
Wie sieht ein Tag im Leben einer Katze aus?
Wie sieht ein Tag im Leben eines Menschen aus, der eine Katze besitzt?

LESEHILFE

In this text, the perspective is that of a cat observing her human guardians in their daily routine. What observations might a cat make of human behavior?

Miniwörterbuch

beachten	to pay attention to
die **Decke**	blanket
eilig haben	to be in a hurry
fangen	to catch
fressen	to eat (*said of animals*)
der **Krach**	racket, loud noise
die **Reste** (*pl.*)	leftovers
riechen	to smell
schließlich	finally
seltsam	strange
keinen Sinn haben	to be pointless
stöhnen	to groan
das **Zeug**	stuff

Die Welt aus den Augen einer Katze

Ach, diese Langeweile... Herrchen und Frauchen haben nie Zeit für mich und spielen nie mit mir. Sie haben es immer eilig und sind immer beschäftigt. Was für ein Leben diese Menschen führen. Frauchen steht morgens sehr früh auf, geht in die Küche und kocht dieses seltsame schwarze Zeug, das sie

5 den ganzen Tag trinkt. Dann weckt sie Herrchen. Er möchte eigentlich noch ein bisschen schlafen, aber sie macht die Fenster auf und dreht das Radio ganz laut. Herrchen stöhnt und zieht die Decke über den Kopf, aber es hat alles keinen Sinn.

Schließlich steht er auf, duscht und trinkt dieses stinkende schwarze Zeug,
10 liest die Zeitung und geht zur Arbeit.

Frauchen bleibt noch etwas länger zu Hause und manchmal darf ich noch ein bisschen am Fußende vom Bett liegen. Aber nicht lange, dann setzt sie mich vor die Tür und sagt: „Los, fang Mäuse!" Ich will aber morgens nicht draußen sein. Es ist kalt und ungemütlich, also sitze ich vor dem Fenster und
15 mache ein unglückliches Gesicht. Aber Frauchen geht dann auch weg und ich muss bis nachmittags warten. Dann kommen beide nach Hause und machen etwas zu essen. Es riecht immer sehr gut—diese Menschen essen nicht schlecht!—, aber ich bekomme leider nur die Reste.

Manchmal spielt Herrchen noch ein bisschen mit mir, aber dann sitzen
20 sie den ganzen Abend vor diesem komischen Ding, das solchen Krach macht, und sehen die Bilder von anderen Menschen an. Sie beachten mich nicht mehr. Schließlich gehen sie ins Bett und ich suche mir auch ein Plätzchen zum Schlafen.

Am schlimmsten ist es aber, wenn sie verreisen. Dann kommt nur einmal
25 am Tag ein anderer Mensch vorbei, der mir etwas zu fressen hinstellt, und ich muss in der Garage schlafen. Ein schreckliches Leben ist das!

Arbeit mit dem Text

Die Menschen oder die Katze? Ordnen Sie die Stichwörter in die Tabelle ein.

Herrchen	Frauchen	die Katze
	steht sehr früh auf	

Nach dem Lesen

Die Welt aus den Augen... Suchen Sie sich ein Tier und beschreiben Sie die Welt und ihre Bewohner aus den Augen dieses Tieres.

Videoecke

Marcus ist in Stolberg im Rheinland geboren. Er studiert Betriebswirtschaftslehre[1] und Politik. Seine Hobbys sind Sport, Lesen und Reisen.

Ayse ist in Köprübasi in der Türkei geboren. Sie studiert Kommunikations- und Medienwissenschaft, Soziologie und Politik. Ihre Hobbys sind Fotografieren und Volleyball.

Aufgabe 1

Ayse oder Marcus? Welche Aussagen treffen auf Ayse zu, welche auf Marcus? Schreiben Sie A (Ayse) oder M (Marcus) neben die folgenden Aussagen.

[1]*business administration*

1. _____ Meine Nebenfächer[1] sind Soziologie und KMW.
2. _____ Ich studiere im 8. Semester.
3. _____ Mein Studium macht mir viel Spaß.
4. _____ Ich würde gern bei einer Zeitung arbeiten.
5. _____ Ich kann mir vorstellen,[2] für die UNO zu arbeiten.
6. _____ Normalerweise stehe ich um acht oder neun Uhr auf.
7. _____ Ich gehe früh morgens um neun zur Uni.
8. _____ Ich mache zur Zeit ein Praktikum.
9. _____ Ich verdiene die Stunde 13,25 DM.
10. _____ Ich bekomme 800 Mark im Monat.
11. _____ Ich spare auf[3] eine Reise[4] nach Lateinamerika.
12. _____ Ich würde mir gern einen Fotoapparat[5] kaufen.

Aufgabe 2

Studium und Beruf. Ordnen Sie jeder Frage eine passende Antwort zu.

1. Was gefällt Ayse/ Marcus an ihrem/ seinem Studium?
2. Wo will Ayse/ Marcus mal arbeiten?
3. Als was arbeitet Ayse/Marcus jetzt?

a. Ich arbeite als Promoter bei einem Fernsehsender.
b. Ich arbeite im Bereich Internet-Marketing und E-Commerce.
c. Ich kann mir alles sehr individuell gestalten.
d. Ich möchte für eine internationale Organisation arbeiten.
e. Ich möchte in einem großen internationalen Unternehmen arbeiten.
f. Ich würde gern im Auswärtigen Amt arbeiten.
g. Ich würde gern in der Politik arbeiten.
h. Mein Studium ist sehr vielfältig.
i. Mir gefällt die internationale Ausrichtung.

[1]*minor subjects* [2]*mir... imagine* [3]*spare... am saving for* [4]*trip* [5]*camera*

Wortschatz

Berufe	Professions
der **Anwalt**, ¨-e / die **Anwältin**, -nen	lawyer
der **Arzt** (R), ¨-e / die **Ärztin**, -nen	physician, doctor
der **Bademeister**, - / die **Bademeisterin**, -nen	swimming-pool attendant
der/die **Bankangestellte**, -n	bank employee

der **Berufsberater**, - / die **Berufsberaterin**, -nen	career counselor
der **Dirigent**, -en (*wk. masc.*) / die **Dirigentin**, -nen	(orchestra) conductor
der **Friseur**, -e / die **Friseurin**, -nen	hairdresser
der **Hausmeister**, - / die **Hausmeisterin**, -nen	custodian
der **Kassierer**, - / die **Kassiererin**, -nen	cashier

der **Ke̱llner**, - / die **Ke̱llnerin**, -nen	waiter/waitress
der **Kra̱nkenpfleger**, - / die **Kra̱nken-pflegerin**, -nen	nurse
der/die **Po̱stangestellte**, -n	postal employee
der **Ri̱chter**, - / die **Ri̱chterin**, -nen	judge
der **Schri̱ftsteller**, - / die **Schri̱ftstellerin**, -nen	writer
der **Verkä̱ufer**, - / die **Verkä̱uferin**, -nen	salesperson
der **Za̱hnarzt**, ⁻e / die **Za̱hnärztin**, -nen	dentist

Ähnliche Wörter

der **A̱rbeiter**, - / die **A̱rbeiterin**, -nen; der **Archite̱kt**, -en (*wk. masc.*) / die **Archite̱ktin**, -nen; der **Automecha̱niker**, - / die **Automecha̱nikerin**, -nen; der **Bibliotheka̱r**, -e / die **Bibliotheka̱rin**, -nen; der **Fe̱rnsehreporter**, - / die **Fe̱rnsehreporterin**, -nen; der **Ingenie̱ur**, -e / die **Ingenie̱urin**, -nen; der **Ko̱ch**, ⁻e / die **Kö̱chin**, -nen; der **Pi̱lot**, -en (*wk. masc.*) / die **Pilo̱tin**, -nen; der **Polizi̱st**, -en (*wk. masc.*) / die **Polizi̱stin**, -nen; der **Präside̱nt**, -en (*wk. masc.*) / die **Präside̱ntin**, -nen; der **Prie̱ster**, - / die **Prie̱sterin**, -nen; der **Sekretä̱r**, -e / die **Sekretä̱rin**, -nen; der **Ste̱ward**, -s / die **Ste̱wardess**, **Ste̱wardessen**; der **Ta̱xifahrer**, - / die **Ta̱xifahrerin**, -nen

Orte	Places
die **E̱cke**, -n	corner
um die **E̱cke**	around the corner
die **Ga̱ststätte**, -n	restaurant
in der **Ga̱ststätte**	at the restaurant
die **Ki̱nokasse**, -n	movie theater ticket booth
an der **Ki̱nokasse**	at the movie theater ticket booth
die **Ki̱rche**, -n	church
in der **Ki̱rche**	at church
die **Polizei̱**	police station
auf der **Polizei̱**	at the police station
die **Po̱st**	post office
auf der **Po̱st**	at the post office
die **Ta̱nkstelle**, -n	gas station
an der **Ta̱nkstelle**	at the gas station
der **Ba̱hnhof**, ⁻e (R)	train station
auf dem **Ba̱hnhof**	at the train station
der **Scha̱lter**, -	ticket booth
am **Scha̱lter**	at the ticket booth
das **Bü̱ro**, -s	office
im **Bü̱ro**	at the office

das **Geri̱cht**, -e	courthouse
auf dem **Geri̱cht**	at the courthouse
das **Kau̱fhaus**, ⁻er	department store
im **Kau̱fhaus**	at the department store
das **Kra̱nkenhaus**, ⁻er (R)	hospital
im **Kra̱nkenhaus**	in the hospital
das **Schwi̱mmbad**, ⁻er (R)	swimming pool
im **Schwi̱mmbad**	at the swimming pool

Ähnliche Wörter

die **Bäckerei̱**, -en; in der **Bäckerei̱**; die **Ba̱nk**, -en; auf der **Ba̱nk**; die **Schu̱le**, -n (R); in der **Schu̱le**; die **Universitä̱t**, -en; auf der **Universitä̱t**; der **Superma̱rkt**, ⁻e; im **Superma̱rkt**; das **Hote̱l**, -s (R); im **Hote̱l**

In der Küche — In the Kitchen

die **Fe̱nsterbank**, ⁻e	window sill
die **Fla̱sche**, -n	bottle
die **Geschi̱rrspül-maschine**, -n	dishwasher
die **Kü̱che**, -n	kitchen
die **Kü̱chenwaage**, -n	kitchen scale
die **Sala̱tschüssel**, -n	salad (mixing) bowl
die **Schu̱blade**, -n	drawer
die **Ta̱sse**, -n (R)	cup
der **Ba̱ckofen**, ⁻	oven
der **He̱rd**, -e	stove
der **Kü̱hlschrank**, ⁻e	refrigerator
der **To̱pf**, ⁻e	pot, pan
der **To̱pflappen**, -	potholder
der **Wa̱sserhahn**, ⁻e	faucet
das **Beste̱ck**	silverware, cutlery
das **Geschi̱rr** (R)	dishes
das **Papie̱rtuch**, ⁻er	paper towel
das **Spü̱lbecken**, -	sink

Ähnliche Wörter

die **Ka̱ffeemaschine**, -n; die **Kü̱chenarbeit**, -en; die **Kü̱chenlampe**, -n; die **Kü̱chenuhr**, -en; die **Pfa̱nne**, -n; der **Kü̱chentisch**, -e; das **Gla̱s**, ⁻er / das **We̱inglas**, ⁻er

Einkäufe und Geschenke — Purchases and Presents

die **Ba̱dehose**, -n	swim(ming) trunks
die **Brie̱fmarke**, -n	stamp
die **Ha̱lskette**, -n (R)	necklace
die **Mü̱nze**, -n	coin
die **Mü̱tze**, -n	cap
die **Ta̱sche**, -n (R)	purse, handbag; pocket
der **Ba̱deanzug**, ⁻e	bathing suit

der **Regenschirm, -e**	umbrella
der **Reiseführer, -**	travel guidebook
der **Roman, -e** (R)	novel
das **Handtuch, ⸚er**	hand towel
das **Weihnachts-geschenk, -e**	Christmas present
das **Zelt, -e** (R)	tent

Ähnliche Wörter

die **Blumenvase, -n**; die **Kamera, -s**; die **Skibrille, -n**; der **Bikini, -s**; der **Fahrradhelm, -e**; das **Briefpapier**; das **Computerspiel, -e**; das **Parfüm, -e**; das **T-Shirt, -s** (R)

Schule und Beruf — School and Career

die **Ausbildung**	specialized training
praktische Ausbildung	practical (career) training
die **Bundeswehr**	German army
bei der Bundeswehr	in the German army
die **Schulbildung**	education, schooling
das **Abitur**	college-prep-school degree

Sonstige Substantive — Other Nouns

die **Dusche, -n**	shower
die **Eintrittskarte, -n**	admissions ticket
die **Kundin, -nen**	female customer
die **Lehre, -n**	apprenticeship
die **Lieblingsbeschäfti-gung, -en**	favorite activity
die **Möglichkeit, -en**	possibility
die **Tätigkeit, -en**	activity
die **Umgebung, -en**	surrounding area, environs
die **Umkleidekabine, -n**	dressing room
die **Versicherung, -en**	insurance
die **Werkstatt, ⸚en**	repair shop, garage
der **Kuchen, -**	cake
der **Kunde, -n** (*wk. masc.*)	male customer
der **Rasen**	lawn
der **Rat, Ratschläge**	advice
der **Schweinestall, ⸚e**	pigpen
der **Termin, -e**	appointment
der **Urlaub, -e** (R)	vacation
der **Vorschlag, ⸚e**	suggestion
das **Bauernbrot, -e**	(loaf of) farmer's bread
das **Einzelzimmer, -**	single room
das **Hundefutter**	dog food
das **Interesse, -n**	interest
Interesse haben an (+ *dat.*)	to be interested in

das **Konto, Konten**	bank account
ein Konto eröffnen	to open a bank account
das **Lieblingsfach, ⸚er**	favorite subject
das **Öl**	oil
das Öl kontrollieren	to check the oil
die **Kenntnisse** (*pl.*)	skills; knowledge about a field

Ähnliche Wörter

die **Klasse, -n**; **erster Klasse**; die **Liste, -n**; die **Lotterie, -n**; **in der Lotterie gewinnen**; die **Patientin, -nen**; die **Politik**; die **Touristenklasse**; der **Patient, -en** (*wk. masc.*); das **Chaos**; das **Pfund, -e**; das **Prestige** [prɛstiːʒ]

Verben — Verbs

aus·tragen, trägt... aus, ausgetragen	to deliver
Zeitungen austragen	to deliver newspapers
einkaufen gehen, ist einkaufen gegangen (R)	to go shopping
entschuldigen	to excuse
entschuldigen Sie!	excuse me
erklären	to explain
erzählen (R)	to tell (a story, joke)
fegen	to sweep
feiern	to celebrate
heiraten	to marry
interessieren	to interest
sich interessieren für	to be interested in
leihen, geliehen	to lend
mähen	to mow
pflegen	to attend to; to nurse
raten, geraten (+ *dat.*)	to advise (a person)
sagen (R)	to say, tell
schenken	to give (as a present)
statt·finden, stattgefunden	to take place
stellen	to place, put
eine Frage stellen	to ask a question
unterrichten	to teach, instruct
untersuchen	to investigate; to examine
verkaufen	to sell
voll tanken	to fill up (with gas)
vor·schlagen, schlägt... vor, vorgeschlagen	to suggest
weg·stellen	to put away
werden, wird, ist geworden	to become
zahlen	to pay
zeichnen (R)	to draw

Ähnliche Wörter

backen, gebacken; **heilen**; **vor·singen, vorgesungen**;

weg·bringen, weggebracht; wieder kommen, ist
wieder gekommen

Adjektive und Adverbien / Adjectives and Adverbs

Adjektive und Adverbien	Adjectives and Adverbs
ausverkauft	sold out
getrennt	separately; separate checks
sauer	angry
unglaublich	incredible

Ähnliche Wörter

arbeitslos, flexibel, normal, praktisch, relativ

Sonstige Wörter und Ausdrücke / Other Words and Expressions

Sonstige Wörter und Ausdrücke	Other Words and Expressions
alles zusammen	all together; one check
als	as; when
als was?	as what?
als ich acht Jahre alt war	when I was eight years old
außerdem	besides
etwas (R)	something, anything
sonst noch etwas?	anything else?
fast	almost
gern (R)	gladly
ich hätte gern	I would like
hin und zurück	round-trip
irgendwelche, irgendwelcher, irgendwelches	any (+ *noun*)
jede, jeder, jedes (R)	each
mehrmals	several times
nebenan	next door
von nebenan	from next door
tut mir Leid!	sorry
und so weiter	and so forth
unter	under, underneath
unter dem Fenster	under the window
zweimal	twice

Strukturen und Übungen

5.1 Dative case: articles and possessive adjectives

The dative case indicates the person to or for whom something is done.

A noun or pronoun in the dative case is used to designate the person to or for whom something is done.

Ernst schenkt **seiner Mutter** ein Buch.	*Ernst gives his mother a book.*
Sofie gibt **ihrem Freund** einen Kuss.	*Sofie gives her boyfriend a kiss.*

Wissen Sie noch?

The nominative case designates the subject of a sentence. The accusative case designates the object of the action of the verb.

Review grammar 2.1.

Note that the dative case frequently appears in sentences with three nouns: a person who does something, a person who receives something, and the object that is passed from the doer to the receiver. The doer, the subject of the sentence, is in the nominative case; the recipient, or beneficiary, of the action is in the dative case; and the object is in the accusative case.

Doer		Recipient	Object
Nominative Case	*Verb*	*Dative Case*	*Accusative Case*
Maria	kauft	ihrem Freund	ein Hemd.

Maria is buying her boyfriend a shirt.

In German, the signal for the dative case is the ending **-m** in the masculine and neuter, **-r** in the feminine, and **-n** in the plural. Here are the dative forms of the definite, indefinite, and negative articles, and of the possessive adjectives.

	Masculine and Neuter	Feminine	Plural
Definite Article	dem	der	den
Indefinite Article	einem	einer	—
Negative Article	keinem	keiner	keinen
Possessive Adjective	meinem	meiner	meinen
	deinem	deiner	deinen
	seinem	seiner	seinen
	ihrem	ihrer	ihren
	unserem	unserer	unseren
	eurem	eurer	euren

Jutta schreibt **einem Freund** einen Brief.

Jutta is writing a letter to a friend.

Jens erzählt **seinen Eltern** einen Witz.

Jens is telling his parents a joke.

All plural nouns end in **-n** in the dative unless they form their plural with **-s**.

All plural nouns add an **-n** in the dative unless they already end in **-n** or in **-s**.

Claire erzählt **ihren Freunden** von ihrer Reise nach Deutschland.

Claire is telling her friends about her trip to Germany.

Here is a short list of verbs that often take an accusative object and a dative recipient.

erklären	*to explain something to someone*
erzählen	*to tell someone (a story)*
geben	*to give someone something*
leihen	*to lend someone something*
sagen	*to tell someone something*
schenken	*to give someone something as a gift*

Achtung!

Certain masculine nouns, in particular those denoting professions, add **-(e)n** in the dative and accusative singular as well as in the plural.

	Singular	Plural
Nominative	der Student	die Studenten
Accusative	den Studenten	die Studenten
Dative	dem Studenten	den Studenten

ÜBUNG 1 Was machen Sie für diese Leute?

Schreiben Sie mit jedem Verb einen Satz.

MODELL Ich schenke meiner Mutter eine Kamera.

backen	Bruder/Schwester	ein Abendessen
erklären	Freund/Freundin	meine Bilder
erzählen	Großvater/	einen Brief
geben	Großmutter	ein Buch
kaufen	Mitbewohner/	eine CD
kochen	Mitbewohnerin	mein Deutschbuch
leihen	Onkel/Tante	50 Dollar
schenken	Partner/Partnerin	eine Geschichte
schreiben	Professor/	Kaffee
verkaufen	Professorin	eine Krawatte
	Vetter/Mutter	einen Kuchen
	Vater/Kusine	einen Kuss
		einen Tennisball
		einen Witz

ÜBUNG 2 Was machen diese Leute?

Bilden Sie Sätze.

MODELL. Heidi schreibt ihren Eltern eine Karte.

Bikini (*m.*) = der Bikini
Grammatik (*f.*) = die Grammatik
Zelt (*n.*) = das Zelt

Heidi	erklären	*ihren*	Eltern	Bikini (*m.*)
Peter	erzählen		Freund	Grammatik (*f.*)
Thomas	geben		Freundin	*eine* Karte (*f.*)
Katrin	kaufen		Mann	Regenschirm (*m.*)
Stefan	kochen		Mutter	Armband (*n.*)
Albert	leihen		Professor	Rucksack (*m.*)
Monika	schenken		Schwester	Suppe (*f.*)
Frau Schulz	schreiben		Tante	Märchen (*n.*)
Nora	verkaufen		Vetter	Zelt (*n.*)

5.2 Question pronouns: *wer, wen, wem*

wer (Who is it?) = nominative
wen (Whom do you know?) = accusative
wem (Whom did you give it to?) = dative

Use the pronouns **wer, wen,** and **wem** to ask questions about people: **wer** indicates the subject, the person who performs the action; **wen** indicates the accusative object; **wem** indicates the dative object.

Wer arbeitet heute Abend um acht?   *Who's working tonight at eight?*
Wen triffst du heute Abend?   *Whom are you meeting tonight?*
Wem leihst du das Zelt?   *To whom are you lending the tent?*

ÜBUNG 3 Minidialoge

Ergänzen Sie **wer, wen** oder **wem.**

1. JÜRGEN: _____ hat meinen Regenschirm?
   SILVIA: Ich habe ihn.
2. MELANIE: _____ hast du in der Stadt gesehen?
   JOSEF: Claire.
3. SOFIE: _____ willst du die DVD schenken?
   WILLI: Marta. Sie wünscht sie sich schon lange.
4. FRAU AUGENTHALER: Na, erzähl doch mal. _____ hast du letztes Wochenende kennen gelernt?
   RICHARD: Also, sie heißt Uschi und . . .
5. MEHMET: _____ wollt ihr denn euren neuen Computer verkaufen?
   RENATE: Schülern und Studenten.
6. NATALIE: Weißt du, _____ heute Abend zu uns kommt?
   LYDIA: Nein, du?
   NATALIE: Tante Christa, natürlich.

5.3 Expressing change: the verb *werden*

Use a form of **werden** to talk about changing conditions.

Ich werde alt.	*I am getting old.*
Es wird dunkel.	*It is getting dark.*

werden: e → i
du wirst; er/sie/es wird

werden			
ich	werde	*wir*	werden
du	wirst	*ihr*	werdet
Sie	werden	*Sie*	werden
er *sie* *es*	wird	*sie*	werden

In German, **werden** is also used to talk about what somebody wants to be.

Was willst du werden?	*What do you want to be (become)?*
Natalie will Ärztin werden.	*Natalie wants to be (become) a physician.*

ÜBUNG 4 Was passiert?

Bilden Sie Fragen und suchen Sie dann eine logische Antwort darauf.

MODELL Was passiert im Winter?—Es wird kalt.

1. am Abend d
2. wenn man Bücher schreibt b
3. wenn man Fieber bekommt h
4. im Frühling f
5. im Herbst c
6. wenn Kinder älter werden e
7. wenn man in der Lotterie gewinnt j
8. wenn man Medizin studiert a
9. am Morgen g
10. im Sommer i

a. Man wird Arzt.
b. Man wird bekannt.[1]
c. Die Blätter werden bunt.[2]
d. Es wird dunkel.
e. Sie werden größer.
f. Es wird wärmer.
g. Es wird hell.[3]
h. Man wird krank.
i. Die Tage werden länger.
j. Man wird reich.

ÜBUNG 5 Was werden sie vielleicht?

Suchen Sie einen möglichen Beruf für jede Person.

MODELL Jens mag Autos und Motorräder. →
Vielleicht wird er Automechaniker.

[1]*well-known* [2]*colorful* [3]*bright; light*

1. Lydia kocht gern.
2. Sigrid interessiert sich für Medikamente.
3. Ernst fliegt gern.
4. Jürgen hat Interesse an Pädagogik.
5. Jutta zeichnet gern Pläne für Häuser.
6. Helga geht gern in die Bibliothek.
7. Hans heilt gern kranke Menschen.
8. Andrea hört gern klassische Musik.

Apotheker/Apothekerin
Architekt/Architektin
Bibliothekar/Bibliothekarin
Dirigent/Dirigentin
Koch/Köchin
Krankenpfleger/Krankenpflegerin
Lehrer/Lehrerin
Pilot/Pilotin

5.4 Location: *in, an, auf* + dative case

*When indicating where something is located, **in, an,** and **auf** take the dative case.*

To express the location of someone or something, use the following prepositions with the dative case.

in (*in, at*)
auf (*on, at*)   +
an (*on, at*)

dem/einem _____ (*m., n.*)
der/einer _____ (*f.*)
den _____ (*pl.*)

Katrin wohnt **in der Stadt.**
Stefan und Albert sind **auf der Bank.**

Katrin lives in the city.
Stefan and Albert are at the bank.

A. Forms and Contractions

Remember the signals for dative case.

	Masculine and Neuter	**Feminine**	**Plural**
Dative	dem einem	der einer	den

in + dem = im
an + dem = am

Note that the prepositions **in** + **dem** and **an** + **dem** are contracted to **im** and **am.**

Masculine and Neuter	**Feminine**	**Plural**
im Kino **in einem** Kino	**in der** Stadt **in einer** Stadt	**in den** Wäldern **in** Wäldern
am See **an einem** See	**an der** Tankstelle **an einer** Tankstelle	**an den** Wänden **an** Wänden
auf dem Berg **auf einem** Berg	**auf der** Bank **auf einer** Bank	**auf den** Bäumen **auf** Bäumen

B. Uses

  1. Use **in** when referring to enclosed spaces.

im Supermarkt	*in the supermarket (enclosed)*
in der Stadt	*in (within) the city*

  2. **An,** in the sense of English *at,* denotes some kind of border or limiting area.

am Fenster	*at the window*
an der Tankstelle	*at the gas pumps*
am See	*at the lake*

  3. Use **auf,** in the sense of English *on,* when referring to surfaces.

auf dem Tisch	*on the table*
auf dem Herd	*on the stove*

  4. **Auf** is also used to express location in public buildings such as the bank, the post office, or the police station.

auf der Bank	*at the bank*
auf der Post	*at the post office*
auf der Polizei	*at the police station*

ÜBUNG 6 ## Was macht man dort?

Stellen Sie einem Partner / einer Partnerin Fragen. Er/Sie soll eine Antwort darauf geben.

MODELL S1: Was macht man am Strand?
S2: Man spielt Volleyball.

Benzin¹ tanken   ein Buch lesen   Geld wechseln³   tanzen

beten²   einen Film sehen   schwimmen   ?

Briefmarken kaufen   spazieren gehen   Volleyball spielen

---

1. im Kino	**6.** auf der Bank
2. auf der Post	**7.** im Meer
3. an der Tankstelle	**8.** in der Bibliothek
4. in der Disko	**9.** im Park
5. in der Kirche	

¹*gasoline* ²*to pray* ³*to exchange*

ÜBUNG 7 Wo?

Wo sind die Leute? Wo sind das Poster, der Topf und der Wein?

MODELL Stefan ist am Strand.

Stefan

1.

Monika

2.
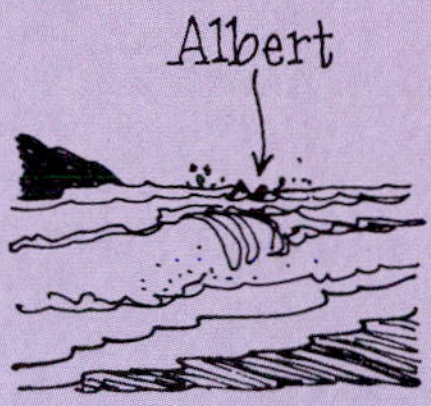
Albert

3.

Polizei
Heidi

4.

Nora
HOTEL

5.

Katrin

6.

POST
Thomas

7.

Frau Schulz

8.

das Poster
9.
der Topf
10.
der Wein

Wissen Sie noch?

The dative case designates the person to whom or for whom something is done.

Review grammar 5.1.

5.5 Dative case: personal pronouns

Personal pronouns in the dative case designate the person to or for whom something is done. (See also **Strukturen 5.1.**)

Kaufst du mir ein Buch?	*Are you buying me a book?*
Nein, ich schenke dir eine CD.	*No, I'm giving you a CD.*

A. First- and Second-person Pronouns

Here are the nominative and dative forms of the first- and second-person pronouns.

Singular		Plural	
Nominative	*Dative*	*Nominative*	*Dative*
ich	mir	wir	uns
du	dir	ihr	euch
Sie	Ihnen	Sie	Ihnen

er ihm (acc- ihn)

sie acc- sie

Note that German speakers use three different pronouns to express the recipient or beneficiary in the second person (English *you*): **dir, euch,** and **Ihnen.**

RICHARD: Leihst du mir dein Auto, Mutti? (*Will you lend me your car, Mom?*)

FRAU AUGENTHALER: Ja, ich leihe **dir** mein Auto. (*Yes, I'll lend you my car.*)

HERR THELEN: Viel Spaß in Wien! (*Have fun in Vienna!*)

HERR WAGNER: Danke! Wir schreiben **Ihnen** eine Postkarte. (*Thank you! We'll write you a postcard.*)

HANS: Ernst und Andrea! Kommt in mein Zimmer! Ich zeige **euch** meine Briefmarken. (*Ernst and Andrea! Come to my room! I'll show you my stamp collection.*)

B. Third-person Pronouns

The third-person pronouns have the same signals as the dative articles: **-m** in the masculine and neuter, **-r** in the feminine, and **-n** in the plural.

de**m** → ih**m**
de**r** → ih**r**
de**n** → ihn**en**

	Masculine and Neuter	Feminine	Plural
Article	dem	der	den
Pronoun	**ihm**	**ihr**	**ihnen**

Was kaufst du deinem Vater?	*What are you going to buy your dad?*
Ich kaufe **ihm** ein Buch.	*I'll buy him a book.*
Was schenkst du deiner Schwester?	*What are you going to give your sister?*
Ich schenke **ihr** eine Bluse.	*I'll give her a blouse.*
Was kochen Sie ihren Kindern heute?	*What are you going to cook for your kids today?*
Ich koche **ihnen** Spaghetti mit Ketschup.	*I'm making them spaghetti with catsup.*

Note that the dative-case pronoun precedes the accusative-case noun.

Ich schreibe dir einen Brief.	*I'll write you a letter.*

ÜBUNG 8 Minidialoge

Ergänzen Sie **mir, dir, uns, euch** oder **Ihnen.**

1. HANS: Mutti, kaufst du _____ Schokolade?

FRAU RUF: Ja, aber du weißt, dass du vor dem Essen nichts Süßes essen sollst.

2. MARIA: Was hat denn Frau Körner gesagt?

   MICHAEL: Das erzähle ich _____ nicht.

3. ERNST: Mutti, kochst du Andrea und mir einen Pudding?

   FRAU WAGNER: Natürlich koche ich _____ einen Pudding.

4. HERR SIEBERT: Sie schulden[1] mir noch zehn Euro, Herr Pusch.

   HERR PUSCH: Was!? Wofür denn?

   HERR SIEBERT: Ich habe _____ doch für 100 Euro mein altes Motorrad verkauft, und Sie hatten nur 90 Euro dabei.

   HERR PUSCH: Ach, ja, richtig.

5. FRAU KÖRNER: Mein Mann und ich gehen heute Abend aus. Können Sie _____ vielleicht ein gutes Restaurant empfehlen, Herr Pusch?

   MICHAEL: Ja, gern...

ÜBUNG 9 Wer? Wem? Was?

Beantworten Sie die Fragen mit Hilfe der Tabelle.

MODELL Was hat Renate ihrem Freund geschenkt?
       Sie hat ihm ein T-Shirt geschenkt.

	Renate	Mehmet
schenken	ein T-Shirt	einen Regenschirm
leihen	ihr Auto	500 Euro
erzählen	einen Witz	eine Geschichte
verkaufen	ihre Sonnenbrille	seinen Fernseher
zeigen	ihr Büro	seine Wohnung
kaufen	eine neue Brille	einen Kinderwagen

1. Was hat Mehmet seiner Mutter geschenkt?
2. Was hat Renate ihrem Vater geliehen?
3. Was hat Mehmet seinem Bruder geliehen?
4. Was hat Renate ihrer Friseurin erzählt?
5. Was hat Mehmet seinen Nichten erzählt?
6. Was hat Renate ihrer Freundin verkauft?
7. Was hat Mehmet seinen Eltern verkauft?
8. Was hat Renate ihrem Schwager gezeigt?
9. Was hat Mehmet seinem Freund gezeigt?
10. Was hat Renate ihrer Großmutter gekauft?
11. Was hat Mehmet seiner Schwägerin gekauft?

[1]owe

KAPITEL 6

Friedensreich Hundert-
wasser: *(630A) Mit der
Liebe warten tut weh,
wenn die Liebe woan-
ders ist* (1971), Galerie
Koller, Zürich

FRIEDENSREICH HUNDERTWASSER

*Friedensreich Hundertwasser wurde 1928 in Wien als Friedrich Stowasser gebo-
ren. Den Künstlernamen[1] legte er sich 1949 zu. 1943 wurden 69 Verwandte seiner
jüdischen[2] Mutter deportiert und umgebracht.[3] Hundertwasser war Architekt, Maler, Graphiker und Zivilisationskritiker, er engagierte sich für Naturschutz[4] und
Frieden.[5] Im Jahr 2000 ist er gestorben.*

[1] artistic name   [2] Jewish   [3] killed   [4] preservation of natural beauty   [5] peace

Wohnen

In **Kapitel 6,** you will learn vocabulary and expressions for describing where you live, for finding a place to live, and for talking about housework.

Themen

Haus und Wohnung
Das Stadtviertel
Auf Wohnungssuche
Hausarbeit

Kulturelles

Wohnen
Auf Wohnungssuche
Videoblick: Wohnen in München
Videoecke: Wohnen

Lektüren

Regionale Baustile
Porträt: Walter Gropius und Weimar

Strukturen

6.1 Dative verbs
6.2 Location vs. destination: two-way prepositions with the dative or accusative case
6.3 Word order: time before place
6.4 Direction: **in/auf** vs. **zu/nach**
6.5 Separable-prefix verbs: the present tense and the perfect tense
6.6 The prepositions **mit** and **bei** + dative

Situationen

Haus und Wohnung

■ Grammatik 6.1–6.2

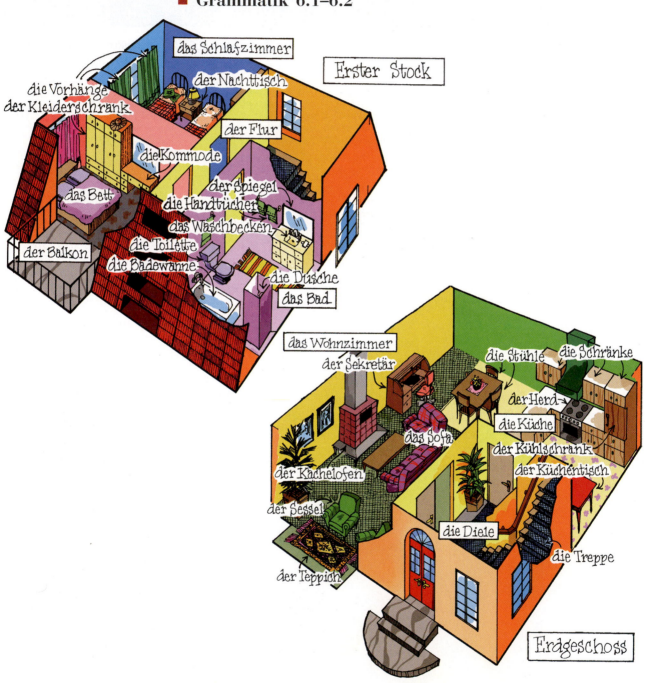

die Vorhänge
der Kleiderschrank
das Schlafzimmer
der Nachttisch
Erster Stock
der Flur
die Kommode
der Spiegel
das Bett
die Handtücher
das Waschbecken
der Balkon
die Toilette
die Badewanne
die Dusche
das Bad

das Wohnzimmer
der Sekretär
die Stühle
die Schränke
der Herd
die Küche
das Sofa
der Kühlschrank
der Küchentisch
der Kachelofen
der Sessel
die Diele
die Treppe
der Teppich
Erdgeschoss

SITUATION 1   Wo ist das?

MODELL   S1: Wo ist die Badewanne?
              S2: Im Bad.

die Badewanne   im Bad
das Bett   im Esszimmer
die Dusche   in der Küche
die Geschirrspülmaschine   im Schlafzimmer
die Handtücher   im Wohnzimmer
der Herd
das Klavier
die Kopfkissen
der Kühlschrank
der Nachttisch
der Schrank
das Sofa
der Spiegel
der Teppich

SITUATION 2   Das Zimmer

Wählen Sie ein Bild, aber sagen Sie die Nummer nicht. Ihr Partner oder Ihre Partnerin stellt Fragen und sagt, welches Bild Sie gewählt haben.

MODELL   S1: Ist die Katze auf dem Sofa?
              S2: Ja.
              S1: Ist es neun Uhr?
              S2: Ja.
              S1: Dann ist es Bild 1.
              S2: Richtig. Jetzt bist du dran.

am Fenster   ?
auf dem Tisch
vor dem Sofa
auf dem Sofa
über dem Schrank
neben dem Sofa
an der Wand
unter dem Tisch

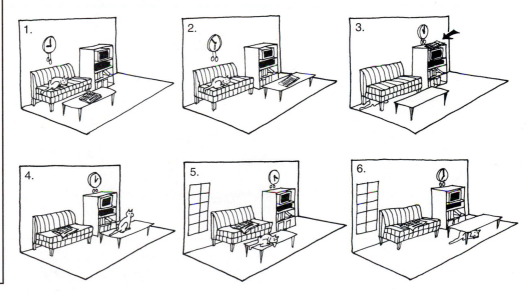

Wohnen

In Ihrem Land:

- Haben moderne Häuser in Ihrem Land einen Keller,[1] eine Terrasse, einen Balkon?
- Haben sie einen Garten vor oder hinter dem Haus?
- Aus welchem Material sind die Häuser normalerweise? (aus Stein, aus Holz,[2] aus Beton[3])
- Gibt es einen Zaun[4] um das ganze Grundstück[5] herum oder nur um den Garten hinter dem Haus?
- Wie viele Garagen sind üblich[6]? Wie groß sind die Garagen? (Platz für ein Auto, zwei Autos, drei Autos)
- Aus welchem Material ist das Dach? (aus Asphaltschindeln,[7] aus Holzschindeln,[8] aus Ziegeln[9])

Einfamilienhaus in München

Wohnblöcke in Ostberlin

Mehrfamilienhaus in Wernigerode

In Deutschland:

- Schauen Sie sich die Fotos an. Welche Unterschiede[10] gibt es zu Häusern in Ihrem Land?

Hören Sie sich den Text an und beantworten Sie die folgenden Fragen.

- Wie viele Menschen leben in Deutschland?
- Wie groß ist Deutschland?
- In Deutschland leben ungefähr[11] 200 Menschen auf einem Quadratkilometer,[12] das sind 563 auf einer Quadratmeile. In den USA z. B. sind es im Durchschnitt[13] 65. Wie viele sind es in Ihrem Bundesland?

[1]basement   [2]wood   [3]concrete   [4]fence   [5]property   [6]customary   [7]asphalt shingles   [8]wooden shingles   [9]clay tiles   [10]differences   [11]approximately   [12]square kilometer   [13]im... on average

SITUATION 3 **Interview**

1. Wo wohnst du? (in einer Wohnung, in einem Studentenheim, in einem Haus, auf dem Land, in der Stadt, _____)
2. Wohnst du allein? (in einer Wohngemeinschaft, bei deinen Eltern, bei einer Familie, mit einem Mitbewohner, mit einer Mitbewohnerin, _____)
3. Wie lange brauchst du zur Uni? (zehn Minuten zu Fuß, fünf Minuten mit dem Fahrrad, eine halbe Stunde mit dem Auto mit dem Bus, _____)
4. Was kostet dein Zimmer / deine Wohnung pro Monat?
5. Was für Möbel hast du in deinem Zimmer / in deiner Wohnung?

SITUATION 4 **In der Wohnung**

Beantworten Sie die Fragen für sich selbst und schreiben Sie Ihre Antworten auf. Stellen Sie dann die gleichen Fragen an Ihren Partner oder Ihre Partnerin.

	ich	mein(e) Partner(in)
Wie gefällt dir deine Wohnung oder dein Zimmer?		
Welches Möbelstück fehlt dir?		
Welches Möbelstück gehört dir nicht?		
Wie gefällt dir das Aufräumen und Putzen?		
Wer hilft dir beim Aufräumen und Putzen?		

Das Stadtviertel

■ **Grammatik 6.3–6.4**

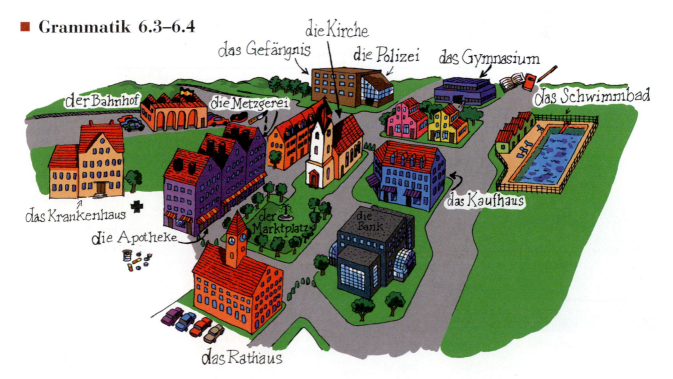

die Kirche
das Gefängnis
die Polizei
das Gymnasium
der Bahnhof
die Metzgerei
das Schwimmbad
das Krankenhaus
das Kaufhaus
die Apotheke
der Marktplatz
die Bank
das Rathaus

Situationen **207**

SITUATION 5 Wie weit weg?

MODELL S1: Wie weit weg sollte die Apotheke von deiner Wohnung sein?

S2: _____

1. die Apotheke
2. die Universität
3. die Polizei
4. der Flughafen
5. das Kino
6. das Krankenhaus
7. das Gefängnis
8. der Kindergarten
9. der Supermarkt
10. die Kirche

gleich um die Ecke
gleich gegenüber
fünf Minuten zu Fuß
zwei Straßen weiter
eine halbe Stunde mit dem Auto
am anderen Ende der Stadt
so weit weg wie möglich
zehn Minuten mit dem Fahrrad
mir egal

SITUATION 6 Umfrage

MODELL S1: Wohnst du in der Nähe der Universität?

S2: Ja.

S1: Unterschreib bitte hier.

UNTERSCHRIFT

1. Wohnst du in der Nähe der Universität? _____
2. Übernachtest du manchmal in Hotels? _____
3. Gibt es in deiner Heimatstadt ein Schwimmbad? _____
4. Warst du letzte Woche auf der Post? _____
5. Warst du gestern im Supermarkt? _____
6. Gibt es in deiner Heimatstadt ein Rathaus? _____
7. Warst du letzten Freitag in der Disko? _____
8. Bist du oft in der Bibliothek? _____
9. Warst du letzten Sonntag in der Kirche? _____

SITUATION 7 Wohin gehst du, wenn... ?

MODELL S1: Wohin gehst du, wenn du ein Buch lesen willst?

S2: Wenn ich ein Buch lesen will? In die Bibliothek.

Wohin fahren Sie, wenn Sie Benzin brauchen?

zu - going to a place

1. du schwimmen gehen willst?
2. du Briefmarken kaufen willst?
3. du Geld brauchst?
4. du Benzin brauchst?
5. du Brot brauchst?
6. du krank bist?
7. du verreisen willst?
8. du eine Zugfahrkarte kaufen willst?
9. _____?

zum Bahnhof
in die Bäckerei
zum Flughafen
zum Arzt
auf die Bank
zur Tankstelle
auf die Post
ins Schwimmbad
_____

SITUATION 8 Gestern und heute

Arbeiten Sie zu zweit und stellen Sie Fragen wie im Modell.

MODELL S1: Früher war hier eine Reinigung. Was ist da heute?
S2: Heute ist hier ein Schreibwarengeschäft.

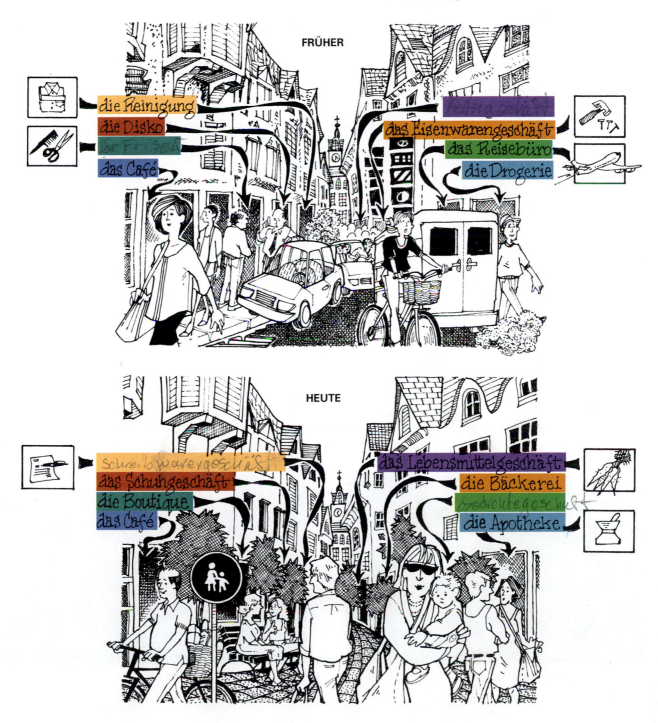

Lektüre

Vor dem Lesen

LESEHILFE

Pictures and captions tell a lot about the topic of a text. Before reading this one, look at the pictures and the captions under them. Now read the title of the text. What is the topic?

1. Gibt es regionale Baustile[1] in Ihrem Land? Wie heißen sie?
2. Sind die Wohnhäuser in einer Region anders als[2] die Häuser in einer anderen? Sind Häuser im Westen anders als Häuser im Osten? Sind Häuser auf dem Land anders als Häuser in der Stadt?
3. Gibt es öffentliche[3] Gebäude, die einen bestimmten Baustil haben?
4. Wie alt ist die Architektur? Welche historischen Baustile gibt es?
5. Kennen Sie Architekten aus Ihrem Land? Was haben sie gebaut[4]?
6. Kennen Sie Gebäude wie Kirchen oder Paläste in Europa, die einen bestimmten Baustil haben?

Regionale Baustile

der spitze Turm

der Zwiebelturm

In Deutschland und Österreich, wie in vielen anderen Ländern, gibt es unterschiedliche regionale Baustile. Traditionelle Wohnhäuser und Gebäude wie Rathäuser, Kirchen und Schlösser unterscheiden sich[5] von einem Lan-
5 desteil zu einem anderen. So haben zum Beispiel die Kirchen in Bayern häufig Zwiebeltürme und die Kirchen in Norddeutschland spitze Türme. In manchen Gegenden sind die Häuser von außen mit Holz verkleidet, an anderen sieht man Backstein[6] oder Putz.[7]

10 Würzburg, Fulda, Dresden und Wien sind typische Beispiele für die Baukunst des Barock. Diesen Baustil gibt es seit dem 17. Jahrhundert. Man findet ihn vor allem im Süden von Deutschland und in Österreich. Viele Kirchen, Klöster und Schlösser sind im barocken Stil gebaut.

Fachwerk: Alte Häuser in Wernigerode

Barock: Die Residenz in Würzburg

[1]*architectural styles*   [2]anders... *different from*   [3]*public*   [4]bauen: *to build*   [5]unterscheiden... *differ*
[6]*brick*   [7]*plaster*

Wernigerode hat auch den Namen „Die bunte[1] Stadt am Harz", weil die Holzbalken[2] so bunt bemalt[3] sind. Diesen Baustil nennt man Fachwerk.[4] Man findet ihn in ganz Deutschland, aber ganz besonders in der Mitte des Landes, in Hessen, Sachsen-Anhalt und im südlichen Niedersachsen. Die ältesten Häuser im Fachwerkstil stammen aus dem 14. Jahrhundert.

Moderne: Das Bundeskanzleramt in Berlin

In Lübeck, Greifswald und Stralsund findet man viele Wohnhäuser, Kirchen, Rathäuser und selbst Stadttore aus rotem Backstein. Diesen Baustil nennt man Backsteingotik. Er ist vor allem in den Hansestädten[5] entlang der Nord- und Ostseeküste zu Hause.

Die Innenstädte vieler deutscher Städte und Großstädte wurden im zweiten Weltkrieg fast völlig zerstört. Man hat diese Städte meistens im modernen Stil geplant und wieder aufgebaut. Trotz einiger alter Gebäude hat man zum Beispiel in Hannover das Gefühl, eine neue und moderne Stadt zu besuchen. Viele Industrie- und Wirtschaftszentren in Deutschland, wie Leipzig mit seinem Messegelände und die Frankfurter City mit ihrer Bankenmetropole, wirken modern und international.

Arbeit mit dem Text

A. Beantworten Sie nun die folgenden Fragen.

1. Seit wann gibt es Gebäude im barocken Stil?
2. Warum nennt man Wernigerode „die bunte Stadt am Harz"?
3. Aus welcher Zeit sind die ältesten Häuser im Fachwerkstil?
4. Wo findet man viele Hansestädte?
5. Warum sehen die Innenstädte vieler deutscher Großstädte so modern aus?

Backsteingotik: Das Holstentor in Lübeck

[1]colorful   [2]wooden beams   [3]painted   [4]half-timber   [5]Hanseatic cities

B. Was erfahren Sie über die Baustile in den verschiedenen Regionen? Ergänzen Sie die Tabelle.

	im Süden und in Österreich	in der Mitte Deutschlands	im Norden Deutschlands
Baustil			
Baumaterial	*Putz*		
Kirchtürme			

Nach dem Lesen

Suchen Sie im Internet oder in der Bibliothek Informationen und Fotos über die genannten Städte, Länder und Baustile und stellen Sie sie in der Klasse vor.

Auf Wohnungssuche

das Blockhaus

der Wohnwagen

die Burg

der Leuchtturm

der Wolken-kratzer

die Raumstation

die Höhle

die Palmenhütte

das Schloss

SITUATION 9   Wo möchtest du gern wohnen?

Fragen Sie fünf Personen und schreiben Sie die Antworten auf.

MODELL   S1: Wo möchtest du gern wohnen?
           S2: In einem Bauernhaus mit alten Möbeln.
           S1: Und wo soll es stehen?
           S2: Im Wald.

in einem Bauernhaus	mit Weinkeller	am Strand
in einer Raumstation	mit Terrasse	im Wald
in einem Baumhaus	mit Ausblick	in der Innenstadt
in einem Iglu	mit Schwimmbad	am Stadtrand
in einem Wohnwagen	mit Balkon	im Ausland
in einer Palmenhütte	mit alten Möbeln	auf dem Land
in einem Schloss	mit vielen Fenstern	in den Bergen
in einem Wolkenkratzer	mit einem Park	in der Nähe der Stadt
in einer Höhle	mit einem Garten	in einer Bucht
in einer Burg	mit Garage	unter Palmen
in einem Leuchtturm	mit Kachelofen	im Park

SITUATION 10   Umfrage

MODELL   S1: Möchtest du gern in der Innenstadt leben?
           S2: Ja.
           S1: Unterschreib bitte hier.

UNTERSCHRIFT

1. Möchtest du gern in der Innenstadt leben?   _____
2. Möchtest du gern am Stadtrand leben?   _____
3. Kannst du dir ein Leben auf dem Land vorstellen?   _____
4. Möchtest du gern im Ausland wohnen?   _____
5. Möchtest du in einem Schloss wohnen?   _____
6. Möchtest du in einem Wohnwagen leben?   _____
7. Kannst du dir ein Leben auf einem Hausboot vorstellen?   _____
8. Möchtest du gern drei Monate in einer Raumstation wohnen?   _____
9. Möchtest du gern eine Woche unter Wasser wohnen?   _____

Auf Wohnungssuche

Wie haben Sie Ihr Zimmer / Ihre Wohnung gefunden? Kreuzen Sie an.

durch eine Anzeige[1] in der ☐   durch eine Anzeige am ☐
    Zeitung   schwarzen Brett

mit Hilfe der Uni ☐   durch die Gelben Seiten ☐

durch Freunde oder Bekannte ☐   über das Internet ☐

Schauen Sie sich das Foto und die Anzeigen an.

- Welche der Anzeigen suchen nach einer Wohnung?
- Welche bieten eine Wohnung oder ein Zimmer an[2]?
- Unter welchen Umständen gibt es die Wohnung in St. Pauli billiger?
- Wann kann man in die Wohnung in Ottensen einziehen?

Schreiben Sie selbst eine Suchanzeige für eine
Wohnung oder ein Zimmer in einer Wohngemeinschaft
für ein Schwarzes Brett. Wohnungen sind sehr knapp.
Machen Sie Ihre Anzeige so attraktiv wie möglich!

② Vermiete[7] im September
2-Zimmer-Whg in St. Pauli (Hinterhof).
Miete 350 Euro + Heizung, Strom, Telefon.
wenn Katzenliebhaber/in[8] auch den Kater
mitversorgt,[9] gibt es die Wohnung billiger.

①

ER IST WIEDER DA . . .

ALIEN XIV

—**DER NACHMIETER**[3]—

. . . Ein halbes Jahr war er in Schweden. Aber plötzlich[4] ist er wieder in Hamburg.
Manche nennen[5] ihn EL SYMPATICO. Doch die meisten Karsten. Er will nur eines:
DEINE WOHNUNG! (1-2 Zi bis 250 Euro inkl.)

Wenn Du ihn anrufst, ruft er zurück . . .

Niemand hat es bis jetzt gewagt[6] . . .

04451	04451	04451	04451	04451	04451	04451	04451	04451
-83591	-83591	-83591	-83591	-83591	-83591	-83591	-83591	-83591

2te Person für 3-Zimmer
Wohnung in Ottensen (HH50)
ab Juli gesucht.
Miete: EUR 250 + Kaution[10]
Tel. (040) 39 22 93   ③

[1] ad   [2] anbieten: *to offer*   [3] subletter   [4] suddenly   [5] call   [6] dared
[7] renting out   [8] cat lover   [9] helps take care of   [10] security deposit

Studentin sucht Wohnung

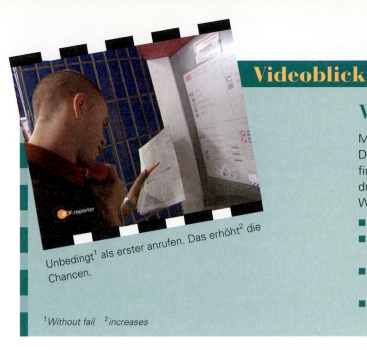

Videoblick

Wohnen in München

München ist eine der attraktivsten Städte Europas. Deshalb ist es sehr schwer, dort eine Wohnung zu finden. Der Ausschnitt aus *Blickkontakte* begleitet drei Gruppen von Leuten bei ihrer Suche nach einer Wohnung.

- Wie teuer sind Wohnungen in München?
- Warum ist es so schwierig, eine Wohnung zu finden?
- Was erhöht die Chancen bei der Wohnungs-suche?
- Wie findet man als Student oder Studentin eine Wohnung?

Unbedingt[1] als erster anrufen. Das erhöht[2] die Chancen.

[1]*Without fail*   [2]*increases*

SITUATION 11   ## Dialog: Auf Wohnungssuche

Silvia ist auf Wohnungssuche.

FRAU SCHUSTER: _____!

SILVIA: Guten Tag. Hier Silvia Mertens. Ich rufe wegen des Zimmers an. Ist es noch __?

FRAU SCHUSTER: Ja, das ist noch zu haben.

SILVIA: Prima, in welchem _____ ist es denn?

FRAU SCHUSTER: Frankfurt-Süd, Waldschulstraße __.

SILVIA: Und in welchem ____ liegt das Zimmer?

FRAU SCHUSTER: Im fünften, gleich unter dem ____.

SILVIA: Gibt es einen ____?

FRAU SCHUSTER: Nein, leider nicht.

SILVIA: Schade. Was kostet denn das Zimmer?

FRAU SCHUSTER: Dreihundert Euro _____.

SILVIA: Möbliert? Was steht denn drin?

FRAU SCHUSTER: Also, ein Bett natürlich, ein Tisch mit zwei Stühlen und ein _____.

SILVIA: Ist auch ein Bad dabei?

FRAU SCHUSTER: Nein, aber baden können Sie ____. Und Sie haben natürlich Ihre ____ Toilette.

SILVIA: Wann könnte ich mir denn das Zimmer mal _____?

FRAU SCHUSTER: Wenn Sie wollen, können Sie gleich vorbeikommen.

SILVIA: Gut, dann komme ich gleich mal vorbei. Auf _____.

FRAU SCHUSTER: Auf _____.

SITUATION 12 Rollenspiel: Zimmer zu vermieten

S1: Sie sind Student/Studentin und suchen ein schönes, großes Zimmer. Das Zimmer soll hell und ruhig sein. Sie haben nicht viel Geld und können nur bis zu 300 Euro Miete zahlen, inklusive Nebenkosten. Sie rauchen nicht und hören keine laute Musik. Fragen Sie den Vermieter / die Vermieterin, wie groß das Zimmer ist, was es kostet, ob es im Winter warm ist, ob Sie kochen dürfen und ob Ihre Freunde Sie besuchen dürfen. Sagen Sie dann, ob Sie das Zimmer mieten möchten.

Hausarbeit

■ **Grammatik 6.5–6.6**

Andrea putzt ihre Schuhe.

Paula wischt den Tisch ab.

Ernst mäht den Rasen.

der Besen

Jens fegt den Boden.

der Staubsauger

Josie saugt Staub.

das Bügeleisen

Uli bügelt sein Hemd.

Jochen macht die Toilette sauber.

Jutta wäscht die Wäsche.

Margret wischt den Boden auf.

Hans macht sein Bett.

Was macht man mit einem Besen?

MODELL S1: Was macht man mit einem Besen?
S2: Mit einem Besen fegt man den Boden.

Staub saugen

Hemden oder Blusen bügeln   den Rasen sprengen   den Rasen mähen

die Blumen gießen   den Boden fegen

die Wäsche waschen

die Schuhe putzen   das Geschirr spülen

den Tisch abwischen

---

1. mit einem Staubsauger
2. mit einer Geschirrspülmaschine
3. mit einer Waschmaschine
4. mit einem Besen
5. mit einem Rasenmäher
6. mit einer Gießkanne
7. mit einem Bügeleisen
8. mit einem Putzlappen
9. mit einem Gartenschlauch

Angenehm oder unangenehm?

Welche Hausarbeit machen Sie gern, weniger gern oder gar nicht gern? Ordnen Sie die folgenden Tätigkeiten von sehr angenehm (1) zu sehr unangenehm (10).

_____ Hosen bügeln
_____ Regale abwischen
_____ eine Einkaufsliste schreiben
_____ die Toilette putzen
_____ den Müll wegbringen
_____ die Sessel absaugen
_____ die Vorhänge waschen
_____ Töpfe und Pfannen spülen
_____ das Bett machen
_____ Fenster putzen

SITUATION 15 Bildgeschichte: Frühjahrsputz

SITUATION 16 Informationsspiel: Haus- und Gartenarbeit

MODELL S1: Was macht Nora am liebsten?

S2: Sie geht am liebsten einkaufen.

S1: Was hat Thomas letztes Wochenende gemacht?

S2: Er hat das Geschirr gespült.

S1: Was muss Nora diese Woche noch machen?

S2: Sie muss den Boden aufwischen.

S1: Was machst du am liebsten?

S2: Ich _____ am liebsten _____.

	Thomas	Nora	mein(e) Partner(in)
am liebsten	den Rasen mähen	einkaufen gehen	
am wenigsten gern		die Fenster putzen	
jeden Tag		den Tisch abwischen	
einmal in der Woche	sein Bett machen		
letztes Wochenende		ihre Bluse bügeln	
gestern		ihr Zimmer aufräumen	
diese Woche	seine Wäsche waschen		
bald mal wieder	die Flaschen wegbringen		

Lektüre

Vor dem Lesen

A. Beantworten Sie die folgenden Fragen.

1. Kennen Sie ein berühmtes[1] Gebäude in Ihrer Heimatstadt oder in einer anderen Stadt in Ihrem Land? Wie heißt es? Wo steht es? Wer hat es gebaut? Wann wurde[2] es gebaut?
2. Kennen Sie ein berühmtes Gebäude in Deutschland, Österreich oder in der Schweiz? Wie heißt es? Wo steht es? Wer hat es gebaut? Wann wurde es gebaut?
3. Wissen Sie etwas über Weimar? Sammeln Sie alles, was Sie wissen.

B. Lesen Sie die Wörter im Miniwörterbuch. Suchen Sie sie im Text und unterstreichen Sie sie. Lesen Sie dann die Sätze mit den Wörtern und versuchen Sie, sie zu verstehen.

Minwörterbuch

die **Ausstellung**	exhibition	der **Prediger**	preacher
berüchtigt	notorious	die **Stadtpfarrkirche**	main parish church
bewegt	*here:* turbulent	**streng**	*here:* disciplined
der **Dichter**	poet	**tagen**	to convene, take place
gründen	to found	die **Theateraufführung**	theater play
das **Konzentrationslager**	concentration camp	**thematisieren**	to focus on
die **Kulturhauptstadt**	cultural capital	**verabschieden**	to pass
der **Künstler**	artist	die **Verfassung**	constitution
die **Kunstrichtung**	artistic form	**vertreiben**	to expel
die **Nationalversammlung**	national congress		

Porträt: Walter Gropius und Weimar

Der Architekt Walter Gropius (1883–1969) gründete 1919 in Weimar das Bauhaus. So berühmte Künstler wie Lyonel Feininger, Gerhard Marcks, Paul Klee und Wassily Kandinsky arbei-
5 teten im Bauhaus, zuerst in Weimar und ab 1925 in Dessau. Ein moderner, funktionaler Stil in der Architektur und strenges, pragmatisches Design waren die Ausdrucksformen dieser neuen Kunstrichtung. 1933 vertrieben die Nazis Gropius aus
10 Deutschland. 1937 emigrierte er in die USA und wurde Professor für Architektur an der Harvard Universität.

[1]*famous* [2]*here: was*

Weimar ist nicht nur wegen seines Bauhauses berühmt. In dieser kleinen Stadt in Thüringen lebten und arbeiteten auch die berühmtesten deutschen Dichter
15 der Klassik, Johann Wolfgang von Goethe und Friedrich Schiller. Der Komponist Johann Sebastian Bach war Organist in der Stadtpfarrkirche und Johann Gottlieb Herder war dort Prediger. 1919 tagte in Weimar die Nationalversammlung und verabschiedete die neue Verfassung für die Weimarer Republik (1919–1933). Auf dem Ettersberg bei Weimar ist das berüchtigte Konzentra-
20 tionslager Buchenwald. 1999 war Weimar die Kulturhauptstadt Europas. Viele Ausstellungen, Konzerte und Theateraufführungen thematisierten die bewegte Vergangenheit der Stadt.

Das Goethe-Schiller-Denkmal vor dem Hoftheater in Weimar

Bauhaus-Stil ist funktionales und pragmatisches Design wie hier in Dessau.

Arbeit mit dem Text

Welche Aussagen sind falsch? Verbessern Sie die falschen Aussagen.

1. Walter Gropius war Ingenieur und gründete 1919 in Weimar das Bauhaus.
2. Erst arbeiteten die Künstler in Weimar, später in Leipzig.
3. 1937 emigrierte Walter Gropius in die USA.
4. Er lehrte Architektur an der University of Rhode Island.
5. In Weimar lebten Goethe und Schiller, die berühmtesten deutschen Dichter der Klassik.
6. Johann Sebastian Bach war Prediger in der Stadtpfarrkirche.
7. 1919 tagte die Nationalversammlung in Weimar.
8. 1999 war Weimar die Kulturhauptstadt der Welt.

Nach dem Lesen

Suchen Sie weitere Informationen über Walter Gropius und Weimar im Internet. Suchen Sie Antworten auf die folgenden Fragen.

1. Wo ist Walter Gropius geboren und wo ist er gestorben?
2. Welche berühmten Gebäude hat er gebaut?
3. Suchen Sie ein Walter-Gropius-Gymnasium. In welcher Stadt steht es? Was erfahren[1] Sie darüber?
4. Welche berühmten Gebäude stehen in Weimar?

[1]find out

Videoecke

- Wo wohnst du?
- Was gefällt dir an deinem Zimmer / an deiner Wohnung?
- Was gefällt dir nicht?
- Wie hast du deine Wohnung gefunden?
- Wie war der Umzug?
- Was musst du für deine Wohnung zahlen?
- Wohnst du allein? Gefällt dir das?

Niki ist in Graz, Österreich, geboren. Sie studiert Theologie und Gesang.[1] Ihre Mutter ist Lehrerin und ihr Vater ist Journalist.

Jan ist in Leipzig geboren. Er ist selbständig im Baugewerbe[2] tätig.[3] Seine Hobbys sind Motorräder und Sport.

Aufgabe 1

Hören Sie dem Interview mit Niki zu und beantworten Sie folgende Fragen.

1. Wo wohnt Niki?
2. Gefällt ihr das Zimmer?
3. Woher bekommt sie das Geld für die Miete?
4. Wohnt sie allein?

Aufgabe 2

Die folgenden Sätze kommen im Interview vor. Allerdings enthalten sie einige falsche Informationen. Korrigieren Sie die Sätze.

1. Das Zimmer ist schön. Es ist klein und gemütlich. Und ich habe auch viele Bilder an den Wänden.
2. Der Umzug war lustig. Ich bin zuerst nur mit einem Koffer nach Leipzig gekommen und erst sechs Wochen später sind meine Eltern mit dem Rest des Gepäcks gekommen.
3. Es ist schön, mit anderen Leuten zu wohnen. Man kann sich treffen und reden und Tee trinken. Aber manchmal ist es auch nicht so schön, weil keiner weiß, wer mit dem Kochen dran ist.

[1]*singing*   [2]*construction*   [3]selbständig... tätig *self-employed*

Aufgabe 3

Was gefällt Jan an seiner Wohnung?

Sie liegt nahe am Park.

Sie ist in der Nähe der Universität.

Die Räume sind groß.

Sie liegt zentral.

Sie hat einen großen Garten.

Die Zimmer sind renoviert.

Sie hat eine Garage.

Sie ist billig.

Aufgabe 4

Beantworten Sie die folgenden Fragen.

1. Wie haben Jan und seine Freunde die Wohnung gefunden?
2. Wie viel kostet die Wohnung mit Nebenkosten?
3. Mit wie viel Leuten wohnt Jan zusammen?
4. Wohnt Jan gern mit Leuten zusammen?

Wortschatz

In der Stadt	In the City
die **Apotheke**, -n	pharmacy
die **Bushaltestelle**, -n	busstop
die **Drogerie**, -n	drugstore
die **Fabrik**, -en	factory
die **Metzgerei**, -en	butcher shop
die **Reinigung**, -en	dry cleaner's
die **Stadt**, ¨e (R)	town, city
die **Heimatstadt**, ¨e	hometown
die **Innenstadt**, ¨e	downtown
die **Straße**, -n	street, road

der **Buchladen**, ¨	bookstore
der **Flughafen**, ¨	airport
der **Stadtrand**, ¨er	city limits
der **Stadtteil**, -e	district, neighborhood
der **Wolkenkratzer**, -	skyscraper
das **Bürohaus**, ¨er	office building
das **Eisenwaren-geschäft**, -e	hardware store
das **Gebäude**, -	building
das **Gefängnis**, -se	prison, jail
das **Lebensmittel-geschäft**, -e	grocery store

das **Rathaus**, ̈er (R)	town hall
das **Schreibwaren-**geschäft, -e	stationery store
das **Stadtviertel**, -	district, neighborhood

Ähnliche Wörter

die **Boutique**, -n; der **Kindergarten**, ̈; der **Marktplatz**, ̈e; der **Parkplatz**, ̈e; das **Reisebüro**, -s; das **Schuhgeschäft**, -e

Haus und Wohnung — House and Apartment

die **Badewanne**, -n	bathtub
die **Diele**, -n	front entryway
die **Treppe**, -n	stairway
die **Waschküche**, -n	laundry room
die **Zentralheizung**	central heating
der **Aufzug**, ̈e	elevator
der **Ausblick**, -e	view
der **Flur**, -e	hallway
der **Kachelofen**, ̈	tile stove, hearth
der **Quadratmeter (qm)**, -	square meter (m^2)
der **Stock, Stockwerke**	floor, story
im **ersten Stock***	on the second floor
das **Dach**, ̈er	roof
das **Waschbecken**, -	(wash) basin

Ähnliche Wörter

die **Garage**, -n [garaːʒə]; die **Terrasse**, -n; die **Toilette**, -n; der **Balkon**, -e; der **Keller**, - (R); der **Weinkeller**, -; das **Bad**, ̈er; das **Esszimmer**, -; das **Schlafzimmer**, -; das **Wohnzimmer**, -

Haus und Garten — House and Garden

die **Bürste**, -n	brush
die **Gießkanne**, -n	watering can
die **Kommode**, -n	dresser
die **Seife**, -n	soap
der **Besen**, -	broom
der **Frühjahrsputz**	spring cleaning
der **Gartenschlauch**, ̈e	garden hose
der **Müll**	trash, garbage
der **Putzlappen**, -	cloth, rag (for cleaning)
der **Rasenmäher**, -	lawn mower
der **Schrank**, ̈e	closet; cupboard
der **Kleiderschrank**, ̈e	clothes closet, wardrobe
der **Sekretär**, -e	fold-out desk

---

*The first floor is called **das Erdgeschoss**. All levels above the first floor are referred to as **Stockwerke**. Thus, **der erste Stock** refers to the second floor, and so on.

der **Sessel**, - (R)	armchair
der **Spiegel**, -	mirror
der **Staubsauger**, -	vacuum cleaner
der **Vorhang**, ̈e	drapery
das **Bügeleisen**, -	iron
das **Kopfkissen**, -	pillow
die **Möbel** (*pl.*)	furniture

Ähnliche Wörter

die **Palme**, -n; die **Pflanze**, -n (R); die **Stereoanlage**, -n; die **Waschmaschine**, -n; der **Nachttisch**, -e; **das Bett**, -en (R); das **Handtuch**, ̈er (R); das **Möbelstück**, -e; das **Poster**, -; das **Sofa**, -s

Wohnmöglichkeiten — Living Arrangements

die **Burg**, -en	fortress
die **Höhle**, -n	cave
die **Palmenhütte**, -n	hut made of palms
die **Raumstation**, -en	space station
die **Wohngemeinschaft**, -en	shared housing
der **Leuchtturm**, ̈e	lighthouse
das **Haus**, ̈er (R)	house
das **Bauernhaus**, ̈er	farmhouse
das **Baumhaus**, ̈er	tree house
das **Schloss**, ̈er	palace

Ähnliche Wörter

das **Hausboot**, -e; das **Iglu**, -s

Auf Wohnungssuche — Looking for a Room or Apartment

die **Anzeige**, -n	ad
die **Kaution**, -en	security deposit
die **Miete**, -n	rent
die **Mieterin**, -nen	female renter
die **Suchanzeige**, -n	housing-wanted ad
die **Vermieterin**, -nen	landlady
der **Mieter**, -	male renter
der **Vermieter**, -	landlord
die **Nebenkosten** (*pl.*)	extra costs (e.g., utilities)

Sonstige Substantive — Other Nouns

die **Bucht**, -en	bay
die **Nähe**	vicinity
in der **Nähe**	in the vicinity
die **Seite**, -n	side; page

die **Viertelstunde**, -n	quarter hour
die **Zugfahrkarte**, -n	train ticket
das **Ausland**	foreign countries
im **Ausland**	abroad
das **Benzin**	gasoline
das **Land**, ⸚er	country (*rural*)
auf dem **Land**	in the country
das **Mitglied**, -er	member

Verben   Verbs

ab·trocknen	to dry (dishes)
ab·wischen	to wipe clean
auf·wischen	to mop (up)
begegnen (+ *dat.*)	to meet
bügeln	to iron
fehlen (+ *dat.*)	to be missing
geben, gibt, gegeben	to give
es **gibt**...	there is/are . . .
gibt es...?	is/are there . . . ?
gefallen, gefällt, gefallen	to be to one's
(+ *dat.*)	liking, to please
es **gefällt** mir	I like it
gehören (+ *dat.*)	to belong to
helfen, hilft, geholfen	to help
(+ *dat.*)	
mieten	to rent
passen (+ *dat.*)	to fit
putzen (R)	to clean
Rad fahren, fährt... Rad,	to bicycle
ist **Rad** gefahren	
schaden (+ *dat.*)	to be harmful to
schmecken (+ *dat.*)	to taste good to
Staub saugen	to vacuum
stehen, gestanden (R)	to stand
stehen, gestanden (+ *dat.*)	to suit
tippen (R)	to type
übernachten	to stay overnight
vermieten	to rent out
vor·stellen	to introduce, present
sich etwas **vorstellen**	to imagine something
zu·hören (+ *dat.*)	to listen to

Ähnliche Wörter
kosten; wieder hören; auf Wiederhören!; zurück·kommen, ist zurückgekommen

Adjektive und Adverbien   Adjectives and Adverbs

angenehm	pleasant
dunkel	dark
eigen	own
hell	light
hoch	high
möbliert	furnished
nah	close
warm	heated, heat included
weit	far
wie **weit** weg?	how far away?

Ähnliche Wörter
attraktiv, dumm, leicht, liberal, modern

Sonstige Wörter und Ausdrücke   Other Words and Expressions

bei (R)	at; with
bei deinen Eltern	with/at your parents'
bei einer Bank	at a bank
ist ein/eine... **dabei**?	does it come with a. . .?
drin/darin	in it
egal	equal, same
das ist mir **egal**	it doesn't matter to me
gegenüber	opposite; across
gleich **gegenüber**	right across the way
gleich	right, directly
gleich um die Ecke	right around the corner
inklusive	included (utilities)
knapp	just, barely
möglichst (+ *adverb*)	as . . . as possible
ob	if, whether
prima!	great!
unter	below, beneath; among
wegen	on account of; about

Strukturen und Übungen

6.1 Dative verbs

Dative verbs are verbs that require a dative object.

Wissen Sie noch?

The dative case is used primarily to indicate to whom or for whom something is done (or given).

Review grammar 5.1.

The dative object usually indicates the person to whom or for whom something is done. The dative case can be seen as the partner case. The "something" that is done (or given) is in the accusative case (it is the direct object).

Ich schenke **dir ein Bügeleisen.**	*I'll give you an iron. (I'll give an iron to you.)*
Ich kaufe **meinem Bruder ein Buch.**	*I'll buy my brother a book. (I'll buy a book for my brother.)*

Certain verbs, called "dative verbs," require only a subject and a dative object; there is no accusative object. These verbs fall into two groups.

In Group 1, both the subject and the dative object are persons.

antworten (*to answer*)
begegnen (*to meet*)

gratulieren (*to congratulate*)
helfen (*to help*)
zuhören (*to listen to*)

Er antwortete mir nicht.	*He didn't answer me.*
Wir begegneten dem alten Vermieter.	*We met the old landlord.*
Ich gratuliere dir zum Geburtstag.	*Happy Birthday! (I congratulate you on your birthday.)*
Soll ich dir helfen?	*Do you want me to help you?*
Ich höre dir genau zu.	*I'm listening to you carefully.*

In Group 2, the subject is usually a thing; the dative object is the person who experiences or owns the thing.

gehören (*to belong to*)
passen (*to fit*)
schaden (*to be harmful to*)
schmecken (*to taste good to*)
stehen (*to suit*)

Diese Poster gehören mir.	*These Posters belong to me.*
Diese Hose passt mir nicht.	*These pants don't fit me.*
Rauchen schadet der Gesundheit.	*Smoking is bad for (damages) your health.*
Schmeckt Ihnen der Fisch?	*Does the fish taste good to you?*
Blau steht dir gut.	*Blue suits you well.*

Note that the following Group 2 verbs express ideas that are rendered very differently in English.

fehlen (*to be missing*)
gefallen (*to be to one's liking, to please*)

Mir fehlt ein Buch.	*I'm missing a book.*
Gefällt Ihnen dieser Schrank?	*Do you like this cupboard? (Does this cupboard please you?)*

Minidialoge

Ergänzen Sie das Verb. Nützliche Wörter:

antworten *to answer*	gehören *to belong to*	schaden
begegnen *to meet*	gratulieren	schmecken
fehlen *to be missing*	helfen	stehen *to suit*
gefallen *to please*	passen	zuhören

1. MONIKA: Schau, ich habe mir eine neue Stereoanlage gekauft.

   KATRIN: Die ist aber toll! Die *gefällt* mir!

2. MARTA: Hallo, Willi. Ich habe gehört, du hast endlich eine Wohnung gefunden. Ich *gratuliere* dir ganz herzlich.

   WILLI: Danke. Das ist aber lieb von dir.

3. FRAU RUF: Jochen, kannst du mir bitte *helfen*? Ich kann die Vorhänge nicht allein tragen.

   HERR RUF: Ja, ich komme.

4. FRAU GRETTER: _____ Ihnen der Salat?

   HERR SIEBERT: Ja, sehr gut, die Soße ist ausgezeichnet.

5. FRAU KÖRNER: Dieser Rock _____ mir nicht. Ich glaube, ich brauche doch Größe 14.

   VERKÄUFER: Ich seh mal nach, ob wir Größe 14 haben.

6. JÜRGEN: Wem _____ denn dieser neue Staubsauger?

   SILVIA: Mir. Ich habe ihn gestern gekauft.

7. FRAU SCHULZ: Was suchst du, Albert? _____ dir etwas?

   ALBERT: Ja, ich kann mein Heft nicht finden.

8. FRAU KÖRNER: Wissen Sie, wer mir am Marktplatz _____ ist, Herr Siebert?

   HERR SIEBERT: Nein, wer denn?

   FRAU KÖRNER: Die Mutter von Maria. Und wissen Sie, was die mir erzählt hat?

   HERR SIEBERT: Nein, was denn?

   FRAU KÖRNER: Also,...

9. ARZT: Also, Herr Ruf, Sie müssen jetzt wirklich mit dem Rauchen aufhören. Nikotin _____ Ihrer Gesundheit!

   HERR RUF: Aber, Herr Doktor, dann habe ich ja gar keine Freude mehr im Leben.

10. STEFAN: Entschuldigung, Frau Schulz, ich habe Ihnen nicht _____. Können Sie das noch mal wiederholen?

    FRAU SCHULZ: Na, gut.

Interview

1. Wem haben Sie neulich[1] gratuliert?
2. Wem sind Sie neulich begegnet?
3. Welches Essen schmeckt Ihnen am besten?
4. Wie steht Ihnen Ihr Lieblingshemd?
5. Wie gefällt Ihnen Ihre Wohnung oder Ihr Zimmer?
6. Welches Möbelstück fehlt Ihnen in der Wohnung oder im Zimmer?

[1]*recently*

6.2 Location vs. destination: two-way prepositions with the dative or accusative case

Wo asks about location. Questions about location are answered with a preposition + dative.

The prepositions **in** (*in*), **an** (*on, at*), **auf** (*on top of*), **vor** (*before*), **hinter** (*behind*), **über** (*above*), **unter** (*underneath*), **neben** (*next to*), and **zwischen** (*between*) are used with both the dative and accusative cases. When they refer to a fixed location, the dative case is required. In these instances, the prepositional phrase answers the question **wo** (*where* [*at*]).

Wissen Sie noch?

The prepositions **in, an,** and **auf** use the dative case when they indicate location.

Review grammar 5.4.

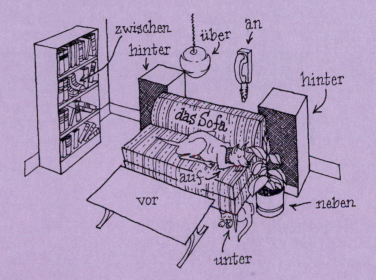

Im Wohnzimmer steht ein Sofa.
Hinter dem Sofa stehen zwei große Boxen.
An der Wand hängt ein Telefon.
Auf dem Sofa liegt ein Hund.
Unter dem Sofa liegt eine Katze.

Vor dem Sofa steht ein Tisch.
Über dem Sofa hängt eine Lampe.
Neben dem Sofa steht eine große Pflanze.
Zwischen den Büchern stehen Tennisschuhe.

Wohin asks about placement or destination. Questions about placement or destination are answered with a preposition + accusative.

When these prepositions describe movement toward a place or a destination, they are used with the accusative case. In these instances, the prepositional phrase answers the question **wohin** (*where* [*to*]).

Peter hat das Sofa **ins Wohnzimmer** gestellt.
Die Boxen hat er **hinter das Sofa** gestellt.
Das Telefon hat er **an die Wand** gehängt.
Der Hund hat sich gleich **auf das Sofa** gelegt.
Die Katze hat sich **unter das Sofa** gelegt.

Peter hat den Tisch **vor das Sofa** gestellt.
Die Lampe hat er **über das Sofa** gehängt.
Die große Pflanze hat er **neben das Sofa** gestellt.
Und seine Tennisschuhe hat er **zwischen die Bücher** gestellt.

	Wo?	Wohin?
	Location *Dative*	*Placement/Destination* *Accusative*
Masculine	Es ist auf **dem** Stuhl. *It is on the table.*	Leg es auf **den** Stuhl. *Put it on the table.*
Neuter	Es ist auf **dem** Bett. *It is on the bed.*	Leg es auf **das** Bett. *Put it on the bed.*
Feminine	Es ist auf **der** Kommode. *It is on the bureau.*	Leg es auf **die** Kommode. *Put it on the bureau.*
Plural	Es steht vor **den** Boxen. *It is in front of the* *speakers.*	Stell es vor **die** Boxen. *Put it in front of the* *speakers.*

Achtung!

in + dem = im
an + dem = am

in + das   = ins
an + das = ans

ÜBUNG 3 Alberts Zimmer

Schauen Sie sich Alberts Zimmer an.

1. Wo ist Albert?
2. Wo ist der Spiegel?
3. Wo ist der Kühlschrank?
4. Wo ist das Deutschbuch?
5. Wo ist die Lampe?
6. Wo ist der Computer?
7. Wo sind die Schuhe?
8. Wo ist die Hose?
9. Wo ist das Poster von Berlin?
10. Wo ist die Katze?

ÜBUNG 4 Mein Zimmer

Beschreiben Sie Ihr Zimmer möglichst genau.
Schreiben Sie mindestens acht Sätze mit verschiedenen
Präpositionen.

MODELL Das Bett ist unter dem Fenster. Rechts neben dem Bett steht ein
Nachttisch.

6.3 Word order: time before place

Time before place

In a German sentence, a time expression usually precedes a place expression. Note that this sequence is often reversed in English sentences.

Ich gehe heute Abend in die Bibliothek.

I'm going to the library tonight.

ÜBUNG 5 Wo sind Sie wann?

Bilden Sie Sätze aus den Satzteilen.

MODELL heute Abend → Ich bin heute Abend im Kino.

1. heute Abend	in der Klasse
2. am Nachmittag	bei meinen Eltern
3. um 16 Uhr	im Bett
4. in der Nacht	auf einer Party
5. am frühen Morgen	im Urlaub
6. am Montag	am Frühstückstisch
7. am ersten August	in der Mensa
8. an Weihnachten	in der Bibliothek
9. im Winter	?
10. am Wochenende	

6.4 Direction: *in/auf* vs. *zu/nach*

Direction:
in/auf + accusative;
zu/nach + dative

To refer to the place where you are going, use either **in** or **auf** + accusative, **zu** + dative, or **nach** + place name.

Albert geht **in die** Kirche.	*Albert goes to church.*
Katrin geht **auf die** Bank.	*Katrin goes to the bank.*
Heidi fährt **zum** Flughafen.	*Heidi drives to the airport.*
Rolf fliegt **nach** Deutschland.	*Rolf is flying to Germany.*

A. in + accusative

in for most buildings and enclosed spaces

In general, use **in** when you plan to enter a building or an enclosed space.

Heute Nachmittag gehe ich **in die Bibliothek.**	*This afternoon I'll go to (into) the library.*
Abends gehe ich **ins Kino.**	*In the evening I go to (into) the movies.*
Morgen fahre ich **in die Stadt.**	*Tomorrow I'll drive to the city.*

in for countries with a definite article

Also use **in** with the names of countries that have a definite article, such as **die Schweiz, die Türkei,** and **die USA.**

Herr Frisch fliegt oft **in die** USA.	*Mr. Frisch often flies to the USA.*
Claire fährt **in die** Schweiz.	*Claire is going to Switzerland.*

B. auf + accusative

Use **auf** instead of **in** when the destination is a public building such as the post office, the bank, or the police station.

Ich brauche Briefmarken. Ich gehe **auf die** Post.	*I need stamps. I'm going to the post office.*
Ich brauche Geld. Ich gehe **auf die** Bank.	*I need money. I'm going to the bank.*

C. zu + dative

Use **zu** to refer to destinations that are specific names of buildings, places or open spaces such as a playing field, or people.

Ernst geht **zu** McDonald's.	*Ernst goes to McDonald's.*
Hans geht **zum** Sportplatz.	*Hans goes to the playing field.*
Andrea geht **zum** Friseur.	*Andrea goes to the hairdresser's.*

Note that **zu Hause** (*at home*) does not indicate destination but rather location.

D. nach + place name

Use **nach** with names of countries and cities that have no article. Note that this applies to the vast majority of countries and cities.

Renate fliegt **nach Paris.**	*Renate is flying to Paris.*
Melanie fährt **nach Österreich.**	*Melanie is driving to Austria.*

Also use **nach** in the idiomatic construction **nach Hause** (*going/coming home*).

Achtung!

in + das	=	ins
auf + das	=	aufs
zu + dem	=	zum
zu + der	=	zur

ÜBUNG 6 Situationen

Heute ist Montag. Wohin gehen oder fahren die folgenden Personen?

MODELL   Katrin sucht ein Buch. → Sie geht in die Bibliothek.

zum Arzt	auf die Post
zum Flughafen	in den Supermarkt
zu ihrem Freund	zur Tankstelle
zum Fußballplatz	ins Theater
ins Hotel	in den Wald

1. Albert ist krank.
2. Hans möchte Fußball spielen.
3. Frau Schulz ist auf Reisen in einer fremden[1] Stadt. Sie braucht einen Platz zum Schlafen.
4. Herr Ruf braucht Benzin.
5. Herr Thelen braucht Lebensmittel.
6. Herr Wagner muss Briefmarken kaufen.
7. Jürgen und Silvia gehen Pilze[2] suchen.
8. Jutta möchte mit ihrem Freund sprechen.
9. Mehmet möchte in die Türkei fliegen.
10. Renate möchte *Das Phantom der Oper* sehen.

[1]*foreign*   [2]*mushrooms*

6.5 Separable-prefix verbs: the present tense and the perfect tense

The infinitive of a separable-prefix verb consists of a prefix such as **auf, mit,** or **zu** followed by the base verb.

aufstehen	*to get up*
mitkommen	*to come along*
zuschauen	*to watch*

Prefixes are derived from prepositions and adverbs.

abwaschen	*to do the dishes*
fernsehen	*to watch TV*

A. The Present Tense

1. Independent clauses: In an independent clause in the present tense, the conjugated form of the base verb is in second position and the prefix is in last position.

Ich **stehe** jeden Morgen um sieben Uhr **auf.**	*I get up at seven every morning.*

2. Dependent clauses: In a dependent clause, the prefix and the base verb form a single verb. It appears at the end of the clause and is conjugated.

Rolf sagt, dass er jeden Morgen um sechs Uhr **aufsteht.**	*Rolf says that he gets up at six every morning.*
Hast du nicht gesagt, dass du heute **abwäschst?**	*Didn't you say that you would do the dishes today?*

3. Modal verb constructions: In an independent clause with a modal verb (**wollen, müssen,** etc.), the infinitive of the separable-prefix verb is in last position. In a dependent clause with a modal verb, the separable-prefix verb is in the second-to-last position, and the modal verb is in the last position.

Jutta möchte ihren Freund **anrufen.**	*Jutta wants to call her boyfriend.*
Ernst hat schlechte Laune, wenn er nicht **fernsehen** darf.	*Ernst is in a bad mood when he's not allowed to watch TV.*

B. The Perfect Tense

The past participle of a separable-prefix verb is a single word, consisting of the past participle of the base verb + the prefix.

Infinitive	Past Participle
auf**stehen**	auf**gestanden**
um**ziehen**	um**gezogen**
weg**bringen**	weg**gebracht**

Wissen Sie noch?

Separable-prefix verbs consist of a prefix plus an infinitive. In the present tense, the verb and the prefix form the **Satzklammer.**

Review grammar 1.5 and 3.5.

Separable prefixes are placed at the end of the independent clause.

Separable prefixes are "reconnected" to the base verb in dependent clauses.

Separable prefixes stay attached to the infinitive.

Wissen Sie noch?

The perfect tense is formed with **haben/sein** plus the past participle.

Review grammar 4.5.

Separable prefixes precede the **-ge-** marker in past participles.

Note that the prefix does not influence the formation of the past participle of the base verb; it is simply attached to it.

Herr Wagner **hat** gestern die Garage **aufgeräumt.**	*Mr. Wagner cleaned up his garage yesterday.*
Ich **habe** vor einer Stunde **angerufen.**	*I called an hour ago.*

ÜBUNG 7 **Minidialoge**

Ergänzen Sie die Sätze.

a ankommen	e aufstehen	g fernsehen	j mitnehmen
b anrufen	f ausmachen	h mitkommen	k umziehen
c aufräumen	i einladen		

1. HERR WAGNER: Ernst, aufwachen! Hast du nicht gestern gesagt, dass du heute um 7 Uhr _____ ? *aufstehen möchte*

   ERNST: Ich bin aber noch so müde!

2. FRAU WAGNER: Andrea, jetzt aber Schluss[1]! Ich _____ *mach* a den Fernseher jetzt *aus* .b Du wirst noch dumm, wenn du den ganzen Tag nur *fernsiehst*

   ANDREA: Aber, Mami, nur noch das Ende. Der Film ist doch gleich vorbei!

3. SILVIA: Entschuldigen Sie bitte! Wann *kommt* a der Zug aus Hamburg *an* b?

   BAHNANGESTELLTER: Um 14 Uhr 56.

4. ANDREAS: Hallo, Jürgen. Ich habe gehört, dass ihr bald eine neue Wohnung habt. Wann *zieht* a ihr denn *um* b?

   JÜRGEN: Nächstes Wochenende.

5. MARTA: Hallo, Sofie. Ich habe morgen Geburtstag und ich möchte dich gern zu einer kleinen Feier *einladen*

   SOFIE: Das ist aber nett von dir. Ich komme gern.

6. CLAIRE: Hallo, Melanie. Wo ist Josef?

   MELANIE: Er ist zu Hause. Er *räumt* a heute sein Zimmer *auf* b und das dauert bei ihm immer etwas länger.

7. JÜRGEN: Hallo, Silvia. Ich fahre heute mit dem Auto zur Uni. Willst du *mitkommen* a?

   SILVIA: Ja, gern. Schön, dass du mich _____ b. *mitnimmst*

8. KATRIN: Hier ist meine Telefonnummer. Warum *rufst* a du mich nicht mal *an* b!

   HEIDI: Gut, das mach' ich mal.

ÜBUNG 8 **Am Sonntag**

Gestern war Sonntag. Was haben die folgenden Personen gestern gemacht?

Nützliche Wörter: abtrocknen, anrufen, anziehen, aufwachen, ausgehen, ausziehen, fernsehen, zurückkommen

[1]jetzt... *finish up now*

Andrea
ferngesehen

Kino →
Katrin und Peter
ausgegangen

Heidi
Frau Schulz
angerufen

Herr Ruf
abgetrocknet

Jürgen
Schlafzimmer
BAD
KÜCHE
ausgezogen

Abendkleid
Jutta
angezogen

aus Bulgarien
Maria
zurückgekommen

Herr Thelen
aufgewacht

6.6 The prepositions *mit* and *bei* + dative

The prepositions **mit** (*with, by*) and **bei** (*near, with*) are followed by the dative case.

Masculine	Neuter	Feminine	Plural
mit dem Staubsauger	mit dem Bügeleisen	mit der Bürste	mit den Eltern
beim Onkel	beim Fenster	bei der Tür	bei den Eltern

Mit corresponds to the preposition *with* in English and is used in similar ways.

Herr Wagner fegt die Terrasse **mit** seinem neuen Besen.
Mr. Wagner sweeps the terrace with his new broom.

Ich gehe **mit** meinen Freunden ins Kino.
I'm going to the movies with my friends.

Ich möchte ein Haus **mit** einem offenen Kamin.
I want a house with a fireplace.

Use **mit** with means of transportation.

The preposition **mit** also indicates the means of transportation; in this instance it corresponds to the English preposition *by*. Note the use of the definite article in German.

Rolf fährt **mit** dem Bus zur Uni.		*Rolf goes to the university by bus.*
Renate fährt **mit** dem Auto zur Arbeit.		*Renate drives to work (goes to work by car).*

The preposition **bei** may refer to a place in the vicinity of another place; in this instance it corresponds to the English preposition *near.*

Bad Harzburg liegt **bei** Goslar.		*Bad Harzburg is near Goslar.*

The preposition **bei** also indicates placement with a person, a company, or an institution; in these instances it corresponds to the English prepositions *with, at,* or *for.*

Ich wohne **bei** meinen Eltern.		*I'm living (staying) with my parents/at my parents'.*
Hans arbeitet **bei** McDonald's.		*Hans works at (for) McDonald's.*

	German	English
Instrument	mit dem Hammer	*with the hammer*
Togetherness	mit Freunden	*with friends*
Means of transportation	mit dem Flugzeug	*by airplane*
Vicinity	bei München	*near Munich*
Somebody's place	bei den Eltern	*(staying) with parents*
Place of employment	bei McDonald's	*at McDonald's*

ÜBUNG 9   Im Haus und im Garten

Womit machen Sie die folgenden Aktivitäten?

MODELL S1: Womit mähst du den Rasen?
      S2: Mit dem Rasenmäher.

der Besen	die Gießkanne	der Putzlappen
das Bügeleisen	das Handtuch	der Staubsauger
der Computer	die Kaffeemaschine	die Zahnbürste
der Gartenschlauch		

1. Kaffee kochen
2. Staub saugen
3. die Zähne putzen
4. den Boden fegen
5. bügeln
6. die Hände abtrocknen
7. einen Brief tippen
8. die Blumen im Garten gießen
9. den Boden wischen
10. die Blumen in der Wohnung gießen

Minidialoge

Ergänzen Sie die Sätze mit den Präpositionen **mit** oder **bei.**

1. FRAU KÖRNER: Fahren Sie _____^a dem Bus oder _____^b dem Fahrrad zur Arbeit?

MICHAEL PUSCH: _____^c dem Bus. Ich arbeite jetzt _____^d Siemens. Das ist am anderen Ende von München.

2. PETER: Wohnst du in Krefeld _____^a deinen Eltern?

ROLF: Ja, sie haben ein wunderschönes Haus _____^b einem riesigen Garten.

PETER: Liegt Krefeld eigentlich _____^c Dortmund?

ROLF: Nein, nach Dortmund fährt man über eine Stunde _____^d dem Auto.

3. JÜRGEN: Oh je, jetzt habe ich deinen Gummibaum[1] umgeworfen[2]! Soll ich die Erde[3] _____^a dem Staubsauger aufsaugen?

SILVIA: Mach es lieber _____^b dem Besen. Er steht _____^c der Kellertür.

[1]*rubber plant* [2]*knocked over* [3]*dirt*

Albrecht Altdorfer:
*Donaulandschaft mit
Schloss Wörth* (1522), Alte
Pinakothek, München

ALBRECHT ALTDORFER

*Albrecht Altdorfer (1480–1538) war ein Maler und Kupferstecher[1]
in Regensburg. Er ist ein Repräsentant der so genannten[2]
„Donauschule", einer süddeutschen Stilgruppe, die Landschaften
bevorzugte,[3] während ihre Zeitgenossen[4] lieber Menschen
malten.*

[1]copperplate engraver [2]so-called [3]preferred [4]contemporaries

236

Unterwegs

Kapitel 7 is about geography and transportation. You will learn more about the geography of the German-speaking world and about the kinds of transportation used by people who live there.

Themen

Geographie
Transportmittel
Das Auto
Reiseerlebnisse

Kulturelles

Videoblick: Masterplan Fahrrad
Führerschein
Reisen und Urlaub
Videoecke: Ausflüge und Verkehrsmittel

Lektüren

Die Lorelei (Heinrich Heine)
Die Motorradtour (Christine Egger)

Strukturen

7.1 Relative clauses
7.2 Making comparisons: the comparative and superlative forms of adjectives and adverbs
7.3 Referring to and asking about things and ideas: **da**-compounds and **wo**-compounds
7.4 The perfect tense (review)
7.5 The simple past tense of **haben** and **sein**

Situationen

Geographie

- **Grammatik 7.1–7.2**

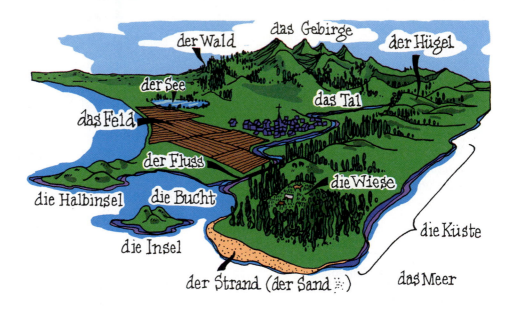

SITUATION 1 Erdkunde:
Wer weiß — gewinnt

1. Fluss, der durch Wien fließt
2. Wald, in dem die Germanen[1] die Römer[2] besiegt haben
3. Insel in der Ostsee, auf der weiße Kreidefelsen[3] sind
4. Berg, auf dem sich die Hexen treffen
5. See, der zwischen Deutschland, Österreich und der Schweiz liegt
6. Meer, das Europa von Afrika trennt
7. Gebirge in Österreich, in dem man sehr gut Ski fahren kann
8. berühmte Wüste, die in Ostasien liegt
9. Inseln, die vor der Küste von Ostfriesland liegen
10. Fluss, an dem die Lorelei ihr Haar kämmt

a. das Mittelmeer
b. der Brocken im Harz (1142 Meter hoch)
c. die Kitzbühler Alpen
d. der Teutoburger Wald
e. der Bodensee
f. die Wüste Gobi
g. der Rhein
h. die Donau
i. Rügen
j. die Ostfriesischen Inseln

[1]*Teutons* [2]*Romans* [3]*chalk cliffs*

Ratespiel: Stadt, Land, Fluss

1. Wie heißt der tiefste See der Schweiz? c
2. Wie heißt der höchste Berg Österreichs? h
3. Wie heißt der längste Fluss Deutschlands? f
4. Wie heißt das salzigste Meer der Welt?
5. Wie heißt der größte Gletscher der Alpen?
6. Was ist die heißeste Wüste der Welt?
7. Wie heißt die älteste Universitätsstadt Deutschlands?
8. Wie heißt das kleinste Land, in dem man Deutsch spricht?
9. Wie heißt die berühmteste Höhle in Österreich?

a. die Dachstein-Mammuthöhle
b. das Tote Meer
c. der Genfer See
d. der Großglockner
e. die Libysche Wüste
f. der Rhein
g. Liechtenstein
h. der Große Aletschgletscher
i. Heidelberg

Informationsspiel: Deutschlandreise

Wo liegen die folgenden Städte? Schreiben Sie die Namen der Städte auf die Landkarte.

Aachen, Bayreuth, Dresden, Erfurt, Flensburg, Freiburg, Hannover, Heidelberg, Magdeburg, Wiesbaden.

MODELL S1: Wo liegt Hannover?
S2: Hannover liegt im Norden.
S1: Wo genau?
S2: Südlich von Hamburg.

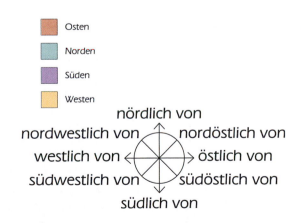

	Osten
	Norden
	Süden
	Westen

nördlich von
nordwestlich von / nordöstlich von
westlich von / östlich von
südwestlich von / südöstlich von
südlich von

SITUATION 4 Interview: Landschaften

1. Warst du schon mal im Gebirge? Wo? Was hast du da gemacht? Wie heißt der höchste Berg, den du gesehen (oder bestiegen) hast?
2. Warst du schon mal am Meer? Wo und wann war das? Hast du gebadet? Was hast du sonst noch gemacht?
3. Wohnst du in der Nähe von einem großen Fluss? Wie heißt er? Wie heißt der größte Fluss, an dem du schon warst? Was hast du da gemacht?
4. Wie heißt die interessanteste Stadt, in der du schon warst?
5. Warst du schon mal in der Wüste oder im Dschungel? Wie war das?

Lektüre

Vor dem Lesen

LESEHILFE

The following poem by Heinrich Heine tells a very old story. As with poems in any language, the word order is sometimes different from what you would find in prose texts. The language is also archaic, which means the words, structures, and even spelling are often not like modern German. Look at the illustration. then read the title and first stanza. How many ways can you find Lorelei spelled? Which of the spellings do you think might be archaic? Who or what do you think Lorelei might be?

Schreiben Sie mögliche[1] Antworten auf die folgenden Fragen.

1. Ist das eine lustige oder eine traurige Geschichte? Woher wissen Sie das?
2. Was macht die Frau auf dem Bild? Warum macht sie das?
3. Neben ihr liegt eine Leier.[2] Warum liegt sie da?
4. Was macht der Mann im Boot? Was sollte er machen?
5. Was passiert mit dem Mann im Boot? Spekulieren Sie!

Die Lorelei

von Heinrich Heine

Ich weiß nicht, was soll es bedeuten,
dass ich so traurig bin;
ein Märchen aus alten Zeiten,
das kommt mir nicht aus dem Sinn.[3]

5 Die Luft ist kühl und es dunkelt,[4]
und ruhig fließt der Rhein;
der Gipfel[5] des Berges funkelt[6]
im Abendsonnenschein.

Die schönste Jungfrau[7] sitzet
10 dort oben wunderbar;
ihr goldnes Geschmeide[8] blitzet,
sie kämmt ihr goldenes Haar.

[1]possible   [2]lyre   [3]das... that I can't forget   [4]is growing dark   [5]peak   [6]is sparkling   [7]virgin; young woman   [8]jewelry

Die Loreley.

Die schönste Jungfrau sitzet
Dort oben wunderbar,
Ihr goldnes Geschmeide blitzet,
Sie kämmt ihr goldenes Haar.

Sie kämmt es mit goldenem Kamme
Und singt ein Lied dabei
Das hat eine wundersame,
Gewaltige Melodei.

Sie kämmt es mit goldenem Kamme[1]
und singt ein Lied dabei;
15 das hat eine wundersame,
gewaltige[2] Melodei.

Den Schiffer im kleinen Schiffe
ergreift[3] es mit wildem Weh;[4]
er schaut nicht die Felsenriffe,[5]
20 er schaut nur hinauf in die Höh'.

Ich glaube, die Wellen[6] verschlingen[7]
am Ende Schiffer und Kahn;[8]
und das hat mit ihrem Singen
die Lore-Ley getan.

Arbeit mit dem Text

A. Ergänzen Sie die folgenden Sätze, ohne den Text noch einmal zu lesen. Schauen Sie dann auf das Gedicht und korrigieren Sie Ihre Antworten.

funkelt kühl kommt fließt blitzet kämmt singt verschlingen

1. Ein Lied _____ mir nicht aus dem Sinn.
2. Die Luft ist _____.
3. Der Fluss _____ ruhig.
4. Der Gipfel _____ im Abendsonnenschein.
5. Das goldene Geschmeide _____.
6. Sie _____ ihr goldenes Haar.
7. Sie _____ ein Lied.
8. Die Wellen _____ das Boot.

B. Zeit, Ort, Personen und Handlung. Beantworten Sie die folgenden Fragen und Aufgaben. Schreiben Sie dazu, in welcher Zeile[9] Sie die Antwort gefunden haben.

1. Wann spielt die Geschichte (vor wie vielen Jahren)? Zu welcher Jahreszeit oder Tageszeit spielt die Geschichte? Wie viel Zeit vergeht[10]?
2. Wo spielt die Geschichte (an welchem Fluss)? Beschreiben Sie den Ort!
3. Welche Personen treten auf[11]? Was wissen wir über sie? Was machen sie?
4. Handlung: Bringen Sie die Sätze in die richtige Reihenfolge.

_____ Unten auf dem Rhein hört ein Schiffer ihr Singen.
_____ Eine schöne Frau sitzt oben auf einem Berg am Rhein.
_____ Er schaut fasziniert nach oben zu der Frau.
_____ Ihr Schmuck funkelt in der Abendsonne.
_____ Sein Schiff sinkt und er ertrinkt.[12]
_____ Sie kämmt sich und singt ein Lied dabei.
_____ Weil er nicht aufpasst, fährt er auf einen Felsen.

Nach dem Lesen

Welche Geschichten kennen Sie, in denen Frauen mit ihrer Schönheit oder mit ihrem Gesang Männer ins Unglück locken[13]? Erzählen Sie!

[1]comb [2]powerful [3]seizes [4]pain, longing [5]cliffs [6]waves [7]devour, swallow up [8]boat [9]line [10]passes
[11]treten… appear [12]drowns [13]ins… entice into misfortune

Transportmittel

■ **Grammatik 7.1, 7.4**

SITUATION 5 **Definitionen: Transportmittel**

1. das Flugzeug
2. die Rakete
3. das Kamel
4. die Jacht
5. das Fahrrad
6. der Kinderwagen
7. der Zeppelin
8. der Zug
9. das Taxi

a. Transportmittel, das Waggons und eine Lokomotive hat
b. Transportmittel, das fliegt
c. Transportmittel, das im Wasser schwimmt
d. Tier, das viele Beduinen als Transportmittel benutzen
e. Transportmittel, mit dem man zum Mond fliegen kann
f. Auto, das in Deutschland ein gelbes Schild auf dem Dach hat
g. Transportmittel in der Luft, das wie eine Zigarre aussieht
h. Transportmittel mit zwei Rädern, das ohne Benzin fährt
i. Wagen, in dem man Babys transportiert

Videoblick

Masterplan Fahrrad

Wie kann man die Umwelt weniger verschmutzen[2]?
Indem man weniger Auto fährt.[3] Wie bringt man
Leute dazu, weniger Auto zu fahren? Indem man es
leichter macht, mit dem Fahrrad zu fahren.

Der Ausschnitt aus **Blickkontakte** stellt den neuen
Masterplan Fahrrad der deutschen Regierung[4] vor.

- Warum ist Fahrrad fahren besser als Auto fahren?
- Was ist das Ziel[5] des Masterplans Fahrrad?
- In welchen öffentlichen Verkehrsmitteln kann man
  das Fahrrad mitnehmen?
- Was sollen Verkehrsschilder zeigen?

Fahrräder machen keinen Lärm,[1] verschmutzen
nicht die Luft und sind leicht einzuparken.

[1]*noise*   [2]*pollute*   [3]*indem... fährt by driving less*   [4]*government*   [5]*goal*

SITUATION 6 **Interview**

1. Welche Transportmittel hast du schon benutzt?
2. Fährst du oft mit der U-Bahn oder mit dem Bus? Warum (nicht)?
3. Fährst du gern mit dem Zug (oder möchtest du gern mal mit dem Zug fahren)? Welche Vorteile/Nachteile hat das Reisen mit dem Zug?
4. Fliegst du gern? Warum (nicht)? Welche Vorteile/Nachteile hat das Reisen mit dem Flugzeug?
5. Bist du schon mal mit dem Schiff gefahren? Wo war das? Wirst du leicht seekrank?
6. Fährst du lieber mit dem Auto oder mit öffentlichen Verkehrsmitteln? Warum? Womit fährst du am liebsten?

SITUATION 7 **Dialog: Im Reisebüro in Berlin**

RENATE: Guten Tag.
ANGESTELLTE: Guten Tag. _____?
RENATE: Ich möchte _____ nach Zürich fahren.
ANGESTELLTE: ____ möchten Sie denn fahren?
RENATE: Montagmorgen, __ früh __ möglich.
ANGESTELLTE: Der erste InterCity geht _____. Ist das früh genug?
RENATE: Wann ist er denn in Zürich?
ANGESTELLTE: _____.
RENATE: Sehr gut. Reservieren Sie mir bitte einen Platz _____.

S1: Sie stehen am Fahrkartenschalter im Bahnhof von Bremen und wollen eine Fahrkarte nach München kaufen. Sie wollen billig fahren, müssen aber vor 16.30 Uhr am Bahnhof in München ankommen. Fragen Sie, wann und wo der Zug abfährt und über welche Städte der Zug fährt.

Lektüre

Vor dem Lesen

So lesen Sie wie ein Detektiv...

1. Setzen Sie sich an einen ruhigen Ort, wo Sie sich konzentrieren können.
2. Legen Sie sich Papier und Schreibzeug bereit.
3. Lesen Sie den ganzen Text durch, um zu wissen, worum es geht.
4. Lesen Sie den Text jetzt absatzweise[1] etwas genauer und machen Sie sich dabei Notizen.
5. Vergleichen Sie Ihre Notizen mit Ihrem Partner oder mit Ihrer Partnerin.

Die Motorradtour

Hallo, Kollegin, wie war's in den Ferien?" Oberinspektor Eichhorn begrüßt Julia Falk mit einem freundschaftlichen Handschlag. „Hoffentlich ist es Ihnen nicht genauso ergangen wie der Familie Andres am Blumenweg 1. Als die von ihrer Reise zurückkehrte, fand sie ein gründlich ausgeraubtes Haus
5 vor." Oberinspektor Eichhorn greift nach einem Bündel Akten.[2] „Na ja, wenn Sie den Fall[3] gleich weiterverfolgen könnten... ? Die meisten Anwohner am Blumenweg haben wir bereits vernommen.[4] Zu befragen wären da noch ein Rentnerpaar, Familie Wächter im Haus Nummer 7, und deren junger Untermieter Heinz Hurtig."

10 Julia Falk drückt zum dritten Mal den Knopf[5] über dem Schildchen „Heinz Hurtig". Eigenartig, dass er nicht aufmacht. Dabei hat sie doch gerade eben noch einen jungen Mann am Fenster oben stehen sehen. Julia schüttelt verwundert den Kopf. Sie dreht sich um und lässt ihren Blick[6] über den verlassenen[7] Hof und das funkelnagelneue Motorrad unter dem Garagenvor-
15 dach schweifen.

Ein paar Minuten später klingelt Julia noch ein Mal. Ein Geräusch ist von drinnen zu hören. Na endlich, das hat aber lange gedauert! Heinz Hurtig guckt durch den Türspalt. „Guten Tag, Herr Hurtig." Julia Falk zückt ihren Ausweis. „Darf ich einen Moment reinkommen? Ich ermittle[8] wegen des Einbruchs bei
20 Familie Andres."

Erst im Flur bemerkt Julia, dass Hurtigs rechter Arm dick einbandagiert in einer Armschlinge liegt. „Hatten Sie einen Unfall[9]?" Heinz Hurtig nickt. „Ich

---

[1]one paragraph at a time [2]files [3]case [4]questioned [5]button [6]glance [7]deserted [8]am investigating
[9]accident

habe letzte Woche mit meinem Motorrad eine Kurve zu schnell genommen. Aber ich hatte noch Glück, ich habe mir bloß den Arm gebrochen."

25   Heinz Hurtig führt die Inspektorin in die Küche. Auf dem Küchentisch steht ein Teller mit Speck[1] und Rührei,[2] daneben eine Tasse mit dampfend heißem Kaffee. „Darf ich Ihnen auch eine Tasse Kaffee anbieten?—Nein? Keinen Kaffee? Nun, was den Einbruch betrifft,[3] ich bin ja erst vorgestern von meiner Motorradtour heim gekommen,
30   habe nichts gesehen und gehört. Und, sorry, falls ich ein Alibi brauche—mit meinem verletzten Arm hätte ich wirklich kein Haus ausrauben können, nicht wahr?"

„Leben Sie allein hier?", fragt die Inspektorin. „Nein, mit Schnurrli, meinem Kater." Heinz Hurtig grinst und weist mit dem
35   Kinn zum Fenstersims, wo sich eine prächtige rote Katze wohlig in der Sonne ausstreckt. „Tut mir Leid, Herr Hurtig", meint Julia Falk sachlich. „Sie begleiten mich jetzt aufs Präsidium.[4] Mit Ihrem Alibi stimmt nämlich etwas ganz und gar nicht.[5]"

Aus: Aufgepasst, Julia Falk! von Christine Egger

Arbeit mit dem Text

A. Locate each of the following words in the text, read the hint below, and write down what you think its English equivalent might be. Then check yourself by looking up the words in the glossary at the end of the book.

1. **Handschlag** (Zeile 2) HINT: You already know the word **Hand. Schlagen** means *to beat, strike,* or *hit.* How do people sometimes greet with their hands?
2. **ausgeraubt** (Zeile 4) HINT: This is the past participle of the verb **ausrauben.** What English word is similar to **raub** and is related to crime and houses?
3. **weiterverfolgen** (Zeile 6) HINT: **Weiter** is the comparative form of **weit.** The prefix **ver** adds a sense of *continue.* The verb **folgen** means *to follow.*
4. **verwundert** (Zeile 13) HINT: The verb **verwundern** means *to surprise;* **verwundert** is the past participle.
5. **funkelnagelneu** (Zeile 14) HINT: The verb **funkeln** means *to sparkle* and **Nagel** means *nail.* In other words, something is so new the nails still sparkle.
6. **Einbruch** (Zeile 19) HINT: The prefix **ein** often means *in.* The word **Bruch** is a noun related to the verb **brechen,** which means *to break.*
7. **Armschlinge** (Zeile 22) HINT: You already know the word for the body part **Arm.** What English word is like **Schlinge** and has to do with an arm injury?
8. **heimgekommen** (Zeile 30) HINT: You know what **Heimweh** means. What English word is like **heim** and combines with *come* to indicate a destination?
9. **ausstrecken** (Zeile 36) HINT: German -ck- is occasionally equivalent to English *-tch-.* What might a cat do on a sunny **Fenstersims?**

---

[1]*bacon*   [2]*scrambled eggs*   [3]*was... betrifft as far as... is concerned*   [4]*police station*   [5]*stimmt... something isn't right at all*

B. Was ist passiert? Bringen Sie die folgenden Sätze in die richtige Reihenfolge.

_____ Als Frau Falk bei Heinz Hurtig klingelt, macht er zuerst nicht auf.

_____ Endlich macht Hurtig auf und lässt sie in seine Wohnung.

_____ Er erzählt der Kommissarin von seinem Motorradunfall in der vergangenen Woche.

_____ Julia bemerkt, dass Hurtig seinen rechten Arm einbandagiert hat.

_____ Julia Falk schaut sich inzwischen aufmerksam im Hof um.

_____ Julia Falk zweifelt stark an Heinz Hurtigs Alibi.

__1__ Kommissarin Falk ist gerade aus dem Urlaub zurückgekommen.

_____ Sein Alibi ist sein verletzter Arm.

_____ Sie soll wegen des Einbruchs bei Familie Andres ermitteln.

_____ Weil er erst vor zwei Tagen von der Motorradtour zurückgekommen ist, hat er nichts gesehen und gehört.

Nach dem Lesen

Warum zweifelt Julia Falk am Alibi von Heinz Hurtig? Sammeln Sie alles, was nicht zusammenpasst.

Das Auto

■ **Grammatik 7.3**

1. Damit kann man hupen.
2. Daran sieht man, woher das Auto kommt.
3. Darin kann man seine Koffer verstauen.
4. Damit wischt man die Scheiben.

SITUATION 9 · Definitionen: Die Teile des Autos

1. die Bremsen	**a.** Man setzt sich darauf.
2. die Scheibenwischer	**b.** Man braucht sie, wenn man bei Regen fährt.
3. das Autoradio	**c.** Damit lenkt man das Auto.
4. das Lenkrad	**d.** Damit warnt man andere Fahrer oder Fußgänger.
5. die Hupe	**e.** Daran sieht man, woher das Auto kommt.
6. das Nummernschild	**f.** Damit hört man Musik und Nachrichten.
7. die Sitze	**g.** Damit fährt das Auto.
8. das Benzin	**h.** Darin ist das Benzin.
9. der Tank	**i.** Damit hält man den Wagen an.

SITUATION 10 · Rollenspiel: Ein Auto kaufen

S1: Sie wollen einen älteren Gebrauchtwagen kaufen und lesen deshalb die Anzeigen in der Zeitung. Die Anzeigen für einen Opel Corsa und einen Ford Fiesta sind interessant. Rufen Sie an und stellen Sie Fragen.

Sie haben auch eine Anzeige in die Zeitung gesetzt, weil Sie Ihren VW Golf und Ihren VW Beetle verkaufen wollen. Antworten Sie auf die Fragen der Leute über Ihre Autos.

MODELL Guten Tag, ich rufe wegen des Opel Corsa an.
Wie alt ist der Wagen?
Welche Farbe hat er?
Wie ist der Kilometerstand?
Wie lange hat er noch TÜV?
Wie viel Benzin braucht er?
Was kostet der Wagen?

Modell	VW Golf	VW Beetle	Opel Corsa	Ford Fiesta
Baujahr	2002	2004		
Farbe	rot	gelb		
Kilometerstand	65 000 km	5 000 km		
TÜV	noch 1 Jahr	2 Jahre		
Benzinverbrauch pro 100 km	5,5 Liter	7 Liter		
Preis	10 500 Euro	15 200 Euro		

SITUATION 11 · Interview: Das Auto

1. Hast du einen Führerschein? Wann hast du ihn gemacht?
2. Was für ein Auto möchtest du am liebsten haben? Warum?
3. Welche Autos findest du am schönsten?

4. Welche Autos findest du am praktischsten (unpraktischsten)? Warum?
5. Wer von deinen Freunden hat das älteste Auto? Wie alt ist es ungefähr? Und wer hat das hässlichste (schnellste, interessanteste)?
6. Mit was für einem Auto möchtest du am liebsten in Urlaub fahren?
7. Was glaubst du: Was ist das teuerste Auto der Welt?
8. Was glaubst du: In welchem Land fährt man am schnellsten?
9. Was glaubst du: Was ist das kleinste Auto der Welt?

SITUATION 12 Verkehrsschilder

a.
b.
c.
d.
e.

f.
g.
h.
i.
j.

Kennen Sie diese Verkehrsschilder? Was bedeuten sie?

1. Dieses Verkehrsschild bedeutet „Halt".
2. Hier darf man nicht halten.
3. Wer von rechts kommt, hat Vorfahrt.
4. Hier darf man nur in eine Richtung fahren.
5. Hier darf man nur mit dem Rad fahren.
6. Hier darf man auf dem Fußgängerweg parken.
7. Hier dürfen keine Autos fahren.
8. Achtung Radfahrer!
9. Dieser Weg ist nur für Fußgänger.
10. Hier dürfen keine Motorräder fahren.

FAHRRAD

ZU VERKAUFEN

GELEGENHEIT GELEGENHEIT

PREIS:
20 Euro

• FARBE: ROT
• VOLL FUNKTIONSTÜCHTIG

SITUATION 13 Zum Schreiben: Eine Anzeige

Sie wollen ein Fahrzeug (Auto, Boot, Motorrad, Fahrrad usw.) verkaufen. Schreiben Sie eine Anzeige. Machen Sie sie interessant!

Führerschein

Wie ist das in Ihrem Land?

- Wie alt muss man sein, bevor man den Führerschein machen kann?
- Wie lange dauert die Ausbildung und wo kann man sie machen?
- Was kostet der Führerschein?
- Welche Prüfungen muss man bestehen,[1] um den Führerschein zu bekommen?
- Was braucht man sonst noch (z.B. einen Sehtest)?
- Braucht man einen besonderen Führerschein für LKWs[2] oder Motorräder?

Wie ist das in Deutschland, Österreich und der Schweiz?

1. Wie alt muss man in Deutschland für den Führerschein sein?
2. Wann kann man in Österreich und der Schweiz mit der Ausbildung beginnen?
3. Wo muss man in Deutschland die Ausbildung machen?
4. Wie lange dauert die theoretische Ausbildung?
5. Was kostet die Ausbildung insgesamt?
6. Was darf man in der Probezeit nicht tun?
7. Was braucht man zum Motorradfahren?

Mit ungefähr 17½ Jahren kann man in Deutschland anfangen, das Autofahren zu lernen. Man muss Fahrstunden nehmen, muss eine praktische und eine theoretische Prüfung bestehen und kann dann an seinem 18. Geburtstag los fahren. In Österreich und in der Schweiz kann man bereits mit sechzehn beginnen und dann mit siebzehn eine eingeschränkte[3] Fahrerlaubnis bis zum 18. Lebensjahr bekommen.

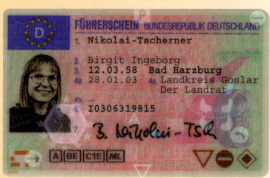

Die Ausbildung muss man in Deutschland bei einer Fahrschule und bei geprüften[4] Fahrlehrern machen. Sie dauert mindestens 3½ Monate. Bevor man sich bei der Fahrschule anmelden[5] kann, muss man einen Sehtest und einen Erste-Hilfe-Kurs machen. Außerdem braucht man ein Pass-Foto.

Bei der praktischen Ausbildung lernt man zuerst in ungefähr 20 Fahrstunden das Fahren und Verhalten[6] im Verkehr. Dann muss man noch mindestens 12 Fahrten auf Landstraßen, auf der Autobahn und im Dunkeln absolvieren. Insgesamt braucht man also mindestens 32 Fahrstunden. Dazu kommt die theoretische Ausbildung in der Fahrschule. Sie dauert mindestens 14 Doppelstunden (1 Doppelstunde = 90 Minuten). Wenn man relativ schnell lernt und auch nicht durchfällt,[7] dann kostet der Führerschein ungefähr 1 500 Euro. In Österreich und der Schweiz ist es ähnlich, nur kann man hier Übungsfahrten auch mit einem Familienmitglied als Fahrlehrer machen.

Wenn man den Führerschein bestanden hat, bekommt man ihn in allen deutschsprachigen Ländern erst einmal zwei Jahre auf Probe. Während dieser Zeit darf man keine ernsten Verstöße[8] begehen, wie zu schnell oder alkoholisiert fahren, sonst wird einem der Führerschein wieder weggenommen. Für Motorräder, LKWs oder Busse braucht man jeweils einen eigenen Führerschein mit eigenen Fahrstunden und eigenen Prüfungen.

[1]pass [2]= Lastkraftwagen: trucks [3]restricted [4]certified [5]register [6]behavior [7]fails [8]violations

Reiseerlebnisse

■ Grammatik 7.4–7.5

Im letzten Urlaub waren Maria und Michael in Marokko.

Zuerst ist Maria auf einem Kamel geritten.

(Basar)

Dann hat sie mit Michael einen Basar besucht.

Michael hat sich dort einen Hut gekauft.

Leider hat jemand dabei Michaels Brieftasche gestohlen.

Die Polizei ist gekommen und hat alles genau notiert.

Um auf andere Gedanken zu kommen, haben Maria und Michael einem Schlangenbeschwörer[1] zugesehen.

Dann sind sie zurück zu ihrem Zelt gegangen.

SITUATION 14 Umfrage: Warst du schon mal im Ausland?

MODELL S1: Warst du schon mal im Ausland?
S2: Ja!
S1: Unterschreib bitte hier.

UNTERSCHRIFT

1. Warst du schon mal im Ausland? _____
2. Bist du schon mal auf einem Kamel geritten? _____
3. Hast du schon mal einen Strafzettel bekommen? _____
4. Hattest du schon mal einen Autounfall? _____
5. Warst du schon mal auf einem Oktoberfest? _____

[1]*snake charmer*

6. Bist du schon mal Zug gefahren? _____
7. Hat man dir schon mal die Brieftasche gestohlen? _____
8. Hattest du schon mal eine Reifenpanne? _____
9. Warst du schon mal auf einer Insel? _____
10. Hast du schon mal deinen Pass verloren? _____

SITUATION 15 ## Bildgeschichte: Stefans Reise nach Österreich

SITUATION 16 ## Ein Reiseerlebnis erzählen

Hatten Sie schon mal ein interessantes Reiseerlebnis? Erzählen Sie darüber!
Machen Sie sich zuerst Notizen und denken Sie an die folgenden Fragen.

1. Personen: Wer war dabei? Was muss man über diese Personen wissen, um Ihre Geschichte besser zu verstehen?
2. Ort: Wo hatten Sie das Erlebnis? Was war interessant an diesem Ort? Versuchen Sie den Ort zu visualisieren und beschreiben Sie ihn.
3. Zeit: Wann hatten Sie das Erlebnis? Vor wie vielen Jahren? Welche Tageszeit was es? War es ein besonderer Tag?
4. Handlung: Was ist zuerst passiert? Was haben Sie gefühlt und gedacht? Was ist dann passiert? Was war der Höhepunkt des Erlebnisses? Was war das Besondere?

Reisen und Urlaub

- Was ist für Ihre Landsleute im Urlaub besonders wichtig? Stellen Sie eine Rangliste auf.

  _____ Abenteuer[1] erleben
  _____ Land und Leute kennen lernen
  _____ ausschlafen[2]
  _____ gut essen
  _____ flirten
  _____ mit dem Partner / der Partnerin / der Familie zusammen sein
  _____ einkaufen
  _____ etwas für die Gesundheit tun
  _____ Sport treiben
  _____ auf andere Gedanken kommen

- Was ist für Sie im Urlaub besonders wichtig? Nennen Sie drei Dinge.

Schauen Sie sich die Statistik an.

- Was ist für Deutsche im Urlaub besonders wichtig?
- Auf welchem Platz in dieser Statistik stehen Ihre Präferenzen?

[1]adventures [2]sleeping late

FOCUS-FRAGE

„Was ist für Sie im Urlaub besonders wichtig?"

FERIEN MIT DER FAMILIE

von 1300 Befragten antworteten

46%	mit dem Partner, der Familie zusammen sein
31%	ausschlafen
31%	Land und Leute kennen lernen
25%	etwas für die Gesundheit tun
20%	Abenteuer erleben
10%	flirten

Videoecke

Birgit ist am 10. Oktober 1976 in Eisenach geboren. Sie studiert Indologie und Deutsch als Fremdsprache. Ihre Hobbys sind Lesen, Reisen und ins Kino gehen.

Judith ist am 30. Januar 1974 in Horb am Neckar geboren. Sie studiert Sinologie und Deutsch als Fremdsprache. Ihre Hobbys sind chinesische Kultur, chinesisches Essen und Reisen.

- Woher kommst du?
- Wo liegt das? (Bundesland)
- Was ist dort besonders interessant?
- Was sind die schönsten Ausflugsziele in der Nähe?
- Wie bist du in Leipzig unterwegs?
- Hast du einen Führerschein?
- War's schwer, ihn zu bekommen?
- Gibt es ein Auto, das dir besonders gut gefällt?
- Was gefällt dir daran?

Aufgabe 1

Welche Städte, Orte oder Länder hören Sie in den beiden Interviews? Unterstreichen Sie sie.

Horb	Konstanz	Magdeburg
Hamburg	Frankfurt	Sachsen-Anhalt
Baden-Württemberg	Heidelberg	Thüringen
Rheinland-Pfalz	Leipzig	Rostock
Stuttgart	Hörschel	Erfurt
Tübingen	Eisenach	Weimar
Halle		

Aufgabe 2

Was erfahren Sie über Horb (HO), Hörschel (HÖ) und Eisenach (E)? Schreiben Sie die Buchstaben des Ortes vor die Aussagen, die sich auf diesen Ort beziehen.

1. _____ Es liegt in Baden-Württemberg.
2. _____ Es ist ein ganz kleines Dorf bei Eisenach.
3. _____ Es liegt in Thüringen.
4. _____ Es liegt in der Nähe von Stuttgart.
5. _____ Es ist eine schöne, alte, kleine Stadt.
6. _____ Es liegt in der Mitte von Deutschland.
7. _____ Es liegt sehr schön am Neckar.
8. _____ Es gibt eine große Stadtmauer und viele Türme.
9. _____ Dort gibt es das Bach-Haus und das Luther-Haus.
10. _____ Es ist eine ziemlich alte Stadt.
11. _____ Man ist schnell im Schwarzwald.
12. _____ Die Wartburg liegt in der Nähe.

Aufgabe 3

Welche Aussagen treffen auf Birgit oder Judith zu? Schreiben Sie B (Birgit) oder J (Judith) neben die folgenden Aussagen.

1. _____ ist meistens mit der Straßenbahn oder zu Fuß unterwegs.
2. _____ fährt mit dem Fahrrad, wenn das Wetter schön ist.
3. _____ fährt mit der Straßenbahn, wenn es regnet.
4. _____ hat zwanzig Fahrstunden genommen.
5. _____ hat fünfzig Fahrstunden gebraucht.
6. _____ gefällt der VW Käfer, am besten ein Cabrio.
7. _____ gefällt der New Beetle, weil er so rund ist.

Wortschatz

Geographie — Geography

die **Bucht**, **-en** (R)	bay
die **Insel**, **-n**	island
die **Halbinsel**, **-n**	peninsula
die **Richtung**, **-en**	direction
die **Wiese**, **-n**	meadow, pasture
die **Wüste**, **-n**	desert
der **Fluss**, **Flüsse**	river
der **Gipfel**, **-**	mountaintop
der **Gletscher**, **-**	glacier
der **Hügel**, **-**	hill
der **See**, **-n**	lake
der **Strand**, **¨e** (R)	shore, beach
der **Wald**, **¨er** (R)	forest, woods
das **Feld**, **-er**	field
das **Gebirge**, **-**	(range of) mountains
das **Meer**, **-e** (R)	sea
das **Tal**, **¨er**	valley

Ähnliche Wörter

die **Küste**, **-n**; die **Landkarte**, **-n**; der **Dschungel**, **-**; die **Alpen** (*pl.*); **nördlich** (von); **nordöstlich** (von); **nordwestlich** (von); **östlich** (von); **südlich** (von); **südöstlich** (von); **südwestlich** (von); **westlich** (von)

Auto — Car

die **Bremse**, **-n**	brake
die **Hupe**, **-n**	horn
die **Motorhaube**, **-n**	hood
die **Reifenpanne**, **-n**	flat tire
der **Gang**, **¨e**	gear
der **Gebrauchtwagen**, **-**	used car
der **Kilometerstand**	mileage
der **Kofferraum**, **¨e**	trunk
der **Reifen**, **-**	tire
der **Scheibenwischer**, **-**	windshield wiper
der **Sicherheitsgurt**, **-e**	safety belt
der **Sitz**, **-e**	seat
der **Tank**, **-s**	(fuel) tank
das **Autoradio**, **-s**	car radio
das **Lenkrad**, **¨er**	steering wheel
das **Nummernschild**, **-er**	license plate
das **Rad**, **¨er**	wheel

Verkehr und Transportmittel — Traffic and Means of Transportation

die **Ampel**, **-n**	traffic light
die **Bahn**, **-en**	railroad
die **Autobahn**, **-en**	freeway
die **Seilbahn**, **-en**	cable railway
die **Straßenbahn**, **-en**	streetcar
die **U-Bahn**, **-en** (**Untergrundbahn**)	subway
die **Einbahnstraße**, **-n**	one-way street
die **Kreuzung**, **-en**	intersection
die **Landstraße**, **-n**	rural highway
die **Parklücke**, **-n**	parking space
die **Radfahrerin**, **-nen**	(female) bicyclist
die **Rakete**, **-n**	rocket
die **Vorfahrt**, **-en**	right-of-way
der **Fahrkartenschalter**, **-**	ticket window
der **Flug**, **¨e**	flight
der **Fußgänger**, **-**	pedestrian
der **Fußgängerweg**, **-e**	sidewalk
der **Radfahrer**, **-**	(male) bicyclist
der **Radweg**, **-e**	bicycle path
der **Stau**, **-s**	traffic jam
der **Strafzettel**, **-**	parking/speeding ticket
der **Wagen**, **-**	car
der **Kinderwagen**, **-**	baby carriage
der **Lastwagen**, **-**	truck
der **Waggon** [vagon], **-s**	train car
der **Zug**, **¨e**	train
der **Personenzug**, **¨e**	passenger train
das **Flugzeug**, **-e**	airplane
das **Motorrad**, **¨er** (R)	motorcycle
das **Schild**, **-er**	sign
das **Verkehrsschild**, **-er**	traffic sign
das **Verbot**, **-e**	prohibition
das **Halteverbot**, **-e**	no-stopping zone
die **öffentlichen Verkehrsmittel** (*pl.*)	public transportation

Ähnliche Wörter

die **Fahrerin**, **-nen**; die **Jacht**, **-en**; die **Lokomotive**, **-n**; der **Bus**, **Busse** (R); der **Fahrer**, **-**; der **Zeppelin**, **-e**; das **Boot**, **-e**; das **Schiff**, **-e**; das **Taxi**, **-s** (R); **parken**; **transportieren**

Reiseerlebnisse

	Travel Experiences
die **Reise**, -n	trip, journey
auf der **Durchreise sein**	to be traveling through
auf **Reisen sein**	to be on a trip
die **Geschäftsreise**, -n	business trip
die **Stadtrundfahrt**, -en	tour of the city
die **Wanderung**, -en	hike
die **Welt**, -en	world
der **Höhepunkt**, -e	highlight
der **Reisescheck**, -s	traveler's check
besichtigen	to visit, sightsee
besteigen, bestiegen	to climb
zu·sehen, sieht zu,	to observe, look on
zugesehen	

Ähnliche Wörter

der **Pass**, **Pässe**; das **Visum**, **Visa**; **buchen**; **packen**; **planen**; **reservieren**

Sonstige Substantive

	Other Nouns
die **Achtung**	attention
die **Angestellte**, -n	female clerk
die **Brieftasche**, -n	wallet
die **Fläche**, -n	surface
die **Hexe**, -n	witch
die **Luft**	air
die **Million**, -en	million
die **Scheibe**, -n	windowpane
der **Angestellte**, -n	male clerk
der **Gedanke**, -n	thought
(*wk. masc.*)	
auf andere **Gedanken**	to keep one's mind off
kommen	something
der **Regen**	rain
bei **Regen**	in rainy weather
der **Teil**, -e	part
der **Nachteil**, -e	disadvantage
der **Vorteil**, -e	advantage
das **Tier**, -e	animal
die **Leute** (*pl.*)	people
die **Geschäftsleute** (*pl.*)	businesspeople
die **Nachrichten** (*pl.*)	news

Ähnliche Wörter

die **Mark**, -; die **Zigarre**, -n; der **Basar**, -e; der **Dollar**, -s; zwei **Dollar**; der **Euro**, -; der **Franken**, -; der **Liter**, -; der **Preis**, -e; der **Sand**; der **Schilling** -e; zwei **Schilling**; das **Baby** [beːbi], -s; das **Kamel**, -e; das **Oktoberfest**, -e; das **Sauerkraut**

Sonstige Verben

	Other Verbs
an·halten, hält an,	to stop
angehalten	
benutzen	to use
besiegen	to conquer
denken, gedacht	to think
ein·schlafen, schläft ein,	to fall asleep
ist eingeschlafen	
erlauben	to permit
fließen, ist geflossen	to flow
halten, hält, gehalten	to stop
hupen	to honk
nach·denken (über +	to think (about), consider
akk.), **nachgedacht**	
rennen, ist gerannt	to run
rufen, gerufen	to call, shout
schwimmen, ist	to swim; to float
geschwommen	
setzen	to put, place, set
sparen	to save (money)
trennen	to separate
vergleichen, verglichen	to compare
verlieren, verloren	to lose
versprechen,	to promise
verspricht,	
versprochen	
verstauen	to stow
warten	to wait
wischen	to wipe

Ähnliche Wörter

beantworten, notieren, stehlen, warnen

Sonstige Wörter und Ausdrücke

	Other Words and Expressions
berühmt	famous
bitte schön?	yes please?; may I help you?
deshalb	therefore; that's why
dort	there
durch	through
lieb	dear
am **liebsten**	like (*to do*) best
rechts	to the right
schließlich	finally
ungefähr	approximately
zuerst	first
zwischen	between

Ähnliche Wörter

exotisch, graugrün, interessant, mehr, pünktlich, salzig, seekrank, superschnell, tief

Strukturen und Übungen

7.1 Relative clauses

Relative clauses add information about a person, place, thing, or idea already mentioned in the sentence. The relative pronoun begins the relative clause, which usually follows the noun it describes. The relative pronoun corresponds to the English words *who, whom, that,* and *which.* The conjugated verb is in the end position.

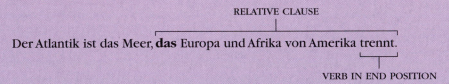

RELATIVE CLAUSE

Der Atlantik ist das Meer, **das** Europa und Afrika von Amerika trennt.

VERB IN END POSITION

The Atlantic is the ocean that separates Europe and Africa from America.

Do not omit the relative pronoun in the German sentence.

While relative pronouns may sometimes be omitted in English, they cannot be omitted from German sentences.

> Das ist der Mantel, **den** ich letzte Woche gekauft habe.
> *That is the coat (that) I bought last week.*

Relative clauses are preceded by a comma.

Likewise, the comma is not always necessary in an English sentence, but it must precede a relative clause in German. If the relative clause comes in the middle of a German sentence, it is followed by a comma as well.

> Der See, **der** zwischen Deutschland, Österreich und der Schweiz liegt, heißt Bodensee.
> *The lake that lies between Germany, Austria, and Switzerland is called Lake Constance.*

Wissen Sie noch?

A relative clause is a type of dependent clause. As in other dependent clauses, the conjugated verb appears at the end of the clause.

Review grammar 3.4.

A. Relative Pronouns in the Nominative Case

In the nominative (subject) case, the forms of the relative pronoun are the same as the forms of the definite article **der, das, die.**

> **Der** Fluss, **der** durch Wien fließt, heißt Donau.
> Gobi heißt **die** Wüste, **die** in Innerasien liegt.

The relative pronoun and the noun it refers to have the same number and gender.

The relative pronoun has the same gender and number as the noun it refers to.

Masculine	der Mann, **der**...	*the man who . . .*
Neuter	das Auto, **das**...	*the car that . . .*
Feminine	die Frau, **die**...	*the woman who . . .*
Plural	die Leute, **die**...	*the people who . . .*

B. Relative Pronouns in the Accusative and Dative Cases

The case of a relative pronoun depends on its function within the relative clause.

When the relative pronoun functions as an accusative object or as a dative object within the relative clause, then the relative pronoun is in the accusative or dative case, respectively.

ACCUSATIVE

Nur wenige Menschen haben **den Mount Everest** bestiegen.	*Only a few people have climbed Mount Everest.*
Der Mount Everest ist ein Berg, **den** nur wenige Menschen bestiegen haben.	*Mount Everest is a mountain that only a few people have climbed.*

DATIVE

Ich habe **meinem Vater** nichts davon erzählt.	*I haven't told my father anything about it.*
Mein Vater ist der einzige Mensch, **dem** ich nichts davon erzählt habe.	*My father is the only person whom I haven't told anything about it.*

As in the nominative case, the accusative and dative relative pronouns have the same forms as the definite article, except for the dative plural, **denen.**

	Masculine	Neuter	Feminine	Plural
Accusative	den	das	die	die
Dative	dem	dem	der	denen

C. Relative Pronouns Following a Preposition

The case of the relative pronoun depends on the preposition that precedes it.

When a relative pronoun follows a preposition, the case is determined by that preposition. The gender and number of the pronoun are determined by the noun.

Ich spreche am liebsten **mit meinem** Bruder.	*Most of all I like to talk with my brother.*
Mein Bruder ist der Mensch, **mit dem** ich am liebsten spreche.	*My brother is the person (whom) I like to talk with most of all.*
Auf der Insel Rügen sind weiße Kreidefelsen.	*There are white chalk cliffs on the island of Rügen.*
Rügen ist eine Insel in der Ostsee, **auf der** weiße Kreidefelsen sind.	*Rügen is an island in the Baltic Sea on which there are white chalk cliffs.*

Preposition + relative pronoun = inseparable unit

The preposition and the pronoun stay together as a unit in German.

Wer war die Frau, **mit der** ich dich gestern gesehen habe?	*Who was the woman (whom) I saw you with yesterday?*

Das mag ich, das mag ich nicht!

Bilden Sie Sätze!

> MODELL   Ich mag Leute, die spät ins Bett gehen.

nett sein	betrunken sein	langweilig sein
laut lachen	interessant aussehen	gern verreisen
Spaß machen	exotisch sein	viel sprechen
schnell fahren		?

1. Ich mag Leute, die...
2. Ich mag keine Leute, die...
3. Ich mag eine Stadt, die...
4. Ich mag keine Stadt, die...
5. Ich mag einen Mann, der...
6. Ich mag keinen Mann, der...
7. Ich mag eine Frau, die...
8. Ich mag keine Frau, die...
9. Ich mag einen Urlaub, der...
10. Ich mag ein Auto, das...

Risiko[1]

Hier sind die Antworten. Stellen Sie die Fragen!

> MODELL   Amerika: Den Kontinent hat Kolumbus entdeckt. →
> Wie heißt der Kontinent, den Kolumbus entdeckt hat?

1. Europa
2. Mississippi
3. San Francisco
4. die Alpen
5. Washington
6. das Tal des Todes
7. Ellis
8. der Pazifik
9. die Sahara
10. der Große Salzsee

a. Auf diesem See in Utah kann man segeln.
b. Diese Insel sieht man von New York.
c. Diese Stadt liegt an einer Bucht.
d. Diese Wüste kennt man aus vielen Filmen.
e. Diesem Staat in den USA hat ein Präsident seinen Namen gegeben.
f. In diesem Tal ist es sehr heiß.
g. In diesen Bergen kann man sehr gut Ski fahren.
h. Dieser Kontinent ist eigentlich eine Halbinsel von Asien.
i. Über dieses Meer fliegt man nach Hawaii.
j. Von diesem Fluss erzählt Mark Twain.

7.2 Making comparisons: the comparative and superlative forms of adjectives and adverbs

A. Comparisons of Equality: **so... wie**

To say that two or more persons or things are alike or equal in some way, use the phrase **so... wie** (*as . . . as*) with an adjective or adverb.

> Deutschland ist ungefähr **so groß wie** Montana.
>
> *Germany is about as big as Montana.*

[1]*Jeopardy*

so... wie = *as . . . as*	Der Mount Whitney ist fast **so hoch wie** das Matterhorn.	*Mount Whitney is almost as high as the Matterhorn.*

Inequality can also be expressed with this formula and the addition of **nicht.**

	Die Zugspitze ist **nicht so hoch wie** der Mount Everest.	*The Zugspitze is not as high as Mount Everest.*
	Österreich ist **nicht ganz so groß wie** Maine.	*Austria is not quite as big as Maine.*

B. Comparisons of Superiority and Inferiority

All comparatives in German are formed with **-er.**

To compare two unequal persons or things, add **-er** to the adjective or adverb. Note that the comparative form of German adjectives and adverbs always ends in **-er,** whereas English sometimes uses the adjective with the word *more.*

als = *than*	Ein Fahrrad ist **billiger als** ein Motorrad.	*A bicycle is cheaper than a motorcycle.*
	Lydia ist **intelligenter als** ihre Schwester.	*Lydia is more intelligent than her sister.*
	Jens läuft **schneller als** Ernst.	*Jens runs faster than Ernst.*

Adjectives that end in **-el** and **-er** drop the **-e-** in the comparative form.

teuer / teuerer
dunkel / dunkeler

Eine Wohnung in Regensburg ist teuer, aber eine Wohnung in München ist noch **teurer.**	*An apartment in Regensburg is expensive, but an apartment in Munich is even more expensive.*
Gestern war es dunkel, aber heute ist es **dunkler.**	*Yesterday it was dark, but today it is darker.*

C. The Superlative

To express the superlative in German, use the contraction **am** with a predicate adjective or adverb plus the ending **-sten.**

Ein Porsche ist schnell, ein Flugzeug ist schneller, eine Rakete ist am schnellsten.	*A Porsche is fast, an airplane is faster, a rocket is the fastest.*

Superlatives: **am + -sten**

Unlike the English superlative, which has two forms, all German adjectives and adverbs form the superlative in this way.

Hans ist **am jüngsten.**	*Hans is the youngest.*
Jens ist **am tolerantesten.**	*Jens is the most tolerant.*

When the adjective or adverb ends in **-d** or **-t,** or an **s**-sound such as **-s, -ß, -sch, -x,** or **-z,** an **-e-** is inserted between the stem and the ending.

frisch → am frisch**esten**	heiß → am heiß**esten**
gesund → am gesünd**esten**	intelligent → am intelligent**esten**

Um die Mittagszeit ist es oft am heißesten.	*The hottest (weather) is often around noontime.*

Groß is an exception to the rule: **am größten.**

Irregular comparatives and
superlatives have an umlaut
whenever possible.

D. Irregular Comparative and Superlative Forms

The following adjectives have an umlaut in the comparative and the superlative.

alt	älter	am ältesten
gesund	gesünder	am gesünd**esten**
groß	größer	am größten
jung	jünger	am jüngsten
kalt	kälter	am kält**esten**
krank	kränker	am kränksten
kurz	kürzer	am kürz**esten**
lang	länger	am längsten
warm	wärmer	am wärmsten

Im März ist es oft **wärmer** als im Januar. Im August ist es **am wärmsten.**

In March it's often warmer than in January. It's warmest in August.

As in English, some superlative forms are very different from their base forms:

gern	lieber	am liebsten
gut	besser	am besten
hoch	höher	am höchsten
nah	näher	am nächsten
viel	mehr	am meisten

Ich spreche Deutsch, Englisch und Spanisch. Englisch spreche ich **am besten** und Deutsch spreche ich **am liebsten.**

I speak German, English, and Spanish. I speak English the best, and I like to speak German the most.

E. Superlative Forms Preceding Nouns

Superlatives before nouns in
the nominative:
der/das/die + **-(e)ste**
die (*pl.*) + **-(e)sten**

When the superlative form of an adjective is used with a definite article (**der, das, die**) directly *before* a noun, it has an **-(e)ste** ending in all forms of the nominative singular and an **-(e)sten** ending in the plural. You will get used to the **-e/-en** distribution as you have more experience listening to and reading German. (A more detailed description of adjectives that precede nouns will follow in **Kapitel 8.**)

	Fluss (*m.*)	Tal (*n.*)	Wüste (*f.*)	Berge (*pl.*)
Nominative	der längst**e**	das tiefst**e**	die größt**e**	die höchst**en**

—Wie heißt der längste Fluss Europas?
—Wolga.

What is the name of the longest river in Europe?
The Volga.

—In welchem Land wohnen die meisten Menschen?
—In China.

What country has the most people?
China.

ÜBUNG 3 Vergleiche

Vergleichen Sie.

> MODELL Wien / Göttingen / klein → Göttingen ist kleiner als Wien.

1. Berlin / Zürich / groß
2. San Francisco / München / alt
3. Hamburg / Athen / warm
4. das Matterhorn / der Mount Everest / hoch
5. der Mississippi / der Rhein / lang
6. die Schweiz / Liechtenstein / klein
7. Leipzig / Kairo / kalt
8. ein Fernseher / eine Waschmaschine / billig
9. Schnaps / Bier / stark
10. ein Haus in der Stadt / ein Haus auf dem Land / schön
11. zehn Euro / zehn Dollar / viel
12. eine Wohnung in einem Studentenheim / ein Appartement / teuer
13. ein Fahrrad / ein Motorrad / schnell
14. ein Sofa / ein Stuhl / schwer
15. Milch / Bier / gut

ÜBUNG 4 Biographische Daten

Vergleichen Sie. [(+) = Superlativ]

> MODELL alt / Thomas / Stefan → Thomas ist **älter** als Stefan.
> alt (+) → Heidi ist am ältesten.

	Thomas	Heidi	Stefan	Monika
Alter	19	22	18	21
Größe	1,89 m	1,75 m	1,82 m	1,69 m
Gewicht	75 kg	65 kg	75 kg	57 kg
Haarlänge	20 cm	15 cm	5 cm	25 cm
Note in Deutsch	B	A	C	B

1. schwer / Monika / Heidi
2. schwer (+)
3. gut in Deutsch / Thomas / Stefan
4. gut in Deutsch (+)
5. klein / Heidi / Stefan
6. klein (+)
7. jung / Thomas / Stefan
8. jung (+)
9. lang / Heidis Haare / Thomas' Haare
10. lang (+)
11. kurz / Monikas Haare / Heidis Haare
12. kurz (+)
13. schlecht in Deutsch / Heidi / Monika
14. schlecht in Deutsch (+)

Geographie und Geschichte

MODELL   Das Tal des Todes (−86 m) liegt tiefer als das Kaspische Meer
(−28 m). →
Das Tote Meer (−396 m) liegt am tiefsten.

1. In Rom (25,6°C) ist es im Sommer heißer als in München (17,2°C).
2. In Wien (−1,4°C) ist es im Winter kälter als in Paris (3,5°C).
3. Liechtenstein (157 km²)* ist kleiner als Luxemburg (2 586 km²).
4. Deutschland (911) ist älter als die Schweiz (1291).
5. Kanada (1840) ist jünger als die USA (1776).
6. Der Mississippi (6 021 km) ist länger als die Donau (2 850 km).
7. Philadelphia (40° nördl. Breite) liegt nördlicher als Kairo
(30° nördl. Breite).
8. Der Mont Blanc (4 807 m) ist höher als der Mount Whitney (4 418 m).
9. Österreich (83 849 km²) ist größer als die Schweiz (41 288 km²).

a. Athen (27,6°C)
b. das Tote Meer (−396 m)
c. Deutschland (357 050 km²)
d. Frankfurt (50° nördl. Breite)
e. Frankreich (498)
f. Monaco (1,49 km²)
g. Moskau (−9,9°C)
h. der Mount Everest (8 848 m)
i. der Nil (6 671 km)
j. Südafrika (1884)

7.3 Referring to and asking about things and ideas: *da*-compounds and *wo*-compounds

In both German and English, personal pronouns are used directly after prepositions when these pronouns refer to people or animals.

Ich werde bald **mit ihr** sprechen.	*I'll talk to her soon.*
—Bist du mit Josef gefahren?	*Did you go with Josef?*
—Ja, ich bin **mit ihm** gefahren.	*Yes, I went with him.*

da- or **dar-** + preposition

When the object of the preposition is a thing or concept, it is common in
English to use the pronoun *it* or *them* with a preposition: *with it, for them,*
and so on. In German, it is preferable to use compounds that begin with **da-**
(or **dar-** if the preposition begins with a vowel).[†]

daraus	*out of it/them*	darin	*in it/them*
damit	*with it/them*	daran	*on it/them*
davon	*from it/them*	darauf	*on top of it/them*
dazu	*to it/them*	dahinter	*behind it/them*
		davor	*in front of it/them*
dadurch	*through it/them*	darüber	*over it/them*
dafür	*for it/them*	darunter	*underneath it/them*
dagegen	*against it/them*	daneben	*next to it/them*
		dazwischen	*between it/them*

—Was macht man mit einer Hupe?	*What do you do with a horn?*
—Man warnt andere Leute **damit.**	*You warn other people with it.*

---

*km² = Quadratkilometer
[†]Note that the following prepositions cannot be preceded by **da(r)-: ohne, außer, seit.**

—Hast du etwas gegen das Rauchen?
Do you have something against smoking?

—Nein, ich habe nichts **dagegen.**
No, I don't have anything against it.

Some **da**-compounds are idiomatic.

dabei *on me/you …*	darum *that's why*
Hast du Geld **dabei?**	*Do you have any money on you?*
Darum hast du auch kein Glück.	*That's why you don't have any luck.*

Use a preposition + wem or wen to ask about people.

Questions about people begin with **wer** (*who*) or **wen/wem** (*whom*). If a preposition is involved, it precedes the question word.

—Mit **wem** gehst du ins Theater?
Who will you go to the theater with? (With whom …?)

—Mit Melanie.
With Melanie.

—In **wen** hast du dich diesmal verliebt?
Who did you fall in love with this time? (With whom …?)

Use wo- + a preposition to ask about things or ideas.

Questions about things and concepts begin with **was** (*what*). If a preposition is involved, German speakers use compound words that begin with **wo-** (or **wor-** if the preposition begins with a vowel).

—**Womit** fährst du nach Berlin?
How are you getting to Berlin?

—Mit dem Bus.
By bus.

—**Worüber** sprichst du?
What are you talking about?

—Ich spreche über den neuen Film von Doris Dörrie.
I'm talking about Doris Dörrie's new film.

People	Things and Concepts
mit wem	womit
von wem	wovon
zu wem	wozu
an wen	woran
für wen	wofür
über wen	worüber
auf wen	worauf
um wen	worum

—**Von wem** ist die Oper „Parsifal"?
Who is the opera Parzival by?

—Von Richard Wagner.
By Richard Wagner.

—**Wovon** handelt diese Oper?
What is the opera about?

—Von der Suche nach dem Gral.
About the search for the Holy Grail.

Strukturen und Übungen **263**

ÜBUNG 6   Juttas Zimmer

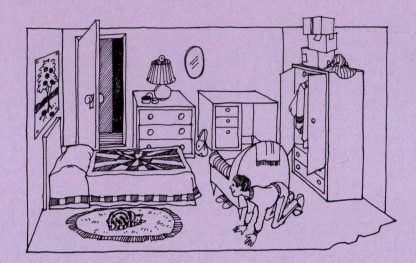

Da-compounds:

1 **dahinter**
2 **daneben**
3 **daran**
4 **darauf**
5 **darin**
6 **darüber**
7 **darunter**
8 **davor**
9 **dazwischen**

Ergänzen Sie!

Links[1] ist eine Kommode. Eine Lampe steht ___4___.[a] Rechts ___2___[b] steht der Schreibtisch. ___4___[c] steht Juttas Tasche. An der Wand steht ein Schrank. ___5___[d] hängen Juttas Sachen. Links an der Wand steht Juttas Bett. ___2/8___[e] liegt die Katze auf dem Teppich. An der Wand ___6___[f] hängt ein Bild. Auf dem Bild ist eine Wiese mit einem Baum. ___4___[g] hängen Äpfel. Mitten im Zimmer steht ein Sessel. ___7___[h] sieht man Juttas Schuhe und ___1___[i] hat sich Hans versteckt.[2]

ÜBUNG 7   Ein Interview mit Richard

Das folgende Interview ist nicht vollständig. Es fehlen die Fragen. Rekonstruieren Sie die Fragen aus den Antworten.

1. Ich gehe am liebsten **mit meiner Kusine** ins Theater.
2. Am meisten freue ich mich **auf die Ferien.**
3. Ich muss immer **auf meinen Freund** warten. Er kommt immer zu spät.
4. In letzter Zeit habe ich mich **über meinen Physiklehrer** geärgert.
5. Wenn ich „USA" höre, denke ich **an Wolkenkratzer und Gettos, an den Grand Canyon und die Rocky Mountains und natürlich an Iowa.**
6. Zur Schule fahre ich meistens **mit dem Fahrrad, manchmal auch mit dem Bus.**
7. Ich schreibe nicht gern **über Sachen,** die mich nicht interessieren, wie zum Beispiel die Vorteile und Nachteile des Kapitalismus.
8. Meinen letzten Brief habe ich **an einen alten Freund von mir** geschrieben. Der ist vor kurzem nach Graz gezogen, um dort Jura zu studieren.
9. Ich halte nicht viel **von meinen Lehrern.** Die tun nur immer so, als wüssten sie alles; in Wirklichkeit wissen die gar nichts.

[1]*To the left*   [2]hat... *Hans has hidden himself*

7.4 The perfect tense (review)

Wissen Sie noch?

The perfect tense consists of a form of the present tense of **haben** or **sein** + the past participle.

Review grammar 4.1.

As you remember from **Kapitel** 4, it is preferable to use the perfect tense in oral communication when talking about past events.

Ich **habe** im Garten Äpfel **gepflückt**.	*I picked apples in the garden.*

To form the perfect tense, use **haben** or **sein** as an auxiliary with the past participle of the verb.

A. **haben** or **sein**

Use **haben** with most verbs. Use **sein** if the verb:
- cannot take an accusative object
- indicates change of location or condition.
See Appendix F (II) for a list of common verbs and their auxiliaries.

Haben is by far the more commonly used auxiliary. **Sein** is normally used only when both of the following conditions are met: (1) The verb cannot take an accusative object. (2) The verb implies a change of location or condition.

Bertolt Brecht **ist** 1956 in Berlin **gestorben**.	*Bertolt Brecht died in Berlin in 1956.*
Ernst **ist** mit seinem Hund **spazieren gegangen**.	*Ernst went for a walk with his dog.*

In spite of the fact that there is no change of location or condition, the following verbs also take **sein** as an auxiliary: **sein, bleiben,** and **passieren**.

Letztes Jahr **bin** ich in St. Moritz **gewesen**.	*Last year I was in St. Moritz.*
Was **ist passiert**?	*What happened?*

B. Forming the Past Participle

Strong verbs end in **-en**; weak verbs end in **-t** or **-et**.

There are basically two ways to form the past participle. Strong verbs add the prefix **ge-** and the ending **-en** to the stem. Weak verbs add the prefix **ge-** and the ending **-t** or **-et**.

rufen	hat **gerufen**	*to shout, call*
reisen	ist **gereist**	*to travel*
arbeiten	hat **gearbeitet**	*to work*

In the past-participle form, most, but not all, strong verbs have a changed stem vowel or stem.

gehen	ist geg**a**ngen	*to walk*
werfen	hat gew**o**rfen	*to throw*
but: laufen	ist gelaufen	*to run*

Very few weak verbs have a change in the stem vowel. Here are some common weak verbs that do change.

dürfen	hat ged**u**rft	*to be allowed to*
können	hat gek**o**nnt	*to be able to*
müssen	hat gem**u**sst	*to have to*
bringen	hat geb**ra**cht	*to bring*
denken	hat ged**a**cht	*to think*
rennen	ist ger**a**nnt	*to run*
wissen	hat gew**u**sst	*to know (as a fact)*

C. Past Participles with and without ge-

no **ge-** with
- verbs ending in **-ieren**
- inseparable prefix verbs

Another group of verbs forms the past participle without **ge-**. You will recognize them because, unlike most verbs, they are not pronounced with an emphasis on the first syllable. These verbs fall into two major groups: those that end in **-ieren** and those that have inseparable prefixes.

passieren	ist passiert	*to happen*
studieren	hat studiert	*to study, go to college*
verlieren	hat verloren	*to lose*
erlauben	hat erlaubt	*to allow*

common inseparable prefixes
- **be-**
- **ent-**
- **er-**
- **ge-**
- **ver-**

The most common inseparable prefixes are **be-, ent-, er-, ge-,** and **ver-**.

besuchen	hat besucht	*to visit*
entdecken	hat entdeckt	*to discover*
erzählen	hat erzählt	*to tell*
gewinnen	hat gewonnen	*to win*
versprechen	hat versprochen	*to promise*

The past participle of separable-prefix verbs is formed by adding the prefix to the past participle of the base verb.

anfangen	hat angefangen	*to begin*
aufstehen	ist aufgestanden	*to get up*
einschlafen	ist eingeschlafen	*to fall asleep*
nachdenken	hat nachgedacht	*to think over*

ÜBUNG 8 Renate

Ergänzen Sie **haben** oder **sein**.

1. In meiner Schulzeit _____ ich nie gern aufgestanden.
2. Meine Mutter _____[a] mich immer geweckt, denn ich _____[b] nie von allein aufgewacht.
3. Ich _____[a] ganz schnell etwas gegessen und _____[b] zur Schule gerannt.
4. Meistens hatte es schon zur Stunde geklingelt, wenn ich angekommen _____ .
5. In der Schule war es oft langweilig; in Biologie _____ ich sogar einmal eingeschlafen.
6. Einmal in der Woche hatten wir nachmittags Sport. Am liebsten _____[a] ich Basketball gespielt und _____[b] geschwommen.
7. Auf dem Weg nach Hause _____[a] ich einmal einen Autounfall gesehen. Zum Glück _____[b] nichts passiert.
8. Aber viele Leute _____[a] herumgestanden, bis die Polizei gekommen _____[b].
9. Sie _____[a] geblieben, bis eine Autowerkstatt die kaputten Autos abgeholt _____[b].
10. Ich _____ nicht so lange gewartet, denn ich musste viele Hausaufgaben machen.

Ernst

Ernst war fleißig. Er hat schon alles gemacht. Übernehmen Sie seine Rolle.

MODELL Steh bitte endlich auf! → Ich bin schon aufgestanden.

1. Mach bitte Frühstück!
2. Trink bitte deine Milch!
3. Mach bitte den Tisch sauber!
4. Lauf mal schnell zum Bäcker!
5. Bring bitte Brötchen mit!
6. Nimm bitte Geld mit!
7. Füttere bitte den Hund!
8. Mach bitte die Tür zu!

7.5 The simple past tense of *haben* and *sein*

When talking about events that have already happened, people commonly use the verbs **haben** and **sein** in the simple past tense instead of the perfect tense. The conjugations appear below; notice that the **ich-** and the **er/sie/es-** forms are the same.

Warst du schon mal im Ausland?
Letzte Woche **hatte** ich einen Autounfall.

Have you ever been abroad?
Last week I had a car accident.

sein				haben			
ich	war	*wir*	waren	*ich*	hatte	*wir*	hatten
du	warst	*ihr*	wart	*du*	hattest	*ihr*	hattet
Sie	waren	*Sie*	waren	*Sie*	hatten	*Sie*	hatten
er *sie* *es*	war	*sie*	waren	*er* *sie* *es*	hatte	*sie*	hatten

ÜBUNG 10 **Minidialoge**

Ergänzen Sie eine Form von **war** oder **hatte.**

1. FRAU GRETTER: Ihr Auto sieht ja so kaputt aus. _____ᵃ Sie einen Unfall?
   HERR THELEN: Ja, leider _____ᵇ ich wieder mal einen Unfall. Das ist schon der dritte in dieser Woche.
2. FRAU KÖRNER: Sie sind aber braun geworden. _____ Sie im Urlaub?
   MICHAEL PUSCH: Ja, ich war drei Wochen in der Türkei.
3. HANS: Warum _____ᵃ ihr gestern nicht in der Schule?
   JENS UND JUTTA: Wir _____ᵇ keine Zeit.
4. CLAIRE: _____ᵃ du schon mal in Linz, Melanie?
   MELANIE: Ja, ich _____ᵇ schon ein paar mal da. Aber nur auf der Durchreise.
5. MARIA SCHNEIDER: Wo warst du letzte Woche, Jens?
   JENS: Ich _____ Ferien und war bei meinen Großeltern auf dem Land.
6. JUTTA: Michael, sag mal, _____ du schon mal eine Reifenpanne?
   MICHAEL PUSCH: Nein, Gott sei Dank noch nie.
7. CLAIRE: Ich habe dich gestern im Kino gesehen. _____ᵃ du allein?
   JOSEF: Ja, Melanie _____ᵇ gestern zu Hause. Sie _____ᶜ keine Lust, ins Kino zu gehen.

Georg Flegel: *Stilleben mit Obst und Krebsen* (ca. 1630), Nationalgalerie, Warschau

GEORG FLEGEL

Georg Flegel (1563–1638) war der erste und vielleicht wichtigste Stillebenmaler[1] in Deutschland. Seine Bilder sind ein perfektes Abbild der Gegenstände,[2] aber im Sinne des Barock haben sie ein fast magisches Eigenleben.[3] Typisch für Flegels Werke ist, dass oft ein kleines Lebewesen[4] in Kontrast zu den leblosen Objekten des Stillebens tritt.

[1] still life painter [2] Abbild... likeness of the objects [3] life of their own [4] living creature

Essen und Einkaufen

In **Kapitel 8,** you will learn to talk about shopping for food and cooking and about the kinds of foods you like. You will also talk about household appliances and about dining out.

Themen

Essen und Trinken
Haushaltsgeräte
Einkaufen und Kochen
Im Restaurant

Kulturelles

Videoblick: Gesunde Ernährung
Essgewohnheiten
Stichwort „Restaurant"
Videoecke: Essen

Lektüren

Mord im Café König?
Porträt: Hans Riegel und Bonn

Strukturen

8.1 Adjectives: an overview

8.2 Attributive adjectives in the nominative and accusative cases

8.3 Destination vs. location: **stellen/stehen, legen/liegen, setzen/sitzen, hängen/hängen**

8.4 Adjectives in the dative case

8.5 Talking about the future: the present and future tenses

Situationen

Essen und Trinken

■ **Grammatik 8.1–8.2**

der Honig • der Zucker • der Kakao • der Käse • der Orangensaft • der Schinken

das Brot • die Kaffeesahne • der Kaffee • **das Frühstück** • der Tee • das Ei • die Marmelade • die Brötchen

Meistens esse ich ein frisches Brötchen, ein gekochtes Ei und selbstgemachte Marmelade zum Frühstück. Außerdem brauche ich einen starken Kaffee. Am Wochenende esse ich auch Schinken und Käse und trinke einen frisch gepressten Orangensaft. Als ich ein Kind war, habe ich meistens Milch mit Honig getrunken, später auch Tee.

Zu Mittag esse ich am liebsten einen gemischten Salat, gebratenes Fleisch oder gegrillten Fisch mit gekochten Kartoffeln. Auch Hähnchen mag ich ganz gern und Karotten mit viel Salz und Pfeffer. Meistens trinke ich eine Apfelschorle. Das ist ein Gemisch aus Apfelsaft und Mineralwasser. Am Sonntag trinke ich vielleicht auch mal ein Glas Wein, am liebsten Rotwein.

die Cola

Hähnchen mit Karotten und Pommes

das Mineralwasser

der Apfelsaft

Buletten mit Kartoffelbrei

der Rotwein

Forelle blau

die Kartoffeln

das Mittagessen

das Salz

der Pfeffer

Hirschbraten mit Spätzle und Pfifferlingen

Am Abend esse ich gern rustikal: Brot, Butter, Schinken, Käse. Rohen Schinken esse ich gern mit Meerrettich. Manchmal mache ich mir auch ein Paar warme Würstchen. Die esse ich dann mit Senf. Emmentaler esse ich gern mit sauren Essiggurken. Dazu trinke ich entweder ein Glas Milch oder Saft mit Mineralwasser.

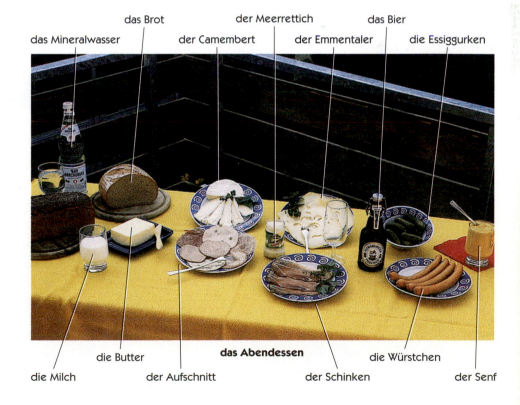

das Mineralwasser

das Brot

der Camembert

der Meerrettich

der Emmentaler

das Bier

die Essiggurken

die Milch

die Butter

der Aufschnitt

das Abendessen

der Schinken

die Würstchen

der Senf

SITUATION 1 Umfrage: Isst du gern fettige Hamburger?

MODELL S1: Isst du gern fettige Hamburger?
S2: Ja!
S1: Unterschreib bitte hier!

UNTERSCHRIFT

1. Isst du gern fettige Hamburger? _____
2. Isst du oft Chinesisch? _____
3. Isst du oft frisches Obst? _____
4. Frühstückst du selten? _____
5. Isst du zum Frühstück gern gebratene
   Eier mit Speck? _____
6. Isst du meistens in der Mensa? _____
7. Isst du manchmal Pizza? _____
8. Würzt du dein Essen mit viel Pfeffer? _____
9. Isst du selten zu Hause? _____
10. Hast du für heute ein belegtes Brot dabei? _____

SITUATION 2 Informationsspiel: Mahlzeiten und Getränke

MODELL S1: Was isst Stefan zum Frühstück?
S2: _____

	Frau Gretter	Stefan	Andrea
zum Frühstück essen	frische Brötchen		
zum Frühstück trinken	schwarzen Kaffee		heißen Kakao
zu Mittag essen		belegte Brote und Kartoffelchips	
zu Abend essen	nichts, sie will abnehmen		Brot mit Honig
nach dem Sport trinken			Apfelsaft
auf einem Fest trinken		mexikanisches Bier	
essen, wenn er/sie groß ausgeht	etwas für Kalorienbewusste		den schönsten Kinderteller

Videoblick

Gesunde Ernährung[1]

Wenn man gesund sein möchte, muss man sich gesund ernähren.[2] Aber viele moderne Lebensmittel sind nicht gesund. Deshalb kaufen immer mehr Menschen Lebensmittel aus kontrolliertem ökologischen Anbau,[3] so genannte Bioprodukte.[4] Der Ausschnitt aus *Blickkontakte* vergleicht Bioprodukte mit Produkten aus dem Supermarkt.

- Sind Biolebensmittel teurer als die Lebensmittel im Supermarkt?
- Wann spricht man von Bioeiern?
- Was unterscheidet Bioradieschen von Radieschen aus dem Supermarkt?
- Warum sind Biowürstchen so teuer?

Ein Bund Bioradieschen kostet einen Euro zwanzig, doppelt so viel wie im Supermarkt.

[1]nutrition [2]sich ernähren: *to eat, get nourishment*
[3]cultivation [4]organic products

SITUATION 3 ## Ratespiel: Regionale Spezialitäten

Was glauben Sie? Wo isst oder trinkt man diese regionalen Spezialitäten? Es gibt viele richtige Antworten.

1. Wo trinkt man Berliner Weiße?
2. Wo isst man selbstgemachte Fleischchüechli?
3. Wo isst man gebratene Eier und Speck?
4. Wo isst man deftige Knödel?
5. Wo isst man frischen Fisch aus der Nordsee?
6. Wo trinkt man frisch gepressten Orangensaft?
7. Wo isst man frische Semmeln?
8. Wo trinkt man eiskalten Eistee?
9. Wo isst man Rote Grütze?
10. Wo trinkt man sächsisches Schwarzbier?

in Österreich   in Berlin   in Sachsen

in den USA   in Norddeutschland

in der Schweiz

in Bayern

Situationen   **273**

Essgewohnheiten

- Was ist in Ihrem Land ein typisches Essen?
- Welche Art von ausländischem Essen ist in Ihrem Land besonders beliebt? Stellen Sie eine Rangliste von eins (am wenigsten beliebt) bis zehn (am meisten beliebt) auf.

_____ italienisch	_____ französisch	_____ deutsch	_____ koreanisch	_____ japanisch
_____ griechisch	_____ mexikanisch	_____ spanisch	_____ chinesisch	_____ indisch

- Welche Art von ausländischem Essen ist in Deutschland am beliebtesten? Raten Sie!

  ☐ chinesisch   ☐ türkisch   ☐ italienisch   ☐ griechisch   ☐ französisch

Lesen Sie den Text, und suchen Sie Antworten auf die Fragen.

ETHNIC FOOD

MULTI-KULTI-KÜCHE

Eine Studie über Essgewohnheiten zeigt: Am Kochtopf sind die Deutschen besonders ausländerfreundlich

Das morgendliche Croissant zum Cappuccino, die Pizza und die Frühlingsrolle animierten unlängst[1] das SZ-Magazin[2] zu der Frage: „Wie konnten wir früher satt werden,[3] ohne Mozzarella und Basilikum zu kennen?"

Der Deutsche, so belegt[4] ein Rundgang durch Supermärkte und Restaurants, serviert Grünkohl, Schweinebraten und Eisbein anscheinend[5] nur noch auf Volksfesten und für Touristenmenüs. Er aber wendet sich statt dessen[6] liebevoll griechischem Fetakäse, Curry und Couscous zu.[7] Und ohne Pasta kann er schon gar nicht mehr leben.

- Welche ausländischen Speisen und Getränke können Sie im Text identifizieren? Aus welchen Ländern kommen sie ursprünglich?
- Welche deutschen Speisen und Getränke können Sie identifizieren?
- Wo und für wen servieren die Deutschen anscheinend nur noch deutsches Essen?

Schauen Sie sich die Grafik genau an und beantworten Sie die Fragen.

- Wer isst zu Hause öfter ausländisch, Leute unter 35 oder über 55?
- Wie viel Prozent der Deutschen unter 35 gehen sehr häufig in ein ausländisches Restaurant?
- Wie viel Prozent der Deutschen über 55 gehen nie in ein ausländisches Restaurant?

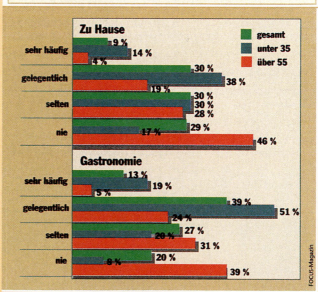

ETHNIC FOOD – DA WIRD ES GEGESSEN

Zu Hause — gesamt, unter 35, über 55

	gesamt	unter 35	über 55
sehr häufig	9 %	14 %	4 %
gelegentlich	30 %	38 %	19 %
selten	30 %	30 %	28 %
nie	29 %	17 %	46 %

Gastronomie

	gesamt	unter 35	über 55
sehr häufig	13 %	19 %	5 %
gelegentlich	39 %	51 %	24 %
selten	20 %	27 %	31 %
nie	8 %	20 %	39 %

FOCUS-Magazin

[1] _not long ago, lately_   [2] _magazine supplement to the „Süddeutsche Zeitung"_   [3] _satt... get sated, full_   [4] _verifies_   [5] _apparently_   [6] _statt... instead (of that)_   [7] _wendet sich... zu turns to_

Interview: Die Mahlzeiten

1. Was isst du normalerweise zum Frühstück? Was zu Mittag?
2. Isst du viel zu Abend? Was?
3. Isst du immer eine Nachspeise? Was isst du am liebsten als Nachspeise?
4. Trinkst du viel Kaffee?
5. Isst du zwischen den Mahlzeiten? Warum (nicht)?
6. Was isst du, wenn du mitten in der Nacht großen Hunger hast?
7. Was trinkst du, wenn du auf Feste gehst?
8. Was hast du heute Morgen gegessen und getrunken?
9. Was isst du heute zu Mittag?
10. Was isst du heute zu Abend?

Haushaltsgeräte

■ **Grammatik 8.3**

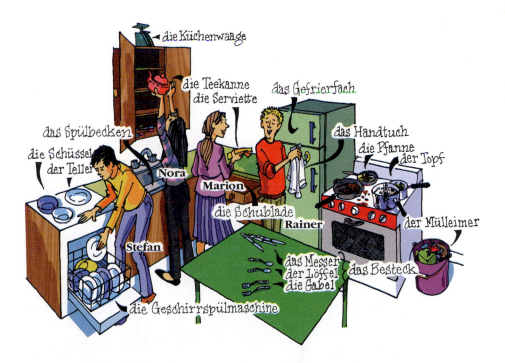

Stefan stellt die Schüsseln und Teller in die Geschirrspülmaschine.
Nora stellt die Teekanne in den Schrank.
Marion legt die Servietten in die Schublade.
Rainer hängt das Handtuch an den Haken.
Die schmutzigen Töpfe und Pfannen stehen auf dem Herd.
Messer, Gabeln und Löffel liegen auf dem Tisch.

Was kosten diese Gegenstände?

Listen Sie die Gegenstände in jeder Gruppe dem Preis nach. Beginnen Sie mit dem teuersten Gegenstand. Wählen Sie dann aus jeder Gruppe die vier Gegenstände aus, auf die Sie am wenigsten verzichten[1] könnten.

GRUPPE A

1. eine Kaffeemaschine
2. ein elektrischer Dosenöffner
3. eine Küchenmaschine
4. ein Korkenzieher
5. eine Kaffeemühle
6. ein Bügeleisen
7. eine Küchenwaage
8. ein Toaster

GRUPPE B

1. ein Mikrowellenherd
2. ein Kühlschrank
3. eine Geschirrspülmaschine
4. eine Waschmaschine
5. ein Wäschetrockner
6. ein Grill
7. ein Staubsauger
8. eine Gefriertruhe

Was brauchen Sie dazu?

1. Sie bekommen ein Paket, das mit einer Schnur zugebunden ist. Sie wollen die Schnur durchschneiden.
2. Sie wollen sich ein belegtes Brot machen und eine Scheibe Wurst abschneiden.
3. Sie wollen sich eine Dose Suppe heiß machen und müssen die Dose aufmachen.
4. Sie haben Gäste und wollen ein paar Flaschen Bier aufmachen.
5. Sie wollen eine Kerze anzünden.
6. Sie wollen Tee kochen und müssen Wasser heiß machen.
7. Sie haben eine Reifenpanne und müssen einen rostigen Nagel aus einem Autoreifen ziehen.
8. Sie wollen ein Bild aufhängen und müssen einen Nagel in die Wand schlagen.
9. Beim Gewitter ist der Strom ausgefallen. Es ist total dunkel in Ihrem Zimmer.

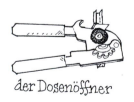

die Zange

die Schere

die Streichhölzer

der Hammer

das Küchenmesser

der Teekessel

die Taschenlampe

der Flaschenöffner

der Dosenöffner

[1]*do without*

SITUATION 7 Diskussion: Haushaltsgeräte

1. Welche elektrischen Haushaltsgeräte haben Sie, Ihre Eltern oder Freunde? Welches Gerät finden Sie am wichtigsten?
2. Stellen Sie sich vor, Sie dürfen nur ein Gerät im Hause haben. Welches wählen Sie und warum?
3. Welche Werkzeuge sollte es in jedem Haushalt geben?
4. Sie wollen übers Wochenende zum Zelten. Machen Sie eine Liste, welche Geräte Sie zum Essen und Kochen brauchen.
5. Sie planen ein elegantes Picknick. Was packen Sie alles ein?

Lektüre

Vor dem Lesen

LESEHILFE

This reading is written in the present and past tenses. Note that the narration is in the present tense, while quotations are in the past tense. How does this mixing of tenses and the interspersing of narration with spoken text make the story more interesting?

Der Titel der Geschichte ist „Mord im Café König". Welche Möglichkeiten gibt es bei einem typischen Mord? Füllen Sie die Tabelle aus, ohne den Text zu lesen.

Tat	*Mord*	Motiv	
Tatort		Augenzeugen[3]	
Täter[1]		Beweise[4]	
Mordwaffe[2]			

[1]*person(s) who did it, the perpetrator(s)* [2]*murder weapon* [3]*eyewitnesses* [4]*pieces of evidence*

Miniwörterbuch

aufschlagen	to open up	**sich kümmern um**	to pay attention to
aussagen	to state		
beachten	to notice	**merken**	to notice
beobachten	to observe	**nachher**	afterward
betreten	to enter	**quietschend**	screeching
bleich	pale	das **Steuer**	steering wheel
sich erinnern an (+ *acc.*)	to remember	**Streife gehen**	to be on patrol
		verlassen	to leave
hinunterbeugen	to bend over	**verschütten**	to spill
		verschwinden	to disappear
der **Kiosk**	newsstand	**wirken**	to look

Mord im Café König?

Ein Mann steigt auf der Königsallee in Düsseldorf aus einem Taxi, zahlt und geht zu einem Kiosk. Er wirkt nervös, sieht sich mehrmals um.

„Er hat mir über zwei Euro Trinkgeld gegeben", sagte der Taxifahrer nachher aus.

5| Am Kiosk kauft der Mann eine *Süddeutsche Zeitung* und eine *International Herald Tribune.* Wieder sieht er sich mehrere Male um und beobachtet die Straße.

    „Ich glaube, er hörte nicht gut, er hat mich dreimal nach dem Preis gefragt", sagte der Kioskbesitzer aus.

10| Ein dunkelgrauer Mercedes 450 SL mit drei Männern und einer Frau am Steuer parkt gegenüber. Die vier beobachten den Mann. Der sieht sie und geht schnell in die Köpassage, ein großes Einkaufszentrum mit vielen Geschäften, Restaurants und Cafés. Zwei der Männer steigen aus und folgen ihm.

    „Sie trugen graue Regenmäntel", sagte ein Passant, als Inspektor Schilling

15| ihm die Fotos der Männer zeigte.

    Der Mann mit den beiden Zeitungen betritt das Café König, setzt sich in eine Ecke, schlägt sehr schnell eine der Zeitungen auf und versteckt sich dahinter.

    „Er wirkte sehr nervös," sagte die Kellnerin.

20| Er bestellt einen Kaffee und einen Kognak und zahlt sofort.

    „Er verschüttete die Milch, als er sie in den Kaffee goss, aber er gab mir ein sehr gutes Trinkgeld", sagte die Kellnerin weiter aus.

    Die beiden Männer in den Regenmänteln betreten das Café und sehen sich um. Als sie den Mann hinter der aufgeschlagenen *Herald Tribune* erkennen,

25| gehen sie hinüber und setzen sich an den Nachbartisch.

    „Sie waren sehr unfreundlich und bestellten beide Mineralwasser", meinte die Kellnerin, die sie bediente.

    Eine attraktive Frau, Mitte dreißig, betritt das Café, sieht sich um, lächelt, als sie den Mann mit der Zeitung sieht, wird bleich, als ihr Blick auf die bei-

30| den Männer fällt. Sie setzt sich in eine andere Ecke und beobachtet alles.

    „Sie war sehr elegant gekleidet", sagte der Kellner, der an ihrem Tisch bediente.

    Schließlich geht einer der Männer zu dem Mann mit der Zeitung hinüber, er beugt sich zu ihm hinunter und hinter die Zeitung. Plötzlich fällt der Mann

35| mit der Zeitung mit dem Kopf auf den Tisch. Er bewegt sich nicht mehr. Der andere nimmt ihm die *Herald Tribune* aus der Hand, faltet sie schnell zusammen. Die ersten Leute werden unruhig, weil sie merken, dass etwas passiert ist. Die beiden Männer rennen aus dem Café, über die Königsallee und springen in den parkenden Wagen.

40| „Sie sind mit quietschenden Reifen davongefahren", berichtete ein Polizist, der gerade Streife ging.

    Die Gäste des Cafés laufen jetzt laut schreiend durcheinander. Keiner beachtet die Frau, die zu dem Toten hinübergeht und die *Süddeutsche Zeitung* nimmt, sie unter den Arm steckt und schnell das Café verlässt.

45| „Ich erinnere mich so gut an sie, weil sie nicht bezahlt hat", sagte der Kellner.

    Die Polizei ist sehr schnell da. Immer noch laufen alle Leute durcheinander, keiner kümmert sich um den Toten. Als die Polizei den Toten sehen will, ist der verschwunden.

50| Inspektor Schilling fragt: Was ist passiert?

Arbeit mit dem Text

A. Wer hat das gesagt? Suchen Sie die Namen der Personen im Text.

> „Der Mann hat mir mehr als zwei Euro Trinkgeld gegeben."
> „Er hat bei mir zwei Zeitungen gekauft."
> „Die Männer trugen graue Regenmäntel."
> „Weil der Mann sehr nervös war, verschüttete er die Milch."
> „Sie bestellten Mineralwasser und waren sehr unfreundlich."
> „Die Frau war sehr elegant gekleidet."
> „Die Männer sind mit quietschenden Reifen weggefahren."
> „Die Frau hat nicht bezahlt, deshalb erinnere ich mich an sie."

B. Dieser Text hat zwei Teile: 1. Einen Bericht der Fakten im Präsens. 2. Zitate von Augenzeugen in der direkten Rede. Kennzeichnen Sie, was zum Bericht (B) oder zu den Zitaten (Z) gehört.

Nach dem Lesen

A. In dieser Geschichte bleiben viele Fragen offen. Welche von den drei möglichen Antworten finden Sie am logischsten? Oder haben Sie eine logischere Antwort?

1. Wer war der Mann mit den Zeitungen?
   - **a.** Ein Spion.
   - **b.** Ein Politiker.
   - **c.** Ein Genforscher.[1]
   - **d.** Ein _____.
2. Warum war der Mann nervös?
   - **a.** Weil er gefährliche[2] Feinde[3] hatte.
   - **b.** Weil er an dem Tag eine Prüfung in Deutsch hatte.
   - **c.** Weil er nur noch kurze Zeit zu leben hatte.
   - **d.** Weil _____.
3. Warum hörte er nicht gut?
   - **a.** Weil er erkältet war.[4]
   - **b.** Weil er sehr unkonzentriert war.
   - **c.** Weil er ein Hörgerät im Ohr hatte.
   - **d.** Weil _____.
4. Wer waren die Leute im Mercedes?
   - **a.** Spione.
   - **b.** Seine Leibwächter.[5]
   - **c.** Seine Freunde.
   - **d.** _____.
5. Warum geht der Mann ins Café König?
   - **a.** Weil er dort eine Verabredung[6] hat.
   - **b.** Weil er noch einen Kaffee trinken will.
   - **c.** Weil er sich verstecken will.
   - **d.** Weil _____.
6. Wer ist die Frau?
   - **a.** Seine Sekretärin.
   - **b.** Seine Partnerin.
   - **c.** Eine Spionin.
   - **d.** _____.

B. Erklären Sie jetzt Inspektor Schilling, was passiert ist. Schreiben Sie ihm einen Brief.

---

[1]*geneticist* [2]*dangerous* [3]*enemies* [4]*erkältet... bad a cold* [5]*bodyguards* [6]*appointment*

Einkaufen und Kochen

■ Grammatik 8.4

der Leberkäse   das Rindfleisch   das Hackfleisch   die Bratwurst

die Krabben   der Lachs   das Fischfilet   das Putenschnitzel   das Schweinefleisch

das Fleisch und der Fisch

die Tomaten   die Zwiebeln   die Gurken   der Rosenkohl   die Karotten

die Paprika

der Blumenkohl   die Pilze   der Kopfsalat

die Radieschen   PFALZ MARKT

das Gemüse

die Birnen
die Pfirsiche
die Pflaumen
die Ananas
die Äpfel
die Bananen
die Apfelsinen
die Blaubeeren
die Erdbeeren
die Weintrauben

das Obst

Bildgeschichte: Michaels bestes Gericht

Michael kocht heute wieder sein bestes Gericht: Omelett *à la haute cuisine* . . .

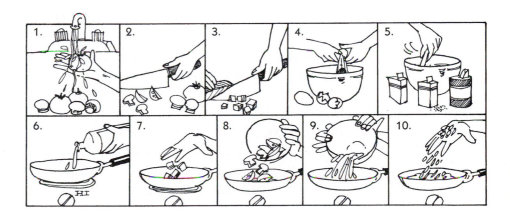

Einkaufsliste

Sie wollen heute Abend kochen. Was wollen Sie kochen? Was brauchen Sie?
(Sie finden Ideen im Wortkasten auf der nächsten Seite. Machen Sie für jedes
Gericht eine Einkaufsliste. Denken Sie auch an Salat, Gemüse und Gewürze, an
Vorspeise und Nachspeise und an Getränke.

1. ein italienisches Gericht   **4.** ein deutsches Gericht
2. ein amerikanisches Gericht   **5.** ein französisches Gericht
3. ein türkisches Gericht

> Fisch   Nudeln   Salz   Bohnen
> Paprika   Oliven
>   Erbsen
> Zwiebeln   Gurken
> Schnitzel   Knoblauch
>   Kopfsalat   Pilze
> Pfeffer   Schafskäse
> Tomaten
>   Kartoffeln   Tomatensoße
>   Karotten   Essig und Öl
> Hackfleisch

**Zum Schreiben:
Ein Rezept**

Ein Austauschstudent aus Deutschland möchte ein Rezept für ein typisches
Gericht aus Ihrem Land. Geben Sie ihm/ihr Ihr persönliches Lieblingsrezept.
Schreiben Sie zuerst auf, was man alles braucht und wie viel. Dann beschreiben Sie, wie man es zubereitet. Machen Sie auch kleine Zeichnungen dazu.
(Keine Mikrowellenmahlzeit, bitte!)

ZUTATEN   ZUBEREITUNG

_____   _____

_____   _____

_____   _____

Eine Münchner
Metzgerei. Nichts
für Vegetarier.

Interview:
Einkaufen und Kochen

1. Kannst du kochen? Was zum Beispiel?
2. Kochst du oft? Wer kocht in deiner Familie?
3. Was kochst du am liebsten? Welche Zutaten braucht man dazu?
4. Kaufst du jeden Tag ein? Wenn nicht, wie oft in der Woche? An welchen Tagen? Wo kaufst du meistens ein?

Lektüre

Vor dem Lesen

A. Beantworten Sie die folgenden Fragen.

1. Essen Sie gern Süßigkeiten[1]? Welche essen Sie am liebsten?
2. Haben Sie schon einmal Gummibärchen gegessen? Haben sie Ihnen geschmeckt?
3. Was wissen Sie über Bonn? Schreiben Sie es auf!

B. Lesen Sie die Wörter im Miniwörterbuch. Suchen Sie sie im Text und unterstreichen Sie sie. Lesen Sie dann den Satz und versuchen Sie, ihn zu verstehen.

Miniwörterbuch

der **Erdball**	globe
der **Fruchtgummi**	fruit jelly
das **Handelsregister**	register of companies
der **Kurfürst**	electoral prince
die **Lakritze**	licorice
umspannen	to circle
die **Vereinigung**	unification
vernaschen	to eat up

[1]*sweets*

Porträt: Hans Riegel und Bonn

1920 gründet Hans Riegel mit seiner Frau Gertrud eine Bonbonfabrik in Bonn und lässt sie unter dem Namen HARIBO (Hans Riegel Bonn) in das Handelsregister eintragen. Das Startkapital besteht aus einem Sack Zucker. Die ersten Gummibärchen werden 1921 produziert. Sie heißen zuerst Tanzbären.
5 Gertrud Riegel liefert sie täglich mit dem Fahrrad an die Kunden aus. Nach und nach kommen neue Fruchtgummi- und Lakritzsorten hinzu, das Unternehmen wächst und ist heute der weltgrößte Fruchtgummiproduzent. Man kann die Gummibärchen in vielen Ländern kaufen und der Slogan „HARIBO macht Kinder froh" ist weltbekannt. Wenn man alle Gummibärchen aneinanderlegen
10 würde, die pro Jahr allein in Deutschland vernascht werden, so würde diese Kette dreimal den Erdball umspannen.

Bonn wurde vor über 2000 Jahren von den Römern gegründet. Die Stadt liegt am Rhein und hat heute ungefähr 291 000 Einwohner. Von 1949 bis zur Vereinigung der beiden deutschen Staaten 1990 war sie die Hauptstadt der Bun-
15 desrepublik Deutschland. Seit 1990 ist Berlin wieder die Hauptstadt. Bonn war aber auch schon zu früheren Zeiten ein politisches Zentrum: hier residierten im 17. und 18. Jahrhundert die Kurfürsten. Heute ist im kurfürstlichen Schloss ein Teil der Universität untergebracht. Der Komponist Ludwig van Beethoven wurde in Bonn geboren. Sein Geburtshaus und einige Museen, die
20 die deutsche Geschichte thematisieren, kann man besuchen.

Arbeit mit dem Text

Welche Aussagen sind falsch? Verbessern Sie die falschen Aussagen!

1. Hans Riegel gründet 1920 eine Schokoladenfabrik.
2. Am Anfang hat er nur einen Sack Zucker.
3. Zuerst heißen die Gummibärchen „Goldbären".
4. Heute ist HARIBO der größte Fruchtgummiproduzent Deutschlands.
5. Bonn wurde vor 2000 Jahren von den Germanen gegründet.
6. Bis 1990 war Bonn die Hauptstadt der Bundesrepublik Deutschland.
7. Bonn hat eine Universität.
8. Ludwig van Beethoven, ein berühmter Architekt, wurde in Bonn geboren.

Nach dem Lesen

Suchen Sie weitere Informationen über Hans Riegel und Bonn im Internet. Suchen Sie Antworten auf die folgenden Fragen.

1. Wem gehört heute die Firma Haribo?
2. Welche Produkte stellt die Firma her[1]?
3. Wie heißt der Oberbürgermeister von Bonn?
4. Wie wirbt Bonn für sich[2]?

[1]herstellen: *to produce*   [2]Wie... *How does Bonn advertise itself?*

Im Restaurant

■ **Grammatik 8.5**

a. —Ist hier noch frei?
  —Ja, bitte schön.

b. —Was darf ich Ihnen bringen?
  —Kann ich bitte die Speisekarte haben?
  —Ja, gern, einen Moment, bitte.

c. —Ein Wasser, bitte.
  —Ein Mineralwasser. Kommt sofort!

d. —Wir würden gern zahlen.
  —Gern. Das waren zwei Wiener
    Schnitzel, ein Glas Wein und
    eine Limo . . .

e. —38,80 Franken, bitte schön.
  —Das stimmt so.
  —Vielen Dank.
  —Können Sie mir dafür eine Quittung geben?
  —Selbstverständlich.

f. —Darf ich Sie noch zu einem
    Kaffee einladen?
  —Das ist nett, aber leider muss
    ich mich jetzt beeilen.

Was sagen Sie?

Wählen Sie für jede Situation eine passende Aussage.

1. Sie sitzen an einem Tisch im Restaurant. Sie haben Hunger, aber noch keine Speisekarte. Sie sehen die Kellnerin und sagen: _____

2. Sie haben mit Ihren Freunden im Restaurant gegessen. Sie haben es eilig und möchten zahlen. Sie rufen den Kellner und sagen: _____

3. Sie gehen allein essen. Das Restaurant ist voll. Es gibt keine freien Tische mehr. Plötzlich kommt jemand an Ihren Tisch, den Sie nicht kennen, und fragt, ob er sich zu Ihnen setzen kann. Sie sagen: _____

4. Ihr Essen und Trinken hat 19 Euro 20 gekostet. Sie haben der Kellnerin einen Zwanzigeuroschein gegeben. 80 Cent sind Trinkgeld. Sie sagen: _____

5. Sie essen mit Ihren Eltern in einem feinen Restaurant. Da stellen Sie fest, dass eine Fliege in der Suppe schwimmt. Sie rufen den Kellner und sagen: _____

6. Sie haben einen Sauerbraten mit Knödeln bestellt. Die Kellnerin bringt Ihnen einen Schweinebraten. Sie sagen: _____

a. Das kann nicht stimmen. Ich habe doch einen Sauerbraten bestellt.
b. Das stimmt so.
c. Die Speisekarte, bitte.
d. Herr Kellner, bitte, sehen Sie sich das mal an.
e. Ich liebe Schweinebraten.
f. Ja, bitte sehr.
g. Leider habe ich kein Geld.
h. Morgen fliege ich in die USA.
i. Nein, danke.
j. Zahlen, bitte.

Dialog: Melanie und Josef gehen aus.

Melanie und Josef haben sich einen Tisch ausgesucht und sich hingesetzt. Der Kellner kommt an ihren Tisch.

KELLNER: Bitte schön?

MELANIE: Können wir die _____ haben?

KELLNER: Natürlich. Möchten Sie etwas trinken?

MELANIE: Für mich ein _____ bitte.

JOSEF: Und _____ ein Bier.

KELLNER: Gern.

[etwas später]

KELLNER: _____, was Sie essen möchten?

MELANIE: Ich möchte das Rumpsteak mit Pilzen und Kroketten.

JOSEF: Und ich hätte gern die Forelle „blau" mit Kräuterbutter, grünem Salat und Salzkartoffeln. Dazu _____ bitte.

KELLNER: Gern. Darf ich _____ auch noch etwas zu trinken bringen?

MELANIE: Nein, danke, im Moment nicht.

Stichwort „Restaurant"

- Gehen Sie oft ins Restaurant?
- Haben Sie ein Lieblingsrestaurant?
- Was machen Sie, wenn alle Tische besetzt sind?
- Darf man bei Ihnen im Restaurant rauchen? Wenn ja, sitzen Sie lieber im Raucher- oder im Nichtraucherteil?
- Wie lange bleiben Sie normalerweise im Restaurant sitzen, nachdem Sie gegessen haben?

Wie verhalten sich Deutsche im Restaurant? Hören Sie zu.

Miniwörterbuch

die **Anerkennung**	acknowledgment
aufmerksam	attentive
die **Bewirtung**	service
die **Geselligkeit**	sociability, social life
je nach Betrag	depending on the amount
der **Umsatz**	sales, returns
die **Vorschrift**	regulation

Vergleichen Sie! Deutschland (D) oder Nordamerika (N)?

_____ Platz selbst aussuchen
_____ auf einen freien Tisch warten
_____ nach dem Essen bald gehen
_____ nach dem Essen noch eine Weile sitzen bleiben
_____ Raucher- und Nichtraucherteile
_____ nur selten Nichtraucherteile
_____ weniger Trinkgeld geben
_____ 15%–20% Trinkgeld geben

Lesen Sie aus der Statistik, wo man in Deutschland uneingeschränkt rauchen darf. Wo darf man in Ihrem Land noch uneingeschränkt rauchen? Wo darf man überhaupt nicht rauchen?

[1]bothered, disturbed [2]public events [3]auf... in public buildings [4]in... in public

---

FOCUS-FRAGE

„Wo fühlen Sie sich durch Passivrauchen besonders belästigt?"[1]

NIKOTIN STÖRT BEIM ESSEN

Die 71 Prozent Nichtraucher unter den 1300 Befragten* antworteten

in Restaurants	**40 %**
in Reisebussen	**29 %**
in Warteräumen	**26 %**
bei Veranstaltungen[2]	**25 %**
am Arbeitsplatz	**21 %**
auf Behörden[3]	**20 %**
in der Öffentlichkeit[4]	**15 %**
im Flugzeug	**14 %**

32 Prozent der Nichtraucher fühlen sich durch Passivrauchen überhaupt nicht belästigt

* Repräsentative Umfrage des Sample-Instituts für FOCUS im Juli. Mehrfachnennung möglich

---

SITUATION 14 Rollenspiel: Im Restaurant

S1: Sie sind im Restaurant und möchten etwas zu essen und zu trinken bestellen. Wenn Sie mit dem Essen fertig sind, bezahlen Sie und geben Sie der Bedienung ein Trinkgeld.

SITUATION 15 — Bildgeschichte: Herr und Frau Wagner waren gestern im Restaurant

SITUATION 16 — Interview

1. Gehst du oft essen? Wie oft in der Woche isst du nicht zu Hause? Wirst du heute Abend zu Hause essen?
2. Isst du oft im Studentenheim? Wirst du morgen im Studentenheim essen? Schmeckt dir das Essen da?
3. Gehst du oft zu McDonald's oder in ein ähnliches Restaurant? Wirst du vielleicht noch diese Woche in so einem Restaurant essen?
4. Warst du schon mal in einem deutschen Restaurant? Wenn ja, was hast du gegessen? Wenn nein, was wirst du bestellen, wenn du mal in einem deutschen Restaurant bist?
5. In welchem Restaurant schmeckt es dir am besten? Gibt es ein Restaurant, in dem du oft isst? Wie heißt es? Was isst du da? Wirst du diese Woche noch einmal hingehen?
6. Was ist das feinste Restaurant in unserer Stadt? Wie viel muss man da für ein gutes Essen bezahlen?

Videoecke

- Was isst du zum Frühstück?
- Was isst du zum Mittag?
- Was ist dein Lieblingsessen?
- Was magst du gar nicht?
- Was kannst du besonders gut kochen?
- Wie machst du das?

Eveline Segner kommt aus der Schweiz. Sie ist in Wettingen in der Nähe von Zürich geboren. Von Beruf ist sie Fremdsprachensekretärin. Sie ist verheiratet. Ihr Mann ist Biologe. Ihre Hobbys sind Musik, Volkstanz und Gartenarbeit.

Sophie kommt aus Reutlingen in Baden-Württemberg. Ihre Mutter ist Lehrerin und ihr Vater Pfarrer. Sie liest gern, geht gern spazieren und sie geht gern ins Kino.

Aufgabe 1

Was erfahren Sie über Sophie und Frau Segner? Schreiben Sie die Informationen aus dem Wortkasten in die Tabelle.

Birchermüsli   Müsli   eine Tasse Tee   Mousse au Chocolat

Brötchen mit Marmelade und Käse   Nudeln oder Reis mit Gemüse

sehr fleischige Gerichte

Spinat mit Salzkartoffeln und Eiern   ein Körnergericht und Gemüse

Chinesisch   Nieren   Rösti

	Frau Segner	Sophie
isst (trinkt) zum Frühstück		
isst zu Mittag		
Lieblingsessen		
mag überhaupt nicht		
kann besonders gut		

Aufgabe 2

A. Rösti oder Mousse au Chocolat? Welche Zutaten gehören zu welchem Rezept?

	RÖSTI	MOUSSE AU CHOCOLAT
1. Kirsch	☐	☐
2. Schokolade	☐	☐
3. Kartoffeln	☐	☐
4. Käse	☐	☐
5. Tomaten	☐	☐
6. Salz	☐	☐
7. Pfeffer	☐	☐

B. Stellen Sie die Rezepte in der richtigen Reihenfolge zusammen.

Rösti

_____ Man drückt das Wasser raus.

_____ Man schält sie und reibt sie auf einer Reibe.

_____ Man legt das in eine Pfanne und lässt es dort schmoren.

_____ Man tut Salz und Pfeffer dazu.

_____ Man tut noch Käse und Tomaten drauf.

_____ Man nimmt rohe Kartoffeln.

Mousse au Chocolat

_____ Man mischt sie zusammen mit der cremigen Schokolade.

_____ Man verwendet Eischnee.

_____ Man verwendet Schlagsahne.

_____ Man gibt etwas Kirsch hinzu.

Wortschatz

Frühstück	Breakfast
die **Wurst,** ⁼e	sausage
der **Käse**	cheese
der **Quark**	type of creamy cottage cheese
der **Schinken**	ham
der **Speck**	bacon

das **Brötchen,** -	roll
das **Ei, -er**	egg
gebratene **Eier**	fried eggs
gekochte **Eier**	boiled eggs
das **Hörnchen,** -	croissant
das **Würstchen,** -	frank(furter); hot dog

Ähnliche Wörter

die **Marmelade, -n;** der **Honig;** das **Omelett, -s**

Mittagessen und Abendessen — Lunch and Dinner

die **Forelle, -n**	trout
die **Krabbe, -n**	shrimp
die **Mahlzeit, -en**	meal
die **Nachspeise, -n**	dessert
die **Vorspeise, -n**	appetizer
der **Braten, -**	roast
der **Eisbecher, -**	dish of ice cream
der **Hummer, -**	lobster
der **Knödel, -**	dumpling
der **Pilz, -e**	mushroom
das **Brot, -e** (R)	bread
das **belegte Brot,** die **belegten Brote**	open-face sandwich
das **Fleisch**	meat
das **Hackfleisch**	ground beef (or pork)
das **Rindfleisch**	beef
das **Schweinefleisch**	pork
das **Geflügel**	poultry
die **Pommes (frites)** [frit] or [frits] (*pl.*)	French fries

Ähnliche Wörter
die **Krokette, -n**; die **Muschel, -n**; die **Nudel, -n**; der **Fisch, -e**; der **Reis**; das **Rumpsteak, -s**; das **Schnitzel, -**

Obst und Nüsse — Fruit and Nuts

die **Apfelsine, -n**	orange
die **Birne, -n**	pear
die **Erdbeere, -n**	strawberry
die **Kirsche, -n**	cherry
die **Weintraube, -n**	grape
die **Zitrone, -n**	lemon
der **Pfirsich, -e**	peach

Ähnliche Wörter
die **Banane, -n**; die **Nuss, ¨e**; die **Pflaume, -n**

Gemüse — Vegetables

die **Bohne, -n**	bean
die **Erbse, -n**	pea
die **Gurke, -n**	cucumber
saure Gurken	pickles
die **Kartoffel, -n**	potato
die **Salzkartoffeln**	boiled potatoes
die **Zwiebel, -n**	onion
der **Kohl**	cabbage
der **Blumenkohl**	cauliflower
der **Rosenkohl**	Brussels sprouts

Ähnliche Wörter
die **Karotte, -n**; die **Olive, -n**; die **Tomate, -n**; der **Salat, -e** (R); der **Heringssalat**; der **Kopfsalat**; der **Spinat**

Getränke — Beverages

der **Saft, ¨e**	juice
der **Apfelsaft**	apple juice
der **Orangensaft**	orange juice

Ähnliche Wörter
die **Milch**; der **Kakao** [kakau]; das **Mineralwasser**

Zutaten — Ingredients

der **Essig**	vinegar
der **Knoblauch**	garlic
der **Senf**	mustard
das **Gewürz, -e**	spice; seasoning
die **Kräuter** (*pl.*)	herbs

Ähnliche Wörter
die **Butter**; die **Kräuterbutter**; die **Majonäse**; die **Soße, -n**; der **Pfeffer**; der **Zucker**; das **Öl** (R); das **Salz**

Küche und Zubereitung — Cooking and Preparation

auf·schneiden, aufgeschnitten	to chop
bestreuen	to sprinkle
braten, brät, gebraten	to fry
bräunen	to brown, fry
erhitzen	to heat
geben, gibt, gegeben (**in** + *akk.*)	to put (into)
gießen, gegossen	to pour
schlagen, schlägt, geschlagen	to beat
vermischen	to mix
würzen	to season

Im Restaurant

At the Restaurant

die **Bedienung**	service; waiter, waitress
die **Quittung, -en**	receipt, check
die **Speisekarte, -n**	menu
der **Schein, -e**	bill, note (*of currency*)
der **Zwanzigeuro-schein, -e**	twenty-euro note
der **Teller, -**	plate
das **Gericht, -e**	dish
das **Stück, -e**	slice; piece

Ähnliche Wörter

das **Trinkgeld, -er**; die **Öffnungszeiten** (*pl.*)

Im Haushalt

In the Household

die **Dose, -n**	can
die **Gabel, -n**	fork
die **Gefriertruhe, -n**	freezer
die **Küchenmaschine, -n**	mixer
die **Schere, -n**	scissors
die **Schnur, ¨e**	string
die **Schüssel, -n**	bowl
die **Serviette, -n**	napkin
die **Zange, -n**	pliers, tongs
der **Dosenöffner, -**	can opener
der **Haken, -**	hook
der **Löffel, -**	spoon
der **Mülleimer, -**	garbage can
der **Nagel, ¨**	nail
der **Strom**	electricity, power
der **Wäschetrockner, -**	clothes dryer
das **Gerät, -e**	appliance
das **Messer, -**	knife
das **Paket, -e**	package
das **Streichholz, ¨er**	match
das **Werkzeug, -e**	tool

Ähnliche Wörter

die **Kaffeemühle, -n**; die **Teekanne, -n**; der **Flaschenöffner, -**; der **Grill, -s**; der **Hammer, ¨**; der **Korkenzieher, -**; der **Teekessel, -**; der **Toaster, -** [tosta]

Sonstige Verben

Other Verbs

ab·nehmen, nimmt ab, abgenommen	to lose weight

ab·schneiden, abgeschnitten	to cut off
aus·fallen, fällt aus, ist ausgefallen	to go out (*power*)
aus·rechnen	to figure, total (up)
aus·wählen	to select
sich beeilen	to hurry
bestellen	to order (*food*)
durch·schneiden	to cut through
stimmen	to be right
das stimmt so	that's right; keep the change
ziehen, gezogen	to pull
zu·bereiten	to prepare (*food*)

Adjektive und Adverbien

Adjectives and Adverbs

fettig	fat; greasy
frei	free, empty, available
ist hier noch frei?	is this seat available?
gebraten	roasted; broiled; fried
geräuchert	smoked
kalorienarm	low in calories
kalorienbewusst	calorie-conscious
leer	empty
verschieden	different, various
zart	tender
zugebunden	tied shut

Ähnliche Wörter

eiskalt, elegant, elektrisch, fein, frisch, gegrillt, gekocht, gemischt, gesalzen, holländisch, japanisch, mexikanisch, rostig, sauer, verboten

Sonstige Wörter und Ausdrücke

Other Words and Expressions

am wenigsten	the least
dazu	in addition
meistens	usually, mostly
nebeneinander	next to each other
normalerweise	normally
selten	rare(ly), seldom
wofür	what for?

Strukturen und Übungen

8.1 Adjectives: an overview

A. Attributive and predicate adjectives

Attributive adjectives precede nouns and have endings. Predicate adjectives follow the verb **sein** and have no endings.

Adjectives that precede nouns are called *attributive adjectives* and have endings similar to the forms of the definite article: **kalter, kaltes, kalte, kalten, kaltem.** Adjectives that follow the verb **sein** and a few other verbs are called *predicate adjectives* and do not have any endings.

VERKÄUFER: **Heiße** Würstchen! Ich verkaufe **heiße** Würstchen!	VENDOR: *Hot dogs! I'm selling hot dogs!*
KUNDE: Verzeihung, sind die Würstchen auch wirklich **heiß?**	CUSTOMER: *Excuse me, are the hot dogs really hot?*
VERKÄUFER: Natürlich, was denken Sie denn?!	VENDOR: *Of course, what do you think?!*

B. Attributive adjectives with and without preceding article

If *no* article or article-like word (**mein, dein,** or **dieser,** and the like) precedes the adjective, then the adjective itself has the ending of the definite article **(der, das, die).** This means that the adjective provides the information about the gender, number, and case of the noun that follows.

Ich esse gern gegrill**ten** Fisch. *I like to eat grilled fish.*	**den** Fisch = masculine accusative
Stefan isst gern frisch**es** Müsli. *Stefan likes to eat fresh cereal.*	**das** Müsli = neuter accusative

If an article or article-like word precedes the adjective but does not have an ending, the adjective—again—has the ending of the definite article. **Ein**-words (the indefinite article **ein,** the negative article **kein,** and the possessive adjectives **mein, dein,** etc.) do *not* have an ending in the masculine nominative and in the neuter nominative and accusative. In these instances, as expected, the adjective gives the information about the gender, number, and case of the noun that follows.

Ein groß**er** Topf steht auf dem Herd. *There is a large pot on the stove.*	**der** Topf = masculine nominative
Ich esse ein frisch**es** Brötchen. *I am eating a fresh roll.*	**das** Brötchen = neuter accusative

If an article or article-like word with an ending precedes the adjective, the adjective ends in either **-e** or **-en.** (See Sections 8.2 and 8.4.)

Ich nehme das holländisch**e** Bier.	*I'll take the Dutch beer.*
Ich nehme die deutsch**en** Äpfel.	*I'll take the German apples.*

Rules of thumb:
1. In many instances, the adjective ending is the same as the ending of the definite article.
2. *But:* after **der** (nominative masculine) and **das,** the adjective ending is **-e.***
3. *But:* after **die** (plural), the adjective ending is **-en.**

8.2 Attributive adjectives in the nominative and accusative cases

As described in Section 8.1, adjective endings vary according to the gender, number, and case of the noun they describe and according to whether this information is already indicated by an article or article-like word. In essence, however, there are only a very limited number of possibilities. Study the following chart carefully and try to come up with some easy rules of thumb that will help you remember the adjective endings.

	Masculine	Neuter	Feminine	Plural
Nom.	der kalt**e** Tee	das kalt**e** Bier	die kalt**e** Limo	die kalt**en** Getränke
	ein kalt**er** Tee	ein kalt**es** Bier	eine kalt**e** Limo	
	kalt**er** Tee	kalt**es** Bier	kalt**e** Limo	kalt**e** Getränke
Acc.	den kalt**en** Tee	das kalt**e** Bier	die kalt**e** Limo	die kalt**en** Getränke
	einen kalt**en** Tee	ein kalt**es** Bier	eine kalt**e** Limo	
	kalt**en** Tee	kalt**es** Bier	kalt**e** Limo	kalt**e** Getränke

NÜTZLICHE WÖRTER

a amerikanisch
b dänisch
c deutsch
d englisch
e französisch
f griechisch
g holländisch
h italienisch
i japanisch
j kolumbianisch
k neuseeländisch
l norwegisch
m polnisch
n russisch
o ungarisch

ÜBUNG 1 Spezialitäten!

Jedes Land hat eine Spezialität: ein Gericht oder ein Getränk, das aus diesem Land einfach am besten schmeckt. An welche Länder denken Sie bei den folgenden Gerichten oder Getränken?

MODELL   Salami → Italienische Salami!

1. Steak (*n.*)
2. Kaviar (*m.*)
3. Oliven (*pl.*)
4. Sushi (*n.*)
5. Champagner (*m.*)
6. Wurst (*f.*)
7. Käse (*m.*)
8. Spaghetti (*pl.*)
9. Paprika (*m.*)
10. Marmelade (*f.*)
11. Kaffee (*m.*)
12. Kiwis (*pl.*)

ÜBUNG 2 Der Gourmet

Michael isst und trinkt nicht alles, sondern nur, was er für fein hält. Übernehmen Sie Michaels Rolle.

MODELL   Kognak (*m.*) / französisch →
         Ich trinke nur französischen Kognak!

1. Brot (*n.*) / deutsch
2. Kaviar (*m.*) / russisch
3. Salami (*f.*) / italienisch
4. Kaffee (*m.*) / kolumbianisch
5. Kiwis (*pl.*) / neuseeländisch
6. Wein (*m.*) / französisch
7. Bier (*n.*) / belgisch
8. Muscheln (*pl.*) / spanisch
9. Marmelade (*f.*) / englisch
10. Thunfisch (*m.*) / japanisch

---

*Remember this rule as "**der** (nominative masculine)" because, as you will learn in Section 8.4, **der** may also refer to dative feminine, in which case the adjective ending will be **-en.**

ÜBUNG 3 Im Geschäft

Michael hat kein Geld, aber er möchte alles kaufen. Maria muss ihn immer bremsen.

MODELL der schicke Anzug / teuer →

MICHAEL: Ich möchte den schicken Anzug da. *Acc*

MARIA: Nein, dieser schicke Anzug ist viel zu teuer. *Nom*

1. der graue Wintermantel / schwer
2. die gelbe Hose / bunt
3. das schicke Hemd / teuer
4. die roten Socken / warm
5. der schwarze Schlafanzug / dünn
6. die grünen Schuhe / groß
7. der modische Hut / klein
8. die schwarzen Winterstiefel / leicht
9. die elegante Sonnenbrille / bunt
10. die roten Tennisschuhe / grell

ÜBUNG 4 Minidialoge

Ergänzen Sie die Adjektivendungen.

1. HERR RUF: Na, wie ist denn Ihr neu_____[a] Auto?

   FRAU WAGNER: Ach, der alt_____[b] Mercedes war mir lieber.

   HERR RUF: Dann hätte ich mir aber keinen neu_____[c] Wagen gekauft!

2. KELLNER: Wie schmeckt Ihnen denn der italienisch_____[a] Wein?

   MICHAEL: Sehr gut. Ich bestelle gleich noch eine weiter_____[b] Flasche.

3. MICHAEL: Heute repariere ich mein kaputt_____[a] Fahrrad.

   MARIA: Prima! Dann kannst du meinen blöd_____[b] Computer auch reparieren. Er ist schon wieder kaputt.

   MICHAEL: Na gut, aber dann habe ich wieder kein frei_____[c] Wochenende.

8.3 Destination vs. location: *stellen/stehen, legen/liegen, setzen/sitzen, hängen/hängen*

Destination implies accusative case; location implies dative case.

Wissen Sie noch?

Prepositions of location are usually in the dative case, while prepositions of destination are usually in the accusative case.

Review grammar 6.2.

DESTINATION

Verbs of action and direction used with two-way prepositions followed by the accusative

Motion = acc

Maria stellt eine Flasche Wein **auf den** Tisch.

LOCATION

Verbs of condition and location used with two-way prepositions followed by the dative

no Motion = dat

Die Flasche Wein steht **auf dem** Tisch.

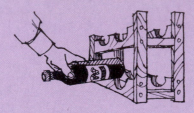

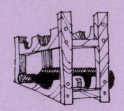

Michael legt eine Flasche Wein **ins** Weinregal.

Die Flasche Wein liegt **im** Weinregal.

stellen/stehen = vertical position
legen/liegen = horizontal position

Stellen and **stehen** designate vertical placement or position. They are used with people and animals, as well as with objects that have a base and can "stand" without falling over. **Legen** and **liegen** designate horizontal placement or position. They are used with people and animals, as well as with objects that do not have a base and cannot "stand" without falling over.

DESTINATION

LOCATION

Frau Wagner setzt Paula **in den** Hochstuhl.

Paula sitzt **im** Hochstuhl.

Andrea hängt das Handtuch **an den** Haken.

Das Handtuch hängt **am** Haken.

sitzen/setzen = sitting position (people and certain animals)

hängen/hängen = hanging position

Setzen designates the act of being seated; **sitzen** the state of sitting. These verbs are used only with people and with animals that are capable of sitting. **Hängen (gehängt)** designates the act of being hung; **hängen (gehangen)** the state of hanging.

The verbs **stellen, legen, setzen,** and **hängen** are weak verbs that require an accusative object. The two-way preposition is used with the accusative case.

The verbs **stehen, liegen, sitzen, hängen** are strong verbs that cannot take an accusative object. The two-way preposition is used with the dative case.

stellen	hat gestellt	stehen	hat gestanden
legen	hat gelegt	liegen	hat gelegen
setzen	hat gesetzt	sitzen	hat gesessen
hängen	hat gehängt	hängen	hat gehangen

ÜBUNG 5 Minidialoge

Ergänzen Sie die Artikel, die Präposition plus Artikel, oder das Pronomen.

Genus der Wörter:

die Bank	das Regal	das Sofa
das Bett	der Schrank	die Tasche
die Gläser (*pl.*)	der Schreibtisch	der Tisch
der Herd		

1. SILVIA: Wohin stellst du die Blumen?
   JÜRGEN: Auf _____ Tisch.
2. JOSEF: Warum setzt du dich nicht an _____ᵃ Tisch?
   MELANIE: Ich sitze hier auf _____ᵇ Sofa bequemer.
3. MARIA: Meine Bücher liegen auf _____ᵃ Tisch. Bitte stell sie auf _____ᵇ Regal.
   MICHAEL: Okay.
4. ALBERT: Ich kann Melanie nicht finden.
   STEFAN: Sie sitzt auf _____ Bank im Garten.
5. MONIKA: Hast du die Weinflaschen in _____ᵃ Schrank gestellt?
   HEIDI: Ja, sie stehen neben _____ᵇ Gläsern.

6. SOFIE: (*am Telefon*) Was machst du heute?

MARTA: Nichts! Ich lege mich (in) ———ᵃ Bett.

SOFIE: Liegst du schon (in) ———ᵇ Bett?

MARTA: Nein, jetzt sitze ich noch (an) ———ᶜ Schreibtisch.

7. KATRIN: Darf ich mich neben ———ᵃ (du) setzen?

STEFAN: Ja, bitte setz ———ᵇ (du).

8. FRAU RUF: Hast du die Suppe auf ———ᵃ Herd gestellt?

HERR RUF: Sie steht schon seit einer Stunde auf ———ᵇ Herd.

9. HERR RUF: Wo ist der Stadtplan?

FRAU RUF: Er liegt unter ——— Tasche.

ÜBUNG 6 Vor dem Abendessen

Beschreiben Sie die Bilder. Nützliche Wörter:

legen/liegen	der Küchenschrank	das Sofa
setzen/sitzen	der Schrank	der Teller
stehen/stellen	die Schublade	der Tisch
	die Serviette	

MODELL Die Schuhe → Die Schuhe liegen auf dem Boden.

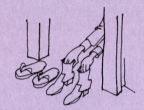

Peter → Peter stellt die Schuhe vor die Tür.

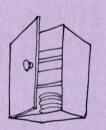

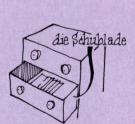

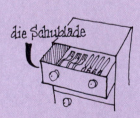

1. Die Teller ———.   2. Albert ———.   3. Die Servietten ———.   4. Monika ———.   5. Messer und Gabel ———.

6. Stefan ———.   7. Die Kerze ———.   8. Heidi ———.   9. Thomas ———.

8.4 Adjectives in the dative case

In the dative case, nouns are usually preceded by an article (**dem, der, den; einem, einer**) or an article-like word (**diesem, dieser, diesen; meinem, meiner, meinen**). When adjectives occur before such nouns they end in **-en.***

Jutta geht mit ihr**em** neu**en** Freund spazieren.	*Jutta is going for a walk with her new friend.*
Jens gießt sein**er** krank**en** Tante die Blumen.	*Jens is watering the flowers for his sick aunt.*
Ich spreche nicht mehr mit dies**en** unhöflich**en** Menschen.	*I'm not talking with these impolite people any more.*

	Masculine	Neuter	Feminine	Plural
Dat.	dies**em** lieb**en** Vater	dies**em** lieb**en** Kind	dies**er** lieb**en** Mutter	dies**en** lieb**en** Eltern
	mein**em** lieb**en** Vater	mein**em** lieb**en** Kind	mein**er** lieb**en** Mutter	mein**en** lieb**en** Eltern

Achtung!

All nouns have an **-n** in the dative plural unless their plural ends in **-s**.

Nominative: die Freunde   *Dative:* den Freunde**n**   *but:*   den Hobbys

---

ÜBUNG 7 Was machen diese Leute?

Schreiben Sie Sätze.

> MODELL Jens / seine alte Tante / einen Brief schreiben →
> Jens schreibt sein**er** alt**en** Tante einen Brief.

1. Jutta / ihr neuer Freund / ihre Lieblings-CD leihen
2. Jens / der kleine Bruder von Jutta / eine Ratte verkaufen
3. Ernst / nur seine besten Freunde / die Ratte zeigen
4. Jutta / ihre beste Freundin / ein Buch schenken
5. Jens / sein wütender Lehrer / eine Krawatte kaufen
6. Ernst / seine große Schwester / einen Witz erzählen
7. Jutta / die netten Leute von nebenan / Kaffee kochen
8. Ernst / das süße Baby von nebenan / einen Kuss geben

---

*Unpreceded adjectives in the dative case follow the same pattern as in the nominative and accusative case, that is, they have the ending of the definite article. For example, **mit frischem Honig** (*with fresh honey*), **mit kalter Milch** (*with cold milk*).

8.5 Talking about the future: the present and future tenses

You already know that **werden** is the equivalent of English *to become*.

Ich möchte Ärztin werden.	*I'd like to become a physician.*

You can also use a form of **werden** plus infinitive to talk about future events.

future tense =
werden + infinitive

Wo wirst du morgen sein?	*Where will you be tomorrow?*
Morgen werde ich wahrscheinlich zu Hause sein.	*Tomorrow, I will probably be at home.*

When an adverb of time is present or when it is otherwise clear that future actions or events are indicated, German speakers normally use the present tense rather than the future tense to talk about what will happen in the future.

Nächstes Jahre **fahren** wir nach Schweden.	*Next year we're going to Sweden.*
Was **machst** du, wenn du in Schweden bist?	*What are you going to do when you're in Sweden?*

Use **wohl** with the future tense to express present or future probability.

The future tense with **werden** can express present or future probability. In such cases, the sentence often includes an adverb such as **wohl** (*probably*).

Mein Freund wird jetzt **wohl** zu Hause sein.	*My friend should be home now.*
Morgen Abend werden wir **wohl** zu Hause bleiben.	*Tomorrow evening, we'll probably stay home.*

Don't forget to put **werden** at the end of the dependent clause.

Ich weiß nicht, ob ich einmal heiraten **werde.**	*I don't know if I'm ever going to get married.*

ÜBUNG 8 Vorsätze

Sie wollen ein neues Leben beginnen? Schreiben Sie sechs Dinge auf, die Sie ab morgen machen werden oder nicht mehr machen werden.

MODELL Ich werde nicht mehr so oft zu McDonald's gehen.
Ich werde mehr Obst und Gemüse essen.

weniger/mehr fernsehen

früher/später ins Bett gehen

weniger/mehr Kurse belegen

weniger/mehr arbeiten

weniger oft/öfter ins Kino gehen

weniger oft/öfter selbst kochen

weniger/mehr lernen

weniger gesund/gesünder essen

ÜBUNG 9 Morgen ist Samstag

Was machen Frau Schulz und ihre Studenten morgen?

MODELL Katrin geht morgen ins Kino.

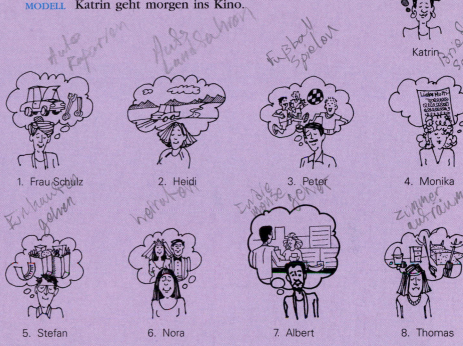

Katrin

1. Frau Schulz   2. Heidi   3. Peter   4. Monika

5. Stefan   6. Nora   7. Albert   8. Thomas

ÜBUNG 10 Vorhersagen

Machen Sie sechs Vorhersagen, die in diesem oder im nächsten Jahr eintreffen werden.

MODELL Dieses Jahr werden die Broncos den Superbowl gewinnen.
Nächstes Jahr werden wir einen republikanischen Gouverneur wählen.

die Wimbledon-Spiele gewinnen

einen tollen Job bekommen

in eine andere Wohnung ziehen

mit dem Studium fertig werden

die Studiengebühren fallen/steigen

weniger Steuern bezahlen

der Papst nach Mexiko fliegen

gute Noten bekommen

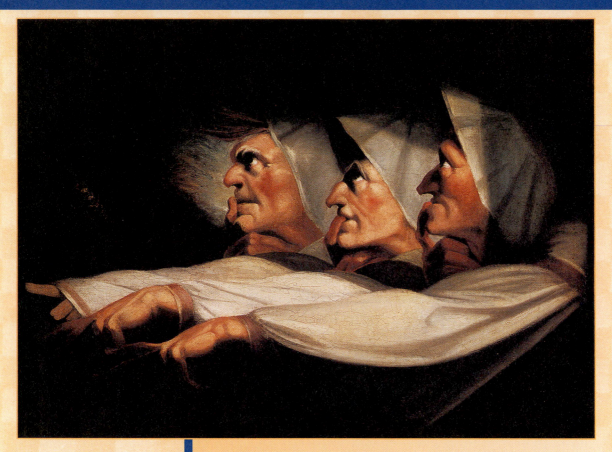

Johann Heinrich Füssli: *Die drei Hexen* (1783), Royal Shakespeare Theater Collection, London

JOHANN HEINRICH FÜSSLI

Johann Heinrich Füssli (1741–1825) wurde in Zürich geboren und studierte dort zunächst[1] Theologie, später beschäftigte er sich[2] mit Literatur. 1763 ging er als Schriftsteller nach London. Dort fing er an, Shakespeare-Dramen zu illustrieren. Er illustrierte neben Shakespeare auch die Dichtung[3] Miltons, sowie Dante und Vergil.

[1]*initially*   [2]*beschäftigte... he occupied himself*   [3]*literary works*

Kindheit und Jugend

Kapitel 9 deals with memories and past events. You will have the opportunity to talk about your childhood, and you will learn more about the tales that are an important part of childhood in the German-speaking world.

Themen

Kindheit
Jugend
Geschichten
Märchen

Kulturelles

Jugend im 21. Jahrhundert
Jung sein in Österreich
Videoblick: Die Sonne und die Frösche
Videoecke: Schule

Lektüren

Der standhafte Zinnsoldat (TEIL I)
Der standhafte Zinnsoldat (TEIL II)

Strukturen

9.1 The conjunction **als** with dependent-clause word order

9.2 The simple past tense of **werden,** the modal verbs, and **wissen**

9.3 Time: **als, wenn, wann**

9.4 The simple past tense of strong and weak verbs (receptive)

9.5 Sequence of events in past narration: the past perfect tense and the conjunction **nachdem** (receptive)

Situationen

Kindheit

■ **Grammatik 9.1**

Jens hat seinem Onkel den Rasen gemäht.

Uli hat im Garten Äpfel gepflückt.

Richard hat mit seiner Mutter Kuchen gebacken.

Bernd hat Staub gesaugt und sauber gemacht.

Willi hat seiner Oma die Blumen gegossen.

Jochen hat seinem kleinen Bruder Geschichten vorgelesen.

SITUATION 1 Die Kindheit berühmter Personen

Was haben diese berühmten Leute wohl in ihrer Kindheit gemacht? Ordnen Sie die Sätze den folgenden Personen zu.

Joschka Fischer, deutscher Politiker
Michael Schumacher, deutscher Formel-1-Rennfahrer
Kate Moss, britisches Fotomodell
Martina Hingis, Schweizer Tennisstar

1. Er ist schon mit fünf Jahren Kettcar gefahren.
2. Er hat gern politische Reden gehört.

3. Er hat oft mit seinem Bruder Fahrradwettrennen[1] gemacht und meistens gewonnen.
4. Er hat schon als Kind gegen Atomkraftwerke[2] demonstriert.
5. In der Schule war er oft Klassensprecher.
6. Er wollte Automechaniker werden.
7. Sie hat gern Modemagazine gelesen.
8. Sie ist in der Slowakei geboren.
9. Sie hat gern die Kleider ihrer Mutter angezogen.
10. Sie hat von Wimbledon geträumt.
11. Sie hat jeden Tag Tennis gespielt.
12. Sie hat immer wieder neue Frisuren[3] probiert.

SITUATION 2 Umfrage

MODELL S1: Hast du als Kind Karten gespielt?
S2: Ja.
S1: Unterschreib bitte hier.

UNTERSCHRIFT

1. Karten gespielt _____
2. viel ferngesehen _____
3. dich mit den Geschwistern gestritten _____
4. manchmal die Nachbarn geärgert _____
5. einen Hund oder eine Katze gehabt _____
6. in einer Baseballmannschaft gespielt _____
7. Ballettunterricht genommen _____
8. Fensterscheiben eingeworfen _____

SITUATION 3 Interaktion: Als ich 12 Jahre alt war...

Wie oft haben Sie das gemacht, als Sie 12 Jahre alt waren: **oft, manchmal, selten** oder **nie?**

1. mein Zimmer aufgeräumt
2. Kuchen gebacken
3. Liebesromane gelesen
4. Videos angeschaut
5. heimlich jemanden geliebt
6. spät aufgestanden
7. Freunde eingeladen
8. allein verreist
9. zu einem Fußballspiel gegangen
10. meine Hausaufgaben vergessen

[1]*bicycle races* [2]*nuclear power plants* [3]*hairstyles*

Jugend im 21. Jahrhundert

Welche verbotenen Dinge tun Sie manchmal? Wie sieht der ideale Freitagabend aus? Diese und viele andere Fragen haben 2 034 deutsche Jugendliche zwischen 14 und 29 Jahren für eine repräsentative Umfrage beantwortet. Die Antworten zeigen das Selbstporträt einer eigensinnigen,[1] illusionslosen[2] Generation.

Beantworten Sie die folgenden Fragen zuerst für sich selbst. Vergleichen Sie dann Ihre Antworten mit den Antworten der anderen Studenten in Ihrem Deutschkurs und dann mit denen der deutschen Jugendlichen.

Tobias Klapp, 23, Tischlergeselle.
Lebensziel: sich täglich neu verändern

1. Wie haben Ihre Eltern Sie erzogen?

liebevoll	40 %
liberal	26 %
streng	19 %
antiautoritär	6 %
nachlässig[3]	5 %
mit Prügel[4] und Hausarrest	4 %
gar nicht	2 %

2. Wo sind Sie aufgewachsen?

bei beiden Elternteilen[5]	85 %
bei einem Elternteil	14 %
bei Verwandten	1 %

3. Wo wohnen Sie zur Zeit?

bei den Eltern	50 %
mit meinem Lebenspartner	24 %
allein	18 %
in einer Wohngemeinschaft	6 %
im Wohnheim	1 %

4. Wie viele Stunden sehen Sie jeden Tag fern?

gar nicht	3 %
unter 1 Stunde	21 %
1 bis 2 Stunden	42 %
2 bis 4 Stunden	28 %
4 bis 6 Stunden	5 %
mehr als 6 Stunden	1 %

5. Wie viele Videos sehen Sie pro Woche?

keines	46 %
ein bis zwei	42 %
drei bis fünf	10 %
mehr als zehn	1 %

6. Wie häufig sehen Sie die Nachrichten im Fernsehen?

fast jeden Tag	39 %
oft	32 %
selten	23 %
nie	4 %

7. Wie oft lesen Sie eine Tageszeitung?

fast jeden Tag	42 %
oft	25 %
selten	26 %
nie	7 %

8. Wie viele Bücher haben Sie in den letzten drei Monaten gelesen?

keines	41 %
ein bis zwei	33 %
drei oder mehr	25 %

[1]*stubborn* [2]*without illusions* [3]*negligently* [4]*beatings* [5]*parents*

SITUATION 4 **Interview**

Als du acht Jahre alt warst...

1. Wo hast du gewohnt? Hattest du Geschwister? Freunde? Wo hat dein Vater gearbeitet? deine Mutter? Was hast du am liebsten gegessen?
2. In welche Grundschule bist du gegangen? Wann hat die Schule angefangen? Wann hat sie aufgehört? Welchen Lehrer / Welche Lehrerin hattest du am liebsten? Welche Fächer hattest du am liebsten? Was hast du in den Pausen gespielt? Was hast du nach der Schule gemacht?
3. Hast du viel ferngesehen? Was hast du am liebsten gesehen? Hast du gern gelesen? Was? Hast du Sport getrieben? Was? Was hast du gar nicht gern gemacht?

Jugend

■ **Grammatik 9.2–9.3**

1. Sybille Gretter war sehr begabt. In der Schule wusste sie immer alles.

2. Sie brauchte für die Prüfungen nicht viel zu lernen.

3. Sie konnte auch sehr gut tanzen und wollte Ballerina werden.

4. Dreimal in der Woche musste sie zum Ballettunterricht.

5. Als sie in der letzten Klasse war, hatte sie einen Freund.

6. Ihr Vater durfte nichts davon wissen, denn er war sehr streng.

7. Eines Tages hat sie ihren Freund ihren Eltern vorgestellt.

8. Aber ihr Vater mochte ihn nicht und sie mussten sich trennen.

Jung sein in Österreich

„Freizeit ist normalerweise das, wo man machen kann, was man will. Aber das stimmt hinten und vorn nicht…"

Sind Sie derselben Meinung? Warum? Was machen Sie gern in Ihrer Freizeit? Was macht Ihnen keinen Spaß? Beantworten Sie die folgenden Fragen.

- Welche Freizeitaktivität macht mir Spaß?
- Was brauche ich dazu?
- Wohin muss ich dazu gehen?
- Wie viel Zeit verbringe ich pro Woche mit dieser Aktivität?
- Sollen andere Leute dabei sein?
- Ist diese Freizeitaktivität teuer, billig oder gratis[1]?

So ist es in Österreich…

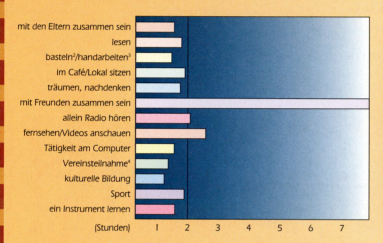

Junge Österreicher in Bregenz

Was würden Sie mit einem gleichaltrigen[5] österreichischen Jugendlichen in Ihrer Stadt machen? Stellen Sie Freizeitangebote Ihrer Stadt in einem Führer zusammen!

[1]*free* [2]*building things* [3]*needlework* [4]*membership in a club* [5]*of the same age*

SITUATION 5 **Interaktion: Wann war das?**

MODELL s1: **Wann bist du auf dein erstes Fest gegangen?**
s2: **Als ich 14 Jahre alt war.**

1. **auf das erste Fest gehen**
2. **die erste Schallplatte,**[1] **CD oder Kassette bekommen**
3. **das erste Mal ins Kino gehen**

[1]*phonograph record*

4. das erste Footballspiel sehen
5. die erste Ferienreise allein machen
6. das erste Glas Bier trinken
7. das erste Mal in ein Konzert gehen

SITUATION 6 Interview

1. Musstest du früh aufstehen, als du zur Schule gegangen bist? Wann?
2. Wann musstest du von zu Hause weggehen?
3. Musstest du zur Schule, wenn du krank warst?
4. Durftest du abends lange fernsehen, wenn du morgens früh aufstehen musstest?
5. Konntest du zu Fuß zur Schule gehen?
6. Wolltest du manchmal lieber zu Hause bleiben? Warum?
7. Was wolltest du werden, als du ein Kind warst?
8. Durftest du abends ausgehen? Wann musstest du zu Hause sein?

SITUATION 7 Geständnisse

Sagen Sie, was in diesen Situationen passiert ist, oder was Sie gemacht haben.

> MODELL Als ich zum ersten Mal allein verreist bin, habe ich meinen Teddy mitgenommen.

1. Als ich einmal mit einem Jungen / einem Mädchen im Kino war
2. Als ich zum ersten Mal Kaffee getrunken hatte
3. Wenn ich zu spät nach Hause gekommen bin
4. Als ich mein erstes F bekommen hatte
5. Wenn ich keine Hausaufgaben gemacht habe
6. Wenn ich total verliebt war
7. Als ich zum ersten Mal verliebt war
8. Als ich einmal meinen Hausschlüssel verloren hatte
9. Wenn ich eine schlechte Note bekommen habe
10. Wenn ich eine neue Hose kaputt gemacht habe

SITUATION 8 Rollenspiel: Das Klassentreffen

S1: Sie sind auf dem fünften Klassentreffen Ihrer alten High-School-Klasse. Sie unterhalten sich mit einem alten Schulfreund / einer alten Schulfreundin. Fragen Sie: was er/sie nach Abschluss der High School gemacht hat, was er/ sie jetzt macht und was seine/ihre Pläne für die nächsten Jahre sind.

Geschichten

■ **Grammatik 9.4**

Als Willi mal allein zu Hause war...

SITUATION 9 **Informationsspiel: Was ist passiert?**

MODELL Was ist Sofie passiert? / Was ist dir passiert?
Wann ist es passiert?
Wo ist es passiert?
Warum ist es passiert?

	Sofie	Mehmet	Ernst	mein Partner / meine Partnerin
Was?		hat sein Flugzeug verpasst		
Wann?	als sie im Kino war		als er über den Zaun geklettert ist	
Wo?		in Frankfurt		
Warum?	weil ihre Jacken- tasche ein Loch hatte		weil der Zaun zu hoch war	

SITUATION 10 Und dann?

Suchen Sie für jede Situation eine logische Folge.

> MODELL Jutta konnte ihren Hausschlüssel nicht finden und kletterte durch das Fenster.

1. Ernst warf die Fensterscheibe ein
2. Jens reparierte sein Fahrrad
3. Richard sparte ein ganzes Jahr
4. Claire kam in Innsbruck an
5. Michael bekam ein neues Fahrrad
6. Rolf lernte sechs Jahre Englisch
7. Josef arbeitete drei Monate im Krankenhaus
8. Silvia wohnte zwei Semester allein
9. Melanie bekam ihren ersten Kuss

a. machte dann Urlaub in Spanien.
b. fuhr gleich gegen einen Baum.
c. kaufte sich ein Motorrad.
d. kaufte sich einen neuen Pulli.
e. lief weg.
f. machte eine Radtour.
g. flog dann nach Amerika.
h. sagte leise: „Ach du lieber Gott!"
i. zog dann in eine Wohngemeinschaft.
j. ?

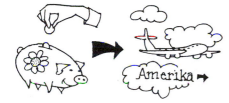

SITUATION 11 Bildgeschichte: Beim Zirkus

Videoblick

Die Sonne und die Frösche

Warum quaken die Frösche, wenn sie den Mond sehen? Der Videoclip beschreibt, wie es dazu kam.

- Was sollte mit dem Mond geschehen?
- Warum fürchteten sich die Frösche davor[1]?
- Auf welchen Plan verfielen[2] die Frösche?
- Was bewirkte[3] dieser Plan?

[1]fürchteten sich... davor *were afraid of it*   [2]*came up (with)*
[3]*caused*

Habt ihr denn nicht gehört? Die Sonne will Hochzeit machen!

Lektüre

Vor dem Lesen

A. Kennen Sie das Märchen „Der standhafte Zinnsoldat[1]" von Hans Christian Andersen, dem bekannten dänischen Märchenerzähler? Sehen Sie sich die Zeichnung an. Wer sind die Hauptpersonen in diesem Märchen? Beschreiben Sie sie! Erfinden Sie eine Geschichte!

B. Extensives Lesen. Lesen Sie das Märchen „Der standhafte Zinnsoldat" (Teil I) einmal ganz durch. Nach jedem Abschnitt finden Sie drei Sätze. Kreuzen Sie den Satz an, der den Inhalt am besten wiedergibt und lesen Sie weiter.

[1]standhafte... *steadfast tin soldier*

Der standhafte Zinnsoldat

von Hans Christian Andersen

TEIL I

Es waren einmal fünfundzwanzig Zinnsoldaten, die alle Brüder waren, da man sie aus einem alten Zinnlöffel gegossen hatte. Das Gewehr hielten sie im Arm, das Gesicht nach vorne gerichtet. Rot und blau, schmuck und schön war ihre Uniform. Das erste Wort, das sie in dieser Welt hörten, nach-
5 dem der Deckel[1] der Schachtel abgenommen wurde, war das Wort „Zinnsolda-ten!". Das rief ein kleiner Junge und klatschte dabei vor Freude in die Hände, denn er hatte sie zum Geburtstag bekommen. Er stellte sie auf dem Tisch auf. Ein Soldat war genau wie der andere, nur einer war etwas verschieden[2]: Er hatte nur ein Bein, denn er war zuletzt gegossen worden und das Zinn reichte
10 leider nicht mehr für ihn aus.[3] Doch er stand auf seinem einen Bein genauso fest wie seine anderen Kameraden auf ihren beiden. Aber gerade er sollte noch ein besonderes Schicksal[4] erleiden.

☐ **a.** Ein kleiner Junge bekommt fünfundzwanzig Zinnsoldaten zum Geburtstag.
☐ **b.** Ein kleiner Junge stellt seinen Zinnsoldaten auf den Tisch.
☐ **c.** Ein kleiner Junge bekommt einen Zinnsoldaten mit nur einem Bein.

Auf dem Tisch, auf dem sie standen, war noch vieles andere Spielzeug.[5] Am meisten ins Auge aber fiel ein wunderschönes Schloss ganz aus Papier ge-
15 baut. Durch die kleinen Fenster konnte man in die Zimmer hineinsehen. Vor dem Schloss standen kleine Bäume, die um ein Stückchen Spiegel gruppiert wa-ren. Es stellte einen See dar. Schwäne aus Wachs glitten über seine Oberfläche[6] und spiegelten sich darin. Das war alles sehr niedlich,[7] aber das niedlichste war doch ein kleines Mädchen, das in der offenen Schlosstür stand. Es war
20 auch aus Papier, trug ein feines Seidenkleid und ein kleines blaues Band über den Schultern. Mitten darauf war eine glänzende Blume, so groß wie ihr ganzes Gesicht. Das kleine Mädchen streckte beide Arme hoch, denn es war eine Tän-zerin, und dann hob es das eine Bein so hoch, dass der Zinnsoldat es gar nicht mehr sehen konnte und glaubte, dass es, wie er, nur ein Bein hätte.

25 „Das wäre eine Frau für mich", dachte er, „aber sie ist etwas vornehm,[8] sie wohnt in einem Schloss, und ich habe nur eine Schachtel mit vierund-zwanzig anderen darin, das ist kein Ort für sie. Doch ich möchte sie kennen lernen." Und dann legte er sich hinter eine Schnupftabakdose,[9] die auf dem Tisch stand. Nun konnte er die kleine, feine Dame anschauen, die immer noch
30 auf Bein stand, ohne umzufallen.

☐ **a.** Der Zinnsoldat sieht eine Tänzerin, die er kennen lernen möchte.
☐ **b.** Der Zinnsoldat denkt, dass die Tänzerin nur ein Bein hat, weil er das andere nicht sieht.
☐ **c.** Das Schloss und die Tänzerin sind ganz aus Papier, die Schwäne sind aus Wachs.

---

[1]*lid* [2]*different* [3]*reichte… aus was enough* [4]*fate* [5]*toys* [6]*surface* [7]*cute* [8]*noble* [9]*snuffbox*

Als es Abend wurde, kamen die anderen Zinnsoldaten in ihre Schachtel, und die Leute im Haus gingen ins Bett. Nun begann das Spielzeug zu spielen, nämlich „Es kommen Fremde", „Krieg[1] führen" und „Ball geben". Die Zinnsoldaten rasselten[2] in der Schachtel, denn sie wollten dabei sein, aber sie konnten den Deckel nicht aufheben.[3] Der Nussknacker machte Purzelbäume[4] und die Kreide malte fröhlich auf der Tafel. Es war ein Lärm,[5] dass der Kanarienvogel aufwachte und anfing in Versen mitzusprechen. Die beiden einzigen, die sich nicht bewegten,[6] waren der Zinnsoldat und die Tänzerin. Sie stand auf der Zehenspitze und hatte beide Arme ausgestreckt. Er war genauso standhaft auf seinem einen Bein und schaute sie die ganze Zeit an.

Nun schlug die Uhr zwölf und der Deckel sprang von der Schnupftabakdose, aber da war kein Tabak drin, nein, sondern ein kleiner schwarzer Kobold.[7]

"Zinnsoldat!" sagte der Kobold. „Halte deine Augen im Zaum[8]!"

Aber der Zinnsoldat tat, als ob[9] er nicht hörte.

"Ja, warte nur bis morgen!" sagte der Kobold.

☐ **a.** Wenn die Menschen im Bett sind, spielt das Spielzeug. Der Kanarienvogel spricht mit.
☐ **b.** Das Spielzeug fängt nachts an zu spielen, nur der Zinnsoldat und die Tänzerin nicht. Sie schauen einander die ganze Zeit an.
☐ **c.** Um Mitternacht springt ein Kobold aus der Schnupftabakdose und warnt den Zinnsoldaten: „Halte deine Augen im Zaum!"

Als es nun Morgen wurde und die Kinder aufstanden, stellten sie den Zinnsoldaten ins Fenster—und war es nun der Kobold oder der Wind—auf einmal flog das Fenster auf,[10] und der Soldat stürzte drei Stockwerke tief hinab.[11] Das war ein schrecklicher Sturz. Er streckte sein Bein gerade in die Luft und blieb zwischen den Pflastersteinen[12] stecken.

Das Dienstmädchen[13] und der kleine Junge liefen sofort hinunter, um ihn zu suchen. Aber obwohl[14] sie fast auf ihn getreten[15] wären, fanden sie ihn nicht. Hätte der Zinnsoldat gerufen[16]: „Hier bin ich!" so hätten sie ihn sicher gefunden, aber er fand es nicht passend,[17] laut zu schreien, weil er Uniform trug.

Nun begann es zu regnen und die Tropfen fielen immer dichter.[18] Als der Regen vorbei war, kamen zwei Straßenjungen vorbei.

„Sieh", sagte der eine, „da liegt ein Zinnsoldat! Der soll segeln gehen!"

Sie machten aus Zeitungspapier ein Boot, setzten den Soldaten hinein und ließen ihn den Rinnstein[19] hinuntersegeln. Beide Jungen liefen nebenher und klatschten in die Hände. Was für Wellen[20] waren da in dem Rinnstein! Das Papierboot schwankte[21] und drehte sich im Kreis.[22] Der Zinnsoldat aber blieb standhaft, verzog keine Miene,[23] sah nach vorn und hielt das Gewehr im Arm.

☐ **a.** Der Zinnsoldat fällt aus dem Fenster. Zwei Jungen finden ihn und setzen ihn in ein Boot.
☐ **b.** Der Zinnsoldat will nicht laut schreien, weil er das in Uniform nicht passend findet.
☐ **c.** Zwei Jungen machen ein Boot aus Papier und laufen neben dem Rinnstein her.

[1]*war* [2]*rattled* [3]*lift* [4]*somersaults* [5]*noise* [6]*moved* [7]*goblin* [8]Halte... *Control your eyes* [9]tat... *acted as if* [10]flog... auf *flew open* [11]stürzte... hinab *fell down* [12]*cobblestones* [13]*maid* [14]*although* [15]*stepped* [16]Hätte... *If the tin soldier had called out* [17]*proper* [18]*more heavily* [19]*gutter* [20]*waves* [21]*rocked* [22]*circle* [23]verzog... *did not bat an eyelid*

Arbeit mit dem Text

A. Intensives Lesen. Lesen Sie jeden Abschnitt noch einmal und beantworten Sie die folgenden Fragen.

1. Was halten die Zinnsoldaten im Arm? Wie ist ihre Uniform?
2. Warum hat einer der Zinnsoldaten nur ein Bein? Ist das ein Problem?
3. Beschreiben Sie das Schloss! Was stellt der Spiegel dar?
4. Beschreiben Sie das Mädchen! Wie sieht es aus? Wie steht es da?
5. Was denkt der Zinnsoldat, als er sie sieht? Was macht er?
6. Was passiert, wenn die Leute im Haus ins Bett gehen?
7. Was machen der Zinnsoldat und die Tänzerin?
8. Was passiert um Mitternacht?
9. Warum fällt der Zinnsoldat auf die Straße?
10. Warum finden das Dienstmädchen und der kleine Junge ihn nicht?
11. Was machen die beiden Straßenjungen?

B. Wörter erkennen. Suchen Sie die folgenden Verben im Text und unterstreichen Sie sie. Schreiben Sie die Zeilennummer in die Tabelle. Schreiben Sie ebenfalls den Infinitiv und die englische Übersetzung in die Tabelle.

Präteritumsform	Zeilennummer	Infinitiv	Englisch
rief			
fiel			
glitten			
trug			
hob			
begann			
anfing			
schlug			
tat			
aufstanden			
flog… auf			
liefen			
fand			
ließen			
blieb			
verzog			
sah			
hielt			

Nach dem Lesen

Erzählen Sie die Geschichte weiter. Was passiert mit dem Zinnsoldaten? Was passiert mit der Tänzerin? Sehen sie sich wieder?

Märchen

■ **Grammatik 9.4–9.5**

die böse Hexe

der König

die Königin

der Frosch→
(der verwunschene Prinz)

der Schatz

das Schloss

die gute Fee

der Jäger

Die böse Stiefmutter vergiftet
Schneewittchen.

Der Prinz erlöst die
Prinzessin.

Der Prinz tötet den Drachen.

SITUATION 12 Schneewittchen

Bringen Sie die Sätze in die richtige Reihenfolge.

_____ Die Königin starb bald darauf, und der König heiratete wieder.

_____ Der Prinz und Schneewittchen heirateten, aber die böse Stiefmutter musste sterben.

_____ Ein Jäger brachte Schneewittchen in den dunklen Wald.

_____ Eines Tages kam ein Königssohn. Als er Schneewittchen sah, verliebte er sich in sie und wollte sie mit nach Hause nehmen.

_____ Die böse Stiefmutter hasste Schneewittchen, weil sie so schön war.

_____ Schneewittchen blieb bei den Zwergen und führte ihnen den Haushalt.

_____ Es war einmal eine Königin, die bekam eine Tochter, die so weiß war wie Schnee, so rot wie Blut und so schwarzhaarig wie Ebenholz.[1]

_____ Die Stiefmutter hörte bald von ihrem Spiegel, dass Schneewittchen noch am Leben war.

_____ Schneewittchen lief durch den Wald und kam zu den sieben Zwergen.

_____ Die Zwerge weinten und legten sie in einen gläsernen Sarg.

_____ Als seine Diener den Sarg wegtrugen, stolperte ein Diener. Das giftige Apfelstück rutschte aus Schneewittchens Hals und sie wachte auf.

_____ Die Stiefmutter verkaufte Schneewittchen einen giftigen Apfel, Schneewittchen biss hinein und fiel tot um.

[1]_ebony_

Situationen **317**

SITUATION 13 Bildgeschichte: Dornröschen

SITUATION 14 Wer weiß — gewinnt.

Aus welchem Märchen ist das?

Dornröschen

Rumpelstilzchen

Aschenputtel

Der Froschkönig

Rotkäppchen

Hänsel und Gretel

Schneewittchen

1. „Knusper, knusper, knäuschen,
   wer knuspert an meinem Häuschen?"
   „Der Wind, der Wind, das himmlische Kind."
2. „Spieglein, Spieglein an der Wand, wer ist die Schönste im ganzen Land?"
   „Frau Königin, Ihr seid die Schönste hier, aber die junge Königin ist
   tausendmal schöner als Ihr."
3. „Ei, Großmutter, was hast du für große Ohren!"
   „Damit ich dich besser hören kann."
   „Ei, Großmutter, was hast du für große Augen!"
   „Damit ich dich besser sehen kann."
   „Ei, Großmutter, was hast du für ein großes Maul!"
   „Damit ich dich besser fressen kann."
4. „Die Königstochter soll an ihrem fünfzehnten Geburtstag in einen tiefen
   Schlaf fallen, der hundert Jahre dauert."
5. „Wenn ich am Tisch neben dir sitzen und von deinem Teller essen und aus
   deinem Becher trinken und in deinem Bett schlafen darf, dann will ich
   deinen goldenen Ball aus dem Brunnen heraufholen."
6. „Rucke di guh, rucke di guh,
   Blut ist im Schuh:
   Der Schuh ist zu klein,
   die rechte Braut sitzt noch daheim."
7. „Heute back ich, morgen brau ich,
   übermorgen hol' ich der Königin ihr Kind:
   ach, wie gut, dass niemand weiß,
   dass ich _____ heiß!"

SITUATION 15 Was ist passiert?

1. Nachdem Schneewittchen den giftigen Apfel gegessen hatte,
2. Nachdem Hänsel und Gretel durch den dunklen Wald gelaufen waren,
3. Nachdem die Prinzessin den Frosch geküsst hatte,
4. Nachdem die Müllerstochter keinen Schmuck mehr hatte,
5. Nachdem Aschenputtel alle Linsen[1] eingesammelt[2] hatte,
6. Nachdem der Wolf die Großmutter gefressen hatte,
7. Nachdem der Prinz Dornröschen geküsst hatte,
8. Nachdem Rumpelstilzchen seinen Namen gehört hatte,

a. legte er sich in ihr Bett.
b. wurde er sehr wütend.
c. wachte sie auf.
d. fiel sie tot um.
e. verwandelte er sich in einen Prinzen.
f. ging sie auf den Ball.
g. kamen sie zum Haus der Hexe.
h. versprach sie Rumpelstilzchen ihr erstes Kind.

[1]lentils   [2]gathered

**Zum Schreiben:
Es war einmal...**

Schreiben Sie ein Märchen. Wählen Sie aus den vier Kategorien etwas aus, oder erfinden Sie etwas.

DIE GUTEN

eine schöne Prinzessin
ein armer Student
eine tapfere Königin
ein treuer Diener
?

DIE BÖSEN

eine böse Hexe
eine grausame Professorin
ein hungriger Drache
ein böser Stiefvater
?

DIE AUSGANGSLAGE

frisst Menschen und Tiere
hat lange Zeit geschlafen
bekommt immer nur Fs
vergiftet das Wasser
?

DIE AUFGABE

drei Rätsel lösen
mit einem Riesen kämpfen
etwas Verlorenes wiederfinden
eine List erfinden
?

ektüre

Vor dem Lesen

A. Hier ist der zweite Teil des Märchens „Der standhafte Zinnsoldat" von Hans Christian Andersen. Erinnern Sie sich an den ersten Teil? Erzählen Sie, was bisher[1] passiert ist. Die folgenden Ausdrücke helfen Ihnen dabei.

Geburtstag

fünfundzwanzig Zinnsoldaten

Schloss aus Papier

regnen

Kobold

Tänzerin

ein Bein

Boot

aus dem Fenster

Mitternacht

Rinnstein

nicht finden

B. Extensives Lesen. Lesen Sie jetzt Teil II des Märchens „Der standhafte Zinnsoldat" einmal ganz durch. Nach jedem Abschnitt finden Sie drei Sätze. Kreuzen Sie den Satz an, der den Inhalt am besten wiedergibt und lesen Sie weiter.

[1]*thus far*

Der standhafte Zinnsoldat

von Hans Christian Andersen

Was bisher geschah: Ein kleiner Junge bekommt Zinnsoldaten zum Geburtstag geschenkt. Einer der Zinnsoldaten verliebt sich in eine kleine Tänzerin. Ein Kobold verwünscht den Zinnsoldaten. Der Zinnsoldat fällt aus dem Fenster. Zwei Jungen finden ihn und setzen ihn in ein Papierboot. Der Soldat segelt im Papierboot den Rinnstein hinunter.

Plötzlich trieb das Boot unter eine lange Rinnsteinbrücke.[1] Da wurde es so dunkel wie in seiner Schachtel.

„Wohin mag ich nur kommen?" dachte der Zinnsoldat. „Ja, ja, das ist die Schuld[2] des Kobolds! Ach, wäre doch das kleine Mädchen[3] hier im Boot, dann

5 könnte es noch so dunkel sein!"

Da kam plötzlich eine große Wasserratte, die unter der Rinnsteinbrücke wohnte.

„Hast du einen Pass?" fragte die Ratte. „Her mit dem Pass!"

Aber der Zinnsoldat sagte nichts und hielt das Gewehr noch fester.

10 Das Boot fuhr davon und die Ratte lief hinterher. Sie rief: „Haltet ihn auf! Haltet ihn auf. Er hat keinen Zoll[4] bezahlt, er hat den Pass nicht vorgezeigt!"

Aber die Strömung[5] wurde stärker und stärker! Und der Zinnsoldat konnte da, wo die Brücke aufhörte, schon das Tageslicht sehen, aber er hörte auch ein Brausen,[6] das auch den tapfersten Mann erschrecken[7] konnte. Stellt euch

15 vor, der Rinnstein stürzte, wo die Brücke endete, direkt in einen großen Kanal hinab.

Nun war er schon so nahe, dass er nicht mehr anhalten konnte. Das Boot fuhr hinaus, der arme Zinnsoldat hielt sich, so gut er konnte, aufrecht. Niemand sollte ihm nachsagen,[8] dass er auch nur mit den Augen gezwinkert[9]

20 hätte. Das Boot drehte sich drei-, viermal herum und füllte sich dabei bis zum Rand[10] mit Wasser, es musste sinken. Der Zinnsoldat stand bis zum Hals im Wasser, und tiefer und tiefer sank das Boot. Das Papier löste sich auf,[11] und nun ging das Wasser schon über den Kopf des Soldaten. Da dachte er an die kleine niedliche Tänzerin, die er nie mehr sehen sollte und an das Lied:

25 „Fahre, fahre Kriegersmann[12]!

Den Tod sollst du erleiden[13]!"

Nun war das Papier aufgelöst, der Zinnsoldat stürzte hinab und wurde sofort von einem großen Fisch verschluckt.[14]

☐ **a.** Der Zinnsoldat denkt, dass alles die Schuld des Kobolds aus der Schnupftabakdose ist.

☐ **b.** Eine große Wasserratte, die unter der Rinnsteinbrücke wohnt, will Zoll vom Zinnsoldaten.

☐ **c.** Das Boot geht unter und der Zinnsoldat stürzt in einen Kanal, wo ihn ein Fisch verschluckt.

---

[1]*gutter bridge* [2]*fault* [3]*wäre... if only the little girl were* [4]*customs duty* [5]*current* [6]*roaring* [7]*scare*
[8]*accuse* [9]*blinked* [10]*brim* [11]*löste... dissolved* [12]*warrior* [13]*suffer* [14]*swallowed*

Knowing what fairy tales are like, you can anticipate language and events that you are likely to encounter. Like many fairy tales, this one contains an occasional comment directed to the readers or hearers of the tale. Before reading **Teil II,** scan the text and locate the phrase that is equivalent to English *Just imagine . . .* (Hint: The verb to look for is **sich vor•stellen.**) How many times does it appear? What effect does it have?

In many fairy tales, animals are imbued with the ability to speak a human language. Scan the text and determine what animal talks in this fairy tale. What other supernatural sorts of events might you expect to encounter in **Teil II?**

Es war sehr dunkel, noch schlimmer als unter der Rinnsteinbrücke, und
dann war es sehr eng. Aber der Zinnsoldat blieb standhaft und lag mit dem
Gewehr im Arm.

Der Fisch schwamm umher und machte schreckliche Bewegungen.[1] Endlich[2] wurde er ganz still. Dann wurde es plötzlich ganz hell und jemand rief
laut: „Der Zinnsoldat!" Der Fisch war gefangen, auf den Markt gebracht und
verkauft worden. Dann hatte die Köchin ihn in der Küche mit einem großen
Messer aufgeschnitten und den Zinnsoldaten gefunden. Sie nahm ihn und
brachte ihn ins Wohnzimmer, wo alle den seltsamen[3] Mann sehen wollten, der
im Bauch eines Fisches herumgereist war. Und stellt euch vor, der Zinnsoldat
war in demselben Wohnzimmer, in dem er früher gewesen war. Er sah die-
selben Kinder und dasselbe Spielzeug stand auf dem Tisch: Das herrliche
Schloss mit der niedlichen kleinen Tänzerin, die noch immer auf einem Bein
stand. Sie war auch standhaft und das rührte[4] den Zinnsoldaten. Er war nahe
daran, Zinn zu weinen, aber das schickte sich nicht[5]. Er sah sie an, aber sie
sagten gar nichts.

☐ **a.** Es ist sehr eng und dunkel im Bauch des Fisches, aber der Zinnsoldat bleibt standhaft.
☐ **b.** Jemand fängt den Fisch, er kommt auf den Markt und zurück in die gleiche Wohnung, wo er
vorher war. Hier findet ihn die Köchin und bringt ihn ins Wohnzimmer zurück.
☐ **c.** Das schöne Schloss ist immer noch da, und die Tänzerin steht standhaft auf ihrem einen
Bein.

Da nahm der eine der kleinen Jungen den Soldaten und warf ihn in den
Ofen, obwohl er gar keinen Grund[6] dafür hatte. Es war aber sicher der Kobold in der Dose,[7] der daran Schuld war.

Der Zinnsoldat stand da und fühlte eine Hitze, die schrecklich[8] war. Aber
ob sie von dem wirklichen Feuer oder von der Liebe kam, das wusste er nicht.
Die Farben waren ganz von ihm abgegangen. Ob das auf der Reise geschehen
war oder ob der Kummer[9] daran Schuld war, konnte niemand sagen. Er sah
das kleine Mädchen an, sie blickte ihn an, und er fühlte, dass er schmolz.[10]
Aber noch immer stand er standhaft mit dem Gewehr im Arm. Da ging eine
Tür auf, der Wind ergriff[11] die Tänzerin, und sie flog direkt in den Ofen zum
Zinnsoldaten, loderte in Flammen auf und war sofort verschwunden.[12] Da
schmolz der Zinnsoldat zu einem Klumpen,[13] und als das Dienstmädchen am
nächsten Tag die Asche herausnahm, fand sie ihn als ein kleines Zinnherz.
Von der Tänzerin war nur noch die Blume da, und die war kohlschwarz
gebrannt.

☐ **a.** Einer der kleinen Jungen wirft den Zinnsoldaten ohne Grund in den Ofen, wo er anfängt zu
schmelzen.
☐ **b.** Einer der kleinen Jungen wirft den Zinnsoldaten in den Ofen und der Wind bläst die Tänzerin
hinterher.
☐ **c.** Das Dienstmädchen findet am nächsten Tag ein kleines Zinnherz und eine schwarze Blume.

[1]*movements* [2]*Finally* [3]*strange* [4]*moved* [5]*schickte... wasn't proper* [6]*reason* [7]*box* [8]*horrible*
[9]*sorrow* [10]*was melting* [11]*caught* [12]*vanished* [13]*lump*

Arbeit mit dem Text

A. Intensives Lesen. Lesen Sie jeden Abschnitt noch einmal und beantworten Sie die folgenden Fragen.

1. Wem begegnet der Zinnsoldat unter der Rinnsteinbrücke? Was will sie von ihm? Was passiert?
2. Was passiert, als der Zinnsoldat aus der Rinnsteinbrücke herauskommt?
3. Wie kommt der Zinnsoldat zurück in die Wohnung des kleinen Jungen?
4. Wen sieht der Zinnsoldat in der Wohnung? Wie fühlt er sich?
5. Was macht der Junge mit dem Zinnsoldaten? Warum macht er das?
6. Was passiert mit dem Zinnsoldaten?
7. Was passiert mit der Tänzerin?
8. Was findet das Dienstmädchen am nächsten Morgen?

B. Kollokationen bilden. Verbinden Sie das Objekt mit dem Verb. Suchen Sie dann die Kollokation im Text und unterstreichen Sie sie. Tipp: Die Objekte stehen im Text in der gleichen Reihenfolge. Übersetzen Sie dann die Kollokation ins Englische.

1.

OBJEKT	VERB	ENGLISCH
unter der Brücke	bezahlen	_____
Zoll	füllen	_____
den Pass	hören	_____
das Tageslicht	sehen	_____
ein Brausen	wohnen	*to live under the bridge*
mit den Augen	vorzeigen	_____
bis zum Rand	zwinkern	_____

2.

OBJEKT	VERB	ENGLISCH
den Fisch	auflodern	_____
auf den Markt	aufschneiden	_____
mit einem Messer	bringen	_____
auf einem Bein	fangen	_____
in den Ofen	schmelzen	_____
in Flammen	stehen	_____
zu einem Klumpen	werfen	_____

Nach dem Lesen

Erzählen Sie das Märchen. Machen Sie sich Notizen und erzählen Sie dann das Märchen einem Partner oder einer Partnerin.

Videoecke

- In welche Klasse gehst du?
- Was sind deine Lieblingsfächer?
- Was gefällt dir daran?
- Hast du gute Noten?
- Wann ist eure nächste Prüfung?
- Wie bereitest du dich darauf vor?
- Was gefällt dir an deiner Schule?
- Was gefällt dir nicht?
- Wie sieht dein Schulalltag aus?

Katharina geht in die 8. Klasse der Mittelschule. Ihr Hobby ist Fahrrad fahren.

Susann geht aufs Gymnasium, in die 5. Klasse. Ihre Hobbys sind Lesen, Fernsehen und Musik hören.

Aufgabe 1

Wer sagt das, Susann oder Katharina? Was sagt das andere Mädchen?

	KATHARINA	SUSANN
1. Ich geh' in die 8b.	☐	☐
2. Meine Lieblingsfächer sind Musik und Zeichnen.	☐	☐
3. Ich mag diese Fächer, weil ich damit meine Noten verbessern kann.	☐	☐
4. Wir schreiben morgen eine Mathearbeit.	☐	☐
5. Ich übe so lange, bis ich auch alles wirklich kann.	☐	☐
6. Mir gefällt nicht, dass die Jungs sich immer prügeln müssen.	☐	☐
7. Nach der Schule suche ich mir eine Lehre und fange einen Beruf an.	☐	☐

Aufgabe 2

Wie sieht der Schulalltag von Katharina aus? Bringen Sie die Sätze in die richtige Reihenfolge.

_____ Dann fahre ich mit der Straßenbahn zur Schule.

_____ Ich stehe morgens viertel sechs auf

_____ und füttere meine Katze.

_____ Nach sieben Stunden gehe ich dann nach Hause

_____ und mach mich um sieben aus dem Staub.

Wortschatz

Kindheit und Jugend
Childhood and Youth

die **Ausbildung, -en**	education
die **Klasse, -n**	grade (level)
die **Note, -n**	grade
die **Puppe, -n**	doll
der **Abschluss**	graduation
der **Ballettunterricht**	ballet class
das **Klassentreffen, -**	class reunion
das **Mädchen, -**	girl
das **Vorbild, -er**	role model, idol

Ähnliche Wörter
der **Clown, -s**; der **Spielplatz, ̈-e**; der **Teddy, -s**; der **Zirkus, -se**, das **Kostüm, -e**

Märchen
Fairy Tales

die **Braut, ̈-e**	bride
die **Fee, -n**	fairy
die **Hexe, -n** (R)	witch
die **Königin, -nen**	queen
die **List, -en**	deception, trick
der **Brunnen, -**	well; fountain
der **Diener, -**	servant
der **Drache, -n** (*wk. masc.*)	dragon
der **Jäger, -**	hunter
der **König, -e**	king
der **Riese, -n** (*wk. masc.*)	giant
der **Sarg, ̈-e**	coffin
der **Schatz, ̈-e**	treasure
der **Zwerg, -e**	dwarf
das **Rätsel, -**	puzzle, riddle
ein Rätsel lösen	to solve a puzzle/riddle
erlösen	to rescue, free
kämpfen	to fight
klettern, ist geklettert	to climb
küssen	to kiss
sterben, stirbt, ist gestorben	to die
töten	to kill
träumen	to dream
um·fallen, fällt um, ist umgefallen	to fall over

vergiften	to poison
sich verwandeln in (+ *akk.*)	to change (into)
verwünschen	to curse, cast a spell on
böse	evil, mean
eklig	gross, loathsome
giftig	poisonous
gläsern	glass
grausam	cruel
heimlich	secret
tapfer	brave
tot	dead
treu	loyal, true
verwunschen	cursed; enchanted

Ähnliche Wörter
die **Prinzessin, -nen**; die **Stiefmutter, ̈-**; der **Prinz, -en** (*wk. masc.*); der **Stiefvater, ̈-**; das **Blut**; das **Feuer, -**

Natur und Tiere
Nature and Animals

der **Baum, ̈-e**	tree
der **Frosch, ̈-e**	frog
der **Schnee**	snow
das **Maul, ̈-er**	mouth (of an animal)
das **Pferd, -e**	horse
beißen, gebissen	to bite
fressen, frisst, gefressen	to eat (*said of an animal*)
füttern	to feed
pflücken	to pick

Ähnliche Wörter
der **Busch, ̈-e**; der **Dorn, -en**; der **Elefant, -en** (*wk. masc.*); der **Wind, -e**; der **Wolf, ̈-e**; das **Schwein, -e**

Sonstige Substantive
Other Nouns

die **Einbrecherin, -nen**	female burglar
die **Feier, -n**	celebration, party
die **Fensterscheibe, -n**	windowpane
die **Ferienreise, -n**	holiday trip, vacation
die **Fremdsprache, -n**	foreign language
die **Freude, -n**	joy, pleasure

die **Mannschaft**, -en	team
die **Baseballmann-**schaft, -en	baseball team
die **Naturwissenschaft**, -en	natural science
die **Radtour**, -en	bicycle tour
die **Regisseurin**, -nen	female director
die **Schauspielerin**, -nen	actress
die **Süßigkeit**, -en	sweet, candy
die **Taschenlampe**, -n	flashlight
die **Verspätung**, -en	delay
die **Wissenschaftlerin**, -nen	female scientist
der **Becher**, -	cup, mug
der **Einbrecher**, -	male burglar
der **Hals**, ¨e	neck; throat
der **Liebesroman**, -e	romance novel
der **Regisseur**, -e	male director
der **Schatten**, -	shadow, shade
der **Schauspieler**, -	actor
der **Schlüssel**, -	key
der **Hausschlüssel**, -	house key
der **Wissenschaftler**, -	male scientist
der **Zaun**, ¨e	fence
das **Geräusch**, -e	sound, noise
das **Leben**, -	life
am **Leben** sein	to be alive
das **Loch**, ¨er	hole

Ähnliche Wörter

die **Ballerina**, -s; die **Dramatikerin**, -nen; die **Fußballspielerin**, -nen; die **Tennisspielerin**, -nen; der **Dramatiker**, -; der **Fußballspieler**, -; der **Haushalt**; der **Schlaf**; der **Tennisspieler**, -; das **Glas**, ¨er; das **Rockkonzert**, -e; das **Video**, -s; das **Werk**, -e

Sonstige Verben / Other Verbs

ändern	to change
bitten (um + *akk.*), gebeten	to ask (for)
ein·werfen, wirft **ein**, eingeworfen	to break (a window)
hassen	to hate
holen	to fetch, (go) get
los·fahren, fährt **los**, ist losgefahren	to drive/ride off
rutschen, ist gerutscht	to slide, slip
schimpfen	to cuss; to scold
stolpern, ist gestolpert	to trip
streiten, gestritten	to argue, quarrel
übersetzen	to translate

sich **unterhalten**, unterhält, unterhalten	to converse
sich **verlieben** (in + *akk.*)	to fall in love (with)
verpassen	to miss
sich **verstecken**	to hide
versuchen	to try, attempt
vor·lesen, liest **vor**, vorgelesen	to read aloud
wachsen, wächst, ist gewachsen	to grow
zerreißen, zerrissen	to tear

Ähnliche Wörter

fallen, fällt, ist gefallen; **wecken**; **weg·tragen**, trägt **weg**, weggetragen

Adjektive und Adverbien / Adjectives and Adverbs

arm	poor
begabt	gifted
streng	strict

Ähnliche Wörter

deutschsprachig, **hungrig**, **schwarzhaarig**, **täglich**

Sonstige Wörter und Ausdrücke / Other Words and Expressions

bald	soon
bald darauf	soon thereafter
daheim	at home
denn	for, because
endlich	finally
gegen (+ *akk.*)	against
hinein	in (ward)
leise	quietly
mitten	in the middle
mitten in der Nacht	in the middle of the night
nachdem	after (*conj.*)
neben	next to
neulich	recently
nichts	nothing
plötzlich	suddenly
Sonstiges	other things
trotzdem	in spite of that
übermorgen	the day after tomorrow
unterwegs	on the road
vorbei	past, over
zurück	back

Strukturen und Übungen

9.1 The conjunction *als* with dependent-clause word order

The conjunction **als** (*when*) is commonly used to express that two events or circumstances happened at the same time. The **als**-clause establishes a point of reference in the past for an action or event described in the main clause.

Als ich zwölf Jahre alt war, bin ich zum ersten Mal allein verreist.	*When I was twelve years old, I traveled alone for the first time.*

When an **als**-clause introduces a sentence, it occupies the first position. Consequently, the conjugated verb in the main clause occupies the second position and the subject of the main clause the third position. Note that the conjugated verb in the **als**-clause appears at the end of the clause.

$$\underset{\text{1}}{\text{Als ich 12 Jahre alt}} \; \underset{}{\textbf{war,}} \; \underset{\text{2} \quad \text{3}}{\textbf{bin ich}} \; \text{zum ersten Mal allein verreist.}$$

ÜBUNG 1 Meilensteine

Schreiben Sie 10–15 Sätze über Ihr Leben. Beginnen Sie jeden Satz mit **als.**

MODELL Als ich eins war, habe ich laufen gelernt.
Als ich zwei war, habe ich sprechen gelernt.
Als ich fünf war, bin ich in die Schule gekommen.

9.2 The simple past tense of *werden,* the modal verbs, and *wissen*

Use the simple past tense of **haben, sein, werden, wissen,** and the modal verbs in both writing and conversation.

The simple past tense is preferred over the perfect tense with some frequently used verbs, even in conversational German. These verbs include **haben, sein, werden,** the modal verbs, and the verb **wissen.** The conjugations of **werden,** the modal verbs, and **wissen** appear below. For **haben** and **sein,** refer back to **Strukturen 7.5.** Notice that the **ich-** and the **er/sie/es-**forms are the same.

Frau Gretter **war** sehr begabt. In der Schule **wusste** sie immer alles. Sie **hatte** viele Freundinnen und Freunde.	*Mrs. Gretter was very talented. In school she always knew everything. She had many friends.*

A. The verb **werden**

Michael **wurde** Tierpfleger.　　　Michael became an animal caretaker.

Im August **wurde** er sehr krank.　　In August he became very sick.

werden			
ich	wurde	*wir*	wurden
du	wurdest	*ihr*	wurdet
Sie	wurden	*Sie*	wurden
er *sie* *es*	wurde	*sie*	wurden

B. Modal Verbs

To form the simple past tense of modal verbs, use the stem, drop any umlauts, and add **-te-** plus the appropriate ending.

können → könn → konn → konnte → du konntest

Gestern **wollten** wir ins Kino gehen.

Mehmet **musste** jeden Tag um sechs aufstehen.

Helga und Sigrid **durften** mit sechs Jahren noch nicht fernsehen.

Yesterday, we wanted to go to the movies.

Mehmet had to get up at six every morning.

When they were six, Helga and Sigrid weren't yet allowed to watch TV.

Here are the simple past-tense forms of the modal verbs.

	können	**müssen**	**dürfen**	**sollen**	**wollen**	**mögen**
ich	konnte	musste	durfte	sollte	wollte	mochte
du	konntest	musstest	durftest	solltest	wolltest	mochtest
Sie	konnten	mussten	durften	sollten	wollten	mochten
er *sie* *es*	konnte	musste	durfte	sollte	wollte	mochte
wir	konnten	mussten	durften	sollten	wollten	mochten
ihr	konntet	musstet	durftet	solltet	wolltet	mochtet
Sie	konnten	mussten	durften	sollten	wollten	mochten
sie	konnten	mussten	durften	sollten	wollten	mochten

Note the consonant change in the past tense of **mögen: mo*ch*te.**

C. The verb **wissen**

The forms of the verb **wissen** are similar to those of the modal verbs.

Ich **wusste** nicht, dass du keine Erdbeeren magst.
I didn't know that you don't like strawberries.

Here are the simple past-tense forms.

wissen			
ich	wusste	*wir*	wussten
du	wusstest	*ihr*	wusstet
Sie	wussten	*Sie*	wussten
er *sie* *es*	wusste	*sie*	wussten

ÜBUNG 2 Fragen und Antworten

Hier sind die Fragen. Was sind die Antworten?

MODELL Lydia, warum bist du nicht mit ins Kino gegangen? (nicht können) → Ich konnte nicht.

1. Ernst, warum bist du nicht mit zum Schwimmen gekommen? (nicht dürfen)
2. Maria, warum bist du nicht gekommen? (nicht wollen)
3. Jens, gestern war Juttas Geburtstag! (das/nicht wissen)
4. Jutta, warum hast du eine neue Frisur? (eine/wollen)
5. Jochen, warum hast du das Essen nicht gekocht? (das/nicht sollen)

ÜBUNG 3 Minidialoge

Setzen Sie Modalverben oder **wissen** ein.

1. SILVIA: Was hast du gemacht, wenn du nicht zur Schule gehen _____,ᵃ [wusstest] Jürgen?
   JÜRGEN: Ich habe gesagt: „Ich bin krank."
   SILVIA: Haben deine Eltern das geglaubt?
   JÜRGEN: Nein, meine Mutter _____ᵇ [wusste] immer, was los war.
2. ERNST: Hans, warum bist du gestern nicht auf den Spielplatz gekommen?
   HANS: Ich _____ᵃ [konnte] [durfte] nicht. Ich habe eine Fünf in Mathe geschrieben und _____ᵇ [musste] zu Hause bleiben.
   ERNST: Schade. Wir _____ᶜ [wollten] Fußball spielen, aber dann _____ᵈ [konnten] wir nicht genug Spieler finden.
3. HERR RUF: Guten Tag, Frau Gretter. Tut mir Leid, dass ich neulich nicht zu Ihrer kleinen Feier kommen _____.ᵃ [konnte] Aber ich _____ᵇ [musste] meine alte Tante in Würzburg besuchen.

FRAU GRETTER: Ja, wirklich schade. Ich _____^{c} gar nicht, dass Sie eine Tante in Würzburg haben.

HERR RUF: Sie zieht diese Woche nach Düsseldorf zu ihrer Tochter, und ich _____^{d} sie noch einmal besuchen.

9.3 Time: *als, wenn, wann*

Als refers to a circumstance (time period) in the past or to a single event (point in time) in the past or present, but never in the future.

TIME PERIOD

Als ich 15 Jahre alt war, sind meine Eltern nach Texas gezogen.
When I was 15 years old, my parents moved to Texas.

POINT IN TIME

Als wir in Texas angekommen sind, war es sehr heiß.
When we arrived in Texas, it was very hot.

Als Veronika ins Zimmer kommt, klingelt das Telefon.
When (As) Veronika comes into the room, the phone rings.

Wenn has three distinct meanings: a conditional meaning and two temporal meanings. In conditional sentences, **wenn** means *if.* In the temporal sense, **wenn** may be used to describe events that happen or happened one or more times (*when*[*ever*]) or to describe events that will happen in the future (*when*).

CONDITION

Wenn man auf diesen Knopf drückt, öffnet sich die Tür.
If you press this button, the door will open.

REPEATED EVENTS

Wenn Herr Wagner nach Hause kam, freuten sich die Kinder.
When(ever) Mr. Wagner came home, the children would be happy.

Wenn Herr Wagner nach Hause kommt, freuen sich die Kinder.
When(ever) Mr. Wagner comes home, the children are happy.

FUTURE EVENT

Wenn ich in Frankfurt ankomme, rufe ich dich an.
When I arrive in Frankfurt, I'll call you.

In the simple past, **wenn** refers to a habit or an action or event that happened repeatedly or customarily; **als** refers to a specific action or event that happened once, over a particular time period or at a particular point in time in the past.

Wenn ich nicht zur Schule gehen wollte, habe ich gesagt, dass ich krank bin.

When(ever) I didn't want to go to school, I said that I was sick.

Als ich mein erstes F bekommen habe, habe ich geweint.

When I got my first F, I cried.

Wann is an adverb of time meaning *at what time.* It is used in both direct and indirect questions.

Wann hast du deinen ersten Kuss bekommen?	*When did you get your first kiss?*
Ich weiß nicht, **wann** der Zug kommt.	*I don't know when the train is coming.*

Note that when **wann** is used in an indirect question, the conjugated verb comes at the end of the clause.

When	
Single event in past or present (*at one time*) Circumstance in the past	**als**
Condition (*if*) Repeated event in past, present, or future (*whenever*) Single event in the future (*when*)	**wenn**
Adverb of time (*at what time?*)	**wann**

ÜBUNG 4 Minidialoge

 Wann, wenn oder **als?**

1. ERNST: _Wann_ᵃ darf ich fernsehen?
   FRAU WAGNER: _wenn_ᵇ du deine Hausaufgaben gemacht hast.
2. ROLF: Oma, _wann_ᵃ hast du Opa kennen gelernt?
   SOFIE: _als_ᵇ ich siebzehn war.
3. STEFAN: Was habt ihr gemacht, _als_ ihr in München wart?
   NORA: Wir haben sehr viele Filme gesehen.
4. MARTHA: _Wann_ᵃ hast du Sofie getroffen?
   WILLI: Gestern, _als_ᵇ ich an der Uni war.
5. ALBERT: _wann_ᵃ fliegst du nach Europa?
   PETER: _wenn_ᵇ ich genug Geld habe.
6. MONIKA: Du spielst sehr gut Tennis. _Wann_ᵃ hast du das gelernt?
   HEIDI: _als_ᵇ ich noch klein war.

ÜBUNG 5 Ein Brief

Wann, wenn oder **als?**

Liebe Tina,
gestern Nachmittag musste ich meiner Oma mal wieder Kuchen und Wein bringen. Immer _____ᵃ ich mich mit meinen Freunden verabrede,[1] will mein Vater irgendetwas[2] von mir. Ich war ganz schön wütend. _____ᵇ ich den Korb[3]

[1]*make a date* [2]*something* [3]*basket*

zusammengepackt habe, habe ich leise geschimpft. _____[c] ich meine Oma besuche, muss ich immer ein bisschen dableiben und mich mit ihr unterhalten. Das ist langweilig und anstrengend,[1] denn die Oma hört nicht mehr so gut. Außerdem wohnt sie am anderen Ende der Stadt. Auch _____[d] ich mit dem Bus fahre, dauert es mindestens zwei Stunden.

_____[e] ich aus dem Haus gekommen bin, habe ich an der Ecke Billy auf seinem Moped gesehen. _____[f] ich ihn zum letzten Mal gesehen habe, haben wir uns prima unterhalten.

„_____[g] kommst du mal wieder ins Jugendzentrum?" hat Billy gerufen. „Vielleicht heute gegen Abend", habe ich geantwortet. _____[h] ich mich auf den Weg gemacht habe, hat es auch noch angefangen zu regnen. Und natürlich... wie immer... _____[i] es regnet, habe ich keinen Regenschirm dabei. So viel für heute.

Tausend Grüße
deine Jutta

9.4 The simple past tense of strong and weak verbs (receptive)

In written texts, the simple past tense is frequently used instead of the perfect to refer to past events.

Jutta **fuhr** allein in Urlaub.	*Jutta went on vacation alone.*
Ihr Vater **brachte** sie zum Bahnhof.	*Her father took her to the train station.*

In the simple past tense, just as in the present tense, separable-prefix verbs are separated in independent clauses but joined in dependent clauses.

Rolf **stand** um acht Uhr **auf.** Es war selten, dass er so früh **aufstand.**	*Rolf got up at eight. It was rare that he got up so early.*

A. Weak Verbs

weak verbs = **-(e)te-**

You can recognize the simple past of weak verbs by the **-(e)te-** that is inserted between the stem and the ending.

PRESENT	SIMPLE PAST		PRESENT	SIMPLE PAST
du sagst : du	sag**test**		sie arbeitet : sie	arbei**tete**

Wir bad**eten,** bau**ten** Sandburgen und spiel**ten** Volleyball.	*We went swimming, built sand castles, and played volleyball.*

Like modal verbs, simple past-tense forms do not have an ending in the **ich-** and the **er/sie/es**-forms: **ich sagte, er sagte.** Here are the simple past-tense forms of the verb **machen.**

---

[1]*strenuous*

machen			
ich machte		*wir* machten	
du machtest		*ihr* machtet	
Sie machten		*Sie* machten	
er			
sie } machte		*sie* machten	
es			

irregular weak verbs =
stem vowel change + **-te-**

For a few weak verbs, the stem of the simple past is the same as the one used to form the past participle.

PRESENT	SIMPLE PAST	PERFECT	
bringen	brachte	hat gebracht	*to bring*
denken	dachte	hat gedacht	*to think*
kennen	kannte	hat gekannt	*to know, be acquainted with*
wissen	wusste	hat gewusst	*to know (as a fact)*

strong verbs — stem vowel change

B. Strong Verbs

All strong verbs have a different stem in the simple past: **schwimmen/ schwamm, singen/sang, essen/aß.** Since English also has a number of verbs with irregular stems in the past (*swim/swam, sing/sang, eat/ate*), you will usually have no trouble recognizing simple past stems. You will recognize the **ich-** and **er/sie/es-**forms of strong verbs easily, because they do not have an ending.

Through practice reading texts in the simple past, you will gradually become familiar with the various patterns of stem change that exist. Here are some common past-tense forms you are likely to encounter in your reading.* A complete list of stem-changing verbs can be found in Appendix F.

bleiben	blieb	*to stay*	rufen	rief	*to call*
essen	aß	*to eat*	schlafen	schlief	*to sleep*
fahren	fuhr	*to drive*	schreiben	schrieb	*to write*
fliegen	flog	*to fly*	sehen	sah	*to see*
geben	gab	*to give*	sprechen	sprach	*to speak*
gehen	ging	*to go*	stehen	stand	*to stand*
lesen	las	*to read*	tragen	trug	*to carry*
nehmen	nahm	*to take*	waschen	wusch	*to wash*

Der Bus fuhr um sieben Uhr ab.	*The bus left at seven o'clock.*
Sechs Kinder schliefen in einem Zimmer.	*Six children were sleeping in one room.*
Jutta aß frische Krabben.	*Jutta ate fresh shrimp.*

---

*It is fairly easy to make an educated guess about the form of the infinitive when encountering new simple past-tense forms. The following vowel correspondences are the most common.

SIMPLE PAST	INFINITIVE	EXAMPLES
a	e/i	gab - geben, fand - finden
i/ie	a/ei	ritt - reiten, hielt - halten, schrieb - schreiben

Setzen Sie die Verben ein:

| aßen | gingen | kamen | schwammen | standen |
| fuhren | hielten | schliefen | sprangen | |

Willi und Sofie wollten eine Radtour machen, aber ihre Räder waren kaputt. Sie mussten sie reparieren, bevor sie losfahren konnten. Am Morgen der Tour _____ [a] sie um sechs Uhr auf, _____ [b] in die Garage, wo die Räder waren und machten sich an die Arbeit. Gegen acht waren sie fertig, sie frühstückten noch und dann _____ [c] sie ab. Gegen elf _____ [d] sie an einen kleinen See. Sie _____ [e] an und setzten sich ins Gras. Willis Mutter hatte ihnen Essen eingepackt. Sie waren hungrig und _____ [f] alles auf. Sie _____ [g] im See und legten sich dann in den Schatten und _____.[h] Am späten Nachmittag _____ [i] sie noch mal ins Wasser und radelten dann zurück nach Hause. Die Rückfahrt dauerte eine Stunde länger als die Hinfahrt.

Ergänzen Sie die Verben.

1. brachten gaben hieß kamen liefen machten schliefen wohnte

Vor einem großen Wald _____ [a] ein armer Mann mit seiner Familie. Der Junge _____ [b] Hänsel und das Mädchen Gretel. Als sie eines Tages nichts mehr zu essen hatten, _____ [c] die Eltern die Kinder in den Wald. Sie _____ [d] ihnen ein Feuer und _____ [e] jedem noch ein Stück Brot. Die Kinder _____ [f] ein und als sie wieder aufwachten, waren sie allein. Sie _____ [g] durch den Wald, bis sie an ein kleines Haus _____.[h]

2. fanden kochte lief sahen saß schloss tötete trug

Durch das Fenster _____ [a] sie eine alte Frau, die vor dem Kamin[1] _____ [b] und strickte. Als die Alte die Kinder bemerkte,[2] holte sie sie herein und _____ [c] ihnen etwas zu essen. Die Kinder _____ [d] die Frau sehr freundlich, aber leider war sie eine böse Hexe. Sie packte[3] Hänsel, _____ [e] ihn in den Stall und _____ [f] die Tür. Sie wollte, dass er dick wird, damit sie ihn essen konnte. Gretel weinte und versuchte, Hänsel zu helfen. Sie _____ [g] die Hexe und _____ [h] mit Hänsel weg.

9.5 Sequence of events in past narration: the past perfect tense and the conjunction *nachdem* (receptive)

A. Uses of the Past Perfect Tense

The past perfect tense is used to describe past actions and events that were completed before other past actions and events.

[1]*hearth* [2]*noticed* [3]*grabbed*

Nachdem Jochen zwei Stunden **ferngesehen hatte,** ging er ins Bett.

After Jochen had watched TV for two hours, he went to bed.

Nachdem Jutta mit ihrer Freundin **telefoniert hatte,** machte sie ihre Hausaufgaben.

After Jutta had talked with her friend on the phone, she did her homework.

The past perfect tense is often used in the clause with **nachdem**. The simple past tense is then used in the concluding (main) clause.

The past perfect tense often occurs in a dependent clause with the conjunction **nachdem** (*after*); the verb of the main clause is in the simple past or the perfect tense.

Nachdem Jens seine erste Zigarette **geraucht hatte, wurde** ihm schlecht.

After Jens had smoked his first cigarette, he got sick.

A dependent clause introduced by **nachdem** usually precedes the main clause. This results in the pattern "verb, verb."

DEPENDENT CLAUSE
1
MAIN CLAUSE
2

Nachdem ich die Schule **beendet hatte, machte** ich eine Lehre.

After I had finished school, I learned a trade.

The conjugated verb of the dependent clause is at the end of the dependent clause; the conjugated verb of the main clause is at the beginning of the main clause. Because the entire dependent clause holds the first position in the sentence, the verb-second rule applies here.

B. Formation of the Past Perfect Tense

past perfect tense:
hatte/war + past participle

The past perfect tense of a verb consists of the simple past tense of the auxiliary **haben** or **sein** and the past participle of the verb.

Ich **hatte** schon **bezahlt** und wir konnten gehen.

I had already paid, and we could go.

Als wir ankamen, **waren** sie schon **weggegangen.**

When we arrived, they had already left.

ÜBUNG 8 **Was ist zuerst passiert?**

Bilden Sie logische Sätze mit Satzteilen aus beiden Spalten.

MODELL   Nachdem Jutta den Schlüssel verloren hatte, kletterte sie durch das Fenster.

1. Nachdem Jutta den Schlüssel verloren hatte,
2. Nachdem Ernst die Fensterscheibe eingeworfen hatte,
3. Nachdem Claire angekommen war,
4. Nachdem Hans seine Hausaufgaben gemacht hatte,
5. Nachdem Jens sein Fahrrad repariert hatte,
6. Nachdem Michael die Seiltänzerin[1] gesehen hatte,
7. Nachdem Richard ein ganzes Jahr gespart hatte,
8. Nachdem Silvia zwei Semester allein gewohnt hatte,
9. Nachdem Willi ein Geräusch gehört hatte,

a. flog er nach Australien.
b. ging er ins Bett.
c. kletterte sie durch das Fenster.
d. lief er weg.
e. machte er eine Radtour.
f. rief er den Großvater an.
g. rief sie Melanie an.
h. war er ganz verliebt.
i. zog sie in eine Wohngemeinschaft.

[1]*tightrope walker*

Franz Marc: *Turm der blauen Pferde* (1913), verschollen

FRANZ MARC

Franz Marc (1880–1916) wurde in München geboren und fiel im Ersten Weltkrieg bei Verdun. Er war ein führender[1] Expressionist und gründete[2] 1911 mit Wassily Kandinsky die Künstlergruppe „Der Blaue Reiter". Das Original des berühmten Gemäldes „Turm der Blauen Pferde" ist im Zweiten Weltkrieg verschollen.[3]

[1] *leading* [2] *founded* [3] *missing, lost*

Auf Reisen

Kapitel 10 focuses on travel. You will also learn to get around in the German-speaking world by following directions and reading maps.

Themen

Reisepläne
Nach dem Weg fragen
Urlaub am Strand
Tiere

Kulturelles

Reiseziele
Videoblick: **Die Ärzte**
Die deutschen Ostseebäder
Videoecke: Urlaub

Lektüren

Husum
Porträt: Clara Schumann und Leipzig

Strukturen

10.1 Prepositions to talk about places: **aus, bei, nach, von, zu**

10.2 Requests and instructions: the imperative (summary review)

10.3 Prepositions for giving directions: **an... vorbei, bis zu, entlang, gegenüber von, über**

10.4 Being polite: the subjunctive form of modal verbs

10.5 Focusing on the action: the passive voice

Reisepläne

■ **Grammatik 10.1**

IM FLUGHAFEN

den Reisepass zeigen

das Flugticket

durch die Sicherheitskontrolle gehen

am Flugsteig warten

das Gepäck aufgeben

am Flugschalter anstehen

IM FLUGZEUG

dem Flugbegleiter zuhören

das Fenster

der Notausgang

der Sitzplatz

der Gang

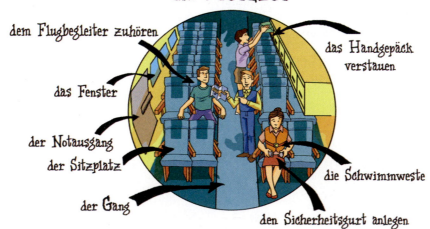

das Handgepäck verstauen

die Schwimmweste

den Sicherheitsgurt anlegen

SITUATION 1   In den Urlaub fliegen

Bringen Sie die folgenden Aktivitäten in eine logische Reihenfolge.

_____ ins Flugzeug einsteigen
_____ der Flugbegleiterin zuhören
_____ die Koffer packen
_____ die Flugtickets vom Reisebüro abholen
_____ das Gepäck am Flugschalter aufgeben
_____ durch die Sicherheitskontrolle gehen
_____ am Flugschalter anstehen
_____ Flugticket und Reisepass vorlegen
_____ den Flug buchen
_____ zum Flugsteig gehen
_____ den Sicherheitsgurt anlegen
_____ das Handgepäck verstauen

SITUATION 2   Informationsspiel: Reisen

MODELL
S1: Woher kommt Sofie? S2: Aus _____.
S1: Wohin fährt sie in den Ferien? S2: Nach/In _____.
S1: Wo wohnt sie? S2: Bei _____.
S2: Was macht sie da? S1: Sie kauft Bücher und besucht Verwandte.
S1: Wann kommt sie zurück? S2: In _____.

	Richard	Sofie	Mehmet	Peter	Jürgen	mein(e) Partner(in)
Woher?	aus Innsbruck		aus Izmir		aus Bad Harzburg	
Wohin?	nach Frankreich		nach Italien		in die Alpen	
Wo?	bei einer Gastfamilie			bei seiner Schwester		
Was?		Bücher kaufen; Verwandte besuchen		einen Vulkan besteigen		
Wann?	in drei Monaten				in zwei Wochen	

Reiseziele

- Welche Länder oder Städte sind für Sie beliebte Reiseziele? Warum?
- Was mögen Touristen an Ihrem Land besonders? Wohin fahren sie am liebsten?
- Welche Andenken (Souvenirs) bringen sie mit nach Hause? Spekulieren Sie!
- Welche sind beliebte Urlaubsländer für Ihre Landsleute? Warum?

Reiseziele der Deutschen 2002

Deutschland	23%
Spanien	13%
Italien	9%
Österreich	7%
Griechenland	6%
Türkei	6%
Frankreich	4%
Skandinavien	3%
USA	2%
Karibik	2%

Schauen Sie sich die Grafik an.

- Wo machen Deutsche am liebsten Urlaub?
- Was macht Spanien, Italien und Österreich attraktiv für deutsche Urlauber?

☐ Man spricht dort Deutsch.   ☐ Es ist warm und die Sonne scheint.
☐ Der Urlaub ist relativ preisgünstig.   ☐ Das Essen schmeckt sehr gut.
☐ Man kann mit dem Auto hinfahren.   ☐ ?

Barocke Häuser in der Altstadt
von Erfurt

Dialog: Am Fahrkartenschalter

Silvia steht am Fahrkartenschalter und möchte mit dem Zug von Göttingen nach München fahren.

BAHNANGESTELLTER: Bitte schön?

SILVIA: Eine _____ nach München bitte.

BAHNANGESTELLTER: Einfach oder hin und zurück?

SILVIA: Hin und zurück bitte, mit BahnCard _____ Klasse.

BAHNANGESTELLTER: Wann wollen Sie fahren?

SILVIA: Ich würde gern _____ in München sein.

BAHNANGESTELLTER: Wenn Sie um 8.06 Uhr fahren, sind Sie um 12.11 Uhr in München.

SILVIA: Das ist gut. Wissen Sie, wo der Zug _____?

BAHNANGESTELLTER: Aus Gleis 10.

SILVIA: Ach ja, ich würde gern mit VISA bezahlen. _____?

BAHNANGESTELLTER: Selbstverständlich. Das macht dann 115 Euro 20.

SILVIA: Bitte sehr.

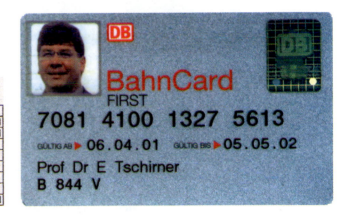

Göttingen → München Hbf

530 km

Ab	Zug		Umsteigen	An	Ab	Zug		An	Verkehrstage
5.56	ICE 997	¶¶	Fulda	6.49	7.00	ICE 987	¶¶	10.11	01
5.56	ICE 997	¶¶	Fulda	6.52	7.02	ICE 987	¶¶	10.11	02
7.03	ICE 581	¶¶						10.58	täglich
8.06	ICE 783	¶¶						12.11	täglich
9.03	ICE 583	¶¶						12.58	täglich
9.47	IC 1081	¶¶	Augsburg Hbf	14.04	14.10	SE 21139		14.54	täglich
10.03	ICE 91	¶¶	Nürnberg Hbf	12.26	12.30	IC 523	¶¶	14.17	täglich
10.30	IC 1087	🛏	Nürnberg Hbf	13.23	13.34	IC 813	¶¶	15.17	03

DB

BahnCard
FIRST

7081 4100 1327 5613

GÜLTIG AB ▶ 06.04.01 GÜLTIG BIS ▶ 05.05.02

Prof Dr E Tschirner

B 844 V

Interview

1. Wo machst du gern Urlaub?
2. Fliegst du gern? Was gefällt dir daran? Stört dich etwas beim Fliegen? Was?
3. Wie suchst du dir deine Urlaubsziele aus? Wie besorgst du dir dein Ticket?
4. Wie packst du für eine Flugreise? Was nimmst du alles mit?
5. Erzähl von einer deiner letzten Reisen. Wo warst du? Wie bist du dahin gekommen? Warst du allein? Hast du jemanden kennen gelernt? Was hast du am liebsten gemacht? Was war das Interessanteste, was dir passiert ist?

Nach dem Weg fragen

■ **Grammatik 10.2–10.3**

Biegen Sie an der Ampel nach links ab.

Gehen Sie über den Zebrastreifen.

Gehen Sie geradeaus, bis Sie eine Kirche sehen.

Gehen Sie an der Kirche vorbei, immer geradeaus.

Gehen Sie die Goetheallee entlang bis zur Bushaltestelle.

Gehen Sie über die Brücke. Auf der linken Seite ist dann das Rathaus.

Die U-Bahnhaltestelle ist gegenüber vom Markthotel.

Gehen Sie die Treppe hinauf und dann ist es die zweite Tür links.

SITUATION 5 ## Mit dem Stadtplan unterwegs in Regensburg

Suchen Sie sich ein Ziel in Regensburg aus dem Stadtplan auf der nächsten Seite aus. Beschreiben Sie Ihrem Partner / Ihrer Partnerin den Weg, ohne das Ziel zu verraten.[1] Wenn er/sie dort richtig ankommt, bekommen Sie einen Punkt und es wird gewechselt. Achtung: Ausgangspunkt[2] und Ziel dürfen nicht im selben Quadrat liegen!

MODELL Also, wir sind jetzt an der Steinernen Brücke, auf dem Stadtplan oben in der Mitte. Siehst du die Steinerne Brücke? Gut. Von der Steinernen Brücke aus geh bitte nach links in die Goldene-Bären-Straße hinein und an der nächsten Straße gleich wieder rechts. Du kommst dann zum Krauterermarkt und zum Dom. Geh geradeaus über den Krauterermarkt hinüber und durch die Residenzstraße zum Neupfarrplatz. Dort gehst du bitte wieder links, die Schwarze-Bären-Straße ganz durch und über die Maximilianstraße hinüber. Noch ein paar Schritte weiter und du bist am _____.

[1]*give away* [2]*starting point*

links/rechts die (Goliath)straße entlang
links/rechts in die (Kram)gasse hinein
geradeaus über den (Krauterer)markt / über die (Kepler)straße hinüber
weiter bis zum/zur _____
an der (Steinernen Brücke) vorbei

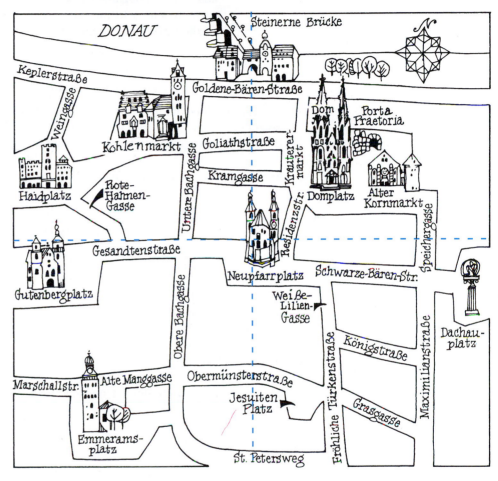

SITUATION 6 Dialoge

1. Jürgen ist bei Silvias Mutter zum Geburtstag eingeladen.

JÜRGEN: Wie komme ich denn zu eurem Haus?

SILVIA: Das ist ganz einfach. Wenn du _____ Bahnhofsgebäude
herauskommst, siehst du rechts _____ anderen Seite der Straße ein
Lebensmittelgeschäft. Geh _____ Straße, links __ Lebensmittelgeschäft vorbei, und wenn du einfach geradeaus weitergehst, kommst
du _____ Bismarckstraße. Die musst du nur ganz hinaufgehen, bis du
_____ Kreisverkehr kommst. Direkt _____ anderen Seite ist unser
Haus.

2. Claire und Melanie sind in Göttingen und suchen die Universitätsbibliothek.

MELANIE: Entschuldige, kannst du uns sagen, wo die Universitätsbibliothek ist?

STUDENT: Ach, da seid ihr aber ganz schön falsch. Also, geht erst die Straße mal wieder zurück _____ großen Kreuzung. _____ Kreuzung _____ und _____ Fußgängerzone _____. Immer geradeaus _____ Fußgängerzone _____ Prinzenstraße. Da rechts. _____ rechten Seite seht ihr dann die Post. Direkt _____ Post ist die Bibliothek. Könnt ihr gar nicht verfehlen.

MELANIE
UND CLAIRE: Danke.

3. Frau Frisch findet ein Zimmer im Rathaus nicht.

FRAU FRISCH: Entschuldigen Sie, ich suche Zimmer 204.

SEKRETÄRIN: Das ist __ dritten Stock. Gehen Sie den Korridor entlang _____ Treppenhaus. Dann eine Treppe ____ und oben links. Zimmer 204 ist die zweite Tür ____ rechten Seite.

FRAU FRISCH: Vielen Dank. Da hätte ich ja lange suchen können...

SITUATION 7 **Wie komme ich... ?**

Beschreiben Sie Ihrem Partner / Ihrer Partnerin,

1. wie man zu Ihrem Studentenheim oder zu Ihrer Wohnung kommt.
2. wo die nächste Post ist und wie man dahinkommt.
3. wo die beste Kneipe/Disko in der Stadt ist und wie man dahinkommt.
4. wie man zum Schwimmbad kommt.
5. wie man zur Bibliothek kommt.
6. wo der nächste billige Kopierladen ist und wie man dahinkommt.
7. wie man zum Büro von Ihrem Lehrer / Ihrer Lehrerin kommt.
8. wo der nächste Waschsalon ist und wie man dahinkommt.

Lektüre

Vor dem Lesen

A. Was für Informationen erwartet man in einem Reiseführer? Kreuzen Sie an.

☐ Museen   ☐ Unterkunft
☐ Restaurants und Kneipen   ☐ Stadtplan
☐ Wetter und Klima   ☐ Kultur und Feste
☐ Attraktionen   ☐ Zugfahrplan
☐ Rezepte   ☐ Nachtleben
☐ berühmte Personen   ☐ Wörterbuch

B. Überfliegen Sie den Text „Husum" und bestimmen Sie, in welcher Reihenfolge die folgenden Informationen gegeben werden.

_____ Anziehungspunkte in Husum
_____ Informationen zu Theodor Storm, der in Husum geboren wurde
_____ Kirchen und Museen
_____ Vorschläge für einen Stadtrundgang

Husum

Husum ist die Stadt Theodor Storms. Als „Graue Stadt am Meer" hat er sie liebevoll in seinem ihr gewidmeten Gedicht angeredet. Storm wurde 1817 in Husum geboren und schuf hier einen Teil seiner Gedichte und Novellen. Husum gehörte damals zu den Herzogtümern Schleswig und Holstein und war Bestandteil des deutsch-dänischen Gesamtstaates. Von 1852 bis 1864 konnte der Dichter, der im bürgerlichen Leben als Anwalt, später als Amtsrichter tätig war, nicht in seiner Vaterstadt leben, weil er gegenüber der dänischen Herrschaft die deutsche Sache vertrat. Er starb 1888 in Hademarschen, doch liegt er im Klosterfriedhof von Husum begraben.

Sie können in Husum Häuser anschauen, in denen Storm gelebt, und andere, die er in seinen Novellen geschildert hat. Weitere Anziehungspunkte sind der Hafen mit den Krabbenkuttern, das Schloss mit seinen Wiesen, auf denen im Frühling Millionen von Krokussen blühen, sowie die alten Kaufmannshäuser am Markt und in der Großstraße.

Ein Rundgang beginnt am Markt an der Großstraße, führt durch die Hohle Gasse und die Wasserreihe zum Hafen, durch das Westerende und die Nordhusumer Straße zum „Ostenfelder Haus", einem Freilichtmuseum mit einem Niedersachsenhaus des 16./17. Jahrhunderts. Über den alten Friedhof

und den Totengang geht man über die Neustadt zum Schloss (Sitz des Kreis-
archivs) mit dem als „Cornils'sches Haus" bekannten Torhaus (1612) und
durch den Schlossgang zum Markt zurück. Storms Grab auf dem Klosterkirchhof erreichen Sie vom Markt aus durch die Norderstraße.

Das Haus in der Wasserreihe 31, in dem der Dichter zwischen 1866 und
1880 wohnte, dient heute als Storm-Museum (täglich geöffnet von April bis
Oktober). Im Nissenhaus befindet sich das Nordfriesische Museum zu den Themen Erd- und Vorgeschichte, Landschaftskunde und Kulturgeschichte (täglich
geöffnet). Die Marktkirche Husums gilt als der bedeutendste klassizistische Kirchenbau Schleswig-Holsteins.

(aus ADAC-Reiseführer Norddeutschland)

Arbeit mit dem Text

A. Ein Rundgang durch Husum. Zeichnen Sie den Weg, der im Reiseführer
beschrieben wird, in den Stadtplan ein.

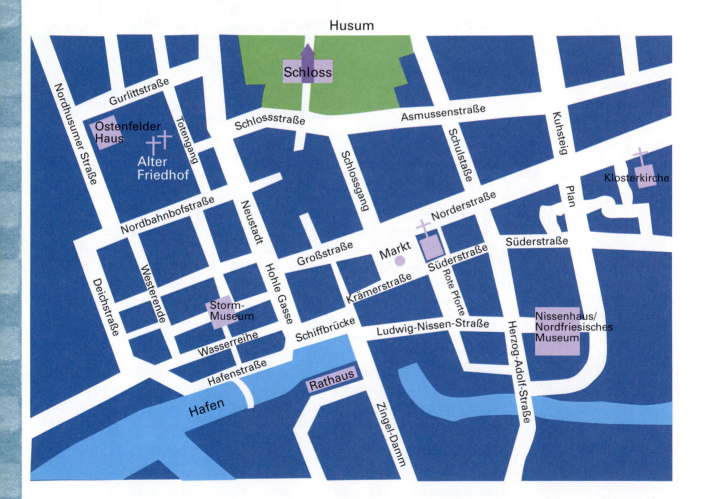

Husum

B. Storms Leben. Welche dieser Jahreszahlen und Ereignisse stehen im Text, welche nicht? Schreiben Sie die Zeilennummer dazu.

ZEILE

1817	wird Theodor Storm in Husum geboren	_____
1843–1852	ist er Rechtsanwalt in Husum	_____
1846	erste Heirat mit Konstanze Esmarch	_____
1852–1856	ist er Assessor in Potsdam	_____
1852–1864	lebt er aus politischen Gründen nicht in Husum	_____
1856–1864	ist er Richter in Heiligenstadt	_____
1864–1867	ist er Landvogt[1] in Husum	_____
1866	zweite Heirat mit Dorothea Jensen	_____
1866–1880	wohnt er in der Wasserreihe 31	_____
1867	wird er Amtsrichter	_____
1888	stirbt er in Hademarschen und wird in Husum begraben	_____

Nach dem Lesen

Suchen Sie im Internet mehr Informationen über Husum und über Theodor Storm und stellen Sie sie in der Klasse vor.

[1]*governor*

Die Konzerte sind alle ausverkauft[1] und das ganz ohne Werbung.[2]

Videoblick

Die Ärzte

Die Ärzte sind eine der bekanntesten Rockbands Deutschlands. Sie greifen in ihren Liedern oft aktuelle politische Themen auf.[3] In diesem Ausschnitt aus *Blickkontakte* geben sie Antworten auf die folgenden Fragen.

- Warum sind sie die beste Band der Welt?
- Woher kommen ihre Lieder?
- Was wünschen sie sich?
- Was halten sie vom Rock 'n' Roll?

[1]*sold out*   [2]*advertising*   [3]*greifen...auf take up*

Urlaub am Strand

■ **Grammatik 10.4**

SITUATION 8   **Umfrage: Urlaub am Strand**

MODELL   S1: Hast du schon mal eine Sandburg gebaut?
          S2: Ja.
          S1: Unterschreib hier, bitte.

                                                          UNTERSCHRIFT

1. Hast du schon einmal eine Sandburg gebaut?   _____
2. Hast du eine Luftmatratze?   _____
3. Bist du schon mal im Meer geschwommen?   _____
4. Kannst du Wellen reiten?   _____
5. Sammelst du gern Muscheln?   _____
6. Warst du schon einmal windsurfen?   _____
7. Liegst du gern im Liegestuhl?   _____
8. Bist du schon mal Schlauchboot gefahren?   _____
9. Bekommst du leicht einen Sonnenbrand?   _____
10. Benutzt du oft Sonnenmilch?   _____

SITUATION 9 Informationsspiel:
Wo wollen wir übernachten?

MODELL Wie viel kostet _____?

Haben die Zimmer im (in der) _____ eine eigene Dusche und Toilette?

Gibt es im (in der) _____ Einzelzimmer?

Gibt es im (in der, auf dem) _____ einen Fernseher?

Ist das Frühstück im (in der, auf dem) _____ inbegriffen?

Ist die Lage von dem (von der) _____ zentral/ruhig?

Gibt es im (in der, auf dem) _____ Telefon?

	Hotel Strandpromenade	das Gästehaus Ostseeblick	die Jugendherberge	der Campingplatz
Preis pro Person	78,- Euro		12,50 Euro	11,- Euro
Dusche/Toilette	ja	nicht in allen Zimmern		
Einzelzimmer	ja	ja	nein	
Fernseher			im Aufenthaltsraum	
Frühstück		inbegriffen		
zentrale Lage	ja	ja	im Wald	direkt am Strand
ruhige Lage	an der Strandpromenade	ja	ja	
Telefon				

SITUATION 10 Dialog:
Auf Zimmersuche

Herr und Frau Ruf suchen ein Zimmer.

HERR RUF: Guten Tag, haben Sie noch ein Doppelzimmer mit Dusche frei?

WIRTIN: Wie lange möchten Sie denn _____?

HERR RUF: _____.

WIRTIN: Ja, da habe ich ein Zimmer _____ und Toilette.

FRAU RUF: Ist das Zimmer auch ruhig?

WIRTIN: Natürlich. Unsere Zimmer sind alle ruhig.

FRAU RUF: _____ das Zimmer denn?

WIRTIN: 54 Euro _____.

HERR RUF: Ist Frühstück dabei?

WIRTIN: Selbstverständlich ist Frühstück dabei.

FRAU RUF: Gut, wir nehmen das Zimmer.

HERR RUF: Und wann können wir _____?

WIRTIN: _____ im Frühstückszimmer.

Die deutschen Ostseebäder

- Gibt es in Ihrem Land bekannte Badeorte[1]?
- Wie alt sind diese Badeorte ungefähr?
- Wer macht dort Urlaub?
- Was kann man dort machen?
- Wie lange, glauben Sie, bleibt man im Durchschnitt?
- Warum fährt man in Ihrem Land ans Meer? Kreuzen Sie an:

☐ weil man baden und in der Sonne liegen will.   ☐ weil man ausspannen will.

☐ weil man am Strand spazieren gehen will.   ☐ weil Kinder gern im Sand spielen.

☐ weil Seeluft gesund ist.   ☐ weil man Wassersport treiben und fischen will.

☐ weil Meerwasser gut für die Haut ist.   ☐ weil man dort interessante Leute trifft.

Lesen Sie den Text und beantworten Sie die folgenden Fragen:

- Wo gab es die ersten Seebäder?
- Warum fuhren die Leute damals ans Meer?
- Wer konnte sich damals einen Badeurlaub leisten[2]?
- Wie kamen die Leute ins Wasser?
- Wo übernachteten die Urlauber in der DDR?
- Was machte man in den westdeutschen Ostseebädern?
- Wofür ist die Insel Rügen berühmt?

Ein historischer Badekarren

Die ersten Badeorte entstanden um 1750 an der englischen Kanalküste in Brighton und Margate, nachdem englische Ärzte das Meerwasser als Mittel[3] gegen Haut-[4] und Lungenkrankheiten entdeckt hatten.

An der deutschen Ostseeküste begann alles 1793 in Bad Doberan. Dort ließ ein norddeutscher Herzog[5] ein Kurhaus[6] bauen und bald war der Ort ein Sommertreffpunkt für den Adel.[7] Das Baden im Meer war für die Gesellschaft damals ein Problem, weil man sich nicht im Badeanzug zeigen[8] durfte. Man löste[9] es mit Hilfe der Badekarren. Am Ende des 19. Jahrhunderts boomten die Ostseebäder. Es kamen vor allem Gäste aus dem nahen Berlin.

Im Dritten Reich sollten die Menschen „Kraft durch Freude" an der Ostsee tanken[10] und auch in der DDR waren die „volkseigenen[11]" Seebäder populär. Die historischen Hotels baute man um und daneben gab es Bungalows und Zeltplätze für den bescheidenen[12] Urlaub im Sozialismus. In den westdeutschen Badeorten dagegen betonierte man die Küste ohne Bedenken[13] zu.[14]

Die Wende 1989 war auch für den Ostseetourismus eine kleine Revolution. Vor allem die Insel Rügen mit ihren berühmten Kreidefelsen wurde wieder zu einer großen Attraktion. Jetzt besuchen jedes Jahr Touristen aus ganz Deutschland und aus der ganzen Welt die alten Ostseebäder. Viele historische Gebäude wurden restauriert oder wieder aufgebaut, damit man nicht nur die landschaftliche Schönheit,[15] sondern auch die große kulturelle Tradition der deutschen Ostseebäder genießen[16] kann.

[1]resorts   [2]sich… leisten *afford*   [3]*medicine*   [4]*skin*   [5]*duke*   [6]*spa rooms*   [7]*nobility*   [8]sich… zeigen *show oneself*   [9]*solved*   [10]*get one's fill of*   [11]*state-owned*   [12]*modest*   [13]*second thoughts*   [14]betonierte… zu *covered with concrete*   [15]landschaftliche… *scenic beauty*   [16]*enjoy*

S1: Sie sind im Hotel und möchten ein Zimmer mit Dusche und Toilette. Außerdem möchten Sie ein ruhiges Zimmer. Fragen Sie auch nach Preisen, Frühstück, Telefon und wann Sie morgens abreisen müssen.

Tiere

■ **Grammatik 10.5**

Juttas Ratte wird gegen Tollwut geimpft.

Ernsts Meerschweinchen wird oft gebadet.

Schildkröten werden oft als Haustiere gehalten.

In der Wüste muss man aufpassen, dass man nicht von einer Schlange gebissen wird.

Gestern wurde Silvia von einer Biene gestochen.

Als Josef und Melanie gestern beim Baden waren, wurden sie von tausend Mücken gestochen.

die Schildkröte

die Klapperschlange

die Schnecke   der Kolibri

der Gepard   die Fledermaus

Ratespiel

1. Das größte Landsäugetier: Es hat einen Rüssel und zwei Stoßzähne aus Elfenbein; wegen des Elfenbeins wird es oft illegal gejagt.
2. Die schnellste Katze der Welt: Sie läuft mindestens 80 Kilometer in der Stunde.
3. Das schwerste Tier: Es lebt im Wasser, aber es ist kein Fisch.
4. Das langsamste Tier: Es trägt oft ein Haus auf seinem Rücken und hat keine Beine.
5. Es sieht aus wie ein Hund, ist aber nicht so zahm.
6. Dieses Tier lebt länger als der Elefant.
7. Das ist die giftigste Schlange in Nordamerika.
8. Dieser Wasservogel hat eine Spannweite von mehr als drei Metern.
9. Dieses Tier hat die höchste Herzfrequenz, mit zirka 1 000 Schlägen pro Minute.
10. Dieses Tier hört besser als ein Delphin.

a. der Kolibri
b. der Elefant
c. die Riesenschild-kröte
d. die Schnecke
e. die Fledermaus
f. der Blauwal
g. der Gepard
h. die Klapperschlange
i. der Albatros
j. der Wolf

der Blauwal

Informationsspiel: Tiere

MODELL   Welche Tiere findet _____ am tollsten?
Vor welchem Tier hat _____ am meisten Angst?
Welches Tier hätte _____ gern als Haustier?
Welches wilde Tier würde _____ gern in freier Natur sehen?
Wenn _____ an Afrika denkt, an welche Tiere denkt er/sie?
Wenn _____ an die Wüste denkt, an welches Tier denkt er/sie dann zuerst?
Welche Vögel findet _____ am schönsten?
Welchen Fisch findet _____ am gefährlichsten?
Welchem Tier möchte _____ nicht in Wald begegnen?

	Ernst	Maria	mein(e) Partner(in)
Lieblingstier		eine Katze	
Angst	vor dem Hund von nebenan		
Haustier	eine Schlange		
wildes Tier		eine Giraffe	
Afrika	an Löwen		
Wüste		an ein Kamel	
Vögel		Eulen	
Fisch	den weißen Hai		
Wald	einem Wolf		

SITUATION 14　Interview: Tiere

1. Was ist dein Lieblingstier? Warum?
2. Hast du oder hattest du ein Haustier? Was für eins? Wie heißt oder wie hieß es? Beschreib es. Erzähl eine Geschichte von ihm!
3. Vor welchen Tieren fürchtest du dich?
4. Welches Tier findest du am interessantesten?
5. Welches Tier findest du am hässlichsten?
6. Welches Tier wärst du am liebsten? Warum?
7. Findest du es wichtig, dass Kinder mit Tieren aufwachsen? Wenn ja, mit welchen? Warum?

SITUATION 15　Bildgeschichte: Lydias Hamster

Salzburg. Ein vierbeiniger Freund wird Gassi geführt.

In vielen Sprachen gibt es Sprichwörter, in denen Tiere vorkommen. Welche Sprichwörter fallen Ihnen auf Englisch ein? Ordnen Sie jeder Zeichnung das passende Sprichwort zu.

1. Wenn dem Esel zu wohl ist, geht er aufs Eis.
2. Einem geschenkten Gaul (= Pferd) sieht man nicht ins Maul.
3. Wenn die Katze nicht zu Hause ist, tanzen die Mäuse.
4. Den letzten beißen die Hunde.
5. In der Not[1] frisst der Teufel Fliegen.
6. Ein blindes Huhn findet auch mal ein Korn.

Was bedeuten die Sprichwörter? Kombinieren Sie die Definitionen mit den Sprichwörtern.

a. Wenn man etwas geschenkt bekommt, sollte man nicht zu kritisch damit sein.
b. Wenn man etwas nötig braucht, muss man nehmen, was da ist.
c. Wenn der Chef nicht da ist, machen die Angestellten, was sie wollen.
d. Jemandem, der sonst wenig Erfolg hat, kann auch etwas gelingen.
e. Wenn man sich nicht beeilt, ergeht es einem schlecht.
f. Leute, die zu viel Erfolg oder Glück haben, werden übermütig.[2]

[1]*need*   [2]*cocky*

ektüre

Vor dem Lesen

A. Beantworten Sie die folgenden Fragen.

1. Spielen Sie ein Instrument? Wenn ja, welches? Singen Sie gern? Welche Musik spielen oder singen Sie gern?
2. Kennen Sie Komponisten oder Komponistinnen aus dem deutschsprachigen Raum? Wie heißen sie? Was wissen Sie über sie?
3. Wissen Sie etwas über Leipzig? Sammeln Sie alles, was Sie wissen.

B. Lesen Sie die Wörter im Miniwörterbuch. Suchen Sie sie im Text und unterstreichen Sie sie. Lesen Sie dann den Satz und versuchen Sie ihn zu verstehen.

Miniwörterbuch

der **Ausgangspunkt**	starting point
bedeutend	important
die **DDR**	Deutsche Demokratische Republik
ehemalig	former
die **Einleitung**	introduction
die **Förderin**	sponsor, supporter
das **Friedensgebet**	prayer for peace
friedlich	peaceful
die **Heilanstalt**	hospital
das **Klavierstück**	piano piece
die **Messe**	trade fair
die **Vereinigung**	unification
zurückblicken	to look back
der **Zusammenbruch**	collapse

Porträt: Clara Schumann und Leipzig

Die Pianistin und Komponistin Clara Schumann (1819 – 1896) wurde in Leipzig geboren und gab schon mit acht Jahren Konzerte. Wenig später unternahm sie große Konzertreisen, die sie in ganz Europa bekannt machten. 1840 heiratete sie gegen den Willen ihres Vaters den Komponisten Robert Schumann, mit dem sie acht Kinder hatte. Die Schumanns arbeiteten eng zusammen. Clara schrieb viele Einlei-

10 | tungen zu Roberts Klavierstücken. Nachdem ihr Ehemann 1854 in einer Heil-
anstalt gestorben war, finanzierte sie ihre große Familie. Sie gab viele Konzerte und unterrichtete Musik. Sie war Freundin und Förderin von Johannes
Brahms, mit dem sie die Werke ihres Mannes herausgab.

15 | Leipzig kann auf eine über 800-jährige Stadtgeschichte zurückblicken. Obwohl
„Lipzi" erst 500 Einwohner hatte, wurde es 1165 zur Stadt erklärt. Hier fanden schon im Mittelalter bedeutende Märkte statt und das ist bis heute so. Die
bekannteste Messe ist die jährliche Buchmesse im Frühjahr. Leipzig ist aber
auch eine Stadt der Wissenschaft und der Musik. Viele bekannte Musiker und
Wissenschaftler, wie der in Leipzig geborene Richard Wagner, studierten an der
20 | 1409 gegründeten Universität. Die Leipziger Universität ist nach Heidelberg die
zweitälteste Universität Deutschlands.

Leipzig ist heute die größte Stadt Sachsens. Sie hat circa 450.000 Einwohner.
Nach 1945 lag sie in der ehemaligen DDR. 1989 fanden in der Leipziger Niko-
laikirche jeden Montag Friedensgebete und danach Demon-
25 | strationen statt. Diese Demonstrationen waren der Aus-
gangspunkt für den Zusammenbruch der DDR und die
friedliche Vereinigung Deutschlands.

Arbeit mit dem Text

Welche Aussagen sind falsch? Verbessern Sie die falschen
Aussagen!

1. Clara Schumann gab erst mit zwölf Jahren Konzerte.
2. Ihre Konzertreisen machten sie in ganz Europa bekannt.
3. Ihr Vater wollte, dass sie den Komponisten Robert Schumann
   heiratete.
4. Clara Schumann hatte keine Kinder.
5. Die Stadt Leipzig ist 1.165 Jahre alt.
6. Die Leipziger Universität ist die älteste Universität Deutschlands.
7. Leipzig ist die größte Stadt Sachsens.
8. Die Leipziger Montagsdemonstrationen führten zum Zusammenbruch
   der DDR.

Der Marktplatz in Leipzig mit dem Alten
Rathaus zu DDR-Zeiten

Nach dem Lesen

Suchen Sie weitere Informationen über Clara Schumann und Leipzig im
Internet. Lösen Sie die folgenden Aufgaben.

1. Suchen Sie eine Komposition von Clara Schumann und hören Sie sie an.
   Beschreiben Sie die Musik.
2. Welches Verhältnis hatten Clara Schumann und Johannes Brahms?
3. Wer spielt dieses Wochenende im Leipziger Neuen Gewandhaus?
4. Wie heißt der Rektor der Universität Leipzig?

Videoecke

- Wohin fährst du gern in Urlaub?
- Was machst du da?
- Was war dein schönster Urlaub?
- Was war daran besonders? (Erzähl mal.)
- Gab's mal einen Urlaub, in dem etwas schief ging?

Nicole ist am 17. April 1977 in Leipzig geboren. Sie spricht Deutsch, Englisch und Russisch. Ihre Hobbys sind Tennis spielen und Musik hören.

Erwin ist am 24. Oktober 1956 in Regensburg geboren. Er spricht Deutsch, Englisch und Spanisch. Seine Hobbys sind Wandern und Gitarre spielen.

Aufgabe 1

Wer sagt das, Nicole (N), Erwin (E) oder beide (B)?

1. _____ Ich fahr' eigentlich überall gern hin.
2. _____ Ich fahr' gern nach Amerika.
3. _____ Ich fahr' gern zu meinen Großeltern nach Odessa.

Aufgabe 2

Was machen Nicole und Erwin im Urlaub? Sind diese Aussagen richtig oder falsch? Korrigieren Sie die falschen Aussagen.

	RICHTIG	FALSCH
1. Nicole liegt selten die ganze Zeit am Strand.	☐	☐
2. Nicole fährt gern Fahrrad oder spielt Tennis.	☐	☐
3. Sie geht auch viel wandern.	☐	☐
4. Erwin hat noch kleine Kinder.	☐	☐

Aufgabe 3

Amerika oder Jerusalem? Ordnen Sie die folgenden Beschreibungen Amerika oder Jerusalem zu.

1. Erstens lieb ich das Land sowieso. ☐ ☐
2. Die Leute sind sehr aufgeschlossen. ☐ ☐
3. Es ist so eine alte Stadt. ☐ ☐
4. Es ist viel zu sehen. ☐ ☐
5. diese Häuser, diese weißen Wände ☐ ☐
6. diese vielen unterschiedlichen Kulturen ☐ ☐

Wortschatz

Reisen und Tourismus
Travel and Tourism

die **Bahnangestellte, -n**	female train agent
die **Fahrt, -en**	trip
die **einfache Fahrt**	one-way trip
die **Hin- und Rückfahrt**	round trip
die **Flugbegleiterin, -nen**	female flight attendant
die **Führung, -en**	guided tour
die **Haltestelle, -n**	stop
die **Jugendherberge, -n**	youth hostel
die **Klasse, -n** (R)	class
erster Klasse fahren	to travel first class
die **Lage, -n**	place; position
die **Luftmatratze, -n**	air mattress
die **Möwe, -n**	seagull
die **Reisende, -n**	female traveler
die **Schiene, -n**	train track
die **Schwimmweste, -n**	life jacket
die **Sicherheitskontrolle, -n**	security checkpoint
die **Sonnenmilch**	Suntan lotion
die **Unterkunft, ̈-e**	lodging
die **Welle, -n**	wave
der **Aufenthaltsraum, ̈-e**	lounge, recreation room
der **Ausweis, -e**	identification card
der **Bahnangestellte, -n**	male train agent
der **Flugbegleiter, -**	male flight attendant
der **Flugschalter, -**	ticket counter (*at an airport*)
der **Flugsteig, -e**	gate (at an airport)
der **Gang, ̈-e**	aisle
der **Hafen, ̈**	harbor, port
der **Liegestuhl, ̈-e**	deck chair

der **Nichtraucher, -**	nonsmoker
der **Notausgang, ̈-e**	emergency exit
der **Raucher, -**	smoker
der **Reisende, -n** (*wk. masc.*)	male traveler
der **Reisepass, ̈-e**	passport
der **Sonnenbrand, ̈-e**	sunburn
der **Sonnenschirm, -e**	sunshade
der **Spaziergang, ̈-e**	walk
der **Strandkorb, ̈-e**	beach chair
der **Wirt, -e**	host, innkeeper; barkeeper
der **Zug, ̈-e** (R)	train
das **Andenken, -**	souvenir
das **Flugticket, -s**	airplane ticket
das **Fremdenverkehrsamt, ̈-er**	tourist bureau
das **Gästehaus, ̈-er**	bed and breakfast inn
das **Gepäck**	luggage, baggage
das **Handgepäck**	carry-on luggage
das **Gleis, -e**	(set of) train tracks
das **Schlauchboot, -e**	inflatable dinghy
das **Ziel, -e**	destination

Ähnliche Wörter
die **Rezeption, -en**; der **Campingplatz, ̈-e**; der **Sitzplatz, ̈-e**; das **Camping**; das **Doppelzimmer, -**; das **Fernsehzimmer, -**; das **Frühstückszimmer**

Den Weg beschreiben
Giving Directions

ab·biegen, bog ab, ist abgebogen	to turn
entlang·gehen	to go along

ver**fe**hlen	to miss, not notice
vor**bei**·gehen (an + *dat.*)	to go by
weiter·fahren	to keep on driving
weiter·gehen	to keep on walking
dort**hi**n	there, to a specific place
ent**la**ng	along
gegen**ü**ber von (R)	across from
gerade**au**s	straight ahead
her(·kommen)	(to come) this way
her**au**s(·kommen)	(to come) out this way
her**ei**n(·kommen)	(to get/go) in this way
hin(·gehen)	(to go) that way
hin**au**f(·gehen)	(to go) up that way
hin**ü**ber(·gehen)	(to go) over that way
links (R)	left
oben	above
rechts (R)	right

In der Stadt — In the City

die **Brü**cke, -n	bridge
die **Ga**sse, -n	narrow street; alley
die **Ge**gend, -en	area
der **Do**m, -e	cathedral
der **Ko**pierladen, ⸚	copy shop
der **Krei**sverkehr	traffic roundabout
der **Wa**schsalon, -s	laundromat
der **Ze**brastreifen, -	crosswalk

Ähnliche Wörter
die **A**ltstadt, ⸚e; die **Fu**ßgängerzone, -n; die **Li**nie, -n;
der **Ma**rkt, ⸚e; der **Sta**dtpark, -s; der **Sta**dtplan, ⸚e; der
Zoo, -s; das **Ei**nkaufszentrum, **Ei**nkaufszentren; das
Fußballstadion, **Fu**ßballstadien

Tiere — Animals

die **Bie**ne, -n	bee
die **Fle**dermaus, ⸚e	bat
die **Mü**cke, -n	mosquito
die **Schi**ldkröte, -n	turtle
die **Schla**nge, -n	snake
die **Kla**pperschlange, -n	rattlesnake
die **Rie**senschlange, -n	boa constrictor; python
die **Schne**cke, -n	snail
der **A**dler, -	eagle
der **Ge**pard, -e	cheetah
der **Ha**i, -e	shark
der **Ko**libri, -s	hummingbird
der **Lö**we, -n (*wk. masc.*)	lion
der **Pa**pagei, -en	parrot
der **Rü**ssel, -	trunk (*of an elephant*)
der **Sto**ßzahn, ⸚e	tusk

der **Vo**gel, ⸚	bird
der **Wa**sservogel, ⸚	water fowl
das **Mee**rschweinchen, -	guinea pig
das **Tie**r, -e	animal
das **Hau**stier, -e	pet
das **La**ndsäugetier, -e	land mammal

Ähnliche Wörter
die **Gi**raffe, -n; die **Mau**s, ⸚e; die **Ra**tte, -n; der **A**lbatros,
-se; der **Blau**wal, -e; der **De**lphin, -e; der **Ha**mster, -; der
Piranha, -s; der **Sko**rpion, -e; das **Kro**kodil, -e; das
Wildschwein, -e; das **Ze**bra, -s

Sonstige Substantive — Other Nouns

die **Bü**rgerin, -nen	female citizen
die **To**llwut	rabies
der **Bü**rger, -	male citizen
der **Ge**schäftsbrief, -e	business letter
der **Gru**ß, ⸚e	greeting
mit freundlichen Grüßen	regards
der **Kä**fig, -e	cage
der **Vo**rfahre, -n (*wk. masc.*)	ancestor
das **E**lfenbein	ivory
das **Fa**milienmitglied, -er	family member
das **Tre**ppenhaus, ⸚er	stairwell

Ähnliche Wörter
die **Hä**lfte, -n; die **Sa**ndburg, -en; der **Sta**at, -en; das
Nest, -er; in freier Natur

Sonstige Verben — Other Verbs

ab·reisen, ist **a**bgereist	to depart
an·legen	to put on
an·stehen, stand **a**n, **a**ngestanden	to line up
auf·geben, gab **au**f, **au**fgegeben	to give up, check (*luggage*)
bauen	to build
ein·steigen (R), stieg **ei**n, ist **ei**ngestiegen	to board
entsch**ei**den, entsch**ie**d, entsch**ie**den	to decide
sich erk**u**ndigen nach	to ask about, get information about
erl**e**ben	to experience
fest·stellen	to establish
sich f**ü**rchten vor (+dat.)	to be afraid of
impfen gegen	to vaccinate for

sich informieren über (+ *akk.*)	to inform oneself about
mit·machen	to participate
nach·sehen, sieht nach, sah nach, nachgesehen	to look up
sammeln	to collect
sonnenbaden gehen	to go sunbathing
stechen, sticht, stach, gestochen	to sting; to bite (*of insects*)
vor·legen	to present, produce (*documents*)
sich (*dat.*) vor·stellen (R)	to imagine
wiederholen	to repeat
zeigen	to show

Ähnliche Wörter
antworten (+ *dat.*) (R)

Adjektive und Adverbien — Adjectives and Adverbs

auffällig	conspicuous
geehrt	honored; dear
sehr geehrter Herr	dear Mr.
sehr geehrte Frau	dear Ms.
gefährlich	dangerous
lieb	sweet; lovable
mehrere (*pl.*)	several
nützlich	useful

schriftlich	written
wunderschön	exceedingly beautiful
zahm	tame

Ähnliche Wörter
extra, voll, zentral

Sonstige Wörter und Ausdrücke — Other Words and Expressions

an... vorbei	by
aus	of; from; out of
außerdem (R)	besides
bei (R)	at; with; near
bis zu	as far as; up to
danach	afterward
eilig	rushed
es eilig haben	to be in a hurry
hin und zurück (R)	there and back; round trip
inbegriffen	included
nach	to (*a place*)
nach Hause (R)	(to) home
ob (R)	whether
selbstverständlich	of course
vielen Dank	many thanks
von (R)	of; from
zu (R)	to (*a place*)
zu Hause (R)	at home
zuletzt	finally

Strukturen und Übungen

10.1 Prepositions to talk about places: *aus, bei, nach, von, zu*

Use the prepositions **aus** and **von** to indicate origin; **bei** to indicate a fixed location; and **nach** and **zu** to indicate destination. These five prepositions are always used with nouns and pronouns in the dative case.

Woher (kommt sie?)	Wo (ist sie?)	Wohin (geht/fährt sie?)
aus Spanien		nach Spanien
aus dem Zimmer		nach Hause
von rechts		nach links
von Erika	bei Erika	zu Erika
vom Strand		zum Strand

aus: enclosed spaces
countries
towns
buildings

Wissen Sie noch?

The prepositions **aus** (*from*), **bei** (*near, with*), **mit** (*with*), **nach** (*to*), **von** (*from*), **zu** (*to*) are prepositions that take the dative case.

Review grammar B.6, 6.4, and 6.6.

von: open spaces
directions
persons

A. The Prepositions **aus** and **von**

1. Use **aus** to indicate that someone or something comes from an enclosed or defined space, such as a country, a town, or a building.

Diese Fische kommen aus der Donau.	*These fish come from the Danube river.*
Jens kam aus seinem Zimmer.	*Jens came from his room.*

Most country and city names are neuter; no article is used with these names.

Josef kommt **aus Deutschland.**
Silvia kommt **aus Göttingen.**

However, the article is included when the country name is masculine, feminine, or plural.

Richards Freund Ali kommt **aus dem Iran.**
Mehmets Familie kommt **aus der Türkei.**
Ich komme **aus den USA.**

2. Use **von** to indicate that someone or something comes not from an enclosed space but from an open space, from a particular direction, or from a person.

Melanie kommt gerade **vom Markt** zurück.	*Melanie's just returning from the market.*
Das rote Auto kam **von rechts.**	*The red car came from the right.*
Michael hat es mir gesagt. Ich weiß es **von ihm.**	*Michael told me. I know it through (from) him.*

bei: place of work
    residence

nach: cities
    countries without
        articles
    direction
    nach Hause
        (idiom)

zu: places
    persons
    zu Hause (idiom)

B. The Preposition **bei**

Use **bei** before the name of the place where someone works or the place where someone lives or is staying.

Albert arbeitet **bei McDonald's.**	*Albert works at McDonald's.*
Rolf wohnt **bei einer Gastfamilie.**	*Rolf is staying with a host family.*
Treffen wir uns **bei Katrin.**	*Let's meet at Katrin's.*

C. The Prepositions **nach** and **zu**

Use **nach** with neuter names of cities and countries (no article), to indicate direction, and in the idiom **nach Hause** ([*going*] *home*).

Wir fahren morgen **nach Salzburg.**	*We'll go to Salzburg tomorrow.*
Biegen Sie an der Ampel **nach links ab.**	*Turn left at the light.*
Gehen Sie **nach Westen.**	*Go west.*
Ich muss jetzt **nach Hause.**	*I have to go home now.*

Use **zu** to indicate movement toward a place or a person, and in the idiom **zu Hause** (*at home*).

Wir fahren heute **zum Strand.**	*We'll go to the beach today.*
Wir gehen morgen **zu Tante Julia.**	*We'll go to Aunt Julia's tomorrow.*

ÜBUNG 1 **Die Familie Ruf**

Kombinieren Sie Fragen und Antworten.

1. Hier kommt Herr Ruf. Er hat seine Hausschuhe an. Woher kommt er gerade?
2. Hans hat noch seine Schultasche auf dem Rücken. Woher kommt er?
3. Frau Ruf kommt mit zwei Taschen voll Obst und Gemüse herein. Woher kommt sie?
4. Jutta kommt herein. Sie hat eine neue Frisur.[1] Woher kommt sie?
5. Gestern Abend war Jutta nicht zu Hause. Wo war sie?
6. Ihre Mutter war auch nicht zu Hause. Wo war sie?
7. Morgen geht Herr Ruf aus. Wohin geht er?
8. Hans fährt am Wochenende weg. Wohin fährt er?
9. Frau Ruf ist am Wochenende geschäftlich unterwegs. Wohin fährt sie?
10. Jutta möchte mit ihrem Freund einen Skiurlaub machen. Wohin wollen sie?

a. Aus der Schule.
b. Aus seinem Zimmer.
c. Bei ihrem Freund.
d. Bei Frau Körner.
e. Nach Innsbruck.
f. Nach Berlin.
g. Vom Friseur.
h. Vom Markt.
i. Zu Herrn Thelen, Karten spielen.
j. Zu seiner Tante.

[1]*hairstyle*

Melanies Reise nach Dänemark

Beantworten Sie die Fragen. Verwenden Sie die Präpositionen **aus, bei, nach, von** oder **zu.**

> MODELL   CLAIRE: Wohin bist du gefahren? (Dänemark) →
> MELANIE: Nach Dänemark.

1. Wohin genau? (Kopenhagen)   *nach Kop*
2. Wohin bist du am ersten Tag gegangen? (der Strand)   *zum Strand*
3. Und deine Freundin Fatima? Wohin ist sie gegangen? (ihre Tante Sule)
4. Woher kommt die Tante deiner Freundin? (die Türkei)
5. Kommt deine Freundin auch aus der Türkei? (nein / der Iran)
6. Am Strand hast du Peter getroffen, nicht? Woher ist der plötzlich gekommen? (das Wasser)
7. Sein Freund war auch dabei, nicht? Woher ist der gekommen? (der Markt)
8. Weißt du, wo die beiden übernachten wollten? (ja / uns)
9. Und wo haben sie übernachtet? (Fatimas Tante)
10. Wohin seid ihr am nächsten Morgen gefahren? (Hause)

10.2 Requests and instructions: the imperative (summary review)

As you have already learned, the imperative (command form) in German is used to make requests, to give instructions and directions, and to issue orders. To soften requests or to make them more polite, words such as **doch, mal,** and **bitte** are often included in imperative sentences.

> **Mach mal** das Fenster **zu!**   *Close the window!*
> **Bringen Sie** mir **bitte** noch einen Kaffee!   *Bring me another cup of coffee, please.*

The imperative has four forms: the familiar singular (**du**), the familiar plural (**ihr**), the polite (**Sie**), and the first-person plural (**wir**).

A. Sie and wir

In both the **Sie**- and **wir**-forms, the verb begins the sentence, and the pronoun follows.

> **Kontrollieren Sie** bitte das Öl!   *Please check the oil.*
> **Gehen wir** doch heute ins Kino!   *Let's go to the movies today.*

B. ihr

The familiar plural imperative consists of the present-tense **ihr**-form of the verb but does not include the pronoun **ihr.**

> Lydia und Rosemarie, **kommt her** und **hört** mir **zu!**   *Lydia and Rosemarie, come here and listen to me.*
> **Sagt** immer die Wahrheit!   *Always tell the truth.*

Wissen Sie noch?

The imperative is used to form commands, sentences in which you tell others how to act.

Review grammar 2.6.

C. du

The familiar singular imperative consists of the present-tense **du**-form of the verb without the -**(s)t** ending and without the pronoun **du.**

du kommst	**Komm!**
du tanzt	**Tanz!**
du arbeitest	**Arbeite!**
du isst	**Iss!**

In written German, you will sometimes see a final -**e (komme, gehe),** but this -**e** is usually omitted in the spoken language for all verbs except those for which the present-tense **du**-form ends in -**est.**

du arbeitest	**Arbeite!**
du öffnest	**Öffne!**

Verbs that have a stem-vowel change from -**a**- to -**ä**- or -**au**- to -**äu**- do not have an umlaut in the **du**-imperative.

du fährst	**Fahr!**
du läufst	**Lauf!**
du hältst	**Halt!**

D. sein

The verb **sein** has irregular imperative forms.

du → **Sei** leise!	*Be quiet!*	*(Paul!)*
ihr → **Seid** leise!		*(You two!)*
Sie → **Seien Sie** leise!		*(Mrs. Smith!)*
wir → **Seien wir** leise!	*Let's be quiet!*	

Sei so gut und gib mir die Butter, Andrea.	*Be so kind and pass me the butter, Andrea.*
Seid keine Egoisten!	*Don't be such egotists!*

ÜBUNG 3 Hans und sein Vater

Hans und sein Vater sind zu Hause. Hans fragt seinen Vater, was er tun darf oder tun muss. Spielen Sie die Rolle seines Vaters. Sie brauchen auch einen guten Grund!

MODELL Darf ich den Fernseher einschalten? →
　　　　　Ja, schalte ihn ein. Es kommt ein guter Film.
　　oder Nein, schalte ihn nicht ein. Ich möchte Musik hören.

1. Muss ich jetzt Klavier üben?
2. Darf ich Jens anrufen?
3. Darf ich die Schokolade essen?
4. Darf ich das Fenster aufmachen?
5. Muss ich dir einen Kuss geben?
6. Kann ich mit dir reden?
7. Muss ich das Geschirr spülen?
8. Darf ich in den Garten gehen?
9. Darf ich morgen mit dem Fahrrad in die Schule fahren?

ÜBUNG 4 **Aufforderungen!**

Sie sind die erste Person in jeder Zeile. Was sagen Sie?

MODELL Frau Wagner: Jens und Ernst / Zimmer aufräumen →
Jens und Ernst, räumt euer Zimmer auf!

1. Herr Wagner: Jens und Ernst / nicht so laut sein *Seien Sie n. s. l.*
2. Michael: Maria / bitte an der nächsten Ampel halten *halt*
3. Frau Wagner: Uli / an der nächsten Straße nach links abbiegen *biegt*
4. Herr Ruf: Jutta / mehr Obst essen *ißt*
5. Herr Siebert: Herr Pusch / nicht so schnell fahren *Sie*
6. Jutta: Jens / an der Ecke auf mich warten *warte*
7. Frau Frisch: Natalie und Rosemarie / nicht ungeduldig sein *seien sie/seid*
8. Herr Thelen: Andrea und Paula / Vater von mir grüßen
9. Frau Ruf: Hans / mal schnell zu Papa laufen *lauft*
10. Oma Schmitz: Helga und Sigrid / jeden Tag die Zeitung lesen *sie/lest*

ÜBUNG 5 **Minidialoge**

Verwenden Sie die folgenden Verben.

helfen	sprechen	warten
machen	vergessen	

1. FRAU RUF: Ich sitze jetzt schon wieder seit sechs Stunden vor dem Computer.
   HERR RUF: Du arbeitest zu viel. _____ mal eine Pause.
2. HERR SIEBERT: _____ bitte lauter, ich verstehe Sie nicht.
   MARIA: Ja, wie laut soll ich denn sprechen? Wollen Sie, dass ich schreie?
3. MICHAEL: Na, was ist? Kommen Sie nun oder kommen Sie nicht?
   FRAU KÖRNER: Ich bin ja gleich fertig. Bitte _____ doch noch einen Moment.
4. HANS: Kann ich mit euch zum Schwimmen gehen?
   JENS: Ja, komm und _____ deine Badehose nicht
5. OMA SCHMITZ: _____ mir bitte, ich kann die Koffer nicht allein tragen.
   HELGA UND SIGRID: Aber natürlich, Großmutter, wir helfen dir doch gern.

10.3 Prepositions for giving directions: *an... vorbei, bis zu, entlang, gegenüber von, über*

A. entlang (*along*) and **über** (*over*) + Accusative

Use the prepositions **entlang** and **über** with nouns in the accusative case. Note that **entlang** follows the noun.

ACCUSATIVE:
entlang (follows the noun)
über (precedes the noun)

Fahren Sie **den Fluß entlang.**   *Drive along the river.*
Gehen Sie **über den Zebra-streifen.**   *Walk across the crosswalk.*

The preposition **über** may also be used as the equivalent of English *via*.

Der Zug fährt **über** Frankfurt und Hannover nach Hamburg.

The train goes to Hamburg via Frankfurt and Hanover.

DATIVE:

an... vorbei (encloses the noun)

bis zu (precedes the noun)

gegenüber von (precedes the noun)

B. an... vorbei (*past*), **bis zu** (*up to, as far as*), **gegenüber von** (*across from*) + Dative

Use **an... vorbei, bis zu,** and **gegenüber von** with the noun in the dative case. Note that **an... vorbei** encloses the noun.

Gehen Sie **am Lebensmittelgeschäft vorbei.**

Go past the grocery store.

Fahren Sie **bis zur Fußgängerzone** und biegen Sie links ab.

Drive to the pedestrian mall and turn left.

Die U-Bahnhaltestelle ist **gegenüber vom Markthotel.**

The subway station is across from the Markthotel.

ÜBUNG 6 Wie komme ich dahin?

Ein Ortsfremder[1] fragt Sie nach dem Weg. Antworten Sie! Nützliche Wörter:

entlang	an... vorbei	gegenüber von
über	bis zu	

1. Wie muss ich fahren?

2. Wie muss ich gehen?

3. Wie muss ich gehen?

4. Wie muss ich fahren?

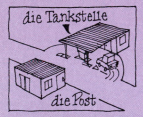

5. Wo ist die Tankstelle?

6. Wie komme ich zum Zug?

7. Immer geradeaus?

8. Vor dem Rathaus links?

9. Das Hotel „Zum Patrizier"?

10. Wie komme ich nach Nürnberg?

[1]*stranger*

10.4 Being polite: the subjunctive form of modal verbs

Use the subjunctive form of modal verbs to be more polite.

Könnten Sie mir bitte dafür eine Quittung geben?	*Could you please give me a receipt for that?*
Ich **müsste** mal telefonieren.	*I have to make a phone call.*
Dürfte ich Ihr Telefon benutzen?	*Could I use your phone?*

The subjunctive is formed from the simple past-tense stem. Add an umlaut if there is an umlaut in the infinitive.

To form the subjunctive of a modal verb, add an umlaut to the simple past form if there is also one in the infinitive. If the modal verb has no umlaut in the infinitive (**sollen** and **wollen**), the subjunctive form is the same as the simple past form.

Present	Past	Subjunctive
dürfen	ich durfte	ich dürfte
können	ich konnte	ich könnte
mögen	ich mochte	ich möchte
müssen	ich musste	ich müsste
sollen	ich sollte	ich sollte
wollen	ich wollte	ich wollte

Here are the subjunctive forms of **können** and **wollen.**

können

ich	könnte		*wir*	könnten
du	könntest		*ihr*	könntet
Sie	könnten		*Sie*	könnten
er *sie* *es*	könnte		*sie*	könnten

wollen

ich	wollte		*wir*	wollten
du	wolltest		*ihr*	wolltet
Sie	wollten		*Sie*	wollten
er *sie* *es*	wollte		*sie*	wollten

In modern German, **möchte,** the subjunctive form of **mögen,** has become almost a synonym of **wollen.**

—Wohin wollen Sie fliegen?   *Where do you want to go (fly)?*
—Wir möchten nach Kanada   *We want / would like / to fly to*
   fliegen.   *Canada.*

Another polite form, **hätte gern,** is now used more and more, especially in conversational exchanges involving goods and services.

Ich hätte gern eine Cola, bitte.   *I'd like a Coke, please.*
Wir hätten gern die Speisekarte,   *We'd like the menu, please.*
   bitte.

ÜBUNG 7   Überredungskünste

Versuchen Sie, jemanden zu überreden,[1] etwas anderes zu machen als das, was er/sie machen will.

> MODELL   S1: Ich fahre jetzt. (bleiben)
>   S2: Ach, könntest du nicht bleiben?

1. Ich koche Kaffee. (Tee, Suppe, ?)
2. Ich lese jetzt. (später, morgen, ?)
3. Ich sehe jetzt fern. (etwas Klavier spielen, mit mir sprechen, ?)
4. Ich rufe meine Mutter an. (deinen Vater, deine Tante, ?)
5. Ich gehe nach Hause. (noch eine Stunde bleiben, bis morgen bleiben, ?)

> MODELL   S1: Wir fahren nach Spanien. (Italien)
>   S2: Könnten wir nicht mal nach Italien fahren?

6. Wir übernachten im Zelt. (Hotel, Campingbus, ?)
7. Wir kochen selbst. (essen gehen, fasten, ?)
8. Wir gehen jeden Tag wandern. (schwimmen, ins Kino, ?)
9. Wir schreiben viele Briefe. (nur einen Brief, nur Postkarten, ?)
10. Wir sehen uns alle Museen an. (in der Sonne liegen, viel schlafen, ?)

ÜBUNG 8   Eine Autofahrt

Sie wollen mit einem Freund ausgehen und fahren in seinem Auto mit. Stellen Sie Fragen. Versuchen Sie, besonders freundlich und höflich zu sein.

> MODELL   wir / jetzt nicht fahren können → Könnten wir jetzt nicht fahren?

1. du / nicht noch tanken müssen
2. wir / nicht Jens abholen sollen
3. zwei Freunde von mir / auch mitfahren können
4. wir / nicht zuerst in die Stadt fahren sollen
5. du / nicht zur Bank wollen

[1]*convince*

6. du / etwas langsamer fahren können

7. ich / das Autoradio anmachen dürfen

8. ich / das Fenster aufmachen dürfen

10.5 Focusing on the action: the passive voice

A. Uses of the Passive Voice

The passive voice is used in German to focus on the action of the sentence itself rather than on the person or thing performing the action.

ACTIVE VOICE

Der Arzt impft die Kinder.	*The physician inoculates the children.*

PASSIVE VOICE

Die Kinder **werden geimpft.**	*The children are (being) inoculated.*

Note that the accusative (direct) object of the active sentence, **die Kinder,** becomes the nominative subject of the passive sentence.

In passive sentences, the agent of the action is often unknown or unspecified. In the following sentences, there is no mention of who performs each action.

Schildkröten werden oft als Haustiere gehalten.	*Turtles are often kept as pets.*
1088 wurde die erste Universität gegründet.	*The first university was founded in 1088.*

B. Forming the Passive Voice

The passive voice is formed with the auxiliary **werden** and the past participle of the verb. The present-tense and simple past-tense forms are the tenses you will encounter most frequently in the passive voice.

<table>
<tr><td colspan="4">Passive Voice: fragen
Present Tense</td></tr>
<tr><td>ich</td><td>werde gefragt</td><td>wir</td><td>werden gefragt</td></tr>
<tr><td>du</td><td>wirst gefragt</td><td>ihr</td><td>werdet gefragt</td></tr>
<tr><td>Sie</td><td>werden gefragt</td><td>Sie</td><td>werden gefragt</td></tr>
<tr><td>er
sie
es</td><td>wird gefragt</td><td>sie</td><td>werden gefragt</td></tr>
</table>

Wissen Sie noch?

In addition to the passive auxiliary, **werden** can be used as a main verb meaning "to become" or as a future auxiliary with an infinitive to form the future tense.

Review grammar 5.3 and 8.5.

passive = **werden** + past participle

Past Tense			
ich	wurde gefragt	*wir*	wurden gefragt
du	wurdest gefragt	*ihr*	wurdet gefragt
Sie	wurden gefragt	*Sie*	wurden gefragt
er *sie* *es*	wurde gefragt	*sie*	wurden gefragt

C. Expressing the Agent in the Passive Voice

In most passive sentences in German, the agent (the person or thing performing the action) is not mentioned. When the agent is expressed, the construction **von** + dative is used.

Passive agents are indicated by **von** + noun.

ACTIVE VOICE

Die Kinder füttern die Tiere.   *The children are feeding the animals.*

PASSIVE VOICE

AGENT: **von** + DATIVE

Die Tiere werden **von den Kindern** gefüttert.   *The animals are being fed by the children.*

ÜBUNG 9 Geschichte

Hier sind die Antworten. Was sind die Fragen?

MODELL 1492 → Wann wurde Amerika entdeckt?

1. vor 50.000 Jahren
2. um 2500 v. Chr.[1]
3. 44 v. Chr.
4. 800 n. Chr.[2]
5. 1088
6. 1789
7. 1885
8. 1945
9. 1963
10. 1990

a. Deutschland vereinigen
b. John F. Kennedy erschießen
c. die amerikanische Verfassung unterschreiben
d. die erste Universität (Bologna) gründen
e. die Atombomben auf Hiroshima und Nagasaki werfen
f. die ersten Pyramiden bauen
g. Cäsar ermorden
h. in Kanada die transkontinentale Eisenbahn vollenden
i. Karl den Großen zum Kaiser krönen
j. Australien von den Aborigines besiedeln

[1]vor Christus [2]nach Christus

Der Mensch und das Tier

MODELL die Giraffe / langsam aus ihrem Lebensraum verdrängt →
Die Giraffe wird langsam aus ihrem Lebensraum verdrängt.

1. Mäuse
2. Meerschweinchen
3. Bienen
4. Mücken
5. die Fledermaus

6. Schnecken
7. der Gepard
8. die meisten Papageien
9. Delphine
10. viele Haie

jedes Jahr gefischt

wegen ihrer Intelligenz bewundert[1]

immer noch für seinen Pelz getötet

in vielen Labortests benutzt

durch Parfum und Kosmetikprodukte angelockt[2]

oft als Haustiere gehalten

in vielen Kulturen mit Vampiren assoziiert

oft mit Butter- und Knoblauchsoße gegessen

wegen ihrer Honigproduktion geschätzt[3]

langsam aus ihrem Lebensraum verdrängt[4]

in der Wildnis gefangen

[1]admired [2]attracted [3]valued [4]displaced

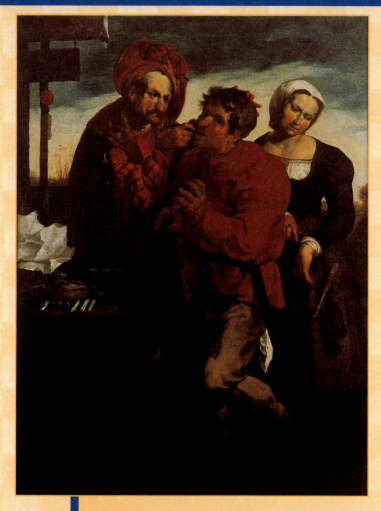

Johann Liss: *Beim Zahnausreißer* (ca. 1617), Kunsthalle, Bremen

JOHANN LISS

Johann Liss wurde 1597 in Oldenburg (Holstein) geboren und starb 1629 in Venedig, wo er zu den führenden Malern seiner Zeit gehörte. Er malte hochbarocke, religiöse, mythologische und Genre-Bilder.

Gesundheit und Krankheit

Kapitel 11 focuses on health and fitness. You will talk about how to stay fit and about illness and accidents.

Themen

Krankheit
Körperteile und Körperpflege
Arzt, Apotheke, Krankenhaus
Unfälle

Kulturelles

Hausmittel
Videoblick: Charly hat Masern
Die Krankenkasse
Videoecke: Krankheiten

Lektüren

Juttas neue Frisur
Montagmorgengeschichte (Susanne Kilian)

Strukturen

11.1 Accusative reflexive pronouns
11.2 Dative reflexive pronouns
11.3 Word order of accusative and dative objects
11.4 Indirect questions: Wissen Sie, wo... ?
11.5 Word order in dependent and independent clauses (summary review)

Situationen

Krankheit

■ **Grammatik 11.1**

Stefan hat sich erkältet.

Er fühlt sich nicht wohl.

Er hat Husten.

Er hat Schnupfen.

Er hat Kopfschmerzen.

Er hat Halsschmerzen.

Und er hat Fieber.

Er darf sich nicht aufregen.

Er muss sich ins Bett legen.

Er muss sich ausruhen.

SITUATION 1 **Hausmittel**[1]

Was machst du immer, manchmal, nie?

1. Wenn ich Fieber habe,
   a. lege ich mich ins Bett.
   b. nehme ich zwei Aspirin.
   c. gehe ich zum Arzt.
   d. rege ich mich auf.
2. Wenn ich Husten habe,
   a. nehme ich Hustensaft.
   b. trinke ich heißen Tee mit Zitrone.
   c. rauche ich eine Zigarette.
   d. lutsche ich Hustenbonbons.

3. Wenn ich mich erkältet habe,
   a. gehe ich schwimmen.
   b. ruhe ich mich aus.
   c. gehe ich in die Sauna.
   d. ärgere ich mich furchtbar.
4. Wenn ich Kopfschmerzen habe,
   a. gehe ich zum Friseur.
   b. nehme ich zwei Aspirin.
   c. bleibe ich im Bett.
   d. nehme ich ein heißes Bad.

[1]*Home remedies*

5. Wenn ich Zahnschmerzen habe,
   a. trinke ich heißen Kaffee.
   b. gehe ich zum Zahnarzt.
   c. nehme ich Tabletten.
   d. setze ich mich aufs Sofa.
6. Wenn ich mich verletzt habe,
   a. desinfiziere ich die Wunde.
   b. falle ich in Ohnmacht.
   c. hole ich ein Pflaster.
   d. ziehe ich mich aus.
7. Wenn ich Muskelkater habe,
   a. lasse ich mich massieren.
   b. gehe ich zum Arzt.
   c. mache ich Muskeltraining.
   d. lege ich mich aufs Sofa.

8. Wenn ich mich in den Finger geschnitten habe,
   a. ärgere ich mich furchtbar.
   b. hole ich ein Pflaster.
   c. nehme ich Hustensaft.
   d. desinfiziere ich die Wunde.
9. Wenn ich einen Kater habe,
   a. gehe ich ins Krankenhaus.
   b. nehme ich zwei Aspirin.
   c. schlafe ich den ganzen Tag.
   d. gehe ich joggen.
10. Wenn ich Magenschmerzen habe,
   a. lege ich mich aufs Sofa.
   b. trinke ich Kamillentee.
   c. ziehe ich mich aus.
   d. esse ich viel Schokolade.

Kultur… Landeskunde… Informationen

Hausmittel

- Welche von diesen Hausmitteln kennen Sie? Wogegen helfen sie?

  ☐ Eisbeutel
  ☐ grüner Tee
  ☐ heißer Tee mit Zitrone
  ☐ Hühnersuppe
  ☐ Kamillentee
  ☐ Knoblauch
  ☐ Salzwasser
  ☐ warme Umschläge

- Benutzen Sie Hausmittel, wenn Sie sich nicht wohl fühlen? Wenn ja, welche?

Schauen Sie sich die Bilder an, und lesen Sie den Text.

- Was tut die Frau gegen ihre Erkältung?
- Wie viel grünen Tee muss man jeden Tag trinken, um die Cholesterinwerte zu senken?
- Wann beginnt dieses Hausmittel zu wirken?

[1] cholesterol levels   [2] exclusively   [3] dependent on   [4] Just
[5] However   [6] not until   [7] treten… auf happen, take place
[8] level of fat in one's blood

Grüner Tee ist gut gegen Cholesterin

Wer Probleme mit erhöhten Cholesterinwerten[1] hat, ist nun nicht länger ausschließlich[2] auf Medikamente angewiesen.[3] Auch grüner Tee kann den Spiegel von Fetten im Blut senken. Dies ergaben Studien japanischer Wissenschaftler.

Bereits[4] ein täglicher Konsum von fünf Gramm senkt den Cholesterin- und Triglyceridspiegel im Blut wieder auf Normalniveau. Allerdings[5] treten diese Wirkungen erst[6] nach sieben Monaten Teegenuss auf.[7]

Gesund: Grüner Tee senkt den Blutfettspiegel[8]

Rezepte gegen Erkältung
Natürlich heilen

SITUATION 2 Was tut dir weh?

MODELL Du warst in einem Rockkonzert.→ Ich habe Ohrenschmerzen.

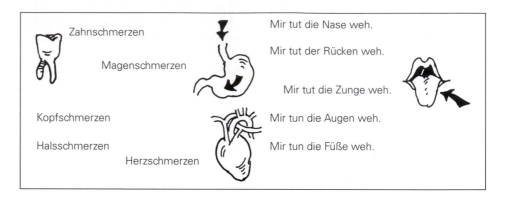

Zahnschmerzen

Magenschmerzen

Kopfschmerzen

Halsschmerzen

Herzschmerzen

Mir tut die Nase weh.

Mir tut der Rücken weh.

Mir tut die Zunge weh.

Mir tun die Augen weh.

Mir tun die Füße weh.

1. Du hast den ganzen Tag in der Bibliothek gesessen und Bücher gelesen.
2. Du hast zwei große Teller Chili gegessen.
3. Jemand hat dich auf die Nase geschlagen.
4. Du bist 20 Kilometer gewandert.
5. Du hast gestern Abend zu viel Kaffee getrunken.
6. Du warst in einem Footballspiel und hast viel geschrien.
7. Du hast zu viele Bonbons gegessen.
8. Du hast furchtbaren Liebeskummer.
9. Du hast zwei Stunden Schnee geschaufelt.
10. Der Kaffee, den du getrunken hast, war zu heiß.

SITUATION 3 Umfrage

MODELL s1: Legst du dich ins Bett, wenn du dich erkältet hast?
         s2: Ja.
         s1: Unterschreib bitte hier.

UNTERSCHRIFT

1. Ruhst du dich aus, wenn du Kopfschmerzen hast? _____
2. Ärgerst du dich, wenn du in den Ferien
   krank wirst? _____
3. Legst du dich ins Bett, wenn du eine Grippe hast? _____
4. Bist du gegen Katzen allergisch? _____
5. Hast du einen niedrigen Blutdruck? _____
6. Freust du dich, wenn dein Lehrer / deine
   Lehrerin krank ist? _____
7. Regst du dich auf, wenn du dich verletzt hast? _____
8. Erkältest du dich oft? _____
9. Nimmst du Tabletten, wenn du dich nicht
   wohl fühlst? _____

Videoblick

Charly hat Masern[2]

Der arme Charly! Er hat die Masern. Der Zeichen-trickfilm[3] erzählt, wie man aussieht und was passieren kann, wenn man die Masern hat.

- Wie fühlt sich Charly?
- Wie lange dauert seine Krankheit?
- Warum darf er nicht mehr in die Schule gehen?
- Warum dürfen seine Freunde ihn besuchen?

[1]*painted* [2]*measles* [3]*cartoon*

Oje, irgendjemand muss mich heute Nacht angemalt[1] haben.

Körperteile und Körperpflege

- **Grammatik 11.2–11.3**

Ich wasche mich.

Ich wasche mir die Haare.

Ich trockne mich ab.

Ich trockne mir die Hände ab.

Ich kämme mir die Haare.

Ich schminke mich.

Ich rasiere mich.

Ich putze mir die Zähne.

Ich ziehe mich an.

SITUATION 4 Körperteile

MODELL S1: Was macht man mit den Augen?
S2: Mit den Augen sieht man.

gehen sprechen atmen denken hören fühlen

kauen küssen riechen greifen

1. mit den Ohren
2. mit den Händen
3. mit dem Gehirn
4. mit der Nase
5. mit der Lunge
6. mit den Zähnen
7. mit den Lippen
8. mit den Beinen
9. mit dem Mund
10. mit dem Herzen

SITUATION 5 Körperpflege

1. Wenn meine Haut trocken ist,
   a. kreme ich sie ein.
   b. gehe ich schwimmen.
   c. gehe ich zum Arzt.
2. Wenn meine Fingernägel lang sind,
   a. bade ich mich.
   b. schneide ich sie mir.
   c. kaue ich sie ab.
3. Wenn meine Haare fettig sind,
   a. putze ich mir die Zähne.
   b. schneide ich sie mir.
   c. wasche ich sie mir.
4. Wenn ich ins Theater gehe,
   a. schminke ich mich.
   b. rasiere ich mich.
   c. schneide ich mir die Haare.
5. Wenn ich ins Bett gehe,
   a. ziehe ich mir warme Schuhe an.
   b. putze ich mir die Zähne.
   c. schneide ich mir die Fingernägel.

6. Wenn ich mich geduscht habe,
   a. ziehe ich mich aus.
   b. trockne ich mich ab.
   c. föhne ich mir die Haare.
7. Wenn ich mich erholen will,
   a. gehe ich in die Sauna.
   b. rasiere ich mir die Beine.
   c. nehme ich Tabletten.
8. Wenn es draußen kalt ist,
   a. dusche ich mich heiß.
   b. ziehe ich mir eine warme Hose an.
   c. ziehe ich mich aus.
9. Wenn ich eine Verabredung habe,
   a. schminke ich mich.
   b. wasche ich mir die Haare.
   c. esse ich viel Knoblauch.

SITUATION 6   Bildgeschichte: Maria hat eine Verabredung

SITUATION 7   Interview: Körperpflege

1. (für Frauen) Schminkst du dich jeden Tag? Was machst du?

2. (für Männer) Rasierst du dich jeden Tag? Hattest du schon mal einen Bart? Was für einen (Schnurrbart, Vollbart, Spitzbart, Backenbart)? Wie war das? Wenn du einen Bart hast: Seit wann hast du einen Bart?

3. Wäschst du dir jeden Tag die Haare? Föhnst du sie dir auch? Was für Haar hast du (trockenes, fettiges, normales Haar)?

4. Putzt du dir jeden Tag die Zähne? Gehst du oft zum Zahnarzt?

5. Wie oft gehst du zum Friseur? Hattest du mal eine Dauerwelle? Wie hast du ausgesehen?

6. Hast du trockene Haut? Kremst du dich oft ein?

7. Treibst du regelmäßig Sport? Was machst du? Wie oft? Gehst du manchmal in die Sauna oder ins Solarium?

Lektüre

Vor dem Lesen

A. Was wissen Sie über Jutta Ruf?

B. Lesen Sie den Cartoon auf der nächsten Seite. Welche „Haarmoden" (Frisuren) sind noch „kontrovers"? Zeichnen Sie eine „kontroverse" Haarmode oder bringen Sie Fotos mit in den Kurs.

LESEHILFE

In this reading, Jutta Ruf takes on a new persona. Recall what you already know about Jutta and her boyfriend "Billy." What kind of persona do you think Jutta will take on and why?

Miniwörterbuch

allerdings	of course	die **Rasierklinge**	razor blade
begeistert	thrilled	**sprühen**	to spray
sich nicht	to be afraid	die **Stirn**	forehead
hineintrauen	to go inside	die **Strumpfhosen** (*pl.*)	tights
kahl	bald	**tätowiert**	tattooed
kaum	hardly	der **Totenkopf**	skull
die **Kette**	chain	vor **Lachen**	from laughing (so hard)
der **Nacken**	neck		
die **Narbe**	scar	**zerrissen**	torn

Juttas neue Frisur

Jutta Ruf hat einen neuen Freund, Billy. Eigentlich heißt er nicht Billy, sondern Paul, aber sein Vorbild ist Billy Idol und so nennt er sich nach ihm. Er hat sich auch die Haare ganz kurz geschnitten und hellblond gebleicht und trägt immer alte, kaputte Jeans, zerrissene T-Shirts und eine Lederjacke mit
5 Ketten. Auf dem Oberarm hat er einen Totenkopf tätowiert und auf seiner linken Hand steht „no future". Auf beiden Wangen hat er je drei parallele Narben. Die hat er sich auf einer Fete nach einem Billy-Idol-Konzert mit einer Rasierklinge geschnitten... Jutta findet ihn toll! Sie trägt jetzt immer zerrissene, schwarze Strumpfhosen, Turnschuhe, die sie silbern gesprüht hat, ein T-Shirt,
10 auf dem „I love Billy" steht, und eine alte Jeansjacke.

Es ist Mittwochabend nach acht Uhr. Jutta steht vor der Tür und traut sich nicht hinein. Sie hat Angst, dass ihre Eltern ihre neue Frisur nicht so toll finden wie ihre Freunde, besonders Billy.

Am Morgen ist sie nicht zur Schule gegangen, sondern hat sich mit Billy
15 in einer Kneipe getroffen. Da haben sie noch eine Stunde über die neue Fri-

sur gesprochen und dann sind sie zum Friseur gegangen. Jutta hatte darauf gespart, denn so eine Frisur ist nicht billig. Nach drei Stunden war alles fertig und Billy war begeistert. Allerdings hat es dann auch 50,- Euro gekostet, wegen der neuen Farbe und so.

20   Jutta hat jetzt einen ziemlich ungewöhnlichen Haarschnitt. In der Mitte steht ein zehn Zentimeter breiter Haarstreifen, der von der Stirn bis in den Nacken läuft. Die Haare sind fünfzehn Zentimeter lang, stehen fest und gerade nach oben und sind violett und grün. Der Rest des Kopfes ist kahl. Billy wollte dann noch mit ihr zu einem Tätowierer gehen und ihr „Billy" auf die

25   rechte Seite des Kopfes tätowieren lassen, aber sie hatten kein Geld mehr. Alle Freunde fanden es toll… aber jetzt steht sie allein vor der Tür. Sie will warten, bis ihre Eltern ins Bett gegangen sind.

Plötzlich hört sie jemanden.

„Mensch, das bist ja du, Jutta!" Es ist ihr Bruder Hans, der aus dem Fen-

30   ster schaut. „Wie siehst du denn aus?" Hans kann vor Lachen kaum sprechen. „Das sieht ja unmöglich aus!"

„Ach, du hast doch keine Ahnung!"

„Mutti und Papi finden es sicher toll. Komm schnell herein!"

„Nein, ich will noch warten, bis sie ins Bett gegangen sind."

35   „Da kannst du lange warten, es ist doch erst acht Uhr! Komm, das will ich sehen, wie die reagieren!"

Arbeit mit dem Text

A. Wie sehen sie aus?

	Haarschnitt	Haarfarbe	Kleidung
Billy			
Jutta			

B. Mittwochmorgen oder Mittwochabend? Schreiben Sie ein M oder ein A vor die Sätze, und bringen Sie sie in die richtige Reihenfolge.

_____   Jutta steht vor der Tür und hat Angst.

_____   Hans will sehen, wie die Eltern reagieren.

_____   Jutta ist nicht in die Schule gegangen.

_____   Jutta hat Billy in einer Kneipe getroffen.

_____   Hans schaut aus dem Fenster.

_____   Jutta ist zum Friseur gegangen.

_____   Billy wollte mit Jutta zu einem Tätowierer gehen.

C. Fragen

1. Warum sind Jutta und Billy nicht mehr zum Tätowieren gegangen?

2. Wie findet Hans Juttas Frisur?

3. Was, glauben Sie, werden Juttas Eltern sagen?

Nach dem Lesen

Hatten Sie schon mal Schwierigkeiten mit Ihren Eltern, weil Sie einen unterschiedlichen Geschmack hatten als sie? Im Aussehen? In der Wahl Ihrer Freunde? In der Wahl Ihrer Tätigkeiten? Erzählen Sie! Machen Sie sich zuerst Gedanken und schreiben Sie sich Stichwörter auf. Arbeiten Sie dann in Kleingruppen und erzählen Sie Ihre Geschichte. Die anderen Gruppenmitglieder helfen mit Fragen und kommentieren.

- -

Arzt, Apotheke, Krankenhaus

Jürgen hat sich das Bein gebrochen. Jetzt muss er einen Gips tragen.

Silvia bekommt eine Spritze.

Josef bekommt einen Verband.

Der Zahnarzt zieht Melanie einen Zahn.

Die Ärztin gibt Claire ein Rezept.

SITUATION 8   Medizinische Berufe

Wohin gehen Sie?

> ins Krankenhaus   zum Hausarzt   zum Psychiater   in die Apotheke
> in die Drogerie
> zum Zahnarzt   zum Augenarzt   zum Tierarzt

1. Sie haben sich erkältet und brauchen Hustensaft.
2. Sie haben schon seit zwei Wochen eine schlimme Halsentzündung und wollen Antibiotika.
3. Ihr Freund / Ihre Freundin hat sich in den Finger geschnitten. Der Finger blutet stark.
4. Ihr Freund / Ihre Freundin hat Sie verlassen und Sie sind sehr deprimiert.
5. Ihr Goldfisch frisst schon seit mehreren Tagen nichts mehr.
6. Sie haben furchtbare Zahnschmerzen.
7. Sie können im Unterricht nicht lesen, was an der Tafel steht.
8. Ihr Arzt hat Ihnen ein Rezept ausgeschrieben und Sie wollen sich das Medikament abholen.

SITUATION 9   Interaktion: Ich bin krank

Ein Mitstudent / Eine Mitstudentin ist krank. Was raten Sie ihm/ihr?

MODELL   S1: Ich habe Fieber.
          S2: Leg dich ins Bett.

1. Ich habe Fieber.
2. Ich habe Kopfschmerzen.
3. Ich fühle mich nicht wohl.
4. Ich habe starken Husten.
5. Ich habe mich in den Finger geschnitten.
6. Ich habe mich erkältet.
7. Ich habe Zahnschmerzen.
8. Ich bin allergisch gegen Katzen.
9. Mir tun die Augen weh.
10. Ich habe Magenschmerzen.

a. Geh zum Arzt.
b. Nimm Hustensaft.
c. Leg dich ins Bett.
d. Geh nach Hause.
e. Kauf dir Kopfschmerztabletten.
f. Ruh dich aus.
g. Nimm ein warmes Bad.
h. Zieh dich warm an.
i. Verkauf deine Katze.
j. Geh zum Zahnarzt.
k. Kauf dir eine Brille.
l. _____?

Kultur... Landeskunde... Informationen

Die Krankenkasse

- Haben Sie eine Krankenversicherung?
- Müssen Sie nach einem Arztbesuch etwas bezahlen?
- Wissen Sie, wie viel der Arzt für die Behandlung[1] bekommt?

Diese Karte geben die Patienten beim Arzt ab. Die Informationen werden elektronisch gespeichert[2] und der Arzt rechnet nach der Behandlung mit der Krankenkasse ab.[3]

AOK - Die Gesundheitskasse.

AOK

Franz Mustermann

1234567 123456789012 1234 5 1096

Kasse   Versichertennummer   Status   gültig bis

VERSICHERTEN KARTE

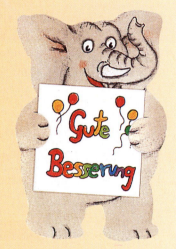

Sie hören jetzt einen kurzen Text zur Krankenkasse. Hören Sie gut zu und ergänzen Sie die Sätze.

- „Krankenkasse" ist ein anderes Wort für _____.
- Der monatliche Beitrag[4] ist _____ % vom Verdienst.[5]
- Die Krankenkasse bezahlt _____.
- Für Arbeitnehmer, die weniger als _____ Euro im Monat verdienen, ist die Krankenversicherung Pflicht.[6]

[1] treatment [2] stored [3] rechnet... ab settles [4] contribution [5] earnings [6] mandatory

---

SITUATION 10 **Informationsspiel: Krankheitsgeschichte**

MODELL Hat Claire sich (Hast du dir) schon mal etwas gebrochen? Was?
Ist Claire (Bist du) schon mal im Krankenhaus gewesen? Warum?
Hat Herr Thelen (Hast du) schon mal eine Spritze bekommen? Gegen was?
Erkältet sich Herr Thelen (Erkältest du dich) oft?
Ist Claire (Bist du) gegen etwas allergisch? Gegen was?
Hat man Claire (Hat man dir) schon mal einen Zahn gezogen?
Hatte Herr Thelen (Hattest du) schon mal hohes Fieber? Wie hoch?
Ist Claire (Bist du) schon mal in Ohnmacht gefallen?

	Claire	Herr Thelen	mein(e) Partner(in)
sich etwas brechen	den Arm	das Bein	
im Krankenhaus sein	Nierenentzündung	Lungenentzündung	
eine Spritze bekommen	Diphtherie	Tetanus	
oft erkältet sein	ja	Nein	
gegen etwas allergisch sein	Sonne	Katzen	
einen Zahn gezogen haben	Nein	ja	
hohes Fieber haben	104° F	41,2°C	
in Ohnmacht fallen	Nein	nein	

SITUATION 11 Dialoge

1. Herr Thelen möchte einen Termin beim Arzt.

HERR THELEN: Guten Tag, ich hätte gern _____ für nächste Woche.
SPRECHSTUNDENHILFE: Gern, vormittags oder nachmittags?
HERR THELEN: Das ist mir eigentlich ___.
SPRECHSTUNDENHILFE: Mittwochmorgen um neun?
HERR THELEN: Ja, _____. Vielen Dank.

2. Frau Körner geht in die Apotheke.

FRAU KÖRNER: Ich habe schon seit Tagen _____. Können Sie mir etwas _____ geben?
APOTHEKERIN: Wir haben gerade etwas ganz Neues bekommen, Magenex.
FRAU KÖRNER: Hauptsache, _____.
APOTHEKERIN: Es soll sehr gut ____. Hier ist es.

3. Frau Frisch ist bei ihrem Hausarzt.

HAUSARZT: Guten Tag, Frau Frisch, wie geht es Ihnen?
FRAU FRISCH: Ich fühle mich gar nicht wohl. _____... alles tut mir weh.
HAUSARZT: Das klingt nach ____. Sagen Sie mal bitte „Ah".

SITUATION 12 Rollenspiel: Anruf beim Arzt

S1: Sie fühlen sich nicht wohl. Wahrscheinlich haben Sie Grippe. Rufen Sie beim Arzt an und lassen Sie sich einen Termin geben. Es ist dringend, aber Sie haben einen vollen Stundenplan.

SITUATION 13 Interview

1. Warst du schon mal schwer krank? Wann? Was hat dir gefehlt?
2. Warst du schon mal im Krankenhaus? Wann? Warum? Wie lange? Hat man dich untersucht? Hat man dir Blut abgenommen? Hast du eine Spritze bekommen?
3. Hast du dir schon mal etwas gebrochen? Was? Hattest du einen Gips? Wie lange?
4. Hat man dich schon mal geröntgt? Wann? Warum?
5. Erkältest du dich oft? Was machst du, wenn du eine Erkältung hast?
6. Bist du gegen etwas allergisch? Gegen was?

Unfälle

■ **Grammatik 11.4–11.5**

der Unfall
die Feuerwehr
der Krankenwagen
die Verletzte
die Zeugen

Zwei Autos sind zusammengestoßen. Eine Frau ist schwer verletzt.

SITUATION 14 Ein Autounfall

Eine Polizistin spricht mit einem Zeugen über einen Unfall. Bringen Sie die Sätze in eine logische Reihenfolge.

_____ Können Sie mir sagen, wie spät es ungefähr war?
_____ Also, heute Morgen war ich auf dem Weg zur Uni.
___1___ Bitte erzählen Sie genau, was passiert ist.
_____ Ein Auto ist aus einer Einfahrt gekommen.
_____ Ich glaube nicht, er hat jedenfalls nicht gebremst, bevor er auf die Straße gefahren ist.
_____ Wissen Sie, ob der Fahrer auf den Verkehr geachtet hat?
_____ Ja, ein anderes Auto kam von rechts und dann sind sie zusammengestoßen.
_____ So zwischen halb und Viertel vor neun.
_____ Was haben Sie da gesehen?
_____ Und dann?
_____ Vielen Dank für Ihre Hilfe.

SITUATION 15 Unfälle

Welcher Satz passt zu welchem Bild?

a.
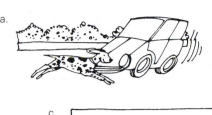

b.

c.

d.

e.

f.

g.

h.

1. Michael und Maria waren beim Segeln, als das Boot umkippte.
2. Sofie schnitt gerade Tomaten, als plötzlich vor ihrem Haus ein Mann von einem Auto überfahren wurde.
3. Melanie und Josef waren auf dem Weg ins Konzert, als Melanie ausrutschte und hinfiel.
4. Jürgen saß gerade in der Bibliothek, als auf der Straße zwei Autos zusammenstießen.
5. Herr Frisch fuhr gerade zur Arbeit, als ihm ein Hund vors Auto lief.
6. Als Ernst mit seinen Freunden Fußball spielte, brach er sich das Bein.
7. Marta und ihr Freund liefen Schlittschuh, als ein Kind ins Eis einbrach.
8. Rolf wollte gerade nach Hawaii fliegen, als ein Flugzeug abstürzte.

SITUATION 16 Notfälle

Was machst du, wenn...

1. du einen Unfall siehst?
2. der Verletzte einen Schock hat?
3. der Fahrer von dem anderen Auto flüchtet?
4. du im Fahrstuhl stecken bleibst?
5. du ausrutscht und hinfällst?
6. du dir den Arm gebrochen hast?
7. du ins Wasser fällst?
8. es im Nachbarhaus brennt?
9. du dir die Zunge verbrannt hast?

a. den Krankenwagen rufen
b. die Feuerwehr rufen
c. die Autonummer aufschreiben
d. die Polizei rufen
e. eine Decke holen und den Verletzten zudecken
f. fluchen
g. liegen bleiben und warten, dass jemand kommt
h. schwimmen
i. um Hilfe rufen
j. _____?

SITUATION 17 Paulas Unfall

Lektüre

Vor dem Lesen

A. Schreiben Sie mit den folgenden Stichwörtern und Ausdrücken eine kleine Geschichte: Was ist an diesem Montagmorgen passiert?

Autofahrer
Adresse
Schultasche
Bremsenquietschen[1]
Konferenz
neunjähriger Junge

Unfall
schnell laufen
Krankenhaus
Kreidestriche auf der Straße
nicht aufgepasst[2]
Polizeirevier[3]

B. Orientierung. Sehen Sie sich jetzt den Text an; lesen Sie zuerst nur das **fett Gedruckte** und das *kursiv Gedruckte*. Aus welchen Teilen besteht die Geschichte?

Miniwörterbuch

anfertigen	to prepare	**rausschießen**	to shoot out
die **Bahre**	stretcher	**schuld sein**	to be at fault
begreifen	to understand	**sich verabreden mit**	to agree to meet with (someone)
der **Bub**	boy		
der **Ranzen**	schoolbag		
rasen	to rush; to speed	**vorsichtig**	carefully

Montagmorgengeschichte

von Susanne Kilian

So stand es in der Zeitung:
        Nicht aufgepaßt
Nicht genügend aufgepaßt hatte ein neunjähriger Junge, der...

5 So ist es passiert:
7 Uhr 30
Herr Langen hat in Ruhe gefrühstückt. Um 8 Uhr 10 hat er eine Vertreterkonferenz. Er ist ausgeruht und gut vorbereitet. Er hat keine Eile.
10 Sorgfältig und in Ruhe startet er seinen Wagen.
7 Uhr 42
Lothar Bernich hat um 8 Uhr Schule. Heute ist alles verquer. Nicht mal Zeit zum Frühstücken hat er. Das Brot ißt er auf dem Schulweg. Das
15 geht doch auch mal!
7 Uhr 44
Herr Langen fährt die stille Seitenstraße auf dem Weg zu seinem Büro entlang. Zum x-ten Mal. Er kennt diese Straße genau.

20 Lothar Bernich rast: Ihm fällt ein, daß er sich heute mit dem Martin verabredet hat. Er will mit ihm zusammen zur Schule gehen.
Er rennt aus der Tür. Er rennt zwischen den parkenden Autos einfach durch. Er rennt direkt
25 in das Auto von Herrn Langen.
7 Uhr 46
Lothar liegt auf der Straße. Das Auto von Herrn Langen hat ihn erwischt. Herr Langen kann das nicht begreifen. Er hat das Kind nicht gesehen.
30 Als er es sah, hat er gebremst. Das Auto stand sofort. Lothar tut alles weh. Er denkt an die Schule. An den Martin. Wieso liegt er jetzt auf der Straße? Wie ging das so schnell? Ihm tut alles weh.
35 **7 Uhr 47**
Herr Hartmann hat das Bremsenquietschen gehört. Er rennt ans Fenster. Sieht das Kind vor dem Auto auf der Straße liegen. Sofort ruft er das Unfallkommando an.

[1]*squealing of brakes*   [2]*paid attention*   [3]*police station*

7 Uhr 49

Das Unfallkommando der Polizei hat die Arbeitersamariter verständigt. Lothar weiß nicht, was überhaupt mit ihm passiert. Leute starren ihn an. Die Sanitäter heben ihn schnell und vorsichtig hoch. An den Beinen und am Kopf. Er spürt eine weiche Bahre unter sich. „Meine Mama, wo ist bloß meine Mama… " jammert er.

7 Uhr 55

Lothar wird ins Krankenhaus gefahren. Die Polizei trifft an der Unfallstelle ein. Sie untersucht Lothars Ranzen. Findet seine Adresse im Ranzendeckel stehen—sie wird per Funk zum Revier durchgegeben. Von dort wird Lothars Mutter verständigt. Herr Langen wird zum Unfall vernommen. Wo der Junge lag, wird mit Kreidestrichen eine Skizze auf die Straße gemalt. Herr Langen hat das nicht gewollt. Er ist nervös. Er zittert. Er hat den Jungen nicht zwischen den Autos hervorrennen sehen. Er gibt der Polizei seine Papiere.

Die Zeugen:

Alte Frau:

Klar. Der Mann ist doch gerast wie verrückt. Heute ist man doch auf der Straße wie Freiwild.

Rasen einfach. Für Fußgänger ist kein Platz mehr. Das arme Kind, das kleine!

Mann:

Na, also der Bub ist doch zwischen den Autos nur so rausgeschossen. Den konnte der im Auto doch gar nicht sehen. Das war ganz unmöglich. Der hat überhaupt nicht aufgepaßt… hat sicher an ganz was anderes gedacht…

Mädchen:

Ich weiß nicht. Also, ich weiß nicht… das ging alles so schnell. Eben hab' ich noch den Jungen rennen gesehen, da lag er schon auf der Straße. Ich weiß wirklich nicht. Bremsenquietschen hab' ich gehört.

Später auf dem Polizeirevier:
Der Unfallbericht wird angefertigt.

Ist Lothar schuld, der es so eilig hatte? Weil er ein paar Sekunden nicht aufgepaßt hat?

Ist Herr Langen schuld, der gar nicht wußte, was geschah, bis Lothar vor seinem Auto lag? Wer ist schuld? Feststeht: das kann jedem jeden Tag passieren.

Arbeit mit dem Text

A. Was ist wann passiert? Ordnen Sie die Sätze aus dem Berichtteil der richtigen Zeit zu. Achtung: Meistens gehören mehrere Sätze zu einer Zeit.

7 Uhr 30	7 Uhr 46	7 Uhr 49
7 Uhr 42	7 Uhr 47	7 Uhr 55
7 Uhr 44		

7 Uhr _____ : Lothar rennt zwischen den parkenden Autos durch auf die Straße.

7 Uhr _____ : Herr Langen ist auf dem Weg in sein Büro.

7 Uhr _____ : Die Polizei kommt an die Unfallstelle.

7 Uhr _____ : Die Sanitäter kommen und legen Lothar auf eine Bahre.

7 Uhr _____ : Lothar rast, weil er sich mit Martin verabredet hat.

7 Uhr _____ : Lothar hat keine Zeit, weil er schon um 8 Uhr da sein muss.

7 Uhr _____ : Die Sanitäter bringen Lothar ins Krankenhaus.

7 Uhr _____ : Lothar ist vor ein Auto gelaufen und liegt jetzt auf der Straße.

7 Uhr __30__ : Herr Langen muss erst um 8 Uhr 10 zu einer Konferenz und hat keine Eile.

7 Uhr _____ : Die Polizei ruft Lothars Mutter an.

7 Uhr _____ : Herr Langen ist sehr nervös und schockiert, als er der Polizei seine Papiere gibt.

7 Uhr _____ : Lothar weiß gar nicht, was los ist.

7 Uhr _____ : Herr Hartmann ruft das Unfallkommando der Polizei an.

7 Uhr _____ : Die Polizei malt mit Kreide eine Skizze auf die Straße.

B. Wer sagt was? (die alte Frau, der Mann, das Mädchen)

„Ich weiß nicht, wer schuld ist. Es ging alles viel zu schnell."
„Der Autofahrer ist schuld, weil er viel zu schnell gefahren ist."
„Der Junge ist schuld, weil er nicht aufgepasst hat."

C. Was glauben Sie? Ist der Junge schuld, der Autofahrer oder jemand anderes? Was könnte man machen, damit so was nicht passiert?

D. Lesen Sie wieder die ersten vier Zeilen. Wobei hat der Junge nicht aufgepasst? Schreiben Sie den Relativsatz (Zeile 4) zu Ende.

Nach dem Lesen

Beschreiben Sie einen Unfall, den Sie einmal hatten oder gesehen haben. Wie ist der Unfall passiert? Welche Schäden oder Verletzungen gab es? Was haben Sie gemacht? Machen Sie sich zuerst Notizen, berichten Sie dann in der Gruppe und schreiben Sie schließlich Ihren Bericht auf.

Videoecke

Kristina ist in Hannover geboren. Sie studiert Jura. Sie treibt gern Sport, geht gern ins Kino und auf Reisen.

Brit ist in Leipzig geboren. Sie studiert Anglistik und Deutsch als Fremdsprache. Sie liest gern, fährt gern Rad und macht gern Stadtführungen durch Leipzig.

- Warst du letztes Jahr mal krank? Wie ist es dir gegangen?
- Woran merkst du, dass du eine Erkältung hast? Was tust du dagegen?
- Hattest du irgendwelche Kinderkrankheiten?
- Was findest du wichtig für die Körperpflege?
- Wie sieht deine tägliche Körperpflege aus?
- Schminkst du dich? Was machst du?
- Hattest du schon mal einen Unfall? Wie ist das passiert?
- Warst du schon mal im Krankenhaus? Wie war das?

Aufgabe 1

Welche Krankheit hatten Kristina und Brit letztes Jahr?

Kristina: _____   Brit: _____

Aufgabe 2

Woran merken Kristina und Brit, dass sie eine Erkältung haben? Was tun sie dagegen? Wer hatte Windpocken, Röteln und Mumps?

	KRISTINA	BRIT
1. Ich bekomme Kopfschmerzen.	☐	☐
2. Mir tut der ganze Körper weh.	☐	☐
3. Meistens fängt es im Hals an.	☐	☐
4. Ich bin auch total schlapp.	☐	☐
5. Der Hals kratzt.	☐	☐
6. Man bekommt Kopfschmerzen.	☐	☐
7. Es tun einem die Glieder weh.	☐	☐
8. Ich trink' eine heiße Zitrone.	☐	☐
9. Ich nehme vielleicht eine Tablette.	☐	☐
10. Ich kaufe mir Vitamin C.	☐	☐

Aufgabe 3

Wer sagt das über die Körperpflege, Kristina (K) oder Brit (B)?

1. _____ Ich finde es wichtig, dass man gepflegt aussieht.
2. _____ Ich geh' früh nach dem Aufstehen duschen.
3. _____ Dreimal am Tag Zähne putzen.
4. _____ Wenn ich abends nochmal weggehe, dusch' ich meistens auch.
5. _____ Wenn ich mich erholen will, mach' ich ein heißes Bad.
6. _____ Ich wasch' mir die Haare und feil' mir die Fingernägel.
7. _____ Ich leg' ein bisschen Wimperntusche auf und auch Puder.
8. _____ Vielleicht mal Lippenstift oder so.

Aufgabe 4

Was ist bei Kristinas Unfall passiert? Verbinden Sie die Satzteile.

1. Eine Freundin und ich
2. Und dann bin ich mit dem Fuß umgeknickt
3. Es war ziemlich schlimm,
4. Und das tat alles sehr weh

a. und ich musste operiert werden.
b. und dann war der Knöchel gebrochen.
c. sind Rollschuhlaufen gegangen.
d. weil ich war sehr weit weg von meinen Eltern.

Wortschatz

Krankheit und Gesundheit — Illness and Health

die **Entzündung, -en**	infection
die **Lungen-entzündung**	pneumonia
die **Nierenentzündung**	kidney infection
die **Erkältung, -en**	(head) cold
die **Gesundheit**	health
die **Grippe**	influenza, flu
die **Krankheit, -en**	illness, sickness
die **Ohnmacht**	unconsciousness
in **Ohnmacht fallen**	to faint
der **Blutdruck**	blood pressure
niedrigen/hohen Blut-druck haben	to have low/high blood pressure
der **Husten**	cough
der **Hustensaft, ⸚e**	cough syrup
der **Kater, -**	hangover
der **Liebeskummer**	lovesickness
der **Muskelkater, -**	sore muscles
der **Schmerz, -en**	pain
die **Halsschmerzen**	sore throat
die **Herzschmerzen**	heartache
die **Kopfschmerzen**	headache
die **Magenschmerzen**	stomachache
die **Ohrenschmerzen**	earache
die **Zahnschmerzen**	toothache
der **Schnupfen, -**	cold (*with a runny nose*), sniffles
das **Bonbon, -s**	drop, lozenge
das **Halsbonbon, -s**	throat lozenge
das **Hustenbonbon, -s**	cough drop
sich ärgern (R)	to get angry
sich auf·regen	to get excited, get upset
sich erkälten	to catch a cold
fehlen (+ *dat.*) (R)	to be wrong with, be the matter with (*a person*)
weh·tun, tat weh, wehgetan	to hurt

Ähnliche Wörter
das **Fieber**; das **Symptom, -e**; (sich) **fühlen**; sich **wohl fühlen**

Der Körper — The Body

die **Haut, ⸚e** (R)	skin
die **Niere, -n**	kidney
die **Zunge, -n**	tongue
der **Blinddarm, ⸚e**	appendix
der **Magen, ⸚**	stomach
der **Zahn, ⸚e**	tooth
das **Gehirn, -e**	brain
atmen	to breathe
greifen, griff, gegriffen	to grab, grasp
kauen	to chew
lutschen	to suck
riechen, roch, gerochen	to smell

Ähnliche Wörter
die **Leber, -n**; die **Lippe, -n**; die **Lunge, -n**; die **Nase, -n**; der **Finger, -**; der **Fingernagel, ⸚**; das **Haar, -e** (R); das **Herz, -en**

Apotheke und Krankenhaus — Pharmacy and Hospital

die **Apothekerin, -nen**	female pharmacist
die **Ärztin, -nen** (R)	female doctor, physician
die **Augenärztin, -nen**	eye doctor
die **Hausärztin, -nen**	family doctor
die **Arztpraxis, Arzt-praxen**	doctor's office
die **Psychiaterin, -nen**	female psychiatrist
die **Spritze, -n**	shot, injection
die **Tierärztin, -nen**	female veterinarian
der **Apotheker, -**	male pharmacist
der **Arzt, ⸚e** (R)	male doctor, physician
der **Augenarzt, ⸚e**	eye doctor
der **Hausarzt, ⸚e**	family doctor
der **Gips**	cast (*plaster*)
der **Psychiater, -**	male psychiatrist
der **Tierarzt, ⸚e**	male veterinarian
der **Verband, ⸚e**	bandage
das **Medikament, -e**	medicine
ein **Medikament gegen**	medicine for
das **Pflaster, -**	adhesive bandage (Band-Aid)

das **Rezept, -e**	prescription
ab·nehmen, nimmt ab, nahm ab, abgenommen	to remove; to lose weight
Blut ab-nehmen	to take blood
röntgen	to X-ray
wirken	to work, take effect

Ähnliche Wörter

die **Diphtherie**; die **Tablette, -n**; die **Kopfschmerztablette, -n**; die **Wunde, -n**; der **Schock**; der **Tetanus**; das **Aspirin** (R); das **Blut** (R); die **Antibiotika** (*pl.*); **bluten**; **desinfizieren**

Unfälle — Accidents

die **Feuerwehr**	fire department
die **Unfallstelle, -n**	scene of the accident
die **Verletzte, -n**	injured female person
die **Zeugin, -nen**	female witness
der **Schaden, ⸚**	damage
der **Unfallbericht, -e**	accident report
der **Verletzte, -n (ein Verletzter)**	injured male person
der **Zeuge, -n** (*wk. masc.*)	male witness
ab·stürzen, ist abgestürzt	to crash
aus·rutschen, ist ausgerutscht	to slip
bremsen	to brake
brennen, brannte, gebrannt	to burn
hin·fallen, fällt hin, fiel hin, ist hingefallen	to fall down
schlagen, schlägt, geschlagen (R)	to hit
stecken bleiben, blieb stecken, ist stecken geblieben	to get stuck
überfahren, überfährt, überfuhr, überfahren	to run over
um·kippen	to knock over
verbrennen, verbrannte, verbrannt	to burn
sich (die Zunge) verbrennen	to burn (one's tongue)
sich verletzen	to injure oneself
zu·decken	to cover
zusammen·stoßen, stößt zusammen, stieß zusammen, ist zusammengestoßen	to crash

Ähnliche Wörter

der **Krankenwagen, -**; **brechen, bricht, brach, gebrochen**; **sich (den Arm) brechen**

Körperpflege — Personal Hygiene

die **Dauerwelle, -n**	perm
das **Solarium, Solarien**	tanning salon
sich ab·trocknen (R)	to dry oneself off
sich an·ziehen, zog an, angezogen (R)	to get dressed
sich aus·ruhen (R)	to rest
sich aus·ziehen, zog aus, ausgezogen (R)	to get undressed
(sich) duschen (R)	to shower (take a shower)
sich ein·kremen	to put lotion on
sich erholen	to recuperate
sich (die Haare) föhnen	to blow-dry (one's hair)
sich (die Zähne) putzen	to brush (one's teeth)
sich rasieren	to shave
sich schminken	to put makeup on
(sich) schneiden, schnitt, geschnitten (R)	to cut (oneself)
sich sonnen	to sunbathe

Ähnliche Wörter

die **Sauna, -s**; **(sich) baden** (R); **sich (die Haare) kämmen** (R); **(sich) waschen, wäscht, gewaschen** (R)

Sonstige Substantive — Other Nouns

die **Anschrift, -en**	address
die **Decke, -n**	blanket
die **Einfahrt, -en**	driveway
die **Perücke, -n**	wig
die **Tüte, -n**	(paper or plastic) bag
die **Verabredung, -en**	appointment; date
der **Termin, -e** (R)	appointment
der **Terminkalender, -**	appointment calendar
der **Verkehr**	traffic
das **Fahrzeug, -e**	vehicle

Ähnliche Wörter

die **Autonummer, -n**; der **Chili**; der **Goldfisch, -e**

Sonstige Verben — Other Verbs

achten auf (+ *akk.*)	to watch out for; to pay attention to
auf·schreiben, schrieb auf, aufgeschrieben	to write down

auf·stellen	to set up
beschr**ei**ben, beschr**ie**b, beschr**ie**ben	to describe
ein·schalten	to turn on
fl**u**chen	to curse, swear
fl**ü**chten, ist gefl**ü**chtet	to flee
sich fr**eu**en über (+ *akk.*)	to be happy about
sich gew**ö**hnen an (+ *akk.*)	to get used to
gr**ü**ßen	to greet, say hi to
her**u**nter·klettern, ist her**u**ntergeklettert	to climb down
sich h**i**n·legen	to lie down
kl**i**ngen (wie), kl**a**ng, gekl**u**ngen	to sound (like)
l**a**ssen, l**ä**sst, l**ie**ß, gel**a**ssen	to let
sich einen Term**i**n geben lassen	to get an appointment
p**a**ssen (R)	to fit
das passt g**u**t	that fits well
r**u**fen, r**ie**f, ger**u**fen (R)	to call
sch**au**feln	to shovel
verl**a**ssen, verl**ä**sst, verl**ie**ß, verl**a**ssen	to leave; to abandon
vers**u**chen (R)	to try, attempt

Ähnliche Wörter
mark**ie**ren, sich s**e**tzen (R)

Adjektive und Adverbien | ## Adjectives and Adverbs

depr**i**miert	depressed
f**e**ttig (R)	greasy
ges**u**nd	healthy
regelmäßig	regularly
schl**i**mm	bad
s**i**chtbar	visible
st**a**rk	heavy, severe
tr**o**cken	dry

ungeduldig	impatient
verl**e**tzt	injured
schwer verl**e**tzt	critically injured

Ähnliche Wörter
all**e**rgisch, mediz**i**nisch

Sonstige Wörter und Ausdrücke | ## Other Words and Expressions

aber (R)	but
als (R)	when (*conj.*)
bev**o**r (R)	before (*conj.*)
b**i**s (R)	until (*prep., conj.*)
dag**e**gen	*here;* for it
haben Sie etwas dag**e**gen?	do you have something for it (*illness*)?
dam**i**t	so that
d**a**ss	that (*conj.*)
d**e**nn (R)	for, because
dr**au**ßen	outside
gem**ei**nsam	together; common
her**u**nter	down (*toward the speaker*)
H**i**lfe!	Help!
j**e**denfalls	in any case
m**a**l	(*word used to soften commands*)
komm mal vorb**ei**!	come on over
nachd**e**m (R)	after (*conj.*)
ob (R)	whether
obw**o**hl	although
oder (R)	or
s**ei**t (R)	since, for (*prep.*)
seit mehreren T**a**gen	for several days
s**o**ndern (R)	on the contrary
und (R)	and
w**ä**hrend	during
wahrsch**ei**nlich	probably
w**ei**l (R)	because
w**e**nn (R)	if; whenever

Strukturen und Übungen

11.1 Accusative reflexive pronouns

Reflexive pronouns are generally used to express the fact that someone is doing something to or for himself or herself.

Ich lege das Baby ins Bett.	*I'm putting the baby to bed.*
Ich lege mich ins Bett.	*I'm putting myself to bed (lying down).*

Some verbs are always used with a reflexive pronoun in German, whereas their English counterparts may not be.

Ich habe mich erkältet.	*I caught a cold.*
Warum regst du dich auf?	*Why are you getting excited?*

Here are some common reflexive verbs.

sich ärgern	*to get angry*	sich freuen	*to be happy*
sich aufregen	*to get excited, get upset*	sich (wohl) fühlen	*to feel (well)*
		sich hinlegen	*to lie down*
sich ausruhen	*to rest*	sich verletzen	*to get hurt*
sich erkälten	*to catch a cold*		

In most instances the forms of the reflexive pronoun are the same as those of the personal object pronouns. The only reflexive form that is distinct is **sich**, which corresponds to **er, sie** (*she*), **es, sie** (*they*), and **Sie**[*] (*you*).

Accusative Reflexive Pronouns	
ich → mich	*wir* → uns
du → dich	*ihr* → euch
Sie → sich	*Sie* → sich
er *sie* → sich *es*	*sie* → sich

Ich fühle mich nicht wohl.	*I don't feel well.*
Michael hat sich verletzt.	*Michael hurt himself.*

Verbs with reflexive pronouns use the auxiliary **haben** in the perfect and past perfect tenses.

Heidi hat sich in den Finger geschnitten.	*Heidi cut her finger.*

---

[*]Even when it refers to **Sie,** the polite form of *you,* **sich** is not capitalized.

Minidialoge

Ergänzen Sie das Verb und das Reflexivpronomen.

sich ärgern (geärgert)
sich aufregen (aufgeregt)
sich ausruhen (ausgeruht)
sich erkälten (erkältet)
sich freuen (gefreut)
sich fühlen (gefühlt)
sich legen (gelegt)
sich schneiden (geschnitten)
sich verletzen (verletzt)

1. SILVIA: Ich _____ _____ [a] gar nicht wohl.
   JÜRGEN: Warum denn?
   SILVIA: Ich glaube, ich habe _____ _____.[b]
   JÜRGEN: Du Ärmste! Du musst _____ gleich ins Bett _____.[c]
2. MICHAEL: Du, weißt du, dass Herr Thelen einen Herzinfarkt[1] hatte?
   MARIA: Kein Wunder, er hat _____ auch immer so furchtbar _____.[a]
   MICHAEL: Na, jetzt muss er _____ erst mal ein paar Wochen _____.[b]
3. FRAU RUF: Du blutest ja! Hast du _____ _____[a]?
   HERR RUF: Ja, ich habe _____ in den Finger _____.[b]
4. HEIDI: Warum _____ du _____,[a] Stefan?
   STEFAN: Ich habe in meiner Prüfung ein D bekommen.
   HEIDI: Du solltest _____ _____,[b] dass du kein F bekommen hast.

11.2 Dative reflexive pronouns

When a clause contains another object in addition to the reflexive pronoun, then the reflexive pronoun is in the dative case; the other object, usually a thing or a part of the body, is in the accusative case.

DAT.	ACC.

Ich ziehe mir den Mantel aus.   *I'm taking off my coat.*

Note that the accusative object (the piece of clothing or part of the body) is preceded by the definite article.

Wäschst du dir **die** Haare jeden Tag?   *Do you wash your hair every day?*

Natalie hat sich **den** Arm gebrochen.   *Natalie broke her arm.*

[1]*heart attack*

Only the reflexive pronouns that correspond to **ich** and **du** have different dative and accusative forms.

	SINGULAR		PLURAL		
	Accusative	*Dative*	*Accusative*	*Dative*	
ich	**mich**	**mir**	**uns**		*wir*
du	**dich**	**dir**	**euch**		*ihr*
Sie	**sich**				*Sie*
er/sie/es					*sie*

Reflexive Pronouns

ÜBUNG 2 **Meine Morgentoilette**

In welcher Reihenfolge machen Sie das?

MODELL Erst stehe ich auf. Dann dusche ich mich. Dann...

sich abtrocknen   sich die Fingernägel putzen
sich anziehen   sich das Gesicht waschen
aufstehen   sich die Haare föhnen
sich duschen   sich die Haare kämmen
frühstücken   sich die Haare waschen
sich rasieren   zur Uni gehen
sich schminken   sich die Zähne putzen

ÜBUNG 3 **Körperpflege**

Wer macht das? Sie, Ihre Freundin, Ihr Vater...?

1. sich jeden Morgen rasieren   ich
2. sich zu sehr schminken   meine Freundin
3. sich nicht oft genug die Haare waschen   mein Freund
4. sich nach jeder Mahlzeit die Zähne putzen   mein Vater
5. sich immer verrückt anziehen   meine Mutter
6. sich jeden Tag duschen   meine Schwester
7. sich nie kämmen   meine Oma
8. sich nie die Haare föhnen   mein Onkel
9. sich nicht gern baden   _____?
10. sich immer elegant anziehen

11.3 Word order of accusative and dative objects

When the accusative object and the dative object are both *nouns,* then the dative object precedes the accusative object.

$$\overset{\text{DAT.}\qquad\text{ACC.}}{\text{Ich schenke } \textbf{meiner Mutter einen Ring.}}$$

I'm giving my mother a ring.

When either the accusative object or the dative object is a *pronoun* and the other object is a *noun*, then the pronoun precedes the noun regardless of case.

$$\overset{\text{DAT.}\qquad\text{ACC.}}{\text{Ich schenke } \textbf{ihr einen Ring.}}$$

I'm giving her a ring.

$$\overset{\text{ACC. DAT.}}{\text{Ich schenke } \textbf{ihn meiner Mutter.}}$$

I'm giving it to my mother.

When the accusative object and the dative object are both *pronouns*, then the accusative object precedes the dative object.

$$\overset{\text{ACC. DAT.}}{\text{Ich schenke } \textbf{ihn ihr.}}$$

I'm giving it to her.

Note that English speakers use a similar word order. Remember that German speakers do *not* use a preposition to emphasize the dative object as English speakers often do (*to my mother, to her*).

> The dative object precedes the accusative object, unless the accusative object is a pronoun.

ÜBUNG 4 Im Hotel

Sie sind mit Ihrem Partner / Ihrer Partnerin in einem Hotel. Sie sind gerade aufgestanden und packen Ihre gemeinsame Toilettentasche aus.

MODELL S1: Brauchst du den Lippenstift?
　　　　S2: Ja, kannst du ihn mir geben?
oder　　　 Nein, ich brauche ihn nicht.

1. Brauchst du das Shampoo?
2. Brauchst du den Spiegel?
3. Brauchst du den Rasierapparat?
4. Brauchst du die Seife?
5. Brauchst du das Handtuch?
6. Brauchst du den Föhn?
7. Brauchst du die Kreme?
8. Brauchst du das Rasierwasser?
9. Brauchst du den Kamm?

ÜBUNG 5 Gute Ratschläge!

Geben Sie Ihrem Partner / Ihrer Partnerin Rat.

NÜTZLICHE WÖRTER

einkremen	putzen	waschen
föhnen	schneiden	

MODELL S1: Meine Hände sind schmutzig.
　　　　S2: Warum wäschst du sie dir nicht?

1. Mein Bart ist zu lang.
2. Meine Füße sind schmutzig.
3. Meine Fingernägel sind zu lang.
4. Meine Haut ist ganz trocken.
5. Meine Haare sind nass.

6. Mein Hals ist schmutzig.
7. Meine Nase läuft.
8. Meine Haare sind zu lang.
9. Mein Gesicht ist ganz trocken.
10. Meine Haare sind fettig.

11.4 Indirect questions: *Wissen Sie, wo... ?*

Indirect questions:
- dependent clause begins with a question word or **ob**
- conjugated verb in the dependent clause appears at the end of the clause

Indirect questions are dependent clauses that are commonly preceded by an introductory clause such as **Wissen Sie,...** or **Ich weiß nicht,...** . Recall that the conjugated verb is in last position in a dependent clause.

Wissen Sie, **wo** das Kind gefunden **wurde?**	*Do you know where the child was found?*
Können Sie mir sagen, **wann** die Polizei **ankommt?**	*Can you tell me when the police will arrive?*

The question word of the direct question functions as a subordinating conjunction in an indirect question.

DIRECT QUESTION: **Wie** komme ich zur Apotheke?
INDIRECT QUESTION: Ich weiß nicht, **wie** ich zur Apotheke **komme.**

Use the conjunction **ob** (*whether, if*) when the corresponding direct question does not begin with a question word but with a verb.

DIRECT QUESTION: **Kommt** Michael heute Abend?
INDIRECT QUESTION: Ich weiß nicht, **ob** Michael heute Abend **kommt.**

ÜBUNG 6 Bitte etwas freundlicher!

Verwandeln Sie die folgenden direkten Fragen in etwas höflichere indirekte Fragen. Beginnen Sie mit **Wissen Sie,...** oder **Können Sie mir sagen,...** . Beantworten Sie dann Ihre Fragen.

MODELL Wo war Herr Langen um sieben Uhr fünfzehn? →
FRAGE: Wissen Sie, wo Herr Langen um sieben Uhr fünfzehn war?
oder Können Sie mir sagen, wo Herr Langen um sieben Uhr fünfzehn war?
ANTWORT: Er war wohl zu Hause.

1. Was ist hier passiert?
2. Hat das Kind das Auto gesehen?
3. Wer war daran Schuld?
4. Warum hat Herr Langen das Kind nicht gesehen?
5. Hat Herr Langen gebremst?
6. Wann hat er gebremst?
7. Wie oft fährt Herr Langen diese Straße zur Arbeit?
8. Wie lange lag Lothar auf der Straße?
9. Wann hat die Polizei Lothars Mutter angerufen?

11.5 Word order in dependent and independent clauses (summary review)

To connect thoughts more effectively, two or more clauses may be combined in one sentence. There are essentially two kinds of combinations:

1. Coordination: both clauses are equally important and do not depend on each other structurally.
2. Subordination: one clause depends on the other one; it does not make sense when it stands alone.

COORDINATION

| Heute ist ein kalter Tag und es schneit. | *Today is a cold day, and it is snowing.* |

SUBORDINATION

| Gestern war es wärmer, weil die Sonne schien. | *Yesterday was warmer because the sun was shining.* |

A. Coordination

These are the five most common coordinating conjunctions.

und	*and*
oder	*or*
aber	*but*
sondern	*but, on the contrary*
denn	*because*

In clauses joined with these conjunctions, the conjugated verb is in second position in both statements.

CLAUSE 1	CONJ.	CLAUSE 2
I II		I II
Ich muss noch viel lernen,	denn	ich habe morgen eine Prüfung.

(*I have to study a lot, since I have a test tomorrow.*)

B. Subordination

Clauses joined by subordinating conjunctions follow one of two word order patterns.

1. When the sentence begins with the main clause, that clause has regular word order (verb second in statements) and the dependent clause introduced by the conjunction has dependent word order (verb last).

CLAUSE 1	CONJ.	CLAUSE 2	
I II		I	LAST
Ich muss noch viel lernen,	weil	ich morgen eine Prüfung habe.	

(*I have to study a lot because I have a test tomorrow.*)

Wissen Sie noch?

Dependent clauses may be introduced by subordinating conjunctions, such as **als** (*when, as*), **wenn** (*when, whenever*), and **wann** (*when*); by relative pronouns such as **der, die,** and **das** (*who, whom, that, or which*); or by question words such as **was** (*what*), **wie** (*how*), and **warum** (*why*) in indirect questions. Main verbs in dependent clauses appear at the end of the clause.

Review grammar 3.4, 7.1, 9.1, 9.3, 9.5, and 11.4.

2. When a sentence begins with a dependent clause, the entire dependent clause is considered the first part of the main clause and occupies first position. The verb-second rule applies, then, moving the subject of the main clause after the verb.

CLAUSE 1	CLAUSE 2
I	II SUBJECT
Weil ich morgen eine Prüfung habe,	muss ich noch viel lernen.

(Because I have a test tomorrow, I have to study a lot.)

Here are the most commonly used subordinating conjunctions.

als	*when*
bevor	*before*
bis	*until*
damit	*so that*
dass	*that*
nachdem	*after*
ob	*whether, if*
obwohl	*although*
während	*while*
weil	*because, since*
wenn	*if, when*

ÜBUNG 7 Opa Schmitz ist im Garten

Ergänzen Sie **dass, ob, weil, damit** oder **wenn**.

1. OMA SCHMITZ: Weißt du, _ob_ ᵃ Opa schon den Rasen gemäht hat?
   HELGA: Ich weiß nur, _____ ᵇ er schon seit zwei Stunden im Garten ist.
   OMA SCHMITZ: _weil_ ᶜ Opa schon so lange im Garten ist, liegt er bestimmt in der Sonne.

2. HELGA: Du, Opi, was machst du denn im Gras?
   OPA SCHMITZ: Ich habe mich nur kurz hingelegt, _____ ᵃ mich die Nachbarn nicht sehen.
   HELGA: Aber warum sollen die dich denn nicht sehen?
   OPA SCHMITZ: _____ ᵇ ich mich heute noch nicht rasiert habe.

ÜBUNG 8 Minidialoge

Ergänzen Sie **obwohl, als, nachdem, bevor** oder **während**.

1. HERR THELEN: Was hat denn deine Tochter gesagt, _als_ ᵃ du mit deiner neuen Frisur nach Hause gekommen bist?
   HERR SIEBERT: Zuerst gar nichts. Erst _____ ᵇ sie ein paar Mal um mich herumgegangen war, hat sie angefangen zu lachen und gesagt: „Aber, Papi, erst fast eine Glatze und jetzt so viele Haare. Das sieht aber komisch aus!"

2. FRAU ROWOHLT: Guten Tag, Herr Frisch! Kommen Sie doch bitte erst zu mir, _bevor_ Sie mit Ihrer Arbeit beginnen.

HERR FRISCH: Aber natürlich, Frau Direktorin.

3. JOSEF: Ja, seid ihr denn immer noch nicht fertig? Was habt ihr eigentlich die ganze Zeit gemacht?

MELANIE: _____ du dich stundenlang geduscht hast, haben wir die ganze Wohnung aufgeräumt.

4. MARIA: Aber, Herr Wachtmeister, könnten Sie nicht mal ein Auge zudrücken? Die Ampel war doch schon fast wieder grün.

POLIZIST: Nein, leider nicht, _____ ich es gern tun würde, meine gnädige[1] Frau. Aber Sie wissen ja, Pflicht ist Pflicht.

[1]_dear_

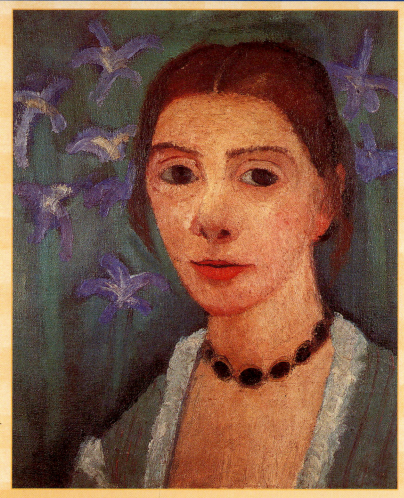

Paula Modersohn-Becker: *Selbstbildnis vor grünem Hintergrund mit blauer Iris* (ca. 1905), Kunsthalle, Bremen

PAULA MODERSOHN-BECKER

Die Malerin Paula Modersohn-Becker (1876-1907) wurde in Dresden geboren. Sie starb nach der Geburt ihrer ersten Tochter. Die Darstellung[1] des „schlichten"[2] Menschen ist ihr zentrales Anliegen,[3] was in vielen Porträts zum Ausdruck kommt.[4] Die Nationalsozialisten diffamierten Ihre Bilder als „entartete[5] Kunst".

[1]representation [2]plain [3]concern [4]zum... is expressed [5]degenerate

Die moderne Gesellschaft

In **Kapitel 12,** you will discuss social relationships and some of the issues that arise in modern multicultural societies. In addition, you will learn to talk about money matters and about German art and literature.

Themen

Familie, Ehe, Partnerschaft
Multikulturelle Gesellschaft
Das liebe Geld
Kunst und Literatur

Kulturelles

Gleichberechtigung im Haushalt und im Beruf
Videoblick: Frauentag
Wie bezahlt man in Europa?
Videoecke: Familie und Freunde

Lektüren

Deutsche Kastanien (Yüksel Pazarkaya)
„Die Stadt" (Theodor Storm)

Strukturen

12.1 The genitive case
12.2 Expressing possibility: **würde, hätte,** and **wäre**
12.3 Causality and purpose: **weil, damit, um... zu**
12.4 Principles of case (summary review)

Situationen

Familie, Ehe, Partnerschaft

■ **Grammatik 12.1–12.2**

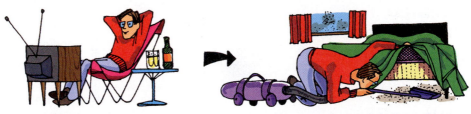

Die gute alte Zeit: der Herr im Haus

Eine Rolle des modernen Mannes

Kinder und Haushalt: eine mögliche Rolle der modernen Frau

Das Leben vieler Frauen: Erfolg im Beruf

Verliebt, verlobt, verheiratet

Er kümmert sich um die Kinder und sie kümmert sich um das Geld.

SITUATION 1 **Wer in der Klasse... ?**

1. ist verheiratet
2. ist verlobt
3. hat einen Sohn oder eine Tochter
4. war noch nie verliebt

5. möchte einen Arzt / eine Ärztin heiraten
6. möchte keine Hausfrau / kein Hausmann sein
7. will mehr als drei Kinder haben
8. wird leicht eifersüchtig
9. findet gemeinsame Hobbys wichtig
10. ist gerade glücklich verliebt

SITUATION 2 Informationsspiel: Der ideale Partner / Die ideale Partnerin

MODELL Wie soll Rolfs ideale Partnerin aussehen?
Was für einen Charakter soll sie haben?
Welchen Beruf soll Heidis idealer Partner haben?
Welche Interessen sollte er haben?
Wie alt sollte er sein?
Welche Konfession sollte er haben?
Welcher Nationalität sollte Rolfs Partnerin angehören?
Welche politische Einstellung sollte sie haben?

	Rolf	Heidi	mein(e) Partner(in)
Aussehen		klein und dick	
Charakter		fleißig und geduldig	
Beruf	egal		
Interessen	Kunst und Kultur		
Alter	so alt wie er		
Konfession	egal		
Nationalität		egal	
politische Einstellung		liberal	

SITUATION 3 Interview

1. Willst du heiraten? (Bist du verheiratet?)
2. Wie sollte dein Partner / deine Partnerin sein? Welche Eigenschaften findest du an deinem Partner / deiner Partnerin wichtig?
3. Sind Aussehen und Beruf wichtig für dich? Was ist sonst noch wichtig?
4. Willst du Kinder haben? Wie viele? (Hast du Kinder? Wie viele?)
5. Würdest du zu Hause bleiben, wenn du Kinder hättest?
6. Was hältst du von einem Ehevertrag vor der Ehe?
7. Was würdest du tun, wenn du dich mit deinem Partner / mit deiner Partnerin nicht mehr verstehst?
8. Was wäre für dich ein Grund zur Scheidung?
9. Sollte sich vor allem die Mutter um die Kinder kümmern? Warum (nicht)?
10. Welche Eigenschaften hat ein guter Vater?

Kultur... Landeskunde... Informationen

Gleichberechtigung im Haushalt und im Beruf

„Es gibt zirka 2000 Berufe für Mädchen nicht ganz so viele also was willst du werden Friseuse oder Verkäuferin?"

Charlotte Rauner

Haben sich Ihr Vater (V), Ihre Mutter (M) oder beide zusammen (b) um die folgenden Aufgaben im Alltag[1] gekümmert?

Küß mich, ich bin eine verzauberte Geschirrspülmaschine!

Cartoons für Frauen und für emanzipierte Männer

_____	Auto warten[2]	_____	putzen
_____	einkaufen	_____	Rasen mähen
_____	Geschirr spülen	_____	Rechnungen bezahlen
_____	Kinder betreuen[3]	_____	Reparaturen im Haus
_____	kochen	_____	waschen

Berufstätige Frauen arbeiten doppelt—am Arbeitsplatz und zu Hause, denn Hausarbeit ist immer noch meistens Frauensache.[4] Zwar[5] wollen 27% der Männer ihren Frauen grundsätzlich[6] helfen, aber Sache der Frauen ist es: zu waschen (90%), zu kochen (88%), zu putzen (80%), einzukaufen (75%) und zu spülen (71%).

Am Anfang des Zusammenlebens sind viele Männer noch bereit, ihrer Partnerin im Haushalt zu helfen. Doch nach der Geburt des ersten Kindes ziehen sich viele fast vollständig[7] von der Hausarbeit zurück.[8] Ebenso gibt es immer noch traditionelle Männeraufgaben: Reparaturen (80%) und das Auto (66%).

Die alte Rollenverteilung setzt sich im Berufsleben fort. Fast die Hälfte aller Frauen und Männer arbeiten in geschlechtertypischen[9] Berufen, in denen die Männer beziehungsweise die Frauen jeweils mit bis zu 80% aller Beschäftigten dominieren. Auch die Forderung: *gleicher Lohn*[10] *für gleiche Arbeit* ist immer noch eine Utopie. Frauen verdienen durchschnittlich ein Drittel weniger als ihre männlichen Kollegen und sind zu einem großen Teil in unteren Lohngruppen[11] oder in Wirtschaftsbereichen[12] mit geringeren Verdienstmöglichkeiten[13] beschäftigt. In der Wirtschaft oder Verwaltung sind Frauen in Führungspositionen[14] eher selten. Außerdem sind sie von Arbeitslosigkeit stärker betroffen[15] als Männer.

- Vergleichen Sie die Angaben im Text mit Ihren eigenen Erfahrungen. Hat Ihre Familie eine ähnliche Arbeitsteilung? Wo gibt es Unterschiede?
- Machen Sie eine Umfrage im Kurs und vergleichen Sie die Prozentzahlen.
- Arbeiten beide Eltern oder nur ein Elternteil? Wer verdient mehr, Ihr Vater oder Ihre Mutter?
- Gibt es bei Ihnen geschlechtertypische Berufe? Welche? Welche Gründe sprechen dafür, dass mehr Frauen oder Männer in diesen Berufen arbeiten?
- In welchen Berufen kann man mehr verdienen und Karriere machen: in den typischen Männerberufen oder in den Frauenberufen?

[1]im... *day-to-day* [2]*do maintenance on* [3]*take care of* [4]*a woman's job* [5]*To be sure* [6]*in principle*
[7]*completely* [8]ziehen sich... zurück *withdraw* [9]*gender-based* [10]*wages, salary* [11]*wage groups*
[12]*economic sectors* [13]*earning potential* [14]*leadership positions* [15]stärker... *hit more strongly*

Videoblick

Frauentag

Was ist ein Frauentag? Woran erinnert er[3] oder was wird gefeiert[4]? Der Ausschnitt aus **Blickkontakte** gibt Antwort auf diese und die folgenden Fragen.

- Wogegen protestieren Frauen in Deutschland?
- Wer macht in Deutschland mehr im Haushalt?
- Wie denken viele Männer in Deutschland über die Kindererziehung?
- Warum kommen Männer oft weiter im Beruf als Frauen?

Uns reicht's.[1] Jetzt schlägt's dreizehn.[2]

[1]Uns... *We've had enough.*   [2]Jetzt... *That's going too far.*   [3]Woran... *What does it commemorate*   [4]*celebrated*

Multikulturelle Gesellschaft

- **Grammatik 12.3**

Deutschland braucht ausländische Arbeitskräfte vor allem im EDV-Bereich.

Antragsformulare und Behörden: Visum, Aufenthaltserlaubnis, Arbeitserlaubnis

In Deutschland arbeiten mehr als zwei Millionen Ausländer- innen und Ausländer.

Die Integration von ausländischen Mitbürgern muss schon im Kindesalter beginnen.

Ausländische Mitbürger bringen ihre Kultur und Traditionen mit.

Ausländisches Essen ist in Deutschland sehr beliebt.

SITUATION 4 | Definitionen

1. die Personalien	a. die braucht man, damit man in Deutschland wohnen darf
2. die Behörde	b. biographische Angaben zur Person
3. das Antragsformular	c. das muss man ausfüllen, um zum Beispiel eine Arbeitserlaubnis zu bekommen
4. sich anmelden	d. staatliche Stelle, wo Beamte arbeiten
5. die Aufenthaltserlaubnis	e. dahin muss jeder Einwohner einer Stadt gehen, um seine Adresse registrieren zu lassen
6. das Visum	f. die braucht man, damit man arbeiten kann
7. die Arbeitserlaubnis	g. das braucht man in vielen Ländern, damit man legal einreisen darf
8. die Heimat	h. das macht man auf dem Einwohnermeldeamt, damit die Behörden die Adressen der Bürger wissen
9. das Einwohnermeldeamt	i. das ist der Ort oder das Land, aus dem man kommt

SITUATION 5 | Interview

1. Weißt du, wann deine Vorfahren eingewandert sind? Woher kamen sie? Welche Sprache haben sie gesprochen? Warum haben sie ihre Heimat verlassen?
2. Spricht man in deiner Familie mehr als eine Sprache? Welche? Welche Vorteile oder Nachteile hat das für dich?
3. Kennst du Einwanderer? Woher kommen sie? Sprechen sie Englisch? Warum sind sie eingewandert?
4. Weißt du, welche Formalitäten man erfüllen muss, um legal hier wohnen und arbeiten zu dürfen?
5. Welche Probleme können Einwanderer haben? Wie kann man diese Probleme lösen? (4–5 Probleme und Lösungsvorschläge bitte)

SITUATION 6 | Diskussion: Leben in einer fremden Kultur

Was ist an der Situation von Ausländern ein Problem? Was ist für die Integration von Ausländern wichtig? Arbeiten Sie in kleinen Gruppen. Schreiben Sie in jede Spalte fünf Dinge, die Sie für wichtig halten. Ordnen Sie die Dinge: das Wichtigste zuerst. Einige Ideen finden Sie im Wortkasten unter der Tabelle.

Probleme von Ausländern	für die Integration wichtig

Geld verdienen

eine gute Schulbildung bekommen   eine Wohnung finden   Heimweh haben

Sport gemeinsam treiben   Feste gemeinsam feiern

Freunde finden

ein Kulturzentrum gründen

die Sprache lernen   sich über die Kultur des Anderen informieren

seine Religion ausüben   einen Arbeitsplatz finden

_____?

SITUATION 7   Diskussion: Rechtsextremismus

1. Gibt es Rechtsextremisten in Ihrem Land? Wo? Was für Ziele haben sie? Was machen sie?

2. Kennen Sie Rechtsextremisten? Wie denken sie? Was halten Sie davon?

3. Was ist, Ihrer Meinung nach, ein typischer Rechtsextremist?

☐ Frau   ☐ Mann
☐ jung   ☐ alt
☐ schlecht ausgebildet   ☐ gut ausgebildet
☐ arm   ☐ reich
☐ sympathisches Äußeres   ☐ unsympathisches Äußeres
☐ arbeitslos   ☐ mit gutem Arbeitsplatz
☐ Einzelgänger   ☐ nur in der Gruppe stark

4. Darf man Gewalt anwenden, wenn man seine Ziele anders nicht erreichen kann?

5. Welche Ziele haben Rechtsextremisten?

6. Wodurch fallen Rechtsextreme auf?

7. Was kann man gegen Rechtsextremismus tun?

Lektüre

Vor dem Lesen

1. Welche Gründe haben Menschen, ihr Heimatland zu verlassen?
2. Was für Probleme haben Fremde in Ihrem Land?
3. Was wissen Sie über ausländische Arbeitnehmer oder „Gastarbeiter" in der Bundesrepublik? Welche Probleme könnten sie haben?
4. Der Schriftsteller hat die folgende Kurzgeschichte in zwei Sprachen geschrieben, auf Deutsch und auf Türkisch. Warum?

Deutsche Kastanien

von Yüksel Pazarkaya

TEIL I

Miniwörterbuch

anfassen	to touch
jemandem Angst einjagen	to scare someone
sich aufrichten	to get back up
sich bücken	to bend over
erstarren	to stand paralyzed
das Fangen	tag (*children's game*)
fassen	to grab
fortrennen, rannten... fort	to run away
sich halten für	to consider oneself
herausfordernd	challenging
hinzufügen	to add
das Innere	inside
die Kastanie, -n	chestnut
die Mengenlehre	set theory
die Murmel, -n	marble
sich nähern	to approach
die Rechenart, -en	arithmetical operation
schießen, schoss	to shoot
schweigen	to become silent
sich sträuben	to stand on end
verdutzt	taken aback
verstummt	speechless
weshalb	why
wieso	why
zerbrechen, zerbrach	to break to pieces
sich etwas zuschulden kommen lassen	to do something wrong
zuwenden, zugewandt	to turn toward
zwar	to be sure

LESEHILFE

This story consists of two parts: first, an incident taking place in the school yard, followed by the recollection of an earlier incident in a park; second, a discussion between a boy and his parents that ensues from the earlier incidents. Note also that this piece was written before the German spelling reform of 1998; therefore, you will find some words spelled differently from the way you have learned them.

412 KAPITEL 12 *Die moderne Gesellschaft*

Du bist kein Deutscher!" sagte Stefan zu Ender in der Pause auf dem Schulhof. Weshalb nur wollte er heute mit Ender nicht Fangen spielen? Um eben einen Grund dafür zu nennen, sagte er einfach: „Du bist doch kein Deutscher." Ender war verdutzt und betroffen. Stefan war sein liebster
5 Klassenkamerad, sein bester Spielfreund.

„Wieso?" konnte er nur fragen.

Stefan verstand ihn nicht. Was heißt da „wieso"? Oder hält sich Ender wohl für einen Deutschen? „Du bist eben kein Deutscher", sagte er. „Du bist kein Deutscher wie ich." Enders schöne dunkle Augen wurden traurig. Sein Inne-
10 res sträubte sich, als hätte er sich etwas zuschulden kommen lassen. In seinem Herzen zerbrach etwas. Er schwieg. Er ließ den Kopf hängen. Er ging weg. An diesem Tag sprach er mit Stefan kein Wort mehr. Dem Unterricht konnte er nicht folgen. Dem Lehrer konnte er nicht zuhören. Sein Kopf wurde immer schwerer.

15 Auch im letzten Herbst war es ihm einmal so ergangen. In dem Wohnviertel gibt es einen hübschen kleinen Park, voll Blumen und Bäume. Im Herbst ist er am schönsten. Dann ziehen die Kastanien alle Kinder in der Umgebung an. Die Kinder werfen die Kastanien mit Steinen herunter. Wer viel sammelt, verkauft sie an den Zoo als Futter für die Elefanten und Kamele. Andere brin-
20 gen sie in die Schule mit. Man kann sie nämlich im Mathematikunterricht brauchen. Und die kleinen, die noch nicht zur Schule gehen, spielen mit den Kastanien wie mit Murmeln.

Der Lehrer sagte: „Jedes Kind bringt zehn Stück mit." Sie sind 34 Kinder in der Klasse. Wenn jedes Kind zehn Kastanien mitbringt, macht es genau 340 Stück.
25 Und damit lassen sich ganz gut Mengenlehre und die vier Rechenarten üben.

Am Nachmittag ging Ender in den Park. Zwei Kinder warfen mit Steinen nach den Kastanien. Sie waren zwar keine Freunde von ihm, aber er kannte sie. Er sah sie öfters in diesem Wohnviertel.

Ender näherte sich ihnen. Er bückte sich nach einer Kastanie, die auf dem
30 Boden lag. Eines von den beiden Kindern sagte zu ihm: „Finger weg!"—„Ich will auch Kastanien sammeln", sagte Ender. Das zweite Kind rief: „Du darfst sie nicht sammeln, das sind deutsche Kastanien." Ender verstand nichts. Das erste Kind fügte hinzu: „Du bist kein Deutscher." Dann sagte das andere: „Du bist Ausländer." Sie stellten sich herausfordernd vor Ender hin. Er verharrte
35 gebückt und mit ausgestreckter Hand. Wenn er sich noch ein bißchen bückte, könnte er die Kastanie fassen. Doch er konnte sie nicht erreichen. Den Kopf nach oben, den Kindern zugewandt, erstarrte er eine Weile in gebückter Haltung. Dann richtete er sich auf. Natürlich ohne Kastanie. Verstummt. Er wollte zwar sagen: „Der Park gehört allen, jeder kann Kastanien sammeln", doch er
40 brachte kein Wort heraus. Dafür waren die anderen um so lauter: „Du bist Ausländer. Das sind deutsche Kastanien. Wenn du sie anfaßt, kannst du was erleben", wollten sie ihm Angst einjagen.

Ender war völlig durcheinander. „Soll ich mit denen kämpfen?" schoß es ihm durch den Kopf. Dann sah er mal den einen, mal den anderen an. „Ge-
45 gen zwei zu kämpfen ist unklug", dachte er. Er rannte fort, ohne die beiden noch einmal anzusehen.

Miniwörterbuch

ablenken	to get off the subject
annehmen, nahm...an	to accept
sich ärgern	to get angry
jemanden auf den Arm nehmen	to tease someone
darauf eingehen, ging darauf ein	to get into something
entschlossen	determined
ersticken	to suffocate
hartnäckig	obstinate
herumschwirren	to buzz around
hoppla	oops, oh boy
im Grunde	in principle
einen Jux machen	to be joking
der **Kummer**	trouble
nützen	to do some good
quälen	to torment
der **Ranzen**	school bag
schleudern	to hurl
das **Staunen**	amazement
die **Türschwelle**	threshold
das **Überlegen**	consideration
der **Unterschied**	difference, distinction
zuschnüren	to constrict

Als er an jenem Tag nach Hause kam, stellte Ender seiner Mutter einige Fragen. Aber seine Mutter ging nicht darauf ein. Sie lenkte ab.

50 Nun war Ender entschlossen, nach dem, was heute zwischen Stefan und ihm passiert war, die Frage endlich zu lösen, die den ganzen Tag wieder in seinem Kopf herumschwirrte. Sobald er den Fuß über die Türschwelle setzte, schleuderte er der Mutter seine Frage ins Gesicht: „Mutti, was bin ich?"

Das war eine unerwartete Frage für seine Mutter. Ebenso unerwartet war ihre Antwort: „Du bist Ender."

55 „Ich weiß, ich heiße Ender. Das habe ich nicht gefragt. Aber was bin ich?" blieb Ender hartnäckig.

„Komm erstmal herein. Nimm deinen Ranzen ab, zieh die Schuhe aus", sagte seine Mutter.

„Gut", sagte Ender. „Aber sag du mir auch, was ich bin."

60 Daraufhin dachte Enders Mutter, daß er mit ihr einen Jux machte oder ihr vielleicht ein Rätsel aufgab. „Du bist ein Schüler", sagte sie.

Ender ärgerte sich. „Du nimmst mich auf den Arm", sagte er. „Ich frage dich, was ich bin. Bin ich nun Deutscher oder Türke, was bin ich?"

Hoppla! Solche Fragen gefielen Enders Mutter gar nicht. Denn die Antwort 65 darauf fiel ihr schwer. Was sollte sie da sagen? Im Grunde war das keine schwere Frage. Sie kannte auch die genaue Antwort auf diese Frage. Aber würde Ender sie auch verstehen können? Würde er sie akzeptieren, akzeptieren können? Wenn er sie auch annahm, würde ihm das überhaupt nützen?

Seine Mutter und sein Vater sind Türken. In der Türkei sind sie geboren, aufgewachsen und in die Schule gegangen. Nach Deutschland sind sie nur gekommen, um zu arbeiten und Geld verdienen zu können. Sie können auch gar nicht gut Deutsch. Wenn sie Deutsch sprechen, muß Ender lachen. Denn sie sprechen oft falsch. Sie können nicht alles richtig sagen.

Bei Ender ist es aber ganz anders. Er ist in Deutschland geboren. Hier ist er in den Kindergarten gegangen. Jetzt geht er in die erste Klasse, in eine deutsche Schule. Deutsche Kinder sind seine Freunde. In seiner Klasse sind auch einige ausländische Kinder. Ender macht aber zwischen ihnen keinen Unterschied, er kann keinen machen, dieser Deutscher, dieser nicht oder so, denn außer einem sprechen sie alle sehr gut Deutsch. Da gibt es nur einen, Alfonso. Alfonso tut Ender etwas leid. Alfonso kann nicht so gut Deutsch sprechen wie die anderen Kinder. Ender denkt, daß Alfonso noch gar nicht sprechen gelernt hat. Die kleinen Kinder können doch auch nicht sprechen: so wie ein großes Baby kommt ihm Alfonso vor.

Ender spricht auch Türkisch, aber nicht so gut wie Deutsch. Wenn er Türkisch spricht, mischt er oft deutsche Wörter hinein. Wie eine Muttersprache hat er Deutsch gelernt. Nicht anders als die deutschen Kinder. Manchmal hat er das Gefühl, daß zwischen ihnen doch ein Unterschied ist, weil deutsche Kinder nicht Türkisch können. Doch wenn in der Klasse der Unterricht oder auf dem Schulhof das Spielen beginnt, vergeht dieses Gefühl wieder ganz schnell. Gerade wenn er mit Stefan spielt, ist es unmöglich, daß ihm ein solches Gefühl kommt.

Deshalb war sein Staunen so groß über die Worte Stefans. Und wenn Stefan nie wieder mit ihm spielte? Dann wird er sehr allein sein. Er wird sich langweilen.

Am Abend kam Enders Vater von der Arbeit nach Hause. Noch bevor die Tür sich richtig öffnete, fragte Ender: „Vati, bin ich Türke oder Deutscher?"

Sein Vater war sprachlos.

„Warum fragst du?" sagte er nach kurzem Überlegen.

„Ich möchte es wissen", sagte Ender entschlossen.

„Was würdest du lieber sein, ein Türke oder ein Deutscher?" fragte sein Vater.

„Was ist besser?" gab Ender die Frage wieder zurück.

„Beides ist gut, mein Sohn", sagte sein Vater.

„Warum hat dann Stefan heute nicht mit mir gespielt?"

So kam Ender mit seinem Kummer heraus, der ihn den ganzen Tag gequält hatte.

„Warum hat er nicht mit dir gespielt?" fragte sein Vater.

„,Du bist kein Deutscher!` hat er gesagt. Was bin ich, Vati?`"

„Du bist Türke, mein Sohn, aber du bist in Deutschland geboren", sagte darauf sein Vater hilflos.

„Aber die Namen der deutschen Kinder sind anders als mein Name."

Sein Vater begann zu stottern.

„Dein Name ist ein türkischer Name", sagte er. „Ist Ender kein schöner Name?"

115   Ender mochte seinen Namen. „Doch! Aber er ist nicht so wie die Namen anderer Kinder", sagte er.

„Macht nichts, Hauptsache, es ist ein schöner Name!" sagte sein Vater.

„Aber Stefan spielt nicht mehr mit mir."

Enders Vater schnürte es den Hals zu. Ihm war, als ob er ersticken müßte.

120 „Sei nicht traurig", sagte er nach längerem Schweigen zu Ender. „Ich werde morgen mit Stefan sprechen. Er wird wieder mit dir spielen. Er hat sicher Spaß gemacht."

Ender schwieg.

Arbeit mit dem Text

A. Deutsche oder Ausländer? Ordnen Sie die Personen in der Geschichte den zwei Kategorien zu.

B. Wer sagt das im Text?

Ender	Enders Mutter	Stefan
Enders Vater	Enders Lehrer	Kinder im Park

1. „Du bist kein Deutscher wie ich."   _____
2. „Jedes Kind bringt zehn Stück mit."   _____
3. „Ich will auch Kastanien sammeln."   _____
4. „Das sind deutsche Kastanien."   _____
5. „Du bist Ausländer."   _____
6. „Du bist Ender."   _____
7. „Du bist ein Schüler."   _____
8. „Bin ich nun Deutscher oder Türke, was bin ich?"   _____
9. „Was würdest du lieber sein, ein Türke oder ein Deutscher?"   _____
10. „Dein Name ist ein türkischer Name."   _____

C. Kombinieren Sie die Satzteile

1. Stefan sagte, dass er nicht mit Ender spielen wollte,	aber er kannte sie.
2. Ender ging weg,	damit er wieder mit Ender spielt.
3. Alle Kinder sammeln im Herbst Kastanien,	denn man kann sie gut gebrauchen.
4. Die Kinder im Park waren keine Freunde von Ender,	denn sie wusste keine Antwort.
5. Ender sammelte keine Kastanien,	mischt er oft deutsche Wörter hinein.
6. Als Ender nach Hause kam,	nachdem er mit den Kindern gesprochen hatte.
7. Die Fragen gefielen der Mutter nicht,	stellte er seiner Mutter Fragen.
8. Wenn Ender Türkisch spricht,	weil er kein Deutscher war.
9. Deutsche Kinder sind anders,	weil er traurig war.
10. Der Vater will mit Stefan sprechen,	weil sie kein Türkisch können.

Nach dem Lesen

Wie geht es weiter? Spricht Enders Vater mit Stefan? Spricht er mit Stefans Vater? Bleiben Ender und Stefan Freunde? Welche Identität entwickelt Ender? Schreiben Sie eine Fortsetzung der Geschichte. Suchen Sie sich eine der folgenden Möglichkeiten aus oder erfinden Sie etwas Eigenes.

- der nächste Tag: Enders Vater spricht mit Stefans Vater
- Enders neuer Freund
- fünf Jahre später: Ender spricht über seine Identität
- Enders Kinder: Ender erzählt seinen Kindern eine Geschichte

Das liebe Geld

- **Grammatik 12.4**

—Ich möchte gern ein Konto eröffnen.
—Ein Spar- oder ein Girokonto?

Für diesen Geldautomaten braucht man eine Euroscheckkarte.

Wenn man Geld auf einem Sparkonto hat, bekommt man Zinsen.

Wenn man Schulden hat, muss man Zinsen zahlen.

Wenn man Geld überweisen möchte, kann man das auch per Internet tun.

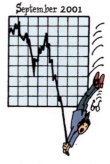

Der Börsenkrach vom September 2001 war einer der schlimmsten in der Geschichte.

SITUATION 8   Wer weiß, gewinnt: Geld

1. der Ort, an dem mit Aktien gehandelt wird
2. die Karte, mit der man bargeldlos bezahlen kann
3. die zahlt man, wenn man seine Kreditkarte nicht abzahlen kann
4. der Kurs, zu dem man ausländische Währung kaufen oder verkaufen kann
5. Automat, aus dem man Bargeld holen kann
6. die Münzen und Geldscheine einer Währung
7. das offizielle Zahlungsmittel eines Landes
8. das macht man, wenn man Rechnungen bargeldlos bezahlt
9. das Konto für den täglichen Gebrauch
10. das macht man, wenn man bei einer Bank neu ist

a. das Bargeld
b. das Girokonto
c. der Geldautomat
d. der Wechselkurs
e. die Börse
f. die Kreditkarte
g. die Währung
h. die Zinsen
i. ein Konto eröffnen
j. Geld überweisen

SITUATION 9   Dialog: Auf der Bank

PETER: Guten Tag, ich möchte ein Konto _____.
BANKANGESTELLTE: Ein Spar- oder ein Girokonto?
PETER: Ein Girokonto.
BANKANGESTELLTE: Würden Sie dann bitte dieses Formular ausfüllen?
PETER: Bekomme ich bei dem _____ auch eine EC-Karte?
BANKANGESTELLTE: Die müssen Sie extra beantragen, aber das ist kein Problem, wenn regelmäßig auf das Konto _____ wird.
PETER: Ich bekomme ein Stipendium. Das soll auf dieses Konto überwiesen werden.
BANKANGESTELLTE: Gut. Die EC-Karte und Ihre _____ bekommen Sie mit der Post.
PETER: Bekomme ich auf mein Guthaben auch _____?
BANKANGESTELLTE: Nein, Zinsen gibt es nur auf Sparkonten.
PETER: Habe ich bei dem _____ einen Überziehungskredit?
BANKANGESTELLTE: Ja, die Höhe richtet sich nach Ihrem Einkommen.
PETER: Kann ich meine _____ auch übers Internet ausführen?
BANKANGESTELLTE: Natürlich. Meine Kollegin, Frau Schröder, hilft Ihnen da weiter.
PETER: Vielen Dank. Auf Wiedersehen.
BANKANGESTELLTE: Auf Wiedersehen.

Wie bezahlt man in Europa?

Wie ist es bei Ihnen?

- ■ Wie bezahlen Sie meistens, wenn Sie im Supermarkt einkaufen?
- ■ Wie bezahlen Sie, wenn Sie Ihre Miete bezahlen?
- ■ Wie bezahlen Sie Ihre Telefonrechnung?
- ■ Wie bezahlen Sie, wenn Sie ein Kleidungsstück oder etwas Größeres wie ein Fahrrad, ein Auto oder einen Computer kaufen?
- ■ Wie werden Sie bei Ihrem Job bezahlt, z.B. in Bargeld, mit Scheck oder Überweisung?
- ■ In welcher Form bekommen Sie Geld von Ihren Eltern oder finanzielle Unterstützung für Ihr Studium?

Wie ist es in Europa? Lesen Sie den Text und beantworten Sie die Fragen.

1. Wie heißt die Karte, die in Deutschland am häufigsten zum Einkaufen benutzt wird?
2. Was muss man für diese Karte bei der Bank haben?
3. Wie heißt die „elektronische Geldbörse", die man in Österreich benutzt?
4. Wie wird in Österreich immer noch am häufigsten bezahlt?
5. Wie bezahlt man normalerweise in Deutschland Miete und Rechnungen?
6. Was ist ein Dauerauftrag?
7. Wieviel Prozent der Deutschen nehmen am Internet-Banking teil?

Auch in vielen Ländern Europas bezahlt man inzwischen nicht mehr so häufig mit Bargeld wie noch vor einigen Jahren. Für bargeldlose[1] Transaktionen wird in Deutschland die EC-Karte am häufigsten benutzt. Man kann mit ihr im Supermarkt, beim Tanken und in den meisten Einzelhandelsgeschäften[2] bezahlen und Geld aus dem Geldautomaten bekommen. Für eine EC-Karte braucht man ein Konto bei einer Bank, das—anders als bei Kreditkarten—bei jeder Transaktion sofort belastet[3] wird. Manchmal muss man allerdings beim Einkauf außerdem noch seinen Personalausweis zeigen.

In Österreich ist die Quickcard eine beliebte Alternative zum Bargeld. Sie funktioniert wie eine elektronische Geldbörse.[4] Man muss sie „aufladen[5]" und kann dann z.B. an Parkautomaten, in Geschäften und an Tankstellen auch kleine Beträge[6] bezahlen. Die dominierende Zahlungsform in Österreich ist aber immer noch die Bargeldtransaktion. Die beliebteste Kreditkarte in Deutschland ist die Eurocard, die zu der Organisation von Mastercard (USA) gehört. Danach kommt die Visakarte.

Rechnungen für Telefon, Nebenkosten oder Miete bezahlt man bargeldlos mit Überweisungen vom Girokonto oder Bankeinzug[7] (der Betrag wird automatisch von der Bank des Empfängers[8] eingezogen). Damit man die monatlichen Zahlungen nicht vergisst, kann man sie per Dauerauftrag[9] überweisen lassen. Das heißt, man gibt seiner Bank einmal den Auftrag[10] und zu einem bestimmten Termin wird der Betrag automatisch überwiesen. Immer beliebter wird auch das Internet-Banking, das inzwischen von ungefähr 20% der Deutschen genutzt wird, vor allem für Überweisungen und Daueraufträge oder zum Überprüfen des Kontostandes.

[1]cash-free [2]retail shops [3]debited [4]wallet [5]charge, recharge [6]amounts [7]automatic withdrawal, i.e. electronic funds transfer [8]payee [9]standing order, i.e. recurring bill-pay [10]order

SITUATION 10 Interview

1. Hast du ein Konto bei der Bank? Welche Konten hast du?
2. Hast du eine Kreditkarte? Wie viel kannst du damit ausgeben? Wie viel Zinsen musst du bezahlen?
3. Wie viel sparst du im Monat? Worauf sparst du? Wenn du jetzt nicht sparen kannst: Worauf würdest du sparen, wenn du Geld hättest?
4. Womit zahlst du öfter: mit Schecks, mit Kreditkarte oder mit Bargeld?
5. Wie viel Geld hast du im Monat? Wie viel Geld gibst du aus? Wofür gibst du das meiste Geld aus?
6. Hast du schon einmal einen Kredit aufgenommen? Wie hast du das gemacht?

SITUATION 11 Rollenspiel: Auf der Bank

s1: Sie haben ein Stipendium für ein Jahr an der Universität Leipzig. Sie wollen bei der Deutschen Bank ein Konto eröffnen. Fragen Sie auch nach den Zinsen, nach Onlinezugang und EC-Karte und ob Sie Ihr Konto überziehen dürfen.

Kunst und Literatur

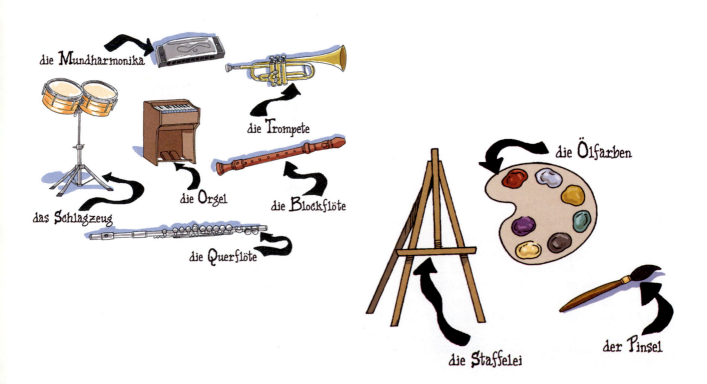

die Mundharmonika

die Trompete

das Schlagzeug

die Orgel

die Blockflöte

die Querflöte

die Ölfarben

die Staffelei

der Pinsel

der Meißel

der Stein

der Hammer

der Brennofen

die Figur aus Ton

die Töpferscheibe

SITUATION 12 Wer weiß, gewinnt: Kunst und Literatur

1. Welches Instrument gehört normalerweise nicht in ein Symphonieorchester?
2. Was braucht ein Bildhauer für seine Kunst?
3. Was war Theodor Storm von Beruf?
4. Von wem sind die Brandenburgischen Konzerte?
5. Was war Marlene Dietrich von Beruf?
6. Was brauchte Paul Klee für seine Kunst?
7. Wer schrieb die Tragödie „Faust"?
8. Welches Instrument spielt die Musikerin Anne-Sophie Mutter?

a. die Blockflöte
b. Geige
c. Stein, Hammer und Meißel
d. Staffelei, Pinsel und Farben
e. Schriftsteller/in
f. Schauspieler/in
g. Johann Sebastian Bach
h. Johann Wolfgang von Goethe

SITUATION 13 Interview

1. Hörst du gern Musik? Was für Musik? Hast du einen Lieblingskomponisten oder eine Lieblingskomponistin?
2. Spielst du ein Instrument oder singst du?

3. Liest du gern? Was liest du gern: Romane, Gedichte, Dramen, Comics? Welche Schriftsteller magst du besonders gern? Hast du etwas von deutschen Schriftstellern gelesen?
4. Hast du schon mal etwas geschrieben? Was?
5. Welche Maler, Bildhauer oder Grafiker magst du am liebsten?
6. Malst oder zeichnest du? Welche Motive magst du am liebsten? (Berge? das Meer? eine Blumenvase?) Arbeitest du mit anderen Materialien wie Holz, Ton oder Stein?
7. Gehst du gern ins Theater? Welche Stücke gefallen dir besonders gut?
8. Hast du schon mal Theater gespielt? Welche Rollen hast du gespielt? Wie war das?

SITUATION 14 Faust: Die einfache Version

Eins der bekanntesten Werke der deutschen Literatur ist die Tragödie „Faust" von Goethe. Was in „Faust" geschieht, finden Sie in den folgenden Sätzen. Bringen Sie die Sätze in die richtige Reihenfolge.

TEIL 1

_____ Als Faust an einem Osternachmittag spazieren geht, sieht er einen schwarzen Pudel, der ihm nach Hause folgt.

_____ Nach ihrer Unterhaltung gehen Mephisto und Faust in eine Hexenküche. Dort zeigt ihm Mephisto einen magischen Spiegel.

_1_ Faust ist ein berühmter Wissenschaftler, der sehr unzufrieden ist, weil er nicht alles weiß.

_____ Faust spricht lange mit Mephisto und verspricht ihm seine Seele für einen Augenblick vollkommenen Glücks.

_____ In Fausts Studierzimmer verwandelt sich der Pudel in Mephisto.

_____ Im Spiegel sieht Faust eine wunderschöne Frau.

_____ Kurz danach lernt Faust Gretchen kennen und verliebt sich in sie.

TEIL 2

_____ Aber Gretchen will nicht vom Teufel gerettet werden und bittet Gott um Vergebung.

_____ Als Gretchen stirbt, hört man eine Stimme von oben, die sagt: „Sie ist gerettet."

_____ Als Gretchen vom Tod ihres Bruders hört, wird sie wahnsinnig, und als ihr Kind geboren wird, tötet sie es.

_____ Auf dem Brocken hat Faust eine Vision von Gretchen, und er und Mephisto eilen ins Gefängnis, um sie zu retten.

_____ Faust und Valentin kämpfen. Faust tötet Valentin und verlässt die Stadt.

_____ Gretchen wird ins Gefängnis geworfen und zum Tode verurteilt.

_1_ Gretchen wird schwanger. Valentin, ihr Bruder, will deshalb Faust töten.

_____ Während Gretchen im Gefängnis sitzt, steigen Faust und Mephisto in der Walpurgisnacht auf den Brocken und feiern mit den Hexen.

SITUATION 15 Rollenspiel: An der Kinokasse

S1: Sie wollen mit vier Freunden in die „Rocky Horror Picture Show". Das Kino ist schon ziemlich ausverkauft. Sie wollen aber unbedingt mit ihren Freunden zusammensitzen und Reis werfen. Fragen Sie, wann, zu welchem Preis und wo noch fünf Plätze übrig sind.

Lektüre

Vor dem Lesen

Was assoziieren Sie mit den Jahreszeiten Frühling und Herbst? Schreiben Sie Gefühle, Farben, Geräusche, Gerüche, Tätigkeiten und Erinnerungen auf.

LESEHILFE

A short text like a poem usually requires intensive reading. Every single word is carefully chosen to convey the meaning and feelings one desires to express. One of Storm's most famous poems describes his hometown, Husum.

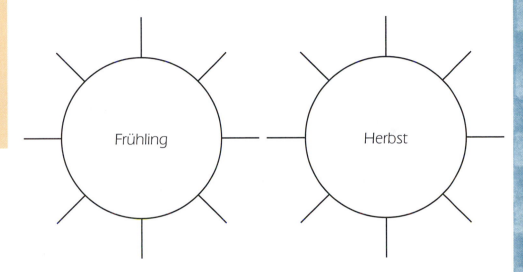

Frühling

Herbst

Miniwörterbuch

brausen	to rage
eintönig	monotonously
für und für	forever
ohne Unterlass	incessantly
rauschen	to rustle
seitab	off to the side
wehen	to blow
der **Zauber**	charm

Die Stadt

Theodor Storm

Am grauen Strand, am grauen Meer
Und seitab liegt die Stadt;
Der Nebel drückt die Dächer schwer,
Und durch die Stille braust das Meer
5 Eintönig um die Stadt.

Es rauscht kein Wald, es schlägt im Mai

Kein Vogel ohn' Unterlaß;

Die Wandergans mit hartem Schrei

Nur fliegt in Herbstesnacht vorbei,

10 Am Strande weht das Gras.

Doch hängt mein ganzes Herz an dir,

Du graue Stadt am Meer;

Der Jugend Zauber für und für

Ruht lächelnd doch auf dir, auf dir,

15 Du graue Stadt am Meer

Arbeit mit dem Text

A. Suchen Sie Beispiele aus dem Gedicht für die folgenden Kategorien: Landschaft, Wetter/Jahreszeit, Fauna und Flora, Geräusche; schreiben Sie sie in die Tabelle.

Landschaft	Wetter/Jahreszeit	Fauna und Flora	Geräusche

B. Kontraste

1. Die ersten beiden Zeilen der zweiten Strophe und die drei weiteren bilden einen Kontrast. Welches Bild oder welche Farbe hat man bei Wald, Mai, Vögel vor Augen und woran denkt man bei Wandergans, Herbstesnacht, Strand und Gras? Welche Wörter (Negation und Adverb) sind typisch für einen Kontrast?
2. Die dritte Strophe steht im Kontrast zu den ersten beiden. Warum? Welches Wort ist hier sehr wichtig?

C. Wie ist die Stimmung in dem Gedicht? Fröhlich, melancholisch, dramatisch? Wie erreicht der Dichter das? Denken Sie an Rhythmus, Klang[1] und Lautmalerei.[2]

Nach dem Lesen

Sind Sie Dichter oder Dichterin? Schreiben Sie ein Gedicht über Ihre Heimatstadt, über die Natur, über die Liebe oder über Sie selbst. Das Gedicht muss sich nicht reimen. Es kann auch ein modernes Gedicht sein.

[1]*sound*   [2]*onomatopoeia*

Videoecke

- Hast du ausländische Bekannte?
- Wie fühlen die sich in Deutschland?
- Arbeiten deine Eltern?
- Wer macht was im Haushalt?
- Was ist für dich die ideale Rollenver-teilung?
- Hast du ein Haustier? (Hattest du ein Haustier?)
- Wie hast du's bekommen?
- Was ist mit ihm passiert?

Ulrike ist in Langendorf geboren. Sie studiert Ethnologie und Deutsch als Fremdsprache. Sie spielt gern Klavier und geht gern ins Kino.

Anke ist in Leipzig geboren. Sie studiert Kommunikations- und Medienwissenschaft. Sie treibt gern Sport und sie geht gern auf Reisen.

Aufgabe 1

Ergänzen Sie den Text mit den passenden Wörtern.

> türkische   koreanische
> wohl   griechische

Ulrike hat eine _____ Freundin. Anke hat eine _____ Freundin und eine _____ Freundin. Alle drei fühlen sich in Deutschland _____.

Aufgabe 2

Welcher Beruf gehört zu wem? Verbinden Sie die Satzteile.

1. Ulrikes Mutter
2. Ulrikes Vater
3. Ankes Mutter
4. Ankes Vater

ist Bauamtsleiter.
ist Diplomingenieur für Maschinenbau.
ist Agraringenieur.
hat ein Modehaus.

Aufgabe 3

Welche Antwort gehört zu welcher Frage?

1. _____ Welches Haustier hatte Ulrikes Schwester?
2. _____ Was ist mit ihm passiert?
3. _____ Welches Haustier hat Anke?
4. _____ Warum hat sie es von ihrer Freundin bekommen?

a. Sie hat einen schwarzen Kater.
b. Sie hat eine Katzenallergie und konnte ihn nicht mehr behalten.
c. Sie hatte einen Wellensittich.
d. Er hat sich beim Fliegen verletzt und ist daran gestorben.

Wortschatz

Partner und Familie — Partners and Family

die **Ehe**, -n	marriage
die **Konfession**, -en	religious denomination, church
die **Scheidung**, -en	divorce
die **Verantwortung**, -en	responsibility
der **Beschützer**, -	protector
der **Vertrag**, ⁻e	contract
der **Ehevertrag**, ⁻e	prenuptial agreement
das **Berufsleben**	career, professional life
sich **kümmern um**	to take care of
mit·versorgen	to be equally responsible for taking care of
sorgen für	to take care of
übernehmen, übernimmt, übernahm, übernommen	to take on (responsibility)
sich **verheiraten mit**	to get married to
verheiratet sein	to be married
sich **verlieben in** (+ *akk.*) (R)	to fall in love with
verliebt sein	to be in love
sich **verloben mit**	to get engaged to
verlobt sein	to be engaged

Ähnliche Wörter

die **Hausfrau**, -en; die **Partnerin**, -nen; die **Ehepartnerin**, -nen; die **Partnerschaft**, -en; der **Hausmann**, ⁻er; der **Partner**, -; der **Ehepartner**, -

Multikulturelle Gesellschaft — Multicultural Society

die **Arbeitserlaubnis**, -se	work permit
die **Arbeitskraft**, ⁻e	labor; employee
die **Aufenthaltserlaubnis**, -se	residence permit
die **Ausländerin**, -nen	female foreigner
die **Behörde**, -n	public authority
die **EDV = elektronische Datenverarbeitung**	electronic data processing
die **Formalität**, -en	formality
die **Türkin**, -nen	Turkish woman

der **Ausländer**, -	male foreigner
der **Ausländerhass**	hostility toward foreigners
der **Bereich**, -e	sector, area
der **Einwanderer**, - (R)	immigrant
der **Einzelgänger**, -	loner
der **Flüchtling**, -e	refugee
der **Türke**, -n (*wk. masc.*)	Turkish man
der **Vorfahre**, -n (*wk. masc.*)	ancestor
das **Antragsformular**, -e	application form
das **Einwohnermeldeamt**, ⁻er	office to register town residents
das **Vorurteil**, -e	prejudice
die **Personalien** (*pl.*)	personal data
sich **an·melden**	to register
auf·fallen, fällt auf, fiel auf, ist aufgefallen	to be noticeable
aus·üben	to practice
aus·wandern, ist ausgewandert (R)	to emigrate
ein·wandern, ist eingewandert	to immigrate
sich **registrieren lassen**	to get registered
verfolgen	to persecute

Ähnliche Wörter

die **Heimat**, -en; die **Integration**; die **Kultur**, -en; die **Tradition**, -en (R); der **Neonazi**, -s; der **Rechtsextremist**, -en (*wk. masc.*); das **Heimatland**, ⁻er; das **Kindesalter**; das **Visum**, **Visa** (R); **diskriminieren**

Das liebe Geld — Beloved Money

die **Aktie**, -n	share, stock
die **Börse**, -n	stock exchange
die **Euroscheckkarte**, -n	Eurocheque Card
die **Geheimzahl**, -en	secret PIN (personal identification number)
die **Höhe**, -n	height; amount (*of money*)
die **Schuld**, -en	debt
die **Überweisung**, -en	transfer (*of money*)
die **Währung**, -en	currency
der **Börsenkrach**, ⁻e	stock market crash
der **Gebrauch**, ⁻e	use

der **Geldautomat, -en**	automatic teller machine
(*wk. masc.*)	(ATM)
der **Überziehungskredit, -e**	overdraft protection
der **Zugang**	access
das **Bargeld**	cash
das **Einkommen**	income
das **Formular, -e**	form
das **Girokonto, Girokonten**	checking account
das **Guthaben**	bank balance
das **Sparkonto, Sparkonten**	savings account
das **Zahlungsmittel**	means of payment
die **Zinsen** (*pl.*)	interest
ab·zahlen	to pay off
auf·nehmen, nimmt auf,	to take out (*a loan*)
nahm auf, aufgenommen	
aus·führen	to carry out, execute

Ähnliche Wörter

der **Geldschein, -e**

Kunst und Literatur — Art and Literature

die **Bildhauerei**	sculpture
die **Bildhauerin, -nen**	female sculptor
die **Blockflöte, -n**	recorder
die **Kasse, -n**	cashier window
die **Malerei**	painting
die **Ölfarbe, -n**	oil color (*paint*)
die **Orgel, -n**	organ
die **Querflöte, -n**	(transverse) flute
die **Seele, -n**	soul
die **Staffelei, -en**	easel
die **Stimme, -n**	voice
die **Töpferei**	ceramic art
die **Töpferscheibe, -n**	potter's wheel
der **Bildhauer, -**	male sculptor
der **Brennofen, ¨**	kiln
der **Meißel, -**	chisel
der **Pinsel, -**	paintbrush
der **Stein, -e**	stone
der **Teufel, -**	devil
der **Tod, -e**	death
der **Ton**	clay
das **Gemälde, -**	painting
das **Holz, ¨er**	wood
das **Motiv, -e**	motif, theme
das **Schauspiel, -e**	play
das **Schlagzeug, -e**	drum
malen	to paint
vollkommen	flawless, perfect
wahnsinnig	crazy, insane

Ähnliche Wörter

die **Figur, -en**; die **Mundharmonika, -s**; die **Skulptur, -en**; die **Tragödie, -n**; die **Trompete, -n**; der **Gott, ¨er**; der **Pakt, -e**; das **Instrument, -e**; das **Material, -ien**; **klassisch**; **magisch**

Sonstige Substantive — Other Nouns

die **Einstellung, -en**	attitude
die **Gewalt**	violence
der **Stichpunkt, -e**	main point
der **Träger, -**	recipient (*of a prize*)
der **Unsinn**	nonsense

Ähnliche Wörter

die **Chance** [ʃansǝ], **-n**; die **Intelligenz**; die **Krise, -n**; die **Steinzeit**; die **Technik**; der **Charakter**; der **Chauvi** [ʃovi], **-s**; der **Fanatiker, -**; der **Fernsehfilm, -e**; der **Preis, -e**; der **Text, -e**

Sonstige Verben — Other Verbs

an·gehören (+ *dat.*)	to belong to (*an organization*)
an·greifen, griff an, angegriffen	to attack
auf·wachsen, wächst auf, wuchs auf, ist aufgewachsen	to grow up
binden an (+ *akk.*)	to tie to
erreichen	to reach
erwarten	to expect
fördern	to promote
halten von, hält, hielt, gehalten	to think of
verschwinden, verschwand, ist verschwunden	to disappear

Ähnliche Wörter

auf·hängen, interviewen [intevju̯an], **protestieren**

Adjektive und Adverbien — Adjectives and Adverbs

ausgebildet	educated
ausländisch	foreign
bargeldlos	cashless
eng	tight; narrow; small
fleißig	industrious
geborgen	protected
geduldig	patient

handwerklich	handy
komisch	funny, strange
lustig	fun, funny
minderwertig	inferior
neugierig	curious
peinlich	embarrassing
rechtzeitig	timely, on time
selbstständig	independent
unbegabt	untalented

Ähnliche Wörter

afro-deutsch, dominant, gemütlich, ideal, illegal, konkret, logisch, russisch

Sonstige Wörter und Ausdrücke / Other Words and Expressions

anstatt (+ *gen.*)	instead of
außerhalb (+ *gen.*)	outside of
eher	rather
einverstanden	in agreement
einverstanden sein mit	to be in agreement with
statt (+ *gen.*)	instead of
trotz (+ *gen.*)	in spite of
überall	everywhere
um... zu	in order to
wohl	probably

Strukturen und Übungen

12.1 The genitive case

Spoken German: Possession may be indicated by **von**.

As you have learned, the preposition **von** followed by the dative case is commonly used in spoken German to express possession.

Das ist das Haus **von meinen Eltern.**	*This is my parents' house.*

Written German: Use the genitive case to indicate possession.

In writing, and sometimes in speech, this relationship between two noun phrases may also be expressed with the genitive case. The genitive case in German is equivalent to both the *of*-phrase and the possessive with *'s* in English.

Kennst du den Freund **meiner Schwester?**	*Do you know my sister's friend?*
Die Farbe **des Mantels** gefällt mir nicht.	*I don't like the color of the coat.*

The genitive is also required by certain prepositions. The most common ones are these:

(an)statt	*instead of*
trotz	*in spite of*
während	*during*
wegen	*because of*

Anstatt eines Fernsehers hätte ich mir ein neues Fahrrad gekauft.	*Instead of a TV, I would have bought myself a new bike.*
Trotz des vielen Regens ist noch nicht genügend Wasser in den Tanks.	*In spite of all the rain, there's still not enough water in the tanks.*
Während der letzten Tage bin ich nicht viel aus dem Haus gekommen.	*During the last few days I haven't gotten out of the house much.*
Wegen dieser dummen Situation kann ich jetzt nicht zur Hochzeit kommen.	*Because of this stupid situation, I can't go to the wedding now.*

English tends to use the possessive *'s* with nouns denoting people (for example, *the girl's mother*). In German, **-s** (without the apostrophe) is added only to *proper names* of people and places.

Nora**s** Vater	*Nora's father*
England**s** Rettung	*England's salvation*

A. Nouns in the Genitive

Feminine nouns and plural nouns do not add any endings in the genitive case. In the singular genitive, masculine and neuter nouns of more than one syllable

---

Wissen Sie noch?

You can show possession using possessive adjectives, such as **mein** (*my*), **dein** (*your*), and **sein** (*his/its*), or by placing an **-s** after someone's name, for example **Julias Buch.**

Review grammar B.5 and 2.4.

---

add -s and those of one syllable add -es: **die Farbe des Vogels, die Größe des Haus*es*.**

Masculine	Neuter	Feminine	Plural
des Vater**s**	des Kind**es**	der Mutter	der Eltern

B. Articles and Article-like Words in the Genitive

In the genitive case, all determiners—**der**-words and **ein**-words—end in **-es** in the masculine and neuter singular, and in **-er** in the feminine singular and all plural forms.

Masculine	Neuter	Feminine	Plural
d**es** Mannes	d**es** Kindes	d**er** Frau	d**er** Eltern
ein**es** Mannes	ein**es** Kindes	ein**er** Frau	
mein**es** Mannes	mein**es** Kindes	mein**er** Frau	mein**er** Eltern
dies**es** Mannes	dies**es** Kindes	dies**er** Frau	dies**er** Eltern

C. Adjectives in the Genitive

In the genitive, all adjectives end in **-en** when preceded by a determiner.*

Masculine and Neuter	Feminine and Plural
des arm**en** Mannes	der arm**en** Frau
des arm**en** Kindes	der arm**en** Leute

Eine mögliche Rolle des modern**en** Mannes ist es, zu Hause zu bleiben und auf die Kinder aufzupassen.	*A possible role for a modern man is to stay home and take care of the children.*

ÜBUNG 1 **Minidialoge**

Ergänzen Sie die Wörter in Klammern.

1. KATRIN: Ist das dein Auto?
    ALBERT: Nein, das ist das Auto ___meines___ Bruders. (mein)

---

*Unpreceded masculine and neuter adjectives also end in **-en**; unpreceded feminine and plural adjectives end in **-er**. Unpreceded adjectives, however, rarely occur in the genitive.

2. BEAMTER: Was ist das Alter _____ Kinder? (Ihr)

   FRAU FRISCH: Natalie ist fünf, Rosemarie ist sechs und Lydia ist neun Jahre
   alt.

3. FRAU SCHULZ: Ist es wichtig, dass der Partner einen guten Beruf hat?

   THOMAS: Also, ich muss sagen, der Beruf _____ zukünftigen Partnerin ist mir
   ziemlich egal. (mein)

4. MONIKA: Möchtest du mit mir in die Berge fahren? Meine Eltern haben da
   ein Wochenendhaus.

   ROLF: Wo ist denn das Wochenendhaus _____ Eltern? (dein)

   MONIKA: In der Nähe von Lake Tahoe.

5. HEIDI: Kennst du den Film „M—Mörder unter uns"?

   ROLF: Ja.

   HEIDI: Wie heißt doch noch mal der Regisseur _____ Films? (dies-)

6. ROLF: Brauchst du denn kein neues Nummernschild?

   PETER: Ach, ich nehme einfach das Nummernschild meines _____ Autos.
   (alt)

7. FRAU GRETTER: Wer ist denn das?

   FRAU KÖRNER: Das ist die zweite Frau meines _____ Mannes. (erst-)

8. FRAU AUGENTHALER: 24352—was ist denn das für eine Telefonnummer?

   RICHARD: Das ist die Telefonnummer meiner _____ Freundin. (neu)

ÜBUNG 2 Worüber sprechen sie?

Bilden Sie Sätze.

MODELL Albert sagt, dass sein Auto rot ist. →
Albert spricht über die Farbe seines Autos.

das Alter	die Kleidung	die Situation
der Beruf	die Länge	die Sprache
das Bild	die Qualität	

1. Monika sagt, dass ihre Schwester als Lehrerin arbeitet.
2. Thomas sagt, dass sein Vater einen Picasso besitzt.
3. Frau Schulz sagt, dass ihre Nichten fünf und acht Jahre alt sind.
4. Stefan sagt, dass sein Studium insgesamt fünf Jahre dauert.
5. Albert sagt, dass seine Großeltern nur Spanisch sprechen.
6. Nora sagt, dass ihr Freund gern Jeans und lange Pullover trägt.
7. Thomas sagt, dass das Leitungswasser in Berkeley sehr gut ist.
8. Katrin sagt, dass Frauen für die gleiche Arbeit immer noch weniger
   verdienen als Männer.

ÜBUNG 3 Minidialoge

Ergänzen Sie **trotz, statt, während** oder **wegen**.

1. KATRIN: Bist du _____ des Regens spazieren gegangen?

   THOMAS: Ja, so ein bisschen Regen macht doch nichts.

2. MONIKA: Warst du gestern im Kino?

   HEIDI: Nein, _____ der Prüfung bin ich zu Hause geblieben.

3. ALBERT: Was machst du _____ der Ferien?
   PETER: Ich fliege nach Bali.
4. JÜRGEN: Ich muss _____ meiner Erkältung zur Uni.
   SILVIA: Du Ärmster, leg dich lieber ins Bett!
5. PETER: Fährst du nächste Woche weg?
   KATRIN: Ich kann doch _____ des Semesters nicht verreisen!
6. JOCHEN: Warum bist du mit dem Bus gefahren?
   JUTTA: _____ des schlechten Wetters.
7. MARIA: Hast du dir ein neues Auto gekauft?
   MICHAEL: Nein, _____ des Autos habe ich mir einen Computer gekauft.
8. KATRIN: In deinem Zimmer ist es _____ der Heizung kalt!
   STEFAN: Tut mir Leid, sie funktioniert nicht richtig.

12.2 Expressing possiblity: *würde, hätte,* and *wäre*

würde = would

Use the construction **würde** + infinitive to talk about possibilities: things you would do, if you were in that particular situation.

Stell dir vor, du würdest nach Deutschland fliegen. Wo würdest du übernachten?	*Imagine you were flying to Germany. Where would you stay for the night?*

Here are the forms of **würde,** which are the subjunctive forms of the verb **werden.**

Wissen Sie noch?

Würde functions like a modal verb. In sentences with modal verbs, the infinitive appears at the end of the sentence.

Review grammar 3.1 and 3.2.

werden			
ich	würde	*wir*	würden
du	würdest	*ihr*	würdet
Sie	würden	*Sie*	würden
er *sie* *es*	würde	*sie*	würden

Instead of using **würde sein** and **würde haben,** German speakers prefer to say **wäre** (*would be*) and **hätte** (*would have*).

Ich glaube, dass ich eine gute Mutter **wäre.**	*I believe I would be a good mother.*
Ich **hätte** sicher viel Zeit für meine Kinder.	*I'm sure I would have plenty of time for my kids.*

Here are the forms of **wäre** and **hätte,** which are the subjunctive forms of **sein** and **haben.**

sein				haben			
ich	wäre	*wir*	wären	*ich*	hätte	*wir*	hätten
du	wärst	*ihr*	wärt	*du*	hättest	*ihr*	hättet
Sie	wären	*Sie*	wären	*Sie*	hätten	*Sie*	hätten
er *sie* *es*	wäre	*sie*	wären	*er* *sie* *es*	hätte	*sie*	hätten

ÜBUNG 4 Kein Problem

Was würden Sie in diesen Situationen machen? Beantworten Sie die Fragen!
Was würden Sie machen,...

1. wenn Sie sich in Ihren Lehrer / Ihre Lehrerin verlieben würden?
2. wenn Sie sich um ihre Eltern kümmern müssten?
3. wenn Ihr Partner / Ihre Partnerin eine andere Konfession hätte als Sie?
4. wenn Sie / Ihre Partnerin schwanger werden würde?
5. wenn Sie sich mit Ihrem Partner / Ihrer Partnerin nicht mehr verstehen würden?

ÜBUNG 5 Was wäre, wenn...

Schreiben Sie für jede Perspektive drei Sätze darüber, wie Ihr Leben aussehen
würde. Verwenden Sie **hätte, wäre** und **würde** in Ihrer Antwort. Sie können
nicht nur über sich selbst schreiben, sondern auch über Andere (z.B. Kinder,
Eltern, Partner und Freunde).

> MODELL Wenn ich Kinder hätte, würde ich nicht so oft ins Kino gehen. Ich
> hätte wahrscheinlich viel mehr Arbeit. Abends wäre ich bestimmt
> müder.

Was wäre, wenn...

1. Sie (keine) Kinder hätten?
2. Sie (nicht) verheiratet wären?
3. Sie (kein) Geld hätten?
4. Sie in einem anderen Land leben würden?
5. Sie ein berühmter Schauspieler / eine berühmte Schauspielerin wären?

12.3 Causality and purpose: *weil, damit, um... zu*

weil = reason for action
damit = goal of action
um... zu = goal of action

Use **weil** + dependent clause to express the reason for a particular action. Use
damit or **um... zu** to express the goal of an action.

Viele Deutsche wanderten nach Australien aus, **weil ihnen Deutschland zu eng war.**	*Many Germans emigrated to Australia because Germany was too crowded for them.*

Sie wanderten nach Australien aus, **um dort eine bessere Arbeit zu finden.**

They emigrated to Australia in order to find a better job there.

Weil and **damit** introduce a dependent clause. Recall that the conjugated verb is in last position in a dependent clause.

Albert steht auf, **damit** Frau Schulz sich setzen **kann.**

Albert gets up so that Frau Schulz can sit down.

Damit and **um... zu** both express the aim or goal of an action. But whereas **damit** introduces a dependent clause complete with subject and conjugated verb, **um... zu** introduces a dependent infinitive without a subject and without a conjugated verb. Use **damit** when the subject of the main clause is different from the subject of the dependent clause; use **um... zu** when the understood subject of the dependent infinitive is the same as the subject of the main clause.

Heidi macht das Fenster zu, **damit** Stefan nicht friert.
Heidi closes the window so that Stefan won't be cold.

Heidi macht das Fenster zu, **damit** sie nicht friert.

→ Heidi macht das Fenster zu, **um** nicht **zu** frieren.

Heidi closes the window so that she won't be cold.

→ *Heidi closes the window so as not to be cold.*

ÜBUNG 6 Erfolgsgeschichten

Was muss man tun, um Erfolg an der Universität zu haben?

MODELL   Um gute Noten zu bekommen, muss man fleißig lernen.

1. morgens munter[1] sein
2. die Professoren kennen lernen
3. die Mitstudenten kennen lernen
4. am Wochenende nicht allein sein
5. die Kurse bekommen, die man will
6. in vier Jahren fertig werden
7. nicht verhungern
8. einen Freund / eine Freundin finden
9. eine gute Note in Deutsch bekommen
10. nicht ins Sprachlabor gehen müssen

a. Deutsch belegen
b. sich die Kassetten kaufen oder ausleihen
c. früh ins Bett gehen
d. in die Sprechstunde gehen
e. jeden Tag zum Unterricht kommen
f. Leute einladen
g. regelmäßig essen
h. sich so früh wie möglich einschreiben
i. viel Gruppenarbeit machen
j. viel lernen and wenig Feste feiern

ÜBUNG 7 Gute Gründe?

Verbinden Sie Sätze aus der ersten Gruppe mit Sätzen aus der zweiten Gruppe mit Hilfe der Konjunktionen **weil, damit, um... zu.** Wenn Ihnen ein Grund nicht gefällt, suchen Sie einen besseren Grund.

MODELL   Ich möchte immer hier leben. Dieses Land ist das beste Land der Welt. →

Ich möchte immer hier leben, weil dieses Land das beste Land der Welt ist.

[1]*wide awake*

GRUPPE 1

Ich möchte immer hier leben.

Ich möchte für ein paar Jahre in Deutschland leben.

Ausländer haben oft Probleme.

Wenn ich Kinder habe, möchte ich hier leben.

Viele Ausländer kommen hierher.

Englisch sollte die einzige offizielle Sprache (der USA, Kanadas, Australiens, usw.) sein.

GRUPPE 2

Ausländer verstehen die Sprache und Kultur des Gastlandes nicht.

Ich möchte richtig gut Deutsch lernen.

Dieses Land ist das beste Land der Welt.

Hier kann man gut Geld verdienen.

Meine Kinder sollen als (Amerikaner, Kanadier, Australier, usw.) aufwachsen.

Aus der multikulturellen Bevölkerung soll eine homogene Gemeinschaft werden.

12.4 Principles of case (summary review)

Three main factors determine the choice of a particular case for a given noun: function, prepositions, and verbs.

A. Function

Function refers to the role a particular noun plays within a sentence: the subject, the direct object, the indirect object, or the possessive. The subject of a sentence (who or what is doing something) is in the nominative case; the direct object (the thing or person to which or to whom the action is done) is in the accusative case; the indirect object (usually the person who benefits from the action) is in the dative case.

NOM		DAT	ACC	
Maria	schreibt	ihrer Freundin	einen Scheck.	*Maria is writing her friend a check.*

Possessives express relationships of various kinds, such as belonging to or being part of someone or something. Possessives are in the genitive case.

Der Kurs **des Euro** ist leider wieder gestiegen.

The exchange rate of the euro has unfortunately risen again.

B. Prepositions

Nouns or pronouns that follow prepositions are always in a case other than the nominative. You have encountered four groups of prepositions so far: those that take the accusative, those that take the dative, two-way prepositions that take either the accusative or the dative according to the meaning of the clause, and those that take the genitive.

Accusative	Dative	Accusative or Dative	Genitive
durch	aus	an	(an)statt
für	außer	auf	trotz
gegen	bei	hinter	während
ohne	mit	in	wegen
um	nach	neben	
	seit	über	
	von	unter	
	zu	vor	
		zwischen	

Bargeld können Sie **aus dem Geldautomaten** bekommen.	*You can get cash from the ATM.*
Wegen des Feiertags bleiben die Banken geschlossen.	*Because of the holiday, the banks remain closed.*

Two-way prepositions require accusative objects when movement toward a *destination* is involved. They require dative objects when no such destination is expressed, when the focus is on the setting of the action or state (*location*).

Ich habe kein Geld **auf meinem Sparkonto.**	*I don't have any money in my savings account.*
Ich muss Geld **auf mein Sparkonto** überweisen.	*I have to transfer money to my savings account.*

C. Verbs

Certain verbs, just like prepositions, require a noun or pronoun to be in a particular case. The verbs **sein, werden, bleiben,** and **heißen** establish identity relationships between the subject and the predicate, and therefore require a predicate noun in the *nominative* case.

Thomas ist **ein fleißiger Student.**	*Thomas is a conscientious student.*

The following verbs are among those that require *dative* objects.

antworten	*to answer*
begegnen	*to meet*
fehlen	*to be missing*
gefallen	*to be to one's liking*
gehören	*to belong to*
gratulieren	*to congratulate*
helfen	*to help*
passen	*to fit*
schaden	*to be harmful (to)*
schmecken	*to taste good (to)*
stehen	*to suit, look good on* (e.g. clothing)
zuhören	*to listen to*

Die Aktien gehören **meiner Mutter.**	*The stocks belong to my mother.*
Eine schwache Wirtschaft schadet **den Aktienmärkten.**	*A weak economy hurts the stock markets.*

Most other verbs require the accusative, if they require an object at all.

Ich habe für mein Konto **keinen Überziehungskredit.**	*I don't have any overdraft protection for my account.*

Der Umzug

Bestimmen Sie den Kasus (**Nom, Akk, Dat** oder **Gen**) der unterstrichenen Nominalphrasen und geben Sie an, ob dieser Kasus wegen der Funktion (**F**), wegen der Präposition (**P**) oder wegen des Verbs (**V**) benutzt wurde.

	KASUS	GRUND
1. <u>Meine Freundin</u> braucht einen neuen Schrank.	*Nom*	*F*
2. Sie möchte <u>Stewardess</u> werden.	____	____
3. Die Möbel <u>meiner Freundin</u> sind ultramodern.	____	____
4. Morgen kaufe ich <u>ihr</u> eine schöne Lampe.	____	____
5. Diesen Teppich mag <u>sie</u> sicher nicht.	____	____
6. Meine Tapeten gefallen <u>ihr</u> sicher auch nicht.	____	____
7. Setzen wir uns doch an <u>diesen Tisch</u>.	____	____
8. Ich habe nichts gegen <u>Vorhänge</u>.	____	____
9. <u>Das Bett</u> tragen wir am besten zusammen.	____	____
10. Der Wecker steht auf <u>dem Regal</u>.	____	____
11. Diese Decke gehört <u>mir</u>.	____	____
12. Der Umzug findet wegen <u>schlechten Wetters</u> nicht statt.	____	____

Jutta hat sich wieder verliebt!

Ergänzen Sie die richtigen Endungen. Unten finden Sie das Genus wichtiger Substantive.

die **Adresse**	das **Fest**	der **Park**
die **Augen** (*pl.*)	die **Hausaufgaben** (*pl.*)	die **Schule**
der **Brief**	die **Hose**	die **Stadt**
die **Disko**	die **Jacke**	die **Tür**
die **Eltern** (*pl.*)	der **Mann**	der **Weg**
der **Fernseher**	der **Name**	

Jutta hat sich total verliebt. Sie sah vor einem Monat auf ein____[1] Klassenfest ein____[2] jungen Mann, und jetzt denkt sie nur noch an ihn.

Er trug an jenem Abend ein____[3] Jeansjacke, unter sein____[4] Jacke ein altes Unterhemd und ein____[5] uralte Hose. Er stand die ganze Zeit neben d____[6] Tür. Seine Kleidung und sein____[7] blauen Augen gefielen ihr sehr. Er schaute oft zu ihr hin, aber sie sprach ihn nicht an, sie war zu schüchtern.

Jetzt träumt sie von ihm. Sie möchte mit ihm durch d____[8] Park gehen und in d____[9] Stadt. Vielleicht könnten sie auch mal für ein paar Tage ohne d____[10] Eltern wegfahren. Sie möchte ihm gern ein____[11] Brief schreiben, aber sie weiß sein____[12] Adresse nicht. Sie kennt nur sein____[13] Vornamen, Florian. Dies____[14] Namen wird sie nie mehr vergessen!

Morgens in d____[15] Schule denkt sie an ihn, mittags auf d____[16] Weg nach Hause, nachmittags bei d____[17] Hausaufgaben, abends vor d____[18] Fernseher oder in d____[19] Disko.

Ach, wenn sie ihn doch nur noch einmal treffen könnte! Diesmal würde sie sicher zu ihm gehen und ihn ansprechen.

Appendices

Appendix A
Informationsspiele: 2. Teil

Einführung A

10 Fragen

Stellen Sie zehn Fragen. Für jedes „Ja" gibt es einen Punkt.

> MODELL   s2: Trägt Frau Körner einen Hut?
> s1: Nein. Trägt Nora einen Mantel?
> s2: Nein.

	HERR SIEBERT		FRAU KÖRNER			HERR SIEBERT		FRAU KÖRNER	
	JA	NEIN	JA	NEIN		JA	NEIN	JA	NEIN
einen Anzug	❏	❏	❏	❏	einen Pullover	❏	❏	❏	❏
eine Bluse	❏	❏	❏	❏	einen Rock	❏	❏	❏	❏
ein Hemd	❏	❏	❏	❏	ein Sakko	❏	❏	❏	❏
eine Hose	❏	❏	❏	❏	Schuhe	❏	❏	❏	❏
einen Hut	❏	❏	❏	☒	Socken	❏	❏	❏	❏
eine Jacke	❏	❏	❏	❏	Sportschuhe	❏	❏	❏	❏
eine Jeans	❏	❏	❏	❏	Stiefel	❏	❏	❏	❏
ein Kleid	❏	❏	❏	❏	ein Stirnband	❏	❏	❏	❏
eine Krawatte	❏	❏	❏	❏	ein T-Shirt	❏	❏	❏	❏
einen Mantel	❏	❏	❏	❏					

Thomas   Nora   Herr Siebert   Frau Körner

Zahlenrätsel

Verbinden Sie die Punkte. Sagen Sie
Ihrem Partner oder Ihrer Partnerin,
wie er oder sie die Punkte verbinden
soll. Dann sagt Ihr Partner oder Ihre
Partnerin Ihnen, wie Sie die Punkte verbinden
sollen. Was zeigen Ihre Bilder?

s2: Start ist Nummer 1. Geh zu 17,
zu 5, zu 60, zu 23, zu 14, zu 3, zu
19, zu 7, zu 21, zu 12, zu 6, zu 33,
zu 8, zu 11, zu 40, zu 25, zu 13, zu
4, zu 15, zu 35, zu 50, zu 9, und
zum Schluss zu 16. Was zeigt
dein Bild?

Einführung B

Familie

MODELL   s2: Wie heißt Richards Vater?

       s1: Er heißt _____.

       s2: Wie schreibt man das?

       s1: _____. Wie alt ist er?

       s2: Er ist 39 Jahre alt. Wo wohnt er?

       s1: Er wohnt in _____. Wie heißt Richards Mutter?

       s2: Sie heißt Maria.

       s1: Wie schreibt man das?

       s2: M-A-R-I-A.

		Richard	Sofie	Mehmet
Vater	Name			Kenan
	Alter	39		
	Wohnort		Dresden	
Mutter	Name	Maria		
	Alter	38	47	54
	Wohnort			Izmir
Bruder	Name		Erwin	
	Alter			
	Wohnort	Innsbruck	Leipzig	Istanbul
Schwester	Name	Elisabeth	—	Fatima
	Alter	16	—	31
	Wohnort		—	

SITUATION 9 Temperaturen

MODELL S2: Wie viel Grad Fahrenheit sind 18 Grad Celsius?
S1: _____ Grad Fahrenheit.

F	90		32		−5	
C	32	18	0	−18	−21	−39

Kapitel 1

SITUATION 2 Freizeit

MODELL S2: Wie alt ist Richard?
S1: _____ .
S2: Woher kommt Rolf?
S1: Aus _____ .

S2: Was macht Jürgen gern?
S1: Er _____ .
S2: Wie alt bist du?
S1: _____ .

S2: Woher kommst du?
S1: _____ .
S2: Was machst du gern?
S1: _____ .

	Alter	Wohnort	Hobby
Richard		Innsbruck	geht gern in die Berge
Rolf	20		spielt gern Tennis
Jürgen		Göttingen	
Sofie			kocht gern
Jutta	16	München	
Melanie		Regensburg	
mein Partner / meine Partnerin			

SITUATION 7 Juttas Stundenplan

MODELL S2: Was hat Jutta am Montag um acht Uhr fünfzig?
S1: Sie hat Deutsch.

Uhr	Montag	Dienstag	Mittwoch	Donnerstag	Freitag
8.00–8.45	Latein			Biologie	
8.50–9.35		Englisch	Englisch		Physik
9.35–9.50	←———————————————— Pause ————————————————→				
9.50–10.35			Mathematik		Religion
10.40–11.25	Geschichte	Französisch		Mathematik	
11.25–11.35	←———————————————— Pause ————————————————→				
11.35–12.20		Musik		Sport	
12.25–13.10	Erdkunde		Kunst		frei

APPENDIX A: *Informationsspiele* **A-3**

Diese Woche

MODELL s2: Was macht Mehmet am Montag?　　s2: Was machst du am Montag?
　　　　 s1: Er geht um 7 Uhr zur Arbeit.　　　 s1: Ich _____.

	Silvia Mertens	Mehmet Sengün	mein(e) Partner(in)
Montag	Sie steht um 6 Uhr auf.		
Dienstag		Er lernt eine neue Kollegin kennen.	
Mittwoch	Sie schreibt eine Prüfung.		
Donnerstag	Sie ruft ihre Eltern an.		
Freitag		Er hört um 15 Uhr mit der Arbeit auf.	
Samstag		Er räumt seine Wohnung auf.	
Sonntag		Er repariert sein Motorrad.	

Kapitel 2

SITUATION 3　**Was machen sie morgen?**

MODELL s2: Schreibt Jürgen morgen einen Brief?　　s2: Schreibst du morgen einen Brief?
　　　　 s1: Nein.　　　　　　　　　　　　　　 s1: Ja. (Nein.)

	Jürgen	Silvia	mein(e) Partner(in)
schreibt/schreibst... einen Brief		+	
kauft/kaufst... ein Buch		+	
schaut/schaust... einen Film an	−	−	
ruft/rufst... eine Freundin an			
macht/machst... Hausaufgaben		+	
isst/isst... einen Hamburger	−	+	
besucht/besuchst... einen Freund			
räumt/räumst... das Zimmer auf		−	

SITUATION 15　**Was machen sie gern?**

MODELL s2: Was fährt Richard gern?
　　　　 s1: Motorrad.
　　　　 s2: Was fährst du gern?
　　　　 s1: _____

	Richard	Josef und Melanie	mein(e) Partner(in)
fahren		Zug	
tragen	Pullis		
essen		Pizza	
sehen		Gruselfilme	
vergessen	seine Hausaufgaben		
waschen		ihr Auto	
treffen		ihre Lehrer	
einladen		ihre Eltern	
sprechen	Italienisch		

Kapitel 3

SITUATION 2 **Kann Katrin kochen?**

MODELL S2: Kann Katrin kochen?   [+] ausgezeichnet   [0] ganz gut   [−] nicht so gut
S1: Ja, ganz gut.   fantastisch   nur ein bisschen
S2: Kannst du kochen?   sehr gut   gar nicht
S1: Ja, aber nicht so gut.   gut   kein bisschen

	Katrin	Peter	mein(e) Partner(in)
kochen		fantastisch	
zeichnen	sehr gut		
tippen		ganz gut	
Witze erzählen		ganz gut	
tanzen	fantastisch		
stricken	gar nicht		
Skateboard fahren		nicht so gut	
Geige spielen		nur ein bisschen	
schwimmen		nur ein bisschen	
ein Auto reparieren	nicht so gut		

SITUATION 13 **Was machen sie, wenn... ?**

MODELL S2: Was macht Renate, wenn sie traurig ist?
S1: Sie ruft ihre Freundin an.
S2: Was machst du, wenn du müde bist?
S1: Ich gehe ins Bett.

	Renate	Ernst	mein(e) Partner(in)
1. *traurig ist/bist*		weint	
2. *müde ist/bist*	trinkt Kaffee		
3. *in Eile ist/bist*	nimmt ein Taxi		
4. *wütend ist/bist*		schreit ganz laut	
5. *krank ist/bist*	geht zum Arzt		
6. *glücklich ist/bist*		lacht ganz laut	
7. *Hunger hat/hast*			
8. *Langeweile hat/hast*	liest ein Buch	ärgert seine Schwester	
9. *Durst hat/hast*		trinkt Limo	
10. *Angst hat/hast*	schließt die Tür ab		

Kapitel 4

SITUATION 10 Geburtstage

MODELL   s2: Wann ist Willi geboren?
            s1: Am dreißigsten Mai 1975.

Person	Geburtstag	Person	Geburtstag
Willi		*Thomas*	17. Januar 1986
Sofie	9. November 1978	*Heidi*	
Claire		*mein(e) Partner(in)*	
Melanie	3. April 1982	*sein/ihr Vater*	
Nora		*seine/ihre Mutter*	

SITUATION 13 Das Wochenende der Nachbarn

MODELL   s2: Was hat Herr Siebert am Freitag gemacht?
            s1: Er hat seinen Fernseher repariert.

	am Freitag	am Samstag	am Sonntag
Herr Siebert		hat seinen Keller aufgeräumt	
Herr Thelen	hat seine neue Nachbarin kennen gelernt		hat ein neues graues Haar entdeckt
Frau Gretter	ist mit ihrer Freundin ausgegangen		hat am Telefon ihren Namen buchstabiert
mein Partner / meine Partnerin			

Kapitel 6

Gestern und heute

Arbeiten Sie zu zweit und stellen Sie Fragen wie im Modell.

MODELL s2: Heute ist hier ein Schuhgeschäft. Was war früher hier?
        s1: Früher war hier eine Disko.

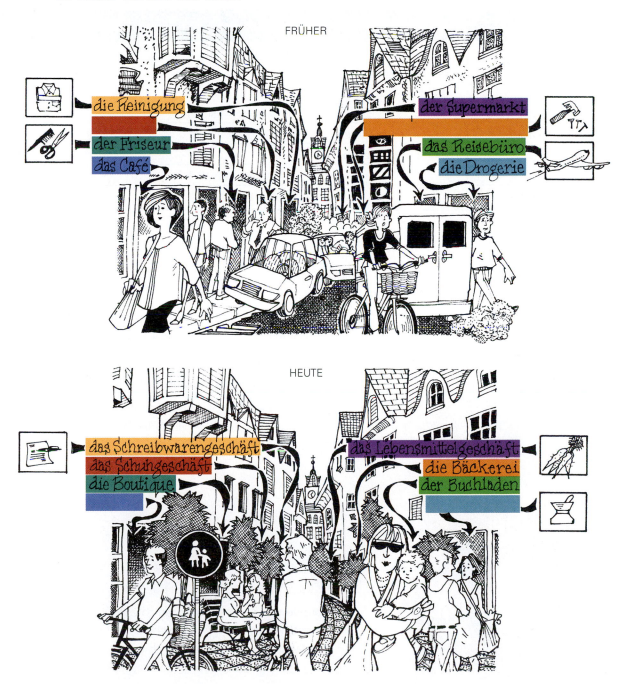

FRÜHER

die Reinigung
der Friseur
das Café

der Supermarkt
das Reisebüro
die Drogerie

HEUTE

das Schreibwarengeschäft
das Schuhgeschäft
die Boutique

das Lebensmittelgeschäft
die Bäckerei
der Buchladen

Haus- und Gartenarbeit

S2: Was macht Thomas am liebsten?
S1: Er mäht am liebsten den Rasen.
S2: Was hat Nora letztes Wochenende gemacht?
S1: Sie hat ihre Bluse gebügelt.

S2: Was muss Thomas diese Woche noch machen?
S1: Er muss seine Wäsche waschen.
S2: Was machst du am liebsten?
S1: Ich _____ am liebsten _____.

	Thomas	Nora	mein(e) Partner(in)
am liebsten		einkaufen gehen	
am wenigsten gern	das Bad putzen		
jeden Tag	nichts von alledem		
einmal in der Woche		die Wäsche waschen	
letztes Wochenende	das Geschirr spülen		
gestern	die Blumen gießen		
diese Woche		den Boden aufwischen	
bald mal wieder		Staub wischen	

Kapitel 7

SITUATION 3 **Deutschlandreise**

Wo liegen die folgenden Städte? Schreiben Sie die Namen der Städte auf die Landkarte.

Augsburg, Braunschweig, Bremen, Düsseldorf, Frankfurt/Oder, Halle, Kiel, Nürnberg, Rostock, Stuttgart

MODELL S2: Wo liegt Braunschweig?
S1: Braunschweig liegt im Norden.
S2: Wo genau?
S1: Südlich von Hannover.

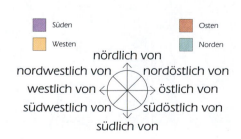

Kapitel 8

Mahlzeiten und Getränke

MODELL S2: Was isst Frau Gretter zum Frühstück?
S1: _____ .

	Frau Gretter	Stefan	Andrea
zum Frühstück essen		frisches Müsli	Brot mit selbst-gemachter Marmelade
zum Frühstück trinken		kalten Orangensaft	
zu Mittag essen	kalorienarmes Gemüse und Hähnchen		heiße Würstchen
zu Abend essen		italienische Spaghetti	
nach dem Sport trinken	nichts, sie treibt keinen Sport	kalten Tee mit Zitrone	
auf einem Fest trinken	deutschen Sekt		eiskalte Limonade
essen, wenn er/sie groß ausgeht		frischen Fisch mit französischer Soße	

Kapitel 9

Was ist passiert?

MODELL Was ist Mehmet passiert? / Was ist dir passiert?
Wann ist es passiert?
Wo ist es passiert?
Warum ist es passiert?

	Sofie	Mehmet	Ernst	mein Partner / meine Partnerin
Was?	hat ihre Schlüssel verloren		hat seine Hose zerrissen	
Wann?		als er in die Türkei fliegen wollte		
Wo?	in Leipzig		bei seiner Tante	
Warum?		weil der Flug von Berlin Verspätung hatte		

Kapitel 10

Reisen

MODELL s2: Woher kommt Richard?   s1: Aus _____.
s2: Wohin fährt er in den Ferien?   s1: Nach/In _____.
s2: Wo wohnt er?   s1: Bei _____.
s1: Was macht er da?   s2: Er lernt Französisch.
s2: Wann kommt er zurück?   s1: In _____.

	Richard	Sofie	Mehmet	Peter	Jürgen	mein(e) Partner(in)
Woher?		aus Dresden		aus Berkeley		
Wohin?		nach Düsseldorf		nach Hawaii		
Wo?		bei ihrer Tante	bei alten Freunden		bei einem Freund	
Was?	Französisch lernen		am Strand liegen; schwimmen		Ski fahren natürlich	
Wann?		in einer Woche	in zwei Wochen	nächstes Wochenende		

SITUATION 9   Wo wollen wir übernachten?

MODELL Wie viel kostet _____?
Haben die Zimmer im (in der) _____ eine eigene Dusche und Toilette?
Gibt es im (in der) _____ Einzelzimmer?
Gibt es im (in der, auf dem) _____ einen Fernseher?
Ist das Frühstück im (in der, auf dem) _____ inbegriffen?
Ist die Lage von dem (von der) _____ zentral/ruhig?
Gibt es im (in der, auf dem) _____ Telefon?

	Hotel Strandpromenade	das Gästehaus Ostseeblick	die Jugendherberge	der Campingplatz
Preis pro Person		42,- Euro		
Dusche/Toilette			nein	nein
Einzelzimmer				natürlich nicht
Fernseher	in jedem Zimmer	im Fernsehzimmer		natürlich nicht
Frühstück	inbegriffen		kostet extra	nein
zentrale Lage				
ruhige Lage				ja
Telefon	in jedem Zimmer	im Telefonzimmer	bei den Herbergs-eltern	Telefonzelle

Tiere

MODELL Welche Tiere findet _____ am tollsten?

Vor welchem Tier hat _____ am meisten Angst?

Welches Tier hätte _____ gern als Haustier?

Welches wilde Tier würde _____ gern in freier Natur sehen?

Wenn _____ an Afrika denkt, an welche Tiere denkt er/sie?

Wenn _____ an die Wüste denkt, an welches Tier denkt er/sie
dann zuerst?

Welche Vögel findet _____ am schönsten?

Welchen Fisch findet _____ am gefährlichsten?

Welchem Tier möchte _____ nicht im Wald begegnen?

	Ernst	Maria	mein(e) Partner(in)
Lieblingstier	ein Krokodil		
Angst		vor Mäusen	
Haustier		einen Papagei	
wildes Tier	einen Elefanten		
Afrika		an Zebras	
Wüste	an einen Skorpion		
Vögel	Adler		
Fisch		den Piranha	
Wald		einem Wildschwein	

Kapitel 11

Krankheitsgeschichte

MODELL Hat Herr Thelen sich (Hast du dir) schon mal etwas gebrochen?
Was?

Ist Herr Thelen (Bist du) schon mal im Krankenhaus gewesen?
Warum?

Hat Claire (Hast du) schon mal eine Spritze bekommen? Gegen
was?

Erkältet sich Claire (Erkältest du dich) oft?

Ist Herr Thelen (Bist du) gegen etwas allergisch? Gegen was?

Hat man Herrn Thelen (Hat man dir) schon mal einen Zahn
gezogen?

Hatte Claire (Hattest du) schon mal hohes Fieber? Wie hoch?

Ist Herr Thelen (Bist du) schon mal in Ohnmacht gefallen?

	Claire	Herr Thelen	mein(e) Partner(in)
sich etwas brechen	den Arm		
im Krankenhaus sein	Nierenentzündung		
eine Spritze bekommen		Tetanus	
oft erkältet sein		nein	
gegen etwas allergisch sein	Sonne		
einen Zahn gezogen haben	nein		
hohes Fieber haben		41, 2° C	
in Ohnmacht fallen	nein		

Kapitel 12

Der ideale Partner / die ideale Partnerin

MODELL Wie soll Heidis idealer Partner aussehen?
Was für einen Charakter soll er haben?
Welchen Beruf soll Rolfs ideale Partnerin haben?
Welche Interessen sollte sie haben?
Wie alt sollte sie sein?
Welche Konfession sollte sie haben?
Welcher Nationalität sollte Heidis Partner angehören?
Welche politische Einstellung sollte er haben?

	Rolf	Heidi	mein(e) Partner(in)
Aussehen	schlank und sportlich		
Charakter	lustig und neugierig		
Beruf		Rechtsanwalt	
Interessen		Sport und Reisen	
Alter		ein paar Jahre jünger als sie	
Konfession		kein Fanatiker	
Nationalität	deutsch		
politische Einstellung	eher konservativ		

Appendix B
Rollenspiele: 2. Teil

Einführung A

SITUATION 10 **Begrüßen**

s2: Begrüßen Sie einen Mitstudenten oder eine Mitstudentin. Schütteln Sie dem Mitstudenten oder der Mitstudentin die Hand. Sagen Sie Ihren Namen. Fragen Sie, wie alt er oder sie ist. Verabschieden Sie sich.

Einführung B

SITUATION 12 **Herkunft**

s2: Sie sind Student / Studentin an einer Universität in Deutschland. Sie lernen einen neuen Studenten / eine neue Studentin kennen. Fragen Sie, wie er / sie heißt, woher er / sie kommt, woher seine / ihre Familie kommt und welche Sprachen er / sie spricht.

Kapitel 1

SITUATION 15 **Auf dem Auslandsamt**

s2: Sie arbeiten auf dem Auslandsamt der Universität. Ein Student / Eine Studentin kommt zu Ihnen und möchte ein Stipendium für Österreich.

- Fragen Sie nach den persönlichen Daten und schreiben Sie sie auf: Name, Adresse, Telefon, Geburtstag, Studienfach.
- Sagen Sie „Auf Wiedersehen".

Kapitel 2

SITUATION 8 **Am Telefon**

s2: Das Telefon klingelt. Ein Freund / Eine Freundin ruft an. Er/Sie lädt Sie ein. Fragen Sie: **wo, wann, um wie viel Uhr, wer kommt mit.** Sagen Sie „ja" oder „nein", und sagen Sie „tschüss".

Kapitel 3

SITUATION 11 **In der Mensa**

s2: Sie sind Student/Studentin an der Uni in Regensburg und sind in der Mensa. Jemand möchte sich an Ihren Tisch setzen. Fragen Sie, wie er/sie heißt, woher er/sie kommt und was er/sie studiert.

Kapitel 4

SITUATION 16   Das Studentenleben

s2: Sie sind Student/Studentin an einer Uni in Ihrem Land. Ein Reporter / Eine Reporterin aus Österreich fragt Sie viel und Sie antworten gern. Sie wollen aber auch wissen, was der Reporter / die Reporterin gestern alles gemacht hat: am Vormittag, am Mittag, am Nachmittag und am Abend.

Kapitel 5

SITUATION 12   Bei der Berufsberatung

s2: Sie sind Student/Studentin und gehen zur Berufsberatung, weil Sie nicht wissen, was Sie nach dem Studium machen sollen. Beantworten Sie die Fragen des Berufsberaters / der Berufsberaterin.

Kapitel 6

SITUATION 12   Zimmer zu vermieten

s2: Sie möchten ein Zimmer in Ihrem Haus vermieten. Das Zimmer ist 25 Quadratmeter groß und hat Zentralheizung. Es kostet warm 310 Euro im Monat. Es hat große Fenster und ist sehr ruhig. Das Zimmer hat keine Küche und auch kein Bad, aber der Mieter / die Mieterin darf Ihre Küche und Ihr Bad benutzen. Der Mieter / Die Mieterin darf Freunde einladen, aber sie dürfen nicht zu lange bleiben. Sie haben kleine Kinder, die früh ins Bett müssen. Fragen Sie, was der Student / die Studentin studiert, ob er/sie raucht, ob er/sie oft laute Musik hört, ob er/sie Haustiere hat, ob er/sie Möbel hat.

Kapitel 7

SITUATION 8   Am Fahrkartenschalter

s2: Sie arbeiten am Fahrkartenschalter im Bahnhof von Bremen. Ein Fahrgast möchte eine Fahrkarte nach München kaufen. Hier ist der Fahrplan.

	Abfahrt	Ankunft	2. Kl.	1. Kl.
D-Zug	4.25	15.40	80,- Euro	98,- Euro
InterCity	7.15	16.05	88,- Euro	105,- Euro
D-Zug	7.30	20.45	80,- Euro	98,- Euro

Alle Züge fahren über Hannover und Würzburg.

Ein Auto kaufen

s2: Sie wollen einen neueren Gebrauchtwagen kaufen und lesen deshalb die Anzeigen in der Zeitung. Die Anzeigen für einen VW Golf und einen VW Beetle sind interessant. Rufen Sie an und stellen Sie Fragen.
Sie haben auch eine Anzeige in die Zeitung gesetzt, weil Sie Ihren Opel Corsa und Ihren Ford Fiesta verkaufen wollen. Antworten Sie auf die Fragen der Leute.

MODELL   Guten Tag, ich rufe wegen des VW Golf an.
Wie alt ist der Wagen?
Welche Farbe hat er?
Wie ist der Kilometerstand?
Wie lange hat er noch TÜV?
Wie viel Benzin braucht er?
Was kostet der Wagen?

Modell	VW Golf	VW Beetle	Opel Corsa	Ford Fiesta
Baujahr			1998	1999
Farbe			schwarz	blaugrün
Kilometerstand			84 500 km	52 000 km
TÜV			6 Monate	fast 2 Jahre
Benzinverbrauch pro 100 km			6 Liter	6,5 Liter
Preis			4 000 Euro	3 500 Euro

Kapitel 8

Im Restaurant

s2: Sie arbeiten als Kellner/Kellnerin in einem Restaurant. Ein Gast setzt sich an einen freien Tisch. Bedienen Sie ihn.

Kapitel 9

Das Klassentreffen

s2: Sie sind auf dem fünften Klassentreffen Ihrer alten High-School-Klasse. Sie unterhalten sich mit einem alten Schulfreund / einer alten Schulfreundin. Fragen Sie: was er/sie nach Abschluss der High School gemacht hat, was er/sie jetzt macht und was seine/ihre Pläne für die nächsten Jahre sind.

Kapitel 10

SITUATION 11 **Im Hotel**

S2: Sie arbeiten an der Rezeption von einem Hotel. Alle Zimmer haben Dusche und Toilette. Manche haben auch Telefon. Frühstück ist inklusive. Das Hotel ist im Moment ziemlich voll. Ein Reisender / Eine Reisende kommt herein und erkundigt sich nach Zimmern. Denken Sie zuerst darüber nach: Was für Zimmer sind noch frei? Was kosten die Zimmer? Bis wann müssen die Gäste abreisen?

Kapitel 11

SITUATION 12 **Anruf beim Arzt**

S2: Sie arbeiten in einer Arztpraxis. Ein Patient / Eine Patientin ruft an und möchte einen Termin. Fragen Sie, was er/sie hat und wie dringend es ist. Der Terminkalender für diesen Tag ist schon sehr voll.

Kapitel 12

SITUATION 11 **Auf der Bank**

S2: Sie sind Bankangestellte(r) bei der Deutschen Bank und ein Kunde / eine Kundin möchte ein Konto eröffnen. Fragen Sie, ob der Kunde / die Kundin ein Girokono oder ein Sparkonto eröffnen möchte. Zinsen gibt es nur auf Sparkonten. Eine EC-Karte bekommt man nur, wenn man ein festes Einkommen hat.

SITUATION 15 **An der Kinokasse**

S2: Sie arbeiten an der Kinokasse und sind gestresst, weil sie den ganzen Tag Karten verkauft haben. Sie haben vielleicht noch zehn Karten für die „Rocky Horror Picture Show" heute Abend, alles Einzelplätze. Auch die nächsten Tage sind schon völlig ausverkauft. Jetzt freuen Sie sich auf Ihren Feierabend, weil sie dann mit Ihren Freunden selbst in die „Rocky Horror Picture Show" gehen wollen. Sie haben sich fünf ganz tolle Plätze besorgt, in der ersten Reihe. Da kommt noch ein Kunde.

Appendix C
Spelling Reform

A few years ago, there was a German spelling reform that changed the spelling of a handful of common words. The new rules also affected capitalization and compounding. Even today, you will often encounter words spelled according to the old rules when you read authentic texts. We provide here a brief summary of situations in which the current and the old rules differ from each other, with examples. The vocabulary lists at the end of each chapter and at the end of the student edition follow the new rules. (This is not a complete list of words affected by the spelling reform.)

- **ß** or **ss**? The new rule is simple: Write **ss** after a short vowel but **ß** after a long vowel or a diphthong. With the old rules, spelling didn't always follow this reasoning.

CURRENT	OLD
essen (isst), aß, gegessen	essen (ißt), aß, gegessen
lassen (lässt), ließ, gelassen	lassen (läßt), ließ, gelassen
müssen (muss), musste, gemusst	müssen (muß), mußte, gemußt
Schloss, Schlösser	Schloß, Schlösser

- Some words that are now divided were formerly written as compound words.

CURRENT	OLD
kennen lernen, lernte kennen, kennen gelernt	kennenlernen, lernte kennen, kennengelernt
Rad fahren (fährt Rad), fuhr Rad, ist Rad gefahren	radfahren (fährt Rad), fuhr Rad, ist radgefahren
wie viel	wieviel

- When three of the same consonants occur together in a compound word, all are kept. This was formerly not necessarily the case.

CURRENT	OLD
Schifffahrt	Schiffahrt

- Some words that are now compounds used to be written separately.

CURRENT	OLD
irgendjemand	irgend jemand
Samstagmorgen	Samstag morgen

- Several common words that are capitalized under the new rules were formerly not capitalized.

CURRENT	OLD
heute Morgen	heute morgen
Leid tun	leid tun

- Second-person familiar pronouns are not capitalized, unless they start a sentence. It used to be that in letters they were always capitalized.

CURRENT	OLD
du, dich, dir, dein, ihr, euch, euer	Du, Dich, Dir, Dein, Ihr, Euch, Euer

Appendix D
Phonetics Summary Tables

I. Phoneme-Grapheme Relationships (Overview)

Note: The **Arbeitsbuch** presents the phoneme-grapheme relationship in reverse: The graphemes (letters of the alphabet) are the starting point for variations in pronunciation.

Vowels

Sound Group	Phonemes / Sounds	Graphemes	Examples
a-sounds	[aː]	a ah aa	Tafel Zahl Haar
	[a]	a	Hallo
i-sounds	[iː]	i ie ih ieh	**I**da L**ie**be **ih**r sich anz**ieh**en
	[ɪ]	i	Stift
e-sounds	[eː]	e eh ee	Peter sehen Tee
	[ɛ]	e ä	Herr Ärger
	[ɛː]	ä äh	Cäsar zählen
o-sounds	[oː]	o oh oo	Hose **O**hr **B**oot
	[ɔ]	o	Kopf
u-sounds	[uː]	u uh	Fuß **U**hr
	[ʊ]	u	Mund
ö-sounds	[øː]	ö öh	hören fröhlich
	[œ]	ö	öffnen
ü-sounds	[yː]	ü üh y	Übung früh Typ

(continued)

Sound Group	Phonemes / Sounds	Graphemes	Examples
	[ʏ]	ü y	tschüss Ypsilon
reduced vowels	[ə] [ɐ] [ɐ̯]	e er r	beginnen Vater Ohr
dipthongs	[aɛ̯]	ei ai ey / ay	Kleid Mai Meyer, Bayern
	[aʊ̯]	au	Auge
	[ɔø̯]	eu äu	neun Häuser

Rules

1. **Long vowels** may be represented in writing by doubled vowels and by <ie>—for example, *Tee, Boot, Liebe*.
2. **Long vowels** may also be represented by a vowel followed by <h>, which is not pronounced but rather only indicates vowel length—for example, *Zahl, sehen, früh*.
3. **Single vowels** are often long when they appear in an open or potentially open syllable. Such syllables end in vowels—that is, they have no following end-consonant—for example, *Ü-bung, Ho-se, hörst* (from *hö-ren*), *gut* (from *gu-te*), *Fuß* (from *Fü-ße*). This rule applies above all to verbs, nouns, and adjectives.
4. **Diphthongs** consist of two closely associated short vowels within a syllable. Diphthongs are always long vowels—for example, *Auge, Kleid, neun*.
5. **Short vowels** generally precede double consonants—for example: *öffnen, Brille, doppelt*.
6. **Short vowels** may precede, though not always, a cluster of multiple consonants—for example, *Wurst, Gesicht, Herbst*.

Consonants

plosives	[p]	p pp -b	Paula doppelt gelb
	[b]	b bb	Brille Krabbe
	[t]	t tt -d th dt	Tür bitte Hemd Theorie Stadt

(continued)

	[d]	**d**	re**d**en
		dd	Te**dd**y
	[k]	**k**	**K**leid
		ck	Ro**ck**
		-g	Ta**g**
	[g]	**g**	Au**g**e
fricatives	[f]	**f**	**F**rau
		ff	ö**ff**nen
		v	**V**ater
	[v]	**w**	**W**ort
		v	**V**iktor
		(q)u	be**qu**em
	[s]	**s**	Hau**s**
		ss	Profe**ss**or
		ß	hei**ß**en
	[z]	**s**	Ho**s**e
	[ʃ]	**sch**	**Sch**ule
		s(t)	**St**iefel
		s(p)	**Sp**rache
	[ʒ]	**j**	**J**ournalist
		g	Eta**g**e
(ich-sound)	[ç]	**ch**	Gesi**ch**t
		-ig	zwanz**ig**
	[j]	**j**	**j**a
(ach-sound)	[x]	**ch**	Bau**ch**
r-sounds	[r]	**r**	**r**ot
		rr	He**rr**
		rh	**Rh**ythmus
	[ɐ]	**r**	Tü**r**
	[ɐ]	**er**	Vat**er**
nasals	[m]	**m**	**M**antel
		mm	ko**mm**en
	[n]	**n**	**N**ame
		nn	Ma**nn**
	[ŋ]	**ng**	spri**ng**en
		n(k)	da**n**ke
liquids	[l]	**l**	**L**ehrer
		ll	Bri**ll**e
aspirants	[h]	**h**	**H**ose
glottal stops	[ʔ]		be·antworten

(continued)

affricates	[pf]	**pf**	Ko**pf**
	[ts]	**z**	**z**ählen
		tz	se**tz**en
		ts	rech**ts**
		-t(ion)	Lek**t**ion
		zz	Pi**zz**a
	[ks]	**x**	Te**x**t
		ks	lin**ks**
		gs	du sa**gs**t
		chs	se**chs**

Rules

1. Double consonants are pronounced the same as single consonants; they merely indicate that the preceding vowel is short.
2. The letter pair <ch> is pronounced as:
    *   a so-called "**ach**-sound" [x] after <u, o, a, au>, for example, *such en, Toch ter, Sprach e, auch;*
    *   a so-called "**ich**-sound" [ç] after all other vowels as well as after <l, n, r> and in *-ch en*—for example, *nich t, Büch er, Töch ter, Näch te, leich t, euch, Milch, durch, manch mal, Mädch en;*
    *   [k] in the cluster <chs> as well as at the beginning of certain foreign words and German names—for example, *sech s, Ch arakter, Ch emnitz.*
3. [ʃ] is represented:
    *   by the letters <sch>: *sch ön, Tasch e* but not in *Häuschen (Häus-chen);*
    *   by <s(t)>: *Straße;* <s(p)>: *Sprach e.*
4. <r> can be clearly heard pronounced as a fricative, uvular, or trilled consonant [r]:
    *   at the beginning of a word or syllable: *rot, hö-ren;*
    *   after consonants and before vowels: *grün;*
    *   after short vowels (when clearly enunciated): *Wort, Herr.*
5. <r> is pronounced as a vowel [ɐ]:
    *   after long vowels: *Uhr;*
    *   in the unstressed combinations *er-, ver-, zer-,* and *-er: erzählen, Verkäufer, zerstören, Lehrer, aber.*

II. German Vowels and Their Features (Overview)

There are 16 or 17 (+ the vocalic pronunciation of <r>) vowels. They can be differentiated by:

*   **quantity** (in their length)—they are either short or long;
*   **quality** (in their tenseness)—they are either lax or tense.
    Quantity and quality are combined in German. The short vowels are lax; that is, in contrast to long vowels, they are formed with less muscular tension, less use of the lips, and less raising of the tongue. The **a**-vowels are only long

and short. In addition, there is a long, open [ɛː] as well as the reduced [ə] and [ɐ] (schwa).

The following minimal pairs illustrate these differences:

[aː] – [a]	Herr **Mah**ler – Herr **Ma**ller
[eː] – [ɛ]	Herr **Meh**ler – Herr **Me**ller
[iː] – [ɪ]	Herr **Mie**ler – Herr **Mi**ller
[oː] – [ɔ]	Herr **Moh**ler – Herr **Mo**ller
[uː] – [ʊ]	Herr **Muh**ler – Herr **Mu**ller
[øː] – [œ]	Herr **Möh**ler – Herr **Mö**ller
[yː] – [Y]	Herr **Müh**ler – Herr **Mü**ller

Quality and quantity do not play a role with the reduced vowels [ə] as in *eine* and [ɐ] as in *einer*.

- the raising of the tongue—either the front, middle, or back of the tongue is raised. The following minimal pairs illustrate the differences in front vowels:

[eː] – [ɛ]	Herr **Meh**ler – Herr **Me**ller
[iː] – [ɪ]	Herr **Mie**ler – Herr **Mi**ller
[ø] – [œ]	Herr **Möh**ler – Herr **Mö**ller
[yː] – [Y]	Herr **Müh**ler – Herr **Mü**ller

The following minimal pairs illustrate the differences in mid vowels:

[aː] – [a]	Herr **Mah**ler – Herr **Ma**ller	
[ə] – [ɐ]	eine	-einer

The following minimal pairs illustrate the differences in back vowels:

[oː] – [ɔ]	Herr **Moh**ler – Herr **Mo**ller
[uː] – [ʊ]	Herr **Muh**ler – Herr **Mu**ller

- the rounding of the lips—there are rounded and unrounded vowels. The following minimal pairs illustrate the differences between rounded and unrounded vowels:

[øː] – [eː]	Herr **Möh**ler – Herr **Meh**ler
[œ] – [ɛ]	Herr **Mö**ller – Herr **Me**ller
[yː] – [iː]	Herr **Müh**ler – Herr **Mie**ler
[Yː] – [ɪ]	Herr **Mü**ller – Herr **Mi**ller

The German vowels can be systematized according to their features as follows:

	front		mid	back
long + *tense*	iː eː ɛː	yː øː	aː	uː oː
short + *lax*	ɪ ɛ	Y œ	a	ʊ ɔ
unstressed			ə ɐ	
		rounded		rounded

III. German Consonants and Their Features (Overview)

German consonants are differentiated according to:

- point of articulation—they are formed from the lips (in the front) to the velum (in the back) at different points in the mouth (see overview table);
- type of articulation.
  There are plosives/stops, in which the passage of air is interrupted:

  > [p] as in *Lippen*, [b] as in *lieben*, [t] as in *retten*, [d] as in *reden*, [k] as in *wecken*, [g] as in *wegen*

  There are fricatives, in which the passage of air creates friction:

  > [f] as in *vier*, [v] as in *wir*, [s] as in *Haus*, [z] as in *Häuser*, [ʃ] as in *Tasche*, [ʒ] as in *Garage*, [ç] as in *Mädchen*, [j] as in *ja*, [x] as in *Tochter*, [r] as in *Torte*

  There are nasals, in which air passes through the nose:

  > [n] as in *nie*, [m] as in *Mai*, [ŋ] as in *lange*

  There are isolated consonants—the aspirant [h] as in *hier*, the liquid [l], as in *hell*.
- tension—there are tense consonants that are always voiceless:

  > [p] as in *Lippen*, [t] as in *retten*, [k] as in *wecken*, [f] as in *vier*, [s] as in *Haus*, [ʃ] as in *Tasche*, [ç] as in *Mädchen*, [x] as in *Tochter*

There are lax consonants that are voiced after vowels and voiced consonants:

> [b] as in *lieben*, [d] as in *reden*, [g] as in *wegen*, [v] as in *bewegen*, [z] as in *Häuser*, [ʒ] as in *Garage*, [j] as in *naja*

After a pause in speech (for example at the beginning of a sentence after a pause) and after voiceless consonants, these consonants are also pronounced voiceless:

> [b̥] as in *mitbringen*, [d̥] as in *bis drei*, [g̊] as in *ins Haus gehen*, [v̥] as in *auch wir*, [z̥] as in *ab sieben*, [ʒ̊] as in *das Journal*, [j̊] as in *ach ja*

At the end of words and syllables, the following consonants are pronounced voiceless and tense—that is, as fortis consonants. This phenomenon is known as final devoicing:

> [b → p] as in *lieb*, [d → t] as in *und*, [g → k] as in *weg*, [v → f] as in *explosiv*, [z → s] as in *Haus*

Appendix E
Grammar Summary Tables

I. Personal Pronouns

Nominative	Accusative	Accusative Reflexive	Dative	Dative Reflexive
ich	mich	mich	mir	mir
du	dich	dich	dir	dir
Sie	Sie	sich	Ihnen	sich
er	ihn	sich	ihm	sich
sie	sie	sich	ihr	sich
es	es	sich	ihm	sich
wir	uns	uns	uns	uns
ihr	euch	euch	euch	euch
Sie	Sie	sich	Ihnen	sich
sie	sie	sich	ihnen	sich

II. Definite Articles / Pronouns Declined Like Definite Articles

dieser/dieses/diese   *this*
mancher/manches/manche   *some, many a*
welcher/welches/welche   *which*
jeder/jedes/jede (*singular*)   *each, every*
alle (*plural*)   *all*

	Singular			Plural
	MASCULINE	NEUTER	FEMININE	
Nominative	der	das	die	die
	dieser	dieses	diese	diese
Accusative	den	das	die	die
	diesen	dieses	diese	diese
Dative	dem	dem	der	den
	diesem	diesem	dieser	diesen
Genitive	des	des	der	der
	dieses	dieses	dieser	dieser

III. Indefinite Articles / Negative Articles / Possessive Adjectives

mein/meine	*my*
dein/deine	*your (familiar singular)*
Ihr/Ihre	*your (polite singular)*
sein/seine	*his, its*
ihr/ihre	*her, its*
unser/unsere	*our*
euer/eure	*your (familiar plural)*
Ihr/Ihre	*your (polite plural)*
ihr/ihre	*their*

	Singular			Plural
	MASCULINE	NEUTER	FEMININE	
Nominative	ein	ein	eine	
	kein	kein	keine	keine
	mein	mein	meine	meine
Accusative	einen	ein	eine	
	keinen	kein	keine	keine
	meinen	mein	meine	meine
Dative	einem	einem	einer	
	keinem	keinem	keiner	keinen
	meinem	meinem	meiner	meinen
Genitive	eines	eines	einer	
	keines	keines	keiner	keiner
	meines	meines	meiner	meiner

IV. Relative Pronouns

	Singular			Plural
	MASCULINE	NEUTER	FEMININE	
Nominative	der	das	die	die
Accusative	den	das	die	die
Dative	dem	dem	der	denen
Genitive	dessen	dessen	deren	deren

V. Question Pronouns

	People	Things and Concepts
Nominative	wer	was
Accusative	wen	was
Dative	wem	
Genitive	wessen	

VI. Attributive Adjectives

		Masculine	Neuter	Feminine	Plural
Nominative	strong	guter	gutes	gute	gute
	weak	gute	gute	gute	guten
Accusative	strong	guten	gutes	gute	gute
	weak	guten	gute	gute	guten
Dative	strong	gutem	gutem	guter	guten
	weak	guten	guten	guten	guten
Genitive	strong	guten	guten	guter	guter
	weak	guten	guten	guten	guten

Nouns declined like adjectives: Angestellte, Beamte, Deutsche, Geliebte, Verletzte, Verwandte

VII. Comparative and Superlative of Adjectives and Adverbs

A. *Regular Patterns*

schnell	schneller	am schnellsten
intelligent	intelligenter	am intelligentesten
heiß	heißer	am heißesten
teuer	teurer	am teuersten
dunkel	dunkler	am dunkelsten

B. *Irregular Patterns*

alt	älter	am ältesten
groß	größer	am größten
jung	jünger	am jüngsten

Similarly: arm, dumm, hart, kalt, krank, kurz, lang, oft, scharf, schwach, stark, warm

gern	lieber	am liebsten
gut	besser	am besten
hoch	höher	am höchsten
nah	näher	am nächsten
viel	mehr	am meisten

VIII. Weak Masculine Nouns

These nouns add **-(e)n** in the accusative, dative, and genitive.

A. *International nouns ending in -t denoting male persons:* Dirigent, Komponist, Patient, Polizist, Präsident, Soldat, Student, Tourist
B. *Nouns ending in -e denoting male persons or animals:* Drache, Junge, Kunde, Löwe, Neffe, Riese, Vorfahre, Zeuge
C. *The following nouns:* Elefant, Herr, Mensch, Nachbar, Name[1]

	Singular	Plural
Nominative	der Student der Junge	die Studenten die Jungen
Accusative	den Studenten den Jungen	die Studenten die Jungen
Dative	dem Studenten dem Jungen	den Studenten den Jungen
Genitive	des Studenten des Jungen	der Studenten der Jungen

IX. Prepositions

Accusative	Dative	Accusative/Dative	Genitive
durch	aus	an	(an)statt
für	außer	auf	trotz
gegen	bei	hinter	während
ohne	mit	in	wegen
um	nach	neben	
	seit	über	
	von	unter	
	zu	vor	
		zwischen	

---

[1]*Genitive:* des Namens

X. Dative Verbs

antworten	*to answer*
begegnen	*to meet*
danken	*to thank*
erlauben	*to allow*
fehlen	*to be missing*
folgen	*to follow*
gefallen	*to please, be pleasing to*
gehören	*to belong to*
glauben	*to believe*
gratulieren	*to congratulate*
helfen	*to help*
Leid tun	*to be sorry; to feel sorry for*
passen	*to fit*
passieren	*to happen*
raten	*to advise*
schaden	*to be harmful*
schmecken	*to taste (good)*
stehen	*to suit*
wehtun	*to hurt*
zuhören	*to listen to*

XI. Reflexive Verbs

sich anziehen	*to get dressed*
sich ärgern	*to get angry*
sich aufregen	*to get excited*
sich ausruhen	*to rest*
sich ausziehen	*to get undressed*
sich beeilen	*to hurry*
sich erholen	*to relax, recover*
sich erkälten	*to catch a cold*
sich erkundigen	*to ask*
sich (die Haare) föhnen	*to blow-dry (one's hair)*
sich fragen (ob)	*to wonder (if)*
sich freuen	*to be happy*
sich (wohl) fühlen	*to feel (well)*
sich fürchten	*to be afraid*
sich gewöhnen an	*to get used to*
sich hinlegen	*to lie down*
sich infizieren	*to get infected*
sich informieren	*to get information*
sich interessieren für	*to be interested in*
sich kümmern um	*to take care of*
sich rasieren	*to shave*
sich schminken	*to put on makeup*
sich setzen	*to sit down*
sich umsehen	*to look around*

sich unterhalten	*to have a conversation*
sich verletzen	*to get hurt*
sich verloben	*to get engaged*
sich vorstellen	*to imagine*

XII. Verbs + Prepositions

ACCUSATIVE

bitten um	*to ask for*
denken an	*to think about*
glauben an	*to believe in*
nachdenken über	*to think about; to ponder*
schreiben an	*to write to*
schreiben/sprechen über	*to write/talk about*
sorgen für	*to care for*
verzichten auf	*to renounce, do without*
warten auf	*to wait for*

SICH + ACCUSATIVE

sich ärgern über	*to be angry at/about*
sich erinnern an	*to remember*
sich freuen über	*to be happy about*
sich gewöhnen an	*to get used to*
sich kümmern um	*to take care of*
sich interessieren für	*to be interested in*
sich verlieben in	*to fall in love with*

DATIVE

fahren/reisen mit	*to go/travel by*
halten von	*to think of; to value*
handeln von	*to deal with*
träumen von	*to dream of*

SICH + DATIVE

| sich erkundigen nach | *to ask about* |
| sich fürchten vor | *to be afraid of* |

XIII. Inseparable Prefixes of Verbs

A. *Common*

be-	bedeuten, bekommen, bestellen, besuchen, bezahlen usw.
er-	erfinden, erkälten, erklären, erlauben, erreichen usw.
ver-	verbrennen, verdienen, vergessen, verlassen, verletzen usw.

B. *Less Common*

ent-	entdecken, entscheiden, entschuldigen
ge-	gefallen, gehören, gewinnen, gewöhnen
zer-	zerreißen, zerstören

Appendix F
Verbs

I. Conjugation Patterns

A. *Simple tenses*

		Present	Simple Past	Subjunctive	Past Participle
Strong	ich	komme	kam	käme	bin gekommen
	du	kommst	kamst	kämst	bist gekommen
	er/sie/es	kommt	kam	käme	ist gekommen
	wir	kommen	kamen	kämen	sind gekommen
	ihr	kommt	kamt	kämt	seid gekommen
	sie, Sie	kommen	kamen	kämen	sind gekommen
Weak	ich	glaube	glaubte	glaubte	habe geglaubt
	du	glaubst	glaubtest	glaubtest	hast geglaubt
	er/sie/es	glaubt	glaubte	glaubte	hat geglaubt
	wir	glauben	glaubten	glaubten	haben geglaubt
	ihr	glaubt	glaubtet	glaubtet	habt geglaubt
	sie, Sie	glauben	glaubten	glaubten	haben geglaubt
Irregular Weak	ich	weiß	wusste	wüsste	habe gewusst
	du	weißt	wusstest	wüsstest	hast gewusst
	er/sie/es	weiß	wusste	wüsste	hat gewusst
	wir	wissen	wussten	wüssten	haben gewusst
	ihr	wisst	wusstet	wüsstet	habt gewusst
	sie, Sie	wissen	wussten	wüssten	haben gewusst
Modal	ich	kann	konnte	könnte	habe gekonnt
	du	kannst	konntest	könntest	hast gekonnt
	er/sie/es	kann	konnte	könnte	hat gekonnt
	wir	können	konnten	könnten	haben gekonnt
	ihr	könnt	konntet	könntet	habt gekonnt
	sie, Sie	können	konnten	könnten	haben gekonnt
haben	ich	habe	hatte	hätte	habe gehabt
	du	hast	hattest	hättest	hast gehabt
	er/sie/es	hat	hatte	hätte	hat gehabt
	wir	haben	hatten	hätten	haben gehabt
	ihr	habt	hattet	hättet	habt gehabt
	sie, Sie	haben	hatten	hätten	haben gehabt
sein	ich	bin	war	wäre	bin gewesen
	du	bist	warst	wärst	bist gewesen
	er/sie/es	ist	war	wäre	ist gewesen
	wir	sind	waren	wären	sind gewesen
	ihr	seid	wart	wärt	seid gewesen
	sie, Sie	sind	waren	wären	sind gewesen
werden	ich	werde	wurde	würde	bin geworden
	du	wirst	wurdest	würdest	bist geworden
	er/sie/es	wird	wurde	würde	ist geworden
	wir	werden	wurden	würden	sind geworden
	ihr	werdet	wurdet	würdet	seid geworden
	sie, Sie	werden	wurden	würden	sind geworden

1. *Active voice*

	Perfect	**Past Perfect**	**Future**	**Subjunctive**
Strong	ich habe genommen	hatte genommen	werde nehmen	würde nehmen
	ich bin gefahren	war gefahren	werde fahren	würde fahren
Weak	ich habe gekauft	hatte gekauft	werde kaufen	würde kaufen
	ich bin gesegelt	war gesegelt	werde segeln	würde segeln
Irr. Weak	ich habe gewusst	hatte gewusst	werde wissen	würde wissen
Modal	ich habe gekonnt	hatte gekonnt	werde können	würde können
haben	ich habe gehabt	hatte gehabt	werde haben	würde haben
sein	ich bin gewesen	war gewesen	werde sein	würde sein
werden	ich bin geworden	war geworden	werde werden	würde werden

2. *Passive voice*

	Present	**Simple Past**	**Perfect**
Strong	es wird genommen	wurde genommen	ist genommen worden
Weak	es wird gekauft	wurde gekauft	ist gekauft worden

II. Strong and Irregular Weak Verbs

backen (backt)	backte	hat gebacken	*to bake*
beginnen (beginnt)	begann	hat begonnen	*to begin*
beißen (beißt)	biss	hat gebissen	*to bite*
bekommen (bekommt)	bekam	hat bekommen	*to get, receive*
beschreiben (beschreibt)	beschrieb	hat beschrieben	*to describe*
besitzen (besitzt)	besaß	hat besessen	*to own, possess*
besteigen (besteigt)	bestieg	hat bestiegen	*to climb*
bitten (bittet)	bat	hat gebeten	*to ask for*
bleiben (bleibt)	blieb	ist geblieben	*to stay*
braten (brät)	briet	hat gebraten	*to roast, fry*
brechen (bricht)	brach	hat gebrochen	*to break*
brennen (brennt)	brannte	hat gebrannt	*to burn*
bringen (bringt)	brachte	hat gebracht	*to bring*
denken (denkt)	dachte	hat gedacht	*to think*
dürfen (darf)	durfte	hat gedurft	*to be allowed to*
essen (isst)	aß	hat gegessen	*to eat*
empfehlen (empfiehlt)	empfahl	hat empfohlen	*to recommend*
entscheiden (entscheidet)	entschied	hat entschieden	*to decide*
erfinden (erfindet)	erfand	hat erfunden	*to invent*

fahren (fährt)	fuhr	ist gefahren	*to go, drive*
fallen (fällt)	fiel	ist gefallen	*to fall*
fangen (fängt)	fing	hat gefangen	*to catch*
finden (findet)	fand	hat gefunden	*to find*
fliegen (fliegt)	flog	ist geflogen	*to fly*
fliehen (flieht)	floh	ist geflohen	*to flee*
fließen (fließt)	floss	ist geflossen	*to flow*
fressen (frisst)	fraß	hat gefressen	*to eat*
geben (gibt)	gab	hat gegeben	*to give*
gefallen (gefällt)	gefiel	hat gefallen	*to please, be pleasing to*
gehen (geht)	ging	ist gegangen	*to go, walk*
gewinnen (gewinnt)	gewann	hat gewonnen	*to win*
gießen (gießt)	goss	hat gegossen	*to water*
haben (hat)	hatte	hat gehabt	*to have*
halten (hält)	hielt	hat gehalten	*to hold*
hängen (hängt)	hing	hat gehangen	*to hang, be suspended*
heben (hebt)	hob	hat gehoben	*to lift*
heißen (heißt)	hieß	hat geheißen	*to be called*
helfen (hilft)	half	hat geholfen	*to help*
kennen (kennt)	kannte	hat gekannt	*to know*
klingen (klingt)	klang	hat geklungen	*to sound*
kommen (kommt)	kam	ist gekommen	*to come*
können (kann)	konnte	hat gekonnt	*to be able*
laden (lädt)	lud	hat geladen	*to invite*
lassen (lässt)	ließ	hat gelassen	*to let, leave*
laufen (läuft)	lief	ist gelaufen	*to run*
leihen (leiht)	lieh	hat geliehen	*to lend, borrow*
lesen (liest)	las	hat gelesen	*to read*
liegen (liegt)	lag	hat gelegen	*to lie*
mögen (mag)	mochte	hat gemocht	*to like*
müssen (muss)	musste	hat gemusst	*to have to*
nehmen (nimmt)	nahm	hat genommen	*to take*
nennen (nennt)	nannte	hat genannt	*to name*
raten (rät)	riet	hat geraten	*to advise*
reiten (reitet)	ritt	ist geritten	*to ride*
riechen (riecht)	roch	hat gerochen	*to smell*
rufen (ruft)	rief	hat gerufen	*to call*
scheiden (scheidet)	schied	hat geschieden	*to leave, divorce*
schießen (schießt)	schoss	hat geschossen	*to shoot*
schlafen (schläft)	schlief	hat geschlafen	*to sleep*
schlagen (schlägt)	schlug	hat geschlagen	*to strike, beat*
schließen (schließt)	schloss	hat geschlossen	*to shut, close*
schneiden (schneidet)	schnitt	hat geschnitten	*to cut*
schreiben (schreibt)	schrieb	hat geschrieben	*to write*
schwimmen (schwimmt)	schwamm	ist geschwommen	*to swim*
sehen (sieht)	sah	hat gesehen	*to see*

sein (ist)	war	ist gewesen	*to be*
senden (sendet)	sandte	hat gesandt	*to send*
singen (singt)	sang	hat gesungen	*to sing*
sinken (sinkt)	sank	ist gesunken	*to sink*
sitzen (sitzt)	saß	hat gesessen	*to sit*
sprechen (spricht)	sprach	hat gesprochen	*to speak*
springen (springt)	sprang	ist gesprungen	*to spring, jump*
stehen (steht)	stand	hat gestanden	*to stand*
steigen (steigt)	stieg	ist gestiegen	*to climb*
sterben (stirbt)	starb	ist gestorben	*to die*
stoßen (stößt)	stieß	hat gestoßen	*to shove, push*
streiten (streitet)	stritt	hat gestritten	*to quarrel, fight*
tragen (trägt)	trug	hat getragen	*to wear, carry*
treffen (trifft)	traf	hat getroffen	*to meet, hit*
treiben (treibt)	trieb	hat getrieben	*to do sports*
trinken (trinkt)	trank	hat getrunken	*to drink*
tun (tut)	tat	hat getan	*to do*
verbrennen (verbrennt)	verbrannte	hat verbrannt	*to burn; to incinerate*
verbringen (verbringt)	verbrachte	hat verbracht	*to spend (time)*
vergessen (vergisst)	vergaß	hat vergessen	*to forget*
verlassen (verlässt)	verließ	hat verlassen	*to leave (a place)*
verlieren (verliert)	verlor	hat verloren	*to lose*
verschwinden (verschwindet)	verschwand	ist verschwunden	*to disappear*
versprechen (verspricht)	versprach	hat versprochen	*to promise*
wachsen (wächst)	wuchs	ist gewachsen	*to grow*
waschen (wäscht)	wusch	hat gewaschen	*to wash*
werden (wird)	wurde	ist geworden	*to become*
wissen (weiß)	wusste	hat gewusst	*to know*

Appendix G
Answers to Grammar Exercises

Einführung A
Übung 1: 1. Hören Sie zu! 2. Geben Sie mir die Hausaufgabe! 3. Öffnen Sie das Buch! 4. Schauen Sie an die Tafel! 5. Nehmen Sie einen Stift! 6. Sagen Sie „Guten Tag"! 7. Schließen Sie das Buch! 8. Schreiben Sie „Tschüss"! **Übung 2:** 1.a. heißt b. heiße c. heiße 2.a. heißen b. heiße 3.a. heiße b. heiße c. heißt **Übung 3:** 1. Sie 2. Es 3. Er 4. Sie 5. Es 6. Sie 7. Er 8. Sie 9. Sie 10. Er **Übung 4:** 1. Er ist orange. 2. Sie ist grün. 3. Es ist gelb. 4. Er ist schwarz und rot. 5. Sie sind rosa. 6. Sie sind braun. 7. Sie ist weiß. **Übung 5:** 1. du 2. Sie 3. du 4. ihr 5. Sie 6. Sie 7. Sie 8. ihr

Einführung B
Übung 1: 1.a. ein b. der c. rot 2.a. ein b. der c. grün 3.a. eine b. die c. grau 4.a. eine b. die c. braun 5.a. ein b. das c. orange 6.a. eine b. die c. schwarz **Übung 2:** 1. Nein, das ist eine Lampe. 2. Nein, das ist eine Tafel. 3. Nein, das ist ein Fenster. 4. Nein, das ist ein Kind. 5. Nein, das ist ein Heft. 6. Nein, das ist eine Uhr. 7. Nein, das ist ein Tisch. 8. Nein, das ist eine Tür. **Übung 3:** 1.a. bist b. bin c. sind 2.a. ist b. sind 3.a. seid b. bin c. ist. 4.a. bin b. bin **Übung 4:** 1.a. haben b. habe 2.a. hast 3.a. Habt b. hat c. haben d. habe **Übung 5:** Der Mensch hat zwei Arme, zwei Augen, zwei Beine, zehn Finger, zwei Füße, viele Haare, zwei Hände, eine Nase, zwei Ohren, zwei Schultern. **Übung 6:** (*Numbers will vary.*) In meinem Zimmer sind viele Bücher, ein Fenster, zwei Lampen, zwei Stühle, ein Tisch, eine Tür, eine Uhr, vier Wände. **Übung 7:** 1. Er ist schwarz. 2. Es ist weiß. 3. Sie ist blau. 4. Sie ist gelb. 5. Sie sind weiß. 6. Es ist rot. 7. Er ist lila. 8. Sie sind braun. 9. Sie ist grün. 10. Er ist rosa. **Übung 8:** 1.a. kommst b. komme 2.a. kommt b. aus c. Woher d. kommen e. ich f. aus 3.a. sie b. kommen 4.a. ihr b. wir **Übung 9:** 1.a. deine b. Sie 2.a. dein b. mein 3.a. mein b. mein c. Dein 4.a. Ihre b. Meine c. mein **Übung 10:** (*Answers will vary.*)
1. Ich komme aus _____.
2. Meine Mutter kommt aus _____.
3. Mein Vater kommt aus _____. 4. Meine Großeltern kommen aus _____. / Mein Großvater kommt aus _____, und meine Großmutter kommt aus _____. 5. Mein Professor / Meine Professorin kommt aus _____. 6. Ein Student aus meinem Deutschkurs heißt _____, und er kommt aus _____. 7. Eine Studentin aus meinem Deutschkurs heißt _____, und sie kommt aus _____.

Kapitel 1
Übung 1: (*Answers may vary.*) 1. Ich besuche Freunde. 2. Ihr geht ins Kino. 3. Jutta und Jens lernen Spanisch. 4. Du spielst gut Tennis. 5. Melanie studiert in Regensburg. 6. Ich lese ein Buch. 7. Wir reisen nach Deutschland. 8. Richard hört gern Musik. 9. Jürgen und Silvia kochen Spaghetti. **Übung 2:** 1. sie 2. Sie 3.a. du b. Ich 4.a. ihr b. Wir 5.a. Ich b. ihr c. Wir **Übung 3:** 1.a. (tanz)t b. (tanz)e c. (tanz)t 2.a. (geh)t b. (mach)en c. (reis)t d. (arbeit)et 3.a. (koch)en b. (mach)t c. (besuch)en **Übung 4:** (*Answers may vary slightly.*) 1. Monika und Albert spielen gern Schach. 2. Heidi arbeitet gern. 3. Stefan besucht gern Freunde. 4. Nora geht gern ins Kino. 5. Peter hört gern Musik. 6. Katrin macht gern Fotos. 7. Monika zeltet gern. 8. Albert trinkt gern Tee. **Übung 5:** 1. Frau Ruf liegt gern in der Sonne. Jutta liegt auch gern in der Sonne, aber Herr Ruf liegt nicht gern in der Sonne. 2. Jens reitet gern. Ernst reitet auch gern, aber Jutta reitet nicht gern. 3. Jens kocht gern. Jutta kocht auch gern, aber Andrea kocht nicht gern. 4. Michael und Maria spielen gern Karten. Die Rufs spielen auch gern Karten, aber die Wagners spielen nicht gern Karten. **Übung 6:** 1. Es ist halb acht. 2. Es ist elf Uhr. 3. Es ist Viertel vor fünf. 4. Es ist halb eins. 5. Es ist zehn vor sieben. 6. Es ist Viertel nach zwei. 7. Es ist fünfundzwanzig nach fünf. 8. Es ist halb elf. **Übung 7:** 1. (Rolf) nach 2. (er) vor 3. (Seine Großmutter) nach 4. (Rolf) vor 5. (er) vor 6. (er) vor 7. (er) vor 8. (Er) nach **Übung 8:** (*Answers will vary.*) 1. Ich studiere _____. 2. Im Moment wohne ich in _____. 3. Heute koche ich _____. 4. Manchmal trinke ich _____. 5. Ich spiele gern _____. 6. Mein Freund (Meine Freundin) heißt _____. 7. Jetzt wohnt er (sie) in _____. 8. Manchmal spielen wir _____. **Übung 9:** 1. auf 2. in 3. ein 4. an 5. aus 6. ab 7. ein 8. aus 9. auf **Übung 10:** 1. Rolf kommt in San Francisco an. 2. Thomas räumt das Zimmer auf. 3. Heidi ruft Thomas an. 4. Albert füllt das Formular aus. 5. Peter holt Monika ab. 6. Peter und Monika gehen aus. 7. Frau Schulz packt die Bücher ein. 8. Stefan steht um halb elf auf. **Übung 11:** 1. Wann bist du geboren? 2. Woher kommst du? 3. Wo wohnst du? 4. Welche Augenfarbe hast du? 5. Wie groß bist du? 6. Studierst du? 7. Welche Fächer studierst du? 8. Wie viele Stunden arbeitest du? 9. Was machst du gern? **Übung 12:** (*Answers may vary.*) 1. Wie heißt du? 2. Kommst du aus München? 3. Woher kommst du? 4. Was studierst du? 5. Wie heißt dein Freund? 6. Wo wohnt er? 7. Spielst du Tennis? 8. Tanzt du gern? 9. Trinkst du Bier? 10. Trinkt Willi gern Bier?

Kapitel 2
Übung 1: Ernst kauft die Tasche, die Stühle und den Schreibtisch. Melanie kauft die Tasche, das Regal und den Schreibtisch. Jutta kauft den Pullover, die Lampe und den Videorekorder. Ich kaufe . . . (*Answers will vary.*) **Übung 2:** (*Answers will vary.*) Ich habe ein Bett, Bilder, Bücher, einen Fernseher, eine Lampe, ein Telefon und einen Sessel. **Übung 3:** (*Sentences may vary.*) 1. Heidi hat einen Computer, aber keinen Fernseher. Sie hat eine Gitarre, aber kein Fahrrad. Sie hat ein Telefon und einen Teppich, aber sie hat keine Bilder. 2. Monika hat keinen Computer, keinen Fernseher und keine Gitarre. Aber sie hat ein Fahrrad, ein Telefon, Bilder und einen Teppich. 3. Ich habe _____. **Übung 4:** (*Answers will vary.*) 1. Ich möchte ein Auto und eine Sonnenbrille. 2. Mein bester Freund möchte eine Katze. 3. Meine Eltern möchten einen Videorekorder. 4. Meine Mitbewohnerin und ich möchten einen Fernseher. 5. Mein Nachbar in der Klasse möchte ein Motorrad. 6. Meine Professorin möchte einen Koffer. 7. Mein Bruder möchte einen Hund. **Übung 5:** Seine Haare; Seine Augen; Seine Halskette; Seine Schuhe; Seine Gitarre; Sein Zimmer; Sein Fenster; Ihre Haare; Ihre Augen; Ihre Halskette ist kurz. Ihre Schuhe sind sauber. Ihre Gitarre ist neu. Ihr Zimmer ist klein. Ihr Fenster ist groß. **Übung 6:** 1. Ihren 2. Deine 3. eure 4. Deine 5. Ihr 6. deine 7. Euren **Übung 7:** (*Answers will vary.*) **Übung 8:** 1.a. ihr b. wir 2.a. Sie b. Ich 3.a. sie b. er 4.a. du b. Ich c. ihr d. Wir

Übung 9: a. machen b. fährt c. sieht d. Isst e. isst f. isst g. macht h. lese i. schläft j. fahren **Übung 10:** (*Answers will vary.*) 1. Wir sprechen (nicht) gern Deutsch. Sprecht ihr auch (nicht) gern Deutsch? 2. Ich lade (nicht) gern Freunde ein. Lädst du auch (nicht) gern Freunde ein? 3. Ich laufe (nicht) gern im Wald. Läufst du auch (nicht) gern im Wald? 4. Ich trage (nicht) gern Pullis. Trägst du auch (nicht) gern Pullis? 5. Wir sehen (nicht) gern fern. Seht ihr auch (nicht) gern fern? 6. Ich fahre (nicht) gern Fahrrad. Fährst du auch (nicht) gern Fahrrad? 7. Wir vergessen (nicht) gern die Hausaufgabe. Vergesst ihr auch (nicht) gern die Hausaufgabe? 8. Ich schlafe (nicht) gern. Schläfst du auch (nicht) gern? **Übung 11:** 1. Schreib es dir auf! 2. Lies ein Buch! 3. Mach eine Pause! 4. Treib Sport! 5. Trink Cola! 6. Iss lieber Joghurt! 7. Kauf dir einen neuen Pullover! 8. Koch Chinesisch! 9. Lade deine Freunde ein! 10. Fahr Fahrrad! **Übung 12:** 1. Schlaf nicht den ganzen Tag! 2. Lieg nicht den ganzen Tag in der Sonne! 3. Vergiss nicht deine Hausaufgaben! 4. Lies deine Bücher! 5. Sieh nicht den ganzen Tag fern! 6. Trink nicht zu viel Cola! 7. Sprich nicht mit vollem Mund! 8. Trag deine Brille! 9. Geh spazieren! 10. Treib Sport! **Übung 13:** 1. Trag heute ein T-Shirt! 2. Spiel keine laute Musik! 3. Lern den Wortschatz! 4. Ruf deine Freunde an! 5. Lauf nicht allein im Park! 6. Lieg nicht zu lange in der Sonne! 7. Räum dein Zimmer auf! 8. Iss heute Abend in einem Restaurant! 9. Geh nicht zu spät ins Bett! 10. Steh früh auf!

Kapitel 3
Übung 1: (*Predicates and sequence will vary.*) A.1. Mein Freund / Meine Freundin kann _____. 2. Meine Eltern können _____. 3. Ich kann / Wir können _____. 4. Mein Bruder / Meine Schwester kann _____. 5. Der Professor / Die Professorin kann _____. B.1. Kannst du / Könnt ihr Gedichte schreiben? 2. Kannst du / könnt ihr Auto fahren? 3. Kannst du / Könnt ihr tippen? 4. Kannst du / Könnt ihr stricken? 5. Kannst du / Könnt ihr zeichnen? **Übung 2:** (*Answers will vary.*) 1. Heute Abend will ich _____. 2. Morgen kann ich nicht _____. 3. Mein Freund / Meine Freundin kann gut _____. 4. Am Samstag will mein Freund / meine Freundin _____. 5. Mein Freund / Meine Freundin und ich wollen _____. 6. Im Winter wollen meine Eltern / meine Freunde _____. 7. Meine Eltern / Meine Freunde

können gut _____. **Übung 3:** 1. Sie darf nicht mit Jens zusammen lernen. 2. Sie darf nicht viel fernsehen. 3. Sie muss in der Klasse aufpassen und mitschreiben. 4. Sie darf nicht jeden Tag tanzen gehen. 5. Sie muss jeden Tag ihren Wortschatz lernen. 6. Sie muss amerikanische Filme im Original sehen. 7. Sie muss ihren Englischlehrer zum Abendessen einladen. 8. Sie muss für eine Woche nach London fahren. 9. Sie muss die englische Grammatik fleißig lernen. **Übung 4:** 1.a. Willst b. will c. kann d. muss 2.a. darf b. musst c. kann d. darfst e. könnt 3.a. sollst b. kann c. musst **Übung 5:** 1.a. dich 2.a. mich b. dich 3.a. uns 4.a. euch 5.a. dich b. dich 6.a. mich b. Sie 7.a. Sie **Übung 6:** 1. Ja, ich mache es gern. / Nein, ich mache es nicht gern. 2. Ja, ich kann es aufsagen. / Nein, ich kann es nicht aufsagen. 3. Ja, ich kenne ihn. / Nein, ich kenne ihn nicht. 4. Ja, ich lese sie gern. / Nein, ich lese sie nicht gern. 5. Ja, ich lerne ihn gern. / Nein, ich lerne ihn nicht gern. 6. Ja, ich kenne sie. / Nein, ich kenne sie nicht. 7. Ja, ich vergesse sie oft. / Nein, ich vergesse sie nicht oft. 8. Ja, ich mag ihn/sie. / Nein, ich mag ihn/sie nicht. **Übung 7:** 1. Nein, sie liest ihn nicht, sie schreibt ihn. 2. Nein, er isst sie nicht, er trinkt sie. 3. Nein, sie macht ihn nicht an, sie macht ihn aus. 4. Nein, er kauft es nicht, er verkauft es. 5. Nein, er zieht sie nicht aus, er zieht sie an. 6. Nein, sie trägt ihn nicht, sie kauft ihn. 7. Nein, er bestellt es nicht, er isst es. 8. Nein, er besucht ihn nicht, er ruft ihn an. 9. Nein, sie kämmt es nicht, sie wäscht es. 10. Nein, er bläst sie nicht aus, er zündet sie an. **Übung 8:** 1. Weil ich krank bin. 2. Weil er müde ist. 3. Weil wir Hunger haben. 4. Weil sie keine Zeit hat. 5. Weil sie Langeweile hat. 6. Weil ich traurig bin. 7. Weil sie Durst haben. 8. Weil ich Angst habe. 9. Weil er glücklich ist. 10. Weil ich lernen muss. **Übung 9:** (*Answers will vary.*) 1. S1: Was macht Albert, wenn er müde ist? S2: Wenn Albert müde ist, geht er nach Hause. S1: Und du? S2: Wenn ich müde bin, _____. 2. S1: Was macht Maria, wenn sie glücklich ist? S2: Wenn Maria glücklich ist, trifft sie Michael. S1: Und du? S2: Wenn ich glücklich bin, _____. 3. S1: Was macht Herr Ruf, wenn er Durst hat? S2: Wenn Herr Ruf Durst hat, trinkt er eine Cola. S1: Und du? S2: Wenn ich Durst habe, _____. 4. S1: Was macht Frau Wagner, wenn sie in Eile ist? S2: Wenn Frau Wagner in Eile ist, fährt sie mit dem Taxi. S1: Und du? S2: Wenn ich in Eile bin, _____. 5. S1: Was macht Heidi, wenn sie Hunger hat? S2: Wenn Heidi Hunger hat,

kauft sie einen Hamburger. S1: Und du? S2: Wenn ich Hunger habe, _____. 6. S1: Was macht Frau Schulz, wenn sie Ferien hat? S2: Wenn Frau Schulz Ferien hat, fliegt sie nach Deutschland. S1: Und du? S2: Wenn ich Ferien habe, _____. 7. S1: Was macht Hans, wenn er Angst hat? S2: Wenn Hans Angst hat, ruft er „Mama, Mama". S1: Und du? S2: Wenn ich Angst habe, _____. 8. S1: Was macht Stefan, wenn er krank ist? S2: Wenn Stefan krank ist, geht er zum Arzt. S1: Und du? S2: Wenn ich krank bin, _____. **Übung 10:** 1. Jürgen ist wütend, weil er immer so früh aufstehen muss. 2. Silvia ist froh, weil sie heute nicht arbeiten muss. 3. Claire ist in Eile, weil sie noch einkaufen muss. 4. Josef ist traurig, weil Melanie ihn nicht anruft. 5. Thomas geht nicht zu Fuß, weil seine Freundin ihn zur Uni mitnimmt. 6. Willi hat selten Langeweile, weil er immer fernsieht. 7. Marta hat Angst vor Wasser, weil sie nicht schwimmen kann. 8. Mehmet fährt in die Türkei, weil er seine Eltern besuchen will.

Kapitel 4
Übung 1: a. hat b. ist c. hat d. hat e. ist f. sind g. ist h. hat i. hat **Fragen:** 1. Rosemarie ist um 7 Uhr aufgestanden. 2. Sie sind zur Schule gegangen. 3. Frau Dehne ist die Lehrerin. 4. Sie hat „Herzlich Willkommen" an die Tafel geschrieben. **Übung 2:** a. haben b. sind c. haben d. sind e. sind f. haben g. haben h. sind i. haben j. sind **Fragen:** 1. Josef und Melanie sind mit dem Taxi zum Bahnhof gefahren. 2. Sie sind um 5.30 mit dem Zug abgefahren. 3. Sie haben im Speisewagen gefrühstückt. 4. Nachts haben sie schlecht geschlafen. **Übung 3:** a. aufgestanden b. geduscht c. gefrühstückt d. gegangen e. gehört f. getroffen g. getrunken h. gearbeitet i. gegessen **Übung 4:** 1. Hast du schon gefrühstückt? 2. Bist du schon geschwommen? 3. Hast du schon eine Geschichte gelesen? 4. Hast du schon Klavier gespielt? 5. Hast du schon geschlafen? 6. Hast du schon gegessen? 7. Hast du schon Geschirr gespült? 8. Hast du den Brief schon geschrieben? 9. Bist du schon ins Bett gegangen? **Übung 5:** 1. Katrin hat bis 9 Uhr im Bett gelegen. 2. Sie hat einen Rock getragen. 3. Sie hat mit Frau Schulz gesprochen. 4. Sie hat ein Referat gehalten. 5. Sie hat Freunde getroffen. 6. Sie hat gearbeitet. 7. Es hat geregnet. 8. Sie ist nach Hause gekommen. 9. Sie hat ihre Wäsche gewaschen. 10. Sie ist abends zu Hause geblieben. **Übung 6:** 1. (*Answers will vary.*) 2. (*Answers will vary.*) 3. Am fünf-

undzwanzigsten Dezember. 4. (*Answers will vary according to country.*) 5. Am ersten Januar. 6. Am vierzehnten Februar. 7. (*Answers will vary.*) 8. (*Answers will vary.*) 9. Am einundzwanzigsten März. 10. Am dreiundzwanzigsten Juni. **Übung 7:** a. im b. im c. — d. am e. Am f. um g. um h. Am i. im j. am **Übung 8:** (*Answers will vary.*) **Übung 9:** A: 1. R 2. F 3. R 4. R 5. R B: Partizipien mit **ge-**:

aufgestanden	aufstehen
gehört	hören
gegangen	gehen
gekocht	kochen
gefahren	fahren
geparkt	parken
zurückgekommen	zurückkommen
gewaschen	waschen
aufgeräumt	aufräumen
gefallen	fallen
eingelaufen	einlaufen
abgebrannt	abbrennen

Partizipien ohne **ge-**:

verschlafen	verschlafen
bekommen	bekommen
bezahlt	bezahlen
zerbrochen	zerbrechen

Übung 10: a. ist . . . angekommen b. hat . . . begrüßt c. getrunken d. ist . . . gegangen e. hat . . . geschlafen f. ist . . . gegangen g. haben . . . gefragt h. hat . . . gesprochen i. haben . . . getrunken j. sind . . . gegangen **Übung 11:** (*Answers will vary.*) 1. —Bist du gestern früh aufgestanden? —Ja. —Wann? —Um 6 Uhr. 2. —Hast du gestern jemanden fotografiert? —Ja. —Wen? —Jane. 3. —Hast du gestern jemanden besucht? —Ja. —Wen? —Alan. 4. —Bist du gestern ausgegangen? —Ja. —Wohin? —Ins Kino. 5. —Hast du gestern etwas bezahlt? —Ja. —Was? —Die Rechnung. 6. —Hast du gestern etwas repariert? —Ja. —Was? —Mein Auto. 7. —Hast du gestern etwas Neues probiert? —Ja. —Was? —Segeln. 8. —Hast du gestern ferngesehen? —Ja. —Wie lange? —Eine Stunde. 9. —Hast du gestern etwas nicht verstanden? —Ja. —Was? —Sophies Referat. 10. —Hast du gestern dein Zimmer aufgeräumt? —Ja. —Wann? —Um 4 Uhr.

Kapitel 5

Übung 1: (*Answers will vary.*) Ich backe meiner Tante einen Kuchen. Ich erkläre meinem Partner eine Geschichte. Ich erzähle meiner Kusine einen Witz. Ich gebe meinem Freund einen Kuss. Ich kaufe meinem Vater eine Krawatte. Ich koche meiner Mitbewohnerin Kaffee. Ich leihe meinem Bruder fünfzig Dollar. Ich schenke meiner Großmutter ein Buch. Ich schreibe meiner Mutter einen Brief. Ich verkaufe meinem Mitbewohner mein Deutschbuch. **Übung 2:** (*Answers will vary.*) Heidi erklärt ihrer Freundin die Grammatik. Peter erzählt seinem Vetter ein Märchen. Thomas gibt seiner Mutter ein Armband. Katrin kauft ihrem Mann einen Rucksack. Stefan kocht seinem Freund eine Suppe. Albert leiht seinen Eltern einen Regenschirm. Monika schenkt ihrer Schwester einen Bikini. Frau Schulz schreibt ihrer Tante eine Karte. Nora verkauft ihrem Professor ein Zelt. **Übung 3:** 1. Wer 2. Wen 3. Wem 4. Wen 5. Wem 6. wer **Übung 4:** 1. Was passiert am Abend? Es wird dunkel. 2. Was passiert, wenn man Bücher schreibt? Man wird bekannt. 3. Was passiert, wenn man Fieber bekommt? Man wird krank. 4. Was passiert im Frühling? Die Tage werden länger. 5. Was passiert im Herbst? Die Blätter werden bunt. 6. Was passiert, wenn Kinder älter werden? Sie werden größer. 7. Was passiert, wenn man in der Lotterie gewinnt? Man wird reich. 8. Was passiert, wenn man Medizin studiert? Man wird Arzt. 9. Was passiert am Morgen? Es wird hell. 10. Was passiert im Sommer? Es wird wärmer. **Übung 5:** 1. Vielleicht wird sie Köchin. 2. Vielleicht wird sie Apothekerin. 3. Vielleicht wird er Pilot. 4. Vielleicht wird er Lehrer. 5. Vielleicht wird sie Architektin. 6. Vielleicht wird sie Bibliothekarin. 7. Vielleicht wird er Krankenpfleger. 8. Vielleicht wird sie Dirigentin. **Übung 6:** 1. Was macht man im Kino? Man sieht einen Film 2. Was macht man auf der Post? Man kauft Briefmarken. 3. Was macht man an der Tankstelle? Man tankt Benzin. 4. Was macht man in der Disko? Man tanzt. 5. Was macht man in der Kirche? Man betet. 6. Was macht man auf der Bank? Man wechselt Geld. 7. Was macht man im Meer? Man schwimmt. 8. Was macht man in der Bibliothek? Man liest ein Buch. 9. Was macht man im Park? Man geht spazieren. **Übung 7:** 1. Monika ist in der Kirche. 2. Albert schwimmt im Meer. 3. Heidi ist auf der Polizei. 4. Nora ist in einem Hotel. 5. Katrin ist im Schwimmbad. 6. Thomas ist auf der Post. 7. Frau Schulz ist in der Küche. 8. Das Poster ist an der Wand. 9. Der Topf ist auf dem Herd. 10. Der Wein ist im Kühlschrank. **Übung 8:** 1. mir 2. dir 3. euch 4. Ihnen 5. uns **Übung 9:** 1. Er hat ihr einen Regenschirm geschenkt. 2. Sie hat ihm ihr Auto geliehen. 3. Er hat ihm tausend Mark geliehen. 4. Sie hat ihr einen Witz erzählt. 5. Er hat ihnen eine Geschichte erzählt. 6. Sie hat ihr ihre Sonnenbrille verkauft. 7. Er hat ihnen seinen Fernseher verkauft. 8. Sie hat ihm ihr Büro gezeigt. 9. Er hat ihm seine Wohnung gezeigt. 10. Sie hat ihr eine neue Brille gekauft. 11. Er hat ihr einen Kinderwagen gekauft.

Kapitel 6

Übung 1: 1. gefällt 2. gratuliere 3. helfen 4. Schmeckt 5. passt 6. gehört 7. Fehlt 8. begegnet 9. schadet 10. zugehört **Übung 2:** (*Answers will vary.*) **Übung 3:** (*Answers may vary.*) 1. Albert ist unter der Dusche. 2. Der Spiegel hängt an der Wand. 3. Der Kühlschrank steht neben dem Fernseher. 4. Das Deutschbuch liegt im Kühlschrank. 5. Die Lampe hängt über dem Tisch. 6. Der Computer steht auf dem Schreibtisch. 7. Die Schuhe liegen auf dem Bett. 8. Die Hose liegt auf dem Tisch. 9. Das Poster von Berlin hängt über dem Fernseher. 10. Die Katze liegt unter dem Bett. **Übung 4:** (*Answers will vary.*) **Übung 5:** (*Answers may vary*). 1. Ich bin heute Abend in der Bibliothek. 2. Ich bin am Nachmittag in der Mensa. 3. Ich bin um 16 Uhr bei Freunden. 4. Ich bin in der Nacht im Bett. 5. Ich bin am frühen Morgen am Frühstückstisch. 6. Ich bin am Montag in der Klasse. 7. Ich bin am 1. August im Urlaub. 8. Ich bin an Weihnachten auf einer Party. 9. Ich bin im Winter bei meinen Eltern. 10. Ich bin am Wochenende auf einer Party. **Übung 6:** 1. Er geht zum Arzt. 2. Er geht zum Fußballplatz. 3. Sie geht ins Hotel. 4. Er fährt zur Tankstelle. 5. Er geht in den Supermarkt. 6. Er geht auf die Post. 7. Sie gehen in den Wald. 8. Sie geht zu ihrem Freund. 9. Er fährt zum Flughafen. 10. Sie geht ins Theater. **Übung 7:** 1.a. aufstehst 2.a. mache b. aus c. fernsiehst 3.a. kommt b. an 4.a. zieht b. um 5. einladen 6.a. räumt b. auf 7.a. mitkommen b. mitnimmst 8.a. rufst b. an **Übung 8:** Andrea hat ferngesehen. Katrin und Peter sind ausgegangen. Heidi hat Frau Schulz angerufen. Herr Ruf hat das Geschirr abgetrocknet. Jürgen ist ausgezogen. Jutta hat ihr Abendkleid angezogen. Maria ist aus Bulgarien angekommen. Herr Thelen ist aufgewacht. **Übung 9:** 1. Womit kochst du Kaffee? Mit der Kaffeemaschine. 2. Womit saugst du Staub? Mit dem Staubsauger. 3. Womit putzt du dir die Zähne? Mit der Zahnbürste. 4. Womit fegst du den Boden? Mit dem Besen. 5. Womit bügelst du? Mit dem Bügeleisen. 6. Womit trocknest du dir die Hände ab? Mit dem Handtuch. 7. Womit tippst du einen Brief?

Mit dem Computer. 8. Womit gießt du die Blumen im Garten? Mit dem Gartenschlauch. 9. Womit wischst du den Boden? Mit dem Putzlappen. 10. Womit gießt du die Blumen in der Wohnung? Mit der Gießkanne. **Übung 10:** 1.a. mit b. mit c. Mit d. bei 2.a. bei b. mit c. bei d. mit 3.a. mit b. mit c. bei.

Kapitel 7

Übung 1: (*Answers will vary.*) 1. Ich mag Leute, die laut lachen. 2. Ich mag keine Leute, die viel sprechen. 3. Ich mag eine Stadt, die Spaß macht. 4. Ich mag keine Stadt, die langweilig ist. 5. Ich mag einen Mann, der gern verreist. 6. Ich mag keinen Mann, der interessant aussieht. 7. Ich mag eine Frau, die nett ist. 8. Ich mag keine Frau, die betrunken ist. 9. Ich mag einen Urlaub, der exotisch ist. 10. Ich mag ein Auto, das schnell fährt. **Übung 2:** 1. Europa → Wie heißt der Kontinent, der eigentlich eine Halbinsel von Asien ist? 2. Mississippi → Wie heißt der Fluss, von dem Mark Twain erzählt? 3. San Francisco → Wie heißt die Stadt, die an einer Bucht liegt? 4. die Alpen → Wie heißen die Berge, in denen man sehr gut Ski fahren kann? 5. Washington → Wie heißt der Staat in den USA, dem ein Präsident seinen Namen gegeben hat? 6. das Tal des Todes → Wie heißt das Tal, in dem es sehr heiß ist? 7. Ellis → Wie heißt die Insel, die man von New York sieht? 8. der Pazifik → Wie heißt das Meer, über das man nach Hawaii fliegt? 9. die Sahara → Wie heißt die Wüste, die man aus vielen Filmen kennt? 10. der Große Salzsee → Wie heißt der See in Utah, auf dem man segeln kann? **Übung 3:** 1. Berlin ist größer als Zürich. 2. München ist älter als San Francisco. 3. Athen ist wärmer als Hamburg. 4. Der Mount Everest ist höher als das Matterhorn. 5. Der Mississippi ist länger als der Rhein. 6. Liechtenstein ist kleiner als die Schweiz. 7. Leipzig ist kälter als Kairo. 8. Ein Fernseher ist billiger als eine Waschmaschine. 9. Schnaps ist stärker als Bier. 10. Ein Haus auf dem Land ist schöner als ein Haus in der Stadt. 11. Zehn Euro ist mehr als zehn Dollar. 12. Ein Appartement ist teurer als eine Wohnung in einem Studentenheim. 13. Ein Motorrad ist schneller als ein Fahrrad. 14. Ein Sofa ist schwerer als ein Stuhl. 15. Bier ist besser als Milch. **Übung 4:** 1. Heidi ist schwerer als Monika. 2. Thomas und Stefan sind am schwersten. 3. Thomas ist besser in Deutsch als Stefan. 4. Heidi ist am besten.

5. Heidi ist kleiner als Stefan. 6. Monika ist am kleinsten. 7. Stefan ist jünger als Thomas. 8. Stefan ist am jüngsten. 9. Thomas' Haare sind länger als Heidis. 10. Monikas Haare sind am längsten. 11. Heidis Haare sind kürzer als Monikas. 12. Stefans Haare sind am kürzesten. 13. Monika ist schlechter in Deutsch als Heidi. 14. Stefan ist in Deutsch am schlechtesten. **Übung 5:** 1. In Athen ist es am heißesten. 2. In Moskau ist es am kältesten. 3. Monaco ist am kleinsten. 4. Frankreich ist am ältesten. 5. Südafrika ist am jüngsten. 6. Der Nil ist am längsten. 7. Frankfurt liegt am nörd-lichsten. 8. Der Mount Everest ist am höchsten. 9. Deutschland ist am größten. **Übung 6:** a. darauf b. daneben c. Dazwischen d. Darin e. Davor f. darüber g. Daran h. Darunter i. dahinter **Übung 7:** 1. Mit wem gehen Sie am liebsten ins Theater? 2. Worauf freuen Sie sich am meisten? 3. Auf wen müssen Sie immer warten? 4. Über wen haben Sie sich in letzter Zeit am meisten geärgert? 5. Woran denken Sie, wenn Sie „USA" hören? 6. Womit fahren Sie zur Schule? 7. Worüber schreiben Sie nicht gern? 8. An wen haben Sie Ihren letzten Brief geschrieben? 9. Von wem halten Sie nicht viel? **Übung 8:** 1. bin 2.a. hat b. bin 3.a. habe b. bin 4. bin 5. bin 6.a. habe b. bin 7.a. habe b. ist 8.a. haben b. ist 9.a. ist / sind b. hat 10. habe **Übung 9:** 1. Ich habe schon Frühstück gemacht. 2. Ich habe meine Milch schon getrunken. 3. Ich habe den Tisch schon sauber gemacht. 4. Ich bin schon zum Bäcker gelaufen. 5. Ich habe schon Brötchen mitgebracht. 6. Ich habe schon Geld mitgenommen. 7. Ich habe den Hund schon gefüttert. 8. Ich habe die Tür schon zugemacht. **Übung 10:** 1.a. Hatten b. hatte 2. Waren 3.a. wart b. hatten 4.a. Warst b. war 5. hatte 6. hattest 7.a. Warst b. war c. hatte.

Kapitel 8

Übung 1: (*Answers will vary.*) Amerikanisches Steak! 2. Russischer Kaviar! 3. Griechische Oliven! 4. Japanisches Sushi! 5. Französischer Champagner! 6. Deutsche Wurst! 7. Dänischer Käse! 8. Italienische Spaghetti! 9. Ungarischer Paprika! 10. Englische Marmelade! 11. Kolumbianischer Kaffee! 12. Neuseeländische Kiwis! **Übung 2:** 1. Ich esse nur deutsches Brot. 2. Ich esse nur russischen Kaviar. 3. Ich esse nur italienische Salami. 4. Ich trinke nur

kolumbianischen Kaffee. 5. Ich esse nur neuseeländische Kiwis. 6. Ich trinke nur französischen Wein. 7. Ich trinke nur belgisches Bier. 8. Ich esse nur spanische Muscheln. 9. Ich esse nur englische Marmelade. 10. Ich esse nur japanischen Thunfisch. **Übung 3:** 1. Michael: Ich möchte den grauen Wintermantel da. Maria: Nein, der graue Wintermantel ist viel zu schwer. 2. Michael: Ich möchte die gelbe Hose da. Maria: Nein, die gelbe Hose ist viel zu bunt. 3. Michael: Ich möchte das schicke Hemd da. Maria: Nein, das schicke Hemd ist viel zu teuer. 4. Michael: Ich möchte die roten Socken da. Maria: Nein, die roten Socken sind viel zu warm. 5. Michael: Ich möchte den schwarzen Schlafanzug da. Maria: Nein, der schwarze Schlafanzug ist viel zu dünn. 6. Michael: Ich möchte die grünen Schuhe da. Maria: Nein, die grünen Schuhe sind viel zu groß. 7. Michael: Ich möchte den modischen Hut da. Maria: Nein, der modische Hut ist viel zu klein. 8. Michael: Ich möchte die schwarzen Winterstiefel da. Maria: Nein, die schwarzen Winterstiefel sind viel zu leicht. 9. Michael: Ich möchte die elegante Sonnenbrille da. Maria: Nein, die elegante Sonnenbrille ist viel zu bunt. 10. Michael: Ich möchte die roten Tennisschuhe da. Maria: Nein, die roten Tennisschuhe sind viel zu grell. **Übung 4:** 1.a. Ihr neues Auto b. der alte Mercedes c. keinen neuen Wagen 2.a. der italienische Wein b. eine weitere Flasche 3.a. mein kaputtes Fahrrad b. meinen blöden Computer c. kein freies Wochenende **Übung 5:** 1. den 2.a. den b. dem 3.a. dem b. das 4. der 5.a. den b. den 6.a. ins b. im c. am 7.a. dich b. dich 8.a. den b. den 9. Die **Übung 6:** 1. Die Teller stehen im Küchenschrank. 2. Albert stellt die Teller auf den Tisch. 3. Die Servietten liegen in der Schublade. 4. Monika legt die Servietten auf den Tisch. 5. Messer und Gabeln liegen in der Schublade. 6. Stefan legt Messer und Gabeln auf den Tisch. 7. Die Kerze steht auf dem Schrank. 8. Heidi stellt die Kerze auf den Tisch. 9. Thomas sitzt auf dem Sofa. **Übung 7:** 1. Jutta leiht ihrem neuen Freund ihre Lieblings-CD. 2. Jens verkauft dem kleinen Bruder von Jutta eine Ratte. 3. Ernst zeigt die Ratte nur seinen besten Freunden. 4. Jutta schenkt ihrer besten Freundin ein Buch. 5. Jens kauft seinem wütenden Lehrer eine Krawatte. 6. Ernst erzählt seiner großen Schwester einen Witz. 7. Jutta kocht den netten Leuten von nebenan Kaffee. 8. Ernst gibt dem süßen Baby von nebenan einen Kuss.

Übung 8: (*Answers and sequence will vary.*) 1. Ich werde weniger fernsehen. 2. Ich werde mehr lernen. 3. Ich werde weniger oft ins Kino gehen. 4. Ich werde früher ins Bett gehen. 5. Ich werde mehr arbeiten. 6. Ich werde öfter selbst kochen. **Übung 9:** 1. Frau Schulz repariert morgen das Auto. 2. Heidi fährt morgen aufs Land. 3. Peter spielt morgen Fußball. 4. Monika schreibt morgen einen Brief. 5. Stefan geht morgen einkaufen. 6. Nora heiratet morgen. 7. Albert geht morgen in den Supermarkt. 8. Thomas räumt morgen sein Zimmer auf. **Übung 10:** (*Answers will vary.*)

Kapitel 9
Übung 1: (*Answers will vary.*) **Übung 2:** 1. Ich durfte nicht. 2. Ich wollte nicht. 3. Das wusste ich nicht. 4. Ich wollte eine. 5. Ich sollte das nicht. **Übung 3:** 1.a. wolltest b. wusste 2.a. durfte b. musste c. wollten d. konnten 3.a. konnte b. musste c. wusste d. wollte **Übung 4:** 1.a. Wann b. Wenn 2.a. wann b. Als 3. als 4.a. Wann b. als 5.a. Wann b. Wenn 6.a. Wann b. Als **Übung 5:** a. wenn b. Als c. Wenn d. wenn e. Als f. Als g. Wann h. Als i. wenn **Übung 6:** a. standen b. gingen c. fuhren d. kamen e. hielten f. aßen g. schwammen h. schliefen i. sprangen **Übung 7:** 1.a. wohnte b. hieß c. brachten d. machten e. gaben f. schliefen g. liefen h. kamen 2.a. sahen b. saß c. kochte d. fanden e. trug f. schloss g. tötete h. lief **Übung 8:** 1. Nachdem Jutta den Schlüssel verloren hatte, kletterte sie durch das Fenster. 2. Nachdem Ernst die Fensterscheibe eingeworfen hatte, lief er weg. 3. Nachdem Claire angekommen war, rief sie Melanie an. 4. Nachdem Hans seine Hausaufgaben gemacht hatte, ging er ins Bett. 5. Nachdem Jens sein Fahrrad repariert hatte, machte er eine Radtour. 6. Nachdem Michael die Seiltänzerin gesehen hatte, war er ganz verliebt. 7. Nachdem Richard ein ganzes Jahr gespart hatte, flog er nach Australien. 8. Nachdem Silvia zwei Semester allein gewohnt hatte, zog sie in eine Wohnge-meinschaft. 9. Nachdem Willi ein Geräusch gehört hatte, rief er den Großvater an.

Kapitel 10
Übung 1: 1. b. 2. a. 3. h. 4. g. 5. c. 6. d. 7. i. 8. j. 9. f. 10. e. **Übung 2:** 1. Nach Kopenhagen. 2. Zum Strand. 3. Zu ihrer Tante Sule. 4. Aus der Türkei. 5. Nein, sie kommt aus dem Iran. 6. Aus dem Wasser. 7. Vom Markt. 8. Ja, bei uns. 9. Bei Fatimas Tante. 10. Nach Hause. **Übung 3:**

(*Answers will vary.*) 1. Ja, üb jetzt Klavier. Du hast morgen Klavierstunde. *oder* Nein, üb jetzt nicht Klavier. Wir gehen gleich aus. 2. Ja, ruf ihn an. Er wollte mit dir sprechen. *oder* Nein, ruf ihn nicht an. Du musst deine Hausaufgaben machen. 3. Ja, iss sie mal. Du hast heute noch keine Süßigkeiten gegessen. *oder* Nein, iss sie nicht. Wir essen gleich zu Abend. 4. Ja, mach es auf. Die Luft ist hier schlecht. *oder* Nein, mach es nicht auf. Es ist draußen zu kalt. 5. Ja, gib mir einen Kuss. Ich fahre weg. *oder* Nein, gib mir keinen Kuss. Du hast gerade Schokolade auf den Lippen. 6. Ja, rede doch mal mit mir. Du hast wohl etwas zu erklären. *oder* Nein, rede im Moment nicht mit mir. Ich bin beschäftigt. 7. Ja, spül bitte das Geschirr. Ich bin nicht dazu gekommen. *oder* Nein, spül das Geschirr nicht. Ich mache es nachher. 8. Ja, geh mal in den Garten. Du brauchst die frische Luft. *oder* Nein, geh nicht in den Garten. Es regnet. 9. Ja, fahr mal morgen mit dem Fahrrad in die Schule. Ich kann dich mit dem Auto nicht hinbringen. *oder* Nein, fahr morgen nicht mit dem Fahrrad in die Schule. Ich bringe dich mit dem Auto hin. **Übung 4:** 1. Jens und Ernst, seid nicht so laut! 2. Maria, halte bitte an der nächsten Ampel! 3. Uli, bieg an der nächsten Straße nach links ab! 4. Jutta, iss mehr Obst! 5. Herr Pusch, fahren Sie nicht so schnell! 6. Jens, warte an der Ecke auf mich! 7. Natalie und Rosemarie, seid nicht ungeduldig! 8. Andrea und Paula, grüßt euren Vater von mir! 9. Hans, lauf mal schnell zu Papa! 10. Helga und Sigrid, lest jeden Tag die Zeitung! **Übung 5:** 1. Mach 2. Sprechen Sie 3. warte 4. vergiss 5. Helft **Übung 6:** 1. Fahren Sie den Fluss entlang. 2. Gehen Sie über die Brücke. 3. Gehen Sie an der Kirche vorbei. 4. Fahren Sie links vor dem Bahnhof. 5. Die Tankstelle ist gegenüber von der Post. 6. Gehen Sie über die Schienen. 7. Ja, und dann biegen Sie in die Bismarckstraße rechts ein. 8. Nein, gehen Sie an dem Rathaus vorbei und dann links. 9. Das Hotel „Zum Patrizier" ist gegenüber von dem Rathaus. 10. Fahren Sie 10 km die Straße entlang. **Übung 7:** (*Answers will vary.*) **Übung 8:** 1. Müsstest du nicht noch tanken? 2. Sollten wir nicht Jens abholen? 3. Könnten zwei Freunde von mir auch mitfahren? 4. Sollten wir nicht zuerst in die Stadt fahren? 5. Wolltest du nicht zur Bank? 6. Könntest du etwas langsamer fahren? 7. Dürfte ich das Autoradio anmachen? 8. Dürfte ich das Fenster aufmachen? **Übung 9:** 1. vor 50.000

Jahren → Wann wurde Australien von den Aborigines besiedelt? 2. um 2500 v. Chr. → Wann wurden die ersten Pyramiden gebaut? 3. 44 v. Chr. → Wann wurde Cäsar ermordet? 4. 800 n. Chr. → Wann wurde Karl der Große zum Kaiser gekrönt? 5. 1088 → Wann wurde die erste Universität (Bologna) gegründet? 6. 1789 → Wann wurde die amerikanische Verfassung unterschrieben? 7. 1885 → Wann wurde in Kanada die transkontinentale Eisenbahn vollendet? 8. 1945 → Wann wurden die Atombomben auf Hiroshima und Nagasaki geworfen? 9. 1963 → Wann wurde John F. Kennedy erschossen? 10. 1990 → Wann wurde Deutschland vereinigt? **Übung 10:** 1. Mäuse werden in vielen Labortests benutzt. 2. Meerschweinchen werden oft als Haustiere gehalten. 3. Bienen werden wegen ihrer Honigproduktion geschätzt. 4. Mücken werden durch Parfum und Kosmetikprodukte angelockt. 5. Die Fledermaus wird in vielen Kulturen mit Vampiren assoziiert. 6. Schnecken werden oft mit Butter- und Knoblauchsoße gegessen. 7. Der Gepard wird immer noch für seinen Pelz getötet. 8. Die meisten Papageien werden in der Wildnis gefangen. 9. Delphine werden wegen ihrer Intelligenz bewundert. 10. Viele Haie werden jedes Jahr gefischt.

Kapitel 11
Übung 1: 1.a. fühle mich b. mich erkältet c. dich legen 2.a. sich aufgeregt b. sich ausruhen 3.a. dich verletzt b. mich geschnitten 4.a. ärgerst dich b. dich freuen **Übung 2:** (*Answers will vary.*) Erst stehe ich auf. Dann dusche ich mich. Dann wasche ich mir das Gesicht. Dann wasche ich mir die Haare. Dann trockne ich mich ab. Dann putze ich mir die Fingernägel. Dann rasiere ich mich. Dann kämme ich mir die Haare. Dann ziehe ich mich an. Dann frühstücke ich. Dann putze ich mir die Zähne und gehe zur Uni. **Übung 3:** (*Answers will vary.*) 1. Ich rasiere mich jeden Morgen. 2. Meine Oma schminkt sich zu sehr. 3. Mein Freund wäscht sich nicht oft genug die Haare. 4. Mein Vater putzt sich nach jeder Mahlzeit die Zähne. 5. Mein Onkel zieht sich immer verrückt an. 6. Meine Schwester duscht sich jeden Tag. 7. Meine Freundin kämmt sich nie. 8. Mein Bruder fönt sich nie die Haare. 9. Meine Kusine badet sich nicht gern. 10. Meine Mutter zieht sich immer elegant an. **Übung 4:** 1. Ja, kannst du es mir geben?/Nein, ich brauche es nicht.

2. Ja, kannst du ihn mir geben?/Nein, ich brauche ihn nicht. 3. Ja, kannst du ihn mir geben?/Nein, ich brauche ihn nicht. 4. Ja, kannst du sie mir geben?/Nein, ich brauche sie nicht. 5. Ja, kannst du es mir geben?/Nein, ich brauche es nicht. 6. Ja, kannst du ihn mir geben?/Nein, ich brauche ihn nicht. 7. Ja, kannst du sie mir geben?/Nein, ich brauche sie nicht. 8. Ja, kannst du es mir geben?/Nein, ich brauche es nicht. 9. Ja, kannst du ihn mir geben?/Nein, ich brauche ihn nicht. **Übung 5:** 1. Warum schneidest du ihn dir nicht? 2. Warum wäschst du sie dir nicht? 3. Warum schneidest du sie dir nicht? 4. Warum kremst du sie dir nicht ein? 5. Warum fönst du sie dir nicht? 6. Warum wäschst du ihn dir nicht? 7. Warum putzt du sie dir nicht? 8. Warum lässt du sie dir nicht schneiden? 9. Warum kremst du es dir nicht ein? Warum wäschst du sie dir nicht? **Übung 6:** (*Some answers will vary.*) 1. FRAGE: Wissen Sie, was hier passiert ist? *oder* Können Sie mir sagen, was hier passiert ist? ANTWORT: Ein Kind wurde vom Auto überfahren. 2. FRAGE: Wissen Sie, ob das Kind das Auto gesehen hat? *oder* Können Sie mir sagen, ob das Kind das Auto gesehen hat? ANTWORT: Nein, es hat es nicht gesehen. 3. FRAGE: Wissen Sie, wer daran Schuld war? *oder* Können Sie mir sagen, wer daran Schuld war? ANTWORT: Der Autofahrer war daran Schuld. Er ist zu schnell gefahren. 4. FRAGE: Wissen Sie, warum Herr Langen das Kind nicht gesehen hat? *oder* Können Sie mir sagen, warum Herr Langen das Kind nicht gesehen hat? ANTWORT: Er hat das Kind nicht gesehen, weil es so schnell zwischen den parkenden Autos auf die Straße gerannt ist. 5. FRAGE: Wissen Sie, ob Herr Langen gebremst hat? *oder* Können Sie mir sagen, ob Herr Langen gebremst hat?

ANTWORT: Ja, er hat gebremst. 6. FRAGE: Wissen Sie, wann er gebremst hat? *oder* Können Sie mir sagen, wann er gebremst hat? ANTWORT: Als er das Kind sah, hat er gebremst. 7. FRAGE: Wissen Sie, wie oft Herr Langen diese Straße zur Arbeit fährt? *oder* Können Sie mir sagen, wie oft Herr Langen diese Straße zur Arbeit fährt? ANTWORT: Er fährt diese Straße sehr oft zur Arbeit. 8. FRAGE: Wissen Sie, wie lange Lothar auf der Straße lag? *oder* Können Sie mir sagen, wie lange Lothar auf der Straße lag? ANTWORT: Er lag mindestens drei Minuten auf der Straße. 9. FRAGE: Wissen Sie, wann die Polizei Lothars Mutter angerufen hat? *oder* Können Sie mir sagen, wann die Polizei Lothars Mutter angerufen hat? ANTWORT: Die Polizei hat Lothars Mutter gegen 7 Uhr 55 angerufen. **Übung 7:** 1. a. ob b. dass c. Wenn 2. a. damit b. Weil **Übung 8:** 1. a. als b. nachdem 2. bevor 3. Während 4. obwohl

Kapitel 12
Übung 1: 1. meines 2. Ihrer 3. meiner 4. deiner 5. dieses 6. alten 7. ersten 8. neuen **Übung 2:** 1. Monika spricht über den Beruf ihrer Schwester. 2. Thomas spricht über das Bild seines Vaters. 3. Frau Schulz spricht über das Alter ihrer Nichten. 4. Stefan spricht über die Länge seines Studiums. 5. Albert spricht über die Sprache seiner Großeltern. 6. Nora spricht über die Kleidung ihres Freundes. 7. Thomas spricht über die Qualität des Leitungswassers in Berkeley. 8. Katrin spricht über die Situation der Frauen. **Übung 3:** 1. trotz 2. wegen 3. während 4. trotz 5. während 6. Wegen 7. statt 8. trotz **Übung 4:** (*Answers will vary.*) **Übung 5:** (*Answers will vary.*) **Übung 6:** 1. Um morgens munter zu sein,

muss man früh ins Bett gehen. 2. Um die Professoren kennen zu lernen, muss man in die Sprechstunde gehen. 3. Um die Mitstudenten kennen zu lernen, muss man viel Gruppenarbeit machen. 4. Um am Wochenende nicht allein zu sein, muss man Leute einladen. 5. Um die Kurse zu bekommen, die man will, muss man sich so früh wie möglich einschreiben. 6. Um in vier Jahren fertig zu werden, muss man viel lernen und wenig Feste feiern. 7. Um nicht zu verhungern, muss man regelmäßig essen. 8. Um einen Freund/eine Freundin zu finden, muss man Deutsch belegen. 9. Um eine gute Note in Deutsch zu bekommen, muss man jeden Tag zum Unterricht kommen. 10. Um nicht ins Sprachlabor gehen zu müssen, muss man sich Kassetten kaufen oder ausleihen. **Übung 7:** (*Answers may vary.*) 1. Ich möchte immer hier leben, weil dieses Land das beste Land der Welt ist. 2. Ich möchte für ein Paar Jahre in Deutschland leben, um richtig gut Deutsch zu lernen. 3. Ausländer haben oft Probleme, weil sie die Sprache und Kultur des Gastlandes nicht verstehen. 4. Wenn ich Kinder habe, möchte ich hier leben, damit meine Kinder als (Amerikaner, Kanadier, Australier usw.) aufwachsen. 5. Viele Ausländer kommen hierher, weil man hier gut Geld verdienen kann. 6. Englisch sollte die einzige offizielle Sprache (der USA, Kanadas, Australiens usw.) sein, damit eine homogene Gemeinschaft aus der multikulturellen Bevölkerung wird. **Übung 8:** 1. Nom, F 2. Nom, V 3. Gen, F 4. Dat, F 5. Nom, F 6. Dat, V 7. Akk, P 8. Akk, P 9. Akk, F 10. Dat, P 11. Dat, V 12. Gen, P **Übung 9:** 1. em 2. en 3. e 4. e 5. e 6. er 7. e 8. en 9. ie 10. ie 11. en 12. e 13. en 14. en 15. er 16. em 17. en 18. em 19. er

VOKABELN

Deutsch-Englisch

Note to Students: The definitions in this vocabulary are based on the words as used in this text. For additional meanings, please refer to a dictionary.

Proper nouns are given only if the name is feminine or masculine or if the spelling is different from that in English.

The letters or numbers in parentheses following the entries refer to the chapters in which the words occur in the chapter vocabulary lists.

ab (+ *dat.*) from; as of, effective

ab·biegen (biegt . . . ab), bog . . . ab, ist abgebogen to turn (10)

ab·brennen (brennt . . . ab), brannte . . . ab, ist abgebrannt to be burned down

der **Abend, -e** evening (1, 4); **am Abend** in the evening, at night (4); **eines Abends** one evening; **gegen Abend** toward evening; **gestern Abend** last night (4); **guten Abend!** good evening (A); **heute Abend** this evening (2); **morgen Abend** tomorrow evening; **zu Abend essen** to dine, have dinner (4)

das **Abendessen, -** dinner, supper, evening meal (1, 8); **zum Abendessen** for dinner

die **Abendfreizeit** leisure time in the evening

abends evenings, in the evening (4)

die **Abendsonne, -n** evening sun, setting sun

der **Abendsonnenschein** evening sunlight

der **Abendverkauf** *permission to keep stores open at night*

das **Abenteuer, -** adventure; **Abenteuer erleben** to have adventures

aber (*coord. conj.*) but (A)

ab·fahren (fährt . . . ab), fuhr . . . ab, ist abgefahren to leave, depart (4)

die **Abfahrt, -en** departure

ab·geben (gibt. . .ab), gab. . .ab, abgegeben to hand over (to); to deliver (to)

ab·gehen (geht . . . ab), ging . . . ab, ist abgegangen to go away, leave; to come off

sich **ab·heben (hebt . . . ab), hob . . . ab, abgehoben** to stand out

ab·holen, abgeholt to pick (*s.o./s.th.*) up (from a place); to fetch (1)

das **Abitur** college-prep-school degree, high school diploma (5)

ab·kauen, abgekaut to chew off

die **Abkürzung, -en** abbreviation

ab·lenken, abgelenkt to divert; to change/get off the subject

ab·melden, abgemeldet to report that someone is moving from an address

ab·nehmen (nimmt . . . ab), nahm . . . ab, abgenommen to take off/away; to remove; to lose weight (8, 11); **Blut abnehmen** to take blood (11)

ab·räumen, abgeräumt to clear; to remove (3); **den Tisch abräumen** to clear the table (3)

ab·rechnen, abgerechnet to tally up; to settle an account

ab·reisen, ist abgereist to depart (10)

ab·reißen (reißt . . . ab), riss . . . ab, abgerissen to tear off; to pluck

der **Absatz, -̈e** paragraph

absatzweise one paragraph at a time

ab·saugen, abgesaugt to vacuum

der **Abschied, -e** farewell; parting; **zum Abschied** when leaving

der **Abschiedsgruß, -̈e** goodbye, farewell

ab·schließen (schließt . . . ab), schloss . . . ab, abgeschlossen to lock (up); to finish; to graduate

der **Abschluss, -̈e** completion; final examination; graduation; degree; diploma (9)

ab·schneiden (schneidet. . .ab), schnitt. . .ab, abgeschnitten to cut off (8); to do (well/badly)

der **Abschnitt, -e** segment, section

ab·schreiben (schreibt . . . ab), schrieb . . . ab, abgeschrieben to copy (from another person)

absolut absolute

absolvieren, absolviert: Fahrten absolvieren to take trips, go on drives

der **Abstand, -̈e** distance

ab·stürzen, ist abgestürzt to crash (11)

ab·transportieren, abtransportiert to carry away; to cart off

ab·trocknen, abgetrocknet to dry (*dishes*) (6); **sich abtrocknen** to dry (*o.s.*) off (11)

ab·waschen (wäscht . . . ab), wusch . . . ab, abgewaschen to wash (dishes)

ab·wischen, abgewischt to wipe off; to wipe clean (6)

ab·zahlen, abgezahlt to pay off (12)

das **Accessoire, -s** accessory

ach oh; **ach ja?** oh really?; **ach so** I see; **ach wie nett** how nice

acht eight (A)

acht- eighth (4)

achten (auf + *acc.*)**, geachtet** to watch out (for); to pay attention (to) (11)

achtundzwanzig twenty-eight (A)

die **Achtung** attention (7)

achtzehn eighteen (A)

achtzehnt- eighteenth

achtzig eighty (A)

ächzen, geächzt to creak

die **Action** action

der **Actionfilm, -e** action film

der **ADAC = Allgemeiner Deutscher Automobilclub** *German automobile club*

addieren, addiert to add

der **Adel** nobility

die **Ader, -n** vein

das **Adjektiv, -e** adjective

die **Adjektivendung, -en** adjective ending

der **Adler, -** eagle (10)

die **Adresse, -n** address (1)

der **Adventskalender, -** calendar counting the days of Advent

das **Adverb, -ien** adverb

das **Aerobic** aerobics

der **Affe, -n** (*wk.*) monkey; ape

(das) **Afrika** Africa (B)

afro-deutsch Afro-German (*adj.*) (12)

der **Agraringenieur, -e** / die **Agraringenieurin, -nen** agricultural engineer

(das) **Ägypten** Egypt (B)

der **Ägypter, -** / die **Ägypterin, -nen** Egyptian (*person*)

ähnlich similar(ly) (A)

die **Ahnung, -en** idea, suspicion (4); **keine Ahnung** (I have) no idea (4)

das **Akkordeon, -s** accordion (4)

der **Akkusativ, -e** accusative

die **Akte, -n** file; record

die **Aktie, -n** share, stock (12)

der **Aktienmarkt, ̈e** stock market

aktiv active

die **Aktivität, -en** activity

aktuell current; present-day

akut acute

der **Akzent, -e** accent

akzeptabel acceptable

akzeptieren, akzeptiert to accept; to agree to

(das) **Albanien** Albania (B)

der **Albatros, -se** albatross (10)

der **Aletschgletscher: der Große Aletschgletscher** *glacier in the Swiss Alps*

(das) **Algerien** Algeria (B)

(das) **Algier** Algiers

das **Alibi, -s** alibi

der **Alkohol** alcohol

alkoholfrei non-alcoholic

alkoholisiert inebriated

all all; **alle** (*pl.*) everybody; **nichts von alledem** none of this; **vor allem** above all **allein(e)**

alone; by oneself; **von allein** on one's own; by oneself

allerdings however; of course

allergisch (gegen + *acc.*) allergic (to) (11)

alles everything (2); **alles andere** everything else; **alles Mögliche** everything possible (3); **alles zusammen** all together; one check (*restaurant*) (5); **das alles** all of that; **was man alles braucht** everything one needs

allgemein general(ly)

der **Alltag, -e** daily routine (4)

die **Alpen** (*pl.*) the Alps (7)

das **Alphabet, -e** alphabet (3)

alpin alpine

als (*after comparative*) than; (*subord. conj.*) when; as (5, 11); **als ich acht Jahre alt war** when I was eight years old (5); **als ob** as if; as though; **als was?** as what? (5) **anders als** different from

also so; thus; well (2); **na, also** well then

alt old (A); das **Alter, -** age (1)

die **Alternative, -n** alternative

die **Altstadt, ̈e** old part of town (10)

am = **an dem** at/on the

(das) **Amerika** America, the USA (B)

der **Amerikaner, -** / die **Amerikanerin, -nen** American (*person*) (B)

amerikanisch American (*adj.*)

die **Ampel, -n** traffic light (7)

das **Amt, ̈er** public office

der **Amtsrichter, -** / die **Amtsrichterin, -nen** local or district court judge

an (+ *acc./dat.*) at; on; to; in (2, 4); **am Abend** in the evening (4); **am ersten Oktober** on the first of October (4); **am Leben sein** to be alive (9); **am liebsten** like (*to do s.th.*) best (7); **am Samstag** on Saturday (2); **am Schalter** at the ticket booth (5); **am Telefon** on the telephone (2); **am wenigsten** the least (8); **am Wochenende** over the weekend (1); **an der Kinokasse** at the movie theater ticket booth (5); **an der Tankstelle** at the gas station (5); **an der Uni** at the university; **ans Meer** to the sea (2); **an . . . vorbei** past, by (10); **an welchem Tag?** on what day? (4); **das Bild an die Wand hängen** to hang the picture on the wall (3)

analysieren, analysiert analyze

die **Ananas, -** *or* **-se** pineapple

der **Anbau** cultivation

an·bieten (bietet . . . an), bot . . . an , angeboten to offer

an·blicken, angeblickt to look at

das **Andenken, -** souvenir (10)

ander- other; different; **alles andere** everything else; **anders** different; **auf andere Gedanken kommen** to keep one's mind off something (7); **etwas anderes** something else; **jemand anderes** someone else; **unter anderem**

among other things; **was anderes** something else

(sich) ändern, geändert to change (9)

aneinander legen, gelegt to lay next to each other

die **Anerkennung, -en** acknowledgement, appreciation

der **Anfang, ̈e** beginning

an·fangen (fängt . . . an), fing . . . an, angefangen to begin, start (4)

der **Anfänger, -** / die **Anfängerin, -nen** beginner

an·fassen, angefasst to touch

an·fertigen, angefertigt to prepare (a report)

an·fressen (frisst . . . an), fraß . . . an, angefressen to nibble (at)

die **Angabe, -n** information

an·geben (gibt . . . an), gab . . . an, angegeben to give; to state, declare

das **Angebot, -e** offer

an·gehören, angehört to belong to (*an organization*) (12)

angeln, geangelt to fish

angenehm pleasant (6)

der/die **Angestellte, -n (ein Angestellter)** employee; clerk (7)

angewiesen (auf + *acc.*) dependent (on)

die **Anglistik** English language and literature

an·greifen (greift . . . an), griff . . . an, angegriffen to attack (12)

die **Angst, ̈e** fear (3); **Angst einjagen** (+ *dat.*) to scare; **Angst haben (vor** + *dat.*) to be afraid (of) (3); **vor Angst sterben** to die of fright

an·halten (hält . . . an), hielt . . . an, hat/ist angehalten to stop (7)

an·heben (hebt . . . an), hob . . . an, angehoben to lift

sich an·hören, angehört to listen to

animieren, animiert to encourage

an·kommen (kommt . . . an), kam . . . an, ist angekommen to arrive (1)

an·kreuzen, angekreuzt to mark with a cross, mark with an x

die **Ankunft, ̈e** arrival

der **Anlass, ̈e** cause; reason

an·legen, angelegt to lay down; to put on (10); **den Sicherheitsgurt anlegen** to put on the safety belt

an·locken, angelockt to attract

an·machen, angemacht to turn on, switch on (3)

an·malen, angemalt to paint

(sich) anomelden, angemeldet to register (12)

an·nehmen (nimmt . . . an), nahm . . . an, angenommen to accept; to take; to adopt

die **Annonce, -n** advertisement

die **Anrede, -n** salutation

an·reden, angeredet to speak to; to address

der **Anruf, -e** phone call

an·rufen (ruft . . . an), rief . . . an, angerufen to call up *(on the telephone)* (1)

ans = an das to/on the

(sich) an·schauen, angeschaut to look at; to watch (2)

anscheinend apparently

der Anschluss, -̈e connection

die Anschrift, -en address (11)

an·sehen (sieht . . . an), sah . . . an, angesehen to look at; to watch (3)

an·sprechen (spricht . . . an), sprach . . . an, angesprochen to speak to *(s.o.)*

an·starren, angestarrt to stare at

anstatt (+ gen.) instead of (12)

an·stehen (steht . . . an), stand . . . an, angestanden to line up; to stand in line (10)

anstrengend strenuous; tiring

der Anteil, -e share

antiautoritär anti-authoritarian

das Antibiotikum, Antibiotika antibiotic (11)

der Antrag, -̈e application

das Antragsformular, -e application form (12)

der Antragsteller, - / die Antragstellerin, -nen applicant

der Antrieb, -e motivation

die Antwort, -en answer (A)

antworten (+ dat.), geantwortet to answer *(s.o.)* (4, 10); **auf eine Frage antworten** to answer a question

der Anwalt, -̈e / die Anwältin, -nen lawyer (5)

die Anweisung, -en instruction

an·wenden (wendet . . . an), wandte . . . an, angewandt to use; **Gewalt anwenden** to use force

an·werben (wirbt . . . an), warb . . . an, angeworben to recruit, enlist

der Anwohner, - / die Anwohnerin, -nen resident

die Anzeige, -n ad (6)

(sich) an·ziehen (zieht . . . an), zog . . . an, angezogen to put on *(clothes)*; to get dressed (3, 11)

der Anziehungspunkt, -e attraction

der Anzug, -̈e suit (A)

an·zünden, angezündet to light; to set on fire (3)

die AOK = Allgemeine Ortskrankenkasse *insurance company*

der Apfel, -̈ apple

der Apfelsaft, -̈e apple juice (8)

die Apfelsine, -n orange (8)

das Apfelstück, -e piece of apple

die Apotheke, -n pharmacy (6, 11)

der Apotheker, - / die Apothekerin, -nen pharmacist (11)

der Apparat, -e telephone; apparatus

das Appartement, -s apartment

der Appetit, -e appetite; **guten Appetit!** enjoy your meal!

der April April (B)

das Aquarell, -e watercolor painting

arabisch Arabian *(adj.)*

(das) Arabisch Arabic *(language)* (B)

(die) Arabistik study of Arabic language and literature

die Arbeit, -en work (1); **von der Arbeit** from work (3); **zur Arbeit gehen** to go to work (1)

arbeiten, gearbeitet to work (1); **arbeiten Sie mit einem Partner** work with a partner (A)

der Arbeiter, - / die Arbeiterin, -nen worker (5)

die Arbeitersamariter (pl.) *a help and welfare organziation*

der Arbeitgeber, - / die Arbeitgeberin, -nen employer

der Arbeitnehmer, - / die Arbeitnehmerin, -nen employee

das Arbeitsamt, -̈er employment office

das Arbeitsbuch, -̈er workbook (3)

die Arbeitserlaubnis, -se work permit (12)

die Arbeitskraft, -̈e labor; employee (12)

der Arbeitskräftemangel, -̈ labor shortage

arbeitslos unemployed (5)

die Arbeitslosenversicherung, -en unemployment insurance

die Arbeitslosigkeit unemployment

der Arbeitsplatz, -̈e work place

die Arbeitsteilung, -en division of labor

der Arbeitstisch, -e work table

die Arbeitszeit, -en working hours

der Architekt, -en (wk.) / die Architektin, -nen architect (5)

die Architektur, -en architecture

ärgern, geärgert to annoy; to tease; to bother (3); **sich ärgern (über + acc.)** to get angry (about) (11)

arm poor (9)

der Arm, -e arm (B); **jemanden auf den Arm nehmen** to tease someone; to pull someone's leg; **sich den Arm brechen** to break one's arm (11)

das Armband, -̈er bracelet (2)

die Armbanduhr, -en watch, wristwatch (A)

die Armschlinge, -n sling

die Art, -en kind, type (2)

der Artikel, - article

der Artist, -en (wk.) / die Artistin, -nen circus performer

der Arzt, -̈e / die Ärztin, -nen doctor; physician (3, 5, 11); **zum Arzt** to the doctor (3)

der Arztbesuch, -e visit to the doctor

die Arztkosten (pl.) medical costs; doctor's bill

die Arztpraxis, Arztpraxen doctor's office (11)

die Asche, -n ash(es)

(das) Aschenputtel Cinderella

(das) Asien Asia (B)

der Aspekt, -e aspect

die Asphaltschindel, -n asphalt shingle

das Aspirin aspirin (3, 11)

der Assessor, -en / die Assessorin, -nen assistant judge

assoziieren (mit + dat.), assoziiert to associate (with)

(das) Athen Athens

(der) Atlantik Atlantic Ocean

atmen, geatmet to breathe (11)

die Atombombe, -n atomic bomb

die Attraktion, -en attraction

attraktiv attractive (6)

auch also; too; as well (A); **auch wenn** *(subord. conj.)* even if

auf (+ dat./acc.) on; upon; on top of; onto; to; at; **auf andere Gedanken kommen** to keep one's mind off something (7); **auf dem Bahnhof** at the train station (5); **auf dem Gericht** at the courthouse (5); **auf dem Land** in the country (6); **auf dem Rathaus** at the town hall (1); **auf der Bank** at the bank (5); **auf der Durchreise sein** to be travelling through (7); **auf der Polizei** at the police station (5); **auf der Post** at the post office (5); **auf der Uni(versität) sein** to be at the university (1, 5); **auf Deutsch** in German; **auf die Bank gehen** to go to the bank; **auf eine Party gehen** to go to a party (1); **auf einmal** at once; **auf Reisen sein** to be on a trip (7); **bis auf** down to

auf Wiederhören! good-bye! *(on the telephone)* (6)

auf Wiedersehen! good-bye! (A)

auf·bauen, aufgebaut to build

auf·bleiben (bleibt . . . auf), blieb . . . auf, ist aufgeblieben to stay open

die Aufenthaltserlaubnis, -se residence permit (12)

der Aufenthaltsraum, -̈e lounge, recreation room (10)

auf·fallen (fällt . . . auf), fiel . . . auf, ist aufgefallen to be noticeable (12)

auffällig conspicuous (10)

auf·fliegen (fliegt . . . auf), flog . . . auf, ist aufgeflogen to fly open

die Aufforderung, -en request; instruction (A)

die Aufführung, -en performance

die Aufgabe, -n assignment; task; homework; job (4)

auf·geben (gibt . . . auf), gab . . . auf, aufgegeben to give up; to check (luggage) (10); to assign

auf·gehen (geht . . . auf), ging . . . auf, ist aufgegangen to open

aufgeschlossen open; approachable

auf·greifen (greift . . . auf), griff . . . auf, aufgegriffen to take up

auf·haben (hat . . . auf), hatte . . . auf, aufgehabt to be assigned (as homework) (4); **was haben wir auf?** what's our homework? (4)

auf·halten (hält . . . auf), hielt . . . auf, aufgehalten to halt; to hold up

auf·hängen, aufgehängt to hang up (12)

auf·heben (hebt . . . auf), hob . . . auf, aufgehoben to lift

auf·hören (mit + *dat.*), aufgehört to stop (*doing s.th.*) (1); to be over

auf·klappen, aufgeklappt to open up

auf·kriegen, aufgekriegt to get (*s.th.*) open

auf·laden (lädt . . . auf), lud . . . auf, aufgeladen to charge, recharge (a battery)

auf·legen, aufgelegt to put on; **Lidschatten auflegen** to apply eyeshadow

auf·listen, aufgelistet to list

auf·lodern, aufgelodert to blaze

(sich) **auf·lösen, aufgelöst** to dissolve

auf·machen, aufgemacht to open (3); to open the door

aufmerksam attentive

auf·nehmen (nimmt . . . auf), nahm . . . auf, aufgenommen to pick up; to take (a photo); **Kredit aufnehmen** to take out a loan (12)

auf·passen (auf + *acc.*), aufgepasst to pay attention (to); to watch out (for) (3)

auf·räumen, aufgeräumt to clean (up); to tidy up (1)

aufrecht upright

sich **auf·regen, aufgeregt** to get excited; to get upset (11)

sich **auf·richten, aufgerichtet** to stand up; to get back up

auf·runden, aufgerundet to round off

aufs = auf das on/onto/to the

auf·sagen, aufgesagt to recite

der **Aufsatz, ¨-e** essay

auf·saugen, aufgesaugt to vacuum

auf·schlagen (schlägt . . . auf), schlug . . . auf, aufgeschlagen to open up

auf·schneiden (schneidet . . . auf), schnitt . . . auf, aufgeschnitten to chop (8)

der **Aufschnitt** cold cuts

auf·schreiben (schreibt . . . auf), schrieb . . . auf, aufgeschrieben to write down (11)

auf·springen (springt . . . auf), sprang . . . auf, ist aufgesprungen to jump up; to pop up

auf·stehen (steht . . . auf), stand . . . auf, ist aufgestanden to get up; to rise; to stand up (1); **mit dem linken Fuß aufstehen** to get up on the wrong side of the bed (4); **stehen Sie auf** get up, stand up (A)

auf·stellen, aufgestellt to set up (11)

der **Auftrag, ¨-e** instruction; task; order

auf·treten (tritt . . . auf), trat . . . auf, ist aufgetreten to appear; to happen, take place

auf·wachen, ist aufgewacht to wake up (4)

auf·wachsen (wächst . . . auf), wuchs . . . auf, ist aufgewachsen to grow up (12)

auf·wischen, aufgewischt

auf·wischen, aufgewischt to mop (up) (6)

der **Aufzug, ¨-e** elevator (6)

das **Auge, -n** eye (B); **blaue Augen** (*pl.*) blue eyes (B); **ins Auge fallen** to catch the eye, be noticeable

der **Augenarzt, ¨-e / die Augenärztin, -nen** eye doctor (11)

der **Augenblick, -e** moment

die **Augenfarbe, -n** color of eyes (1)

der **Augenzeuge, -n** (*wk.*) / die **Augenzeugin, -nen** eyewitness

der **August** August (B)

aus (+ *dat.*) out of; from; of (10); **aus Stein** made (out) of stone; **von . . . aus** from

aus·atmen, ausgeatmet to breathe out, exhale

die **Ausbildung, -en** education (9); (specialized) training (5); **praktische Ausbildung** practical (career) training (5)

die **Ausbildungszeit, -en** period of training

aus·blasen (bläst . . . aus), blies . . . aus, ausgeblasen to blow out

der **Ausblick, -e** view (6)

der **Ausdruck, ¨-e** expression

ausdrücken, ausgedrückt to express

die **Ausdrucksform, -en** mode of expression

aus·fallen (fällt . . . aus), fiel . . . aus, ist ausgefallen to fall out; to fail; to go out (*power*) (8)

der **Ausflug, ¨-e** excursion

das **Ausflugsziel, -e** destination of an excursion

aus·führen, ausgeführt to carry out; to execute (12)

aus·füllen, ausgefüllt to fill out (1)

die **Ausgabe, -n** expenditure

die **Ausgangslage, -n** starting position; initial situation

der **Ausgangspunkt, -e** starting point

aus·geben (gibt . . . aus), gab . . . aus, ausgegeben to spend (*money*) (3)

ausgebildet educated (12)

aus·gehen (geht . . . aus), ging . . . aus, ist ausgegangen to go out (1)

ausgezeichnet excellent (3)

aus·hängen, ausgehängt to put up

aus·helfen (hilft . . . aus), half . . . aus, ausgeholfen to help out

das **Ausland** foreign countries (6); **im Ausland** abroad (6)

der **Ausländer, - / die Ausländerin, -nen** foreigner (12)

ausländerfreundlich friendly/open to foreigners

der **Ausländerhass** hostility toward foreigners (12)

ausländisch foreign (12)

das **Auslandsamt, ¨-er** center for study abroad (1)

aus·leeren, ausgeleert to empty (3); **den Papierkorb ausleeren** to empty the wastebasket

aus·leihen (leiht . . . aus), lieh . . . aus, ausgeliehen to borrow; to lend

aus·liefern, ausgeliefert to deliver

aus·machen, ausgemacht to turn off (3)

die **Ausnahme, -n** exception

aus·packen, ausgepackt to unpack

aus·rauben, ausgeraubt to rob (completely)

aus·räumen, ausgeräumt to clear out

aus·rechnen, ausgerechnet to figure; to total (up) (8)

aus·reichen, ausgereicht to be enough

ausreichend sufficient

die **Ausrichtung, -en** orientation; organization

sich **aus·ruhen, ausgeruht** to rest (11)

aus·rutschen, ist ausgerutscht to slip (11)

die **Aussage, -n** statement

aus·sagen, ausgesagt to testify; to state

aus·schlafen (schläft . . . aus), schlief . . . aus, ausgeschlafen to sleep late; to sleep in

ausschließlich exclusive(ly)

der **Ausschnitt, -e** excerpt

aus·schreiben (schreibt . . . aus), schrieb . . . aus, ausgeschrieben to write out

aus·sehen (sieht . . . aus), sah . . . aus, ausgesehen to look; to appear (2); **es sieht gut aus** it looks good

außen (*adv.*) outside

außer (+ *dat.*) except, besides

außerdem besides (5, 10)

das **Äußere (ein Äußeres)** outward appearance

außerhalb (+ *gen.*) outside of (12)

der **Aussiedler, - / die Aussiedlerin, -nen** emigrant; resettler

aus·spannen, ausgespannt to take a break; to relax

aus·spucken, ausgespuckt to spit out

aus·steigen (steigt . . . aus), stieg . . . aus, ist ausgestiegen to get out/off

die **Ausstellung, -en** exhibition

aus·strecken, ausgestreckt to stretch out

aus·suchen, ausgesucht to choose; to pick out

der **Austauschstudent, -en** (*wk.*) / die **Austauschstudentin, -nen** exchange student

aus·tragen (trägt . . . aus), trug . . . aus, ausgetragen to deliver (5); **Zeitungen austragen** to deliver newspapers (5)

die **Austragung, -en** delivery

(das) **Australien** Australia (B)

der **Australier, - / die Australierin, -nen** Australian (*person*) (B)

aus·trinken (trinkt . . . aus), trank . . . aus, ausgetrunken to drink up

aus·üben, ausgeübt to practice (12)

ausverkauft sold out (5)

aus·wählen, ausgewählt to select (8)

der **Auswahltest, -s** selection test

aus·wandern, ist ausgewandert to emigrate (4, 12)

auswärtig foreign

der **Ausweg, -e** way out

der **Ausweis, -e** identification card (10)

auswendig by heart

(sich) **aus·ziehen (zieht . . . aus), zog . . . aus, ausgezogen** to take off (*clothes*); to get undressed (3, 11) der/die **Auszubildende, -n (ein Auszubildender)** apprentice; trainee

das **Auto, -s** car (A, 7); **Auto fahren** to drive (*a car*)

die **Autobahn, -en** interstate highway; freeway (7)

das **Autodach, -̈er** car roof

das **Autofahren** driving

der **Autofahrer, -** / die **Autofahrerin, -nen** driver

die **Autofahrt, -en** drive

der **Automat, -en** (*wk.*) vending machine

automatisch automatic(ally)

der **Automechaniker, -** / die **Automechanikerin, -nen** car mechanic (5)

die **Autonummer, -n** license plate number (11)

der **Autor, -en** / die **Autorin, -nen** author

das **Autoradio, -s** car radio (7)

der **Autoreifen, -** tire

das **Autotelefon, -e** car phone (2)

der **Autounfall, -̈e** car accident

die **Autowerkstatt, -̈en** car repair shop

der/die **Azubi -s** (*coll.*) = der/die **Auszubildende** apprentice; trainee

die **Azubibewerbung, -en** application for an apprenticeship

das **Baby, -s** baby (7)

der **Babysitter, -** / die **Babysitterin, -nen** babysitter

das **Babysitting** babysitting

der **Bachelor, -s** bachelor's degree

der **Bach, -̈e** creek

backen (bäckt), backte, gebacken to bake (5)

der **Backenbart, -̈e** sideburns

der **Bäcker, -** / die **Bäckerin, -nen** baker

die **Bäckerei, -en** bakery (5); **in der Bäckerei** at the bakery (5)

der **Backofen, -̈** oven (5)

der **Backstein, -e** brick

die **Backsteingotik** Gothic architecture in brick

das **Bad, -̈er** bathroom; bath (6)

der **Badeanzug, -̈e** bathing suit (5)

die **Badehose, -n** swimming trunks (5)

der **Badekarren, -** bathing cart

der **Bademantel, -̈** bathrobe (2)

der **Bademeister, -** / die **Bademeisterin, -nen** swimming pool attendant (5)

baden, gebadet to bathe; to swim (3); **sich baden** to bathe (*o.s.*) (11)

der **Badeort, -e** bathing resort

der **Badeurlaub, -e** bathing vacation

die **Badewanne, -n** bathtub (6)

das **BAföG** = das **Bundesausbildungsförderungsgesetz** *financial aid for students from the German government*

die **Bahn, -en** railroad (7)

der/die **Bahnangestellte, -n (ein Bahnangestellter)** train agent; railway employee (10)

der **Bahnanschluss, -̈e** train connection

die **Bahncard, -s** *discount card for rail travel in Germany*

die **Bahnhaltestelle, -n** train stop

der **Bahnhof, -̈e** train station (building) (4, 5); **auf dem Bahnhof** at the train station (5)

das **Bahnhofsgebäude, -** train station building

die **Bahre, -n** stretcher

der **Bakkalaureus, Bakkalaurei** bachelor's degree

das **Bakkalaureusstudium, -studien** course of study for a bachelor's degree

bald soon (9); **bald darauf** soon thereafter (9); **bis bald!** so long, see you soon! (A)

der **Balkon, -e** balcony (6)

der **Ball, -̈e** ball (A, 1)

die **Ballerina, -s** ballerina (9)

das **Ballett, -e** ballet

der **Ballettunterricht** ballet class (9)

die **Banane, -n** banana (8)

das **Band, -̈er** ribbon; strap

die **Band, -s** band, music group

bandagieren, bandagiert to bandage

die **Bank, -̈e** bench

die **Bank, -en** bank (5); **auf der Bank** at the bank (5); **bei einer Bank** at a bank (6)

der/die **Bankangestellte, -n (ein Bankangestellter)** bank employee (5)

der **Bankeinzug, -̈e** automatic withdrawal; electronic transfer of funds

die **Bankenmetropole, -n** banking metropolis

der **Bankräuber, -** / die **Bankräuberin, -nen** bank robber

der **Bär, -en** (*wk.*) bear

das **Bargeld** cash (12)

bargeldlos cashless (12)

die **Bargeldtransaktion, -en** cash transaction

barock baroque

der **Bart, -̈e** beard (B)

der **Basar, -e** bazaar (7)

die **Baseballmannschaft, -en** baseball team (9)

(das) **Basel** Basle

das **Basilikum** basil

der **Basketball, -̈e** basketball (2)

basteln, gebastelt to build things; to tinker; to do handicrafts

der **Bauamtsleiter, -** / die **Bauamtsleiterin, -nen** head of department of planning and building inspection

der **Bauch, -̈e** belly, stomach (B)

der **Bauchnabel, -** belly button, navel

bauen, gebaut to build (10)

der **Bauer, -n** / die **Bäuerin, -nen** farmer

das **Bauernbrot, -e** (loaf of) farmer's bread (5)

das **Bauernhaus, -̈er** farmhouse (6)

das **Baugewerbe** construction; building trade

das **Bauhaus** *architectural school and style in the 1920s*

der **Bauhausstil** Bauhaus style

das **Baujahr, -e** year of construction

die **Baukunst** architecture

der **Baum, -̈e** tree (9)

das **Baumaterial, -ien** building material

das **Baumhaus, -̈er** tree house (6)

der **Baustil, -e** architectural style

(das) **Bayern** Bavaria

beachten, beachtet to notice; to pay attention to

der **Beamte, -n (ein Beamter)** / die **Beamtin, -nen** civil servant

beantragen, beantragt to apply for (12)

beantworten, beantwortet to answer (7)

der **Becher, -** cup; mug; glass (9)

bedanken, bedankt to thank

das **Bedenken** concern; reflection

bedeuten, bedeutet to mean

bedeutend important

bedienen, bedient to serve

die **Bedienung, -en** service; waiter, waitress (8)

sich **beeilen, beeilt** to hurry (8)

beenden, beendet to end

sich **befinden (befindet), befand, befunden** to be located; to be situated

befragen, befragt to interview; to interrogate

befriedigend satisfactory

begabt gifted (9)

begegnen (+ *dat.*), **ist begegnet** to meet, encounter (6)

begehen (begeht), beging, begangen to commit

begeistert (*p.p. of* **begeistern**) thrilled; enthusiastic

der **Beginn** beginning

beginnen (beginnt), begann, begonnen to begin, start (1)

begleiten, begleitet to accompany

begraben (begräbt), begrub begraben to bury

begreifen (begreift), begriff, begriffen to comprehend; to understand

die **Begrenzung, -en** limitation

begrüßen, begrüßt to greet

das **Begrüßen** greeting (A)

die **Begrüßung, -en** greeting

behalten (behält), behielt, behalten to keep

die **Behandlung, -en** treatment

die **Behörde, -n** public authority (12); **auf Behörden** in public buildings

bei (+ *dat.*) at; with; near (2, 6, 10); during; upon; among; **bei deinen Eltern** with your parents, at your parents' place (6); **bei der Bundeswehr** in the German army (5); **bei dir** at your place (3); **bei einer Bank** at a bank (6); **bei Monika** at Monika's (place) (2); **bei Regen** in rainy weather (7)

beide both

beige beige

beim = **bei dem** at/with/near the

das **Bein, -e** leg (B)

das **Beispiel, -e** example (3); **zum Beispiel** for example (3)

beißen (beißt), biss, gebissen to bite (9)

der **Beitrag,** ⸚e contribution
bekannt well-known
der/die **Bekannte, -n (ein Bekannter)**
  acquaintance
bekommen (bekommt), bekam, bekommen
  to get; to receive (3)
belasten, belastet to load; to debit
belästigen, belästigt to bother; to disturb
belegen, belegt to cover; to take (*a course*) (3);
  to verify;
belegtes Brot (open-faced) sandwich (8)
(das) **Belgien** Belgium (B)
belgisch Belgian (*adj.*)
(das) **Belgrad** Belgrade
beliebt popular (3)
bemalen, bemalt to paint; to decorate
bemerken, bemerkt to notice
benutzen, benutzt to use (7)
das **Benzin** gasoline (6)
der **Benzinverbrauch** gasoline consumption
beobachten, beobachtet to observe
bequem comfortable (2)
der **Bereich, -e** sector, area (12)
bereit ready; prepared
bereit·legen, bereitgelegt to lay out ready
bereits already; just
der **Bereitschaftsdienst, -e** on-call service
der **Berg, -e** mountain (1); **in den Bergen**
  wandern to hike in the mountains (1); **in die**
  Berge gehen to go to the mountains (1)
der **Bericht, -e** report
berichten, berichtet to report
der **Berichtteil, -e** part of a report
Berliner (*adj.*) (of) Berlin; die **Berliner Mauer**
  the Berlin Wall; die **Berliner Weiße** *light,*
  fizzy beer mixed with raspberry syrup
der **Berliner, - / die Berlinerin, -nen** person
  from Berlin
(das) **Bern** Bern(e)
berüchtigt notorious
der **Beruf, -e** profession; career (1, 5); **was sind**
  Sie von Beruf? what's your profession? (1)
die **Berufsausbildung, -en** professional training
der **Berufsberater, - / die Berufsberaterin, -**
  nen career counselor (5)
die **Berufsberatung, -en** job counseling
das **Berufsleben** career, professional life (12)
die **Berufsschule, -n** vocational school
die **Berufsschüler, - / die Berufsschülerin,**
  -nen student at a vocational school
berufsspezifisch job-specific
berufstätig working; employed
beruhigen, beruhigt to calm
berühmt famous (7)
berühren, berührt to touch
beschäftigt busy (3)
der **Bescheid, -e** information; **Bescheid wissen**
  to know; to have an idea
bescheiden modest
beschränken, beschränkt to limit; to restrict

beschreiben (beschreibt), beschrieb,
  beschrieben to describe (11); **den Weg**
  beschreiben to give directions
die **Beschreibung, -en** description (B)
der **Beschützer, - / die Beschützerin, -nen**
  protector (12)
der **Besen, -** broom (6)
besetzt (*p.p. of* **besetzen**) occupied, taken
besichtigen, besichtigt to see, visit
  (*a landmark*); to sightsee (7)
besiedeln, besiedelt to settle
besiegen, besiegt to conquer (7)
der **Besitz** possessions
besitzen (besitzt), besaß, besessen to possess
besonder- special, particular
besonders particularly (3)
besser better (2)
best- best (7)
der **Bestandteil, -e** part, component
das **Besteck** silverware, cutlery (5)
die **Besteckschublade, -n** silverware drawer
bestehen (besteht), bestand, bestanden to
  exist; to last; to pass (*a test*); (**aus** + *dat.*) to
  consist (of)
besteigen (besteigt), bestieg, bestiegen to
  climb (7)
bestellen, bestellt to order (*food*) (8)
bestimmen, bestimmt to determine
bestimmt definite(ly); certain(ly) (3)
die **Bestimmung, -en** regulation
bestreuen, bestreut to sprinkle (8)
der **Besuch, -e** visit (3); **zu Besuch kommen** to
  visit (3)
besuchen, besucht to visit (1)
beten, gebetet to pray
der **Beton** concrete
betonieren, betoniert to cover with concrete
der **Betrag,** ⸚e amount (*of money*)
betragen (beträgt), betrug, betragen to
  amount to
betreffen (betrifft), betraf, betroffen to
  concern; to affect
betreten (betritt), betrat, betreten to enter
betreuen, betreut to take care of; to
  look after
der **Betrieb, -e** business; firm; shop
die **Betriebswirtschaftslehre (BWL)** business
  administration
betroffen upset; affected
betrunken drunk
das **Bett, -en** bed (1, 6); **ins Bett gehen** to go to
  bed (1)
sich **beugen, gebeugt** to bend down
bevölkern, bevölkert to populate; to inhabit
die **Bevölkerung, -en** population
bevor (*subord. conj.*) before (11)
bewaffnet (*p.p. of* **bewaffnen**) armed
sich **bewegen, bewegt** to move
bewegt eventful; turbulent
die **Bewegung, -en** movement

der **Beweis, -e** (piece of) evidence
sich **bewerben (um** + *acc.*) **(bewirbt), bewarb,**
  beworben to apply (for)
die **Bewerbung, -en** application
die **Bewerbungsmappe, -n** application package
bewirken, bewirkt to cause; to bring about
die **Bewirtung, -en** service
der **Bewohner, - / die Bewohnerin, -nen**
  inhabitant; occupant; tenant
bewundern, bewundert to admire
bewusst conscious(ly); deliberate(ly)
bezahlen, bezahlen to pay (for) (4)
sich **beziehen (auf** + *acc.*) **(bezieht), bezog,**
  bezogen to relate (to); to refer (to)
beziehungsweise (bzw.) or; and . . .
  respectively
die **Bibliothek, -en** library (2)
der **Bibliothekar, -e / die Bibliothekarin, -nen**
  librarian (5)
die **Biene, -n** bee (10)
das **Bier, -e** beer (2)
der **Bikini, -s** bikini (5)
das **Bild, -er** picture (2); **das Bild an die Wand**
  hängen to hang the picture on the wall (3);
  was zeigen Ihre Bilder? what do your
  pictures show? (A)
die **Bildbeschreibung, -en** picture description
bilden, gebildet to form
die **Bildgeschichte, -n** picture story
der **Bildhauer, - / die Bildhauerin, -nen**
  sculptor (12)
die **Bildhauerei** sculpture (12)
die **Bildung, -en** education
die **Bildungschance, -n** educational opportunity
billig cheap(ly), inexpensive(ly) (2)
binden (an + *acc.*) **(bindet), band, gebunden**
  to tie (to) (12)
das **Bioei, -er** organic eggs
biographisch biographical
das **Biolebensmittel, -** organic food
der **Biologe, -n** (*wk.*) **/ die Biologin, -nen**
  biologist
die **Biologie** biology (1)
das **Bioprodukt, -e** organic products
das **Bioradieschen, -** organic radish
das **Biowürstchen, -** organic sausage
das **Birchermüsli** *breakfast cereal with fruit*
die **Birne, -n** pear (8)
bis (*prep.* + *acc.; subord. conj.*) until (2, 4, 11);
  bis acht Uhr until eight o'clock (2); **bis bald!**
  so long; see you soon! (A); **bis um vier Uhr**
  until four o'clock (4); **bis zu** as far as; up to
  (10)
bisher thus far; up to now
bisschen: ein bisschen a little (bit); some (B);
  kein bisschen not at all (3)
bitte please (A); **bitte schön?** yes please? may I
  help you? (7)
bitten (um + *acc.*) **(bittet), bat, gebeten** to ask
  (for) (9)

blasen (bläst), blies, geblasen to blow

blass pale

das **Blatt, ⸚er** leaf; sheet (*of paper*)

blau blue (A); **blau machen** to take the day off (3); **blaue Augen** (*pl.*) blue eyes (B)

die **Blaubeere, -n** blueberry

blaugrün blue-green

der **Blauwal, -e** blue whale (10)

bleiben (bleibt), blieb, ist geblieben to stay, remain (1); **liegen bleiben** to stay in bed; to remain in a prone position; **stecken bleiben** to get stuck (11)

bleich pale

bleichen, gebleicht to bleach

der **Bleistift, -e** pencil (A, B)

der **Blick, -e** look; glance; view

der **Blickkontakt, -e** eye-contact

blind blind

der **Blinddarm, ⸚e** appendix (11)

blitzen, geblitzt to be a flash of lightning; to flash

die **Blockflöte, -n** recorder (12)

das **Blockhaus, ⸚er** log cabin

blöd(e) stupid

blond blond(e) (B); **blondes Haar** blonde hair (B)

bloß mere(ly); only

blühen, geblüht to bloom

die **Blume, -n** flower (3); **die Blumen gießen** to water the flowers (3)

der **Blumenkohl** cauliflower (8)

die **Blumenvase, -n** flower vase (5)

die **Bluse, -n** blouse (A)

das **Blut** blood (9, 11); **Blut abnehmen** to take blood (11)

der **Blutdruck** blood pressure (11); **niedrigen/hohen Blutdruck haben** to have low/high blood pressure (11)

bluten, geblutet to bleed (11)

das **Blütenblatt, ⸚er** petal

der **Blutfettspiegel, -** level of fat in blood

die **Blutkonserve, -n** blood bag

der **Boden, ⸚** floor (B)

der **Bodensee** Lake Constance

der **Bogen, -** curve; arc; bow

die **Bohne, -n** bean (8)

bohren, gebohrt to drill

das **Bonbon, -s** drop, lozenge (11)

die **Bonbonfabrik, -en** candy factory

boomen, geboomt (*coll.*) to boom

das **Boot, -e** boat (7)

die **Börse, -n** stock exchange; stock market (12)

der **Börsenkrach, ⸚e** stock market crash (12)

böse evil; mean (9)

(das) **Bosnien** Bosnia (B)

die **Boutique, -n** boutique (6)

die **Box, -en** stereo speaker

boxen, geboxt to box (1)

das **Brandenburger Tor** the Brandenburg Gate

die **Brandenburgischen Konzerte** (*pl.*) the Brandenburg Concertos

(das) **Brasilien** Brazil (B)

braten (brät), briet, gebraten to fry (8)

der **Braten, -** roast (8)

die **Bratwurst, ⸚e** (fried) sausage

brauchen, gebraucht to need; to use (1)

das **Brauchtum, ⸚er** tradition; custom(s)

brauen, gebraut to brew

braun brown (A); **braune Augen** (*pl.*) brown eyes; **braunes Haar** brown hair

bräunen, gebräunt to brown, fry (8)

(das) **Braunschweig** Braunschweig, Brunswick

brausen, gebraust to roar; to rage

die **Braut, ⸚e** bride (9)

brechen (bricht), brach, gebrochen to break (11); **sich den Arm brechen** to break one's arm (11)

breit broad, wide

die **Breite, -n** (*geographical*) latitude

die **Bremse, -n** brake (7)

bremsen, gebremst to brake (11)

das **Bremsenquietschen** squealing of brakes

brennen (brennt), brannte, gebrannt to burn (11)

der **Brennofen, ⸚** kiln (12)

das **Brett, -er** board; **das schwarze Brett** bulletin board

das **Brettspiel, -e** board game

der **Brief, -e** letter, epistle (1)

die **Briefmarke, -n** (postage) stamp (5)

das **Briefpapier, -e** writing paper, stationery (5)

die **Brieftasche, -n** wallet (7)

die **Brille, -n** (eye)glasses (A)

bringen (bringt), brachte, gebracht to bring (2)

britisch British

der **Brocken** *highest mountain in the Harz range*

die **Brosche, -n** brooch

das **Brot, -e** (loaf of) bread (8); **belegtes Brot** (open-faced) sandwich (8); **ein Stück Brot** a piece of bread

das **Brötchen, -** (bread) roll (8)

die **Brücke, -n** bridge (10)

der **Bruder, ⸚** brother (B)

der **Brunnen, -** well; fountain (9)

(das) **Brüssel** Brussels

der **Bub(e), -en** (*wk.*) boy

das **Buch, ⸚er** book (B, 2)

buchen, gebucht to book, reserve (7)

das **Bücherregal, -e** bookshelf; bookcase

der **Buchladen, ⸚** bookstore (6)

die **Buchmesse, -n** book fair

der **Buchstabe, -n** (*wk.*) letter (*of the alphabet*)

buchstabieren, buchstabiert to spell

die **Bucht, -en** bay (6, 7)

sich **bücken (nach + *dat.*), gebückt** to bend down (toward)

das **Bügeleisen, -** iron (6)

bügeln, gebügelt to iron (6)

(das) **Bukarest** Bucharest

die **Bulette, -n** rissole, meatball, hamburger patty

(das) **Bulgarien** Bulgaria (B)

bummeln, ist gebummelt to stroll

das **Bund, -e** bunch

das **Bündel, -** bundle

das **Bundesausbildungsförderungsgesetz** *financial aid for students from the German government*

das **Bundesland, ⸚er** German state

die **Bundesrepublik** federal republic; **die Bundesrepublik Deutschland** Federal Republic of Germany

die **Bundeswehr** German army (5); **bei der Bundeswehr** in the German army (5)

der **Bungalow, -s** bungalow

bunt colorful

die **Burg, -en** fortress; castle (6)

der **Bürger, -** / die **Bürgerin, -nen** citizen (10)

bürgerlich bourgeois, middle-class

der **Bürgermeister, -** / die **Bürgermeisterin, -nen** mayor

das **Büro, -s** office (5); **im Büro** at the office (5)

das **Bürohaus, ⸚er** office building (6)

die **Bürste, -n** brush (6)

der **Bus, -se** bus (2, 7)

der **Busch, ⸚e** bush (9)

die **Bushaltestelle, -n** bus stop (6)

die **Butter** butter (8)

die **BWL = die Betriebswirtschaftslehre** business administration

bzw. = beziehungsweise or; and . . . respectively

ca. = circa/zirka circa

das **Cabrio, -s** convertible

das **Café, -s** café (4); **im Café** at the café (4)

der **Cafébesitzer, -** / die **Cafébesitzerin, -nen** café owner

die **Cafeteria, -s** cafeteria

der **Camembert** Camembert (cheese)

das **Camping** camping (10)

der **Campingbus, -se** camper

der **Campingplatz, ⸚e** campsite (10)

der **Cappuccino** cappuccino

der **Cartoon, -s** cartoon

(der) **Cäsar** Caesar

die **CD, -s** CD, compact disc (3)

der **CD-Spieler, -** CD player (2)

Celsius Celsius, centigrade (B); **18 Grad Celsius** 18 degrees Celsius (B)

der **Cent, -[s]** cent (*one hundredth of a euro*); **die 10-Cent-Münze** 10 cent coin

der **Champagner, -** champagne

die **Chance, -n** chance; opportunity (12)

das **Chaos** chaos (5)

der **Charakter, -e** character; personality (12)

der **Chauvi, -s** (*coll.*) chauvinist (12)

der **Chef, -s** / die **Chefin, -nen** boss; director

die **Chemie** chemistry (1)

der **Chili, -s** chili (11)

(das) **China** China (B)

chinesisch Chinese (*adj.*)

(das) **Chinesisch** Chinese (*language*) (B)

das **Cholesterin** cholesterol

der **Cholesterinspiegel, -** cholesterol level

die **Cholesterinwerte** (*pl.*) cholesterol levels

der **Chor, ̈e** choir; chorus

Chr. = (der) **Christus** Christ; **n. Chr.** = **nach Christus/Christo** A.D.; **v. Chr.** = **vor Christus/Christo** B.C.

(die) **Christi Himmelfahrt** the Ascension of Christ, Ascension Day

das **Christkindl** Christ-child, baby Jesus

der **Christkindlmarkt, ̈e** *Christmas market*

christlich Christian

(der) **Christus** Christ

chronologisch chronological

circa = **zirka** circa

die **City, -s** *business district in large cities*

die **Clique, -n** clique

der **Clown, -s** clown (9)

cm = der **Zentimeter, -** centimeter

die **Cola, -s** cola

das **College, -s** college

der **Comic, -s** comic strip; comic book

der **Computer, -** computer (2)

die **Compuerfirma, -firmen** computer company (4)

die **Computerkenntnis, -se** computer knowledge

das **Computerspiel, -e** computer game (5)

cool cool; fabulous; decent

der/das **Couscous** couscous

der **Cowboystiefel, -** cowboy boot

cremig creamy

das **Croissant, -s** croissant

das **Curry, -s** curry

da (*adv.*) there (2); then; (*subord. conj.*) as, since

dabei in that connection; while doing so; (along) with it (6); **dabei sein** to be present; **ist ein/eine . . . dabei?** does it come with a . . . ? (6)

dabei·haben (hat . . . dabei), hatte . . . dabei, dabeigehabt to have (*s.th.*) with/on (*s.o.*)

da·bleiben (bleibt . . . da), blieb . . . da, ist dageblieben to stay, remain (there)

das **Dach, ̈er** roof (6)

der **Dachauplatz** Dachau Square

dadurch through it/them

dafür for it/them; for that reason; on behalf of it

dagegen against it/them (11); **haben Sie etwas dagegen?** do you have something for it (*illness*)? (11)

daheim at home (9)

daher from there; from that; therefore

dahin there, thither; to that (*place*)

dahin·kommen (kommt . . . dahin), kam . . . dahin, ist dahingekommen to get there

dahinter behind it/them

damalig (*adj.*) back then, at that time

damals (*adv.*) back then, at that time

(das) **Damaskus** Damascus

die **Dame, -n** lady

damit (*adv.*) with it/them; (*subord. conj.*) so that (11)

dampfen, ist gedampft to steam

danach after it/them; afterward (10)

daneben next to it/them; in addition to that

(das) **Dänemark** Denmark (B)

dänisch Danish (*adj.*)

der **Dank** thanks; **Gott sei Dank!** thank God! **vielen Dank** many thanks (10)

danke thank you (A)

dann then (A)

daran at/on/to it/them

darauf after/for/on it/them; afterward, then; **bald darauf** soon thereafter (9); **darauf eingehen** to get into something

daraufhin following that, thereupon

daraus out of it/them

darin in it/them (6)

dar·stellen, dargestellt to represent, depict

darüber over/above/about it/them

darum around/about it/them; therefore, for that reason, that's why

darunter underneath/below it/them

das (*def. art., neut. nom./acc.*) the; (*dem. pron., neut. nom./acc.*) this/that; (*rel. pron., neut. nom./acc.*) which, who(m); **das ist** this/that is (B); **das ist es ja!** that's just it! (4); **das sind** these/those are (B)

dass (*subord. conj.*) that (11)

die **Daten** (*pl.*) data; **persönliche Daten** biographical information (1)

die **Datenverarbeitung** data processing (12)

der **Dativ, -e** dative

das **Datum, Daten** date (4); **welches Datum ist heute?** what is today's date? (4)

der **Dauerauftrag, ̈e** standing order

dauern, gedauert to last (4)

die **Dauerwelle, -n** perm, permanent wave (11)

davon of/from/about it/them

davon·fahren (fährt . . . davon), fuhr . . . davon, ist davongefahren to drive away

davor in front of it/them

dazu to it/them; in addition (8)

dazwischen between /among them; in between

die **DDR** = **Deutsche Demokratische Republik** German Democratic Republic (former East Germany)

die **Decke, -n** ceiling (B); blanket, covers (11)

der **Deckel, -** cover, lid

decken, gedeckt to cover; to set (3); **den Tisch decken** to set the table (3)

die **Deckung, -en** covering; **in Deckung gehen** to take cover

die **Definition, -en** definition

deftig good and solid

dein(e) your (*infor. sg.*) (B, 2)

der **Delphin, -e** dolphin (10)

dem (*def. art., masc./neut. dat.*) the; (*dem. pron., masc./neut. dat.*) this/that; (*rel. pron., masc./neut. dat.*) which, whom

demokratisch democratic(ally)

die **Demonstration, -en** demonstration; rally

demonstrieren, demonstriert to demonstrate

den (*def. art.,masc. acc., pl. dat.*) the; (*dem. pron., masc. acc.*) this/that; (*rel. pron., masc. acc.*) which, whom

denen (*dem. pron., pl. dat.*) these/those; (*rel. pron., pl. dat.*) which, whom

denken (denkt), dachte, gedacht to think (7); **(an** + *acc.*) to think of; **(über** + *acc.*) to think about

der **Denker, -** / die **Denkerin, -nen** thinker

das **Denkmal, ̈er** monument; memorial

denn (*coord. conj.*) for, because (9, 11); *particle used in questions*: **wo willst du denn hin?** where are you going? (A)

deprimiert depressed (11)

der (*def. art., masc. nom., fem. dat./gen., pl. gen.*) the; (*dem. pron., masc. nom., fem. dat.*) this/that; (*rel. pron., masc. nom., fem. dat.*) which, who(m)

deren (*dem. pron., fem. gen., pl. gen.*) of this/that/these/those; (*rel. pron., fem. gen., pl. gen.*) of which, whose

derselbe, dasselbe, dieselbe(n) the same

des (*def. art. masc./neut. gen.*) (of) the

deshalb therefore; that's why (7)

das **Design, -s** design

die **Designerklamotten** (*coll., pl.*) designer clothes

desinfizieren, desinfiziert to disinfect (11)

dessen (*dem. pron., masc./neut. gen.*) of this/that; (*rel. pron., masc./neut. gen.*) of which, whose

deswegen therefore, for that reason

deutlich clear(ly); distinct(ly)

deutsch German (*adj.*)

(das) **Deutsch** German (*language*) (B); **auf Deutsch** in German

das **Deutschbuch, ̈er** German textbook

der/die **Deutsche, -n (ein Deutscher)** German (*person*) (B); **ich bin Deutscher / ich bin Deutsche** I am German (B)

die **Deutsche Demokratische Republik (DDR)** German Democratic Republic (former East Germany)

deutschfreundlich pro-German

der **Deutschkurs, -e** German (*language*) course; German class (A)

(das) **Deutschland** Germany (B); **die Bundesrepublik Deutschland** Federal Republic of Germany die **Deutschlandreise, -n** trip to Germany; tour of Germany

der **Deutschlehrer, -** / die **Deutschlehrerin, -nen** German (*language*) teacher

deutschsprachig German-speaking (9)

der **Dezember** December (B)

der **Dialog, -e** dialogue

dich (*infor. sg. acc.*) you (2)

dicht thick(ly); dense(ly)

der **Dichter, -** / die **Dichterin, -nen** poet

dick fat; large (B)

die (*def. art., fem. nom./acc., pl. nom./acc.*) the; (*dem. pron., fem. nom./acc., pl. nom./acc.*) this/that/these/those; (*rel. pron., fem. nom./acc., pl. nom./acc.*) which, who(m)

die **Diele, -n** front entryway (6)

dienen, gedient (als) to serve (as)

der **Diener, -** / die **Dienerin, -nen** servant (9)

der **Dienstag, -e** Tuesday (1)

das **Dienstmädchen, -** maid

dieser, dies(es), diese this, that, these, those (2, 4)

diesmal this time

das **Diktat, -e** dictation

das **Ding, -e** thing (2)

der **Dinosaurier, -** dinosaur

die **Diphtherie** diphtheria (11)

das **Diplom, -e** degree; diploma

der **Diplomingenieur, -e** / die **Diplomingenieurin, -nen** certified engineer

dir (*infor. sg. dat.*) you

direkt direct(ly)

der **Direktor, -en** / die **Direktorin, -nen** director, manager

der **Dirigent, -en** (*wk.*) / die **Dirigentin, -nen** (orchestra) conductor (5)

das **Dirndl, -** dirndl (*Bavarian/Austrian folk costume for girls*)

die **Disko, -s** disco(theque) (3)

die **Diskothek, -en** discotheque

diskriminieren, diskriminiert to discriminate (12)

die **Diskussion, -en** discussion

diskutieren, diskutiert to discuss (4)

die **DM = D-Mark (Deutsche Mark)** German mark (*former monetary unit*)

doch however; nevertheless; yet

doch! yes (on the contrary)! (4)

der **Doktor, -en** / die **Doktorin, -nen** doctor

der **Dolch, -e** dagger

der **Dollar, -s** dollar (7); **der 20-Dollar-Schein** 20 dollar bill; **zwei Dollar** two dollars (7)

dolmetschen, gedolmetscht to act as interpreter

der **Dom, -e** cathedral (10)

dominant dominant (12)

dominieren, dominiert to dominate

der **Domplatz, ⸚e** cathedral square

die **Donau** Danube (River)

der **Donnerstag, -e** Thursday (1)

doof (*coll.*) stupid, dumb

die **Doppelstunde, -n** ninety minutes (*with reference to driving lessons*)

doppelt double; twofold; **doppelt so viel** twice as much

das **Doppelzimmer, -** double room, accommodations for two people (10)

das **Dorf, ⸚er** village

der **Dorn, -en** thorn (9)

die **Dornenhecke, -n** hedge of thorns

(das) **Dornröschen** Sleeping Beauty, Briar Rose

dort there (7)

dorthin there, thither, to a specific place (10)

die **Dose, -n** can (8); box

der **Dosenöffner, -** can opener (8)

Dr. = Doktor Dr.

der **Drache, -n** (*wk.*) dragon (9)

das **Drama, Dramen** drama

der **Dramatiker, -** / die **Dramatikerin, -nen** playwright (9)

dramatisch dramatic(ally)

dran = daran at/on/to it/them; **du bist dran** (*coll.*) it's your turn

drauf = darauf after/for/on it/them

drauf·gehen (geht . . . drauf), ging . . . drauf, ist draufgegangen (*coll.*) to die; to get killed

draußen outside (11)

(sich) **drehen, gedreht** to turn; to twist

drei three (A)

die **Drei: eine Drei** satisfactory (*school grade*) (3)

dreihundert three hundred

dreimal three times (3)

dreißig thirty (A)

dreißigst- thirtieth

dreiunddreißig thirty-three

dreiundzwanzig twenty-three (A)

dreizehn thirteen (A)

dreizehnt- thirteenth (4)

drin = darin in it/them (6)

dringend urgent(ly) (2)

drinnen inside, indoors

dritt- third (4); **das Dritte Reich** the Third Reich (Nazi Germany)

das **Drittel, -** third

die **Drogerie, -n** drugstore (6)

drucken, gedruckt to print; **fett gedruckt** in bold print, boldface; **kursiv gedruckt** in italics

drücken, gedrückt to press

der **Dschungel, -** jungle (7)

du (*infor. sg. nom.*) you

dumm stupid, dumb (6)

dunkel dark (6)

das **Dunkel** darkness; **im Dunkeln** in the dark

dunkelblau dark blue

dunkelgrau dark gray

die **Dunkelheit** darkness

dunkeln, gedunkelt to grow dark

dünn thin

durch (+ *acc.*) through (7); by means of

durcheinander in confusion

durch·fallen (fällt . . . durch), fiel . . . durch, ist durchgefallen to fall through; to fail, flunk

durch·geben (gibt . . . durch), gab . . . durch, durchgegeben to announce

durch·gehen (geht . . . durch), ging . . . durch, ist durchgegangen to go through

durch·lesen (liest . . . durch), las . . . durch, durchgelesen to read (all the way) through

die **Durchreise, -n** journey through; **auf der Durchreise sein** to be travelling through (7)

durch·rennen (rennt . . . durch), rannte . . . durch, ist durchgerannt to run through

durchs = durch das through the

durch·schneiden (schneidet . . . durch), schnitt . . . durch, durchgeschnitten to cut through (8)

der **Durchschnitt** average; **im Durchschnitt** on average

durchschnittlich (on) average

dürfen (darf), durfte, gedurft to be permitted (to), may (3); **nicht dürfen** must not

der **Durst** thirst (3); **Durst haben** to be thirsty

die **Dusche, -n** shower (5)

(sich) **duschen, geduscht** to (take a) shower (1, 11)

die **DVD, -s** DVD

der **DVD-Spieler, -** DVD player (2)

eben simply, just; just now

ebenfalls also, likewise

das **Ebenholz** ebony

ebenso likewise; just as

echt real(ly) (2)

die **EC-Karte, -n = die Eurocheque-Karte, -n** Eurocheque card (*debit card*)

die **Ecke, -n** corner (5); **(gleich) um die Ecke** (right) around the corner (5, 6)

der **Eckzahn, ⸚e** canine tooth

die **EDV = elektronische Datenverarbeitung** electronic data processing (12)

egal equal(ly), same (6); **das ist mir egal** it doesn't matter to me (6)

der **Egoist, -en** (*wk.*) / die **Egoistin, -nen** egoist

die **Ehe, -n** marriage (12)

die **Ehefrau, -en** wife

die **Eheleute** (*pl.*) married couple

ehelich marital, matrimonial

ehemalig former

ehemals formerly

der **Ehemann, ⸚er** husband

der **Ehepartner, -** / die **Ehepartnerin, -nen** spouse (12)

eher rather (12); more

der **Ehering, -e** wedding ring

der **Ehevertrag, ⸚e** prenuptial agreement (12)

ehrlich honest(ly)

das **Ei, -er** egg (8); **gebratene Eier** (*pl.*) fried eggs (8); **gekochte Eier** (*pl.*) boiled eggs (8)

die **Eifersucht** jealousy

eifersüchtig jealous (3)

eigen own (6)

eigenartig strange, peculiar

die **Eigenschaft, -en** trait, characteristic

eigensinnig stubborn

eigentlich actual(ly) (3)

die **Eile** hurry (3); **in Eile sein** to be in a hurry (3)

eilen, geeilt to hurry

eilig rushed (10); **es eilig haben** to be in a hurry (10)

ein(e) a(n); one

ein bisschen a little (bit); some (B); **kein bisschen** not at all

ein paar a few (2)

einander one another, each other (3)

die **Einbahnstraße, -n** one-way street (7)

ein·bandagieren, einbandagiert to wrap in bandages

ein·brechen (in + acc.) (bricht . . . ein), brach . . . ein, ist eingebrochen to break through; **ins Eis einbrechen** to go through the ice

der **Einbrecher, - / die Einbrecherin, -nen** burglar (9)

der **Einbruch, ⁻e** burglary; break-in

einfach simple, simply (2); **die einfache Fahrt** one-way trip (10)

die **Einfahrt, -en** driveway (11)

ein·fallen (+ dat.) (fällt . . . ein), fiel . . . ein, ist eingefallen to come to mind; to occur (to s.o.)

das **Einfamilienhaus, ⁻er** single-family house

der **Einfluss, ⁻e** influence

ein·führen, eingeführt to introduce

die **Einführung, -en** introduction (A)

ein·gehen (geht . . . ein), ging . . . ein, ist eingegangen to arrive; **darauf eingehen** to get into something

ein·gravieren, eingraviert to engrave

einige some; several; a few

ein·jagen, eingejagt: jemandem Angst einjagen to scare someone

der **Einkauf, ⁻e** purchase

ein·kaufen, eingekauft to shop (1); **einkaufen gehen** to go shopping (1, 5)

die **Einkaufsliste, -n** shopping list

das **Einkaufszentrum, -zentren** shopping center (10)

das **Einkommen, -** income (12)

(sich) **ein·kremen, eingekremt** to put cream/lotion on (11)

ein·laden (lädt . . . ein), lud . . . ein, eingeladen to invite (2)

die **Einladung, -en** invitation (2)

ein·laufen (läuft . . . ein), lief . . . ein, ist eingelaufen to shrink

die **Einleitung, -en** introduction

einmal once (4); for once; **es war einmal . . .** once upon a time there was . . . ; **warst du schon einmal . . . ?** were you ever . . . ? (4)

ein·packen, eingepackt to pack up (1)

ein·parken, eingeparkt to park

ein·räumen, eingeräumt to clear; to put away; to stock

ein·reisen, ist eingereist to enter

eins one (A)

die **Eins: eine Eins** excellent, very good (school grade) (3)

die **Einsamkeit, -en** loneliness

ein·sammeln, eingesammelt to gather, collect

ein·schalten, eingeschaltet to turn on (11)

ein·schenken, eingeschenkt to pour

ein·schlafen (schläft . . . ein), schlief . . . ein, ist eingeschlafen to fall asleep (7)

ein·schränken, eingeschränkt to restrict; to limit

sich **ein·schreiben (schreibt . . . ein), schrieb . . . ein, eingeschrieben** to register, enroll

ein·schulen, eingeschult to put into school

ein·steigen (steigt . . . ein), stieg . . . ein, ist eingestiegen to board; to get in/on (3, 10)

die **Einstellung, -en** attitude (12)

eintönig monotonous(ly)

ein·tragen (trägt . . . ein), trug . . . ein, eingetragen to enter (into a list or ledger)

ein·treffen (trifft . . . ein), traf . . . ein, ist eingetroffen to arrive

die **Eintrittskarte, -n** admission ticket (5)

einunddreißigst- thirty-first

einundzwanzig twenty-one (A)

einundzwanzigst- twenty-first

einverstanden in agreement (12); **einverstanden sein (mit + dat.)** to be in agreement (with) (12)

der **Einwanderer, - / die Einwanderin, -nen** immigrant (4, 12)

ein·wandern, ist eingewandert to immigrate (12)

ein·werfen (wirft . . . ein), warf . . . ein, eingeworfen to break, smash (a window) (9)

der **Einwohner, - / die Einwohnerin, -nen** inhabitant, resident

das **Einwohnermeldeamt, ⁻er** office to register town residents (12)

ein·zahlen, eingezahlt to pay in; to deposit (12)

die **Einzelbestimmung, -en** individual regulation

der **Einzelgänger, - / die Einzelgängerin, -nen** loner, solitary person (12)

das **Einzelhandelsgeschäft, -e** retail shop, retail store

einzeln individual

das **Einzelzimmer, -** single room (5)

ein·ziehen (zieht . . . ein), zog . . . ein, hat eingezogen to collect; to withdraw

ein·ziehen (zieht . . . ein), zog . . . ein, ist eingezogen to move in

einzig only; single; sole

die **Einzimmerwohnung, -en** one-room apartment

das **Eis** ice; ice cream (2); **ins Eis einbrechen** to go through the ice

der **Eisbecher, -** dish of ice cream (8)

das **Eisbein** knuckle of pork

der **Eisbeutel, -** ice-pack

der **Eischnee** stiffly beaten egg-whites

die **Eisenbahn, -en** railroad

das **Eisenwarengeschäft, -e** hardware store (6)

eiskalt ice-cold (8)

der **Eistee** iced tea

eklig gross, loathsome (9)

der **Elefant, -en** (wk.) elephant (9)

elegant elegant(ly) (8)

elektrisch electric(ally) (8)

elektronisch electronic(ally); **die elektronische Datenverarbeitung (EDV)** electronic data processing (12)

das **Element, -e** element

elf eleven (A)

das **Elfenbein** ivory (10)

elft- eleventh (4)

die **Eltern** (pl.) parents (B)

der **Elternteil, -e** parent

die **E-Mail, -s** e-mail

emanzipiert emancipated, liberated

emigrieren, emigriert to emigrate

der **Emmentaler** Emmenthaler (cheese)

der **Empfänger, - / die Empfängerin, -nen** recipient; payee

empfehlen (empfiehlt), empfahl, empfohlen to recommend

das **Ende, -n** end

enden, geendet to end

endlich finally (9)

eng tight, narrow, small; closely (12)

(das) **England** England (B)

der **Engländer, - / die Engländerin, -nen** English (person) (B)

englisch English (adj.)

(das) **Englisch** English (language) (B); **auf Englisch** in English

der **Englischlehrer, - / die Englischlehrerin, -nen** English (language) teacher

das **Enkelkind, -er** grandchild

enorm enormous(ly)

entdecken, entdeckt to discover (4)

die **Entdeckung, -en** discovery

enthalten (enthält), enthielt, enthalten to contain; to include

entlang along (10)

entlang·fahren (fährt . . . entlang), fuhr . . . entlang, ist entlanggefahren to drive along

entlang·gehen (geht . . . entlang), ging . . . entlang, ist entlanggegangen to go along (10)

entscheiden (entscheidet), entschied, entschieden to decide (10)

die **Entscheidung, -en** decision; **eine Entscheidung treffen** to make a decision

entschlossen determined

der **Entschluss, ⁻e** decision; **einen Entschluss fassen** to make a decision

entschuldigen, entschuldigt to excuse (5); **entschuldigen Sie!** excuse me! (5)

die Entschuldigung, -en excuse; **Entschuldigung!** excuse me! (3)

(sich) entspannen, entspannt to relax

die Entsprechung, -en counterpart

entstehen (entsteht), entstand, ist entstanden to emerge, arise; to be created; to be built

entweder . . . oder either . . . or

entwickeln, entwickelt to develop

die Entzündung, -en infection; inflammation (11)

die Enzyklopädie, -n encyclopedia

die Epoche, -n epoch, era, period

er (*pron., masc. nom.*) he, it

erben, geerbt to inherit

die Erbse, -n pea (8)

der Erdball globe

die Erdbeere, -n strawberry (8)

die Erde, -n earth; ground; soil, dirt

die Erdfarbe, -n earth tone (*color*)

die Erdgeschichte history of the earth

das Erdgeschoss, -e first floor, ground floor

die Erdkunde earth science; geography (1)

das Ereignis, -se event

erfahren (erfährt), erfuhr, erfahren to find out, learn; to experience; to discover

die Erfahrung, -en experience

erfassen, erfasst to grasp

erfinden (erfindet), erfand, erfunden to invent (4)

die Erfindung, -en invention

der Erfolg, -e success; **Erfolg haben** to be successful

erfolgreich successful(ly)

die Erfolgsgeschichte, -n success story

erfüllen, erfüllt to fulfil

die Erfüllung, -en fulfillment

ergänzen, ergänzt to complete, fill in the blanks (4)

ergeben (ergibt), ergab, ergeben to result in; to produce

ergehen (+ *dat.*) (ergeht), erging, ist ergangen to go (*for s.o.*)

ergreifen (ergreift), ergriff, ergriffen to grab; to take; to catch

erhalten (erhält), erhielt, erhalten to receive; to maintain

erhitzen, erhitzt to heat (8)

erhöhen, erhöht to increase

sich erholen, erholt to recuperate (11)

erinnern (an + *acc.*), erinnert to remind (*of s.o./s.tb.*); to commemorate (*s.o./s.tb.*)

sich erinnern (an + *acc.*) erinnert to remember (*s.o./s.tb.*)

die Erinnerung, -en memory, remembrance (4)

sich erkälten, erkältet to catch a cold (11)

die Erkältung, -en (head) cold (11)

erkennen (erkennt), erkannte, erkannt to recognize; to see

erklären, erklärt to explain (5)

sich erkundigen (nach + *dat.*), erkündigt to ask (about), get information (about) (10)

erlauben, erlaubt to permit, allow (7)

die Erlaubnis, -se permission

erleben, erlebt to experience (10)

das Erlebnis, -se experience (4)

erledigen, erledigt to take care of; to handle; to settle

erleiden (erleidet), erlitt, erlitten to suffer

erlösen, erlöst to rescue, free (9)

ermitteln, ermittelt to investigate

ermorden, ermordet to murder

sich ernähren, ernährt to eat, get nourishment

die Ernährung nutrition; diet

ernst serious(ly)

ernsthaft serious(ly) (B)

eröffnen, eröffnet to open; **ein Konto eröffnen** to open a bank account (5)

die Erpressung, -en extortion, blackmail

erreichen, erreicht to reach; to achieve (12)

erschießen (erschießt), erschoss, erschossen to shoot dead

erschrecken, erschreckt to scare, frighten

erst first; not until (4); **am ersten Oktober** on the first of October (4); **der erste Oktober** the first of October (4); **erst mal** for now; **erst um vier Uhr** not until four o'clock (4); **erster Klasse fahren** to travel first class (5, 10); **im ersten Stock** on the second floor (6); **zum ersten Mal** for the first time (4)

erstarren, ist erstarrt to stand paralyzed

erstechen (ersticht), erstach, erstochen to stab (to death)

ersticken, ist erstickt to suffocate

das Erststudium, -studien undergraduate study

ertrinken (ertrinkt), ertrank, ist ertrunken to drown

erwachsen grown-up

der/die Erwachsene, -n (ein Erwachsener) adult, grown-up

erwarten, erwartet to expect (12)

die Erwartung, -en expectation

die Erwerbstätigkeit, -en gainful employment

erwischen, erwischt to catch

erzählen, erzählt to tell (3, 5); **Witze erzählen** to tell jokes (3)

die Erzählung, -en story

erziehen (erzieht), erzog, erzogen to raise, bring up; to educate

der/die Erziehungsberechtigte, -n (ein Erziehungsberechtigter) parent or legal guardian

die Erziehungswissenschaft, -en education (*academic subject*)

es (*pron., neut. nom./acc.*) it

der Esel, - donkey

essen (isst), aß, gegessen to eat (2, 4); **essen gehen** to go to a restaurant; **zu Abend essen** to dine, have dinner (4); **zu Mittag essen** to eat lunch (3)

das Essen food

das Essengehen going out to eat

die Essgewohnheit, -en eating habit

der Essig vinegar (8)

die Essiggurke, -n pickle

der Esstisch, -e dining table

das Esszimmer, - dining room (6)

(das) Estland Estonia

ethnisch ethnic

die Ethnologie ethnology

etwa approximately

etwas something, anything (2, 4, 5); somewhat; **etwas Interesssantes/Neues** something interesting/new (4); **haben Sie etwas dagegen?** do you have something for it? (*illness*) (11); **sonst noch etwas?** anything else? (5)

die EU = Europäische Union European Union

euch (*infor. pl. pron., dat./acc.*) you; yourselves

euer, eu(e)re (*infor. pl.*) your (2)

die EU-Länder (*pl.*) countries of the European Union

die Eule, -n owl

der Euro, - euro (*European monetary unit*) (7)

die Eurocard European credit card

die Euromünze, -n euro coin

die Euronote, -n *banknote in euros*

(das) Europa Europe (B)

europäisch European (*adj.*)

die Europäische Union (EU) European Union

die Euroscheckkarte, -n Eurocheque Card (*debit card*) (12)

der Euroschein, -e *banknote in euros*; **der Zwanzigeuroschein, -e** twenty-euro note (8)

die Eurozone *countries of the European Union in which the euro is the unit of currency*

ewig eternal(ly)

die Ewigkeit eternity; **in alle Ewigkeit** for all eternity

exotisch exotic(ally) (7)

der Exportartikel, - export article

extensiv extensive(ly)

extra extra; additional; separate(ly); in addition (10)

die Fabrik, -en factory (6)

das Fach, ⸚er academic subject (1)

der Facharbeiter, - / die Facharbeiterin, -nen trade/skilled worker

der Fachleistungskurs, -e extension course

das Fachwerk half-timbered construction

der Fachwerkstil style of half-timbered construction

fähig able, capable

die Fähigkeit, -en ability, capability

fahren (fährt), fuhr, ist/hat gefahren to drive; to ride (2); **Auto fahren** to drive a car; **erster Klasse fahren** to travel first class (10);

Fahrrad/Rad fahren to ride a bicycle (6); **Motorrad fahren** to ride a motorcycle (1); **Ski fahren** to ski (3)

Fahrenheit Fahrenheit (B); **18 Grad Fahrenheit** 18 degrees Fahrenheit (B)

der **Fahrer**, - / die **Fahrerin**, **-nen** driver (7)

die **Fahrerlaubnis**, **-se** driver's license

die **Fahrkarte**, **-n** ticket (4)

der **Fahrkartenschalter**, - ticket window; ticket counter (7)

der **Fahrlehrer**, - / die **Fahrlehrerin**, **-nen** driving instructor

das **Fahrrad**, ¨er bicycle (2); **Fahrrad fahren** to ride a bicycle

der **Fahrradhelm**, **-e** bicycle helmet (5)

das **Fahrradwettrennen**, - bicycle race

die **Fahrschule**, **-n** driving school

der **Fahrstuhl**, ¨e elevator, lift

die **Fahrstunde**, **-n** driving lesson

die **Fahrt**, **-en** trip (10); **die einfache Fahrt** one-way trip (10)

das **Fahrzeug**, **-e** vehicle (11)

der/das **Fakt**, **-en** fact

der **Fall**, ¨e case

fallen (fällt), fiel, ist gefallen to fall (9); **fallen lassen** to drop; **in Ohnmacht fallen** to faint (11); **ins Auge fallen** to catch the eye, be noticeable **schwer fallen** (+ *dat.*) to seem/feel difficult (*to s.o.*)

falls (*subord. conj.*) if; in case

falsch wrong(ly); false(ly) (2)

familiär family (*adj.*); familiar, informal

die **Familie**, **-n** family (B)

das **Familienfest**, **-e** family celebration (4)

das **Familienleben** family life

das **Familienmitglied**, **-er** family member (10)

der **Familienname**, **-n** (*wk.*) family name (B, 1)

der **Familienstand** marital status (1)

der **Fan**, **-s** fan; enthusiast

der **Fanatiker**, - / die **Fanatikerin**, **-nen** fanatic (12)

fangen (fängt), fing, gefangen to catch

das **Fangen** tag (*children's game*)

fantastisch fantastic(ally)

die **Farbe**, **-n** color (A, 1); **welche Farbe hat . . . ?** what color is . . . ? (A)

fassen, gefasst to grab, grasp; **einen Entschluss fassen** to make a decision

fast almost (5)

fasten, gefastet to fast

fasziniert fascinated

faul lazy, lazily (3)

faulenzen, gefaulenzt to take it easy, be lazy

die **Fauna** fauna; animal life

das **Fax**, **-e** fax (2)

das **Faxgerät**, **-e** fax machine (2)

der **Februar** February (B)

die **Fee**, **-n** fairy (9)

fegen, gefegt to sweep (5)

fehlen (+ *dat.*), **gefehlt** to lack; to be missing

(6); to be wrong with, be the matter with (*a person*) (11)

die **Feier**, **-n** celebration, party (9)

feiern, gefeiert to celebrate (5)

der **Feiertag**, **-e** holiday (4)

feilen, gefeilt to file

fein fine(ly) (8)

der **Feind**, **-e** /die **Feindin**, **-nen** enemy

das **Feld**, **-er** field (7)

der **Felsen**, - rock; cliff

das **Felsenriff**, **-e** (rocky) cliff

das **Fenster**, - window (B); **unter dem Fenster** under the window (5)

die **Fensterbank**, ¨e window-sill (5)

die **Fensterscheibe**, **-n** window-pane (9)

der/das **Fenstersims**, **-e** window-sill

die **Ferien** (*pl.*) vacation (1)

der **Ferienplan**, ¨e vacation plan

die **Ferienreise**, **-n** holiday trip, vaction (9)

fern·sehen (sieht . . . fern), sah . . . fern, ferngesehen to watch TV (1)

das **Fernsehen** television

der **Fernseher**, - TV set (2)

der **Fernsehfilm**, **-e** TV movie (12)

der **Fernsehreporter**, - / die **Fernsehreporterin**, **-nen** TV reporter (5)

der **Fernsehsender**, - TV broadcaster; TV station

das **Fernsehzimmer**, - TV room (10)

fertig ready; finished (3)

fest stiff(ly); steady; fixed

das **Fest**, **-e** party; festival (4)

fest·schnallen, festgeschnallt to fasten

das **Festspiel**, **-e** festival

fest·stehen (steht . . . fest), stand . . . fest, festgestanden to stand fast

fest·stellen, festgestellt to establish (10); to detect; to realize

der **Fetakäse** feta cheese

die **Fete**, **-n** (*coll.*) party

fett fatty, fat; bold; **fett gedruckt** in bold print, boldface

das **Fett**, **-e** fat

fettig fat(ty), greasy (8, 11)

feucht damp; humid (B)

das **Feuer**, - fire (9)

die **Feuerwehr** fire department (11)

das **Fieber** fever (11)

die **Figur**, **-en** figure; character (12)

der **Film**, **-e** film (2)

finanziell financial(ly)

finanzieren, finanziert to finance; to pay for

finden (findet), fand, gefunden to find (2); **wie findest du das?** how do you like that?

der **Finger**, - finger (11)

der **Fingernagel**, ¨ fingernail (11)

(das) **Finnland** Finland (B)

die **Firma**, **Firmen** company, firm (3)

der **Fisch**, **-e** fish (8)

fischen, gefischt to fish

das **Fischfilet**, **-s** fish filet

die **Fläche**, **-n** surface; area (7)

die **Flagge**, **-n** flag

die **Flamme**, **-n** flame

die **Flasche**, **-n** bottle (5)

der **Flaschenöffner**, - bottle opener (8)

die **Fledermaus**, ¨e bat (10)

das **Fleisch** meat (8)

das **Fleischchuechli** rissole, meatball, hamburger patty

die **Fleischerei**, **-en** butcher's shop

fleischig meaty

der **Fleischsalat**, **-e** meat salad

fleißig industrious(ly); diligent(ly) (12)

flexibel flexible, flexibly (5)

die **Fliege**, **-n** fly

fliegen (fliegt), flog, ist/hat geflogen to fly (1)

fließen (fließt), floss, ist geflossen to flow (7)

flirten, geflirtet to flirt

der **Flohmarkt**, ¨e flea market (2)

die **Flora** flora; plant life

fluchen, geflucht to curse, swear (11)

flüchten (vor + *dat.*), **ist geflüchtet** to flee (from) (11)

der **Flüchtling**, **-e** refugee (12)

der **Flug**, ¨e flight (7)

der **Flugbegleiter**, - / die **Flugbegleiterin**, **-nen** flight attendant (10)

der **Flughafen**, ¨ airport (6)

die **Flugreise**, **-n** air journey

der **Flugschalter**, - ticket counter (*at an airport*) (10)

der **Flugsteig**, **-e** gate (*at an airport*) (10)

das **Flugticket**, **-s** airplane ticket (10)

das **Flugzeug**, **-e** airplane (7)

der **Flur**, **-e** hallway (6)

der **Fluss**, ¨e river (7)

flüstern, geflüstert to whisper

die **Focus-Frage**, **-n** focus-question

der **Föhn**, **-e** föhn (*warm, dry alpine wind*); blow-dryer, hair-dryer

föhnen, geföhnt to blow-dry; **sich (die Haare) föhnen** to blow-dry (one's hair)

die **Folge**, **-n** consequence, result; sequence

folgen (+ *dat.*), **ist gefolgt** to follow

folgend following

die **Footballmannschaft**, **-en** football team

das **Footballspiel**, **-e** football game

der **Förderer**, - / die **Förderin**, **-nen** sponsor, supporter

fordern, gefordert to demand

fördern, gefördert to promote (12)

die **Forderung**, **-en** demand

die **Forelle**, **-n** trout (8)

die **Form**, **-en** form

die **Formalität**, **-en** formality (12)

die **Formel**, **-n** formula; **Formel-1-Rennfahrer/ in** Formula One race-car driver

das **Formular**, **-e** form (12)

das **Forsthaus**, ¨er forester's house

fort·rennen (rennt . . . fort), rannte . . . fort, ist fortgerannt to run away

fort·setzen, fortgesetzt to continue

die **Fortsetzung, -en** continuation

das **Foto, -s** photo (1)

der **Fotoapparat, -e** camera

die **Fotografie** photography

fotografieren, fotografiert to take pictures (4)

das **Fotomodell, -e** model

die **Frage, -n** question (A); **eine Frage stellen** to ask a question (A, 5)

fragen, gefragt to ask; **(nach + dat.)** to inquire (about); **nach dem Weg fragen** to ask for directions

der **Fragesatz, ⁻e** interrogative sentence

das **Fragewort, ⁻er** question word

der **Franken, -** (Swiss) franc (7)

Frankfurter (adj.) (of) Frankfurt

(das) **Frankreich** France (B)

der **Franzose, -n** (wk.) / die **Französin, -nen** French (person) (B)

französisch French (adj.)

(das) **Französisch** French (language) (B)

(das) **Französisch-Guayana** French Guiana

die **Frau, -en** woman; Mrs., Ms. (A); wife (B)

das **Frauchen, -** diminutive, endearing term for female pet owner

der **Frauenberuf, -e** women's profession

die **Frauenbewegung** women's movement

die **Frauenrechtlerin, -nen** women's rights advocate

die **Frauensache, -n** woman's job, woman's concern

der **Frauentag, -e** women's day

frei free(ly); empty, available (3); **im Freien** outdoors; **in freier Natur** out in the open (country) (10); **ist hier noch frei?** is this seat/place available? (8)

Freiburger (adj.) (of) Freiburg

frei·haben (hat . . . frei), hatte . . . frei, freigehabt to have free; to have time off

das **Freilichtmuseum, -museen** open-air museum

der **Freitag, -e** Friday (1)

der **Freitagabend, -e** Friday evening

freitags on Friday(s)

das **Freiwild** fair game

freiwillig voluntary; optional; voluntarily, willingly

die **Freizeit** leisure time (1)

die **Freizeitaktivität, -en** leisure activity

das **Freizeitangebot, -e** range of activities for leisure time

fremd foreign

das **Fremdenverkehrsamt, ⁻er** tourist bureau (10)

die **Fremdsprache, -n** foreign language (9)

der **Fremdsprachensekretär, -e** / die **Fremdsprachensekretärin, -nen** foreign language secretary

fressen (frisst), fraß, gefressen to eat (said of animals) (9)

die **Freude, -n** joy; pleasure (9)

sich **freuen, gefreut (über + acc.)** to be happy (about) (11); **(auf + acc.)** to look forward (to)

der **Freund, -e** / die **Freundin, -nen** friend; boyfriend/girlfriend (A)

freundlich friendly (B); **mit freundlichen Grüßen** regards

freundschaftlich friendly

das **Friedensgebet, -e** prayer for peace

der **Friedhof, ⁻e** cemetery

friedlich peaceful(ly)

frieren (friert), fror, gefroren to freeze

die **Frikadelle, -n** meat patty, hamburger

das **Frisbee, -s** Frisbee

frisch fresh(ly) (8)

der **Friseur, -e** / die **Friseurin, -nen** hairdresser (5); **zum Friseur gehen** to go to the hair salon

die **Friseuse, -n** (female) hairdresser

die **Frisur, -en** hairstyle

froh happy; cheerful

fröhlich happy; cheerful(ly)

der **Frosch, ⁻e** frog (9)

„Der Froschkönig" "The Frog Prince" (fairy tale)

die **Frucht, ⁻e** fruit

der **Fruchtgummi, -s** fruit jelly

der **Fruchtgummiproduzent, -en** (wk.) fruit jelly candy producer

früh early (1); in the morning (4); **bis um vier Uhr früh** until four in the morning (4)

das **Frühjahr, -e** spring

der **Frühjahrsputz** spring cleaning (6)

der **Frühling, -e** spring (B); **im Frühling** in the spring (B)

die **Frühlingsrolle, -n** spring roll

das **Frühstück, -e** breakfast (2, 8)

frühstücken, gefrühstückt to eat breakfast (1)

der **Frühstückstisch, -e** breakfast table

das **Frühstückszimmer, -** breakfast room (10)

frühzeitig early

frustriert frustrated (3)

(sich) **fühlen, gefühlt** to feel; to touch (3, 11); **ich fühle mich wohl** I feel well (3, 11); **wie fühlst du dich?** how do you feel? (3)

führen, geführt to lead; **Krieg führen** to wage war; **Leben führen** to lead life

der **Führer, -** leader; guidebook

der **Führerschein, -e** driver's license (4)

die **Führung, -en** guided tour (10)

die **Führungsposition, -en** leadership position

füllen, gefüllt to fill

fünf five (A)

die **Fünf: eine Fünf** poor (school grade) (3)

fünft- fifth (4)

fünfundachtzig eighty-five

fünfundvierzig forty-five

fünfundzwanzig twenty-five (A)

fünfzehn fifteen (A)

fünfzehnt- fifteenth

fünfzig fifty (A)

der **Funk** radio; **per Funk** via radio

funkeln, gefunkelt to sparkle; to glitter

funkelnagelneu (coll.) brand-new

die **Funktion, -en** function

funktional functional

funktionieren, funktioniert to work, function

funktionstüchtig in (good) working order

für (+ acc.) for (2); **für und für** forever; **Tag für Tag** day after day; **was für ein(e) . . . ?** what kind of . . . ?; **was für eins?** what kind?

furchtbar terrible, terribly (4)

sich **fürchten (vor + dat.), gefürchtet** to be afraid (of) (10)

fürs = für das for the

der **Fuß, ⁻e** foot (B); **mit dem linken Fuß aufstehen** to get up on the wrong side of the bed (4); **zu Fuß** on foot (3)

der **Fußball, ⁻e** soccer ball; soccer (A, 1)

der **Fußballplatz, ⁻e** soccer field

das **Fußballspiel, -e** soccer game

der **Fußballspieler, -** / die **Fußballspielerin, -nen** soccer player (9)

das **Fußballstadion, -stadien** soccer stadium (10)

das **Fußballtraining** soccer training

der **Fußboden, ⁻** floor

das **Fußende, -n** foot (of the bed)

der **Fußgänger, -** / die **Fußgängerin, -nen** pedestrian (7)

der **Fußgängerweg, -e** sidewalk (7)

die **Fußgängerzone, -n** pedestrian mall (10)

das **Futter** feed; fodder

füttern, gefüttert to feed (9)

das **Futur, -e** future (tense)

die **Gabel, -n** fork (8)

gähnen, gegähnt to yawn

der **Gang, ⁻e** aisle (10); gear (7)

ganz whole; quite; rather (2); **den ganzen Tag** all day long, the whole day (1); **die ganze Nacht** all night long (3); **eine ganze Menge** a whole lot (4); **ganz gut** quite good; **ganz in der Nähe** very near; **ganz schön viel** quite a bit (3); **ganz und gar nicht** absolutely not at all

die **Ganztagsschule, -n** all-day school

gar: gar nicht not at all, not a bit (3); **ganz und gar nicht** absolutely not at all; **gar kein(e)** no . . . at all; **gar nichts** nothing at all

die **Garage, -n** garage (6)

das **Garagenvordach, ⁻er** garage canopy

der **Garten, ⁻** garden; yard (4, 6); **im Garten** in the garden (4)

die **Gartenarbeit, -en** gardening

der **Gartenschlauch, ⁻e** garden hose (6)

der **Gärtner, -** / die **Gärtnerin, -nen** gardener

die **Gärtnerei, -en** nursery (gardening business)

die **Gasse, -n** narrow street; alley (10)

der **Gast**, ⸚e guest; patron, customer

der **Gastarbeiter**, - / die **Gastarbeiterin**, -nen foreign worker

das **Gästehaus**, ⸚er bed and breakfast inn (10)

die **Gastfamilie**, -n host family

das **Gastland**, ⸚er host country

die **Gastronomie** restaurant trade; gastronomy

die **Gaststätte**, -n restaurant (5); **in der Gaststätte** at the restaurant (5)

der **Gaul**, ⸚e horse

das **Gebäude**, - building (6)

geben (gibt), gab, gegeben to give (6); **(in +** *acc.***)** to put (into) (8); **es gibt . . .** there is/ are . . . (6); **geben Sie mir . . .** give me . . . (A); **gibt es . . . ?** is/are there . . . ? (A, 6); **Nachhilfe geben** to tutor (3); **sich einen Termin geben lassen** to get an appointment (11)

das **Gebet**, -e prayer

das **Gebiet**, -e region; area

das **Gebirge**, - (range of) mountains (7)

geboren (*p.p. of* **gebären**) born (1); **wann sind Sie geboren?** when were you born? (1)

geborgen protected (12)

gebraten (*p.p. of* **braten**) roasted; broiled; fried (8); **gebratene Eier** (*pl.*) fried eggs (8)

der **Gebrauch**, ⸚e use (12)

gebrauchen, gebraucht to use

der **Gebrauchtwagen**, - used car (7)

gebückt (*p.p. of* **bücken**) bent over; **in gebückter Haltung** bending over, bending forward

die **Geburt**, -en birth

das **Geburtsdatum**, -daten date of birth

das **Geburtshaus**, ⸚er birthplace

der **Geburtsort**, -e place of birth

der **Geburtstag**, -e birthday (1, 2); **zum Geburtstag** for someone's birthday (2)

das **Geburtstagsgeschenk**, -e birthday present

die **Geburtstagskarte**, -n birthday card (2)

der **Gedanke**, -n (*wk.*) thought (7); **auf andere Gedanken kommen** to keep one's mind off something (7)

das **Gedicht**, -e poem (3)

geduldig patient (12)

geehrt (*p.p. of* **ehren**) honored; dear (10); **sehr geehrte Frau** dear Ms. (10); **sehr geehrter Herr** dear Mr. (10)

gefährlich dangerous (10)

gefallen (+ *dat.***) (gefällt), gefiel, gefallen** to be to one's liking; to please (6); **es gefällt mir** I like it; it pleases me (6)

die **Gefälligkeit**, -en favor

das **Gefängnis**, -se prison; jail (6)

das **Geflügel** poultry (8)

das **Gefrierfach**, ⸚er freezer compartment

die **Gefriertruhe**, -n freezer (8)

das **Gefühl**, -e feeling (3)

gegen (+ *acc.***)** against (9)

die **Gegend**, -en area (10)

der **Gegensatz**, ⸚e opposite; contrast

der **Gegenstand**, ⸚e object

gegenüber opposite; across (6); **(von +** *dat.***)** across from (10); **gleich gegenüber** right across the way (6)

die **Gegenwart** present (time)

gegrillt (*p.p. of* **grillen**) broiled; barbecued (8)

gehen (geht), ging, ist gegangen to go; to walk (A); **einkaufen gehen** to go shopping (1, 5); **es geht um (+** *acc.***) . . .** the main/important thing is . . . ; **ich gehe lieber . . .** I'd rather go . . . (2); **in die Berge gehen** to go to the mountains (1); **ins Bett gehen** to go to bed (1); **ins Museum gehen** to go to the museum (1); **nach Hause gehen** to go home (1); **wie geht es dir?** (*infor.*) / **wie geht es Ihnen?** (*for.*) how are you?

geheim secret(ly)

das **Geheimnis**, -se secret

die **Geheimzahl**, -en secret PIN (12)

das **Gehirn**, -e brain (11)

gehören (+ *dat.***), gehört** to belong to (*s.o.*) (6)

die **Gehwegplatte**, -n stepping stone; paving stone

die **Geige**, -n violin (3)

der **Geigenspieler**, - / die **Geigenspielerin**, -nen violinist

geistig mental; intellectual; **geistige Verfassung** mental state

gekocht (*p.p. of* **kochen**) boiled (8); **gekochte Eier** (*pl.*) boiled eggs (8)

gelb yellow (A)

das **Geld** money (2)

der **Geldautomat**, -en (*wk.*) automatic teller machine (12)

die **Geldbörse**, -n purse; wallet

der **Geldschein**, -e note, bill (*of currency*) (12)

die **Gelegenheit**, -en opportunity; occasion

der/die **Geliebte**, -n **(ein Geliebter)** lover, beloved (*person*) (3)

gelingen (gelingt), gelang, ist gelungen to succeed

gelten (gilt), galt, gegolten to be valid; to be regarded

das **Gemälde**, - painting (12)

gemäßigt moderate

gemein mean; nasty

die **Gemeinde**, -n community

gemeinsam together; common (11)

die **Gemeinschaft**, -en community; coexistence

gemischt (*p.p. of* **mischen**) mixed (8)

das **Gemüse**, - vegetable (8)

der **Gemüsemarkt**, ⸚e vegetable market

gemütlich comfortable, cozy (12)

genau exact(ly) (B)

genauso just as

die **Generation**, -en generation

(das) **Genf** Geneva

Genfer (*adj.*) (of) Geneva; **der Genfer See** Lake Geneva

der **Genforscher**, - / die **Genforscherin**, -nen geneticist

genießen (genießt), genoss, genossen to enjoy

der **Genitiv**, -e genitive

genug enough (4)

genügend sufficient(ly)

das **Genus, Genera** gender

die **Geographie** geography (7)

das **Gepäck** luggage, baggage (10)

der **Gepard**, -e cheetah (10)

gepflegt well-groomed

gepunktet spotted, polka-dotted

gerade right now; just (at the moment); straight; upright; **gerade stellen** to straighten (3); **die Bücher gerade stellen** to straighten the books

geradeaus straight ahead (10)

das **Gerät**, -e appliance (8)

geräuchert (*p.p. of* **räuchern**) smoked (8)

das **Geräusch**, -e sound, noise (9)

das **Gericht**, -e dish (8); court(house) (5); **auf dem Gericht** at the courthouse (5)

gering low; minor

der **Germane**, -n (*wk.*) / die **Germanin**, -nen Teuton, ancient German

gern(e) gladly; willingly; with pleasure; (*with verb*) to like to (1, 5); **ich habe . . . gern** I like (*s.o./s.th.*); **ich hätte gern** I would like to (have) (*s.th.*) (5); **wir singen gern** we like to sing (1)

der **Geruch**, ⸚e smell, odor

gesalzen salted (8)

der **Gesamtstaat**, -en combined state, combined nation

der **Gesang** singing

das **Geschäft**, -e store; shop (2)

geschäftlich (*relating to*) business; **geschäftlich unterwegs sein** to be away on business

der **Geschäftsbrief**, -e business letter (10)

die **Geschäftsfrau**, -en businesswoman

die **Geschäftsleute** (*pl.*) businesspeople (7)

der **Geschäftsmann**, -leute businessman

die **Geschäftsreise**, -n business trip (7)

geschehen (geschieht), geschah, ist geschehen to happen; to occur

das **Geschenk**, -e present, gift (2)

die **Geschichte**, -n history (1); story

das **Geschichtsbuch**, ⸚er history book

das **Geschirr** (*sg.*) dishes (4, 5); **Geschirr spülen** to wash the dishes (4)

der **Geschirrschrank**, ⸚e cupboard

die **Geschirrspülmaschine**, -n dishwasher (5)

geschlechtertypisch gender-biased, typical for a particular sex

geschlossen (*p.p. of* **schließen**) closed (4)

der **Geschmack**, ⸚e taste

das **Geschmeide**, - jewelry

die **Geschwister** (*pl.*) brother(s) and sister(s), siblings (B)

der **Gesellenbrief**, -e journeyman's diploma, certificate of completed apprenticeship die **Gesellenprüfung, -en** examination for an apprentice to become a journeyman

die **Geselligkeit** sociability; conviviality

die **Gesellschaft, -en** society; company; association (12)

das **Gesetz, -e** law

gesetzlich legal(ly); **gesetzliches Zahlungsmittel** legal tender

das **Gesicht, -er** face (B)

das **Gespräch, -e** conversation

gestalten, gestaltet to form, fashion

das **Geständnis, -se** confession

gestern yesterday (4); **gestern Abend** last night (4)

gestreift striped

gesund healthy (11)

die **Gesundheit** health (11)

das **Gesundheitsamt, ¨er** health department

die **Gesundheitskasse, -n** health insurance company

das **Getränk, -e** beverage (8)

getrennt (*p.p. of* **trennen**) separate(ly); on separate checks (*in a restaurant*) (5)

das **Getto, -s** ghetto

die **Gewalt** violence; force (12)

gewaltig powerful

das **Gewehr, -e** rifle

das **Gewicht, -e** weight

gewinnen (gewinnt), gewann, gewonnen to win; to gain (4)

das **Gewitter, -** storm; thunderstorm

sich **gewöhnen (an** + *acc.*), **gewöhnt** to get used to, get accustomed to (11)

die **Gewohnheit, -en** habit

das **Gewürz, -e** spice; seasoning (8)

die **Gewürznelke, -n** clove

gierig greedy, greedily

gießen (gießt), goss, gegossen to pour; to water (3, 8); **die Blumen gießen** to water the flowers (3)

die **Gießkanne, -n** watering can (6)

giftig poisonous (9)

der **Gipfel, -** peak, mountaintop (7)

der **Gips** cast; plaster (11)

die **Giraffe, -n** giraffe (10)

das **Girokonto, -konten** checking account (12)

die **Gitarre, -n** guitar (1)

glänzend shining

das **Glas, ¨er** glass (5, 9)

gläsern (*adj.*) (made of) glass (9)

die **Glatze, -n** bald head

glauben, geglaubt to believe (2)

gleich (*adj.*) same, equal; (*adv.*) right away, immediately; directly; just (4, 6); **gleich gegenüber** right across the way (6); **gleich um die Ecke** right around the corner (6)

gleichaltrig of the same age

die **Gleichberechtigung** equal rights

das **Gleis, -e** (set of) train tracks (10)

gleiten (gleitet), glitt, ist geglitten to glide

der **Gletscher, -** glacier (7)

das **Glied, -er** limb

die **Glotze, -n** (*coll.*) TV

glotzen, geglotzt (*coll.*) to gawk

das **Glück** luck; happiness (3); **Glück haben** to have luck, be lucky; **viel Glück!** lots of luck! good luck! (3)

glücklich happy (B)

die **Glückszahl, -en** lucky number

gnädig gracious, kind, dear; **gnädige Frau** *very formal way of addressing a woman*

golden gold(en)

der **Goldfisch, -e** goldfish (11)

das **Golf** golf (1)

der **Golf** *VW car model*

der **Gott, ¨er** god (12); **Gott sei Dank!** thank God! **grüß Gott!** hello! (*for.; southern Germany, Austria*)

der **Gourmet, -s** gourmet

der **Gouverneur, -e** governor

das **Grab, ¨er** grave, tomb

der **Grad, -e** degree (B); **18 Grad Celsius/Fahrenheit** 18 degrees Celsius/Fahrenheit (B)

die **Grafik, -en** drawing; graphic(s)

der **Grafiker, -** / die **Grafikerin, -nen** graphic designer

der **Gral** the (Holy) Grail

das **Gramm, -e** gram

die **Grammatik, -en** grammar (A)

das **Gras, ¨er** grass

gratis free of charge

gratulieren (+ *dat.*), **gratuliert** to congratulate (2)

grau gray (A); **graues Haar** gray hair

graublau grayish blue

graugrün grayish green (7)

grausam cruel(ly) (9)

greifen (greift), griff, gegriffen to grab, grasp (11)

grell gaudy, shrill; cool, neat (2)

die **Grenze, -n** border

grenzen (an + *acc.*), **gegrenzt** to border (on) (7)

der **Grieche, -n** (*wk.*) / die **Griechin, -nen** Greek (*person*)

(das) **Griechenland** Greece (B)

griechisch Greek (*adj.*)

(das) **Griechisch** Greek (*language*)

der **Grill, -s** grill, barbecue (8)

grillen, gegrillt to grill; to barbecue

grinsen, gegrinst to grin

die **Grippe, -n** influenza, flu (11)

(das) **Grönland** Greenland

groß large, big; tall (B); **ziemlich groß** pretty big (2)

(das) **Großbritannien** Great Britain (B)

der **Groschen, -** *former Austrian coin, 1/100 Schilling*

die **Größe, -n** size; height (1)

die **Großeltern** (*pl.*) grandparents (B)

der **Großglockner** *mountain peak in Austria*

die **Großmutter, ¨** grandmother (B)

die **Großstadt, ¨e** (big) city

der **Großvater, ¨** grandfather (B)

grüezi! hi! (*Switzerland*) (A)

grün green (A)

der **Grund, ¨e** reason; basis; **im Grunde** in principle; basically

gründen, gegründet to found

gründlich thorough(ly)

grundsätzlich in principle; fundamental(ly)

die **Grundschule, -n** elementary school (4)

das **Grundschulniveau, -s** elementary school level

das **Grundstück, -e** property, lot (*land*)

das **Grundwissen** basic knowledge

der **Grünkohl** kale

die **Gruppe, -n** group

die **Gruppenarbeit, -en** group work

das **Gruppenmitglied, -er** member of a group

gruppieren, gruppiert to arrange

der **Gruselfilm, -e** horror film (2)

der **Gruß, ¨e** greeting (10); **mit freundlichen Grüßen** regards (10)

grüßen, gegrüßt to greet; to say hello to (11); **grüß Gott!** hello! (*for.; southern Germany, Austria*) (A)

die **Grütze, -n** groats; **rote Grütze** red fruit pudding

gucken, geguckt (*coll.*) to look (at)

gültig valid

das **Gummibärchen, -** gummy bear (*candy*)

der **Gummibaum, ¨e** rubber tree

die **Gurke, -n** cucumber (8); **saure Gurken** (*pl.*) pickles (8)

der **Gürtel, -** belt (2)

gut good; well; **das passt gut** that fits well (11); **das steht dir gut** that looks good on you; **es sieht gut aus** it looks good; **ganz gut** very good; quite well; **gute Nacht!** good night!; **guten Abend!** good evening! (A); **guten Appetit!** enjoy your meal! **guten Morgen!** good morning! (A); **guten Tag!** good afternoon! hello! (*for.*) (A); **mach's gut!** so long! look after yourself! (A)

das **Guthaben, -** bank balance (12)

der **Gymnasiast, -en** (*wk.*) / die **Gymnasiastin, -nen** pupil at a Gymnasium

das **Gymnasium, Gymnasien** high school, college prep school (4)

das **Haar, -e** hair (B, 11); **blondes Haar** blonde hair (B); **Haare schneiden** to cut hair (3); **kurzes Haar** short hair (B); **mit dem kurzen/langen Haar** with the short/long hair (A); **sich die Haare föhnen** to blow-dry one's hair; **sich die Haare kämmen** to comb one's hair (11)

die **Haarfarbe, -n** hair color (11)

die **Haarlänge, -n** hair length

die **Haarmode, -n** hairstyle

der **Haarschnitt, -e** haircut, hairstyle (2)

der **Haarstreifen, -** strip of hair

haben (hat), hatte, gehabt to have (A); **er/sie hat . . .** he/she has . . . (A); **es eilig haben** to be in a hurry (10); **haben Sie etwas dagegen?** do you have something for it? (*illness*) (11); **hast du . . . ?** do you have . . . ? (A); **hast du Lust?** do you feel like it? (2); **Heimweh haben** to be homesick; **Hunger haben** to be hungry; **ich habe . . . gern** I like (*s.o./s.th.*); **ich hätte gern** I would like to (have) (*s.th.*) (5); **Recht haben** to be right

das **Hackfleisch** ground beef (or pork) (8)

der **Hafen, ⸚** harbor, port (10)

der **Hahn, ⸚e** rooster

das **Hähnchen, -** (grilled) chicken

der **Hai, -e** shark (10)

der **Haken, -** hook (8)

halb half; **um halb drei** at two thirty (1)

die **Halbinsel, -n** peninsula (7)

das **Halbjahr, -e** six months, half year

die **Hälfte, -n** half (10)

hallo! hi! (*infor.*) (A)

der **Hals, ⸚e** neck; throat (9)

das **Halsbonbon, -s** throat lozenge (11)

die **Halsentzündung, -en** inflammation of the throat

die **Halskette, -n** necklace (2, 5)

die **Halsschmerzen** (*pl.*) sore throat (11)

das **Halstuch, ⸚er** scarf; bandanna (1)

die **Halsverletzung, -en** neck injury

halten (hält), hielt, gehalten to hold (4); to stop (7); **ein Referat halten** to give a paper or oral report (4); **halten für** (*+ acc.*) to consider, think of as; **halten von** (*+ dat.*) to think of (12)

die **Haltestelle, -n** stop (10)

das **Halteverbot, -e** no-stopping zone (7)

die **Haltung, -en** posture

der **Hamburger, -** hamburger

der **Hammer, ⸚** hammer (8)

der **Hamster, -** hamster (10)

die **Hand, ⸚e** hand (A, B); **die Hand schütteln** to shake hands (A)

die **Handarbeit, -en** needlework; crafts

handeln, gehandelt (mit *+ dat.*) to deal (with/in); **(von** *+ dat.*) to be about

das **Handelsregister, -** register of companies

das **Handgepäck** carry-on luggage (10)

die **Handlung, -en** action; plot

der **Handschlag, ⸚e** handshake

der **Handschuh, -e** glove (2)

das **Handtuch, ⸚er** hand towel (5)

handwerklich handy (12)

das **Handy, -s** cellular phone (2)

hängen (hängt), hing, gehangen to hang, be in a hanging position (3)

hängen, gehängt to hang (up), put in a hanging position (3); **das Bild an die Wand hängen** to hang the picture on the wall (3)

(das) **Hannover** Hanover

die **Hansestadt, ⸚e** *city that once belonged to the Hanseatic League*

hart hard

hartnäckig obstinate(ly), stubborn(ly)

der **Harz** *mountain range in central Germany*

hassen, gehasst to hate (9)

hässlich ugly (2)

häufig often, frequent(ly); common(ly)

der **Hauptbestandteil, -e** main component

das **Hauptfach, ⸚er** major; main subject

die **Hauptfigur, -en** main character

die **Hauptperson, -en** central figure

die **Hauptsache, -n** main thing

der **Hauptsatz, ⸚e** main clause

die **Hauptstadt, ⸚e** capital city (3)

das **Haus, ⸚er** house (1, 2, 6); **nach Hause gehen** to go home (1, 10); **zu Hause sein** to be at home (A, 1, 10)

die **Hausarbeit, -en** housework; homework

der **Hausarrest, -e** house arrest

der **Hausarzt, ⸚e / die Hausärztin, -nen** family doctor (11)

die **Hausaufgabe, -n** homework assignment (A)

das **Hausboot, -e** houseboat (6)

das **Häuschen, -** small house, cottage

die **Hausfrau, -en** housewife, (*female*) homemaker (12)

hausgemacht homemade

der **Haushalt, -e** household (8, 9); **im Haushalt** in the household (8)

das **Haushaltsgerät, -e** household appliance

der **Hausmann, ⸚er** (*male*) homemaker (12)

der **Hausmeister, - / die Hausmeisterin, -nen** custodian (5)

das **Hausmittel, -** home remedy

die **Hausnummer, -n** house number (1)

der **Hausschlüssel, -** house key (9)

der **Hausschuh, -e** slipper

das **Haustier, -e** pet (10)

die **Haut, ⸚e** skin (3, 11)

Hbf. = der **Hauptbahnhof, ⸚e** main train station

heben (hebt), hob, gehoben to raise; to lift

der **Heber, -** raiser, lifter; jack

(das) **Hebräisch** Hebrew

die **Hecke, -n** hedge

das **Heft, -e** notebook (B)

die **Heilanstalt, -en** hospital

heilen, geheilt to cure; to heal (5)

das **Heim, -e** home

die **Heimat, -en** home, hometown, homeland (12)

das **Heimatland, ⸚er** homeland (12)

die **Heimatstadt, ⸚e** hometown (6)

heim·kommen (kommt . . . heim), kam . . . heim, ist heimgekommen to come home

heimlich secret(ly) (9)

das **Heimweh** homesickness (3); **Heimweh haben** to be homesick (3)

die **Heirat, -en** marriage

heiraten, geheiratet to marry (5)

heiser hoarse

heiß hot (B)

heißen (heißt), hieß, geheißen to be called, to be named (A); **ich heiße . . .** my name is . . . (A); **wie heißen Sie?** (*for.*) / **wie heißt du?** (*infor.*) what's your name? (A)

die **Heizung, -en** heating

helfen (*+ dat.*) **(hilft), half, geholfen** to help (6)

hell light; bright (6)

hellblond light blond(e)

hellwach wide awake

das **Hemd, -en** shirt (A)

her *direction toward*; (to) here, hither (10)

herauf up (*toward the speaker*)

herauf·holen, heraufgeholt to bring up, retrieve

heraus (aus *+ dat.*) out (of) (10)

heraus·bringen (bringt . . . heraus), brachte . . . heraus, herausgebracht to bring out; to utter, say

heraus·finden (findet . . . heraus), fand . . . heraus, herausgefunden to find out

herausfordernd challenging(ly); provocative(ly)

heraus·geben (gibt . . . heraus), gab . . . heraus, herausgegeben to publish; to edit (for publication)

heraus·kommen (kommt . . . heraus), kam . . . heraus, ist herausgekommen to come out (this way) (10)

heraus·nehmen (nimmt . . . heraus), nahm . . . heraus, herausgenommen to take out, remove

heraus·suchen, herausgesucht to pick out

die **Herbergseltern** (*pl.*) wardens of a youth hostel

der **Herbst, -e** fall, autumn (B)

die **Herbstesnacht, ⸚e** autumn night

der **Herd, -e** stove (5)

herein in; inside (10)

herein·holen, hereingeholt to bring in

herein·kommen (kommt . . . herein), kam . . . herein, ist hereingekommen to come in (this way) (10)

der **Heringssalat, -e** herring salad (8)

her·kommen (kommt . . . her), kam . . . her, ist hergekommen to come here, come this way (10)

die **Herkunft, ⸚e** origin; nationality (B)

her·laufen (läuft . . . her), lief . . . her, ist hergelaufen to run here

der **Herr, -en** (*wk.*) Mr.; gentleman (A)

das **Herrchen, -** *diminutive endearing term for male pet owner*

herrlich marvelous(ly), magnificent(ly)

die **Herrschaft, -en** rule; dominion

herrschen, geherrscht to reign, rule

her·stellen, hergestellt to produce

herum around, round about; **um** (*+ acc.*) . . . **herum** around sich **herum·drehen, herumgedreht** to turn (o.s.) around

herum·gehen (um + *acc.*) **(geht . . . herum), ging . . . herum, ist herumgegangen** to go around (*s.th.*)

herum·reisen, ist herumgereist to travel around

herum·stehen (steht . . . herum), stand . . . herum, herumgestanden to stand around, loiter

herum·schwirren, ist herumgeschwirrt to buzz around

herunter down (*toward the speaker*) (11)

herunter·klettern, ist heruntergeklettert to climb down (11)

herunter·kommen (kommt . . . herunter), kam . . . herunter, ist heruntergekommen to come down

herunter·werfen (wirft . . . herunter), warf . . . herunter, heruntergeworfen to throw down

hervor·rennen (rennt . . . hervor), rannte . . . hervor, ist hervorgerannt to dart out from

hervorstechend outstanding; striking

das **Herz, -en** heart (11)

(das) **Herzegowina** Herzegovina (B)

die **Herzfrequenz, -en** heart rate

der **Herzinfarkt, -e** heart attack

herzlich hearty, heartily

der **Herzog, ⸚e** duke

das **Herzogtum, ⸚er** duchy

die **Herzschmerzen** (*pl.*) heartache (11)

(das) **Hessen** Hessen

heute today (B, 1); **heute Abend** this evening (2); **heute Morgen** this morning; **welcher Tag ist heute?** what day is today? (1); **welches Datum ist heute?** what is today's date? (4)

die **Hexe, -n** witch (7, 9)

die **Hexenküche, -n** witch's kitchen

hier here (A); **ist hier noch frei?** is this seat/place taken? (3)

hierher (to) here, hither

die **Hilfe, -n** help (11)

hilflos helpless(ly)

das **Hilfsverb, -en** auxiliary verb

der **Himmel, -** sky; heaven

die **Himmelfahrt, -en** ascent to heaven; **Christi Himmelfahrt** the Ascension of Christ, Ascension Day

himmlisch heavenly

hin *direction away from*; (to) there, thither (10); **hin und zurück** there and back; round trip (5, 10); **wo willst du denn hin?** where are you going? (A)

die **Hin- und Rückfahrt, -en** round trip (10)

hinab·stürzen, ist hinabgestürzt to fall down; to plummet

hinauf up that way (10)

hinauf·gehen (geht . . . hinauf), ging . . . hinauf, ist hinaufgegangen to go up (that way) (10)

hinauf·schauen, hinaufgeschaut to look up

hinaus·fahren (fährt . . . hinaus), fuhr . . . hinaus, ist hinausgefahren to go/drive out

hinaus·schauen, hinausgeschaut to look out

hinein in(ward) (9); **(in** + *acc.*) into

hinein·beißen (beißt . . . hinein), biss . . . hinein, hineingebissen to bite in

hinein·gehen (geht . . . hinein), ging . . . hinein, ist hineingegangen to go/walk in

hinein·mischen, hineingemischt to mix in

hinein·sehen (seht . . . hinein), sah . . . hinein, hineingesehen to look in

hinein·setzen, hineingesetzt to put (*s.th.*) in

sich **hinein·trauen, hineingetraut** to dare to go inside

hin·fahren (fährt . . . hin), fuhr . . . hin, ist hingefahren to go/drive (that way)

die **Hinfahrt, -en** journey there; outbound journey

hin·fallen (fällt . . . hin), fiel . . . hin, ist hingefallen to fall down (11)

hin·gehen (geht . . . hin), ging . . . hin, ist hingegangen to go/walk (that way) (10)

sich **hin·legen, hingelegt** to lie down (11)

hin·schauen, hingeschaut to look

sich **hin·setzen, hingesetzt** to sit down

hin·stellen, hingestellt to put, put down; sich **hinstellen** to stand; to position oneself

hinten at the back

hinter (+ *dat./acc.*) behind

hintereinander in a row (3)

der **Hintergrund, ⸚e** background

hinterher·blasen (bläst . . . hinterher), blies . . . hinterher, hintergeblasen to blow behind

hinterher·laufen (läuft . . . hinterher), lief . . . hinterher, ist hinterhergelaufen to run behind

hinterher·schleichen (schleicht . . . hinterher), schlich . . . hinterher, ist hinterhergeschlichen to creep behind

der **Hinterhof, ⸚e** courtyard

hinüber over that way (10)

hinüber·gehen (geht . . . hinüber), ging . . . hinüber, ist hinübergegangen to go over (that way) (10)

sich **hinunter·beugen, hinuntergebeugt** to bend over

hinunter·laufen (läuft . . . hinunter), lief . . . hinunter, ist hinuntergelaufen to run down

hinunter·segeln, ist hinuntergesegelt to sail down

hinzu·fügen, hinzugefügt to add

hinzu·geben (gibt . . . hinzu), gab . . . hinzu, hinzugegeben to add

hinzu·kommen (kommt . . . hinzu), kam . . . hinzu, ist hinzugekommen to come in addition

hinzu·zählen, hinzugezählt to add (on)

der **Hirschbraten, -** roast venison

historisch historical(ly)

die **Hitze** heat

das **Hobby, -s** hobby (1)

hoch high (6); **hohen Blutdruck haben** to have high blood pressure (11)

hochgesteckt pinned up high

hoch·klappen, hochgeklappt to fold up

die **Hochschule, -n** college, university

der **Höchstsatz, ⸚e** maximum amount

der **Hochstuhl, ⸚e** highchair

die **Hochzeit, -en** wedding

das **Hochzeitsdatum, -daten** wedding date

der **Hof, ⸚e** court; courtyard; yard

hoffen, gehofft to hope (3)

hoffentlich hopefully

die **Hoffnung, -en** hope

höflich polite(ly)

das **Hoftheater, -** court theater

die **Höhe, -n** height; amount (*of money*) (12)

der **Höhepunkt, -e** high point, highlight (7)

die **Höhle, -n** cave (6)

holen, geholt to fetch, (go) get (9)

(das) **Holland** Holland (B)

holländisch Dutch (*adj.*) (8)

(das) **Holländisch** Dutch (*language*)

das **Holz, ⸚er** wood (12)

der **Holzbalken, -** wooden beam

die **Holzschindel, -n** wooden shingle

homogen homogeneous

die **Homosexualität** homosexuality

der **Honda** *make of car*

der **Honig** honey (8)

die **Honigproduktion** honey production

hoppla! oops!

hören, gehört to hear; to listen (1); **wieder hören** to hear again (6)

das **Hörgerät, -e** hearing aid

das **Hörnchen, -** croissant (8)

der **Horrorfilm, -e** horror film

das **Hörspiel, -e** radio play

der **Hörtext, -e** listening text

das **Hörverständnis, -se** listening comprehension

die **Hose, -n** pants, trousers (A)

das **Hotel, -s** hotel (2, 5); **im Hotel** at the hotel (5)

hübsch pretty (A, 2)

der **Hügel, -** hill (7)

das **Huhn, ⸚er** chicken

die **Hühnersuppe, -n** chicken soup

humanistisch humanistic; **humanistisches Gymnasium** *high school emphasizing classical languages*

die **Humanmedizin** human medicine

der **Hummer, -** lobster (8)

der **Humor** humor; sense of humor

der **Hund, -e** dog (2)

das **Hundefutter** dog food (5)

die **Hunderasse, -n** breed of dog

hundert hundred (A)

hundertst- hundredth (4)

der **Hunger** hunger (3); **Hunger haben** to be hungry (3)

hungrig hungry (9)

die **Hupe, -n** horn (7)

hupen, gehupt to honk (7)

husten, gehustet to cough

der **Husten, -** cough (11)

das **Hustenbonbon, -s** cough drop (11)

der **Hustensaft, ⁓e** cough syrup (11)

der **Hut, ⁓e** hat (A)

hüten, gehütet to look after; to watch

ich I

ideal ideal(ly) (12)

die **Idee, -n** idea

identifizieren, identifiziert to identify

die **Identität, -en** identity

das **Iglu, -s** igloo (6)

ihm him, it (*dat.*)

ihn him, it (*acc.*) (2)

ihnen them (*dat.*)

Ihnen you (*for. dat.*)

ihr you (*infor. nom. pl.*)

ihr(e) her, its; their (1, 2)

Ihr(e) your (*for.*) (B, 2)

illegal illegal(ly) (12)

illusionslos without illusions

illustrieren, illustriert to illustrate

im = in dem in the

das **Image, -s** image

immer always (3); **immer noch** still

der **Imperativ** the imperative

impfen (gegen + *acc.*), geimpft to vaccinate (for) (10)

das **Importland, ⁓er** importer, country that imports

in (+ *dat./acc.*) in; into; at (A, 4); **im Café** at the café (4); **im ersten Stock** on the second floor (6); **im Garten** in the garden (4); **im Januar** in January (B); **in den Bergen wandern** to hike in the mountains (1); **in der Woche** during the week (1); **in die Berge gehen** to go to the mountains (1); **ins Kino gehen** to go to the movies (1)

inbegriffen included (10)

incl. = inklusive included

indem (*subord. conj.*) while; as

indirekt indirect(ly)

indisch Indian (*adj.*)

indiskret indiscreet

individuell individual(ly)

die **Indologie** *study of languages and culture of India*

die **Industrie, -n** industry

das **Industriezentrum, -zentren** industrial center

der **Infinitiv, -e** infinitive

die **Informatik** computer science (1)

die **Information, -en** information (4)

das **Informationsspiel, -e** information game

(sich) **informieren (über + *acc.*), informiert** to inform (*o.s.*) (about) (10)

der **Ingenieur, -e / die Ingenieurin, -nen** engineer (5)

der **Ingwer** ginger

der **Inhalt, -e** contents

inklusive included (*utilities*) (6)

das **Inline-Skaten** inline skating

der **Inliner, -** inline skate

die **Innenstadt, ⁓e** downtown (6)

(das) **Innerasien** Central Asia

das **Innere** inside

innerhalb (+ *gen.*) within, inside

ins = in das in(to) the

die **Insel, -n** island (7)

insgesamt altogether

der **Inspektor, -en / die Inspektorin, -nen** inspector

das **Institut, -e** institute

die **Institution, -en** institution

das **Instrument, -e** instrument (12)

die **Integration, -en** integration (12)

das **Integrationsproblem, -e** problem of integration

intelligent intelligent (B)

die **Intelligenz, -en** intelligence (12)

intensiv intensive(ly)

die **Interaktion, -en** interaction

der **Intercity(zug)** intercity train

interessant interesting (7)

das **Interesse, -n** interest (5); **Interesse haben (an + *dat.*)** to be interested (in) (5)

interessieren, interessiert to interest (5); **sich interessieren (für + *acc.*)** to be interested (in) (5)

das **Internat, -e** boarding school

international international(ly)

der **Internatsschüler, - / die Internatsschülerin, -nen** boarding school pupil

das **Internet** internet

das **Internet-Banking** internet banking

das **Internet-Marketing** internet marketing

das **Interview, -s** interview (4)

interviewen, interviewt to interview (12)

inzwischen in the meantime, meanwhile

der **Iran** Iran

irgendein(e) some; any

irgendetwas something; anything

irgendjemand someone; anyone

irgendwas something; anything

irgendwelch- some; any (5)

irgendwo somewhere; anywhere

irgendwohin (to) somewhere; (to) anywhere

(das) **Irland** Ireland (B)

die **Isar** *river that flows through Munich*

(das) **Israel** Israel (B)

(das) **Italien** Italy (B)

der **Italiener, - / die Italienerin, -nen** Italian (*person*)

italienisch Italian (*adj.*)

(das) **Italienisch** Italian (*language*) (B)

ja yes; indeed (4); **das ist es ja!** that's just it! (4); **wenn ja** if so

die **Jacht, -en** yacht (7)

die **Jacke, -n** jacket (A)

die **Jackentasche, -n** jacket pocket

jagen, gejagt to hunt

der **Jäger, - / die Jägerin, -nen** hunter (9)

das **Jahr, -e** year (2); **als ich acht Jahre alt war** when I was eight years old (5); **mit fünf Jahren** at the age of five; **seit zwei Jahren** for two years (4); **vor zwei Jahren** two years ago; **zweimal im Jahr** twice a year

der **Jahrestag, -e** anniversary

die **Jahreszahl, -en** date (year)

die **Jahreszeit, -en** season

das **Jahrhundert, -e** century

-jährig -year-old; **ein dreijähriges Kind** a three-year-old child

jährlich annual(ly)

das **Jahrzehnt, -e** decade (4)

jahrzehntelang for decades

jammern, gejammert to moan

der **Januar** January (B); **im Januar** in January (B)

(das) **Japan** Japan (B)

der **Japaner, - / die Japanerin, -nen** Japanese (person)

japanisch Japanese (adj.) (8)

(das) **Japanisch** Japanese (*language*) (B)

jäten, gejätet to pull weeds

jawohl certainly; yes, indeed

die **Jazzmusik** jazz music

je ever; each; **je nach Betrag** depending on the amount

die **Jeans** (pl.) jeans (2)

die **Jeansjacke, -n** denim jacket

jedenfalls in any case (11)

jeder, jedes, jede each; every (3, 5); **jede Woche** every week (3)

der **Jeep, -s** make of car

jemand someone, somebody (3)

jener, jenes, jene (*dem. pron.*) that, those

jetzig present, current

jetzt now (3)

jeweils each time; each; every

der **Job, -s** job

jobben, gejobbt to work a part-time job

joggen, ist gejoggt to jog

der **Joghurt** yogurt

der **Journalist, -en** (*wk.*) / die **Journalistin, -nen** journalist

die **Journalistik** journalism

jubeln, gejubelt to cheer

jucken, gejuckt to itch

die **Jugend** youth; young people (9)

das **Jugendarbeitsschutzgesetz, -e** law governing working conditions for adolescents

die **Jugendherberge, -n** youth hostel (10)

der/die **Jugendliche, -n (ein Jugendlicher)**
young person

die **Jugendmode, -n** youth fashion

der **Jugendschutz** protection of young people

das **Jugendschutzgesetz, -e** law for the
protection of minors

das **Jugendzentrum, -zentren** youth center

(das) **Jugoslawien** Yugoslavia (B)

der **Juli** July (B)

jung young (B)

der **Junge, -n** (*wk.*); **Jungs** (*coll. pl.*) boy

der **Jungenname, -n** (*wk.*) boy's name

die **Jungfrau, -en** virgin

der **Juni** June (B)

(die) **Jura** (*pl.*) law (*as field of study*)

der **Jux, -e** joke; **einen Jux machen** to be
joking; to play a prank

der **Kachelofen,** tile stove, hearth (6)

der **Käfer, -** beetle; *a VW car model*

der **Kaffee** coffee (1)

der **Kaffeefilter, -** coffee filter (4)

die **Kaffeemaschine, -n** coffee machine (5)

die **Kaffeemühle, -n** coffee grinder (8)

die **Kaffeesahne** coffee cream

die **Kaffeetasse, -n** coffee cup

der **Käfig, -e** cage (10)

die **Käfigtür, -en** cage door

kahl bald

der **Kahn, e** boat

(das) **Kairo** Cairo

der **Kaiser, -** / die **Kaiserin, -nen** emperor/-
empress

der **Kakao** cocoa; hot chocolate (8)

(das) **Kalifornien** California

kalorienarm low in calories (8)

kalorienbewusst calorie-conscious (8)

kalt cold (B)

das **Kamel, -e** camel (7)

die **Kamera, -s** camera (5)

der **Kamerad, -en** (*wk.*) / die **Kameradin, -nen**
companion; friend; comrade

der **Kamillentee** chamomile tea

der **Kamin, -e** hearth, fireplace

der **Kamm, ̈e** comb

kämmen, gekämmt to comb (3); **sich (die
Haare) kämmen** to comb one's hair (11)

kämpfen, gekämpft to fight (9)

(das) **Kanada** Canada (B)

der **Kanadier, -** / die **Kanadierin, -nen**
Canadian (*person*) (B)

der **Kanal, ̈e** canal; channel

die **Kanalküste, -n** channel coast

der **Kanarienvogel, ̈** canary

der **Kapitalismus** capitalism

das **Kapitel, -** chapter (A)

kaputt broken (A)

kaputt·machen, kaputtgemacht to break; to ruin

(der) **Karfreitag** Good Friday

kariert checked; plaid

Karl der Große Charlemagne

(das) **Kärnten** Carinthia

die **Karotte, -n** carrot (8)

die **Karriere, -n** career

die **Karte, -n** card; ticket; map (1, 2)

die **Kartoffel, -n** potato (8)

der **Kartoffelbrei** mashed potatoes

der **Kartoffelchip, -s** potato chips

der **Kartoffelkloß, ̈e** potato dumpling

der **Käse, -** cheese (8)

(das) **Kaspische Meer** Caspian Sea

die **Kasse, -n** cashier's window (12)

die **Kassette, -n** cassette (A)

der **Kassierer, -** / die **Kassiererin, -nen** cashier (5)

die **Kastanie, -n** chestnut

das **Kästchen, -** small box

der **Kasus, -** (grammatical) case

die **Kategorie, -n** category

der **Kater, -** tomcat; hangover (11)

die **Katze, -n** cat (2)

die **Katzenallergie, -n** allergy to cats

der **Katzenliebhaber, -** / die
Katzenliebhaberin, -nen cat lover

kauen, gekaut to chew (11)

kaufen, gekauft to buy (1)

der **Käufer, -** / die **Käuferin, -nen** buyer;
customer

das **Kaufhaus, ̈er** department store (5); **im
Kaufhaus** at the department store (5)

(das) **Kaufland** *department store chain*

das **Kaufmannshaus, ̈er** merchant's house

kaum hardly

die **Kaution, -en** security deposit (6)

der **Kaviar, -e** caviar

kein(e) no; none (2); **kein bisschen** not at all
(3); **kein Wunder** no wonder (4); **keine
Ahnung** (I have) no idea (4)

der **Keller, -** basement, cellar (4, 6)

die **Kellertür, -en** cellar door

der **Kellner, -** / die **Kellnerin, -nen** waiter/-
waitress (5)

kennen (kennt), kannte, gekannt to know, be
acquainted with (B); **kennen lernen, kennen
gelernt** to meet, get acquainted with (1)

die **Kenntnisse** (*pl.*) skills; knowledge about a
field (5)

das **Kennzeichen, -** sign, mark; feature

kennzeichnen, kennzeichnet to label; to
characterize

die **Kerze, -n** candle (3)

kerzengerade bolt upright

der/das **Ketschup, -s** ketchup

der/das **Kettcar, -s** *play car for children*

die **Kette, -n** chain

kg = das **Kilogramm, -e** kilogram

(das) **Kiew** Kiev

der **Kilometer, -** kilometer (2)

der **Kilometerstand, ̈e** mileage (7)

das **Kind, -er** child (B)

die **Kinderarbeit, -en** child labor

der **Kinderarbeiter, -** / die **Kinderarbeiterin,
-nen** child worker

das **Kinderbuch, ̈er** children's book

die **Kindererziehung** education, raising of
children

der **Kindergarten, ̈** kindergarten (6)

das **Kindergedicht, -e** poem for children

die **Kinderkrankheit, -en** childhood disease

der **Kinderreim, -e** nursery rhyme

der **Kinderteller, -** child's plate

der **Kinderwagen, -** baby carriage (7)

das **Kindesalter** childhood (12)

die **Kindheit** childhood (9)

das **Kinn, -e** chin

das **Kino, -s** movie theater, cinema (1); **ins Kino
gehen** to go to the movies (1)

die **Kinokasse, -n** movie theater ticket booth (5);
an der Kinokasse at the movie theater ticket
booth (5)

der **Kiosk, -e** kiosk, newsstand

der **Kioskbesitzer, -** / die **Kioskbesitzerin, -
nen** newsstand owner

die **Kirche, -n** church (5); **in der Kirche** at
church (5)

der **Kirchenbau, -ten** church building

der **Kirchturm, ̈e** church tower; steeple

der **Kirsch, -** kirsch (*distilled spirit made from
cherries*)

die **Kirsche, -n** cherry (8)

der **Kirschsaft, ̈e** cherry juice

(das) **Kischinjow** Kishinev

das **Kissen, -** cushion, pillow

die **Kitzbühler Alpen** (*pl.*) the Kitzbühel Alps

die **Kiwi, -s** kiwi (fruit)

die **Klammer, -n** parenthesis

die **Klamotten** (*pl., coll.*) clothes

der **Klang, ̈e** sound; tone

die **Klapperschlange, -n** rattlesnake (10)

klar clear; of course (2)

die **Klasse, -n** class (5, 10); grade, level (9);
erster Klasse fahren to travel first class
(5, 10)

die **Klassenarbeit, -en** (written) class test

das **Klassenfest, -e** class party

die **Klassengröße, -n** class size

der **Klassenkamerad, -en** (*wk.*) / die
Klassenkameradin, -nen classmate

der **Klassenlehrer, -** / die **Klassenlehrerin, -
nen** homeroom teacher

der **Klassensprecher, -** / die
Klassensprecherin, -nen class speaker

das **Klassentreffen, -** class reunion (9)

das **Klassenzimmer, -** classroom

die **Klassik** classical period

klassisch classical (12)

klassizistisch classical

klatschen, geklatscht to clap

klauen, geklaut (*coll.*) to steal

das **Klavier, -e** piano (2); **Klavier spielen** to
play the piano

das **Klavierstück, -e** piano piece

das **Kleid, -er** dress (A); (*pl.*) clothes

kleiden, gekleidet to clothe

der **Kleiderschrank, ⸚e** clothes closet, wardrobe (6)

die **Kleidung** clothes (A, 2)

das **Kleidungsstück, -e** piece of clothing

klein small, little; short (B)

die **Kleingruppe, -n** small group

das **Kleinkind, -er** small child

der **Kleinstaat, -en** small state, small country

klemmen, geklemmt to stick

klettern, ist geklettert to climb (9)

das **Klima, -s** climate

klingeln geklingelt to ring (2)

klingen (wie) (klingt), klang, geklungen to sound (like) (11)

klopfen, geklopft to knock

das **Kloster, -** monastery; convent

der **Klosterfriedhof, ⸚e** cloister cemetery

die **Klosterkirche, -n** cloister church

der **Klosterkirchhof, ⸚e** cloister churchyard

der **Klumpen, -** lump

km = der **Kilometer, -** kilometer

KMW = die **Kommunikations- und Medienwissenschaft** communication and media science

knapp meager; scarce(ly); just, barely (6)

knarren, geknarrt to creak

die **Kneipe, -n** bar, tavern (3)

der **Knoblauch** garlic (8)

die **Knoblauchsoße, -n** garlic sauce

der **Knöchel, -** ankle; knuckle

der **Knödel, -** dumpling (8)

der **Knopf, ⸚e** button

knuspern (an + dat.), geknuspert to nibble (at)

der **Kobold, -e** goblin

der **Koch, ⸚e** / die **Köchin, -nen** cook, chef (5)

das **Kochbuch, ⸚er** cookbook (2)

kochen, gekocht to cook; to boil (1)

der **Kochtopf, ⸚e** (cooking) pot

der **Koffer, -** suitcase (2)

der **Kofferraum, ⸚e** trunk (*in car*) (7)

der **Kognak, -s** cognac

der **Kohl** cabbage (8)

kohlschwarz coal-black

der **Kolibri, -s** hummingbird (10)

der **Kollege, -n** (*wk.*) / die **Kollegin, -nen** colleague, co-worker

die **Kollokation, -en** collocation

(das) **Köln** Cologne

kolumbianisch Colombian (*adj.*)

(der) **Kolumbus** Columbus

kombinieren, kombiniert to combine (3)

komisch funny, strange (12)

kommen (kommt), kam, ist gekommen to come; (**aus + dat.**) to come from (*a place*) (B); **auf andere Gedanken kommen** to keep one's mind off something (7); **sich etwas**

zuschulden kommen lassen to do something wrong; **wieder kommen** to come again (5); **zu Besuch kommen** to visit

kommentieren, kommentiert to comment on

der **Kommissar, -** / die **Kommissarin, -nen** detective superintendent; commissioner

die **Kommode, -n** dresser, chest of drawers (6)

die **Kommunikations- und Medienwissenschaft** communication and media science

die **Komödie, -n** comedy

die **Kompetenz, -en** competence

der **Komponist, -en** (*wk.*) / die **Komponistin, -nen** composer

das **Kompositum, Komposita** compound noun

die **Konferenz, -en** conference

die **Konfession, -en** religious denomination, church (12)

der **König, -e** / die **Königin, -nen** king/queen (9)

der **Königssohn, ⸚e** prince

die **Königstochter, ⸚** princess

konjugieren, konjugiert to conjugate

die **Konjunktion, -en** conjunction

konkret concrete (12)

können (kann), konnte, gekonnt to be able (to), can (3)

konservativ conservative (B)

die **Konserve, -n** can

der **Konsum** consumption

der **Kontakt, -e** contact

der **Kontinent, -e** continent

kontinental continental

das **Konto, Konten** bank account (5); **ein Konto eröffnen** to open a bank account (5)

der **Kontostand, ⸚e** balance; account status

der **Kontrast, -e** contrast

kontrollieren, kontrolliert to check; to control; **das Öl kontrollieren** to check the oil (5)

kontrovers controversial

das **Konzentrationslager, -** concentration camp

sich **konzentrieren, konzentriert** to concentrate

das **Konzert, -e** concert (1); concerto; **die Brandenburgischen Konzerte** (*pl.*) the Brandenburg Concertos; **ins Konzert gehen** to go to a concert (1)

die **Konzertreise, -n** concert tour

die **Kopassage** *a shopping center*

(das) **Kopenhagen** Copenhagen

der **Kopf, ⸚e** head (B)

der **Kopfhörer, -** headphones

das **Kopfkissen, -** pillow (6)

der **Kopfsalat** lettuce (8)

die **Kopfschmerzen** (*pl.*) headache (11)

die **Kopfschmerztablette, -n** headache tablet (11)

der **Kopierladen, ⸚** copy shop (10)

der **Korb, ⸚e** basket

koreanisch Korean (*adj.*)

der **Korkenzieher, -** corkscrew (8)

das **Korn, ⸚er** grain; corn

das **Körnergericht, -e** dish made from grain

der **Kornmarkt, ⸚e** grain market

der **Körper, -** body (B, 11)

körperlich physical

die **Körperpflege** personal hygiene (11)

der **Körperteil, -e** body part

der **Korridor, -e** corridor, hall

korrigieren, korrigiert to correct (4)

das **Kosmetikprodukt, -e** cosmetic product

kosten, gekostet to cost (2, 6)

die **Kosten** (*pl.*) cost(s)

kostenlos free of charge

das **Kostüm, -e** costume (9)

die **Krabbe, -n** shrimp (8)

der **Krabbenkutter, -** shrimp boat

der **Krach, ⸚e** racket; loud noise

krächzen, gekrächzt to squawk

die **Kraft, ⸚e** power; strength

kraftlos weak, feeble

krank sick (3)

das **Krankenhaus, ⸚er** hospital (3, 5, 11); **im Krankenhaus** in the hospital (5)

die **Krankenhauskosten** (*pl.*) hospital costs

die **Krankenkasse, -n** health insurance company

der **Krankenpfleger, -** / die **Krankenpflegerin, -nen** nurse (5)

die **Krankenversicherung, -en** health insurance

der **Krankenwagen, -** ambulance (11)

die **Krankheit, -en** illness, sickness (11)

die **Krankheitsgeschichte, -n** medical history

kratzen, gekratzt to scratch

das **Kraut, ⸚er** herb (8)

die **Kräuterbutter** herb butter (8)

der **Kräuterermarkt, ⸚e** herb market

die **Krawatte, -n** tie, necktie (A)

der **Kredit, -e** credit; loan; **Kredit aufnehmen** to take out a loan

die **Kreditkarte, -n** credit card

die **Kreide, -n** chalk (B)

der **Kreidefelsen, -** chalk cliff

der **Kreidestrich, -e** chalk mark

der **Kreis, -e** circle; (administrative) district

das **Kreisarchiv, -e** district archives

kreischen, gekreischt to screech

der **Kreisverkehr, -** traffic roundabout (10)

die **Kreme, -s** cosmetic cream

das **Kreuz, -e** cross

die **Kreuzung, -en** intersection (7)

der **Krieg, -e** war; **Krieg führen** to wage war

der **Kriegersmann, ⸚er** warrior

der **Kriminalkommissar, -e** / die **Kriminalkommissarin, -nen** detective superintendent

der **Krimi, -s** detective story or film

die **Krise, -n** crisis (12)

kritisch critical(ly)

(das) **Kroatien** Croatia (B)

(das) **Kroatisch** Croatian (*language*)

die **Krokette, -n** croquette (8)

das **Krokodil, -e** crocodile (10)

der **Krokus, -se** crocus

krönen, gekrönt to crown

(das) **Kuba** Cuba (B)

die **Küche, -n** kitchen (5); cooking, cuisine; **in der Küche** in the kitchen (5)

der **Kuchen, -** cake (5)

die **Küchenarbeit, -en** kitchen work (5)

die **Küchenbank, ⸚e** kitchen bench-seat

das **Küchenfenster, -** kitchen window

die **Küchenlampe, -n** kitchen lamp (5)

die **Küchenmaschine, -n** mixer (8)

das **Küchenmesser, -** kitchen knife

der **Küchenschrank, ⸚e** kitchen cabinet

der **Küchentisch, -e** kitchen table (5)

die **Küchenuhr, -en** kitchen clock (5)

die **Küchenwaage, -n** kitchen scale (5)

der **Kugelschreiber, -** ballpoint pen (4)

kühl cool (B)

kühlen, gekühlt to cool

der **Kühlschrank, ⸚e** refrigerator (5)

der **Kuhsteig, -e** cow path

die **Kultur, -en** culture (12)

kulturell cultural(ly)

die **Kulturgeschichte, -n** cultural history

die **Kulturhauptstadt, ⸚e** cultural capital

das **Kulturprojekt, -e** cultural project

das **Kulturzentrum, -zentren** cultural center

der **Kummer** sorrow; grief; trouble

sich **kümmern (um + acc.), gekümmert** to take care (of); to pay attention (to) (12)

der **Kunde, -n** (*wk.*) / die **Kundin, -nen** customer (5)

die **Kündigungsfrist, -en** period of notice

die **Kunst, ⸚e** art (12)

die **Kunstgeschichte** art history (1)

der **Künstler, -** / die **Künstlerin, -nen** artist

künstlerisch artistic(ally)

die **Kunstrichtung, -en** artistic form; trend in art

der **Kurfürst, -en** (*wk.*) elector (*one of the princes who chose the Holy Roman Emperor*)

kurfürstlich electoral

das **Kurhaus, ⸚er** spa rooms

der **Kurs, -e** (*academic*) course, class (A, 1); exchange rate

kursiv gedruckt printed in italics

die **Kurve, -n** curve; bend

kurz short; **kurzes Haar** short hair (B); **mit dem kurzen Haar** with the long hair (A); **vor kurzem** a short time ago

die **Kurzgeschichte, -n** short story

der **Kurztext, -e** short text

die **Kusine, -n** (female) cousin (B)

der **Kuss, ⸚e** kiss (4)

küssen, geküsst to kiss (9)

die **Küste, -n** coast (7)

der **Labortest, -s** lab test

lächeln, gelächelt to smile

lachen, gelacht to laugh (3); **vor Lachen** from laughing (so hard)

der **Lachs, -e** salmon

der **Laden, ⸚** store, shop

der **Ladenbesitzer, -** / die **Ladenbesitzerin, -nen** store owner

der **Ladenschluss** store closing time

das **Ladenschlussgesetz** *law governing store hours*

die **Lage, -n** place; position; location (10)

die **Lakritze, -n** licorice

die **Lakritzsorte, -n** type of licorice

die **Lampe, -n** lamp (B)

das **Land, ⸚er** land, country (B, 6); **auf dem Land** in the country (*rural*) (6)

die **Landeskunde** *study of a country's geography and history*

der **Landesteil, -e** part of a country

die **Landkarte, -n** map (7)

das **Landsäugetier, -e** land mammal (10)

die **Landschaft, -en** landscape; scenery; region

landschaftlich scenic

die **Landschaftskunde** study of the landscape

die **Landsleute** (*pl.*) compatriots

die **Landstraße, -n** rural highway (7)

der **Landvogt, ⸚e** governor (*of an imperial province*)

lang long (B); **lange Zeit** for a long time; **mit dem langen Haar** with the long hair (A)

lange (*adv.*) a long time

die **Langeweile /Langweile** boredom (3); **Langeweile/Langweile haben** to be bored

langsam slow(ly)

sich **langweilen, gelangweilt** to be bored

langweilig boring (2)

der **Lärm, -e** noise

lassen (lässt), ließ, gelassen to let; to have something done (11); **fallen lassen** to drop; to let fall; **sich einen Termin geben lassen** to get an appointment (11); **sich etwas zuschulden kommen lassen** to do something wrong; **sich registrieren lassen** to get registered (12)

der **Last(kraft)wagen, -** truck (7)

(das) **Latein** Latin (*language*) (1)

(das) **Lateinamerika** Latin America

laufen (läuft), lief, ist gelaufen to run (A, 2); **im Wald laufen** to run in the woods (2); **Schlittschuh laufen** to go ice-skating (3)

die **Laune, -n** mood

laut loud(ly)

lauten, gelautet to read, go, run

die **Lautmalerei, -en** onomatopoeia

leben, gelebt to live (3)

das **Leben, -** life (9); **am Leben sein** to be alive (9)

die **Lebenshaltungskosten** (*pl.*) cost of living

das **Lebensjahr, -e** year (of one's life)

das **Lebensmittel, -** food; groceries

das **Lebensmittelgeschäft, -e** grocery store (6)

der **Lebenspartner, -** / die **Lebenspartnerin, -nen** companion for life

der **Lebensraum, ⸚e** living space; habitat

das **Lebensziel, -e** goal in life

die **Leber, -n** liver (11)

der **Leberkäse** *loaf made of minced liver, eggs, and spices*

der **Ledergürtel, -** leather belt

die **Lederjacke, -n** leather jacket

ledig unmarried, single (1)

leer empty (8)

legal legal(ly)

legen, gelegt to lay, put, place (*in a horizontal position*); **sich legen** to lie down

die **Lehre, -n** apprenticeship (5)

der **Lehrer, -** / die **Lehrerin, -nen** teacher, instructor (A, 1)

die **Lehrkraft, ⸚e** teacher(s)

die **Lehrwerkstatt, -en** apprentice shop

der **Leibwächter, -** bodyguard

leicht easy, easily; light (6)

Leid tun (tut . . . Leid), tat . . . Leid, Leid getan: tut mir Leid! I'm sorry! (5)

leider unfortunately (B)

die **Leier, -n** lyre

leihen (leiht), lieh, geliehen to lend (5)

Leipziger (*adj.*) (of) Leipzig

leise quiet(ly); soft(ly) (9)

sich **leisten, geleistet** to afford

die **Leistung, -en** achievement, accomplishment

leistungsfähig able to achieve

die **Leistungsfähigkeit, -en** ability to achieve

das **Leistungsniveau, -s** achievement level

leistungsschwächst- lowest achieving

leistungsstärkst- highest achieving

das **Leitbild, -er** ideal; model

der **Leiter, -** / die **Leiterin, -nen** leader

das **Leitungswasser** tap water

die **Lektüre, -n** reading material

lenken, gelenkt to steer

das **Lenkrad, ⸚er** steering wheel (7)

der **Leopard, -en** (*wk.*) leopard

lernen, gelernt to learn; to study (1); **kennen lernen** to meet, get acquainted with (1)

die **Lernstrategie, -n** learning strategy

das **Lernziel, -e** educational goal

die **Lesegewohnheit, -en** reading habit

die **Lesehilfe, -n** reading aid

die **Lesekompetenz, -en** reading competency

lesen (liest), las, gelesen to read (A, 1); **Zeitung lesen** to read the newspaper (1); **zwischen den Zeilen lesen** to read between the lines

der **Leser, -** / die **Leserin, -nen** reader

(das) **Lettland** Latvia

letzt- last (4); **das letzte Mal** the last time (4); **letzte Woche** last week (4); **letzten Montag** last Monday (4); **letzten Sommer** last summer (4); **letztes Wochenende** last weekend (4)

der **Leuchtturm, ⸚e** lighthouse (6)

die **Leute** (*pl.*) people (7)
die **Levi's** Levi's (jeans)
liberal liberal (6)
libysch Libyan (*adj.*)
das **Licht, -er** light (3)
der **Lidschatten, -** eyeshadow; **Lidschatten auflegen** to apply eyeshadow
lieb dear, beloved (7); sweet, lovable (10); **am liebsten** like (*to do s.th.*) best (7)
die **Liebe, -n** love
lieben, geliebt to love (2)
lieber rather (2); **ich gehe lieber . . .** I'd rather go . . . (2)
der **Liebesfilm, -e** romantic film
der **Liebeskummer** lovesickness (11)
der **Liebesroman, -e** romance novel (9)
liebevoll loving(ly)
Lieblings- favorite (A)
die **Lieblingsbeschäftigung, -en** favorite activity (5)
die **Lieblings-CD, -s** favorite CD
das **Lieblingsessen, -** favorite food
das **Lieblingsfach, ̈er** favorite subject (*in school*) (5)
die **Lieblingsfarbe, -n** favorite color (A)
das **Lieblingsgetränk, -e** favorite beverage
das **Lieblingshemd, -en** favorite shirt
der **Lieblingskomponist, -en** (*wk.*) / die **Lieblingskomponistin, -nen** favorite composer
der **Lieblingsname, -n** (*wk.*) favorite name (A)
das **Lieblingsrestaurant, -s** favorite restaurant
das **Lieblingsrezept, -e** favorite recipe
das **Lieblingstier, -e** favorite animal
(das) **Liechtenstein** Liechtenstein (B)
das **Lied, -er** song (3)
liefern, geliefert to deliver
liegen (liegt), lag, gelegen to lie, be (in a horizontal position); to recline; to be situated; **in der Sonne liegen** to lie in the sun (1); **liegen bleiben (bleibt . . . liegen), blieb . . . liegen, ist liegen geblieben** to stay in bed; to remain in a prone position
der **Liegestuhl, ̈e** deck chair (10)
der **Lifestyle, -s** lifestyle
lila purple (A)
die **Limo, -s** = **Limonade** soft drink
die **Limonade, -n** soft drink; lemonade (4)
der **Lindwurm, ̈er** dragon (*usually wingless*)
der **Lindwurmbrunnen** dragon fountain
die **Linguistik** linguistics (1)
die **Linie, -n** line (10)
link- (*adj.*), **links** (*adv.*) left; on the left (4, 10); **mit dem linken Fuß aufstehen** to get up on the wrong side of the bed (4); **nach links** (to the) left
die **Linse, -n** lentil
die **Lippe, -n** lip (11)
der **Lippenstift, -e** lipstick
(das) **Lissabon** Lisbon

die **List, -en** deception, trick (9)
die **Liste, -n** list (5)
(das) **Litauen** Lithuania
der **Liter, -** liter (7)
die **Literatur, -en** literature (1, 12)
der **LKW, -s** = der **Lastkraftwagen, -** truck
das **Loch, ̈er** hole (9)
locken, gelockt to entice, lure
der **Löffel, -** spoon (8)
logisch logical(ly) (12)
der **Lohn, ̈e** pay; wages, salary; reward
die **Lohngruppe, -n** wage group
das **Lokal, -e** pub; restaurant
die **Lokomotive, -n** locomotive (7)
das **Lorbeerblatt, ̈er** bay leaf
die **Lorelei** Loreley
los loose; away; **los!** go ahead!; **was ist los?** what's happening? what's the matter?; **lösen, gelöst** to solve; **ein Rätsel lösen** to solve a puzzle/riddle (9)
los·fahren (fährt . . . los), fuhr . . . los, ist losgefahren to drive/ride off (9)
los·gehen (geht . . . los), ging . . . los, ist losgegangen to set off; to get started
der **Lösungsvorschlag, ̈e** suggested solution
die **Lotterie, -n** lottery (5); **in der Lotterie gewinnen** to win the lottery (5)
der **Löwe, -n** (*wk.*) lion (10)
die **Luft, ̈e** air (7)
die **Luftmatratze, -n** air mattress (10)
die **Lunge, -n** lung (11)
die **Lungenentzündung** pneumonia (11)
die **Lungenkrankheit, -en** lung disease
die **Lust, ̈e** desire (2); **hast du Lust?** do you feel like it? (2)
lustig fun, funny (12); cheerful, jolly
lutschen, gelutscht to suck (11)
(das) **Luxemburg** Luxembourg
(das) **Luzern** Lucerne

machen, gemacht to make; to do; **blau machen** to take the day off (3); **mach's gut!** (*infor.*) take care! (A)
das **Mädchen, -** girl (9)
der **Mädchenname, -n** (*wk.*) girl's name; maiden name
das **Magazin, -e** magazine; supplement
der **Magen, ̈** stomach (11)
die **Magenschmerzen** (*pl.*) stomach-ache (11)
magisch magical(ly) (12)
der **Magister, -** master's degree
mähen, gemäht to mow (5)
die **Mahlzeit, -en** meal (8)
der **Mai** May (B)
der **Maifeiertag** May Day
die **Majonäse, -n** mayonnaise (8)
mal once; (*word used to soften commands*) (11); **komm mal vorbei!** come on over! (11)
das **Mal, -e** time (4); **das letzte Mal** the last time (4); **zum ersten Mal** for the first time (4)

malen, gemalt to paint (12)
der **Maler, -** / die **Malerin, -nen** painter
die **Malerei, -en** painting (12)
die **Mama, -s** mama, mom
die **Mami, -s** mommy
die **Mammuthöhle, -n** mammoth cave
man one; people, they
manch- some
manchmal sometimes (B)
mangelhaft poor, deficient, unsatisfactory
der **Mann, ̈er** man; husband (B)
die **Männeraufgabe, -n** man's job
der **Männerberuf, -e** men's profession
der **Männerchor, ̈e** male choir
männlich masculine; male
die **Mannschaft, -en** team (9)
der **Mantel, ̈** coat; overcoat (A)
das **Märchen, -** fairy tale (4, 9)
der **Märchenerzähler, -** / die **Märchenerzählerin, -nen** teller of fairy tales
die **Märchenfigur, -en** fairy tale character
die **Mark, -** mark (*former German monetary unit*) (7)
die **Markenklamotten** (*pl., coll.*) brand-name clothes
markieren, markiert to mark (11)
der **Markt, ̈e** market (10)
die **Marktkirche, -n** church on the market place
der **Marktplatz, ̈e** market place; market square (6)
die **Marmelade, -n** jam; marmelade (8)
(das) **Marokko** Morocco (B)
marschieren, ist marschiert to march
der **März** March (B)
der **Maschinenbau** mechanical engineering (1)
die **Masern** (*pl.*) measles
massieren, massiert to massage
massiv solid(ly)
die **Maßnahme, -n** measure
der **Master, -** master's degree
die **Mastercard** credit card
der **Masterplan, ̈e** master plan
das **Masterstudium, -studien** course of study for a master's degree
das **Material, -ien** material, substance (12)
die **Mathe** math
die **Mathearbeit, -en** math test
die **Mathematik** mathematics (1)
der **Mathematikunterricht, -e** math class
mathematisch mathematical(ly)
das **Matterhorn** mountain in Switzerland
die **Mauer, -n** wall; **die Berliner Mauer** the Berlin Wall
das **Maul, ̈er** mouth (of an animal) (9)
die **Maus, ̈e** mouse (10)
die **Mausgeschichte, -n** mouse story
maximal maximum; at the most
(das) **Mazedonien** Macedonia
der **Mechaniker, -** / die **Mechanikerin, -nen** mechanic

die **Medienwissenschaft** media science

das **Medikament, -e** medicine (11); **ein Medikament gegen** (+ *acc.*) medicine for (11)

die **Medizin** medicine

medizinisch medical(ly) (11)

das **Meer, -e** sea (1, 7); **ans Meer** to the sea (2); **im Meer schwimmen** to swim in the sea (1)

der **Meerrettich** horseradish

die **Meerrettichsahne** horseradish cream

das **Meerschweinchen, -** guinea pig (10)

das **Meerwasser** sea water

mehr more (7)

mehrere (*pl.*) several (10); **seit mehreren Tagen** for several days (11)

die **Mehrfachnennung, -en** multiple naming

das **Mehrfamilienhaus, ̈er** house with several apartments

mehrmals several times (5)

der **Meilenstein, -e** milestone

mein(e) my (A, 2)

meinen, gemeint to mean; to think

die **Meinung, -en** opinion; **der Meinung sein, dass . . .** to be of the opinion that . . . ; **Ihrer Meinung nach** (*for.*) in your opinion

der **Meißel, -** chisel (12)

meist most(ly); **am meisten** mostly; the most; **die meisten** most (of)

meistens usually; mostly (8)

melancholisch melancholy

sich **melden, gemeldet** to report; to answer the phone

die **Melodei, -en** (*poetic and archaic*) melody

die **Menge, -n** amount (4); large number; **eine ganze Menge** a whole lot (4)

die **Mengenlehre** set theory

die **Mensa, Mensen** student cafeteria (2)

der **Mensch, -en** (*wk.*) person; human being (2); **Mensch!** (*coll.*) man! oh boy! (2)

der **Mercedes** *make of car*

merken, gemerkt to notice

die **Messe, -n** trade fair

das **Messegelände, -** site of trade fair

das **Messer, -** knife (8)

der **Meter, -** meter

die **Metzgerei, -en** butcher shop (6)

der **Mexikaner, -** / die **Mexikanerin, -nen** Mexican (*person*) (B)

mexikanisch Mexican (*adj.*) (8)

(das) **Mexiko** Mexico (B)

mich me (*acc.*)

die **Miene, -n** facial expression; **keine Miene verziehen** not to bat an eyelid

mies (*coll.*) crummy

die **Miete, -n** rent (6)

mieten, gemietet to rent (6)

der **Mieter, -** / die **Mieterin, -nen** renter (6)

der **Mikrowellenherd, -e** microwave oven

die **Mikrowellenmahlzeit, -en** microwave meal

die **Milch** milk (8)

mild mild(ly)

die **Million, -en** million (7)

die **Millionenstadt, ̈e** city with a million or more inhabitants

die **Minderheit, -en** minority

minderwertig inferior (12)

mindestens at least

der **Mindeststandard, -s** minimum standard

das **Mineralwasser** mineral water (8)

der **Minidialog, -e** mini-dialogue

das **Miniwörterbuch, ̈er** mini-dictionary

minus minus

die **Minute, -n** minute

Mio. = die **Million, -en** million(s)

mir me (*dat.*)

mischen, gemischt to mix

der **Mississippi** Mississippi (River)

der **Mist** dung, manure

mit (+ *dat.*) with (A); **mit dem kurzen/langen Haar** with the short/long hair (A); **mit mir** with me (3)

der **Mitbewohner, -** / die **Mitbewohnerin, -nen** roommate, housemate (2)

mit·bringen (bringt . . . mit), brachte . . . mit, mitgebracht to bring along (3)

der **Mitbürger, -** / die **Mitbürgerin, -nen** fellow citizen

miteinander with each other (3)

mit·fahren (fährt . . . mit), fuhr . . . mit, ist mitgefahren to ride/travel along

das **Mitglied, -er** member (6)

mit·halten (mit + *dat.*) **(hält . . . mit), hielt . . . mit, mitgehalten** to keep up (with)

mit·kommen (kommt . . . mit), kam . . . mit, ist mitgekommen to come along

mit·machen, mitgemacht to participate; to join in (10)

mit·nehmen (nimmt . . . mit), nahm . . . mit, mitgenommen to take along (3)

mit·schreiben (schreibt . . . mit), schrieb . . . mit, mitgeschrieben to write along (at the same time)

der **Mitschüler, -** / die **Mitschülerin, -nen** schoolmate, fellow pupil

mit·sprechen (spricht . . . mit), sprach . . . mit, mitgesprochen to join in saying

der **Mitstudent, -en** (*wk.*) / die **Mitstudentin, -nen** fellow student (A)

der **Mittag, -e** midday, noon (3); **zu Mittag essen** to eat lunch (3)

das **Mittagessen, -** midday meal, lunch (3, 8); **zum Mittagessen** for lunch (3)

mittags at noon (3)

die **Mittagspause, -n** lunch break

die **Mittagszeit, -en** noon; lunchtime

die **Mitte** middle, center; in the middle of; **Mitte dreißig sein** to be in one's mid-thirties

das **Mittel, -** means; method; medicine

das **Mittelalter** Middle Ages

mittelblond medium blond(e)

das **Mittelmaß** average

das **Mittelmeer** Mediterranean Sea (B)

die **Mittelschule, -n** middle school; secondary school

mitten in the middle (9); **mitten in der Nacht** in the middle of the night (9)

die **Mitternacht** midnight; **um Mitternacht** at midnight

der **Mittwoch, -e** Wednesday (1)

der **Mittwochabend, -e** Wednesday evening

der **Mittwochmorgen, -** Wednesday morning

mit·versorgen, mitversorgt to be equally responsible for taking care of (12)

die **Möbel** (*pl.*) furniture (6)

das **Möbelgeschäft, -e** furniture store

das **Möbelstück, -e** piece of furniture

möbliert furnished (6)

das **Modalverb, -en** modal verb

die **Mode, -n** fashion

der **Mode-Schnick-Schnack** fashionable frills

das **Modehaus, ̈er** fashion house

das **Modell, -e** model, example

modern modern, in a modern fashion (6)

modisch fashionable, fashionably

mögen (mag), mochte, gemocht to like (to), care for (1, 3); **möchte** would like (to) (3)

möglich possible; **alles Mögliche** everything possible

die **Möglichkeit, -en** possibility (5)

möglichst (+ *adv.*) as . . . as possible (6)

(das) **Moldawien** Moldavia, Moldova (B)

der **Moment, -e** moment (1); **im Moment** at the moment; right now (1)

momentan at the moment

der **Monat, -e** month

monatlich monthly

der **Mond, -e** moon

das **Monster, -** monster

der **Montag, -e** Monday (1); **letzten Montag** last Monday (4)

der **Montagmorgen, -** Monday morning

die **Montagmorgengeschichte, -n** Monday morning story

montags on Monday(s)

die **Montagsdemonstration, -en** Monday rally

das **Moped, -s** moped

der **Mord, -e** murder

der **Mörder, -** / die **Mörderin, -nen** murderer

die **Mordwaffe, -n** murder weapon

morgen tomorrow (2); **morgen Abend** tomorrow evening

der **Morgen, -** morning; **am Morgen** in the morning; **guten Morgen!** good morning! (A); **heute Morgen** this morning

morgendlich morning (*adj.*)

das **Morgengebet, -e** morning prayer

morgens in the morning(s)

die **Morgentoilette** morning grooming routine

(das) **Moskau** Moscow

das **Motiv, -e** motive; motif, theme; design (12)

die **Motivation, -en** motivation

die **Motorhaube, -n** hood (*of a car*) (7)

das **Motorrad, ̈er** motorcycle (1, 7); **Motorrad fahren** to ride a motorcycle (1)

das **Motorradfahren** motorcycling

die **Motorradtour, -en** motorcycling trip

der **Motorradunfall, ̈e** motorcycle accident

der **Mount Everest** Mount Everest

die **Mousse, -s** mousse (*dessert*)

die **Möwe, -n** seagull (10)

der **Mozzarella** mozzarella cheese

die **Mücke, -n** mosquito (10)

müde tired (3)

der **Müll** trash; garbage (6)

der **Mülleimer, -** garbage can (8)

die **Müllerstochter, ̈** miller's daughter

die **Multikultiküche** multicultural cuisine

multikulturell multicultural(ly) (12)

multiplizieren, multipliziert to multiply

der **Mumps** mumps

(das) **München** Munich

Münchner (*adj.*) (of) Munich

der **Mund, ̈er** mouth (B)

die **Mundharmonika, -s** harmonica (12)

munter cheerful(ly); lively; wide awake

die **Münze, -n** coin (5); **die 10-Cent-Münze** 10 cent coin

die **Murmel, -n** marble

das/der **Mus, -e** purée

die **Muschel, -n** mussel; shell (8)

das **Museum. Museen** museum (1); **ins Museum gehen** to go to the museum (1)

die **Musik, -en** music (1)

musikalisch musical(ly)

der **Musiker, -** / die **Musikerin, -nen** musician

das **Musikinstrument, -e** musical instrument

die **Muskatnuss, ̈e** nutmeg

der **Muskelkater, -** sore muscles (11)

das **Muskeltraining** muscle exercise

das **Müsli, -s** granola

müssen (muss), musste, gemusst to have to, must (3); **nicht müssen** not to have to, not to need to

die **Mutter, ̈** mother (A, B)

die **Mutterrolle, -n** maternal role

der **Mutterschutz** *laws protecting working pregnant women and new mothers*

die **Muttersprache, -n** mother tongue, native language

der **Muttertag** Mother's Day (4)

die **Mutti, -s** mom, mommy

die **Mütze, -n** cap (5)

mysteriös mysterious(ly)

der **Mythos, Mythen** myth, legend

na (*interj.*) well, so (3); **na also** now then; **na gut** well, okay; **na klar** of course

nach (+ *dat.*) after; past; according to; toward; to (*a place*) (3, 10); **je nach Betrag** depending on the amount; **nach Christus (n. Chr.)** A.D.; **nach dem Weg fragen** to ask for directions; **nach draußen** outside; **nach Hause gehen** to go home (1, 10); **nach links** to the left; **nach oben** upwards; **nach vorn(e)** to the front, forwards; **nach Westen** to the west, westwards; **um zwanzig nach fünf** at twenty after/past five (1)

der **Nachbar, -n** (*wk.*) / die **Nachbarin, -nen** neighbor (4)

das **Nachbarhaus, ̈er** house next door

das **Nachbarland, ̈er** neighboring country

die **Nachbarschaft, -en** neighborhood

der **Nachbartisch, -e** adjacent table

nachdem (*subord. conj.*) after; (*adv.*) afterward (9, 11)

nach·denken (über + *acc.*) **(denkt . . . nach), dachte . . . nach, nachgedacht** to think (about); to consider (7)

nachdenklich thoughtful(ly), pensive(ly)

nacheinander one after the other

nachher afterward

die **Nachhilfe** tutoring (3); **Nachhilfe geben** to tutor; **Nachhilfe nehmen** to be tutored

nachlässig lax; careless(ly)

nach·lesen (liest . . . nach), las . . . nach, nachgelesen to look up, check

der **Nachmieter, -** / die **Nachmieterin, -nen** subletter

der **Nachmittag, -e** afternoon (4); **am Nachmittag** in the afternoon; **heute Nachmittag** this afternoon

nachmittags in the afternoon(s) (4)

der **Nachname, -n** (*wk.*) last name, family name

die **Nachricht, -en** report; message; (*pl.*) news (7)

nach·sagen, nachgesagt to repeat; to accuse

nach·schlagen (schlägt . . . nach), schlug . . . nach, nachgeschlagen to look up

nach·sehen (sieht . . . nach), sah . . . nach, nachgesehen to look up; to check (10)

die **Nachspeise, -n** dessert (8)

nächst- next; **in den nächsten Tagen** in the next few days

die **Nacht, ̈e** night (3); **die ganze Nacht** all night long (3); **gute Nacht!** good night!; **heute Nacht** tonight; **in der Nacht** at night; **mitten in der Nacht** in the middle of the night (9)

die **Nachtarbeit, -en** night work

der **Nachteil, -e** disadvantage (7)

das **Nachthemd, -en** nightshirt (2)

das **Nachtleben** night-life

nachts nights, at night (4)

der **Nachttisch, -e** nightstand, bedside table (6)

der **Nacken, -** neck

der **Nagel, ̈** nail (8)

nah near, close (6)

die **Nähe** closeness, proximity; vicinity (6); **in der Nähe** in the vicinity (6)

sich **nähern, genähert** to approach

der **Name, -n** (*wk.*) name (A, 1)

nämlich namely; actually

die **Narbe, -n** scar (1)

die **Nase, -n** nose (11)

nass wet (3)

der **Nationalfeiertag, -e** national holiday (4)

die **Nationalität, -en** nationality

das **Nationalitätskennzeichen, -** symbol/ abbreviation indicating nationality

die **Nationalversammlung, -en** national congress

die **Natur, -en** nature (9); disposition, temperament; **in freier Natur** out in the open (country) (10)

natürlich natural(ly); of course (2)

die **Naturwissenschaft, -en** natural science (9)

naturwissenschaftlich pertaining to natural science

der **Nazi, -s** Nazi

n. Chr. = nach Christus A.D.

der **Nebel, -** fog, mist

neben (+ *dat./acc.*) next to, beside; alongside; in addition to (3, 9)

nebenan next door (5); **von nebenan** from next door (5)

nebeneinander next to each other (8)

das **Nebenfach, ̈er** minor subject

nebenher·laufen (läuft . . . nebenher), lief . . . nebenher, ist nebenhergelaufen to run alongside

die **Nebenkosten** (*pl.*) extra costs (*e.g., utilities*) (6)

der **Nebensatz, ̈e** subordinate clause

der **Neckar** Neckar (River)

der **Neffe, -n** (*wk.*) nephew (B)

negativ negative(ly)

nehmen (nimmt), nahm, genommen to take (A); **jemanden auf den Arm nehmen** to tease someone; to pull someone's leg; **Nachhilfe nehmen** to be tutored (3)

der **Neid** envy, jealousy

nein no (A)

nennen (nennt), nannte, genannt to name; to call; **so genannt** so-called

der **Neonazi, -s** Neo-Nazi (12)

der **Nerv, -en** nerve

nervös nervous(ly) (B)

das **Nest, -er** nest (10)

nett nice(ly) (B)

neu new(ly) (A); **etwas Neues** something new

der **Neubau, -ten** *building completed after 1 Dec. 1949*

der/die **Neugeborene, -n (ein Neugeborener)** newborn (baby)

neugierig curious(ly); nosy, nosily (12)

das **Neujahr** New Year's Day

neulich recently (9)

neun nine (A)

neunjährig nine-year-old (*adj.*)

neunt- ninth (4)

neunundzwanzig twenty-nine (A)

neunzehn nineteen (A)

neunzehnt- nineteenth

neunzig ninety (A)

(das) Neuseeland New Zealand (B)

neuseeländisch of/from New Zealand

neusprachlich (*adj.*) teaching modern languages

die Neustadt, ⁻e new part of town

der New Beetle *a VW car model*

nicht not (A); **gar nicht** not at all, not a bit (3, 9); **nicht mehr** no longer; **nicht (wahr)?** isn't that right?

die Nichte, -n niece (B)

der Nichtraucher, - / die Nichtraucherin, -nen non-smoker (10)

der Nichtraucherteil, -e non-smoking section

nichts nothing (9); **gar nichts** nothing at all; **nichts von alledem** none of this

nicken, genickt to nod

nie never (2); **nie mehr** never again; **noch nie** never (before)

die Niederlande (*pl.*) the Netherlands (B)

(das) Niedersachsen Lower Saxony

das Niedersachsenhaus, ⁻er house from Lower Saxony

der Niederschlag, ⁻e precipitation

niedlich cute(ly)

niedrig low; **niedrigen Blutdruck haben** to have low blood pressure (11)

niemand nobody, no one (2)

die Niere, -n kidney (11)

die Nierenentzündung kidney infection (11)

niesen, geniest to sneeze

das Nikotin nicotine

der Nil Nile (River)

das Nilpferd, -e hippopotamus

das Niveau, -s level

noch even, still; yet; else; in addition (B); **auch noch** on top of it all; **immer noch** still; **ist hier noch frei?** is this seat/place taken? (3); **noch ein(e)** another, an additional (one); **noch (ein)mal** once more, again; **noch etwas** anything/something else; **noch nicht** not yet; **noch nie** never (before); **nur noch** only; **sonst noch** otherwise; in addition; else; **sonst noch etwas?** anything/something else? (5)

das Nomen, - noun

die Nominalphrase, -n noun phrase

der Nominativ, -e nominative

(das) Nordamerika North America

norddeutsch Northern German (*adj.*)

(das) Norddeutschland Northern Germany

der Norden north

nordfriesisch North Frisian (*adj.*)

(das) Nordirland Northern Ireland (B)

nördlich (von + *dat.*) north (of) (7)

nordöstlich (von + *dat.*) northeast (of) (7)

(das) Nordrhein-Westfalen North Rhine-Westphalia

die Nordsee North Sea (B)

die Nordseeküste, -n North Sea coast

der Nordwesten northwest

nordwestlich (von + *dat.*) northwest (of) (7)

die Norm, -en norm

normal normal (5)

normalerweise normally (8)

das Normalniveau, -s normal level

(das) Norwegen Norway (B)

norwegisch Norwegian (*adj.*)

die Not, ⁻e need; hardship; trouble

der Notausgang, ⁻e emergency exit (10)

der Notdienst, -e emergency service

die Note, -n grade, mark (*in school*) (3, 9); banknote, bill (*of currency*)

der Notfall, ⁻e emergency

notieren, notiert to make a note, write down (7)

nötig necessary; **nötig brauchen** to need urgently

die Notiz, -en note

die Novelle, -n novella

der November November (B)

die Nudel, -n noodle (8)

nuklear nuclear

null zero

der Numerus clausus, - *limited number of students allowed to study a particular subject at a university*

die Nummer, -n number (1)

das Nummernschild, -er license plate (7)

nun now; well

nur only (3)

(das) Nürnberg Nuremberg

Nürnberger (*adj.*) (of) Nuremberg

die Nuss, ⁻e nut (8)

der Nussknacker, - nutcracker

nützen, genützt to do some good; to be of use

nützlich useful(ly) (10)

ob (*subord. conj.*) whether, if (6, 10, 11)

oben above (10); on top; upstairs; **nach oben** upwards; **von oben** from above

ober- upper

der Oberarm, -e upper arm

(das) Oberbayern Upper Bavaria

der Oberbürgermeister, - / die Oberbürgermeisterin, -nen mayor

die Oberfläche, -n surface

der Oberinspektor, -en / die Oberinspektorin, -nen chief inspector

das Objekt, -e object

das Obst fruit

obwohl (*subord. conj.*) although (11)

oder (*coord. conj.*) or (A, 11)

der Ofen, ⁻ oven; stove

offen open(ly)

öffentlich public(ly); **die öffentlichen Verkehrsmittel** (*pl.*) public transportation (7)

die Öffentlichkeit public; **in der Öffentlichkeit** in public

offiziell official(ly)

öffnen, geöffnet to open (A)

die Öffnungszeiten (*pl.*) business hours (8)

oft often (A)

öfter(s) now and then, once in a while

oh oh

ohne (+ *acc.*) without; **ohne den Text zu lesen** without reading the text

die Ohnmacht, -en unconsciousness (11); **in Ohnmacht fallen** to faint (11)

das Ohr, -en ear (B)

die Ohrenschmerzen (*pl.*) earache (11)

der Ohrring, -e earring (A, 2)

oje oh dear

okay (*coll.*) okay

ökologisch ecological(ly)

ökonomisch economic; economical(ly)

der Oktober October (B); **am ersten Oktober** on the first of October (4); **der erste Oktober** the first of October (4)

das Oktoberfest, -e *festival held yearly (in Munich) during late September and early October* (7)

das Öl oil (5, 8); **das Öl kontrollieren** to check the oil (5)

die Ölfarbe, -n oil paint (12)

die Olive, -n olive (8)

die Oma, -s grandma (3)

das Omelett, -s omelet (8)

der Onkel, - uncle (B)

online online

der Onlinezugang, ⁻e online access

der Opa, -s grandpa

der Opel make of car

die Oper, ⁻n opera

operieren, operiert to operate on

die Opernaufführung, -en opera performance

der Opi, -s grandpa

optimistisch optimistic(ally) (B)

orange orange (*color*) (A)

die Orange, -n orange

der Orangensaft orange juice (8)

die Ordinalzahl, -en ordinal number

ordnen, geordnet to arrange, put in order

die Ordnung order

der Oregano oregano

die Organisation, -en organization

organisieren, organisiert to organize

der Organist, -en (*wk.*) / **die Organistin, -nen** organist

die Orgel, -n organ (*musical instrument*) (12)

der Orient Orient (*Middle East and southwestern Asia*)

der Orientexpress Orient Express (*train*)

die Orientierung orientation; guidance

das Original, -e original

der Ort, -e place; town (1, 4)

der/die Ortsfremde, -n (ein Ortsfremder) stranger, nonresident

die **Ortskrankenkasse, -n** local health insurance scheme

Ost east

(das) **Ostasien** East Asia

(das) **Ostberlin** East Berlin

der **Osten** east

das **Ostern, -** Easter

der **Osternachmittag, -e** Easter afternoon

(das) **Österreich** Austria

der **Österreicher, - /** die **Österreicherin, -nen** Austrian (*person*) (B)

österreichisch Austrian (*adj.*)

osteuropäisch Eastern European (*adj.*)

ostfriesisch East Frisian (*adj.*)

(das) **Ostfriesland** East Frisia (*northwest part of Germany*)

östlich (von + *dat.*) east (of) (7)

die **Ostsee** Baltic Sea (B)

das **Ostseebad, ¨er** bathing resorts on the Baltic coast

der **Ostseeblick, -e** view of the Baltic Sea

die **Ostseeküste, -n** Baltic coast

der **Ostseetourismus** Baltic Sea tourism

(die) **Ostslawistik** *study of eastern Slavic languages and literatures*

der **Ozean, -e** ocean

ozeanisch oceanic

paar: ein paar a few; a couple of (2)

das **Paar, -e** couple; pair (of)

packen, gepackt to pack (7)

die **Pädagogik** pedagogy

das **Paket, -e** package (8)

der **Pakt, -e** pact (12)

der **Palast, ¨e** palace

(das) **Palästina** Palestine (B)

die **Palme, -n** palm tree (6)

die **Palmenhütte, -n** hut made of palms (6)

der **Papa, -s** daddy, dad

der **Papagei, -en** parrot (10)

der **Papi, -s** daddy

das **Papier, -e** paper (B)

das **Papierboot, -e** boat made of paper

der **Papierkorb, ¨e** wastebasket (3); **den Papierkorb ausleeren** to empty the wastebasket

das **Papiertuch, ¨er** paper towel (5)

der **Paprika** paprika

die **Paprika, -s** bell pepper

der **Papst, ¨e** pope

parallel parallel

das **Parfüm, -e** perfume (5)

der **Park, -s** park (1); **im Park spazieren gehen** to walk in the park (1)

der **Parkautomat, -en** (*wk.*) parking machine

parken, geparkt to park (7)

die **Parklücke, -n** parking space (7)

der **Parkplatz, ¨e** car park, parking lot (6)

das **Partizip, -ien** participle

der **Partner, - /** die **Partnerin, -nen** partner (12)

die **Partnerschaft, -en** partnership (12)

die **Party, -s** party (1); **auf eine Party gehen** to go to a party (1)

der **Pass, ¨e** passport (7)

der **Passant, -en** (*wk.*) / die **Passantin, -nen** passerby

passen, gepasst (+ *dat.*) to fit; to suit (6, 11); (**zu** + *dat.*) to go (with), fit in (with); **das passt gut** that fits well (11)

passend fitting; proper

das **Passfoto, -s** passport photo

passieren, passiert to happen (4)

das **Passivrauchen** passive smoking

die **Pasta** pasta

der **Patient, -en** (*wk.*) / die **Patientin, -nen** patient (5)

der **Patrizier, -** patrician

die **Pause, -n** recess, break (1); **Pause machen** to take a break

der **Pazifik** Pacific Ocean

der **Pazifist, -en** (*wk.*) / die **Pazifistin, -nen** pacifist

peinlich embarrassing (12)

der **Pelz, -e** fur

das **Penizillin** penicillin (4)

die **Pension, -en** retirement; small hotel

per per, by means of

das **Perfekt, -e** perfect (tense)

die **Perfektform, -en** perfect (tense) form

die **Person, -en** person, individual (A, 1)

der **Personalausweis, -e** (personal) ID card (1)

die **Personalien** (*pl.*) personal data (12)

das **Personalpronomen, -** personal pronoun

personell relating to staff or personnel

der **Personenzug, ¨e** passenger train (7)

persönlich personal(ly); in person; **persönliche Daten** biographical information (1)

die **Perspektive, -n** perspective

die **Perücke, -n** wig (11)

die **Petersilie** parsley

die **Pfanne, -n** (frying) pan (5)

der **Pfarrer, - /** die **Pfarrerin, -nen** minister; parish priest

der **Pfeffer, -** (black) pepper (8)

das **Pferd, -e** horse (9)

der **Pfifferling, -e** chanterelle (*type of mushroom*)

das **Pfingsten, -** Pentecost

der **Pfirsich, -e** peach (8)

die **Pflanze, -n** plant (3, 6)

das **Pflaster, -** adhesive bandage (11)

der **Pflasterstein, -e** cobblestone

die **Pflaume, -n** plum (8)

pflegen, gepflegt to attend to; to nurse; to nurture (5)

die **Pflicht, -en** duty; requirement; obligation (3); **Pflicht sein** to be required/mandatory

das **Pflichtfach, ¨er** required subject

die **Pflichtschulzeit, -en** required school time

der **Pflichtunterricht** required instruction

pflücken, gepflückt to pick (9)

die **Pforte, -n** gate

pfui Teufel! (*interj.*) ugh! yuck!

das **Pfund, -e** pound; 500 grams (5)

die **Phantasie, -n** imagination

das **Phantom, -e** phantom

die **Pharmazie** pharmaceutics

die **Philosophie, -n** philosophy

die **Physik** physics (1)

der **Physiklehrer, - /** die **Physiklehrerin, -nen** physics teacher

der **Pianist, -en** (*wk.*) / die **Pianistin, -nen** pianist

das **Picknick, -s** picnic (4)

das **Piercing, -s** piercing (2)

der **Pilot, -en** (*wk.*) / die **Pilotin, -nen** pilot (5)

der **Pilz, -e** mushroom (8)

der **Pinsel, -** paintbrush (12)

der **Piranha, -s** piranha (10)

die **Pistole, -n** pistol

die **Pizza, -s** pizza (2)

der **Plan, ¨e** plan (3)

planen, geplant to plan (7)

die **Platte, -n** plate; sheet; board; record

der **Platz, ¨e** place; seat; room, space; square (3)

das **Plätzchen, -** small place; cookie

plötzlich sudden(ly) (9)

plus plus

(das) **Polen** Poland (B)

die **Politik** politics (5)

der **Politiker, - /** die **Politikerin, -nen** politician

politisch political(ly) (4)

die **Polizei** police; police station (5); **auf der Polizei** at the police station (5)

das **Polizeirevier, -e** police station

der **Polizist, -en** (*wk.*) / die **Polizistin, -nen** police officer (5)

polnisch Polish (*adj.*)

(das) **Polnisch** Polish (*language*)

die **Polonistik** *study of Polish language and culture*

die **Pommes (frites)** (*pl.*) French fries (8)

populär popular(ly)

der **Porsche** *make of car*

das **Portal, -e** portal

das **Porträt, -s** portrait

(das) **Portugal** Portugal (B)

(das) **Portugiesisch** Portuguese (*language*) (B)

das **Possessivpronomen, -** possessive pronoun, possessive adjective

die **Post, -en** mail; post office (5); **auf der Post** at the post office (5); **auf die Post / zur Post** to the post office

der/die **Postangestellte, -n (ein Postangestellter)** postal employee (5)

der **Postbeamte, -n (ein Postbeamter) /** die **Postbeamtin, -nen** postal employee

das **Poster, -** poster (6)

die **Postkarte, -n** postcard (2)

prächtig splendid(ly)

die **Präferenz, -en** preference (1)

das **Präfix, -e** prefix

(das) **Prag** Prague

pragmatisch pragmatic(ally)

das **Praktikum, Praktika** practical training

praktisch practical(ly) (5); **praktische Ausbildung** practical (career) training (5)

praktizieren, praktiziert to practice

die **Präposition, -en** preposition

das **Präsens, Präsentia** present (tense)

der **Präsident, -en** (*wk.*) / die **Präsidentin, -nen** president (5)

das **Präsidium, Präsidien** police station

das **Präteritum, Präterita** preterite, simple past (tense)

die **Präteritumsform, -en** preterite (tense) form

der **Prediger, -** / die **Predigerin, -nen** preacher

der **Preis, -e** price; prize (7, 12)

preisgünstig at a favorable price; inexpensive

pressen, gepresst to press, squeeze

das **Prestige** prestige (5)

der **Priester, -** / die **Priesterin, -nen** priest (5)

prima great (6)

der **Prinz, -en** (*wk.*) / die **Prinzessin, -nen** prince/princess (9)

privat private(ly)

pro per (3); **pro Woche** per week

die **Probe, -n** test; rehearsal

der **Probeschluck, -e** test sip, taste

die **Probezeit, -en** trial period, probationary period

probieren, probiert to try; to taste (3)

das **Problem, -e** problem

das **Produkt, -e** product

produzieren, produziert to produce

der **Professor, -en** / die **Professorin, -nen** professor (A, B)

das **Profil, -e** profile

das **Programm, -e** program

progressiv progressive(ly) (B)

prominent prominent(ly)

der **Promoter, -** / die **Promoterin, -nen** promoter

das **Pronomen, -** pronoun

protestieren (gegen + *acc.*), **protestiert** to protest (against) (12)

das **Prozent, -e** per cent (4)

die **Prozentzahl, -en** percentage

prüfen, geprüft to test; to examine; to certify

die **Prüfung, -en** test, exam (1)

die **Prügel** (*pl.*) beating(s)

prügeln, geprügelt to beat

der **Psychiater, -** / die **Psychiaterin, -nen** psychiatrist (11)

die **Psychologie** psychology

der **Pudding, -s** pudding

der **Pudel, -** poodle

der **Puder, -** powder

der **Pulli, -s** = der **Pullover** (2)

der **Pullover, -** pullover; sweater (2)

der **Punkt, -e** point (3)

pünktlich punctual(ly); on time (7)

die **Puppe, -n** doll (9)

der **Purzelbaum, -e** somersault

das **Putenschnitzel, -** turkey cutlet

der **Putz** plaster

putzen, geputzt to clean (3, 6); **sich die Zähne putzen** to brush one's teeth (11)

der **Putzlappen, -** cloth, rag (for cleaning) (6)

die **Pyramide, -n** pyramid

qm = der **Quadratmeter, -** square meter (6)

das **Quadrat, -e** square

der **Quadratkilometer, -** square kilometer

die **Quadratmeile, -n** square mile

der **Quadratmeter, -** square meter (6)

quaken, gequakt to quack; to croak

quälen, gequält to torment

die **Qualifikation, -en** qualification

die **Qualität, -en** quality

der **Quark** *type of creamy cottage cheese* (8)

die **Quelle, -n** source

die **Querflöte, -n** transverse flute (12)

die **Quickcard** *Austrian debit card*

quietschend screeching

die **Quittung, -en** receipt, check (8)

das **Rad, -er** wheel (7); bicycle; **Rad fahren** to ride a bicycle (6)

radeln, ist geradelt to ride a bicycle

der **Radfahrer, -** / die **Radfahrerin, -nen** bicyclist (7)

das **Radieschen, -** radish

das **Radio, -s** radio (2)

das **Radium** radium

die **Radtour, -en** bicycle tour (9)

der **Radweg, -e** bicycle path; bike lane (7)

ragen, geragt to rise, tower up

die **Rakete, -n** rocket (7)

der **Rand, -er** edge; margin; brim

die **Rangfolge, -n** ranking; order of importance

die **Rangliste, -n** ranking list

der **Ranzen, -** schoolbag; knapsack; satchel

der **Ranzendeckel, -** top flap of a schoolbag

der **Rappen, -** centime (*1/100 of a Swiss franc*)

rasen, ist gerast to rush; to speed, race

der **Rasen, -** lawn (5)

der **Rasenmäher, -** lawnmower (6)

der **Rasierapparat, -e** shaver, (electric) razor

(sich) rasieren, rasiert to shave (11)

die **Rasierklinge, -n** razor blade

das **Rasierwasser** aftershave lotion

rasseln, gerasselt to rattle

der **Rat** advice (5)

raten (rät), riet, geraten to guess; (+ *dat.*) to advise (*s.o.*) (5)

das **Ratespiel, -e** guessing game; quiz

das **Rathaus, -er** town/city hall (1, 6); **auf dem Rathaus** at the town/city hall (1)

(das) **Rätoromanisch** Rhaeto-Romanic (*language*)

der **Ratschlag, -e** (piece of) advice (5)

das **Rätsel, -** puzzle, riddle (9); **ein Rätsel lösen** to solve a puzzle/riddle (9)

die **Ratte, -n** rat (10)

rauchen, geraucht to smoke (3)

der **Raucher, -** / die **Raucherin, -nen** smoker (10)

der **Raucherteil, -e** smoking section

der **Raum, -e** room; space; area

die **Raumstation, -en** space station (6)

raus = **heraus** out

rauschen, gerauscht to rustle

raus·drücken, rausgedrückt = **heraus·drücken** to squeeze out

raus·schießen (schießt . . . raus), schoss . . . raus, ist rausgeschossen = **heraus·schießen** to shoot out

reagieren, reagiert to react

die **Reaktion, -en** reaction

realistisch realistic(ally)

der **Realschulabschluss, -e** high school graduation

die **Rechenart, -en** arithmetical operation

rechnen, gerechnet to do arithmetic

die **Rechnung, -en** bill; check (*in restaurant*) (4)

recht- (*adj.*); **rechts** (*adv.*) right; on the right (7, 10); **von rechts** from the right

das **Recht, -e** right; law; **Recht haben** to be right (2)

der **Rechtsanwalt, -e** / die **Rechtsanwältin, -nen** lawyer

das **Rechtschreiben** spelling

der **Rechtschreibtest, -s** spelling test

rechtsextrem extreme right-wing

der **Rechtsextremismus** right-wing extremism

der **Rechtsextremist, -en** (*wk.*) right-wing extremist (12)

rechtzeitig timely, on time (12)

der **Redakteur, -e** / die **Redakteurin, -nen** editor

die **Rede, -n** speech, talk; discourse

reden, geredet to speak, talk

die **Reduzierung, -en** reduction

das **Referat, -e** report; (term) paper (3); **ein Referat halten** to give a paper/oral report (4)

das **Reflexivpronomen, -** reflexive pronoun

das **Regal, -e** bookshelf, bookcase (2)

regelmäßig regular(ly) (11)

regeln, geregelt to regulate

die **Regelung, -en** regulation

der **Regen, -** rain (7); **bei Regen** in rainy weather (7)

der **Regenmantel, -** raincoat

der **Regenschirm, -e** umbrella (5)

die **Regierung, -en** government

die **Region, -en** region

regional regional(ly)

der **Regisseur, -e** / die **Regisseurin, -nen** stage/film director (9)

registrieren, registriert to register; **sich registrieren lassen** to get registered (11) regnen, geregnet to rain; **es regnet** it's raining (B)

die **Reibe, -n** grater

reiben (reibt), rieb, gerieben to rub

reich rich(ly)

das **Reich, -e** empire; kingdom; realm; **das Dritte Reich** the Third Reich (Nazi Germany)

reichen, gereicht to pass, hand (to); to be enough; **uns reicht** we've had enough

der **Reifen, -** tire (7)

die **Reifenpanne, -n** flat tire (7)

die **Reihe, -n** row

die **Reihenfolge, -n** sequence, order (2, 4)

der **Reim, -e** rhyme

(sich) **reimen, gereimt** to rhyme

rein = herein in

die **Reinigung, -en** dry cleaner's (6)

rein·kommen (kommt . . . rein), kam·rein, ist reingekommen = herein·kommen to come in

rein·krachen, reingekracht = herein·krachen to crash (into)

der **Reis** rice (8)

die **Reise, -n** trip, journey (7); **auf Reisen sein** to be on a trip (7)

das **Reisebüro, -s** travel agency (6)

der **Reisebus, -se** coach

das **Reiseerlebnis, -se** travel experience (7)

der **Reiseführer, -** travel guidebook (5)

reisen, ist gereist to travel (1, 10)

der/die **Reisende, -n (ein Reisender)** traveler (10)

der **Reisepass, ̈e** passport (10)

der **Reiseplan, ̈e** travel plan; itinerary

der **Reisescheck, -s** traveler's check (7)

das **Reiseziel, -e** destination

reiten (reitet), ritt, ist geritten to ride horseback; to go horseback riding (1)

rekonstruieren, rekonstruiert to reconstruct

relativ relative(ly) (5)

der **Relativsatz, ̈e** relative clause

die **Religion, -en** religion (1)

religiös religious(ly) (B)

die **Renaissance, -n** Renaissance; revival

rennen (rennt), rannte, ist gerannt to run (7)

der **Rennfahrer, - / die Rennfahrerin, -nen** racing driver

renovieren, renoviert to renovate

die **Rente, -n** pension

die **Rentenversicherung, -en** pension scheme, retirement insurance

das **Rentnerpaar, -e** retired couple

die **Reparatur, -en** repair

reparieren, repariert to repair (1)

der **Reporter, - / die Reporterin, -nen** reporter, journalist (4)

repräsentativ representative(ly)

die **Republik, -en** republic

republikanisch Republican (*adj.*)

reservieren, reserviert to reserve (7)

die **Residenz, -en** residence

residieren, residiert to reside

respektabel respectable, respectably

der **Rest, -e** remainder, rest; (*pl.*) leftovers

das **Restaurant, -s** restaurant (2, 8); **im Restaurant** at the restaurant (8)

restaurieren, restauriert to restore

das **Resultat, -e** result

retten, gerettet to save; to rescue

die **Rettung** rescue; salvation

das **Revier, -e** (police) station

die **Revolution, -en** revolution

das **Rezept, -e** recipe; prescription (11)

die **Rezeption, -en** reception desk (10)

der **Rhein** Rhine (River)

das **Rheinland** Rhineland

(das) **Rheinland-Pfalz** Rhineland-Palatinate

der **Rhythmus, Rhythmen** rhythm

richten, gerichtet to direct; to turn; **sich richten (nach + *dat.*)** to depend (on); to comply (with)

der **Richter, - / die Richterin, -nen** judge (5)

richtig right(ly), correct(ly) (2)

die **Richtung, -en** direction (7)

riechen (riecht), roch, gerochen to smell (11)

der **Riese, -n** (*wk.*) giant (9)

die **Riesenschildkröte, -n** giant tortoise

die **Riesenschlange, -n** boa constrictor; python (10)

riesig gigantic; tremendous(ly)

das **Rindfleisch** beef (8)

der **Ring, -e** ring (2)

der **Ringfinger, -** ring-finger

der **Rinnstein, -e** gutter

die **Rinnsteinbrücke, -n** gutter bridge

das **Risiko, -s** risk; jeopardy

der **Rock, ̈e** skirt (A); (*sg. only*) rock music

der **Rock 'n' Roll** rock 'n' roll

die **Rockband, -s** rock band

das **Rockkonzert, -e** rock concert (9)

roh raw

die **Rolle, -n** role; part (4)

das **Rollenspiel, -e** role-play

die **Rollenverteilung, -en** assignment of roles

die **Rollerblades** (*pl.*) roller-blades

das **Rollschuhlaufen** roller-skating

(das) **Rom** Rome

der **Roman, -e** novel (3, 5)

der **Römer, - / die Römerin, -nen** Roman (*person*)

römisch Roman (*adj.*)

röntgen, geröntgt to X-ray (11)

rosa pink (A)

die **Rose, -n** rose

der **Rosenkohl** Brussels sprouts (8)

die **Rösti** *coarsely grated fried potatoes*

rostig rusty (8)

rot red (A)

die **Röteln** (*pl.*) German measles

(das) **Rotkäppchen** Little Red Riding Hood

der **Rotwein, -e** red wine

die **Roulade, -n** *braised meat roll filled with bacon and onions*

der **Ruck, -e** jerk, jolt

der **Rücken, -** back (B)

die **Rückfahrt, -en** return journey; **die Hin- und Rückfahrt** round trip (10)

der **Rucksack, ̈e** backpack (2)

rufen (ruft), rief, gerufen to call, shout (7, 11)

(das) **Rügen** *island in the Baltic Sea*

die **Ruhe** silence; peace

ruhen, geruht to rest

ruhig quiet(ly), calm(ly) (B)

das **Rührei, -er** scrambled egg

rühren, gerührt to stir; to move

(das) **Rumänien** Romania (B)

(das) **Rumpelstilzchen** Rumpelstiltskin

das **Rumpsteak, -s** rump steak (8)

rund round; around; approximately; **rund um** around

der **Rundgang, ̈e** (walking) tour

runter·bringen (bringt . . . runter), brachte . . . runter, runtergebracht = herunter·bringen to bring down

der **Rüssel, -** trunk (*of an elephant*) (10)

russisch Russian (*adj.*) (12)

(das) **Russisch** Russian (*language*) (B)

(das) **Russland** Russia (B)

rutschen, ist gerutscht to slide, slip (9)

die **Sache, -n** thing; cause (2)

sachlich objective(ly), matter-of-fact

(das) **Sachsen** Saxony

(das) **Sachsen-Anhalt** Saxony-Anhalt

sächsisch Saxon (*adj.*)

der **Sack, ̈e** sack; bag

der **Safer-Sex** safe-sex

der **Saft, ̈e** juice (8)

sagen, gesagt to say; to tell (A, 5)

sagenumwoben steeped in legend; magical, mystical

die **Sahara** Sahara (Desert)

das **Sakko, -s** sports jacket (A)

die **Salami, -** salami

der **Salat, -e** salad; lettuce (8)

die **Salatschüssel, -n** salad (mixing) bowl (5)

das **Salz** salt (8)

Salzburger (*adj.*) (of) Salzburg

salzig salty (7)

die **Salzkartoffeln** (*pl.*) boiled potatoes (8)

der **Salzsee: der Große Salzsee** the Great Salt Lake

das **Salzwasser** salt water

der **Sammelband, ̈e** anthology

sammeln, gesammelt to collect; to gather (10)

das **Sample-Institut** polling institute

der **Samstag, -e** Saturday (1); **am Samstag** on Saturday (2)

der **Samstagabend, -e** Saturday evening

samstags on Saturday(s)

der **Samstagvormittag, -e** Saturday morning

der **Sand, -e** sand (7)

die **Sandale, -n** sandal

die **Sandburg, -en** sandcastle (10)

sanft soft(ly); gentle, gently

der **Sänger, - / die Sängerin, -nen** singer

der **Sanitäter, - / die Sanitäterin, -nen** paramedic

der **Sarg, ̈-e** coffin (9)

satirisch satirical(ly)

satt full; well-fed; **satt werden** to get full, get enough to eat

der **Satz, ̈-e** sentence (3)

die **Satzhälfte, -n** sentence half

die **Satzklammer, -n** sentence bracket

die **Satzstellung, -en** word order

der **Satzteil, -e** part of sentence, clause

sauber clean (B, 3); **sauber machen** to clean (3)

sauer sour (8); angry, cross, annoyed (5); **saure Gurken** (*pl.*) pickles (8)

der **Sauerbraten, -** sauerbraten (*marinated beef roast*)

das **Sauerkraut** sauerkraut, pickled cabbage (7)

saugen, gesaugt to vacuum; **Staub saugen** to vacuum (6)

die **Sauna, -s** sauna (11)

das **Schach** chess (1)

die **Schachtel, -n** box

schade! too bad! (3)

schaden (+ *dat.*), **geschadet** to be harmful (to) (6)

der **Schaden, ̈-** damage (11)

schaffen (schafft), schuf, geschaffen to create

schaffen, geschafft to manage

der **Schafskäse, -** feta cheese

der **Schal, -s** scarf (2)

die **Schallplatte, -n** (phonograph) record

schälen, geschält to peel, skin

der **Schalter, -** ticket booth, ticket window (5); **am Schalter** at the ticket booth/window (5)

der **Schatten, -** shadow; shade (9)

der **Schatz, ̈-e** treasure (9)

schätzen, geschätzt to value; to estimate; to reckon

schauen (an/auf + *acc.*)**, geschaut** to look (at) (A)

schaufeln, geschaufelt to shovel (11)

das **Schauspiel, -e** play (12)

die **Schauspielaufführung, -en** performance of a play

der **Schauspieler, - / die Schauspielerin, -nen** actor/actress (9)

der **Scheck, -s** check

die **Scheibe, -n** pane, windowpane (7); slice

der **Scheibenwischer, -** windshield wiper (7)

die **Scheidung, -en** divorce (12)

der **Schein, -e** bill, note (*of currency*) (8)

scheinen (scheint), schien, geschienen to shine; to seem, appear

schenken, geschenkt to give (as a present) (5)

die **Schere, -n** scissors (8)

schick chic, stylish(ly), smart(ly) (2)

schicken, geschickt to send (2); **sich schicken** to be proper

das **Schicksal, -e** fate, destiny

schieben (schiebt), schob, geschoben to push; to shove

schief gehen (geht . . . schief), ging . . . schief, ist schief gegangen to go wrong

die **Schiene, -n** train track (10)

schießen (schießt), schoss, geschossen to shoot

das **Schiff, -e** ship (7)

der **Schiffer, -** boatman

das **Schild, -er** sign (7)

das **Schildchen, -** small sign

schildern, geschildert to describe; to portray

die **Schildkröte, -n** turtle; tortoise (10)

der **Schilling, -e** schilling (*former Austrian monetary unit*) (7); **zwei Schilling** two schillings (7)

schimpfen, geschimpft to cuss, curse; to scold (9)

der **Schinken, -** ham (8)

der **Schlaf** sleep (9)

der **Schlafanzug, ̈-e** pajamas

schlafen (schläft), schlief, geschlafen to sleep (2); **lange schlafen** to sleep late

der **Schlafsack, ̈-e** sleeping bag (2)

der **Schlafwagen, -** sleeping car (4)

das **Schlafzimmer, -** bedroom (6)

der **Schlag, ̈-e** strike (*of a clock*); (heart)beat; blow

schlagen (schlägt), schlug, geschlagen to beat, strike, hit (8, 11)

die **Schlagsahne** whipped cream; whipping cream

das **Schlagzeug** drums; percussion instruments (12)

die **Schlange, -n** snake (10)

der **Schlangenbeschwörer, - /die Schlangenbeschwörerin, -nen** snake charmer

schlank slender, slim (B)

schlapp run-down; listless

das **Schlauchboot, -e** inflatable dinghy (10)

schlecht bad(ly) (2)

schleichen (schleicht), schlich, ist geschlichen to creep, sneak

(das) **Schleswig** Schleswig

(das) **Schleswig-Holstein** Schleswig-Holstein

schleudern, geschleudert to hurl

schließen (schließt), schloss, geschlossen to close, shut (A)

schließlich finally; after all (7)

schlimm bad (11)

der **Schlitten, -** sled (2); **Schlitten fahren** to go sledding

der **Schlittschuh, -e** ice skate (2); **Schlittschuh laufen** to go ice-skating (3)

das **Schloss, ̈-er** castle; palace (6)

die **Schlosstür, -en** castle door

der **Schluck, -e** sip

schlucken, geschluckt to swallow

der **Schluss, ̈-e** end; conclusion; **am Schluss** in the end; **jetzt aber Schluss** finish up now; **zum Schluss** finally; in conclusion

der **Schlüssel, -** key (9)

schmal narrow; thin

schmecken (+ *dat.*), **geschmeckt** to taste good (to) (6)

schmelzen (schmelzt), schmolz, ist geschmolzen to melt

der **Schmerz, -en** pain (11)

sich schminken, geschminkt to put makeup on (11)

schmoren, geschmort to braise

der **Schmuck** jewelry (2)

schmutzig dirty (A)

schnappen, geschnappt to snap; **nach Luft schnappen** to gasp for air

der **Schnaps, ̈-e** spirit; schnapps

die **Schnecke, -n** snail (10)

der **Schnee** snow (9)

(das) **Schneewittchen** Snow White

schneiden (schneidet), schnitt, geschnitten to cut (3); **Haare schneiden** to cut hair (3); **sich schneiden** to cut oneself (11)

schneien, geschneit to snow; **es schneit** it is snowing (B)

schnell quick(ly), fast (3)

das **Schnitzel, -** (veal/beef/pork) cutlet (8)

der **Schnupfen, -** cold (*with a runny nose*), sniffles (11)

die **Schnupftabakdose, -n** snuffbox

die **Schnur, ̈-e** string (8)

der **Schnurrbart, ̈-e** moustache (A)

schnurstracks (*coll.*) straight, directly

der **Schock, -s** shock (11)

schockieren, schockiert to shock

die **Schokolade, -n** chocolate

die **Schokoladenfabrik, -en** chocolate factory

schon already (2, 4); indeed; **ich glaube schon** I think so; **schon wieder** once again (3); **warst du schon einmal . . . ?** were you ever . . . ? (4)

schön pretty, beautiful (B); nice; **bitte schön?** yes please? may I help you? (7); **ganz schön** quite pretty; **ganz schön viel** quite a bit (3)

die **Schönheit, -en** beauty; **der Sinn für Schönheit** sense of aesthetics

der **Schornstein, -e** chimney

der **Schrank, ̈-e** closet; cupboard; cabinet; wardrobe (2, 6)

die **Schranktür, -en** closet/cabinet door

der **Schreck, -e** fright; terror; shock

schrecklich terrible, terribly; horrible, horribly

der **Schrei, -e** cry; shout; scream

schreiben (schreibt), schrieb, geschrieben to write; to spell (A); **(an** + *acc.*) to write to; **(über** + *acc.*) to write about; **(von** + *dat.*) to write of/about; **wie schreibt man das?** how do you spell that? (A)

die **Schreibmaschine, -n** typewriter

der **Schreibtisch, -e** desk (2)

das **Schreibwarengeschäft, -e** stationery store (6)

das **Schreibzeug** writing materials

schreien (schreit), schrie, geschrien to scream, yell (3)

die **Schrift, -en** script; (hand)writing

schriftlich written, in writing (10)

der **Schriftsteller, - / die Schriftstellerin, -nen** writer (5)

der **Schritt, -e** step

die **Schublade, -n** drawer (5)

schüchtern shy(ly) (B)

der **Schuh, -e** shoe (A)

das **Schuhgeschäft, -e** shoe store (6)

der **Schulabschluss, ̈-e** degree received after completing secondary school

der **Schulalltag, -e** daily routine at school

die **Schulbildung** education, schooling (5)

schuld: schuld sein (an + dat.) to be at fault (for)

die **Schuld, -en** debt; fault; guilt (12)

schulden, geschuldet to owe

die **Schule, -n** school (A, 1, 3, 4, 5); **in die / zur Schule** to school; **in der Schule** at school (5)

der **Schüler, - / die Schülerin, -nen** student; pupil (1)

das **Schulfach, ̈-er** school subject (1)

der **Schulfreund, -e / die Schulfreundin, -nen** school-friend

der **Schulhof, ̈-e** schoolyard, playground

schulisch school (adj.), scholastic(ally)

das **Schuljahr, -e** school year

das **Schulkind, -er** schoolchild

die **Schulklamotten** (pl., coll.) school clothes

die **Schulleistung, -en** scholastic achievement

der **Schulleistungsstand, ̈-e** scholastic achievement level

der **Schulleiter, - / die Schulleiterin, -nen** principal, headmaster

die **Schulnote, -n** grade, mark (in school)

die **Schulstunde, -n** school hour

das **Schulsystem, -e** school system

der **Schultag, -e** school day

die **Schultasche, -n** book bag

die **Schulter, -n** shoulder (B)

schulterlang shoulder-length

die **Schuluniform, -en** school uniform

der **Schulweg, -e** way to school

die **Schulzeit** school days

die **Schüssel, -n** bowl (8)

schütteln, geschüttelt to shake; **die Hand schütteln** to shake hands (A); **sich schütteln** to shake (o.s.)

schwach weak(ly)

der **Schwager, ̈- / die Schwägerin, -nen** brother-/sister-in-law

der **Schwamm, ̈-e** sponge; eraser (for blackboard) (B)

der **Schwan, ̈-e** swan

schwanger pregnant

schwanken, geschwankt to sway; to rock

schwarz black (A)

das **Schwarzbier, -e** very dark beer

das **Schwarze Meer** Black Sea

schwarzhaarig black-haired (9)

der **Schwarzwald** Black Forest

(das) **Schweden** Sweden (B)

(das) **Schwedisch** Swedish (language) (B)

schweifen, ist geschweift to wander

schweigen (schweigt), schwieg, geschwiegen to become silent; to be silent, say nothing

das **Schweigen** silence

das **Schwein, -e** pig (9)

der **Schweinebraten, -** pork roast

das **Schweinefleisch** pork (8)

die **Schweinerei, -en** (coll.) mess

der **Schweinestall, ̈-e** pigpen (5)

die **Schweiz** Switzerland (B)

Schweizer Swiss (adj.)

der **Schweizer, - / die Schweizerin, -nen** Swiss (person) (B)

schwer heavy, heavily; hard; difficult (3); **schwer verletzt** critically injured (11); **zu schwer** too heavy (4)

die **Schwester, -n** sister (B)

die **Schwiegereltern** (pl.) parents-in-law

die **Schwiegermutter, ̈** mother-in-law

der **Schwiegersohn, ̈-e** son-in-law

die **Schwiegertochter, ̈** daughter-in-law

der **Schwiegervater, ̈** father-in-law

schwierig difficult (2)

die **Schwierigkeit, -en** difficulty

das **Schwimmbad, ̈-er** swimming pool (1, 5); **im Schwimmbad** at the swimming pool (5); **ins Schwimmbad fahren** to go/drive to the swimming pool (1)

schwimmen (schwimmt), schwamm, ist/hat geschwommen to swim (7); **im Meer schwimmen** to swim in the sea (1); **schwimmen gehen** to go swimming (1)

die **Schwimmweste, -n** life-jacket (10)

schwitzen, geschwitzt to sweat, perspire

sechs six (A); **um sechs (Uhr)** at six o'clock (1)

die **Sechs: eine Sechs** insufficient, failing (school grade) (3)

sechst- sixth (4)

sechsundzwanzig twenty-six (A)

sechzehn sixteen (A)

sechzehnt- sixteenth

sechzig sixty (A)

der **See, -n** lake (7)

die **See, -n** sea

das **Seebad, ̈-er** seaside bathing resort

seekrank seasick (7)

die **Seele, -n** soul (12)

die **Seeluft, ̈-e** sea air

segeln, ist/hat gesegelt to sail (1)

sehen (sieht), sah, gesehen to see (2)

sehr very (B)

der **Sehtest, -s** eye test

das **Seidenkleid, -er** silk dress

die **Seife, -n** soap (6)

die **Seilbahn, -en** cable railway (7)

der **Seiltänzer, - / die Seiltänzerin, -nen** tightrope walker

sein (ist), war, ist gewesen to be (A, 4)

sein(e) his, its (1, 2)

seit (prep.) since, for (4, 11); **seit mehreren Tagen** for several days (11); **seit zwei Jahren** for two years (4)

seitab off to the side

die **Seite, -n** side; page (6)

der **Seitensprung, ̈-e** extramarital affair

die **Seitenstraße, -n** side street

der **Sekretär, -e** fold-out desk (6)

der **Sekretär, -e / die Sekretärin, -nen** secretary (5)

der **Sekt, -e** sparkling wine

die **Sekunde, -n** second (1)

selber, selbes, selbe same

selbst even; oneself, myself, yourself, himself, herself, itself; ourselves, yourselves, themselves; by (one)self

die **Selbsteinschätzung, -en** self-assessment

selbstgemacht homemade

das **Selbstporträt, -s** self-portrait

selbstständig independent(ly) (12)

selbstverständlich of course (10)

selten rare(ly), seldom (8)

seltsam strange(ly)

das **Semester, -** semester (1)

die **Semesterferien** (pl.) semester break

das **Seminar, -e** seminar

die **Semmel, -n** (bread) roll

der **Senf** mustard (8)

senken, gesenkt to reduce

der **September** September (B)

(das) **Serbien** Serbia

servieren, serviert to serve

die **Serviette, -n** napkin (8)

servus! hello! good-bye! (infor.; southern Germany, Austria) (A)

der **Sessel, -** armchair (2, 6)

setzen, gesetzt to put, place, set (in a sitting position) (7); **sich setzen** to sit down (A, 11)

sexy sexy

sfr. = der **Schweizer Franken, -** Swiss franc

das **Shampoo, -s** shampoo

sich oneself, himself, herself, itself, yourself; themselves, yourselves

sicher safe(ly); sure(ly) (3)

die **Sicherheit, -en** safety

der **Sicherheitsgurt, -e** safety belt (7)

die **Sicherheitskontrolle, -n** safety checkpoint (10)

sicherlich certainly (3)

sichtbar visible, visibly 911)

sie she, it; they

Sie (*for. sg./pl.*) you

sieben seven (A)

siebenundzwanzig twenty-seven (A)

siebt- seventh (4)

siebzehn seventeen (A)

siebzig seventy (A)

die **Siegermacht, ⁻e** victorious power

signalisieren, signalisiert to signal; to indicate

die **Silbermünze, -n** silver coin

silbern silver (*adj.*), silvery

(das) **Silentium** quiet time

singen (singt), sang, gesungen to sing (1); **wir singen gern** we like to sing (1)

sinken (sinkt), sank, ist gesunken to sink

der **Sinn, -e** sense; **aus dem Sinn kommen** to forget; **der Sinn für Schönheit** sense of aesthetics; **keinen Sinn haben** to be pointless; die **Sinologie** *study of Chinese language and culture*

die **Situation, -en** situation

der **Sitz, -e** seat (7)

sitzen (sitzt), saß, gesessen to sit; to be in a sitting position (4); **sitzen bleiben (bleibt . . . sitzen), blieb . . . sitzen, ist sitzen geblieben** to be held back a grade

der **Sitzplatz, ⁻e** seat (10)

(das) **Skandinavien** Scandinavia

das **Skateboard, -s** skateboard (3); **Skateboard fahren** to skateboard (3)

der **Ski, -er** ski (3); **Ski fahren** to ski (3)

die **Skibrille, -n** ski glasses (5)

die **Skizze, -n** sketch

der **Skorpion, -e** scorpion (10)

die **Skulptur, -en** sculpture (12)

der **Slogan, -s** slogan

die **Slowakei** Slovakia (B)

(das) **Slowenien** Slovenia (B)

(das) **Slowenisch** Slovenian (*language*)

die **SMS** SMS (= short message service: *text messaging by cell phone or other electronic device*)

so so; such; that way (A); **das stimmt so** that's right; keep the change (8); **so genannt** so-called; **so viel** so much; **so was** something like that; some such thing

sobald (*subord. conj.*) as soon as

die **Socke, -n** sock (2)

das **Sofa, -s** sofa, couch (6)

sofort immediately (3)

der **Soft-Rock** soft rock music

sogar even

der **Sohn, ⁻e** son (B)

solange (*subord. conj.*) as long as; while

das **Solarium, Solarien** tanning salon (11)

solcher, solches, solche such

der **Soldat, -en** (*wk.*) / die **Soldatin, -nen** soldier

sollen (soll), sollte, gesollt to be supposed to (3)

der **Sommer, -** summer (B); **im Sommer** in the summer; **letzten Sommer** last summer (4)

der **Sommerkurs, -e** summer school (3)

der **Sommertreffpunkt, -e** summer meeting-place

der **Sommerurlaub, -e** summer vacation

sondern but (rather/on the contrary) (A, 11)

das **Songbuch, ⁻er** songbook (2)

der **Sonnabend, -e** Saturday

die **Sonne, -n** sun (1); **in der Sonne liegen** to lie in the sun (1)

sich **sonnen, gesonnt** to sunbathe (11)

sonnenbaden gehen (geht . . . sonnenbaden), ging . . . sonnenbaden, ist sonnenbaden gegangen to go sunbathing (10)

der **Sonnenbrand, ⁻e** sunburn (10)

die **Sonnenbrille, -n** sunglasses (1, 2)

die **Sonnenmilch** suntanning lotion (10)

der **Sonnenschirm, -e** sunshade; parasol (10)

sonnig sunny (B)

der **Sonntag, -e** Sunday (1)

sonntags on Sunday(s)

sonst otherwise (B); **sonst noch etwas?** anything else? (5)

sonstig other; **Sonstiges** other things (9)

sooft (*subord. conj.*) whenever (B)

sorgen (für + *acc.*)**, gesorgt** to take care (of) (12)

sorgfältig careful(ly)

die **Soße, -n** gravy; sauce; (salad) dressing (8)

sowie as well as

sowieso anyway

die **Sowjetunion** Soviet Union

sozial social(ly)

das **Sozialamt, ⁻er** social welfare office

der **Sozialismus** socialism

der **Sozialist, -en** (*wk.*) / die **Sozialistin, -nen** socialist (*person*)

sozialistisch socialist (*adj.*)

die **Sozialkunde** social studies (1)

die **Sozialpädagogik** social education

die **Sozialversicherung** social security

die **Soziologie** sociology (1)

die **Spaghetti** (*pl.*) spaghetti

die **Spalte, -n** column

(das) **Spanien** Spain (B)

der **Spanier, -** / die **Spanierin, -nen** Spaniard

spanisch Spanish (*adj.*)

(das) **Spanisch** Spanish (*language*) (B)

die **Spannweite, -n** wingspan

sparen, gespart to save (*money*) (7); **(auf** + *acc.***)** to save up for

das **Sparkonto, -konten** savings account (12)

der **Spaß, ⁻e** fun; **Spaß haben** to have fun; **Spaß machen** to be fun; **viel Spaß!** have fun! (A)

spät late (1); **wie spät ist es?** what time is it? (1)

die **Spätzle** (*pl.*) spaetzle (*kind of noodles*)

spazieren gehen (geht . . . spazieren), ging . . . spazieren, ist spazieren gegangen to go for a walk; **im Park spazieren gehen** to walk in the park (1)

der **Spaziergang, ⁻e** walk (10)

der **Speck** bacon (8)

die **Speditionsfirma, -firmen** trucking company

speichern, gespeichert to store

die **Speise, -n** food, dish

die **Speisekarte, -n** menu (8)

der **Speisewagen, -** dining car

spekulieren, spekuliert to speculate

die **Spezialität, -en** speciality

der **Spiegel, -** mirror (6)

sich **spiegeln, gespiegelt** to be reflected

das **Spieglein, -** (*diminutive form of* der Spiegel) little mirror

das **Spiel, -e** game; match

spielen, gespielt to play (1); **Klavier spielen** to play the piano

der **Spieler, -** / die **Spielerin, -nen** player

der **Spielfreund, -e** / die **Spielfreundin, -nen** playmate

der **Spielplatz, ⁻e** playground (9)

das **Spielzeug, -e** toy

der **Spinat, -e** spinach (8)

die **Spindel, -n** spindle

der **Spion, -e** / die **Spionin, -nen** spy

spitz pointed

der **Spitzbart, ⁻e** goatee

der **Spitzname, -n** (*wk.*) nickname (1)

der **Sport** sport(s); physical education (1); **Sport treiben** to do sports (2)

die **Sporthose, -n** tights (2)

sportlich athletic (B)

der **Sportplatz, ⁻e** sports field; playing field

der **Sportschuh, -e** athletic shoe (A)

die **Sprache, -n** language (B)

das **Sprachlabor, -s** language laboratory (4)

sprachlos speechless(ly)

sprechen (spricht), sprach, gesprochen to speak, talk (B); **(über** + *acc.*) to talk about; **er/sie spricht . . .** he/she speaks . . . (B)

die **Sprechsituation, -en** conversational situation (1)

die **Sprechstunde, -n** office hour (3)

die **Sprechstundenhilfe** (doctor's) receptionist

sprengen, gesprengt to water, sprinkle

das **Sprichwort, ⁻er** proverb, saying

springen (springt), sprang, ist gesprungen to jump, spring (A)

die **Spritze, -n** shot, injection (11)

sprühen, gesprüht to spray

das **Spülbecken, -** sink (5)

die **Spüle, -n** sink

spülen, gespült to wash; to rinse (4); **Geschirr spülen** to wash the dishes (4)

das **Spülwasser** dishwater

die **Spur, -en** track, trace

spüren, gespürt to feel, sense

das **Squash** squash (*game*) (1)

der **Staat, -en** state; nation (10)

staatlich state, government (*adj.*)

die **Staatsangehörigkeit, -en** nationality, citizenship (1)

das **Staatsexamen, -** *final university examination*

die **Stadt, -̈e** town, city (2, 6, 10); **in der Stadt** in town, in the city (6, 10)

die **Stadtführung, -en** city tour

die **Stadtgeschichte, -n** city history

die **Stadtmauer, -n** city wall

der **Stadtpark, -s** municipal park (10)

die **Stadtpfarrkirche, -n** main parish church

der **Stadtplan, -̈e** city street map (10)

der **Stadtrand, -̈er** city limits (6)

die **Stadtrundfahrt, -en** tour of the city (7)

der **Stadtrundgang, -̈e** walking tour of the city

der **Stadtteil, -e** district, neighborhood (6)

das **Stadttor, -e** city gate

das **Stadtviertel, -** quarter, district, neighborhood (6)

die **Staffelei, -en** easel (12)

der **Stall, -̈e** stable, pen

stammen (aus + *dat.*), gestammt to come (from), originate (from)

der **Standard, -s** standard

standhaft steadfast(ly)

stark strong(ly); heavy, heavily (11)

starren (auf + *acc.*), gestarrt to stare (at)

starten, ist gestartet to start; to take off

das **Startkapital** starting capital

die **Statistik, -en** statistics

statt (+ *gen.*) instead of (12); **stattdessen** instead (of that)

statt·finden (findet . . . statt), fand . . . statt, stattgefunden to take place (5)

der **Status, -** status

das **Statussymbol, -e** status symbol

der **Stau, -s** traffic jam (7)

der **Staub** dust; **Staub saugen** to vacuum (6); **Staub wischen** to (wipe) dust

der **Staubsauger, -** vacuum cleaner (6)

das **Staunen** amazement

Std. = die **Stunde, -n** hour

das **Steak, -s** steak

stechen (sticht), stach, gestochen to prick; to sting; to bite (*of insects*) (10)

der **Steckbrief, -e** personal description; personal details

stecken, gesteckt to stick; to put; to be; **stecken bleiben (bliebt . . . stecken), blieb . . . stecken, ist stecken geblieben** to get stuck (11)

der **Stefansdom** St. Stephen's Cathedral

stehen (steht), stand, gestanden to stand (*be in a vertical position*) (2, 6); to be (situated); to stop, come to a standstill; (+ *dat.*) to suit (6); **das steht / die stehen dir gut** that looks / they look good on you (2)

stehlen (stiehlt), stahl, gestohlen to steal (7)

steigen (steigt), stieg, ist gestiegen to climb; to ascend; to increase

der **Stein, -e** stone (12)

steinern (*adj.*) (made of) stone

die **Steinzeit** Stone Age (12)

die **Stelle, -n** position; place

stellen, gestellt to stand up, put, place (*in a vertical position*) (3, 5); **eine Frage stellen** to ask a question (A, 5); **gerade stellen** to straighten (3)

das **Step-Aerobic** step aerobics

sterben (stirbt), starb, ist gestorben to die (9)

die **Stereoanlage, -n** stereo system (6)

das **Sternzeichen, -** star-sign, sign of the zodiac

das **Steuer, -** steering wheel

die **Steuer, -n** tax

der **Steward, -s / die Stewardess, -en** flight attendant (5)

der **Stichpunkt, -e** main point (12)

das **Stichwort, -̈er** keyword

der **Stiefel, -** boot (A)

die **Stiefmutter, -̈** stepmother (9)

der **Stiefvater, -̈** stepfather (9)

der **Stift, -e** pen, pencil (A, B)

der **Stil, -e** style

still quiet(ly); silent(ly)

die **Stille** quiet; silence

die **Stimme, -n** voice (12)

stimmen, gestimmt to be right (8); **(das) stimmt!** that's right! (4); **das stimmt so** that's right; keep the change (8)

die **Stimmung, -en** mood; atmosphere

stinkend smelly, stinking

das **Stipendium, Stipendien** scholarship (1)

die **Stirn, -en** forehead

das **Stirnband, -̈er** headband (A)

der **Stock, -** floor, story (6); **im ersten Stock** on the second floor (6)

das **Stockwerk, -e** floor, story (6)

stöhnen, gestöhnt to groan, moan

stolpern, ist gestolpert to trip, stumble (9)

stolz proud(ly)

stop (*interj.*) stop, halt

stören, gestört to disturb (3)

der **Stoßzahn, -̈e** tusk (10)

stottern, gestottert to stutter

Str. = die **Straße, -n** street

der **Strafzettel, -** (parking or speeding) ticket (7)

der **Strand, -̈e** beach, shore (4, 7)

der **Strandkorb, -̈e** basket chair (*for the beach*) (10)

die **Strandpromenade, -n** (beach) promenade

die **Straße, -n** street, road (6)

die **Straßenbahn, -en** streetcar (7)

das **Straßencafé, -s** street café

der **Straßenjunge, -n** (*wk.*) street urchin

die **Strategie, -n** strategy

sich **sträuben, gesträubt** to stand on end, bristle (*hair*)

strecken, gestreckt to stretch

streicheln, gestreichelt to caress, stroke

streichen (streicht), strich, gestrichen to paint

das **Streichholz, -̈er** match (8)

die **Streife, -n** patrol; **Streife gehen** to be on patrol

streiten (streitet), stritt, gestritten to argue, quarrel (9)

streng strict(ly); severe(ly); disciplined (9)

stricken, gestrickt to knit (3)

der **Strom, -̈e** stream; current; electricity, power (8)

die **Strömung, -en** current

die **Strophe, -n** strophe; verse

die **Struktur, -en** structure

die **Strumpfhose, -n** tights; pantyhose

das **Stück, -e** piece; slice (8)

das **Stückchen, -** little piece

der **Student, -en** (*wk.*) / die **Studentin, -nen** student (A, B)

die **Studentenbewegung, -en** student movement

das **Studentenheim, -e** dorm (2)

das **Studentenleben** student life (4)

die **Studie, -n** study

der **Studienabschluss, -̈e** completion of one's studies

der **Studienanfänger, -** / die **Studienanfängerin, -nen** beginning student

das **Studienfach, -̈er** academic subject (1)

der **Studiengang, -̈e** course of study

die **Studiengebühr, -en** registration fee, tuition

der **Studientag, -e** day of study

studieren, studiert to study; to attend a university/college (1)

das **Studierzimmer, -** study (room)

das **Studium, Studien** university studies (1, 3)

der **Stuhl, -̈e** chair (B, 2)

die **Stunde, -n** hour (2)

stundenlang for hours

der **Stundenlohn, -̈e** hourly wage

der **Stundenplan, -̈e** schedule (1)

der **Sturz, -̈e** fall

stürzen, ist gestürzt to fall

das **Subjekt, -e** subject

das **Substantiv, -e** noun

subtrahieren, subtrahiert to subtract

die **Suchanzeige, -n** housing-wanted ad (6)

die **Suche, -n** search

suchen, gesucht to look for (1)

(das) **Südafrika** South Africa (B)

(das) **Südamerika** South America (B)

süddeutsch Southern German (*adj.*)

(das) **Süddeutschland** Southern Germany

der **Süden** south

südlich (von + *dat.*) south (of) (7)

südöstlich (von + *dat.*) southeast (of) (7)

südwestlich (von + *dat.*) southwest (of) (7)

der **Südwind** south wind

super super

der **Superbowl** Super Bowl

der **Superlativ**, -e superlative

der **Supermarkt**, ¨e supermarket (5); **im Supermarkt** at the supermarket (5)

superschnell super-fast (7)

die **Suppe**, -n soup

das **Surfbrett**, -er surfboard (2)

surfen, gesurft to surf, go surfing

der **Sushi** sushi

süß sweet(ly) (4)

die **Süßigkeit**, -en sweet, candy (9)

das **Symbol**, -e symbol

symbolisieren, symbolisiert to symbolize

sympathisch congenial(ly), appealing(ly); sympathetic(ally)

das **Symphonieorchester**, - symphony orchestra

das **Symptom**, -e symptom (11)

syrisch Syrian (*adj.*)

das **System**, -e system

die **Szene**, -n scene

das *SZ-Magazin = Süddeutsche Zeitung Magazin* magazine section of Sunday edition of *SZ*

der **Tabak**, -e tobacco

die **Tabelle**, -n table; list

die **Tablette**, -n tablet, pill (11)

die **Tafel**, -n blackboard (A, B)

der **Tag**, -e day (B, 1); **an welchem Tag?** on what day? (4); **den ganzen Tag** all day long, the whole day (1); **guten Tag!** good afternoon! hello! (*for.*) (A); **seit mehreren Tagen** for several days (11); **vor zwei Tagen** two days ago (4); **welcher Tag ist heute?** what day is today? (1)

das **Tagebuch**, ¨er diary (4)

tagen, getagt to convene, take place

der **Tagesablauf**, ¨e daily routine; course of (one's) day

das **Tageslicht** daylight

der **Tageslichtprojektor**, -en overhead projector

die **Tageszeit**, -en time of day

die **Tageszeitung**, -en daily newspaper

täglich daily (9)

der **Taktverkehr** regularly scheduled transportation

das **Tal**, ¨er valley (7)

das **Talent**, -e talent (3)

der **Tank**, -s tank (7)

tanken, getankt to fill up (with gas) (5); **voll tanken** to fill up (with gas) (5)

die **Tankstelle**, -n gas station (5); **an der Tankstelle** at the gas station (5)

der **Tankstellenshop**, -s shop at a gas station

die **Tante**, -n aunt (B)

der **Tanzbär**, -en (*wk.*) dancing bear

tanzen, getanzt to dance (1)

der **Tänzer**, - / die **Tänzerin**, -nen dancer

die **Tapete**, -n wallpaper

tapfer brave(ly) (9)

die **Tasche**, -n (hand)bag; purse; pocket (1, 5)

das **Taschengeld**, -er pocket money, allowance

die **Taschenlampe**, -n flashlight (9)

das **Taschentuch**, ¨er handkerchief (3)

die **Tasse**, -n cup (2, 5)

die **Tat**, -en act; deed

der **Täter**, - / die **Täterin**, -nen perpetrator

tätig active

die **Tätigkeit**, -en activity (5)

der **Tatort**, -e scene of a crime

tätowieren, tätowiert to tattoo

der **Tätowierer**, - / die **Tätowiererin**, -nen tattoo artist

der **Tauchanzug**, ¨e diving suit

die **Tauchausrüstung** diving equipment

tauchen, hat/ist getaucht to dive (3)

der **Tauchkurs**, -e diving course

tausend thousand

tausendmal a thousand times

das **Taxi**, -s taxi (3, 7)

der **Taxifahrer**, - / die **Taxifahrerin**, -nen taxi driver (5)

die **Technik**, -en technology (12)

technisch technical(ly); technological(ly)

der **Technische Überwachungsverein (TÜV)** Technical Control Board (*German agency that checks vehicular safety*)

die **Technologie**, -n technology

der **Teddy**, -s / der **Teddybär**, -en (*wk.*) teddy bear (A, 9)

der **Tee**, -s tea (4)

der **Teegenuss**, ¨e tea consumption

die **Teekanne**, -n teapot (8)

der **Teekessel**, - tea kettle (8)

der **Teil**, -e part, portion (7)

teil·nehmen (an + *dat.*) (nimmt . . . teil), nahm . . . teil, teilgenommen to participate (*in s.th.*)

die **Teilung**, -en division; separation

teilweise partly

das **Telefon**, -e telephone (A, 2); **am Telefon** on the phone (2)

telefonieren, telefoniert to telephone, talk on the phone (4)

die **Telefonkarte**, -n telephone card (2)

die **Telefonnummer**, -n telephone number (1)

die **Telefonrechnung**, -en telephone bill

die **Telefonzelle**, -n telephone booth (2)

das **Telefonzimmer**, - telephone room

das **Telegramm**, -e telegram (2)

der **Teller**, - plate (8)

die **Temperatur**, -en temperature

der **Temperaturunterschied**, -e difference in temperature

das **Tennis** tennis (1)

der **Tennisball**, ¨e tennis ball

der **Tennisschläger**, - tennis racket (2)

der **Tennisschuh**, -e tennis shoe

der **Tennisspieler**, - / die **Tennisspielerin**, -nen tennis player (9)

der **Tennisstar**, -s tennis star

der **Teppich**, -e carpet, rug (2)

der **Termin**, -e appointment (5, 11); **sich einen Termin geben lassen** to get an appointment (11)

der **Terminkalender**, - appointment calendar (11)

die **Terrasse**, -n terrace, deck (6)

der **Test**, -s test

testen, getestet to test

der **Tetanus** tetanus (11)

teuer expensive(ly) (2)

der **Teufel**, - devil (12)

das **Teufelszeug** (*coll.*) terrible stuff

der **Teutoburger Wald** *mountainous forest in North Rhine-Westphalia*

der **Text**, -e text (12)

das **Theater**, - theater (4)

die **Theateraufführung**, -en theatrical performance

das **Thema**, **Themen** theme, topic, subject (4)

thematisieren, thematisiert to focus on

die **Theologie** theology

theoretisch theoretical(ly)

der **Thunfisch**, -e tuna

(das) **Thüringen** Thuringia

der **Thüringer Wald** Thuringian Forest

das **Ticket**, -s ticket

tief deep(ly) (7)

das **Tiefland**, ¨er lowlands

das **Tier**, -e animal (3, 7, 9, 10)

der **Tierarzt**, ¨e / die **Tierärztin**, -nen veterinarian (11)

der **Tierpfleger**, - / die **Tierpflegerin**, -nen animal-keeper

der **Tiger**, - tiger

der **Tipp**, -s tip

tippen, getippt to type (3, 6)

der **Tisch**, -e table (B); **den Tisch abräumen** to clear the table (3); **den Tisch decken** to set the table (3)

der **Tischlergeselle**, -n (*wk.*) journeyman carpenter

das **Tischtennis** table tennis (3)

der **Titel**, - title

der **Toaster**, - toaster (8)

die **Tochter**, ¨ daughter (B)

der **Tod**, -e death (12)

tödlich fatal(ly)

todschick (*coll.*) dead stylish(ly)

die **Toilette**, -n toilet (6)

das **Toilettenpapier** toilet paper (4)

die **Toilettentasche**, -n cosmetic bag

tolerant tolerant(ly) (B)

tolerieren, toleriert to tolerate

toll (*coll.*) great, neat (2); **einfach toll** simply great

die **Tollwut** rabies (10)

die **Tomate**, -n tomato (8)

die **Tomatensoße**, -n tomato sauce

der **Ton**, -e clay (12)

der **Topf**, ⸚e pot, (sauce)pan (5)

die **Töpferei**, -en pottery; ceramic art (12)

die **Töpferscheibe**, -n potter's wheel (12)

der **Topflappen**, - potholder (5)

das **Tor**, -e gate

das **Torhaus**, ⸚er gatehouse

die **Torte**, -n pie

der **Tortenheber**, - cake server

tot dead (9)

total total(ly) (4)

töten, **getötet** to kill (9)

der **Totengang**, ⸚e path of the dead

der **Totenkopf**, ⸚e skull; death's head

die **Tour**, -en tour; trip

der **Tourismus** tourism (10)

der **Tourist**, -en (*wk.*) / die **Touristin**, -nen tourist

die **Touristenklasse** tourist class (5)

das **Touristenmenü**, -s (set) meal for tourists

die **Tradition**, -en tradition (4, 12)

traditionell traditional(ly)

tragen (**trägt**), **trug**, **getragen** to carry; to wear (A); **er/sie trägt . . .** he/she is wearing (A); **trägst du . . . ?** are you wearing . . . ? (A) **trägst du gern . . . ?** do you like to wear? (A)

der **Träger**, - / die **Trägerin**, -nen recipient (*of a prize*) (12)

die **Tragödie**, -n tragedy (12)

der **Trainingsanzug**, ⸚e sweats (2)

der **Tramper**, - / die **Tramperin**, -nen hitchhiker

die **Transaktion**, -en transaction

transkontinental transcontinental

transportieren, **transportiert** to transport, carry (7)

das **Transportmittel**, - means of transportation; vehicle (7)

die **Trauer** grief; mourning

träumen (**von** + *dat.*), **geträumt** to dream (of/about) (9)

traurig sad(ly) (B)

(sich) **treffen** (**trifft**), **traf**, **getroffen** to meet (2); **eine Entscheidung treffen** to make a decision; **treffen wir uns . . .** let's meet . . . (2)

treiben (**treibt**), **trieb**, **getrieben** to drive; to carry out, do; **Sport treiben** to do sports (2)

trennbar separable

(sich) **trennen**, **getrennt** to separate, break up (*people*) (7); to divide

die **Treppe**, -n stairway (6)

das **Treppenhaus**, ⸚er stairwell (10)

treten (**tritt**), **trat**, **ist getreten** to step

treu loyal(ly); faithful(ly); true (9)

die **Treue** loyalty

der **Triglyceridspiegel**, - triglyceride level

trinken (**trinkt**), **trank**, **getrunken** to drink (1)

das **Trinkgeld**, -er tip (8)

trocken dry(ly) (11)

die **Trompete**, -n trumpet (12)

der **Tropfen**, - drop

trotz (+ *gen.*) in spite of (12)

trotzdem in spite of that; nonetheless (9)

(das) **Tschechien** Czech Republic (B)

die **Tschechoslowakei** Czechoslovakia

tschüss! (*infor.*) bye! (A)

das **T-Shirt**, -s T-shirt (2, 5)

tun (**tut**), **tat**, **getan** to do (A); **(es) tut mir Leid!** sorry! (5)

(das) **Tunesien** Tunisia (B)

die **Tür**, -en door

der **Türke**, -n (*wk.*) / die **Türkin**, -nen Turk (12)

die **Türkei** Turkey (B)

türkisch Turkish (*adj.*)

(das) **Türkisch** Turkish (*language*) (B)

der **Turm**, ⸚e tower

der **Turnschuh**, -e gym shoe

die **Türschwelle**, -n threshold

der **Türspalt**, -e crack of the door

tuschen, **getuscht** to draw in ink; **sich die Wimpern tuschen** to apply mascara

die **Tüte**, -n (paper or plastic) bag (11)

der **TÜV** = der **Technische Überwachungsverein** Technical Control Board (*German agency that checks vehicular safety*)

der **Typ**, -en (*coll.*) character, person, guy

typisch typical(ly)

ü. a. = **unter anderem** among others

die **U-Bahn**, -en = **Untergrundbahn** subway (7)

die **U-Bahnhaltestelle**, -n subway stop

üben, **geübt** to practice; to exercise

über (+ *dat./acc.*) over, above; about; across (4); **übers Wochenende** over the weekend (4)

überall everywhere (12)

überdenken, **überdacht** to think over

überfahren (**überfährt**), **überfuhr**, **überfahren** to run over (11)

überfliegen (**überfliegt**), **überflog**, **überflogen** to skim

überhaupt anyway; at all (4)

überlegen, **überlegt** to consider, think about

übermorgen the day after tomorrow (9)

übermütig in high spirits, cocky

übernachten, **übernachtet** to stay overnight (6)

übernehmen (**übernimmt**), **übernahm**, **übernommen** to take on, take over, adopt (12)

überprüfen, **überprüft** to check, inspect

überreden, **überredet** to convince, persuade

die **Überredungskunst**, ⸚e powers of persuasion

übers = **über das** over/about the

die **Überschrift**, -en heading

das **Überseegebiet**, -e overseas territory

übersetzen, **übersetzt** to translate (9)

die **Übersetzung**, -en translation

der **Überwachungsverein**, -e supervisory organization

überweisen (**überweist**), **überwies**, **überwiesen** to transfer (*money*) (12)

die **Überweisung**, -en transfer (of money) (12)

überziehen (**überzieht**), **überzog**, **überzogen** to overdraw (12)

der **Überziehungskredit**, -e overdraft protection (12)

üblich usual: customary

übrig remaining, left over

die **Übung**, -en exercise (A)

die **Übungsfahrt**, -en practice drive

die **Uhr**, -en clock (B); watch; **bis acht Uhr** until eight o'clock (2); **bis um vier Uhr** until four o'clock (4); **erst um vier Uhr** not until four o'clock (4); **um wie viel Uhr . . . ?** at what time . . . ? (1); **wie viel Uhr ist es?** what time is it? (1)

die **Uhrzeit**, -en time

die **Ukraine** Ukraine (B)

der **Ukrainer**, - / die **Ukrainerin**, -nen Ukrainian (*person*)

(das) **Ukrainisch** Ukrainian (*language*)

ultramodern ultramodern

um around; about; at; for; **bis um vier Uhr** until four o'clock (4); **erst um vier Uhr** not until four o'clock (4); **(gleich) um die Ecke** (right) around the corner (5, 6); **um halb drei** at two thirty (1); **um sechs (Uhr)** at six (o'clock) (1); **um sieben Uhr zwanzig** at seven twenty (1); **um so lauter** all the louder; **um Viertel vor vier** at a quarter to four (1); **um wie viel Uhr . . . ?** at what time . . . ? (1); **um zwanzig nach fünf** at twenty after/past five (1)

um . . . zu (+ *inf.*) in order to (12)

um·bauen, **umgebaut** to rebuild

um·bringen (**bringt . . . um**), **brachte . . . um**, **umgebracht** to kill

(sich) **um·drehen**, **umgedreht** to turn around

um·fallen (**fällt . . . um**), **fiel . . . um**, **ist umgefallen** to fall over (9)

die **Umfrage**, -n survey (4)

der **Umgang** contact

die **Umgangssprache** colloquial language

umgeben (**umgibt**), **umgab**, **umgeben** to surround, enclose

die **Umgebung**, -en surrounding area, environs (5)

umher·schwimmen (**schwimmt . . . umher**), **schwamm . . . umher**, **ist umhergeschwommen** to swim around

umoknickt, **ist umgeknickt** to twist one's ankle

um·kippen, **ist/hat umgekippt** to turn over; to knock over (11)

umklammern, **umklammert** to clutch, grasp

die **Umkleidekabine**, -n dressing room (5)

(sich) **umomelden**, **umgemeldet** to report a change of address

der **Umsatz**, ⸚e sales, returns

sich **um·schauen**, **umgeschaut** to look around

der **Umschlag**, ⸚e cover; envelope; **warmer Umschlag** warm compress, poultice

sich **um·sehen** (**sieht . . . um**), **sah . . . um**, **umgesehen** to look around

umspannen, umspannt to circle, encompass

der **Umstand, ̈e** circumstance

um·steigen (steigt . . . um), stieg . . . um, ist umgestiegen to change (*from one vehicle to another*)

die **Umwelt, -en** environment

die **Umweltkunde** environmental studies

um·werfen (wirft . . . um), warf . . . um, umgeworfen to knock over/down

um·ziehen (zieht . . . um), zog . . . um, ist umgezogen to move (*to another residence*); (sich) **umziehen, hat umgezogen** to change clothes

der **Umzug, ̈e** move

unangenehm unpleasant(ly)

unbedingt without fail; absolute(ly)

unbegabt untalented (12)

unbestimmt indefinite

und and (A, 11); **und so weiter (usw.)** and so forth (5)

uneingeschränkt unlimited

unerwartet unexpected(ly)

der **Unfall, ̈e** accident (4, 11)

der **Unfallbericht, -e** accident report (11)

das **Unfallkommando, -s** emergency personnel, paramedics

die **Unfallstelle, -n** scene of an accident (11)

die **Unfallversicherung, -en** accident insurance

unfreiwillig involuntary, involuntarily

unfreundlich unfriendly

ungarisch Hungarian (*adj.*)

(das) **Ungarn** Hungary (B)

ungeduldig impatient(ly) (11)

ungefähr approximate(ly) (7)

ungelernt unskilled

ungemütlich uncomfortable, uncomfortably

ungenügend insufficient; unsatisfactory

ungestört undisturbed

ungewöhnlich unusual(ly)

ungezogen naughty, naughtily; badly behaved

unglaublich incredible, incredibly (5)

das **Unglück, -e** misfortune

unglücklich unhappy, unhappily

unhöflich impolite(ly)

die **Uni, -s** (*coll.*) = die **Universität, -en** university (B, 1); **auf der Uni sein** to be at the university (1); **zur Uni gehen** to go to the university (1, 2)

die **Uniform, -en** uniform

die **Union, -en** union

die **Universität, -en** university (1, 4, 5); **auf der Universität** at the university (5); **zur Universität** to the university

die **Universitätsbibliothek, -en** university library

die **Universitätsstadt, ̈e** university town

die **Unizeitung, -en** university newspaper (4)

unklug unwise(ly)

unkonzentriert lacking in concentration

das **Unkraut** weeds

unlängst not long ago; lately, recently

unmöglich impossible, impossibly

die **UNO** UN (United Nations)

unordentlich untidy, untidily

unpraktisch impractical(ly)

unruhig restless(ly); uneasy, uneasily

uns us (*acc./dat.*)

die **Unschuld** innocence

unser(e) our (2)

der **Unsinn** nonsense (12)

unsympathisch uncongenial(ly); disagreeable, disagreeably; unpleasant(ly)

unten (*adv.*) below; down; downstairs; **nach unten** down(ward)

unter (+ *dat./acc.*) under, underneath; below, beneath; among (5, 6); (*adj.*) lower; **unter anderem** among other things; **unter dem Fenster** under the window (5)

unter·bringen (bringt . . . unter), brachte . . . unter, untergebracht to put (up), provide accommodations for

unterdrücken, unterdrückt to suppress; to oppress

die **Untergrundbahn, -en (U-Bahn)** subway (7)

sich **unterhalten (unterhält), unterhielt, unterhalten** to converse (9)

die **Unterhaltung, -en** conversation; entertainment (3)

das **Unterhemd, -en** undershirt (2)

die **Unterhose, -n** underpants (2)

die **Unterkunft, ̈e** lodging (10)

der **Unterlass: ohne Unterlass** incessantly

der **Untermieter, - / die Untermieterin, -nen** subletter

unternehmen (unternimmt), unternahm, unternommen to undertake

das **Unternehmen** undertaking; enterprise; company

der **Unterricht** class, instruction (B)

unterrichten, unterrichtet to teach, instruct (5)

unterscheiden (unterscheidet), unterschied, unterschieden to distinguish; **sich unterscheiden** to differ, be different

der **Unterschied, -e** difference

unterschiedlich different; various(ly)

unterschreiben (unterschreibt), unterschrieb, unterschrieben to sign (1); **unterschreib bitte hier** (*infor.*) sign here, please (A)

die **Unterschrift, -en** signature (1)

unterstreichen (unterstreicht), unterstrich, unterstrichen to underline

unterstützen, unterstützt to support

die **Unterstützung** support

untersuchen, untersucht to investigate; to examine (5)

der **Untertitel, -** subtitle

unterwegs underway; on the road (4, 9); **geschäftlich unterwegs sein** to be away on business

untreu disloyal; unfaithful

unwichtig unimportant

unzufrieden dissatisfied

uralt very old, ancient

der **Uranus** Uranus (4)

der **Urlaub, -e** vacation (4, 5); **im Urlaub** on vacation; **in Urlaub fahren** to go (away) on vacation; **Urlaub machen** to take a vacation

der **Urlauber, - / die Urlauberin, -nen** vacationer

das **Urlaubsland, ̈er** vacation country

das **Urlaubsziel, -e** vacation destination

ursprünglich original(ly)

(die) **USA** (*pl.*) USA (B)

US-amerikanisch American (from the USA) (*adj.*)

usw. = **und so weiter** and so forth

die **Utopie, -n** utopia

der **Valentinstag** Valentine's Day (4)

der **Vampir, -e** vampire

die **Vase, -n** vase (3)

der **Vater, ̈** father (B)

die **Vaterstadt, ̈e** hometown

der **Vati, -s** dad, daddy

der **Vatikanstaat** Vatican City

v. Chr. = vor Christus B.C.

der **Vegetarier, - / die Vegetarierin, -nen** vegetarian (*person*)

sich **verabreden, verabredet** to make a date, make an appointment; (**mit** + *dat.*) to agree to meet (with)

die **Verabredung, -en** appointment; date (11)

verabschieden, verabschiedet to pass (*law*); **sich verabschieden** to say goodbye

das **Verabschieden** leave-taking (A)

(sich) **verändern, verändert** to change

veranstalten, veranstaltet to put on (a party)

die **Veranstaltung, -en** public event

die **Verantwortung, -en** responsibility (12)

das **Verb, -en** verb

der **Verband, ̈e** bandage (11)

die **Verbendung, -en** verb ending

verbessern, verbessert to improve; to correct

verbinden (verbindet), verband, verbunden to connect (A)

die **Verbindung, -en** connection

das **Verbot, -e** prohibition (7)

verboten (*p.p. of* **verbieten**) forbidden, prohibited (8)

verbrennen (verbrennt), verbrannte, verbrannt to burn (11); **sich (die Zunge) verbrennen** to burn (one's tongue) (11)

verbringen (verbringt), verbrachte, verbracht to spend, pass (*time*) (3)

verdammt damned

verdienen, verdient to earn (4)

der **Verdienst, -e** earnings

die **Verdienstmöglichkeit, -en** earning potential

verdrängen, verdrängt to drive out, displace

verdutzt taken aback

vereinbaren, vereinbart to agree; to arrange

vereinigen, vereinigt to unite

die **Vereinigung** unification

die **Vereinsteilnahme, -n** membership in a club

verfallen (auf + *acc.*) (**verfällt**), **verfiel, verfallen** to think of, come up with

die **Verfassung, -en** constitution; **körperliche und geistige Verfassung** physical and mental states

verfehlen, verfehlt to miss; not to notice (10)

verfilmen, verfilmt to make a movie of

verfolgen, verfolgt to persecute (12)

die **Verfolgung, -en** persecution

die **Verfügbarkeit** availability

die **Vergangenheit, -en** past

die **Vergebung, -en** forgiveness

vergehen (vergeht), verging, ist vergangen to pass, go by (*time*)

vergessen (vergisst), vergaß, vergessen to forget (2)

vergiften, vergiftet to poison (9)

der **Vergleich, -e** comparison

vergleichbar comparable

vergleichen (vergleicht), verglich, verglichen to compare (7)

das **Vergnügen** pleasure; entertainment (2)

sich **verhalten (verhält), verhielt, verhalten** to behave, act

das **Verhalten** behavior

verharren, verharrt to remain

sich **verheiraten (mit** + *dat.*), **verheiratet** to get married (to) (12)

verheiratet married (1, 12)

verhungern, ist verhungert to starve

verjagen, verjagt to chase away

verkaufen, verkauft to sell (2, 5); **zu verkaufen** for sale

der **Verkäufer, - / die Verkäuferin, -nen** salesperson (5)

der **Verkaufstag, -e** day when a store is open for business

der **Verkehr** traffic (7, 11)

das **Verkehrsmittel, -** means of transportation; **die öffentlichen Verkehrsmittel** (*pl.*) public transportation (7)

das **Verkehrsschild, -er** traffic sign (7)

der **Verkehrstag, -e** traffic day

verkleiden, verkleidet to disguise

verlassen (verlässt), verließ, verlassen to leave; to abandon (11)

sich **verletzen, verletzt** to get hurt, injure o.s. (11)

verletzt injured (11); **schwer verletzt** critically injured (11)

der/die **Verletzte, -n (ein Verletzter)** injured person (11)

die **Verletzung, -en** injury

sich **verlieben (in** + *acc.*), **verliebt** to fall in love (with) (9, 12); **verliebt sein** to be in love (4, 12)

verlieren (verliert), verlor, verloren to lose (7)

sich **verloben (mit** + *dat.*), **verlobt** to get engaged (to) (12); **verlobt sein** to be engaged (12)

der **Verlobungsring, -e** engagement ring

vermieten, vermietet to rent (out) (6)

der **Vermieter, - / die Vermieterin, -nen** landlord/landlady (6)

vermischen, vermischt to mix (8)

vernaschen, vernascht to eat up, consume (*snacks, candy*)

vernehmen (vernimmt), vernahm, vernommen to question, interrogate

veröffentlichen, veröffentlicht to publish

verpassen, verpasst to miss (9)

verquer: heute ist alles verquer everything is going wrong today

verraten (verrät), verriet, verraten to betray; to disclose, give away (*a secret*)

verreisen, ist verreist to go on a trip (3)

verrückt crazy, crazily (B)

der **Vers, -e** verse

(sich) **versammeln, versammelt** to assemble, gather

verschieden different(ly); various(ly) (8)

verschlafen (verschläft), verschlief, verschlafen to sleep in, oversleep

verschlingen (verschlingt), verschlang, verschlungen to devour, swallow up

verschlucken, verschluckt to swallow

verschmutzen, verschmutzt to pollute

verschütten, verschüttet to spill

verschwinden (verschwindet), verschwand, ist verschwunden to disappear (12)

versetzen, versetzt to promote (*to next grade in school*) (3)

die **Versetzung, -en** promotion (*to next grade in school*)

die **Versichertennummer, -n** insurance number

die **Versicherung, -en** insurance (5)

die **Version, -en** version

die **Verspätung, -en** lateness; delay (9)

versprechen (verspricht), versprach, versprochen to promise (7)

verständigen, verständigt to notify

verstauen, verstaut to stow (7)

(sich) **verstecken, versteckt** to hide (9)

verstehen (versteht), verstand, verstanden to understand (4)

der **Verstoß, ¨e** violation

verstummt speechless

versuchen, versucht to try, attempt (9, 11)

der **Vertrag, ¨e** contract (12)

vertreiben (vertreibt), vertrieb, vertrieben to drive (*s.o./s.tb.*) out/away, expel

vertreten (vertritt), vertrat, vertreten to represent; to plead for

die **Vertreterkonferenz, -en** deputy meeting

verurteilen, verurteilt to sentence; to condemn

vervollständigen, vervollständigt to complete

die **Verwaltung, -en** administration

verwandeln, verwandelt to convert, transform; **sich verwandeln (in** + *acc.*) to change (into) (9)

der/die **Verwandte, -n (ein Verwandter)** relative (2)

verwechseln, verwechselt to confuse

verwenden, verwendet to use

verwundern, verwundert to surprise

verwunschen cursed, enchanted (9)

verwünschen, verwünscht to curse, cast a spell on (9)

verzaubert (*p.p. of* **verzaubern**) bewitched

die **Verzeihung** forgiveness

verzichten (auf + *acc.*), **verzichtet** to do without, renounce (*s.tb.*)

verziehen (verzieht), verzog, verzogen: keine Miene verziehen not to bat an eyelid

der **Vetter, -n** (male) cousin (B)

das **Video, -s** video (9)

der **Videoblick, -e** video view

der **Videoclip, -s** video clip

die **Videoecke, -n** video corner

der **Videorekorder, -** video recorder (A, 2)

viel (*sg.*) much, a lot (of) (A); **viele** (*pl.*) many (A); **ganz schön viel** quite a bit (3); **um wie viel Uhr . . . ?** at what time . . . ? (1); **viel Glück!** lots of luck! good luck! (3); **viel Spaß!** have fun! (A); **vielen Dank** many thanks (10); **wie viel Uhr ist es?** what time is it? (1)

vielfältig diverse

vielleicht perhaps, maybe (2)

vier four (A)

die **Vier: eine Vier** sufficient (*school grade*) (3)

vierbeinig four-legged

viermal four times

viert- fourth (4)

das **Viertel, -** quarter; **um Viertel vor vier** at a quarter to four

die **Viertelstunde, -n** quarter hour (6)

viertens fourthly

vierundzwanzig twenty-four (A)

vierzehn fourteen (A)

vierzig forty (A)

vierzigst- fortieth

violett violet

der **Violinist, -en** (*wk.*) / die **Violinistin, -nen** violinist

das **Violinkonzert, -e** violin concerto

der **Virus, Viren** virus

die **Visakarte, -n** Visa card

die **Vision, -en** vision

visualisieren, visualisiert to visualize

das **Visum, Visa** visa (7, 12)

das **Vitamin, -e** vitamin

der **Vogel, ¨** bird (10)

die **Vokabel, -n** word; vocabulary item

der **Vokalwechsel, -** vowel change

das **Volk, ¨er** people

volkseigen state-owned

das **Volksfest, -e** public festival; fair

der **Volkstanz, ⸚e** folk dance

voll full; full of; fully (10); **voll tanken** to fill up (with gas) (5)

der **Vollbart, ⸚e** (full) beard

vollenden, vollendet to complete, finish

der **Volleyball, ⸚e** volleyball (1)

völlig fully, completely

vollkommen perfect(ly); flawless(ly); complete(ly) (12)

vollständig complete(ly)

vom = von dem of/from/by the

von (+ *dat.*) of; from (A, 10); by (*authorship*); **von allein** on one's own; **von außen** on the outside; **von der Arbeit** from work (3); **von nebenan** from next door (5); **von selber** by oneself; **was sind Sie von Beruf?** what's your profession? (1)

voneinander from each other

vor (+ *dat./acc.*) before; in front of; ago (4); because of; **um Viertel vor vier** at a quarter to four (1); **vor allem** above all; **vor Christus (v. Chr.)** B.C. **vor kurzem** a short time ago; **vor Lachen** from laughing (so hard); **vor zwei Tagen** two days ago (4)

die **Voraussetzung, -en** prerequisite

voraussichtlich expected; probably

vorbei past, over (9); **an . . . vorbei** past, by (10)

vorbei·fliegen (fliegt . . . vorbei), flog . . . vorbei, ist vorbeigeflogen to fly by

vorbei·gehen (an + *dat.*) **(geht . . . vorbei), ging . . . vorbei, ist vorbeigegangen** to go by (10)

vorbei·kommen (kommt . . . vorbei), kam . . . vorbei, ist vorbeigekommen to come by; to visit (3); **komm mal vorbei!** come on over! (11)

(sich) **vor·bereiten, vorbereitet** to prepare

das **Vorbild, -er** role model, idol (9)

der **Vordergrund** foreground

der **Vorfahre, -n** (*wk.*) ancestor (10, 12)

die **Vorfahrt, -en** right-of-way (7)

vor·finden (findet . . . vor), fand . . . vor, vorgefunden to find

die **Vorgeschichte** prehistory

vorgestern the day before yesterday (4)

der **Vorhang, ⸚e** drapery (6)

vorher before, previously

die **Vorhersage, -n** prediction

vor·kommen (kommt . . . vor), kam . . . vor, ist vorgekommen to occur; (+ *dat.*) to seem (to *s.o.*)

vor·legen, vorgelegt to present, produce (*documents*) (10)

vor·lesen (liest . . . vor), las . . . vor, vorgelesen to read aloud (9)

die **Vorlesung, -en** lecture (4)

der **Vormittag, -e** late morning (4); **am Vormittag** in the morning

vormittags in the morning(s)

vorn at the front; **nach vorn(e)** to the front, forward

der **Vorname, -n** (*wk.*) first name (A, 1)

vornehm noble, nobly

vors = vor das in front of the

der **Vorsatz, ⸚e** intention

der **Vorschlag, ⸚e** suggestion (5)

vor·schlagen (schlägt . . . vor), schlug . . . vor, vorgeschlagen to suggest, propose (5)

die **Vorschrift, -en** regulation

das **Vorschulalter** pre-school age

die **Vorsicht** care; caution

vorsichtig careful(ly)

vor·singen (singt . . . vor), sang . . . vor, vorgesungen to sing (*s.th.*) to (*s.o.*) (5)

die **Vorspeise, -n** appetizer (8)

vor·spielen, vorgespielt to perform

(sich) **vor·stellen, vorgestellt** to introduce (*o.s.*); to present (*o.s.*) (6); **sich** (*dat.*) **etwas vorstellen** to imagine (*s.th.*) (6, 10)

das **Vorstellungsgespräch, -e** job interview

der **Vorteil, -e** advantage (7)

der **Vortrag, ⸚e** talk; lecture; presentation

das **Vorurteil, -e** prejudice (12)

das **Vorwort, -e** preface

vor·zeigen, vorgezeigt to show

der **Vulkan, -e** volcano

der **VW = Volkswagen** *make of car*

wach awake; **wach werden** to wake up

das **Wachs, -e** wax

wachsen (wächst), wuchs, ist gewachsen to grow (9)

der **Wachtmeister, -** (police) constable

wagen, gewagt to dare; to risk

der **Wagen, -** car (7)

der **Waggon, -s** train car (7)

die **Wahl, -en** choice; election

wählen, gewählt to choose, select; to elect

wahlfrei optional

der **Wahlpflichtunterricht** compulsory class

das **Wahlrecht** right to vote

der **Wahnsinn** insanity, madness

wahnsinnig crazy, crazily; insane(ly) (12)

wahr true (3); **nicht wahr?** isn't it so?

während (+ *gen.*) during (11); (*subord. conj.*) while

die **Wahrheit, -en** truth

wahrscheinlich probable, probably (11)

die **Währung, -en** currency (12)

der **Wald, ⸚er** forest, woods (2, 7); **im Wald laufen** to run in the woods (2)

der **Walkman, Walkmen** Walkman (2)

die **Walpurgisnacht** Walpurgis Night (*the witches' sabbath, April 30*)

der **Walzer, -** waltz (3)

die **Wand, ⸚e** wall (B); **das Bild an die Wand hängen** to hang the picture on the wall (3)

die **Wandergans, ⸚e** migratory goose

wandern, ist gewandert to hike (1); **in den Bergen wandern** to hike in the mountains (1)

die **Wanderung, -en** hike (7)

die **Wange, -n** cheek

wann when (B, 1); **wann sind Sie geboren?** when were you born? (1)

der **Wannsee** lake in Berlin

warm warm(ly) (B); (*of room/apartment*) heated, heat included (6)

warnen, gewarnt to warn (7)

(das) **Warschau** Warsaw

die **Wartburg** *famous castle in Thuringia*

warten (auf + *acc.*) **gewartet** to wait (for) (7); **Auto warten** to do maintenance on a car

der **Warteraum, ⸚e** waiting room

warum why (3)

was what (B); **was haben wir auf?** what's our homework? (4); **was sind Sie von Beruf?** what's your profession? (1); **was zeigen Ihre Bilder?** what do your pictures show? (A)

das **Waschbecken, -** (wash) basin (6)

die **Wäsche, -n** laundry (4)

(sich) **waschen (wäscht), wusch, gewaschen** to wash (*o.s.*) (2, 11)

der **Wäschetrockner, -** clothes dryer (8)

die **Waschküche, -n** laundry room (6)

die **Waschmaschine, -n** washing machine (6)

der **Waschsalon, -s** laundromat (10)

das **Wasser** water

der **Wasserhahn, ⸚e** faucet (5)

die **Wasseratte, -n** water-rat

der **Wassersport** aquatic sports

der **Wasservogel, ⸚** water fowl (10)

der **Wechselkurs, -e** exchange rate

wechseln, gewechselt to change; **Geld wechseln** to exchange money

wecken, geweckt to wake (*s.o.*) up (9)

der **Wecker, -** alarm clock (2)

weg away; **wie weit weg?** how far away?

der **Weg, -e** way; road; path; **den Weg beschreiben** to give directions; **nach dem Weg fragen** to ask for directions; **sich auf den Weg machen** to go on one's way, set off

weg·bringen (bringt . . . weg), brachte . . . weg, weggebracht to take out; to take away (5)

wegen (+ *gen.*) on account of; because of; about (6)

weg·fahren (fährt . . . weg), fuhr . . . weg, ist weggefahren to drive off, leave

weg·gehen (geht . . . weg), ging . . . weg, ist weggegangen to go away, leave (4)

weg·laufen (läuft . . . weg), lief . . . weg, ist weggelaufen to run away

weg·legen, weggelegt to put away; to put down

weg·nehmen (nimmt . . . weg), nahm . . . weg, weggenommen to take away

weg·schaffen, weggeschafft to get rid of, dispose of

weg·stellen, weggestellt to put away (5)

weg·tragen (trägt . . . weg), trug . . . weg, weggetragen to carry away (9)

weg·ziehen (zieht . . . weg), zog . . . weg, ist weggezogen to move away

das Weh pain; longing

wehen, geweht to blow

weh·tun (tut . . . weh), tat . . . weh, wehgetan to hurt (11)

weich soft(ly)

(das) Weihnachten Christmas (4)

das Weihnachtsgeschenk, -e Christmas present (5)

die Weihnachtstradition, -en Christmas tradition

die Weihnachtszeit Christmastime

weil (*subord. conj.*) because (3, 11)

die Weile, -n while

die Weimarer Republik Weimar Republic

der Wein, -e wine

weinen, geweint to cry (3)

die Weinflasche, -n wine bottle

das Weinglas, ̈er wine glass (5)

der Weinkeller, - wine cellar (6)

das Weinregal, -e wine rack

die Weintraube, -n grape (8)

weisen (weist), wies, gewiesen to show; to point

weiß white (A)

die Weiße: die Berliner Weiße *light, fizzy beer served with raspberry syrup*

(das) Weißrussisch Byelorussian (*language*)

(das) Weißrussland Belarus (B)

die Weißwurst, ̈e veal sausage

weit far (6); **wie weit weg?** how far away? (6)

weiter (*adj.*) additional; (*adv.*) farther; further; **und so weiter (usw.)** and so forth

weiter·erzählen, weitererzählt to continue telling

weiter·fahren (fährt . . . weiter), fuhr . . . weiter, ist weitergefahren to keep on driving (10)

weiter·gehen (geht . . . weiter), ging . . . weiter, ist weitergegangen to keep on walking (10)

weiter·helfen (hilft . . . weiter), half . . . weiter, weitergeholfen to help further

weiter·lesen (liest . . . weiter), las . . . weiter, weitergelesen to keep on reading

weiter·sagen, weitergesagt to pass on, tell someone else

weiter·schreiben (schreibt . . . weiter), schrieb . . . weiter, weitergeschrieben to keep on writing

weiter·verfolgen, weiterverfolgt to pursue further

welch- which, what (B); **ab welchem Alter** from what age; **an welchem Tag?** on what day? (4); **welche Farbe hat . . . ?** what color is . . . ? (A); **welche Sprache(n)** what language(s); **welcher Tag ist heute?** what day is today? (1); **welches Datum ist heute?** what is today's date? (4); **welches Land** what country

die Welle, -n wave (10)

der Wellensittich, -e budgerigar

die Welt, -en world (7)

weltbekannt world-famous

weltgrößt- largest in the world

der Weltkrieg, -e world war; **im Zweiten Weltkrieg** in World War II

die Weltkunde *field of study encompassing history, social studies, and geography*

wem whom (*dat.*) (4)

wen whom (*acc.*) (4)

die Wende, -n change

(sich) wenden (wendet), wandte/wendete, gewandt/gewendet to turn

wenig (*sg.*) little; **wenige** (*pl.*) few; **am wenigsten** the least (8)

wenigstens at least (4)

wenn (*subord. conj.*) if; when(ever) (2, 11)

wer who (A, B)

der Werbeagent, -en (*wk.*) / **die Werbeagentin, -nen** advertising agent

die Werbebroschüre, -n advertising brochure

werben (wirbt), warb, geworben to advertise

die Werbung, -en advertisement

werden (wird), wurde, ist geworden to become (5)

werfen (wirft), warf, geworfen to throw (3)

das Werk, -e work; product (9)

die Werkstatt, ̈en workshop; repair shop, garage (5)

das Werkzeug, -e tool (8)

der Wert, -e value

wertvoll valuable, expensive (2)

weshalb why

wessen whose

West west

westdeutsch West German (*adj.*)

(das) Westdeutschland (*former*) West Germany

der Westen west

westlich (*adj.*) western; **(von** + *dat.*) west of (7)

das Wetter, - weather

Whg. = **die Wohnung, -en** apartment

wichtig important (2)

widmen, gewidmet to dedicate

wie how (B); **um wie viel Uhr . . . ?** at what time . . . ? (1); **wie fühlst du dich?** how do you feel? (3); **wie heißen Sie?** (*for.*) / **wie heißt du?** (*infor.*) what's your name? (A); **wie schreibt man das?** how do you spell that? (A); **wie spät ist es?** what time is it? (1); **wie viel . . . ?** how much . . . ?; **wie viel Uhr ist es?** what time is it? (1); **wie viele . . . ?** how many . . . ? (A); **wie weit weg?** how far away? (6)

wieder again (3); **schon wieder** once again (3); **wieder hören** to hear again (6); **wieder kommen** to come again (5)

wiedergeben (gibt . . . wieder), gab . . . wieder, widergegeben to give back; to repeat; to render

wiederholen, wiederholt to repeat (10)

das Wiederhören: auf Wiederhören! good-bye! (*on the phone*); until I hear from you again! (6)

wieder·kommen (kommt . . . wieder), kam . . . wieder, ist wiedergekommen to come back

das Wiedersehen: auf Wiedersehen! good-bye! until we see each other again! (A)

(das) Wien Vienna

Wiener Viennese (*adj.*); **das Wiener Schnitzel** breaded veal cutlet

die Wiese, -n meadow, pasture (7)

wieso why

wild wild(ly)

die Wildnis, -se wilderness

der Wildpark, -s game park

das Wildschwein, -e wild boar (10)

der Wille will

willkommen welcome

(das) Wilna Vilnius

die Wimper, -n eyelash; **sich die Wimpern tuschen** to apply mascara

die Wimperntusche mascara

der Wind, -e wind (9)

windig windy (B)

die Windpocken (*pl.*) chicken-pox

windsurfen gehen (geht . . . windsurfen), ging . . . windsurfen, ist windsurfen gegangen to go windsurfing (1)

der Winter, - winter (B)

der Wintermantel, ̈ winter coat

der Winterstiefel, - winter boot

wirken, gewirkt to work, take effect (11); to look

wirklich real(ly) (B)

die Wirklichkeit, -en reality

die Wirkung, -en effect

der Wirt, -e / **die Wirtin, -nen** host/hostess; innkeeper; barkeeper (10)

die Wirtschaft, -en economy; economics (1)

wirtschaftlich economic(ally)

der Wirtschaftsbereich, -e economic sphere

die Wirtschaftskunde economics

das Wirtschaftswunder economic miracle

das Wirtschaftszentrum, -zentren economic center

wischen, gewischt to wipe (7); **Staub wischen** to (wipe) dust

wissen (weiß), wusste, gewusst to know (*as a fact*) (2)

das Wissen knowledge

die Wissenschaft, -en science

der Wissenschaftler, - / **die Wissenschaftlerin, -nen** scientist (9)

wissenschaftlich scientific(ally)

der Witz, -e joke (3); **Witze erzählen** to tell jokes (3)

wo where (B); **wo willst du denn hin?** where are you going? (A)

wobei with what; whereby

die **Woche, -n** week (1); **in der Woche** during the week (1); **jede Woche** every week (3); **letzte Woche** last week (4); **pro Woche** per week

das **Wochenende, -n** weekend (1); **am Wochenende** over the weekend (1); **letztes Wochenende** last weekend (4); **übers Wochenende** over the weekend (4)

die **Wochenendfreizeit** weekend leisure

das **Wochenendhaus, ̈er** weekend cabin/cottage

wochentags on weekdays

wodurch through what

wofür what for (8)

wogegen against what

woher from where; whence (B)

wohin where to; whither (3)

wohl probably (12); well; **sich wohl fühlen** to feel well (11)

wohlig pleasant; with pleasure

der **Wohnblock, -s** residential block, apartment complex

wohnen (in + *dat.*)**, gewohnt** to live (in) (B)

die **Wohngemeinschaft, -en** shared housing (6)

das **Wohnhaus, ̈er** residential building

das **Wohnheim, -e** state-subsidized apartment building; dorm

die **Wohnmöglichkeit, -en** living arrangements (6)

der **Wohnort, -e** place of residence (1)

der **Wohnsitz, -e** place of residence

die **Wohnung, -en** apartment (1, 2, 6)

die **Wohnungsanzeige, -n** apartment rental ad

die **Wohnungssuche, -n** search for an apartment; **auf Wohnungssuche** looking for a room or apartment

das **Wohnviertel, -** residential district

der **Wohnwagen, -** mobile home

das **Wohnzimmer, -** living room (6)

der **Wolf, ̈e** wolf (9)

die **Wolga** Volga (River)

der **Wolkenkratzer, -** skyscraper (6)

wollen (will), wollte, gewollt to want (to); to intend (to); to plan (to) (3); **wo willst du denn hin?** where are you going? (A)

womit with what, by what means

woran at/on/of what

worauf on/for what

woraus from what, out of what

das **Wort, ̈er/-e** word; **Worte** words (*connected discourse*), **Wörter** words (*individual vocabulary items*) (A)

das **Wörterbuch, ̈er** dictionary (2)

der **Wörther See / Wörthersee** *lake in Carinthia*

der **Wortschatz, ̈e** vocabulary (A)

die **Wortstellung, -en** word order

worüber about what

worum about/around what

wovon about what

wozu to/for what

die **Wunde, -n** wound (11)

das **Wunder, -** miracle, wonder (4); **kein Wunder** no wonder (4)

wunderbar wonderful(ly)

das **Wunderkind, ̈er** wunderkind; prodigy

wundersam strange

wunderschön exceedingly beautiful (10)

der **Wunsch, ̈e** wish

wünschen, gewünscht to wish (for)

der **Wunschtraum, ̈e** wishful dream

der **Wunschzettel, -** wish list (*of things one would like to have*)

die **Wurst, ̈e** sausage; cold cuts (8)

das **Würstchen, -** sausage; frank(furter); hot dog (8)

würzen, gewürzt to season (8)

die **Wüste, -n** desert (7)

wütend angry (3)

x-te (*coll.*) umpteenth; **zum x-ten Mal** for the umpteenth time

die **Zahl, -en** figure, number (A)

zahlen, gezahlt to pay (for) (5); **Miete zahlen** to pay rent; **zahlen, bitte** the check, please

zählen, gezählt to count (A); (**zu** + *dat.*) to be among

das **Zahlenrätsel, -** number puzzle

zahlreich numerous

die **Zahlung, -en** payment

die **Zahlungsform, -en** form of payment

das **Zahlungsmittel, -** means of payment (12); **gesetzliches Zahlungsmittel** legal tender

zahm tame(ly) (10)

der **Zahn, ̈e** tooth (11); **sich die Zähne putzen** to brush one's teeth (11)

der **Zahnarzt, ̈e / die Zahnärztin, -nen** dentist (5)

die **Zahnbürste, -n** toothbrush

der **Zahnersatz, ̈e** denture

die **Zahnmedizin** dentistry

die **Zahnschmerzen** (*pl.*) toothache (11)

der **Zander, -** zander (*type of fish*)

die **Zange, -n** pliers; tongs (8)

zart tender(ly) (8)

der **Zauber, -** magic; charm

der **Zauberberg, -e** magic mountain

der **Zaum, ̈e** bridle; **im Zaum halten** to control

der **Zaun, ̈e** fence (9)

z. B. = **zum Beispiel** for example (3)

das **Zebra, -s** zebra (10)

der **Zebrastreifen, -** crosswalk (10)

die **Zehenspitze, -n** tiptoe

zehn ten (A)

zehnt- tenth (4)

der **Zeichentrickfilm, -e** cartoon, animated film

zeichnen, gezeichnet to draw (3, 5)

die **Zeichnung, -en** drawing

(sich) **zeigen, gezeigt** to show (*o.s.*); **was zeigen Ihre Bilder?** what do your pictures show? (A)

die **Zeile, -n** line

die **Zeilennummer, -n** line number

die **Zeit, -en** time (4); **lange Zeit** (for) a long time; **zu welcher Zeit** at what time; **zur Zeit** at present

der **Zeitausdruck, ̈e** time expression

die **Zeitschrift, -en** magazine

die **Zeitung, -en** newspaper (2); **Zeitung lesen** to read the newspaper (1)

der **Zeitungsladen, ̈** newspaper shop

das **Zeitungspapier** newsprint, newspaper

das **Zelt, -e** tent (2, 5)

zelten, gezeltet to camp (1)

der **Zeltplatz, ̈e** campsite

der **Zentimeter, -** centimeter

zentral central(ly) (10)

die **Zentralheizung, -en** central heating (6)

das **Zentrum, Zentren** center

der **Zeppelin, -e** zeppelin, dirigible (7)

zerbrechen (zerbricht), zerbrach, hat/ist zerbrochen to break into pieces

zerreißen (zerreißt), zerriss, zerrissen to tear (to pieces) (9)

zerstören, zerstört to destroy

das **Zeug** stuff

der **Zeuge, -n** (*wk.*) / die **Zeugin, -nen** witness (11)

das **Zeugnis, -se** report card (3)

der **Ziegel, -** clay tile

ziehen (zieht), zog, ist gezogen to move (2); (*p.p. with haben*) to pull (8)

das **Ziel, -e** goal; destination (10)

ziemlich rather (2); **ziemlich groß** pretty big (2)

die **Zigarette, -n** cigarette (4)

die **Zigarre, -n** cigar (7)

das **Zimmer, -** room (2)

die **Zimmersuche, -n** search for a room (*to rent*)

der **Zimt, -e** cinnamon

das **Zinn** tin

das **Zinnherz, -en** tin heart

der **Zinnlöffel, -** tin spoon

der **Zinnsoldat, -en** (*wk.*) tin soldier

die **Zinsen** (*pl.*) interest (12)

zirka circa, about, approximately

der **Zirkus, -se** circus (9)

das **Zitat, -e** quotation

die **Zitrone, -n** lemon (8)

zittern, gezittert to tremble

der **Zivildienst, -e** civil service, community service

der **Zoll, ̈e** customs duty

der **Zoo, -s** zoo (10)

zu (*adj.*) closed; (*adv.*) too (4); **zu schwer** too heavy (4); **zu viel** too much

zu (+ *dat.*) to; for (*an occasion*); for the purpose of (2, 10); **bis zu** as far as; up to (10); **zu Abend essen** to dine, have dinner (4); **zu Fuß** on foot (3); **zu Hause** at home (A, 1, 10); **zu**

Mittag essen to eat lunch (3); **zum Arzt** to the doctor (3); **zum Beispiel (z. B.)** for example (3); **zum ersten Mal** for the first time (4); **zum Geburtstag** for someone's birthday (2); **zum Mittagessen** for lunch (3); **zum Schluss** finally; in conclusion; **zur Arbeit gehen** to go to work (1); **zur Uni** to the university (1, 2)

zu·bereiten, zubereitet to prepare (*food*) (8)

die **Zubereitung, -en** preparation (8)

der **Zucker** sugar (8)

zücken, gezückt to take out, draw

zu·binden (bindet . . . zu), band . . . zu, zugebunden to tie shut (8)

zu·decken, zugedeckt to cover (*with a blanket*) (11)

zu·drücken, zugedrückt to squeeze shut; **ein Auge zudrücken** to look the other way

zuerst first (7)

der **Zug, ⁀e** train (7, 10); draught

der **Zugang, ⁀e** access

die **Zugfahrkarte, -n** train ticket (6)

der **Zugfahrplan, ⁀e** train schedule

zu·hören (+ dat.), zugehört to listen (to) (6); **hören Sie zu** listen (A)

zukünftig future (*adj.*)

die **Zukunftsangst, ⁀e** fear of the future

zuletzt finally (10)

zum = zu dem to/for the

zu·machen, zugemacht to close, shut (3)

zumindest at least

der **Zuname, -n** (*wk.*) surname, last name

die **Zunge, -n** tongue (11)

zur = zu der to/for the

(das) **Zürich** Zurich

zurück back (9); **hin und zurück** there and back; round trip (5, 10)

zurück·bekommen (bekommt . . . zurück), bekam . . . zurück, zurückbekommen to get back

zurück·blicken (auf + acc.), zurückgeblickt to look back (on)

zurück·bringen (bringt . . . zurück), brachte . . . zurück, zurückgebracht to bring back

zurück·geben (gibt . . . zurück), gab . . . zurück, zurückgegeben to give back, return; to reply

zurück·gehen (geht . . . zurück), ging . . . zurück, ist zurückgegangen to go back

zurück·kehren, ist zurückgekehrt to come back, return

zurück·kommen (kommt . . . zurück), kam . . . zurück, ist zurückgekommen to come back, return (6)

zurück·rufen (ruft . . . zurück), rief . . . zurück, zurückgerufen to call back

sich **zurück·ziehen (zieht . . . zurück), zog . . . zurück, zurückgezogen** to withdraw

zusammen together (2); **alles zusammen** all together, one check

zusammen·arbeiten, zusammengearbeitet to work together, collaborate

der **Zusammenbruch, ⁀e** breakdown; collapse

zusammen·falten, zusammengefaltet to fold up

zusammen·fassen, zusammengefasst to summarize

die **Zusammenfassung, -en** summary

der **Zusammenhang, ⁀e** connection; context

das **Zusammenleben** life together

zusammen·mischen, zusammengemischt to mix together

zusammen·packen, zusammengepackt to pack up

zusammen·passen, zusammengepasst to go together

zusammen·sitzen (sitzt . . . zusammen), saß . . . zusammen, zusammengesessen to sit together

zusammen·stellen, zusammengestellt to put together

zusammen·stoßen (stößt . . . zusammen), stieß . . . zusammen, ist zusammengestoßen to crash (11)

zu·schauen, zugeschaut to watch

zu·schneiden (schneidet . . . zu), schnitt . . . zu, zugeschnitten to cut out

zu·schnüren, zugeschnürt to tie up; to constrict

zuschulden: sich (dat.) etwas zuschulden kommen lassen to do something wrong

zu·sehen (sieht . . . zu), sah . . . zu, zugesehen to observe, look on (7)

zu·treffen (trifft . . . zu), traf . . . zu, zugetroffen to be correct; **(auf + acc.)** to pertain to, apply to

die **Zutat, -en** ingredient (8)

zu·wenden (wendet . . . zu), wandte . . . zu, zugewandt to turn toward

zwanzig twenty (A)

der **Zwanzigeuroschein, -e** twenty euro note (8)

zwanzigst- twentieth (4)

zwar to be sure

zwei two (A)

die **Zwei: eine Zwei** good (*school grade*) (3)

das **Zweifamilienhaus, ⁀er** two-family house

zweifeln (an + acc.), gezweifelt to doubt

zweimal twice (5)

zweit: zu zweit leben to live together (*two people*)

zweit- second (4); **zweitältest-** second-oldest

zweitens secondly

zweiundzwanzig twenty-two (A)

zweiundzwanzigst- twenty-second

der **Zwerg, -e** dwarf (9)

die **Zwiebel, -n** onion (8)

der **Zwiebelturm, ⁀e** onion tower

zwinkern, gezwinkert to blink; to wink

zwischen (+ dat./acc.) between; among (7)

zwölf twelve (A)

zwölft- twelfth (4)

Englisch-Deutsch

This list contains the words from the chapter vocabulary sections.

to abandon **verlassen (verlässt), verlies, verlassen** (11)

able: to be able (to) **können (kann), konnte, gekonnt** (3)

about **wegen** (+ *gen.*) (6)

above (*prep.*) **über** (+ *dat./acc.*) (4); (*adv.*) **oben** (10)

abroad **im Ausland** (6); center for study abroad **das Auslandsamt, ⁼er** (1)

academic subject **das Fach, ⁼er** (1); **das Schulfach, ⁼er** (1); **das Studienfach, ⁼er** (1)

access **der Zugang** (12)

accident **der Unfall, ⁼e** (4, 11); accident report **der Unfallbericht, -e** (11); scene of the accident **die Unfallstelle, -n** (11)

accordion **das Akkordeon, -s** (4)

account: bank account **das Konto, Konten** (5); to open a bank account **ein Konto eröffnen** (5); checking account **das Girokonto, -konten** (12); savings account **das Sparkonto, -konten** (12); on account of **wegen** (+ *gen.*) (6)

acquainted: to get acquainted with **kennen lernen, kennen gelernt** (1)

across **gegenüber** (+ *dat.*) (6); across from **gegenüber von** (+ *dat.*) (10); right across the way **gleich gegenüber** (6)

activity **die Tätigkeit, -en** (5); favorite activity **die Lieblingsbeschäftigung, -en** (5)

actor/actress **der Schauspieler, - / die Schauspielerin, -nen** (9)

actually **eigentlich** (3)

ad **die Anzeige, -n** (6); housing-wanted ad **die Suchanzeige, -n** (6)

addition: in addition **dazu** (8); in addition to **neben** (+ *dat./acc.*) (3)

address **die Adresse, -n** (1); **die Anschrift, -en** (11)

adhesive bandage (Band-Aid) **das Pflaster, -** (11)

adjective **das Adjektiv, -e** (2)

admissions ticket **die Eintrittskarte, -n** (5)

advantage **der Vorteil, -e** (7)

adverb **das Adverb, -ien** (2)

advice **der Rat, Ratschläge** (5)

to advise (*a person*) **raten** (+ *dat.*) **(rät), riet, geraten** (5)

afraid: to be afraid **Angst haben** (3); to be afraid of **sich fürchten vor** (+ *dat.*), **gefürchtet** (10)

Africa **(das) Afrika** (B)

Afro-German (*adj.*) **afro-deutsch** (12)

after **nach** (+ *dat.*) (3); at twenty after five **um zwanzig nach fünf** (1)

afternoon **der Nachmittag, -e** (4); afternoons, in the afternoon **nachmittags** (4); good afternoon (*for.*) **guten Tag!** (A)

afterward **nachdem** (9, 11); **danach** (10)

again **wieder** (3); to come again **wieder kommen (kommt . . . wieder), kam . . . wieder, ist wieder gekommen** (5); to hear again **wieder hören, wieder gehört** (6); once again **schon wieder** (3)

against **gegen** (+ *acc.*) (9)

age **das Alter** (1)

agent: train agent **der/die Bahnangestellte, -n (ein Bahnangestellter)** (10)

ago **vor** (+ *dat.*) (4); two days ago **vor zwei Tagen** (4)

agreement: in agreement **einverstanden** (12); to be in agreement with **einverstanden sein mit** (+ *dat.*) (12); prenuptial agreement **der Ehevertrag, ⁼e** (12)

ahead: straight ahead **geradeaus** (10)

air **die Luft** (7); air mattress **die Luftmatratze, -n** (10)

airplane **das Flugzeug, -e** (7); airplane ticket **das Flugticket, -s** (10)

airport **der Flugahfen, ⁼** (6)

aisle **der Gang, ⁼e** (10)

alarm clock **der Wecker, -** (2)

Albania **(das) Albanien** (B)

albatross **der Albatros, -se** (10)

Algeria **(das) Algerien** (B)

alive: to be alive **am Leben sein** (9)

all day long **den ganzen Tag** (1); all night long **die ganze Nacht** (3); all together **alles zusammen** (5)

allergic **allergisch** (11)

alley **die Gasse, -n** (10)

almost **fast** (5)

along **entlang** (10); to go along **entlang·gehen (geht . . . entlang), ging . . . entlang, ist entlanggegangen** (10)

aloud: to read aloud **vor·lesen (liest . . . vor), las . . . vor, vorgelesen** (9)

alphabet **das Alphabet** (3)

Alps **die Alpen** (*pl.*) (7)

already **schon** (2, 4)

also **auch** (A)

although (*subord. conj.*) **obwohl** (11)

always **immer** (3)

ambulance **der Krankenwagen, -** (11)

America **(das) Amerika** (B)

American (*person*) **der Amerikaner, - / die Amerikanerin, -nen** (B)

among **unter** (+ *dat./acc.*) (6)

amount **die Menge, -n** (4); (*of money*) **die Höhe, -n** (12)

ancestor **der Vorfahre, -n** (*wk.*) (10, 12)

and (*coord. conj.*) **und** (A, 11); and so forth **und so weiter** (5)

angry **wütend** (3); **sauer** (5); to get angry **sich ärgern, geärgert** (11)

animal **das Tier, -e** (3, 7, 9, 10)

to annoy **ärgern, geärgert** (3)

another: one another **einander** (3)

answer **die Antwort, -en** (A); to answer **antworten** (+ *dat.*), **geantwortet** (4, 10); **beantworten, beantwortet** (7)

antibiotics **die Antibiotika** (*pl.*) (11)

any (+ *n.*) **irgendwelch-** (5); in any case **jedenfalls** (11)

anything **etwas** (5); anything else? **sonst noch etwas?** (5)

anyway **überhaupt** (4)

apartment **die Wohnung, -en** (1, 2, 6); looking for an apartment **auf Wohnungssuche** (6)

appendix **der Blinddarm, ⁼e** (11)

appetizer **die Vorspeise, -n** (8)

apple juice **der Apfelsaft** (8)

appliance **das Gerät, -e** (8)

application form **das Antragsformular, -e** (12)

appointment **der Termin, -e** (5, 11); **die Verabredung, -en** (11); appointment calendar **der Terminkalender, -** (11); to get an appointment **sich einen Termin geben lassen** (11)

apprenticeship **die Lehre, -n** (5)

approximately **ungefähr** (7)

April **der April** (B)

Arabic (*language*) **(das) Arabisch** (B)

architect **der Architekt, -en** (*wk.*) / **die Architektin, -nen** (5)

area **die Gegend, -en** (10); **der Bereich, -e** (12)

to argue **streiten (streitet), stritt, gestritten** (9)

arm **der Arm, -e** (B); to break one's arm **sich den Arm brechen** (11)

armchair **der Sessel, -** (2, 6)

army: German army **die Bundeswehr** (5); in the German army **bei der Bundeswehr** (5)

around the corner **um die Ecke** (5)

to arrive **an·kommen (kommt . . . an), kam . . . an, ist angekommen** (1)

art **die Kunst, ⁼e** (1, 12); art history **die Kunstgeschichte** (1); ceramic art **die Töpferei** (12)

as **als** (5); as . . . as possible **möglichst** (+ *adv.*) (6); as far as **bis zu** (+ *dat.*) (10); as well **auch** (A); as what? **als was?** (5)

Asia **(das) Asien** (B)

ask (for) **bitten (um + acc.) (bittet), bat, gebeten** (9); ask a question **eine Frage stellen** (5); ask about **sich erkundigen nach (+ dat.), erkundigt** (10)

asleep: to fall asleep **ein·schlafen (schläft . . . ein), schlief . . . ein, ist eingeschlafen** (7)

aspirin **das Aspirin** (3, 11)

assigned: to be assigned **auf·haben, aufgehabt** (4)

assignment **die Aufgabe, -n** (4); homework assignment **die Hausaufgabe, -n** (1)

at **an (+ dat.)** (2); **bei (+ dat.)** (2, 6, 10); **in (+ dat.)** (4); at a bank **bei einer Bank** (6); at home **zu Hause** (A, 1, 10); **daheim** (9); at least **wenigstens** (4); at Monika's **bei Monika** (2); at night **nachts** (4); at noon **mittags** (2); at six o'clock **um sechs (Uhr)** (1); at the café **im Café** (4); at the courthouse **auf dem Gericht** (5); at the gas station **an der Tankstelle** (5); at the moment **im Moment** (1); at what time . . . ? **um wie viel Uhr . . . ?** (1); at your parents' **bei deinen Eltern** (6); at your place **bei dir** (3)

athletic **sportlich** (B); athletic shoe **der Sportschuh, -e** (A)

to attack **an·greifen (greift . . . an), griff . . . an, angegriffen** (12)

to attempt **versuchen, versucht** (9, 11)

to attend to **pflegen, gepflegt** (5)

attendant: flight attendant **der Steward, -s / die Stewardess, -en** (5); **der Flugbegleiter, - / die Flugbegleiterin, -nen** (10)

attention **die Achtung** (7); to pay attention **auf·passen, aufgepasst** (3); to pay attention to **achten auf (+ acc.), geachtet** (11)

attitude **die Einstellung, -en** (12)

attractive **attraktiv** (6)

August **der August** (B)

aunt **die Tante, -n** (B)

Australia **(das) Australien** (B)

Australian (person) **der Australier, - / die Australierin, -nen** (B)

Austria **(das) Österreich** (B)

Austrian (person) **der Österreicher, - / die Österreicherin, -nen** (B)

authority: public authority **die Behörde, -n** (12)

automatic teller machine (ATM) **der Geldautomat, -en (wk.)** (12)

autumn **der Herbst, -e** (B)

available **frei** (8); is this seat available? **ist hier noch frei?** (8)

away: how far away? **wie weit weg?** (6); right away **gleich** (4); to carry away **weg·tragen (trägt . . . weg), trug . . . weg, weggetragen** (9); to go away **weg·gehen (geht . . . weg), ging . . . weg, ist weggegangen** (4); to put away **weg·stellen, weggestellt** (5)

baby **das Baby, -s** (7); baby carriage **der Kinderwagen, -** (7)

back (n.) **der Rücken, -** (B)

back (adv.) **zurück** (9); there and back **hin und zurück** (10)

backpack **der Rucksack, -̈e** (2)

bacon **der Speck** (8)

bad **schlecht** (2); **schlimm** (11); too bad **schade!** (3)

bag **die Tasche, -n** (1); (paper or plastic) **die Tüte, -n** (11); sleeping bag **der Schlafsack, -̈e** (2)

baggage **das Gepäck** (10)

to bake **backen (bäckt), backte, gebacken** (5)

bakery **die Bäckerei, -en** (5); at the bakery **in der Bäckerei** (5)

balance: bank balance **das Guthaben** (12)

balcony **der Balkon, -e** (6)

ball **der Ball, -̈e** (A, 1); soccer ball **der Fußball, -̈e** (A, 1)

ballerina **die Ballerina, -s** (9)

ballet class **der Ballettunterricht** (9)

ballpoint pen **der Kugelschreiber, -** (4)

Baltic Sea **die Ostsee** (B)

banana **die Banane, -n** (8)

bandage **der Verband, -̈e** (11); adhesive bandage (Band-Aid) **das Pflaster, -** (11)

bandanna **das Halstuch, -̈er** (1)

bank **die Bank, -en** (5); at the bank **auf der Bank** (5); bank account **das Konto, Konten** (5); to open a bank account **ein Konto eröffnen** (5); bank balance **das Guthaben** (12); bank employee **der/die Bankangestellte, -n (ein Bankangestellter)** (5)

bar **die Kneipe, -n** (3)

barely **knapp** (6)

barkeeper **der Wirt, -e / die Wirtin, -nen** (10)

baseball team **die Baseballmannschaft, -en** (9)

basement **der Keller, -** (4, 6)

basin **das Waschbecken, -** (6)

basketball **der Basketball, -̈e** (2)

bat **die Fledermaus, -̈e** (10)

bath, bathroom **das Bad, -̈er** (6)

to bathe **(sich) baden, gebadet** (3, 11)

bathing suit **der Badeanzug, -̈e** (5)

bathrobe **der Bademantel, -̈** (2)

bathtub **die Badewanne, -n** (6)

bay **die Bucht, -en** (6, 7)

bazaar **der Basar, -e** (7)

to be **sein (ist), war, ist gewesen** (A, 4)

beach **der Strand, -̈e** (4, 7); beach chair **der Strandkorb, -̈e** (10)

bean **die Bohne, -n** (8)

bear: teddy bear **der Teddybär, -en (wk.)** (A)

beard **der Bart, -̈e** (B)

to beat **schlagen (schlägt), schlug, geschlagen** (8)

beautiful **schön** (B); exceedingly beautiful **wunderschön** (10)

because (subord. conj.) **weil** (3, 11); (coord. conj.) **denn** (9, 11); because of **wegen (+ gen.)** (6)

to become **werden (wird), wurde, geworden** (5)

bed **das Bett, -en** (1, 6); bed and breakfast inn **das Gästehaus, -̈er** (10); to get up on the wrong side of the bed **mit dem linken Fuß auf·stehen** (4); to go to bed **ins Bett gehen** (1)

bedroom **das Schlafzimmer, -** (6)

bedside table **der Nachttisch, -e** (6)

bee **die Biene, -n** (10)

beef **das Rindfleisch** (8); ground beef **das Hackfleisch** (8)

beer **das Bier, -e** (2)

before (subord. conj.) **bevor** (11)

to begin **beginnen (beginnt), begann, begonnen** (1); **an·fangen (fängt . . . an), fing . . . an, angefangen** (4)

Belarus **(das) Weißrussland** (B)

Belgium **(das) Belgien** (B)

to believe **glauben, geglaubt** (2)

belly **der Bauch, -̈e** (B)

to belong to **gehören (+ dat.), gehört** (6); to belong to (an organization) **an·gehören, angehört** (12)

beloved female friend **die Geliebte, -n** (3); beloved money **das liebe Geld** (12)

below **unter (+ dat./acc.)** (6)

belt **der Gürtel, -** (2); safety belt **der Sicherheitsgurt, -e** (7)

beneath **unter (+ dat./acc.)** (6)

beside **neben (+ dat./acc.)** (3)

besides **außerdem** (5, 10)

best **bester, bestes, beste** (7); like (to do s.th.) best **am liebsten** (7)

better **besser** (2)

between **zwischen (+ dat./acc.)** (7)

beverage **das Getränk, -e** (8)

bicycle **das Fahrrad, -̈er** (2); to bicycle **Rad fahren (fährt . . . Rad), fuhr . . . Rad, ist Rad gefahren** (6); bicycle helmet **der Fahrradhelm, -e** (5); bicycle path **der Radweg, -e** (7); bicycle tour **die Radtour, -en** (9); bicyclist **der Radfahrer, - / die Radfahrerin, -nen** (7)

big **groß** (B); pretty big **ziemlich groß** (2)

bikini **der Bikini, -s** (5)

bill **die Rechnung, -en** (4); (of currency) **der Schein, -e** (8); **der Geldschein, -e** (12)

biographical information **persönliche Daten** (1)

biology **die Biologie** (1)

bird **der Vogel, -̈** (10)

birthday **der Geburtstag, -e** (1, 2); birthday card **die Geburtstagskarte, -n** (2)

bit: not a bit **gar nicht** (3); quite a bit **ganz schön viel** (3)

to bite **beißen (beißt), biss, gebissen** (9); to bite (of insects) **stechen (sticht), stach, gestochen** (10)

black **schwarz** (A); black-haired **schwarzhaarig** (9)

blackboard **die Tafel, -n** (A, B)

blanket **die Decke, -n** (11)

to bleed **bluten, geblutet** (11)

blond(e) **blond** (B); blonde hair **blondes Haar** (B)

blood **das Blut** (9, 11); blood pressure **der Blutdruck** (11); to have low/high blood pressure **niedrigen/hohen Blutdruck haben** (11); to take blood **Blut ab·nehmen** (11)

blouse **die Bluse, -n** (A)

to blow-dry (one's hair) **sich (die Haare) föhnen, geföhnt** (11)

blue **blau** (A); blue eyes **blaue Augen** (B); blue whale **der Blauwal, -e** (10)

boa constrictor **die Riesenschlange, -n** (10)

boar: wild boar **das Wildschwein, -e** (10)

to board **ein·steigen (steigt . . . ein), stieg . . . ein, ist eingestiegen** (3, 10)

boat **das Boot, -e** (7)

body **der Körper, -** (B, 11)

boiled **gekocht** (8)

book **das Buch, ¨-er** (A, B, 2); to book **buchen, gebucht** (7)

bookcase, bookshelf **das Regal, -e** (2)

bookstore **der Buchladen, ¨** (6)

boot **der Stiefel, -** (A)

booth: movie theater ticket booth **die Kinokasse, -n** (5); telephone booth **die Telefonzelle, -n** (2); ticket booth **der Schalter, -** (5)

bored: to be bored **Langeweile haben** (3)

boredom **die Langeweile** (3)

boring **langweilig** (2)

born **geboren** (1); when were you born? **wann sind Sie geboren?** (1)

Bosnia **(das) Bosnien** (B)

bottle **die Flasche, -n** (5); bottle opener **der Flaschenöffner, -** (8)

boutique **die Boutique, -n** (6)

bowl **die Schüssel, -n** (8); salad (mixing) bowl **die Salatschüssel, -n** (5)

to box **boxen, geboxt** (1)

boyfriend **der Freund, -e** (A)

bracelet **das Armband, ¨er** (2)

brain **das Gehirn, -e** (11)

brake **die Bremse, -n** (7); to brake **bremsen, gebremst** (11)

brave **tapfer** (9)

Brazil **(das) Brasilien** (B)

bread **das Brot, -e** (8); farmer's bread **das Bauernbrot, -e** (5)

break **die Pause, -n** (1); to break **brechen (bricht), brach, gebrochen** (11); to break (*a window*) **ein·werfen (wirft . . . ein), warf . . . ein, eingeworfen** (9); to break one's arm **sich den Arm brechen** (11)

breakfast **das Frühstück, -e** (2, 8); breakfast room **das Frühstückszimmer, -** (10); to eat breakfast **frühstücken, gefrühstückt** (1)

to breathe **atmen, geatmet** (11)

bride **die Braut, ¨e** (9)

bridge **die Brücke, -n** (10)

to bring **bringen (bringt), brachte, gebracht** (2); to bring along **mit·bringen (bringt . . . mit), brachte . . . mit, mitgebracht** (3)

broiled **gebraten** (8)

broken **kaputt** (A)

broom **der Besen, -** (6)

brother **der Bruder, ¨** (B); brothers and sisters **die Geschwister** (*pl.*) (B)

brown **braun** (A); to brown **bräunen, gebräunt** (8)

brush **die Bürste, -n** (6); to brush (one's teeth) **sich (die Zähne) putzen, geputzt** (11)

Brussels sprouts **der Rosenkohl** (8)

to build **bauen, gebaut** (10)

building **das Gebäude, -** (6); office building **das Bürohaus, ¨er** (6)

Bulgaria **(das) Bulgarien** (B)

bureau: tourist bureau **das Fremdenverkehrsamt, ¨er** (10)

burglar **der Einbrecher, - / die Einbrecherin, -nen** (9)

to burn **brennen (brennt), brannte, gebrannt** (11); **verbrennen (verbrennt), verbrannte, verbrannt** (11); to burn one's tongue **sich die Zunge verbrennen** (11)

bus **der Bus, -se** (2, 7); bus stop **die Bushaltestelle, -n** (6)

bush **der Busch, ¨e** (9)

business hours **die Öffnungszeiten** (*pl.*) (8); business letter **der Geschäftsbrief, -e** (10); business trip **die Geschäftsreise, -n** (7)

businesspeople **die Geschäftsleute** (*pl.*) (7)

busy **beschäftigt** (3)

but **aber** (A, 11); but (rather/on the contrary) **sondern** (A)

butcher shop **die Metzgerei, -en** (6)

butter **die Butter** (8); herb butter **die Kräuterbutter** (8)

to buy **kaufen, gekauft** (1)

by **an . . . vorbei** (10); to go by **vorbei·gehen (an + *dat.*) (geht . . . vorbei), ging . . . vorbei, ist vorbeigegangen** (10)

bye (*infor.*) **tschüss!** (A)

cabbage **der Kohl** (8)

cable railway **die Seilbahn, -en** (7)

café **das Café, -s** (4); at the café **im Café** (4)

cafeteria: student cafeteria **die Mensa, Mensen** (2)

cage **der Käfig, -e** (10)

cake **der Kuchen, -** (5)

calendar: appointment calendar **der Terminkalender, -** (11)

to call **rufen (ruft), rief, gerufen** (7, 11); to call on the telephone **telefonieren, telefoniert** (4); to call up **an·rufen (ruft . . . an), rief . . . an, angerufen** (1)

called: to be called **heißen (heißt), hieß, geheißen** (A)

calm **ruhig** (B)

calorie: calorie-conscious **kalorienbewusst** (8); low in calories **kalorienarm** (8)

camel **das Kamel, -e** (7)

camera **die Kamera, -s** (5)

camp **zelten, gezeltet** (1)

camping **das Camping** (10)

campsite **der Campingplatz, ¨e** (10)

can (*n.*) **die Dose, -n** (8); can opener **der Dosenöffner, -** (8); garbage can **der Mülleimer, -** (8); watering can **die Gießkanne, -n** (6)

can (*v.*) **können (kann), konnte, gekonnt** (3)

Canada **(das) Kanada** (B)

Canadian (*person*) **der Kanadier, - / die Kanadierin, -nen** (B)

candle **die Kerze, -n** (3)

candy **die Süßigkeit, -en** (9)

cap **die Mütze, -n** (5)

capital city **die Hauptstadt, ¨e** (3)

car **das Auto, -s** (A, 7); **der Wagen, -** (7); car mechanic **der Automechaniker, - / die Automechanikerin, -nen** (5); car phone **das Autotelefon, -e** (2); car radio **das Autoradio, -s** (7); sleeping car **der Schlafwagen, -** (4); train car **der Waggon, -s** (7); used car **der Gebrauchtwagen, -** (7)

card **die Karte, -n** (1, 2); birthday card **die Geburtstagskarte, -n** (2); Eurocheque Card **die Euroscheckkarte, -n** (12); identification card **der Ausweis, -e** (10); report card **das Zeugnis, -se** (3); telephone card **die Telefonkarte, -n** (2)

to care for **mögen (mag), mochte, gemocht** (3); to take care of **sich kümmern um (+ *acc.*), gekümmert** (12); **sorgen für (+ *acc.*), gesorgt** (12); to be equally responsible for taking care of **mit·versorgen, mitversorgt** (12)

career **der Beruf, -e** (5); **das Berufsleben** (12); career counselor **der Berufsberater, - / die Berufsberaterin, -nen** (5)

carpet **der Teppich, -e** (2)

carriage: baby carriage **der Kinderwagen, -** (7)

carrot **die Karotte, -n** (8)

to carry away **weg·tragen (trägt . . . weg), trug . . . weg, weggetragen** (9); to carry out **aus·führen, ausgeführt** (12)

carry-on luggage **das Handgepäck** (10)

case: in any case **jedenfalls** (11)

cash **das Bargeld** (12)

cashier **der Kassierer, - / die Kassiererin, -nen** (5); cashier window **die Kasse, -n** (12)

cashless **bargeldlos** (12)

cassette **die Kassette, -n** (A)

cast (*plaster*) **der Gips** (11)

to cast a spell on **verwünschen, verwünscht** (9)

cat **die Katze, -n** (2)

to catch a cold **sich erkälten, erkältet** (11)

cathedral **der Dom, -e** (10)

caulifower **der Blumenkohl** (8)

cave **die Höhle, -n** (6)

CD **die CD, -s** (3); CD player **der CD-Spieler, -** (2)

ceiling **die Decke, -n** (B)

to celebrate **feiern, gefeiert** (5)

celebration **die Feier, -n** (9); family celebration **das Familienfest, -e** (4)

cellar **der Keller, -** (4, 6); wine cellar **der Weinkeller, -** (6)

cellular phone **das Handy, -s** (2)

Celsius **Celsius** (B)

center for study abroad **das Auslandsamt, ̈er** (1); shopping center **das Einkaufszentrum, -zentren** (10)

central heating **die Zentralheizung** (6)

ceramic art **die Töpferei** (12)

certainly **bestimmt** (3); **sicherlich** (3)

chair **der Stuhl, ̈e** (B, 2); beach chair **der Strandkorb, ̈e** (10); deck chair **der Liegestuhl, ̈e** (10)

chalk **die Kreide, -n** (B)

chance **die Chance, -n** (12)

change: keep the change **das stimmt so** (8)

to change **ändern, geändert** (9); to change (into) **sich verwandeln (in + acc.), verwandelt** (9)

chaos **das Chaos** (5)

chapter **das Kapitel, -** (A)

character **der Charakter, -e** (12)

chauvinist **der Chauvi, -s** (12)

cheap **billig** (2)

check (in restaurant) **die Rechnung, -en** (4); **die Quittung, -en** (8); one check **alles zusammen** (5); separate checks **getrennt** (5); traveler's check **der Reisescheck, -s** (7)

to check (luggage) **auf·geben (gibt . . . auf), gab . . . auf, aufgegeben** (10); to check the oil **das Öl kontrollieren** (5)

checking account **das Girokonto, -konten** (12)

checkpoint: security checkpoint **die Sicherheitskontrolle, -n** (10)

cheese **der Käse** (8); type of creamy cottage cheese **der Quark** (8)

cheetah **der Gepard, -e** (10)

chemistry **die Chemie** (1)

cherry **die Kirsche, -n** (8)

chess **das Schach** (1)

to chew **kauen, gekaut** (11)

chic **schick** (2)

child **das Kind, -er** (B)

childhood **die Kindheit** (9); **das Kindesalter** (12)

chili **der Chili** (11)

China **(das) China** (B)

Chinese (language) **(das) Chinesisch** (B)

chisel **der Meißel, -** (12)

to chop **auf·schneiden (schneidet . . . auf), schnitt . . . auf, aufgeschnitten** (8)

Christmas **(das) Weihnachten** (4); Christmas present **das Weihnachtsgeschenk, -e** (5)

church **die Kirche, -n** (5); (religious

denomination) **die Konfession, -en** (12); at church **in der Kirche** (5)

cigar **die Zigarre, -n** (7)

cigarette **die Zigarette, -n** (4)

cinema **das Kino, -s** (1)

circus **der Zirkus, -se** (9)

citizen **der Bürger, -** / **die Bürgerin, -nen** (10)

citizenship **die Staatsangehörigkeit, -en** (1)

city **die Stadt, ̈e** (2, 6, 10); capital city **die Hauptstadt, ̈e** (3); city limits **der Stadtrand, ̈er** (6); city park **der Stadtpark, -s** (10); city street map **der Stadtplan, ̈e** (10); in the city **in der Stadt** (6, 10); tour of the city **die Stadtrundfahrt, -en** (7)

class **der Kurs, -e** (A, 1); **der Unterricht, -e** (B); **die Klasse, -n** (5, 10); ballet class **der Ballettunterricht** (9); class reunion **das Klassentreffen, -** (9); tourist class **die Touristenklasse** (5); to travel first class **erster Klasse fahren** (5, 10)

classical **klassisch** (12)

classroom **das Klassenzimmer, -** (B)

clay **der Ton** (12)

clean **sauber** (B); to clean **putzen, geputzt** (3, 6); **sauber machen, sauber gemacht** (3); to clean (up) **auf·räumen, aufgeräumt** (1)

cleaner: dry cleaner's **die Reinigung, -en** (6)

cleaning: spring cleaning **der Frühjahrsputz** (6)

to clear **ab·räumen, abgeräumt** (3); to clear the table **den Tisch abräumen** (3)

clerk **der/die Angestellte, -n (ein Angestellter)** (7)

to climb **besteigen (besteigt), bestieg, bestiegen** (7); **klettern, ist geklettert** (9); to climb down **herunter·klettern, ist heruntergeklettert** (11)

clock **die Uhr, -en** (B); alarm clock **der Wecker, -** (2); kitchen clock **die Küchenuhr, -en** (5)

close (adj./adv.) **nah** (6)

to close **schließen (schließt), schloss, geschlossen** (A); **zu·machen, zugemacht** (3)

closed **geschlossen** (4)

closet **der Schrank, ̈e** (6); clothes closet **der Kleiderschrank, ̈e** (6)

cloth (for cleaning) **der Putzlappen, -** (6)

clothes **die Kleidung** (A, 2); clothes closet **der Kleiderschrank, ̈e** (6); clothes dryer **der Wäschetrockner, -** (8)

clown **der Clown, -s** (9)

coast **die Küste, -n** (7)

coat **der Mantel, ̈** (A)

cocoa **der Kakao** (8)

coffee **der Kaffee** (1); coffee filter **der Kaffeefilter, -** (4); coffee grinder **die Kaffeemühle, -n** (8); coffee maker **die Kaffeemaschine, -n** (5)

coffin **der Sarg, ̈e** (9)

coin **die Münze, -n** (5)

cold (adj.) **kalt** (B); ice-cold **eiskalt** (8)

cold (n.) (head cold) **die Erkältung, -en** (11);

cold (with a runny nose) **der Schnupfen, -** (11); to catch a cold **sich erkälten, erkältet** (11)

to collect **sammeln, gesammelt** (10)

college prep school **das Gymnasium, Gymnasien** (4); college-prep-school degree **das Abitur** (5)

color **die Farbe, -n** (A, 1); color of eyes **die Augenfarbe, -n** (1); color of hair **die Haarfarbe, -n** (1); what color is . . . ? **welche Farbe hat . . . ?** (A)

to comb **kämmen, gekämmt** (3); to comb (one's hair) **sich (die Haare) kämmen, gekämmt** (11)

to combine **kombinieren, kombiniert** (3)

to come (from) **kommen (aus + dat.) (kommt), kam, ist gekommen** (B); to come again **wieder kommen (kommt . . . wieder), kam . . . wieder, ist wieder gekommen** (5); to come back **zurück·kommen (kommt . . . zurück), kam . . . zurück, ist zurückgekommen** (6); to come by **vorbei·kommen (kommt . . . vorbei), kam . . . vorbei, ist vorbeigekommen** (3); to come in this way **herein·kommen (kommt . . . herein), kam . . . herein, ist hereingekommen** (10); come on over **komm mal vorbei!** (11); to come out this way **heraus·kommen (kommt . . . heraus), kam . . . heraus, ist herausgekommen** (10); to come this way **her·kommen (kommt . . . her), kam . . . her, ist hergekommen** (10)

comfortable **bequem** (2); **gemütlich** (12)

common **gemeinsam** (11)

company **die Firma, Firmen** (3); computer company **die Computerfirma, -firmen** (4)

to compare **vergleichen (vergleicht), verglich, verglichen** (7)

to complete **ergänzen, ergänzt** (4)

computer **der Computer, -** (2); computer company **die Computerfirma, -firmen** (4); computer science **die Informatik** (1)

concert **das Konzert, -e** (1); rock concert **das Rockkonzert, -e** (9); to go to a concert **ins Konzert gehen** (1)

concrete **konkret** (12)

conductor (of an orchestra) **der Dirigent, -en (wk.)** / **die Dirigentin, -nen** (5)

to congratulate **gratulieren, gratuliert** (2)

to connect **verbinden (verbindet), verband, verbunden** (A)

to conquer **besiegen, besiegt** (7)

conservative **konservativ** (B)

to consider **nach·denken (über + acc.) (denkt . . . nach), dachte . . . nach, nachgedacht** (7)

conspicuous **auffällig** (10)

continent **der Kontinent, -e** (B)

contract **der Vertrag, ̈e** (12)

contrary: on the contrary **doch!** (4)

conversational situation **die Sprechsituation, -en** (A)

to converse **sich unterhalten (unterhält), unterhielt, unterhalten** (9)

cook **der Koch, ̈e / die Köchin, -nen** (5)

to cook **kochen, gekocht** (1)

cookbook **das Kochbuch, ̈er** (2)

cooked **gekocht** (8)

cooking **die Küche** (8)

cool **kühl** (B); **grell** (2)

copy shop **der Kopierladen, ̈** (10)

corkscrew **der Korkenzieher, -** (8)

corner **die Ecke, -n** (5); around the corner **um die Ecke** (5)

correct **richtig** (2)

to correct **korrigieren, korrigiert** (4)

cost: extra costs (e.g. *utilities*) **die Nebenkosten (pl.)** (6)

to cost **kosten, gekostet** (2, 6)

costume **das Kostüm, -e** (9)

couch **das Sofa, -s** (6)

cough **der Husten, -** (11); cough drop **das Hustenbonbon, -s** (11); cough syrup **der Hustensaft, ̈e** (11)

counselor: career counselor **der Berufsberater, - / die Berufsberaterin, -nen** (5)

to count **zählen, gezählt** (A)

counter: ticket counter (*at an airport*) **der Flugschalter, -** (10)

country **das Land, ̈er** (B, 6); foreign countries **das Ausland** (6); in the country (*rural*) **auf dem Land** (6)

course **der Kurs, -e** (A, 1); course of studies **das Studium, Studien** (3); of course! **klar!** (2); **selbstverständlich** (10)

courthouse **das Gericht, -e** (5); at the courthouse **auf dem Gericht** (5)

cousin: female cousin **die Kusine, -n** (B); male cousin **der Vetter, -n** (B)

to cover **decken, gedeckt** (3); **zu·decken, zugedeckt** (11)

cozy **gemütlich** (12)

crash: stock market crash **der Börsenkrach, ̈e** (12)

to crash (*airplane*) **ab·stürzen, ist abgestürzt** (11); (*cars*) **zusammen·stoßen (stößt . . . zusammen), stieß . . . zusammen, ist zusammengestoßen** (11)

crazy **verrückt** (B); **wahnsinnig** (12)

crisis **die Krise, -n** (12)

critically injured **schwer verletzt** (11)

Croatia **(das) Kroatien** (B)

crocodile **das Krokodil, -e** (10)

croissant **das Hörnchen, -** (8)

croquette **die Krokette, -n** (8)

crosswalk **der Zebrastreifen, -** (10)

cruel **grausam** (9)

to cry **weinen, geweint** (3)

Cuba **(das) Kuba** (B)

cucumber **die Gurke, -n** (8)

culture **die Kultur, -en** (12)

cup **die Tasse, -n** (2, 5); **der Becher, -** (9)

cupboard **der Schrank, ̈e** (6)

to cure **heilen, geheilt** (5)

curious **neugierig** (12)

currency **die Währung, -en** (12)

to curse **verwünschen, verwünscht** (9); **fluchen, geflucht** (11)

cursed **verwunschen** (9)

to cuss **schimpfen, geschimpft** (9)

custodian **der Hausmeister, - / die Hausmeisterin, -nen** (5)

customer **der Kunde, -n (wk.) / die Kundin, -nen** (5)

cut **schneiden (schneidet), schnitt, geschnitten** (3, 11); to cut hair **Haare schneiden** (3); to cut off **ab·schneiden (schneidet . . . ab), schnitt . . . ab, abgeschnitten** (8); to cut oneself **sich schneiden (schneidet), schnitt, geschnitten** (11); to cut through **durch·schneiden (schneidet . . . durch), schnitt . . . durch, durchgeschnitten** (8)

cutlery **das Besteck** (5)

cutlet **das Schnitzel, -** (8)

Czech Republic **(das) Tschechien** (B)

daily **täglich** (9); daily routine **der Alltag** (4)

damage **der Schaden, ̈** (11)

to dance **tanzen, getanzt** (1)

dangerous **gefährlich** (10)

dark **dunkel** (6)

data: electronic data processing **die EDV = elektronische Datenverarbeitung** (12); personal data **die Personalien (pl.)** (12)

date **das Datum, Daten** (4); **die Verabredung, -en** (11); what is today's date? **welches Datum ist heute?** (4)

daughter **die Tochter, ̈** (B)

day **der Tag, -e** (1); all day long, the whole day **den ganzen Tag** (1); day after tomorrow **übermorgen** (9); day before yesterday **vorgestern** (4); on what day? **an welchem Tag?** (4); to take the day off **blau machen** (3); what day is today? **welcher Tag ist heute?** (B, 1)

dead **tot** (9)

dear **lieb** (7); **geehrt** (10); dear Mr. **sehr geehrter Herr** (10); dear Ms. **sehr geehrte Frau** (10)

death **der Tod, -e** (12)

debt **die Schuld, -en** (12)

decade **das Jahrzehnt, -e** (4)

December **der Dezember** (B)

deception **die List, -en** (9)

to decide **entscheiden (entscheidet), entschied, entschieden** (10)

deck chair **der Liegestuhl, ̈e** (10)

deep **tief** (7)

definitely **bestimmt** (3)

degree **der Grad, -e** (B); college-prep-school degree **das Abitur** (5)

delay **die Verspätung, -en** (9)

to deliver **aus·tragen (trägt . . . aus), trug . . . aus, ausgetragen** (5); to deliver newspapers **Zeitungen austragen** (5)

Denmark **(das) Dänemark** (B)

denomination: religious denomination **die Konfession, -en** (12)

dentist **der Zahnarzt, ̈e / die Zahnärztin, -nen** (5)

to depart **ab·fahren (fährt . . . ab), fuhr . . . ab, ist abgefahren** (4); **ab·reisen, ist abgereist** (10)

department store **das Kaufhaus, ̈er** (5); at the department store **im Kaufhaus** (5); fire department **die Feuerwehr** (11)

deposit: security deposit **die Kaution, -en** (6)

depressed **deprimiert** (11)

to describe **beschreiben (beschreibt), beschrieb, beschrieben** (11)

description **die Beschreibung, -en** (B)

desert **die Wüste, -n** (7)

desire **die Lust** (2)

desk **der Schreibtisch, -e** (2); fold-out desk **der Sekretär, -e** (6)

dessert **die Nachspeise, -n** (8)

destination **das Ziel, -e** (10)

devil **der Teufel, -** (12)

diary **das Tagebuch, ̈er** (4)

dictionary **das Wörterbuch, ̈er** (2)

to die **sterben (stirbt), starb, ist gestorben** (9)

different **verschieden** (8)

difficult **schwierig** (2); **schwer** (3)

to dine **zu Abend essen** (4)

dinghy: inflatable dinghy **das Schlauchboot, -e** (10)

dining room **das Esszimmer, -** (6)

dinner **das Mittagessen** (8); to have dinner **zu Abend essen** (4)

diphtheria **die Diphtherie** (11)

direction **die Richtung, -en** (7); to give directions **den Weg beschreiben (beschreibt), beschrieb, beschrieben** (10)

director **der Regisseur, -e / die Regisseurin, -nen** (9)

dirty **schmutzig** (A)

disadvantage **der Nachteil, -e** (7)

to disappear **verschwinden (verschwindet), verschwand, ist verschwunden** (12)

disco **die Disko, -s** (3)

to discover **entdecken, entdeckt** (4)

to discriminate **diskriminieren, diskriminiert** (12)

to discuss **diskutieren, diskutiert** (4)

dish **das Gericht, -e** (8); dish of ice cream **der Eisbecher, -** (8); dishes **das Geschirr** (4, 5); to wash the dishes **Geschirr spülen** (4)

dishwasher **die Geschirrspülmaschine, -n** (5)

to disinfect **desinfizieren, desinfiziert** (11)

district **der Stadtteil, -e** (6); **das Stadtviertel, -** (6)

to disturb **stören, gestört** (3)

to dive **tauchen, hat/ist getaucht** (3)

divorce **die Scheidung, -en** (12)

to do **tun (tut), tat, getan** (A); to do sports **Sport treiben (treibt . . . Sport), trieb . . . Sport, Sport getrieben** (2)

doctor **der Arzt, ¨e / die Ärztin, -nen** (3, 11); doctor's office **die Arztpraxis, -praxen** (11); eye doctor **der Augenarzt, ¨e / die Augenärztin, -nen** (11); family doctor **der Hausarzt, ¨e / die Hausärztin, -nen** (11); to the doctor **zum Arzt** (3)

dog **der Hund, -e** (2); dog food **das Hundefutter** (5)

doll **die Puppe, -n** (9)

dollar **der Dollar, -s** (7); two dollars **zwei Dollar** (7)

dolphin **der Delphin, -e** (10)

dominant **dominant** (12)

door **die Tür, -en** (A); next door **nebenan** (5); from next door **von nebenan** (5)

dorm **das Studentenheim, -e** (2)

double room **das Doppelzimmer, -** (10)

down (*toward the speaker*) **herunter** (11); to climb down **herunter·klettern, ist heruntergeklettert** (11); to fall down **hin·fallen (fällt . . . hin), fiel . . . hin, ist hingefallen** (11); to lie down **sich hin·legen, hingelegt** (11); to sit down **sich setzen, gesetzt** (11)

downtown **die Innenstadt, ¨e** (6)

dragon **der Drache, -n** (*wk.*) (9)

drapery **der Vorhang, ¨e** (6)

to draw **zeichnen, gezeichnet** (3, 5)

drawer **die Schublade, -n** (5)

to dream **träumen, geträumt** (9)

dress **das Kleid, -er** (A)

dressed: to get dressed **sich an·ziehen (zieht . . . an), zog . . . an, angezogen** (11)

dresser **die Kommode, -n** (6)

dressing, salad dressing **die Soße, -n** (8)

dressing room **die Umkleidekabine, -n** (5)

drink: soft drink **die Limonade, -n** (4)

to drink **trinken (trinkt), trank, getrunken** (1)

drinking **das Trinken** (3)

to drive **fahren (fährt), fuhr, ist/hat gefahren** (2); to drive off **los·fahren (fährt . . . los), fuhr . . . los, ist losgefahren** (9); to keep on driving **weiter·fahren (fährt . . . weiter), fuhr . . . weiter, ist weitergefahren** (10)

driver **der Fahrer, - / die Fahrerin, -nen** (7); driver's license **der Führerschein, -e** (4); taxi driver **der Taxifahrer, - / die Taxifahrerin, -nen** (5)

driveway **die Einfahrt, -en** (11)

drop **das Bonbon, -s** (11); cough drop **das Hustenbonbon, -s** (11)

drugstore **die Drogerie, -n** (6)

drum **das Schlagzeug, -e** (12)

dry (*adj.*) **trocken** (11); dry cleaner's **die Reinigung, -en** (6)

to dry (dishes) **ab·trocknen, abgetrocknet** (6); to dry oneself off **sich ab·trocknen, abgetrocknet** (11)

dryer: clothes dryer **der Wäschetrockner, -** (8)

dumb **dumm** (6)

dumpling **der Knödel, -** (8)

during **während** (+ *gen.*) (11); during the week **in der Woche** (1)

Dutch (*adj.*) **holländisch** (8)

duty **die Pflicht, -en** (3)

DVD player **der DVD-Spieler, -** (2, 3)

dwarf **der Zwerg, -e** (9)

each **jeder, jedes, jede** (3, 5); each other **einander** (3); next to each other **nebeneinander** (8); with each other **miteinander** (3)

eagle **der Adler, -** (10)

ear **das Ohr, -en** (B)

earache **die Ohrenschmerzen** (*pl.*) (11)

early **früh** (1)

to earn **verdienen, verdient** (4)

earring **der Ohrring, -e** (A, 2)

earth science **die Erdkunde** (1)

easel **die Staffelei, -en** (12)

east (of) **östlich (von** + *dat.*) (7)

easy **leicht** (6)

to eat **essen (isst), aß, gegessen** (2, 4); to eat (*said of an animal*) **fressen (frisst), fraß, gefressen** (9); to eat breakfast **frühstücken, gefrühstückt** (1)

eating **das Essen** (3)

economics **die Wirtschaft** (1)

educated **ausgebildet** (12)

education **die Ausbildung, -en** (9); **die Schulbildung** (5)

effect: to take effect **wirken, gewirkt** (11)

egg **das Ei, -er** (8); boiled eggs **gekochte Eier** (*pl.*) (8); fried eggs **gebratene Eier** (*pl.*) (8)

Egypt (*das*) **Ägypten** (B)

eight **acht** (A)

eighteen **achtzehn** (A)

eighth **acht-** (4)

eighty **achtzig** (A)

electric(al) **elektrisch** (8)

electricity **der Strom** (8)

electronic data processing **die EDV = elektronische Datenverarbeitung** (12)

elegant **elegant** (8)

elementary school **die Grundschule, -n** (4)

elephant **der Elefant, -en** (*wk.*) (9)

elevator **der Aufzug, ¨e** (6)

eleven **elf** (A)

eleventh **elft-** (4)

embarrassing **peinlich** (12)

emergency exit **der Notausgang, ¨e** (10)

to emigrate **aus·wandern, ist ausgewandert** (4, 12)

employee **die Arbeitskraft, ¨e** (12); bank employee **der/die Bankangestellte, -n (ein Bankangestellter)** (5); postal employee **der/die Postangestellte, -n (ein Postangestellter)** (5)

empty (*adj.*) **leer** (8)

to empty **aus·leeren, ausgeleert** (3)

enchanted **verwunschen** (9)

engaged: to be engaged **verlobt sein** (12); to get engaged to **sich verloben mit** (+ *dat.*)

engineer **der Ingenieur, -e / die Ingenieurin, -nen** (5)

engineering: mechanical engineering **der Maschinenbau** (1)

England **(das) England** (B)

English (*language*) **(das) Englisch** (B); (*person*) **der Engländer, - / die Engländerin, -nen** (B)

enough **genug** (4)

entertainment **die Unterhaltung, -en** (3)

entryway: front entryway **die Diele, -n** (6)

environs **die Umgebung, -en** (5)

equal **egal** (6)

eraser (*for blackboard*) **der Schwamm, ¨e** (B)

to establish **fest·stellen, festgestellt** (10)

euro **der Euro, -** (7)

Eurocheque Card **die Euroscheckkarte, -n** (12)

Europe **(das) Europa** (B)

even **noch** (B)

evening **der Abend, -e** (1, 4); evening meal **das Abendessen, -** (1); evenings **abends** (4); good evening **guten Abend!** (A); in the evening **am Abend** (4); this evening **heute Abend** (2)

ever: were you ever . . . ? **warst du schon einmal . . . ?** (4)

every **jeder, jedes, jede** (3); every week **jede Woche** (3)

everything **alles** (2); everything possible **alles Mögliche** (2)

everywhere **überall** (12)

evil **böse** (9)

exactly **genau** (B)

to examine **untersuchen, untersucht** (5)

example **das Beispiel, -e** (3); for example **zum Beispiel (z. B.)** (3)

exceedingly beautiful **wunderschön** (10)

excellent **ausgezeichnet** (3)

exchange: stock exchange **die Börse, -n** (12)

excited: to get excited **sich auf·regen, aufgeregt** (11)

to excuse **entschuldigen, entschuldigt** (5); excuse me **Entschuldigung!** (3); **entschuldigen Sie!** (5)

to execute **aus·führen, ausgeführt** (12)

exercise **die Übung, -en** (A)

exit: emergency exit **der Notausgang, ¨e** (10)

exotic **exotisch** (7)

to expect **erwarten, erwartet** (12)

expensive **teuer** (2); **wertvoll** (12)

experience **das Erlebnis, -se** (4); travel experience **das Reiseerlebnis, -se** (7)

to experience **erleben, erlebt** (10)

to explain **erklären, erklärt** (5)

expression **der Ausdruck, ⸚e** (A); time expression **der Zeitausdruck, ⸚e** (1)

extra costs **die Nebenkosten** (*pl.*) (6)

extremist: right-wing extremist **der Rechtsextremist, -en** (*wk.*) (12)

eye **das Auge, -n** (B); blue eyes **blaue Augen** (B); color of eyes **die Augenfarbe, -n** (1); eye doctor **der Augenarzt, ⸚e / die Augenärztin, -nen** (11)

face **das Gesicht, -er** (B)

factory **die Fabrik, -en** (6)

Fahrenheit **Fahrenheit** (B)

to faint **in Ohnmacht fallen** (11)

fairy **die Fee, -n** (9); fairy tale **das Märchen, -** (4, 9)

fall **der Herbst, -e** (B)

to fall **fallen (fällt), fiel, ist gefallen** (9); to fall asleep **ein·schlafen (schläft . . . ein), schlief . . . ein, ist eingeschlafen** (7); to fall down **hin·fallen (fällt . . . hin), fiel . . . hin, ist hingefallen** (11); to fall in love (with) **sich verlieben (in +** *acc.***), verliebt** (9, 12); to fall over **um·fallen (fällt . . . um), fiel . . . um, ist umgefallen** (9)

family **die Familie, -n** (B, 12); family celebration **das Familienfest, -e** (4); family doctor **der Hausarzt, ⸚e / die Hausärztin, -nen** (11); family member **das Familienmitglied, -er** (10); family name **der Familienname, -n** (*wk.*) (A, 1)

famous **berühmt** (7)

fanatic **der Fanatiker, -** (12)

far **weit** (6); as far as **bis zu** (+ *dat.*) (10); how far away? **wie weit weg?** (6)

farmer's bread **das Bauernbrot, -e** (5)

farmhouse **das Bauernhaus, ⸚er** (6)

fast **schnell** (3); super-fast **superschnell** (7)

fat **dick** (B); **fettig** (8)

father **der Vater, ⸚** (B)

faucet **der Wasserhahn, ⸚e** (5)

favorite **Lieblings-** (A); favorite activity **die Lieblingsbeschäftigung, -en** (5); favorite color **die Lieblingsfarbe, -n** (A); favorite name **der Lieblingsname, -n** (*wk.*) (A); favorite subject **das Lieblingsfach, ⸚er** (5)

fax **das Fax, -e** (2); fax machine **das Faxgerät, -e** (2)

fear **die Angst, ⸚e** (3)

February **der Februar** (B)

to feed **füttern, gefüttert** (9)

to feel **(sich) fühlen, gefühlt** (3, 11); do you feel like it? **hast du Lust?** (2); how do you feel? **wie fühlst du dich?** (3); to feel well **sich wohl fühlen** (11)

feeling **das Gefühl, -e** (3)

fellow student **der Mitstudent, -en** (*wk.*) / **die Mitstudentin, -nen** (A)

fence **der Zaun, ⸚e** (9)

to fetch **holen, geholt** (9)

fever **das Fieber** (11)

few: a few **ein paar** (2)

field **das Feld, -er** (7)

fifteen **fünfzehn** (A)

fifth **fünft-** (4)

fifty **fünfzig** (A)

to fight **kämpfen, gekämpft** (9)

figure **die Figur, -en** (12)

to figure **aus·rechnen, ausgerechnet** (8)

to fill in the blanks **ergänzen, ergänzt** (4); to fill out **aus·füllen, ausgefüllt** (1); to fill up (*with fuel*) **voll tanken, voll getankt** (5)

film **der Film, -e** (2); horror film **der Gruselfilm, -e** (2); TV film **der Fernsehfilm, -e** (12)

filter: coffee filter **der Kaffeefilter, -** (4)

finally **schließlich** (7); **endlich** (9); **zuletzt** (10)

to find **finden (findet), fand, gefunden** (2)

fine **fein** (8)

finger **der Finger, -** (11)

fingernail **der Fingernagel, ⸚** (11)

finished **fertig** (3)

Finland **(das) Finnland** (B)

fire **das Feuer, -** (9); fire department **die Feuerwehr** (11)

firm **die Firma, Firmen** (3)

first (*adj.*) **erst-** (4); (*adv.*) **zuerst** (7); first name **der Vorname, -n** (*wk.*) (A, 1); first of October **der erste Oktober** (4); for the first time **zum ersten Mal** (4); on the first of October **am ersten Oktober** (4); to travel first class **erster Klasse fahren** (5, 10)

fish **der Fisch, -e** (8)

to fit **passen** (+ *dat.*), **gepasst** (6, 11); that fits well **das passt gut** (11)

five **fünf** (A)

flashlight **die Taschenlampe, -n** (9)

flat tire **die Reifenpanne, -n** (7)

flawless **vollkommen** (12)

flea market **der Flohmarkt, ⸚e** (2)

to flee **flüchten, ist geflüchtet** (11)

flexible **flexibel** (5)

flight **der Flug, ⸚e** (7); flight attendant **der Steward, -s / die Stewardess, -en** (5); **der Flugbegleiter, - / die Flugbegleiterin, -nen** (10)

to float **schwimmen (schwimmt), schwamm, ist geschwommen** (7)

floor **der Boden, ⸚** (B); **der Stock, Stockwerke** (6); on the second floor **im ersten Stock** (6)

to flow **fließen (fließt), floss, ist geflossen** (7)

flower **die Blume, -n** (3); flower vase **die Blumenvase, -n** (5); to water the flowers **die Blumen gießen** (3)

flu **die Grippe** (11)

flute: transverse flute **die Querflöte, -n** (12)

to fly **fliegen (fliegt), flog, ist/hat geflogen** (1)

fold-out desk **der Sekretär, -e** (6)

food: dog food **das Hundefutter** (5)

foot **der Fuß, ⸚e** (B); on foot **zu Fuß** (3)

for (*prep.*) **für** (+ *acc.*) (2); **seit** (+ *dat.*) (4, 11); **zu** (+ *dat.*) (2); (*coord. conj.*) **denn** (9, 11); for lunch **zum Mittagessen** (3); for several days **seit mehreren Tagen** (11); for someone's birthday **zum Geburtstag** (2); for the first time **zum ersten Mal** (4); for two years **seit zwei Jahren** (4); what for? **wofür** (8)

forbidden **verboten** (8)

foreign **ausländisch** (12); foreign countries **das Ausland** (6); foreign language **die Fremdsprache, -n** (9)

foreigner **der Ausländer, - / die Ausländerin, -nen** (12); hostility toward foreigners **der Ausländerhass** (12)

forest **der Wald, ⸚er** (2, 7)

to forget **vergessen (vergisst), vergaß, vergessen** (2)

fork **die Gabel, -n** (8)

form **das Formular, -e** (12); application form **das Antragsformular, -e** (12)

formality **die Formalität, -en** (12)

forth: and so forth **und so weiter** (5)

fortress **die Burg, -en** (6)

forty **vierzig** (A)

fountain **der Brunnen, -** (9)

four **vier** (A)

fourteen **vierzehn** (A)

fourth **viert-** (4)

fowl: water fowl **der Wasservogel, ⸚** (10)

franc: Swiss franc **der Franken, -** (7)

France **(das) Frankreich** (B)

frank(furter) **das Würstchen, -** (8)

free (*adj.*) **frei** (8)

to free **erlösen, erlöst** (9)

freeway **die Autobahn, -en** (7)

freezer **die Gefriertruhe, -n** (8)

French (*language*) **(das) Französisch** (B); (*person*) **der Franzose, -n** (*wk.*) / **die Französin, -nen** (B); French fries **die Pommes (frites)** (*pl.*) (8)

fresh **frisch** (8)

Friday **der Freitag** (1)

fried **gebraten** (8); fried eggs **gebratene Eier** (*pl.*) (8)

friend **der Freund, -e / die Freundin, -nen** (A)

friendly **freundlich** (B)

fries: French fries **die Pommes (frites)** (*pl.*) (8)

frog **der Frosch, ⸚e** (9)

from **von** (+ *dat.*) (A, 10); **aus** (+ *dat.*) (10); from next door **von nebenan** (5); from where **woher** (B); from work **von der Arbeit** (3)

front entryway **die Diele, -n** (6)

fruit **das Obst** (8)

frustrated **frustriert** (3)

to fry **braten (brät), briet, gebraten** (8); **bräunen, gebräunt** (8)

fun **lustig** (12); have fun **viel Spaß!** (A)

funny **lustig** (12); **komisch** (12)

furnished **möbliert** (6)

furniture **die Möbel** (*pl.*) (6); piece of furniture **das Möbelstück, -e** (6)

game: computer game **das Computerspiel,
-e** (5)

garage **die Werkstatt, ̈-en** (5); **die Garage,
-n** (6)

garbage **der Müll** (6); garbage can **der
Mülleimer, -** (8)

garden **der Garten, ̈-** (4, 6); garden hose **der
Gartenschlauch, ̈-e** (6); in the garden **im
Garten** (4)

garlic **der Knoblauch** (8)

gas station **die Tankstelle, -n** (5); at the gas
station **an der Tankstelle** (5)

gasoline **das Benzin** (6)

gate (at an airport) **der Flugsteig, -e** (10)

gaudy **grell** (2)

gear **der Gang, ̈-e** (7)

gentleman **der Herr, -en** (wk.) (A)

geography **die Erdkunde** (1)

German (language) **(das) Deutsch** (B); (person)
der/die Deutsche, -n (ein Deutscher) (B);
German army **die Bundeswehr** (5); German
class/course **der Deutschkurs, -e** (A);
German-speaking **deutschsprachig** (9); I am
German **ich bin Deutscher/Deutsche** (B)

Germany **(das) Deutschland** (B)

to get **bekommen (bekommt), bekam,
bekommen** (3); to get in this way
**herein·kommen (kommt . . . herein),
kam . . . herein, ist hereingekommen** (10);
to get information about **sich erkundigen
nach** (+ dat.), **erkundigt** (10); to get up
**auf·stehen (steht . . . auf), stand . . . auf, ist
aufgestanden** (A, 1); to get up on the wrong
side of the bed **mit dem linken Fuß
auf·stehen** (4); to (go) get **holen, geholt** (9)

giant **der Riese, -n** (wk.) (9)

gifted **begabt** (9)

giraffe **die Giraffe, -n** (10)

girl **das Mädchen, -** (9)

girlfriend **die Freundin, -nen** (A)

to give **geben (gibt), gab, gegeben** (A, 6); to
give (as a present) **schenken, geschenkt** (5);
to give a paper / oral report **ein Referat
halten (hält), hielt, gehalten** (4); to give
directions **den Weg beschreiben
(beschreibt), beschrieb, beschrieben** (10);
to give up **auf·geben (gibt . . . auf), gab . . .
auf, aufgegeben** (10)

glacier **der Gletscher, -** (7)

gladly **gern** (1, 5)

glass **das Glas, ̈-er** (5, 9); (made of glass)
gläsern (9); wine glass **das Weinglas, ̈-er** (5)

glasses (pair of) **die Brille, -n** (1)

glove **der Handschuh, -e** (2)

to go **gehen (geht), ging, ist gegangen** (A);
laufen (läuft), lief, ist gelaufen (A); to go
along **entlang·gehen (geht . . . entlang),
ging . . . entlang, ist entlanggegangen** (10);
to go away **weg·gehen (geht . . . weg), ging .
. . weg, ist weggegangen** (4); to go by

vorbei·gehen (an + dat.) (geht . . . vorbei),
ging . . . vorbei, ist vorbeigegangen (10); to
go for a walk **spazieren gehen (geht . . .
spazieren), ging . . . spazieren, ist
spazieren gegangen** (1); to go home **nach
Hause gehen** (1); to go on a trip **verreisen,
ist verreist** (3); to go out **aus·gehen (geht . .
. aus), ging . . . aus, ist ausgegangen** (1); to
go out (power) **aus·fallen (fällt . . . aus), fiel
. . . aus, ist ausgefallen** (8); to go over that
way **hinüber·gehen (geht . . . hinüber),
ging . . . hinüber, ist hinübergegangen**
(10); to go that way **hin·gehen (geht . . .
hin), ging . . . hin, ist hingegangen** (10)

god **der Gott, ̈-er** (12)

goggles: ski goggles **die Skibrille, -n** (5)

goldfish **der Goldfisch, -e** (11)

golf **das Golf** (1)

good **gut** (A); good afternoon (for.) **guten Tag!**
(A); good evening **guten Abend!** (A); good
luck **viel Glück!** (3); good morning **guten
Morgen!** (A); it looks good **es sieht gut aus**
(2); that looks /they look good on you **das
steht / die stehen dir gut** (2)

good-bye **auf Wiedersehen!** (A); (infor.;
southern Germany, Austria) **servus!** (A); (on
the phone) **auf Wiederhören!** (6)

to grab **greifen (greift), griff, gegriffen** (11)

grade (level) **die Klasse, -n** (9); (mark) **die
Note, -n** (3, 9)

graduation **der Abschluss** (9)

grammar **die Grammatik, -en** (A)

grandfather **der Großvater, ̈-** (B)

grandma **die Oma, -s** (3)

grandmother **die Großmutter, ̈-** (B)

grandparents **die Großeltern (pl.)** (B)

grape **die Weintraube, -n** (8)

to grasp **greifen (greift), griff, gegriffen** (11)

gravy **die Soße, -n** (8)

gray **grau** (A); grayish green **graugrün** (7)

greasy **fettig** (8, 11)

great **toll** (2); great! **prima!** (6)

Great Britain **(das) Großbritannien** (B)

Greece **(das) Griechenland** (B)

green **grün** (A); grayish green **graugrün** (7)

to greet **grüßen, gegrüßt** (11)

greeting **das Begrüßen** (A); **der Gruß, ̈-e** (10)

grill **der Grill, -s** (8)

grilled **gegrillt** (8)

grinder: coffee grinder **die Kaffeemühle, -n** (8)

grocery store **das Lebensmittelgeschäft, -e** (6)

gross **eklig** (9)

ground beef (or pork) **das Hackfleisch** (8)

to grow **wachsen (wächst), wuchs, ist
gewachsen** (9); to grow up **auf·wachsen
(wächst . . . auf), wuchs . . . auf, ist
aufgewachsen** (12)

guidebook: travel guidebook **der Reiseführer,
-** (5)

guided tour **die Führung, -en** (10)

guinea pig **das Meerschweinchen, -** (10)

guitar **die Gitarre, -n** (1)

hair **das Haar, -e** (B, 11); black-haired
schwarzhaarig (9); blonde/short hair
blondes/kurzes Haar (B); color of hair **die
Haarfarbe, -n** (1); to blow-dry one's hair **sich
die Haare föhnen** (11); to comb one's hair
sich die Haare kämmen (11); to cut hair
Haare schneiden (3); with the short/long hair
mit dem kurzen/langen Haar (A)

haircut **der Haarschnitt, -e** (2)

hairdresser **der Friseur, -e / die Friseurin,
-nen** (5)

half **die Hälfte, -n** (10)

hall: town hall **das Rathaus, ̈-er** (6)

hallway **der Flur, -e** (6)

ham **der Schinken** (8)

hammer **der Hammer, ̈-** (8)

hamster **der Hamster, -** (10)

hand **die Hand, ̈-e** (B); hand towel **das
Handtuch, ̈-er** (5, 6); to shake hands **die
Hand schütteln** (A)

handbag **die Tasche, -n** (5)

handkerchief **das Taschentuch, ̈-er** (3)

handy **handwerklich** (12)

to hang **hängen, gehängt** (3); to hang the
picture on the wall **das Bild an die Wand
hängen** (3); to hang up **auf·hängen,
aufgehängt** (12)

hangover **der Kater, -** (11)

to happen **passieren, ist passiert** (4)

happiness **das Glück** (3)

happy **glücklich** (B); to be happy about **sich
freuen über** (+ acc.), **gefreut** (11)

harbor **der Hafen, ̈-** (10)

hard **schwer** (3)

hardware store **das Eisenwarengeschäft, -e** (6)

harmful: to be harmful to **schaden** (+ dat.),
geschadet (6)

harmonica **die Mundharmonika, -s** (12)

hat **der Hut, ̈-e** (A)

to hate **hassen, gehasst** (9)

to have **haben (hat), hatte, gehabt** (A, B); to
have to **müssen (muss), musste,
gemusst** (3)

head **der Kopf, ̈-e** (B)

headache **die Kopfschmerzen (pl.)** (11);
headache tablet **die Kopfschmerztablette,
-n** (11)

headband **das Stirnband, ̈-er** (A)

to heal **heilen, geheilt** (5)

health **die Gesundheit** (11)

healthy **gesund** (11)

to hear **hören, gehört** (1); to hear again **wieder
hören, wieder gehört** (6)

heart **das Herz, -en** (11)

heartache **die Herzschmerzen (pl.)** (11)

hearth **der Kachelofen, ̈-** (6)

to heat **erhitzen, erhitzt** (8)

heated, heat included **warm** (6)

heating: central heating **die Zentralheizung** (6)

heavy **schwer** (3); **stark** (11)

height **die Größe, -n** (1); **die Höhe, -n** (12)

hello (*for.*) **guten Tag!** (A); (*for.; southern Germany, Austria*) **grüß Gott!** (A); (*infor.; southern Germany, Austria*) **servus!** (A)

helmet: bicycle helmet **der Fahrradhelm, -e** (5)

help **helfen** (+ *dat.*) **(hilft), half, geholfen** (6); help! **Hilfe!** (11); may I help you? **bitte schön?** (7)

her **ihr(e) (1, 2)**

herb butter **die Kräuterbutter** (8)

herbs **die Kräuter** (*pl.*) (8)

here **hier** (A)

herring salad **der Heringssalat, -e** (8)

Herzegovina **(das) Herzegowina** (B)

hi (*infor.*) **hallo!** (A); (*Switzerland*) **grüezi!** (A); to say hi to **grüßen, gegrüßt** (11)

to hide **sich verstecken, versteckt** (9)

high **hoch** (6); to have high blood pressure **hohen Blutdruck haben** (11)

high school **das Gymnasium, Gymnasien** (4)

highlight **der Höhepunkt, -e** (7)

highway: interstate highway **die Autobahn, -en** (7); rural highway, road **die Landstraße, -n** (7)

hike **die Wanderung, -en** (7); to hike **wandern, ist gewandert** (1); to hike in the mountains **in den Bergen wandern** (1)

hill **der Hügel, -** (7)

him (*acc.*) **ihn** (2)

his **sein(e)** (1)

history **die Geschichte** (1); art history **die Kunstgeschichte** (1)

to hit **schlagen (schlägt), schlug, geschlagen** (11)

hobby **das Hobby, -s** (1)

to hold **halten (hält), hielt, gehalten** (4)

hole **das Loch, ̈er** (9)

holiday **der Feiertag, -e** (4); holiday trip **die Ferienreise, -n** (9); national holiday **der Nationalfeiertag, -e** (4)

Holland **(das) Holland** (B)

home **das Haus, ̈er** (2); **die Heimat, -en** (12); at home **daheim** (9); to be at home **zu Hause sein** (A, 1); to go home **nach Hause gehen** (1, 10)

homeland **das Heimatland, ̈er** (12); **die Heimat, -en** (12)

homemaker **der Hausmann, ̈er / die Hausfrau, -en** (12)

homesick: to be homesick **Heimweh haben** (3)

homesickness **das Heimweh** (3)

hometown **die Heimatstadt, ̈e** (6); **die Heimat, -en** (12)

homework (assignment) **die Hausaufgabe, -n** (A); what's our homework? **was haben wir auf?** (4)

honey **der Honig** (8)

to honk **hupen, gehupt** (7)

honored **geehrt** (10)

hood **die Motorhaube, -n** (7)

hook **der Haken, -** (8)

to hope **hoffen, gehofft** (3)

horn **die Hupe, -n** (7)

horror film **der Gruselfilm, -e** (2)

horse **das Pferd, -e** (9)

hose: garden hose **der Gartenschlauch, ̈e** (6)

hospital **das Krankenhaus, ̈er** (3, 5, 11) in the hospital **im Krankenhaus** (5)

host **der Wirt, -e / die Wirtin, -nen** (10)

hostel: youth hostel **die Jugendherberge, -n** (10)

hostility toward foreigners **der Ausländerhass** (12)

hot **heiß** (B); hot chocolate **der Kakao** (8); hot dog **das Würstchen, -** (8)

hotel **das Hotel, -s** (2, 5); at the hotel **im Hotel** (5)

hour **die Stunde, -n** (2); business hours **die Öffnungszeiten** (*pl.*) (8); office hour **die Sprechstunde, -n** (3); quarter hour **die Viertelstunde, -n** (6)

house **das Haus, ̈er** (1, 2, 6); farmhouse **das Bauernhaus, ̈er** (6); house key **der Hausschlüssel, -** (9); house number **die Hausnummer, -n** (1); tree house **das Baumhaus, ̈er** (6)

houseboat **das Hausboot, -e** (6)

household **der Haushalt** (8, 9); in the household **im Haushalt** (8)

housemate **der Mitbewohner, - / die Mitbewohnerin, -nen** (2)

housewife **die Hausfrau, -en** (12)

housing: shared housing **die Wohngemeinschaft, -en** (6); housing-wanted ad **die Suchanzeige, -n** (6)

how **wie** (B); how do you feel? **wie fühlst du dich?** (3); how do you spell that? **wie schreibt man das?** (A); how far away? **wie weit weg?** (6); how many **wie viele** (A)

humid **feucht** (B)

hummingbird **der Kolibri, -s** (10)

hundred, one hundred **hundert** (A)

hundredth **hundertst-** (4)

Hungary **(das) Ungarn** (B)

hunger **der Hunger** (3)

hungry **hungrig** (9); to be hungry **Hunger haben** (3)

hunter **der Jäger, -** (9)

hurry **die Eile** (3); to be in a hurry **in Eile sein** (3); **es eilig haben** (10) to hurry **sich beeilen, beeilt** (8)

to hurt **weh·tun (tut . . . weh), tat . . . weh, wehgetan** (11)

husband **der Mann, ̈er** (B)

hut made of palms **die Palmenhütte, -n** (6)

hygiene: personal hygiene **die Körperpflege** (11)

ice **das Eis** (2); dish of ice cream **der Eisbecher, -** (8); ice-cold **eiskalt** (8); ice skate **der Schlittschuh, -e** (2, 3); to go ice-skating **Schlittschuh laufen (läuft . . . Schlittschuh), lief . . . Schlittschuh, ist Schlittschuh gelaufen** (3)

idea **die Ahnung, -en** (4); (I have) no idea **keine Ahnung** (4)

ideal **ideal** (12)

identification card **der Personalausweis, -e** (1); **der Ausweis, -e** (10)

idol **das Vorbild, -er** (9)

if (*subord. conj.*) **wenn** (2, 11); **ob** (6)

igloo **das Iglu, -s** (6)

illegal **illegal** (12)

illness **die Krankheit, -en** (11)

to imagine (*s.th.*) **sich (etwas) vor·stellen, vorgestellt** (6, 10)

immediately **sofort** (3)

immigrant **der Einwanderer, -** (4, 12)

to immigrate **ein·wandern, ist eingewandert** (12)

impatient **ungeduldig** (11)

important **wichtig** (2)

in (*prep.*) **in** (+ *dat./acc.*) (A, 4); **an** (+ *dat./acc.*) (4); (*adv.*) **hinein** (9); in addition **dazu** (8); in any case **jedenfalls** (11); in it **drin/darin** (6); in January **im Januar** (B); in love **verliebt** (4); in order to **um . . . zu** (12); in spite of **trotz** (+ *gen.*) (12); in spite of that **trotzdem** (9); in the afternoon **nachmittags** (4); in the city **in der Stadt** (6, 10); in the country (*rural*) **auf dem Land** (6); in the evening **am Abend** (4), **abends** (4); in the middle **mitten** (9); in the middle of the night **mitten in der Nacht** (9)

included **inbegriffen** (10); (*utilities*) **inklusive** (6)

income **das Einkommen** (12)

incredible **unglaublich** (5)

indeed **ja** (4)

independent **selbstständig** (12)

industrious **fleißig** (12)

inexpensive **billig** (2)

infection **die Entzündung, -en** (11); kidney infection **die Nierenentzündung** (11)

inferior **miderwertig** (12)

inflatable dinghy **das Schlauchboot, -e** (10)

influenza **die Grippe** (11)

to inform oneself about **sich informieren über** (+ *acc.*), **informiert** (10)

information **die Information, -en** (4); biographical information **persönliche Daten** (*pl.*) (1); to get information about **sich erkundigen nach** (+ *dat.*), **erkundigt** (10)

ingredient **die Zutat, -en** (8)

injection **die Spritze, -n** (11)

to injure oneself **sich verlezten, verletzt** (11)

injured **verletzt** (11); critically injured **schwer verletzt** (11); injured person **der/die Verletzte, -n (ein Verletzter)** (11)

inn: bed and breakfast inn **das Gästehaus, ̈er** (10)

innkeeper **der Wirt, -e / die Wirtin, -nen** (10)

insane **wahnsinnig** (12)

instead of **(an)statt** (+ *gen.*) (12)

to instruct **unterrichten, unterrichtet** (5)

instruction **die Aufforderung, -en** (A); **der Unterricht, -e** (B, 1)

instructor **der Lehrer, - / die Lehrerin, -nen** (A, 1)

instrument **das Instrument, -e** (12)

insurance **die Versicherung, -en** (5)

integration **die Integration** (12)

intelligence **die Intelligenz** (12)

intelligent **intelligent** (B)

to intend (to) **wollen (will), wollte, gewollt** (3)

interest **das Interesse, -n** (5); (*money*) **die Zinsen** (*pl.*) (12); to be interested in **Interesse haben an** (+ *dat.*) (5); **sich interessieren für** (+ *acc.*) (5); to interest **interessieren, interessiert** (5); **to be interested in interessiert** (5)

interesting **interessant** (7)

intersection **die Kreuzung, -en** (7)

interstate highway **die Autobahn, -en** (7)

interview **das Interview, -s** (4); to interview **interviewen, interviewt** (12)

to introduce **vor·stellen, vorgestellt** (6)

introduction **die Einführung, -en** (A)

to invent **erfinden (erfindet), erfand, erfunden** (4)

to investigate **untersuchen, untersucht** (5)

invitation **die Einladung, -en** (2)

to invite **ein·laden (lädt . . . ein), lud . . . ein, eingeladen** (2)

inward **hinein** (9)

Ireland **(das) Irland** (B)

iron **das Bügeleisen, -** (6); to iron **bügeln, gebügelt** (6)

island **die Insel, -n** (7)

Israel **(das) Israel** (B)

it is . . . **es ist . . .** (B)

Italian (*language*) **(das) Italienisch** (B)

Italy **(das) Italien** (B)

its **ihr(e)** (2); **sein(e)** (2)

ivory **das Elfenbein** (10)

jacket **die Jacke, -n** (A); life-jacket **die Schwimmweste, -n** (10); sports jacket **das Sakko, -s** (A)

jail **das Gefängnis, -se** (6)

jam **die Marmelade, -n** (8); traffic jam **der Stau, -s** (7)

January **der Januar** (B)

Japan **(das) Japan** (B)

Japanese (*adj.*) **japanisch** (8); (*language*) **(das) Japanisch** (B); (*person*) **der Japaner, - / die Japanerin, -nen** (B)

jealous **eifersüchtig** (3)

jeans **die Jeans** (*pl.*) (2)

jewelry **der Schmuck** (2)

joke **der Witz, -e** (3); to tell jokes **Witze erzählen** (3)

journey **die Reise, -n** (7)

joy **die Freude, -n** (9)

judge **der Richter, - / die Richterin, -nen** (5)

juice **der Saft, ⁺e** (8); apple juice **der Apfelsaft** (8); orange juice **der Orangensaft** (8)

July **der Juli** (B)

to jump **springen (springt), sprang, ist gesprungen** (A)

June **der Juni** (B)

jungle **der Dschungel, -** (7)

just **knapp** (6); that's just it **das ist es ja!** (4)

keep the change **das stimmt so** (8); to keep on driving **weiter·fahren (fährt . . . weiter), fuhr . . . weiter, ist weitergefahren** (10); to keep on walking **weiter·gehen (geht . . . weiter), ging . . . weiter, ist weitergegangen** (10); kettle: tea kettle **der Teekessel, -** (8)

key **der Schlüssel, -** (9); house key **der Hausschlüssel, -** (9)

kidney **die Niere, -n** (11); kidney infection **die Nierenentzündung** (11)

to kill **töten, getötet** (9)

kiln **der Brennofen, ⁺** (12)

kilometer **der Kilometer, -** (2)

kind **die Art, -en** (2)

kindergarten **der Kindergarten, ⁺** (6)

king **der König, -e** (9)

kiss **der Kuss, ⁺e** (4); to kiss **küssen, geküsst** (9)

kitchen **die Küche, -n** (5); in the kitchen **in der Küche** (5); kitchen clock **die Küchenuhr, -en** (5); kitchen lamp **die Küchenlampe, -n** (5); kitchen scale **die Küchenwaage, -n** (5); kitchen table **der Küchentisch, -e** (5); kitchen work **die Küchenarbeit, -en** (5)

knife **das Messer, -** (8)

to knit **stricken, gestrickt** (3)

to knock over **um·kippen, umgekippt** (11)

to know **kennen (kennt), kannte, gekannt** (B); **wissen (weiß), wusste, gewusst** (2)

knowledge about a field **die Kenntnisse** (*pl.*) (5)

labor **die Arbeitskraft, ⁺e** (12)

laboratory: language laboratory **das Sprachlabor, -s** (4)

lake **der See, -n** (7)

lamp **die Lampe, -n** (B); kitchen lamp **die Küchenlampe, -n** (5)

land mammal **das Landsäugetier, -e** (10)

landlord/landlady **der Vermieter, - / die Vermieterin, -nen** (6)

language **die Sprache, -n** (B); foreign language **die Fremdsprache, -n** (9); language laboratory **das Sprachlabor, -s** (4)

large **dick** (B)

last **letzt-** (4); last Monday **letzten Montag** (4); last night **gestern Abend** (4); last summer **letzten Sommer** (4); last week **letzte Woche** (4); last weekend **letztes Wochenende** (4); the last time **das letzte Mal** (4)

to last **dauern, gedauert** (4)

late(r) **spät(er)** (1); late morning **der Vormittag, -e** (4)

Latin (*language*) **das Latein** (1)

to laugh **lachen, gelacht** (3)

laundromat **der Waschsalon, -s** (10)

laundry **die Wäsche** (4); laundry room **die Waschküche, -n** (6)

lawn **der Rasen, -** (5)

lawnmower **der Rasenmäher, -** (6)

lawyer **der Anwalt, ⁺e / die Anwältin, -nen** (5)

lazy **faul** (3)

to learn **lernen, gelernt** (1)

least: at least **wenigstens** (4); the least **am wenigsten** (8)

to leave **verlassen (verlässt), verließ, verlassen** (11)

leave-taking **das Verabschieden** (A)

lecture **die Vorlesung, -en** (4)

left **links** (4, 10)

leg **das Bein, -e** (B)

leisure time **die Freizeit** (1)

lemon **die Zitrone, -n** (8)

to lend **leihen (leiht), lieh, geliehen** (5)

to let **lassen (lässt), ließ, gelassen** (11)

letter **der Brief, -e** (1); business letter **der Geschäftsbrief, -e** (10)

lettuce **der Kopfsalat** (8)

liberal **liberal** (6)

librarian **der Bibliothekar, -e / die Bibliothekarin, -nen** (5)

library **die Bibliothek, -en** (2)

license: driver's license **der Führerschein, -e** (4); license plate **das Nummernschild, -er** (7); license plate number **die Autonummer, -n** (11)

to lie **liegen (liegt), lag, gelegen** (1); to lie down **sich hin·legen, hingelegt** (11); to lie in the sun **in der Sonne liegen** (1)

Liechtenstein **(das) Liechtenstein** (B)

life **das Leben, -** (9); life-jacket **die Schwimmweste, -n** (10); professional life **das Berufsleben** (12); student life **das Studentenleben** (4)

light (*n.*) **das Licht, -er** (3); traffic light **die Ampel, -n** (7)

light (*adj., color*) **hell** (6); (*adj., weight*) **leicht** (6)

to light **an·zünden, angezündet** (3)

lighthouse **der Leuchtturm, ⁺e** (6)

like (*to do s.th.*) best **am liebsten** (7)

to like **mögen (mag), mochte, gemocht** (1, 3); I like it **es gefällt mir** (6); I would like . . . **ich hätte gern . . .** (5); to be to one's liking **gefallen (gefällt), gefiel, gefallen** (6); we like to sing **wir singen gern** (1); would like (to) **möchte** (3)

limit: city limits **der Stadtrand, ⁺er** (6)

line **die Linie, -n** (10)

to line up **an·stehen (steht . . . an), stand . . . an, angestanden** (10)

linguistics **die Linguistik** (1)

lion **der Löwe, -n** (*wk.*) (10)

lip **die Lippe, -n** (11)

list **die Liste, -n** (5)

to listen (to) **zu·hören** (+ *dat.*), **zugehört** (6)

liter **der Liter, -** (7)

literature **die Literatur, -en** (1, 12)

little: a little (bit) **ein bisschen** (B)

to live **leben, gelebt** (3); to live (in) **wohnen (in + dat.)** (B)

liver **die Leber, -n** (11)

living arrangements **die Wohmöglichkeiten** (*pl.*) (6); living room **das Wohnzimmer, -** (6)

loathsome **eklig** (9)

lobster **der Hummer, -** (8)

locomotive **die Lokomotive, -n** (7)

lodging **die Unterkunft, ⸚e** (10)

logical **logisch** (12)

loner **der Einzelgänger, -** (12)

long (*adj.*) **lang** (B); all day long **der ganze Tag** (1); all night long **die ganze Nacht** (3); with the long hair **mit dem langen Haar** (A)

to look **schauen, geschaut** (A); **aus·sehen (sieht . . . aus), sah . . . aus, ausgesehen** (2); it looks good **es sieht gut aus** (2); to look at **an·schauen, angeschaut** (2); **an·sehen (sieht . . . an), sah . . . an, angesehen** (3); to look for **suchen, gesucht** (1); to look on **zu·sehen (sieht . . . zu), sah . . . zu, zugesehen** (7); to look up **nach·sehen (sieht . . . nach), sah . . . nach, nachgesehen** (10); that looks /they look good on you **das steht / die stehen dir gut** (2); looking for a room or apartment **auf Wohnungssuche** (6)

to lose **verlieren (verliert), verlor, verloren** (7); to lose weight **ab·nehmen (nimmt . . . ab), nahm . . . ab, abgenommen** (8, 11)

lot: a lot **viel** (A); a whole lot **eine ganze Menge** (4)

lotion: suntanning lotion **die Sonnenmilch** (10); to put lotion on **sich ein·kremen, eingekremt** (11)

lots of luck **viel Glück!** (3)

lottery **die Lotterie, -n** (5); to win the lottery **in der Lotterie gewinnen** (5)

lounge **der Aufenthaltsraum, ⸚e** (10)

lovable **lieb** (10)

to love **lieben, geliebt** (2); to be in love **verliebt sein** (4, 12); to fall in love with **sich verlieben (in + acc.), verliebt** (9, 12)

lover **der/die Geliebte, -n (ein Geliebter)** (3)

lovesickness **der Liebeskummer** (11)

low: to have low blood pressure **niedrigen Blutdruck haben** (11); low in calories **kalorienarm** (8)

loyal **treu** (9)

lozenge **das Bonbon, -s** (11); throat lozenge **das Halsbonbon, -s** (11)

luck **das Glück** (3); lots of luck, good luck **viel Glück!** (3)

luggage **das Gepäck** (10); carry-on luggage **das Handgepäck** (10)

lunch **das Mittagessen** (3, 8); for lunch **zum Mittagessen** (3); to eat lunch **zu Mittag essen** (3)

lung **die Lunge, -n** (11)

machine: automatic teller machine (ATM) **der Geldautomat, -en** (*wk.*) (12); washing machine **die Waschmaschine, -n** (6)

magical **magisch** (12)

main point **der Stichpunkt, -e** (12)

makeup: to put makeup on **sich schminken, geschminkt** (11)

mammal: land mammal **das Landsäugetier, -e** (10)

man **der Mann, ⸚er** (A, B); man! (*coll.*) **Mensch!** (2)

many **viele** (A); many thanks **vielen Dank** (10)

map **die Landkarte, -n** (7); city street map **der Stadtplan, ⸚e** (10)

March **der März** (B)

marital status **der Familienstand** (1)

mark (*former German monetary unit*) **die Mark, -** (7)

to mark **markieren, markiert** (11)

market **der Markt, ⸚e** (10); flea market **der Flohmarkt, ⸚e** (2); market square **der Marktplatz, ⸚e** (6)

marmelade **die Marmelade, -n** (8)

marriage **die Ehe, -n** (12)

married: to be married **verheiratet sein** (1, 12); to get married to **sich verheiraten mit (+ dat.), verheiratet**

to marry **heiraten, geheiratet** (5)

match **das Streichholz, ⸚er** (8)

material **das Material, -ien** (12)

mathematics **die Mathematik** (1)

matter: it doesn't matter to me **das ist mir egal** (6); to be the matter with (*s.o.*) **fehlen (+ dat.), gefehlt** (11)

mattress: air mattress **die Luftmatratze, -n** (10)

May **der Mai** (B)

may (*v.*) **dürfen (darf), durfte, gedurft** (3); **können (kann), konnte, gekonnt** (3)

mayonnaise **die Majonäse** (8)

meadow **die Wiese, -n** (7)

meal **die Mahlzeit, -en** (8); evening meal **das Abendessen, -** (1); midday meal **das Mittagessen** (3)

mean **böse** (9)

means of payment **das Zahlungsmittel, -** (12); means of transportation **das Transportmittel, -** (7)

meat **das Fleisch** (8)

mechanic: car mechanic **der Automechaniker, - / die Automechanikerin, -nen** (5)

mechanical engineering **der Maschinenbau** (1)

medical **medizinisch** (11)

medicine **das Medikament, -e** (11); medicine for **ein Medikament gegen** (+ *acc.*) (11)

Mediterranean Sea **das Mittelmeer** (B)

to meet **treffen (trifft), traf, getroffen** (2); **begegnen** (+ *dat.*), **begegnet** (6); let's meet . . . **treffen wir uns . . .** (2)

member **das Mitglied, -er** (6); family member **das Familienmitglied, -er** (10)

memory **die Erinnerung, -en** (4)

mental state **geistige Verfassung, -en** (3)

menu **die Speisekarte, -n** (8)

meter: square meter (m²) **der Quadratmeter, - (qm)** (6)

Mexican (*adj.*) **mexikanisch** (8); (*person*) **der Mexikaner, - / die Mexikanerin, -nen** (B)

Mexico **(das) Mexiko** (B)

midday **der Mittag, -e** (3); midday meal **das Mittagessen** (3)

middle: in the middle **mitten** (9); in the middle of the night **mitten in der Nacht** (9)

mileage **der Kilometerstand** (7)

milk **die Milch** (8)

million **die Million, -en** (7); city with a million or more inhabitants **die Millionenstadt, ⸚e** (7)

mind: to keep one's mind off something **auf andere Gedanken kommen** (7)

mineral water **das Mineralwasser** (8)

miracle **das Wunder, -** (4)

mirror **der Spiegel, -** (6)

to miss (*not catch*) **verpassen, verpasst** (9); (*not notice*) **verfehlen, verfehlt** (10)

missing: to be missing **fehlen** (+ *dat.*), **gefehlt** (6)

to mix **vermischen, vermischt** (8)

mixed **gemischt** (8)

mixer **die Küchenmaschine, -n** (8)

modal verb **das Modalverb, -en** (3)

modern **modern** (6)

Moldavia, Moldova **(das) Moldawien** (B)

moment **der Moment, -e**; at the moment **im Moment** (1)

Monday **der Montag** (1); last Monday **letzten Montag** (4)

money **das Geld** (2, 12); beloved money **das liebe Geld** (12)

month **der Monat, -e** (B)

to mop (up) **auf·wischen, aufgewischt** (6)

more **mehr**

morning: good morning **guten Morgen!** (A); in the morning **früh** (4); late morning **der Vormittag, -e** (4); until four in the morning **bis um vier Uhr früh** (4)

Morocco **(das) Marokko** (B)

mosquito **die Mücke, -n** (10)

mostly **meistens** (8)

mother **die Mutter, ⸚** (A, B); Mother's Day **der Muttertag** (4)

motif **das Motiv, -e** (12)

motorcycle **das Motorrad, ⸚er** (1, 7); to ride a motorcycle **Motorrad fahren** (1) mountain **der Berg, -e** (1); to go to the mountains **in die Berge gehen** (1); to hike in the mountains **in den Bergen wandern** (1); mountain range **das Gebirge, -** (7)

mountaintop **der Gipfel, -** (7)

mouse **die Maus, ¨-e** (10)

mouth **der Mund, ¨-e** (B); (*of an animal*) **das Maul, ¨-er** (9)

to move **ziehen (zieht), zog, ist gezogen** (2)

movie: to go to the movies **ins Kino gehen** (1); movie theater **das Kino, -s** (1); movie theater ticket booth **die Kinokasse, -n** (5); at the movie theater ticket booth **an der Kinokasse** (5); TV movie **der Fernsehfilm, -e** (12)

to mow **mähen, gemäht** (5)

mower: lawnmower **der Rasenmäher, -** (6)

Mr. **der Herr, -en** (*wk.*) (A)

Mrs., Ms. **die Frau, -en** (A)

much **viel** (A)

mug **der Becher, -** (9)

multicultural society **multikulturelle Gesellschaft** (12)

muscle: sore muscles **der Muskelkater, -** (11)

museum **das Museum, Museen** (1); to go to the museum **ins Museum gehen** (1)

mushroom **der Pilz, -e** (8)

music **die Musik** (1)

mussel **die Muschel, -n** (8)

must **müssen (muss), musste, gemusst** (3)

mustache **der Schnurrbart, ¨-e** (A)

mustard **der Senf** (8)

my **mein(e)** (A, 2)

nail **der Nagel, ¨-** (8)

name **der Name, -n** (*wk.*) (A, 1); family name **der Familienname, -n** (*wk.*) (A, 1); favorite name **der Lieblingsname, -n** (*wk.*) (A); first name **der Vorname, -n** (*wk.*) (A, 1); my name is . . . **ich heiße . . .** (A); what's your name? **wie heißen Sie?** (*for.*) / **wie heißt du?** (*infor.*) (A)

named: to be named **heißen (heißt), hieß, geheißen** (A)

napkin **die Serviette, -n** (8)

narrow **eng** (12); narrow street **die Gasse, -n** (10)

national holiday **der Nationalfeiertag, -e** (4)

nationality **die Nationalität, -en** (B); **die Herkunft, ¨-e** (B); **die Staatsangehörigkeit, -en** (1)

natural science **die Naturwissenschaft, -en** (9)

naturally **natürlich** (2)

nature **die Natur** (9)

near **bei** (+ *dat.*) (10)

neat **toll** (2); **grell** (2)

neck **der Hals, ¨-e** (9)

necklace **die Halskette, -n** (2, 5)

to need **brauchen, gebraucht** (1)

neighbor **der Nachbar, -en** (*wk.*) / **die Nachbarin, -nen** (4)

neighborhood **der Stadtteil, -e** (6); **das Stadtviertel, -** (6)

Neo-Nazi **der Neonazi, -s** (12)

nephew **der Neffe, -n** (*wk.*) (B)

nervous **nervös** (B)

nest **das Nest, -er** (10)

Netherlands **die Niederlande** (*pl.*) (B)

never **nie** (2)

new **neu** (A)

New Zealand **(das) Neuseeland** (B)

news **die Nachrichten** (*pl.*) (7)

newspaper **die Zeitung, -en** (2); to deliver newspapers **Zeitungen austragen** (5); to read the newspaper **Zeitung lesen** (1); university newspaper **die Unizeitung, -en** (4)

next to **neben** (+ *dat./acc.*) (9); next to each other **nebeneinander** (8); next door **nebenan** (5); from next door **von nebenan** (5)

nice **nett** (B); (*weather*) **schön** (B)

nickname **der Spitzname, -n** (*wk.*) (1)

niece **die Nichte, -n** (B)

night **die Nacht, ¨-e** (3); all night long **die ganze Nacht** (3); at night, nights **nachts** (4); in the middle of the night **mitten in der Nacht** (9); last night **gestern Abend** (4)

nightshirt **das Nachthemd, -en** (2)

nine **neun** (A)

nineteen **nineteen** (A)

ninety **neunzig** (A)

ninth **neunt-** (4)

no **nein** (A); **kein(e)** (2); (I have) no idea **keine Ahnung** (4); no one **niemand** (2)

nobody **niemand** (2)

noise **das Geräusch, -e** (9)

none **kein(e)** (2)

nonsense **der Unsinn** (12)

nonsmoker **der Nichtraucher, -** (10)

noodle **die Nudel, -n** (8)

noon **der Mittag, -e** (3); at noon **mittags** (2)

normal **normal** (5)

normally **normalerweise** (8)

north (of) **nördlich (von** + *dat.*) (7)

North Sea **die Nordsee** (B)

northeast (of) **nordöstlich (von** + *dat.*) (7)

Northern Ireland **(das) Nordirland** (B)

northwest (of) **nordwestlich (von** + *dat.*) (7)

Norway **(das) Norwegen** (B)

nose **die Nase, -n** (11)

no-stopping zone **das Halteverbot, -e** (7)

not **nicht** (A, B); not a bit **gar nicht** (3); not at all **kein bisschen** (3); not until **erst** (4); not until four o'clock **erst um vier Uhr** (4)

note (*of currency*) **der Schein, -e** (8); **der Geldschein, -e** (12); twenty-euro note **der Zwanzigeuroschein, -e** (8); to make a note **notieren, notiert** (7)

notebook **das Heft, -e** (B)

nothing **nichts** (9)

notice: not to notice **verfehlen, verfehlt** (10)

noticeable: to be noticeable **auf·fallen (fällt . . . auf), fiel . . . auf, ist aufgefallen** (12)

noun **das Substantiv, -e** (A)

novel **der Roman, -e** (3, 5); romance novel **der Liebesroman, -e** (9)

November **der November** (B)

now **jetzt** (3)

number **die Zahl, -en** (A); **die Nummer, -n** (1); house number **die Hausnummer, -n** (1); license plate number **die Autonummer, -n** (11); ordinal number **die Ordinalzahl, -en** (4); telephone number **die Telefonnummer, -n** (1)

nurse **der Krankenpfleger, -** / **die Krankenpflegerin, -nen** (5); to nurse **pflegen, gepflegt** (5)

nut **die Nuss, ¨-e** (8)

obligation **die Pflicht, -en** (3)

to observe **zu·sehen (sieht . . . zu), sah . . . zu, zugesehen** (7)

o'clock: at six o'clock **um sechs Uhr** (1); until four o'clock **bis um vier Uhr** (4)

October **der Oktober** (B)

Octoberfest (*festival held yearly during late September and early October*) **das Oktoberfest, -e** (7)

of **von** (+ *dat.*) (A, 10); **aus** (+ *dat.*) (10)

of course! **klar!** (2); **selbstverständlich** (10)

off: to cut off **ab·schneiden (schneidet . . . ab), schnitt . . . ab, abgeschnitten** (8); to take the day off **blau machen** (2)

office **das Büro, -s** (5); at the office **im Büro** (5); doctor's office **die Arztpraxis, -praxen** (11); office building **das Bürohaus, ¨-er** (6); office hour **die Sprechstunde, -n** (3); office to register town residents **das Einwohnermeldeamt, ¨-er** (12)

often **oft** (A)

oh boy! (*coll.*) **Mensch!** (2)

oil **das Öl** (5, 8); to check the oil **das Öl kontrollieren** (5); oil-color **die Ölfarbe, -n** (12)

old **alt** (A); old part of town **die Altstadt, ¨-e** (10)

olive **die Olive, -n** (8)

omelet **das Omelett, -s** (8)

on **an** (+ *acc./dat.*) (2, 4); on foot **zu Fuß** (3); on Saturday **am Samstag** (2); on the contrary **sondern** (11); on the first of October **am ersten Oktober** (4); on the phone **am Telefon** (2); on the road **unterwegs** (4, 9); on time **rechtzeitig** (12); on what day? **an welchem Tag?** (4)

once **einmal** (4); once again **schon wieder** (3)

one **eins** (A); one another **einander** (3); one-way street **die Einbahnstraße, -n** (7); one-way trip **die einfache Fahrt** (10)

onion **die Zwiebel, -n** (8)

only **nur** (3)

to open **öffnen, geöffnet** (A); **auf·machen, aufgemacht** (3); to open a bank account **ein Konto eröffnen** (5); out in the open (country) **in freier Natur** (10) opener: bottle opener **der Flaschenöffner, -** (8); can opener **der Dosenöffner, -** (8)

open-face sandwich **das belegte Brot, die belegten Brote** (8)

opposite **gegenüber** (6)

optimistic **optimistisch** (B)

or (*coord. conj.*) **oder** (A, 11)

oral report: to give an oral report **ein Referat halten** (4)

orange (*adj.*) **orange** (A); (*n.*) **die Apfelsine, -n** (8); orange juice **der Orangensaft** (8)

orchestra conductor **der Dirigent, -en** (*wk.*) / **die Dirigentin, -nen** (5)

order **die Reihenfolge, -n** (2); in order to **um . . . zu** (12); to order (*food*) **bestellen, bestellt** (8)

ordinal number **die Ordinalzahl, -en** (4)

organ (*musical instrument*) **die Orgel, -n** (12)

origin **die Herkunft, ¨e** (B)

other **sonstig** (A); other things **Sonstiges** (9); each other **einander** (3); next to each other **nebeneinander** (8); with each other **miteinander** (3)

otherwise **sonst** (B)

our **unser(e)** (2)

out of **aus** (+ *dat.*) (10); out in the open (country) **in freier Natur** (10); out this way **heraus** (10); to go out **aus·gehen (geht . . . aus), ging . . . aus, ist ausgegangen** (1); to go out (*power*) **aus·fallen (fällt . . . aus), fiel . . . aus, ist ausgefallen** (8)

outside **draußen** (11); outside of **außerhalb** (+ *gen.*) (12)

oven **der Backofen, ¨** (5)

over (*prep.*) **über** (+ *dat./acc.*) (4); (*adv.*) **vorbei** (9); over that way **hinüber** (10); over the weekend **am Wochenende** (1), **übers Wochenende** (4)

overcoat **der Mantel, ¨** (A)

overdraft protection **der Überziehungskredit, -e** (12)

overnight: to stay overnight **übernachten, übernachtet** (6)

own **eigen** (6)

to pack **packen, gepackt** (7); to pack up **ein·packen, eingepackt** (1)

package **das Paket, -e** (8)

pact **der Pakt, -e** (12)

page **die Seite, -n** (6)

pain **der Schmerz, -en** (11)

to paint **malen, gemalt** (12)

paintbrush **der Pinsel, -** (12)

painting **das Gemälde, -** (12); **die Malerei** (12)

palace **das Schloss, ¨er** (6)

Palestine **(das) Palästina** (B)

palm hut **die Palmenhütte, -n** (6); palm tree **die Palme, -n** (6)

pan **die Pfanne, -n** (5); **der Topf, ¨e** (5)

pants **die Hose, -n**

paper **das Papier, -e** (B); paper towel **das Papiertuch, ¨er** (5); to give a paper **ein Referat halten** (4); toilet paper **das Toilettenpapier** (4); writing paper **das Briefpapier** (5)

parents **die Eltern (pl.)** (B)

park **der Park, -s** (1); city park **der Stadtpark, -s** (10); to park **parken, geparkt** (7); to walk in the park **im Park spazieren gehen** (1)

parking lot **der Parkplatz, ¨e** (6); parking space **die Parklücke, -n** (7)

parrot **der Papagei, -en** (10)

part **der Teil, -e** (7)

to participate **mit·machen, mitgemacht** (10)

particularly **besonders** (3)

partner **der Partner, -** / **die Partnerin, -nen** (12); work with a partner **arbeiten Sie mit einem Partner** (A)

partnership **die Partnerschaft, -en** (12)

party **die Party, -s** (1, 2); **die Feier, -n** (9); to go to a party **auf eine Party gehen** (1)

passenger train **der Personenzug, ¨e** (7)

passport **der Pass, ¨e** (7); **der Reisepass, ¨e** (10)

past (*adv.*) **vorbei** (9); at twenty past five **um zwanzig nach fünf** (1)

pasture **die Wiese, -n** (7)

path: bicycle path **der Radweg, -e** (7)

patient (*adj.*) **geduldig** (12); (*n.*) **der Patient, -en** (*wk.*) / **die Patientin, -nen** (5)

to pay **zahlen, gezahlt** (5); to pay (for) **bezahlen, bezahlt** (4); to pay attention **auf·passen, aufgepasst** (3); to pay attention to **achten auf** (+ *acc.*), **geachtet** (11); to pay off **ab·zahlen, abgezahlt** (12)

payment: means of payment **das Zahlungsmittel, -** (12)

pea **die Erbse, -n** (8)

peach **der Pfirsich, -e** (8)

pear **die Birne, -n** (8)

pedestrian **der Fußgänger, -** (7); pedestrian mall **die Fußgängerzone, -n** (10)

pen **der Stift, -e** (A, B); ballpoint pen **der Kugelschreiber, -** (4)

pencil **der Bleistift, -e** (A, B)

penicillin **das Penizillin** (4)

peninsula **die Halbinsel, -n** (7)

people **die Leute** (*pl.*) (7)

pepper **der Pfeffer** (8)

per **pro** (3); per cent **das Prozent, -e** (4)

perfect **vollkommen** (12)

perfume **das Parfüm, -e** (5)

perhaps **vielleicht** (2)

perm (permanent wave) **die Dauerwelle, -n** (11)

permit: residence permit **die Aufenthaltserlaubnis, -se** (12); work permit **die Arbeitserlaubnis, -se** (12); to permit **erlauben, erlaubt** (7); permitted: to be permitted (to) **dürfen (darf), durfte, gedurft** (3)

to persecute **verfolgen, verfolgt** (12)

person **die Person, -en** (A, 1); **der Mensch, -en** (*wk.*) (2); personal data **die Personalien** (*pl.*) (12); personal hygiene **die Körperpflege** (11)

pet **das Haustier, -e** (10)

pharmacist **der Apotheker, -** / **die Apothekerin, -nen** (11)

pharmacy **die Apotheke, -n** (6, 11)

photo **das Foto, -s** (1)

to photograph **fotografieren, fotografiert** (4)

physical state **körperliche Verfassung, -en** (3)

physician **der Arzt, ¨e** / **die Ärztin, -nen** (3, 5, 11)

physics **die Physik** (1)

piano **das Klavier, -e** (2)

to pick **pflücken, gepflückt** (9); to pick (*s.o.*) up (from a place) **ab·holen, abgeholt** (1)

pickle **die saure Gurke, die sauren Gurken** (8)

picnic **das Picknick, -s** (4)

picture **das Bild, -er** (2); to hang the picture on the wall **das Bild an die Wand hängen** (3); what do your pictures show? **was zeigen Ihre Bilder?** (A)

piece **das Stück, -e** (8); piece of furniture **das Möbelstück, -e** (6)

piercing **das Piercing, -s** (2)

pig **das Schwein, -e** (9)

pigpen **der Schweinestall, ¨e** (5)

pill **die Tablette, -n** (11)

pillow **das Kopfkissen, -** (6)

pilot **der Pilot, -en** (*wk.*) / **die Pilotin, -nen** (5)

PIN: secret PIN **die Geheimzahl, -en** (12)

pink **rosa** (A)

piranha **der Piranha, -s** (10)

pizza **die Pizza, -s** (2)

place **der Ort, -e** (1, 4, 5); **der Platz, ¨e** (3); **die Lage, -n** (10); at your place **bei dir** (3); is this seat/place taken? **ist hier noch frei?** (3); to place (*in a sitting position*) **setzen, gesetzt** (7); to place (*in an upright position*) **stellen, gestellt** (3, 5); to take place **statt·finden (findet . . . statt), fand . . . statt, stattgefunden** (5)

plan **der Plan, ¨e** (3); to plan **planen, geplant** (7); to plan (to) **wollen (will), wollte, gewollt** (3)

plant **die Pflanze, -n** (3, 6)

plate **der Teller, -** (8); license plate **das Nummernschild, -er** (7); license plate number **die Autonummer, -n** (11)

play **das Schauspiel, -e** (12); to play **spielen, gespielt** (1)

player: soccer player **der Fußballspieler, -** / **die Fußballspielerin, -nen** (9); tennis player **der Tennisspieler, -** / **die Tennisspielerin, -nen** (9)

playground **der Spielplatz, ¨e** (9)

playwright **der Dramatiker, -** / **die Dramatikerin, -nen** (9)

pleasant **angenehm** (6)

please **bitte** (A); to please **gefallen** (+ *dat.*) **(gefällt), gefiel, gefallen** (6); yes please? **bitte schön?** (7)

pleasure **das Vergnügen** (2); **die Freude, -n** (9); with pleasure **gern** (1)

pliers **die Zange, -n** (8)

plum **die Pflaume, -n** (8)

pneumonia **die Lungenentzündung** (11)

pocket **die Tasche, -n** (1, 5)

poem **das Gedicht, -e** (3)

point **der Punkt, -e** (3); main point **der Stichpunkt, -e** (12)

to poison **vergiften, vergiftet** (9)

poisonous **giftig** (9)

Poland **(das) Polen** (B)

police officer **der Polizist, -en** (*wk.*) / **die Polizistin, -nen** (5); police station **die Polizei** (5); at the police station **auf der Polizei** (5)

political(ly) **politisch** (4)

politics **die Politik** (5)

pool: swimming pool **das Schwimmbad, ⸚er** (1, 5); at the swimming pool **im Schwimmbad** (5); to go to the swimming pool **ins Schwimmbad fahren** (1)

poor **arm** (9)

popular **beliebt** (3)

pork **das Schweinefleisch** (8); ground pork **das Hackfleisch** (8)

port **der Hafen, ⸚** (10)

Portugal **(das) Portugal** (B)

Portuguese (*language*) **(das) Portugiesisch** (B)

position **die Lage, -n** (10)

possessions **der Besitz** (2)

possessive adjective **Possessivpronomen, -** (2)

possibility **die Möglichkeit, -en** (5)

possible: as . . . as possible **möglichst** (+ *adv.*) (6); everything possible **alles Mögliche** (2)

post office **die Post** (5); at the post office **auf der Post** (5)

postal employee **der/die Postangestellte, -n (ein Postangestellter)** (5)

postcard **die Postkarte, -n** (2)

poster **das Poster, -** (6)

pot **der Topf, ⸚e** (5)

potato **die Karotffel, -n** (8); boiled potatoes **die Salzkartoffeln** (*pl.*) (8)

potholder **der Topflappen, -** (5)

potter's wheel **die Töpferscheibe, -n** (12)

poultry **das Geflügel** (8)

pound **das Pfund, -e** (7)

to pour **gießen (gießt), goss, gegossen** (8)

power **der Strom** (5)

practical **praktisch** (5); practical (career) training **praktische Ausbildung** (5)

to practice **aus·üben, ausgeübt** (12)

preference **die Präferenz, -en** (1)

prefix **das Präfix, -e** (1)

prejudice **das Vorurteil, -e** (12)

prenuptial agreement **der Ehevertrag, ⸚e** (12)

preparation **die Zubereitung, -en** (8)

to prepare (*food*) **zu·bereiten, zubereitet** (8)

preposition **die Präposition, -en** (2)

prescription **das Rezept, -e** (11)

present **das Geschenk, -e** (2, 5); Christmas present **das Weihnachtsgeschenk, -e** (5); to present **vor·stellen, vorgestellt** (6); to present (*documents*) **vor·legen, vorgelegt** (10)

president **der Präsident, -en** (*wk.*) / **die Präsidentin, -nen** (5)

pressure: blood pressure **der Blutdruck** (11); to have low/high blood pressure **niedrigen/hohen Blutdruck haben** (11)

prestige **die Prestige** (5)

pretty **hübsch** (A, 2); **schön** (B); pretty big **ziemlich groß** (2)

price **der Preis, -e** (7)

priest **der Priester, -** / **die Priesterin, -nen** (5)

prince **der Prinz, -en** (*wk.*) (9)

princess **die Prinzessin, -nen** (9)

prison **das Gefängnis, -se** (6)

prize **der Preis, -e** (12)

probably **wahrscheinlich** (11); **wohl** (12)

processing: electronic data processing **die EDV = elektronische Datenverarbeitung** (12)

to produce (*documents*) **vor·legen, vorgelegt** (10)

profession **der Beruf, -e** (1, 5); what's your profession? **was sind Sie von Beruf?** (1)

professional life **das Berufsleben** (12)

professor **der Professor, -en** / **die Professorin, -nen** (A, B)

progressive **progressiv** (B)

prohibition **das Verbot, -e** (7)

to promise **versprechen (verspricht), versprach, versprochen** (7)

to promote **fördern, gefördert** (12)

promoted (*to next grade in school*) **versetzt** (3)

protected **geborgen** (12)

protection: overdraft protection **der Überziehungskredit, -e** (12)

protector **der Beschützer, -** (12)

to protest **protestieren, protestiert** (12)

proximity **die Nähe** (7)

psychiatrist **der Psychiater, -** / **die Psychiaterin, -nen** (11)

public authority **die Behörde, -n** (12); public transportation **die öffentlichen Verkehrsmittel** (*pl.*) (7)

to pull **ziehen (zieht), zog, gezogen** (8)

pullover **der Pullover, - (der Pulli, -s)**

punctual **pünktlich** (7)

pupil **der Schüler, -** / **die Schülerin, -nen** (1)

purchase **der Einkauf, ⸚e** (5)

purple **lila** (A)

purse **die Tasche, -n** (1, 5)

to put (*in a sitting position*) **setzen, gesetzt** (7); to put (*in an upright position*) **stellen, gestellt** (3, 5); to put (into) **geben (in + *acc.*) (gibt), gab, gegeben** (8); to put away **weg·stellen, weggestellt** (5); to put on

an·legen, angelegt (10); to put on (*clothes*) **an·ziehen (zieht . . . an), zog . . . an, angezogen** (3)

puzzle **das Rätsel, -** (9); to solve a puzzle **ein Rätsel lösen** (9)

python **die Riesenschlange, -n** (10)

to quarrel **streiten (streitet), stritt, gestritten** (9)

quarter: at a quarter to four **um Viertel vor vier** (1); quarter hour **die Viertelstunde, -n** (6)

queen **die Königin, -nen** (9)

question **die Frage, -n** (A); to ask a question **eine Frage stellen** (A, 5); question word **das Fragewort, ⸚er** (B)

quick **schnell** (3)

quiet **ruhig** (B)

quietly **leise** (9)

quite **ganz** (2); quite a bit **ganz schön viel** (3)

rabies **die Tollwut** (10)

radio **das Radio, -s** (2); car radio **das Autoradio, -s** (7)

rag (*for cleaning*) **der Putzlappen, -** (6)

railroad **die Bahn, -en** (7)

railway: cable railway **die Seilbahn, -en** (7)

rain **der Regen** (7)

raining: it is raining **es regnet** (B)

rainy: in rainy weather **bei Regen** (7)

range of mountains **das Gebirge, -** (7)

rare(ly) **selten** (8)

rat **die Ratte, -n** (10)

rather **ziemlich** (2); **lieber** (2); **eher** (12); I'd rather go . . . **ich gehe lieber . . .** (2)

rattlesnake **die Klapperschlange, -n** (10)

to reach **erreichen, erreicht** (12)

to read **lesen (liest), las, gelesen** (A, 1); to read aloud **vor·lesen (liest . . . vor), las . . . vor, vorgelesen** (9); to read the newspaper **Zeitung lesen** (1)

ready **fertig** (3)

real(ly) **echt** (2); really **wirklich** (B)

receipt **die Quittung, -en** (8)

to receive **bekommen (bekommt), bekam, bekommen** (3)

recently **neulich** (9)

reception **die Rezeption, -en** (10)

recess **die Pause, -n** (1)

recipient (*of a prize*) **der Träger, -** (12)

recorder **die Blockflöte, -n** (12)

recreation room **der Aufenthaltsraum, ⸚e** (10)

to recuperate **sich erholen, erholt** (11)

red **rot** (A)

refrigerator **der Kühlschrank, ⸚e** (5)

refugee **der Flüchtling, -e** (12)

regards **mit freundlichen Grüßen** (10)

to register **sich an·melden, angemeldet** (12); to get registered **sich registrieren lassen** (12); office to register town residents **das Einwohnermeldeamt, ⸚er** (12)

regularly **regelmäßig** (11)

relative **relativ** (5)

relatives **die Verwandten** (*pl.*) (2)

religion **die Religion** (1)

religious **religiös** (B); religious denomination **die Konfession, -en** (12)

to remain **bleiben (bleibt), blieb, ist geblieben** (1)

remembrance **die Erinnerung, -en** (4)

to remove **ab·nehmen (nimmt . . . ab), nahm . . . ab, abgenommen** (11)

rent **die Miete, -n** (6); to rent **mieten, gemietet** (6); to rent out **vermieten, vermietet** (6)

renter **der Mieter, - / die Mieterin, -nen** (6)

to repair **reparieren, repariert** (1); repair shop **die Werkstatt, ̈en** (5)

to repeat **wiederholen, wiederholt** (10)

report **das Referat, -e** (3); accident report **der Unfallbericht, -e** (11); report card **das Zeugnis, -se** (3); to give an oral report **ein Referat halten** (4)

reporter **der Reporter, - / die Reporterin, -nen** (4); TV reporter **der Fernsehreporter, - / die Fernsehreporterin, -nen** (5)

requirement **die Pflicht, -en** (3)

to rescue **erlösen, erlöst** (9)

to reserve **reservieren, reserviert** (7)

residence **der Wohnort, -e** (1); residence permit **die Aufenthaltserlaubnis, -se** (12)

resident: office to register town residents **das Einwohnermeldeamt, ̈er** (12)

responsibility **die Verantwortung, -en** (12)

to rest **sich aus·ruhen, ausgeruht** (11)

restaurant **das Restaurant, -s** (2, 8); **die Gaststätte, -n** (5); at the restaurant **im Restaurant** (8); **in der Gaststätte** (5)

to return **zurück·kommen (kommt . . . zurück), kam . . . zurück, ist zurückgekommen** (6)

reunion: class reunion **das Klassentreffen, -** (9)

rice **der Reis** (8)

riddle **das Rätsel, -** (9); to solve a riddle **ein Rätsel lösen** (9)

to ride **reiten (reitet), ritt, ist geritten** (1); **fahren (fährt), fuhr, ist/hat gefahren** (2); to ride a motorcycle **Motorrad fahren** (1); to ride off **los·fahren (fährt . . . los), fuhr . . . los, ist losgefahren** (9)

right (*adj.*) **richtig** (2); (*adv.*) **rechts** (10); right across the way **gleich gegenüber** (6); right away **gleich** (4); that's right **stimmt!** (4); **das stimmt so** (8); to be right **Recht haben (hat . . . Recht), hatte . . . Recht, Recht gehabt** (2); to be right **stimmen, gestimmt** (8); to the right **rechts** (7)

right-of-way **die Vorfahrt, -en** (7)

right-wing extremist **der Rechtsextremist, -en** (*wk.*) (12)

ring **der Ring, -e** (2)

to ring **klingeln, geklingelt** (2)

to rinse **spülen, gespült** (4)

river **der Fluss, ̈e** (7)

road **die Straße, -n** (6); on the road **unterwegs** (4, 9)

roast **der Braten, -** (8)

roasted **gebraten** (8)

rock concert **das Rockkonzert, -e** (9)

rocket **die Rakete, -n** (7)

role **die Rolle, -n** (4); role model **das Vorbild, -er** (9)

roll **das Brötchen, -** (8)

romance novel **der Liebesroman, -e** (9)

Romania **(das) Rumänien** (B)

roof **das Dach, ̈er** (6)

room **das Zimmer, -** (2); bedroom **das Schlafzimmer, -** (6); breakfast room **das Frühstückszimmer, -** (10); dining room **das Esszimmer, -** (6); double room **das Doppelzimmer, -** (10); dressing room **die Umkleidekabine, -n** (5); laundry room **die Waschküche, -n** (6); living room **das Wohnzimmer, -** (6); recreation room **der Aufenthaltsraum, ̈e** (10); single room **das Einzelzimmer, -** (5); TV room **das Fernsehzimmer, -** (10)

roommate **der Mitbewohner, - / die Mitbewohnerin, -nen** (2)

round trip **hin und zurück** (5, 10); **die Hin- und Rückfahrt** (10)

roundabout: traffic roundabout **der Kreisverkehr, -** (10)

routine: daily routine **der Alltag** (4)

row: in a row **hintereinander** (3)

rump steak **das Rumpsteak, -s** (8)

to run **laufen (läuft), lief, ist gelaufen** (A, 2); **rennen (rennt), rannte, ist gerannt** (7); to run in the woods **im Wald laufen** (2); to run over **überfahren (überfährt), überfuhr, überfahren** (11)

rural highway **die Landstraße, -n** (7)

rushed **eilig** (10)

Russia **(das) Russland** (B)

Russian (*adj.*) **russisch** (12); (*language*) **(das) Russisch** (B)

rusty **rostig** (8)

sad **traurig** (B)

safety belt **der Sicherheitsgurt, -e** (7)

to sail **segeln, gesegelt** (1)

salad **der Salat, -e** (8); herring salad **der Heringssalat, -e** (8); salad (mixing) bowl **die Salatschüssel, -n** (5); salad dressing **die Soße, -n** (8)

salesperson **der Verkäufer, - / die Verkäuferin, -nen** (5)

salon: tanning salon **das Solarium, Solarien** (11)

salt **das Salz** (8)

salted **gesalzen** (8)

salty **salzig** (7)

same **egal** (6)

sand **der Sand** (7)

sandcastle **die Sandburg, -en** (10)

sandwich: (open-face) sandwich **das belegte Brot, die belegten Brote** (8)

Saturday **der Samstag** (1); on Saturday **am Samstag** (2)

sauce **die Soße, -n** (8)

sauerkraut **das Sauerkraut** (7)

sauna **die Sauna, -s** (11)

sausage **die Wurst, ̈e** (8)

to save (*money*) **sparen, gespart** (7)

savings account **das Sparkonto, -konten** (12)

to say **sagen, gesagt** (A, 5); to say hi to **grüßen, gegrüßt** (11)

scale: kitchen scale **die Küchenwaage, -n** (5)

scar **die Narbe, -n** (1)

scarf **der Schal, -s** (2)

scene of the accident **die Unfallstelle, -n** (11)

schedule **der Stundenplan, ̈e** (1)

schilling (*former Austrian monetary unit*) **der Schilling, -e** (7); two schillings **zwei Schilling** (7)

scholarship **das Stipendium, Stipendien** (1)

school **die Schule, -n** (A, 1, 3, 4, 5); at school **in der Schule** (5); elementary school **die Grundschule, -n** (4); high school, college prep school **das Gymnasium, Gymnasien** (4); summer school **der Sommerkurs, -e** (3)

schooling **die Schulbildung** (4)

science: computer science **die Informatik** (1); earth science **die Erdkunde** (1); natural science **die Naturwissenschaft, -en** (9)

scientist **der Wissenschaftler, - / die Wissenschaftlerin, -nen** (9)

scissors **die Schere, -n** (8)

to scold **schimpfen, geschimpft** (9)

scorpion **der Skorpion, -e** (10)

to scream **schreien (schreit), schrie, geschrien** (3)

sculptor **der Bildhauer, - / die Bildhauerin, -nen** (12)

sculpture **die Skulptur, -en** (12); **die Bildhauerei** (12)

sea **das Meer, -e** (B, 1, 7); to swim in the sea **im Meer schwimmen** (1); to the sea **ans Meer** (2)

seagull **die Möwe, -n** (10)

seasick **seekrank** (7)

season **die Jahreszeit, -en** (B)

to season **würzen, gewürzt** (8)

seasoning **das Gewürz, -e** (8)

seat **der Sitz, -e** (7); **der Sitzplatz, ̈e** (10); is this seat/place taken? **ist hier noch frei?** (3)

second (*n.*) **die Sekunde, -n** (1)

second (*adj.*) **zweit-** (4)

secret **heimlich** (9); secret PIN **die Geheimzahl, -en** (12)

secretary **der Sekretär, -e / die Sekretärin, -nen** (5)

sector **der Bereich, -e** (12)

security checkpoint **die Sicherheitskontrolle,
-n** (10); security deposit **die Kaution, -en** (6)
to see **sehen (sieht), sah, gesehen** (2); see you
soon **bis bald!** (A)
seldom **selten** (8)
to select **aus·wählen, ausgewählt** (8)
to sell **verkaufen, verkauft** (5)
semester **das Semester, -** (1)
to send **schicken, geschickt** (2)
sentence **der Satz, -̈e** (3)
separable prefixes **trennbare Präfixe** (1)
to separate **trennen, getrennt** (7)
separately; separate checks (*in restaurant*)
getrennt (5)
September **der September** (B)
sequence **die Reihenfolge, -n** (2, 4)
serious **ernsthaft** (B)
servant **der Diener, -** (9)
service **die Bedienung** (8)
to set **decken, gedeckt** (3); **setzen, gesetzt** (7);
to set up **auf·stellen, aufgestellt** (11)
seven **sieben** (A)
seventeen **siebzehn** (A)
seventh **siebt-** (4)
seventy **siebzig** (A)
several **mehrere** (*pl.*) (10); several times
mehrmals (B)
shade **der Schatten, -** (9)
shadow **der Schatten, -** (9)
to shake hands **die Hand schütteln** (A)
share (*of stock*) **die Aktie, -n** (12)
shared housing **die Wohngemeinschaft, -en** (6)
shark **der Hai, -e** (10)
to shave **sich rasieren, rasiert** (11)
ship **das Schiff, -e** (7)
shirt **das Hemd, -en** (A)
shock **der Schock** (11)
shoe **der Schuh, -e** (A); athletic shoe **der
Sportschuh, -e** (A); shoe store **das
Schuhgeschäft, -e** (6)
shop: copy shop **der Kopierladen, -̈** (10); repair
shop **die Werkstatt, -̈en** (5); to shop, to go
shopping **einkaufen gehen (geht . . .
einkaufen), ging . . . einkaufen, ist
einkaufen gegangen** (1, 5)
shopping center **das Einkaufszentrum,
-zentren** (10)
shore **der Strand, -̈e** (7)
short **klein** (B); **kurz** (B); short hair **kurzes Haar**
(B); with the short hair **mit dem kurzen
Haar** (A)
shot **die Spritze, -n** (11)
shoulder **die Schulter, -n** (B)
to shout **rufen (ruft), rief, gerufen** (7)
to shovel **schaufeln, geschaufelt** (11)
to show **zeigen, gezeigt** (10); what do your
pictures show? **was zeigen Ihre Bilder?** (A)
shower **die Dusche, -n** (5); to shower, to take a
shower **(sich) duschen, geduscht** (1, 11)
shrill **grell** (2)

shrimp **die Krabbe, -n** (8)
to shut **schließen (schließt), schloss,
geschlossen** (A); tied shut **zugebunden** (8)
shy **schüchtern** (B)
siblings **die Geschwister** (*pl.*) (B)
sick **krank** (B)
sickness **die Krankheit, -en** (11)
side **die Seite, -n** (6)
sidewalk **der Fußgängerweg, -e** (7)
sign **das Schild, -er** (7); traffic sign **das
Verkehrsschild, -er** (7); to sign
**unterschreiben (unterschreibt),
unterschrieb, unterschrieben** (1); sign here,
please **unterschreib bitte hier** (A)
signature **die Unterschrift, -en** (1)
sill: window sill **die Fensterbank, -̈e** (5)
silverware **das Besteck** (5)
similar **ähnlich** (A)
simple, simply **einfach** (2)
since **seit** (+ *dat.*) (4, 11)
to sing **singen (singt), sang, gesungen** (1); to
sing (*s.th.*) to (*s.o.*) **vor·singen (singt . . .
vor), sang . . . vor, vorgesungen** (5); we like
to sing **wir singen gern** (1)
single room **das Einzelzimmer, -** (5)
sink **das Spülbecken, -** (5)
sister **die Schwester, -n** (B); brothers and sisters
die Geschwister (*pl.*)
to sit **sitzen (sitzt), saß, gesessen** (4); to sit
down **sich setzen, gesetzt** (A, 11)
situation: conversational situation **die
Sprechsituation, -en** (A)
six **sechs** (A)
sixteen **sechzehn** (A)
sixth **sechst-** (4)
sixty **sechzig** (A)
skate: ice skate **der Schlittschuh, -e** (2, 3); to go
ice-skating **Schlittschuh laufen (läuft . . .
Schlittschuh), lief . . . Schlittschuh, ist
Schlittschuh gelaufen** (3)
skateboard **das Skateboard, -s** (3); to skateboard
**Skateboard fahren (fährt . . . Skateboard),
fuhr . . . Skateboard, ist Skateboard
gefahren** (3)
ski **der Ski, -er** (3); to ski **Ski fahren (fährt . . .
Ski), fuhr . . . Ski, ist Ski gefahren** (3); ski
goggles **die Skibrille, -n** (5)
skills **die Kenntnisse** (*pl.*) (5)
skin **die Haut, -̈e** (3, 11)
skirt **der Rock, -̈e** (A)
skyscraper **der Wolkenkratzer, -** (6)
sled **der Schlitten, -** (2)
sleep **der Schlaf** (9); to sleep **schlafen (schläft),
schlief, geschlafen** (2)
sleeping bag **der Schlafsack, -̈e** (2); sleeping car
der Schlafwagen, - (4)
slender **schlank** (B)
slice **das Stück, -e** (8)
to slide **rutschen, ist gerutscht** (9)

slim **schlank** (B)
to slip **rutschen, ist gerutscht** (9);
aus·rutschen, ist ausgerutscht (11)
Slovakia **die Slowakei** (B)
Slovenia **(das) Slowenien** (B)
small **klein** (B); **eng** (12)
to smell **riechen (riecht), roch, gerochen** (11)
to smoke **rauchen, geraucht** (3)
smoked **geräuchert** (8)
smoker **der Raucher, -** (10)
snail **die Schnecke, -n** (10)
snake **die Schlange, -n** (10)
sniffles **der Schnupfen, -** (11)
snow **der Schnee** (9)
snowing: it is snowing **es schneit** (B)
so **so** (A); also (2); and so forth **und so weiter**
(5); so long **bis bald!** (A); so that (*subord.
conj.*) **damit** (11)
soap **die Seife, -n** (6)
soccer ball **der Fußball, -̈e** (A, 1); soccer player
**der Fußballspieler, - / die
Fußballspielerin, -nen** (9); soccer stadium
das Fußballstadion, -stadien (10)
social studies **die Sozialkunde** (1)
society: multicultural society **multikulturelle
Gesellschaft** (12)
sociology **die Soziologie** (1)
sock **die Socke, -n** (2)
sofa **das Sofa, -s** (6)
soft drink **die Limonade, -n** (4)
sold out **ausverkauft** (5)
to solve a puzzle/riddle **ein Rätsel lösen,
gelöst** (6)
somebody **jemand** (3)
someone **jemand** (3)
something **etwas** (2, 4, 5); something
interesting/new **etwas Interessantes/
Neues** (4)
sometimes **manchmal** (B)
son **der Sohn, -̈e** (B)
song **das Lied, -er** (3)
songbook **das Songbuch, -̈er** (2)
soon **bald** (9); see you soon **bis bald!** (A); soon
thereafter **bald darauf** (9)
sore muscles **der Muskelkater, -** (11); sore
throat **die Halsschmerzen** (pl.) (11)
sorry **tut mir Leid!** (5)
soul **die Seele, -n** (12)
sound **das Geräusch, -e** (9); to sound (like)
klingen (wie) (klingt), klang, geklungen (11)
sour **sauer** (8)
south (of) **südlich (von** + *dat.*) (7)
South Africa **(das) Südafrika** (B)
South America **(das) Südamerika** (B)
southeast (of) **südöstlich (von** + *dat.*) (7)
southwest (of) **südwestlich (von** + *dat.*) (7)
souvenir **das Andenken, -** (7)
space: parking space **die Parklücke, -n** (7);
space station **die Raumstation, -en** (6)
Spain **(das) Spanien** (B)

Spanish (*language*) **(das) Spanisch** (B)

to speak **sprechen (spricht), sprach, gesprochen** (B); speaking: German-speaking **deutschsprachig** (9)

specialized training **die Ausbildung** (5)

spell: to cast a spell on **verwünschen, verwünscht** (9); to spell **schreiben (schreibt), schrieb, geschrieben** (A); how do you spell that? **wie schreibt man das?** (A)

to spend (*money*) **aus·geben (gibt . . . aus), gab . . . aus, ausgegeben** (3); to spend (*time*) **verbringen (verbringt), verbrachte, verbracht** (3)

spice **das Gewürz, -e** (8)

spinach **der Spinat** (8)

spite: in spite of **trotz** (+ *gen.*) (12); in spite of that **trotzdem** (9)

spoon **der Löffel, -** (8)

sports **der Sport** (1); to do sports **Sport treiben (treibt . . . Sport), trieb . . . Sport, Sport getrieben** (2); sports jacket **das Sakko, -s** (A)

spouse **der Ehepartner, - / die Ehepartnerin, -nen** (12)

spring **der Frühling, -e** (B); in the spring **im Frühling** (B); spring cleaning **der Frühjahrsputz** (6)

to sprinkle **bestreuen, bestreut** (8)

square: market square **der Marktplatz, ⁻e** (6); square meter (m²) **der Quadratmeter, - (qm)** (6)

squash (*game*) **das Squash** (1)

stadium: soccer stadium **das Fußballstadion, -stadien** (10)

stairway **die Treppe, -n** (6)

stairwell **das Treppenhaus, ⁻er** (10)

stamp **die Briefmarke, -n** (5)

to stand **stehen (steht), stand, gestanden** (2, 6); to stand up **auf·stehen (steht . . . auf), stand . . . auf, ist aufgestanden** (A)

state **der Staat, -en** (10); physical and mental states **körperliche und geistige Verfassung** (3)

station: space station **die Raumstation, -en** (6); train station **der Bahnhof, ⁻e** (4, 5)

stationery **das Briefpapier** (5); stationery store **das Schreibwarengeschäft, -e** (6)

to stay **bleiben (bleibt), blieb, ist geblieben** (1); to stay overnight **übernachten, übernachtet** (6)

steak: rump steak **das Rumpsteak, -s** (8)

to steal **stehlen (stiehlt), stahl, gestohlen** (7)

steering wheel **das Lenkrad, ⁻er** (7)

stepfather **der Stiefvater, ⁻** (9)

stepmother **die Stiefmutter, ⁻** (9)

stereo system **die Stereoanlage, -n** (6)

still **noch** (B)

to sting **stechen (sticht), stach, gestochen** (10)

stock **die Aktie, -n** (12); stock exchange **die Börse, -n** (12); stock market crash **der Börsenkrach, ⁻e** (12)

stomach **der Bauch, ⁻e** (B); **der Magen, ⁻** (11)

stomachache **die Magenschmerzen** (*pl.*) (11)

stone **der Stein, -e** (12); Stone Age **die Steinzeit** (12)

stop **die Haltestelle, -n** (10); bus stop **die Bushaltestelle, -n** (6); to stop **an·halten (hält . . . an), hielt . . . an, angehalten** (7); **halten (hält), hielt, gehalten** (7); to stop (*doing s.th.*) **auf·hören (mit + *dat.*), aufgehört** (1)

store **das Geschäft, -e** (2); department store **das Kaufhaus, ⁻er** (5); at the department store **im Kaufhaus** (5)

story (*of a building*) **der Stock, Stockwerke** (6)

stove **der Herd, -e** (5); tile stove **der Kachelofen, ⁻** (6)

to stow **verstauen, verstaut** (7)

straight ahead **geradeaus** (10)

to straighten **gerade stellen** (3)

strange **komisch** (12)

strawberry **die Erdbeere, -n** (8)

street **die Straße, -n** (6); city street map **der Stadtplan, ⁻e** (10); narrow street **die Gasse, -n** (10); one-way street **die Einbahnstraße, -n** (7)

streetcar **die Straßenbahn, -en** (7)

strict **streng** (9)

string **die Schnur, ⁻e** (8)

stuck: to get stuck **stecken bleiben (bliebt . . . stecken), blieb . . . stecken, ist stecken geblieben** (11)

student **der Student, -en** (*wk.*) / **die Studentin, -nen** (A, B); fellow student **der Mitstudent, -en** (*wk.*) / **die Mitstudentin, -nen** (A); student life **das Studentenleben** (4)

study: course of studies **das Studium, Studien** (3); university studies **das Studium, Studien** (1); to study **studieren, studiert** (1)

stupid **dumm** (6)

stylish **schick** (2)

subject **das Thema, Themen** (4); academic subject **das Fach, ⁻er** (1); academic subjects **Schul- und Studienfächer** (1); favorite subject **das Lieblingsfach, ⁻er** (5)

subway **die U-Bahn, -en (Untergrundbahn)** (7)

to suck **lutschen, gelutscht** (11)

suddenly **plötzlich** (9)

sugar **der Zucker** (8)

to suggest **vor·schlagen (schlägt . . . vor), schlug . . . vor, vorgeschlagen** (5)

suggestion **der Vorschlag, ⁻e** (5)

suit **der Anzug, ⁻e** (A); bathing suit **der Badeanzug, ⁻e** (5); to suit **stehen (+ *dat.*) (steht), stand, gestanden** (6)

suitcase **der Koffer, -** (2)

summer **der Sommer, -** (B); last summer **letzten Sommer** (B); summer school **der Sommerkurs, -e** (3)

sun: to lie in the sun **in der Sonne liegen** (1)

to sunbathe **sich sonnen, gesonnt** (11)

sunbathing: to go sunbathing **sonnenbaden gehen** (10)

sunburn **der Sonnenbrand, ⁻e** (10)

Sunday **der Sonntag** (1)

sunglasses **die Sonnenbrille, -n** (1, 2)

sunny **sonnig** (B)

sunshade **der Sonnenschirm, -e** (10)

suntanning lotion **die Sonnenmilch** (10)

super-fast **superschnell** (7)

supermarket **der Supermarkt, ⁻e** (5); at the supermarket **im Supermarkt** (5)

supper **das Abendessen, -** (1)

supposed: to be supposed to **sollen (soll), sollte, gesollt** (3)

sure **sicher** (3)

surface **die Fläche, -n** (7)

surfboard **das Surfbrett, -er** (2)

surrounding area **die Umgebung, -en** (5)

survey **die Umfrage, -n** (4)

suspicion **die Ahnung, -en** (4)

to swear **fluchen, geflucht** (11)

sweater **der Pullover, - (der Pulli, -s)** (2)

Sweden **(das) Schweden** (B)

Swedish (*language*) **(das) Schwedisch** (B)

to sweep **fegen, gefegt** (5)

sweet (*adj.*) **süß** (4); **lieb** (10); (*n.*) **die Süßigkeit, -en** (9)

to swim **schwimmen (schwimmt), schwamm, ist geschwommen** (7); to swim in the sea **im Meer schwimmen** (1)

swimming: to go swimming **schwimmen gehen (geht . . . schwimmen), ging . . . schwimmen, ist schwimmen gegangen** (1); swimming pool **das Schwimmbad, ⁻er** (1, 5); at the swimming pool **im Schwimmbad** (5); to go to the swimming pool **ins Schwimmbad fahren** (1); swimming pool attendant **der Bademeister, - / die Bademeisterin, -nen** (5); swimming trunks **die Badehose, -n** (5)

Swiss (*person*) **der Schweizer, - / die Schweizerin, -nen** (B)

to switch on **an·machen, angemacht** (3)

Switzerland **die Schweiz** (B)

symptom **das Symptom, -e** (11)

syrup: cough syrup **der Hustensaft, ⁻e** (11)

table **der Tisch, -e** (B); bedside table **der Nachttisch, -e** (6); kitchen table **der Küchentisch, -e** (5); table tennis **das Tischtennis** (3); to clear the table **den Tisch abräumen** (3); to set the table **den Tisch decken** (3)

tablet **die Tablette, -n** (11); headache tablet **die Kopfschmerztablette, -n** (11)

to take **nehmen (nimmt), nahm, genommen** (A); take care (*infor.*) **mach's gut!** (A); to take (*a course*) **belegen, belegt** (3); to take along **mit·nehmen (nimmt . . . mit), nahm . . . mit, mitgenommen** (3); to take away, take out **weg·bringen (bringt . . . weg), brachte . . . weg, weggebracht** (5); to take blood **Blut ab·nehmen** (11); to take effect

wirken, gewirkt (11); to take off (*clothes*)
aus·ziehen (zieht . . . aus), zog . . . aus,
ausgezogen (3); to take on (*responsibility*)
übernehmen (übernimmt), übernahm,
übernommen (12); to take out (*loan*)
auf·nehmen (nimmt . . . auf), nahm . . .
auf, aufgenommen (12); to take place
statt·finden (findet . . . statt), fand . . . statt,
stattgefunden (5); to take the day off blau
machen (3)
tale: fairy tale das Märchen, - (4, 9)
talent das Talent, -e (3)
tall groß (B)
tame zahm (10)
tank der Tank, -s (7)
tanning salon das Solarium, Solarien (11)
to taste probieren, probiert (3); to taste
good to schmecken (+ *dat.*),
geschmeckt (6)
tavern die Kneipe, -n (3)
taxi das Taxi, -s (3, 7); taxi driver der
Taxifahrer, - / die Taxifahrerin, -nen (5)
tea der Tee (4); tea kettle der Teekessel, - (8)
to teach unterrichten, unterrichtet (5)
teacher der Lehrer, - / die Lehrerin, -nen
(A, 1)
team die Mannschaft, -en (9); baseball team
die Baseballmannschaft, -en (9)
teapot die Teekanne, -n (8)
to tear zerreißen (zerreißt), zerriss,
zerrissen (9)
to tease ärgern, geärgert (3)
technology die Technik (12)
teddy bear der Teddybär, -en (*wk.*) (A); der
Teddy, -s (9)
telegram das Telegramm, -e (2)
telephone das Telefon, -e (A, 2); on the
telephone am Telefon (2); telephone booth
die Telefonzelle, -n (2); telephone card die
Telefonkarte, -n (2); telephone number die
Telefonnummer, -n (1); to telephone
telefonieren, telefoniert (4)
to tell erzählen, erzählt (3, 5); sagen, gesagt
(5); to tell jokes Witze erzählen (3)
teller: automatic teller machine (ATM) der
Geldautomat, -en (*wk.*) (12)
ten zehn (A)
tender zart (8)
tennis das Tennis (1); table tennis das
Tischtennis (3); tennis player der
Tennisspieler, - / die Tennisspielerin, -nen
(9); tennis racket der Tennisschläger, - (2)
tent das Zelt, -e (2, 5)
tenth zehnt- (4)
terrace die Terrasse, -n (6)
terrible furchtbar (4)
test die Prüfung, -en (1)
tetanus der Tetanus (11)
text der Text, -e (12)
thank you danke (A)

thanks: many thanks vielen Dank (10)
that (*dem. pron.*) dieser, dieses, diese (4);
(*subord. conj.*) dass (11); that is . . . das
ist . . . (B); that way hin (10); over that way
hinüber (10); up that way hinauf (10); that's
right stimmt! (4); das stimmt so (8); that's
why deshalb (7)
theater das Theater, - (4)
their ihr(e) (2)
theme das Thema, Themen (4); das Motiv,
-e (12)
then dann (A)
there da (2); dort (7); there (*to a specific place*)
dorthin (10); there and back hin und zurück
(10); there is/are . . . es gibt . . . (6); is/are
there? gibt es . . . (A, 6)
thereafter: soon thereafter bald darauf (9)
therefore deshalb (7)
these diese (2, 4); these are . . . das
sind . . . (B)
thing das Ding, -e (2); die Sache, -n (2); other
things Sonstiges (9)
to think denken (denkt), dachte, gedacht (7);
to think (about) nach·denken (über + *acc.*)
(denkt . . . nach), dachte . . . nach,
nachgedacht (7); to think of halten von
(+ *dat.*) (hält), hielt, gehalten (12)
third dritt- (4)
thirst der Durst (3)
thirsty: to be thirsty Durst haben (3)
thirteen dreizehn (A)
thirteenth dreizehnt- (4)
thirty dreißig (A)
this dieser, dieses, diese (2, 4); this evening
heute Abend (2); this is . . . das ist . . . (B);
this way her (10); in this way herein (10);
out this way heraus (10)
thorn der Dorn, -en (9)
thought der Gedanke, -n (*wk.*) (7)
three drei (A); three times dreimal (3)
throat der Hals, ¨e (9); sore throat die
Halsschmerzen (*pl.*) (11); throat lozenge das
Halsbonbon, -s (11)
through durch (+ *acc.*) (7); to cut through
durch·schneiden (schneidet . . . durch),
schnitt . . . durch, durchgeschnitten (8)
to throw werfen (wirft), warf, geworfen (3)
Thursday der Donnerstag (1)
thus also (2)
ticket die Fahrkarte, -n (4); (*for parking or
speeding*) der Strafzettel, - (7); admissions
ticket die Eintrittskarte, -n (5); airplane
ticket das Flugticket, -s (10); movie theater
ticket booth die Kinokasse, -n (5); ticket
booth der Schalter, - (5); at the ticket booth
am Schalter (5); ticket counter (*at an
airport*) der Flugschalter, - (10); ticket
window der Fahrkartenschalter, - (7); train
ticket die Zugfahrkarte, -n (6)

tie die Krawatte, -n (A)
to tie to binden an (+ *acc.*) (bindet), band,
gebunden (12)
tied shut zugebunden (8)
tight eng (12)
tights die Sporthose, -n (2)
tile stove der Kachelofen, ¨ (6)
time die Zeit, -en (4); das Mal, -e (4); at what
time . . . ? um wie viel Uhr . . . ? (1); for the
first time zum ersten Mal (4); last time das
letzte Mal (4); leisure time die Freizeit (1); on
time rechtzeitig (12); several times
mehrmals (5); three times dreimal (3); time
expression der Zeitausdruck, ¨e (1); what
time is it? wie spät ist es? wie viel Uhr ist
es? (1)
timely rechtzeitig (12)
tip das Trinkgeld, -er (8)
tire der Reifen, - (7); flat tire die Reifenpanne,
-n (7)
tired müde (3)
to an (+ *acc./dat.*) (2); zu (+ *dat.*) (2, 10); nach
(+ *dat.*) (3, 10); to a specific place dorthin
(10); to the doctor zum Arzt (3); to the sea
ans Meer (2); to the university zur Uni (2); up
to bis zu (+ *dat.*) (10); where to wohin (3)
toaster der Toaster, - (8)
today heute (B); what day is today? welcher Tag
ist heute? (1); what is today's date? welches
Datum ist heute? (4)
together zusammen (2); gemeinsam (11); all
together alles zusammen (5)
toilet die Toilette, -n (6); toilet paper das
Toilettenpapier (4)
tolerant tolerant (B)
tomato die Tomate, -n (8)
tomorrow morgen (2); the day after tomorrow
übermorgen (9)
tongs die Zange, -n (8)
tongue die Zunge, -n (11); to burn one's tongue
sich die Zunge verbrennen (11)
too auch (A); zu (4); too bad schade! (3); too
heavy zu schwer (4)
tool das Werkzeug, -e (8)
tooth der Zahn, ¨e (11); to brush one's teeth
sich die Zähne putzen (11)
toothache die Zahnschmerzen (*pl.*) (11)
topic das Thema, Themen (4)
to total (up) aus·rechnen, ausgerechnet (8)
total(ly) total (4)
tour of the city die Stadtrundfahrt, -en (7);
bicycle tour die Radtour, -en (9); guided tour
die Führung, -en (10)
tourism der Tourismus (10)
tourist bureau das Fremdenverkehrsamt,
¨er (10); tourist class die Touristenklasse (5)
towel: hand towel das Handtuch, ¨er (5, 6);
paper towel das Papiertuch, ¨er (5)
town der Ort, -e (4); die Stadt, ¨e (6); old part of
town die Altstadt, ¨e (10); town hall das

Rathaus, -er (1, 6); at the town hall **auf dem Rathaus** (1)

track: train track **die Schiene, -n** (10); (set of) train tracks **das Gleis, -e** (10)

tradition **die Tradition, -en** (4, 12)

traffic **der Verkehr** (7, 11); traffic jam **der Stau, -s** (7); traffic light **die Ampel, -n** (7); traffic roundabout **der Kreisverkehr, -** (10); traffic sign **das Verkehrsschild, -er** (7)

tragedy **die Tragödie, -n** (12)

train **der Zug, ̈-e** (7, 10); passenger train **der Personenzug, ̈-e** (7); train agent **der/die Bahnangestellte, -n (ein Bahnangestellter)** (10); train car **der Waggon, -s** (7); train station **der Bahnhof, ̈-e** (4, 5); at the train station **auf dem Bahnhof** (5); train ticket **die Zugfahrkarte, -n** (6); train track **die Schiene, -n** (10); (set of) train tracks **das Gleis, -e** (10)

training: practical (career) training **praktische Ausbildung** (5); specialized training **die Ausbildung** (5)

transfer (*of money*) **die Überweisung, -en** (12)

to translate **übersetzen, übersetzt** (9)

to transport **transportieren, transportiert** (7)

transportation: means of transportation **das Transportmittel, -** (7); public transportation **die öffentlichen Verkehrsmittel** (*pl.*) (7)

transverse flute **die Querflöte, -n** (12)

trash **der Müll** (6)

to travel **reisen, ist gereist** (1, 10); to travel first class **erster Klasse fahren** (10); travel agency **das Reisebüro, -s** (6); travel experience **das Reiseerlebnis, -se** (7); travel guidebook **der Reiseführer, -** (5)

traveler **der/die Reisende, -n (ein Reisender)** (10); traveler's check **der Reisescheck, -s** (7)

travelling: to be travelling through **auf der Durchreise sein** (7)

treasure **der Schatz, ̈-e** (9)

tree **der Baum, ̈-e** (9); tree house **das Baumhaus, -er** (6)

trick **die List, -en** (9)

trip **die Reise, -n** (7); **die Fahrt, -en** (10); business trip **die Geschäftsreise, -n** (7); holiday trip **die Ferienreise, -n** (9); one-way trip **die einfache Fahrt** (10); round trip **hin und zurück** (5, 10); **die Hin- und Rückfahrt** (10); to be on a trip **auf Reisen sein** (7); to go on a trip **verreisen, ist verreist** (3)

to trip **stolpern, ist gestolpert** (9)

trout **die Forelle, -n** (8)

truck **der Lastwagen, -** (7)

true **wahr** (3); **treu** (9)

trumpet **die Trompete, -n** (12)

trunk (*of a car*) **der Kofferraum, ̈-e** (7); (*of an elephant*) **der Rüssel, -** (10)

trunks: swimming trunks **die Badehose, -n** (5)

to try **probieren, probiert** (3); **versuchen, versucht** (9, 11)

T-shirt **das T-Shirt, -s** (2, 5)

Tuesday **der Dienstag** (1)

Tunisia **(das) Tunesien** (B)

Turk **der Türke, -n** (*wk.*) / **die Türkin, -nen** (12)

Turkey **die Türkei** (B)

Turkish (*language*) **(das) Türkisch** (B)

to turn **ab·biegen (biegt . . . ab), bog . . . ab, ist abgebogen** (10); to turn off **aus·machen, ausgemacht** (3); to turn on **an·machen, angemacht** (3); **ein·schalten, eingeschaltet** (11)

turtle **die Schildkröte, -n** (10)

tusk **der Stoßzahn, ̈-e** (10)

tutoring **die Nachhilfe** (3)

TV movie **der Fernsehfilm, -e** (12); TV reporter **der Fernsehreporter, -** / **die Fernsehreporterin, -nen** (5); TV room **das Fernsehzimmer, -** (10); TV set **der Fernseher, -** (2)

twelfth **zwölft-** (4)

twelve **zwölf** (A)

twentieth **zwanzigst-** (4)

twenty **zwanzig** (A)

twenty-one **einundzwanzig** (A)

twice **zweimal** (5)

two **zwei** (A)

type **die Art, -en** (2)

to type **tippen, getippt** (3, 6)

ugly **hässlich** (2)

Ukraine **die Ukraine** (B)

umbrella **der Regenschirm, -e** (5)

uncle **der Onkel, -** (B)

unconsciousness **die Ohnmacht** (11)

under, underneath **unter** (+ *dat./acc.*) (5); under the window **unter dem Fenster** (5)

underpants **die Unterhose, -n** (2)

undershirt **das Unterhemd, -en** (2)

to understand **verstehen (versteht), verstand, verstanden** (4)

to undress, get undressed **sich aus·ziehen (zieht . . . aus), zog . . . aus, ausgezogen** (11)

unemployed **arbeitslos** (5)

unfortunately **leider** (B)

university **die Universität, -en** (1, 4, 5); (*coll.*) **die Uni, -s** (B, 1); at the university **auf der Universität** (5); to be at the university **auf der Uni sein** (1); to go to the university **zur Uni gehen** (1); university newspaper **die Unizeitung, -en** (4); university studies **das Studium, Studien** (1)

unmarried **ledig** (1)

untalented **unbegabt** (12)

until (*prep.*) **bis** (+ *acc.*) (2, 4, 11); (*subord. conj.*) **bis** (11); not until **erst** (4); not until four o'clock **erst um vier Uhr** (4); until eight o'clock **bis acht Uhr** (2); until four in the morning **bis um vier Uhr früh** (4)

up to **bis zu** (+ *dat.*) (10); up that way **hinauf** (10)

upset: to get upset **sich auf·regen, aufgeregt** (11)

Uranus **der Uranus** (4)

urgent(ly) **dringend** (2)

USA **die USA** (*pl.*) (B)

use **der Gebrauch, ̈-e** (12)

to use **brauchen, gebraucht** (1); **benutzen, benutzt** (7)

used: to get used to **sich gewöhnen an** (+ *acc.*), **gewöhnt** (11); used car **der Gebrauchtwagen, -** (7)

useful **nützlich** (10)

usually **meistens** (8)

vacation **die Ferien (pl.)** (1); **der Urlaub, -e** (4, 5); **die Ferienreise, -n** (9)

to vaccinate for **impfen gegen** (+ *acc.*), **geimpft** (10)

to vacuum **Staub saugen, Staub gesaugt** (6)

vacuum cleaner **der Staubsauger, -** (6)

Valentine's Day **der Valentinstag** (4)

valley **das Tal, ̈-er** (7)

valuable **wertvoll** (2)

various **verschieden** (8)

vase **die Vase, -n** (3); flower vase **die Blumenvase, -n** (5)

vegetable **das Gemüse, -** (8)

vehicle **das Fahrzeug, -e** (11)

verb **das Verb, -en** (B); modal verb **das Modalverb, -en** (3)

very **sehr** (B)

veterinarian **der Tierarzt, ̈-e** / **die Tierärztin, -nen** (11)

vicinity **die Nähe** (6); in the vicinity **in der Nähe** (6)

video **das Video, -s** (9); video recorder **der Videorekorder, -** (A, 2)

view **der Ausblick, -e** (6)

vinegar **der Essig** (8)

violence **die Gewalt** (12)

violin **die Geige, -n** (3)

visa **das Visum, Visa** (7, 12)

visible **sichtbar** (11)

visit **der Besuch, -e** (3); to visit **besuchen, besucht** (1); **zu Besuch kommen** (3); **vorbei·kommen (kommt . . . vorbei), kam . . . vorbei, ist vorbeigekommen** (3); **besichtigen, besichtigt** (7)

vocabulary **der Wortschatz, ̈-e** (A)

voice **die Stimme, -n** (12)

volleyball **der Volleyball, ̈-e** (1)

to wait **warten, gewartet** (7)

waiter/waitress **der Kellner, -** / **die Kellnerin, -nen** (5); **die Bedienung** (8)

to wake up **auf·wachen, ist aufgewacht** (4); to wake (*s.o.*) up **wecken, geweckt** (9)

walk **der Spaziergang, ̈-e** (10); to walk **gehen (geht), ging, ist gegangen** (A); to walk in the park **im Park spazieren gehen** (1); to go for a walk **spazieren gehen (geht . . . spazieren), ging . . . spazieren, ist** spazieren gegangen (1); to keep on walking **weiter·gehen (geht . . . weiter), ging . . . weiter, ist weitergegangen** (10)

Walkman **der Walkman, Walkmen** (2)

wall **die Wand, ⸚e** (B); to hang the picture on the wall **das Bild an die Wand hängen** (3)

wallet **die Brieftasche, -n** (7)

waltz **der Walzer, -** (3)

to want **wollen (will), wollte, gewollt** (3)

wardrobe **der Schrank, ⸚e** (2); **der Kleiderschrank, ⸚e** (6)

warm **warm** (B)

to warn **warnen, gewarnt** (7)

wash basin **das Waschbecken, -** (6)

to wash **waschen (wäscht), wusch, gewaschen** (2, 11); **spülen, gespült** (4); to wash oneself **sich waschen (wäscht), wusch, gewaschen** (11); to wash the dishes **Geschirr spülen** (4)

washing machine **die Waschmaschine, -n** (6)

wastebasket **der Papierkorb, ⸚e** (3)

watch **die Armbanduhr, -en** (A)

to watch **an·sehen (sieht . . . an), sah . . . an, angesehen** (3); to watch out **auf·passen, aufgepasst** (3); to watch out for **achten auf** (+ acc.), **geachtet** (11); to watch TV **fern·sehen (sieht . . . fern), sah . . . fern, ferngesehen** (1)

water: mineral water **das Mineralwasser** (8); water fowl **der Wasservogel, ⸚** (10); to water **gießen (gießt), goss, gegossen** (3); to water the flowers **die Blumen gießen** (3)

watering can **die Gießkanne, -n** (6)

wave **die Welle, -n** (10)

to wear **tragen (trägt), trug, getragen** (A)

weather **das Wetter, -** (B); in rainy weather **bei Regen** (7)

Wednesday **der Mittwoch** (1)

week **die Woche, -n** (1); during the week **in der Woche** (1); every week **jede Woche** (3); last week **letzte Woche** (4)

weekend **das Wochenende, -n** (1); last weekend **letztes Wochenende** (4); over the weekend **am Wochenende** (1); **übers Wochenende** (4)

weight: to lose weight **ab·nehmen (nimmt . . . ab), nahm . . . ab, abgenommen** (8, 11)

well (n.) **der Brunnen, -** (9)

well (adv.): that fits well **das passt gut** (11); to feel well **sich wohl fühlen** (11)

well (interj.) **also** (2); **na** (3)

west (of) **westlich (von + dat.)** (7)

wet **nass** (3)

whale: blue whale **der Blauwal, -e** (10)

what **was** (B); at what time . . . ? **um wie viel Uhr . . . ?** (1); on what day? **an welchem Tag?** (4); what day is today? **welcher Tag ist heute?**

(1); what do your pictures show? **was zeigen Ihre Bilder?** (A); what for? **wofür** (8); what is today's date? **welches Datum ist heute?** (4); what time is it? **wie spät ist es? wie viel Uhr ist es?** (1); what's our homework? **was haben wir auf?** (4); what's your profession? **was sind Sie von Beruf?** (1)

wheel **das Rad, ⸚er** (7); potter's wheel **die Töpferscheibe, -n** (12); steering wheel **das Lenkrad, ⸚er** (7)

when **wann** (B, 1); (subord. conj.) **als** (5, 11); when(ever) (subord. conj.) **wenn** (2, 11); when I was eight years old **als ich acht Jahre alt war** (5); when were you born? **wann sind Sie geboren?** (1)

whenever (subord. conj.) **wenn** (2, 11); **sooft** (B)

where **wo** (B); from where **woher** (B); where are you going? **wo willst du denn hin?** (A); where to **wohin** (3)

whether **ob** (6, 10, 11)

which **welcher, welches, welche** (B)

white **weiß** (A)

who **wer** (A, B)

whole **ganz** (2); a whole lot **eine ganze Menge** (4); the whole day **den ganzen Tag** (1)

whom (dat.) **wem** (4); (acc.) **wen** (4)

why **warum** (3); that's why **deshalb** (7)

wife **die Frau, -en** (B)

wig **die Perücke, -n** (11)

wild boar **das Wildschwein, -e** (10)

willingly **gern** (1)

to win **gewinnen, gewonnen** (4)

wind **der Wind, -e** (9)

window **das Fenster, -** (B); cashier window **die Kasse, -n** (12); ticket window **der Fahrkartenschalter, -** (7); window sill **die Fensterbank, ⸚e** (5)

windowpane **die Scheibe, -n** (7); **die Fensterscheibe, -n** (5)

windshield wiper **der Scheibenwischer, -** (7)

windsurfing: to go windsurfing **windsurfen gehen (geht . . . windsurfen), ging . . . windsurfen, ist windsurfen gegangen** (1)

windy **windig** (B)

wine cellar **der Weinkeller, -** (6); wine glass **das Weinglas, ⸚er** (5)

winter **der Winter, -** (B)

to wipe **wischen, gewischt** (7); to wipe clean **ab·wischen, abgewischt** (6)

witch **die Hexe, -n** (7, 9)

with **mit** (+ dat.) (A); **bei** (+ dat.) (2, 6, 10); does it come with a . . . ? **ist ein(e) . . . dabei?** (6); with each other **miteinander** (3); with me **mit mir** (3); with your parents **bei deinen Eltern** (6)

witness **der Zeuge, -n** (wk.) / **die Zeugin, -nen** (11)

wolf **der Wolf, ⸚e** (9)

woman **die Frau, -en** (A, B)

wonder **das Wunder, -** (4); no wonder **kein Wunder** (4)

wood **das Holz, ⸚er** (12)

woods **der Wald, ⸚er** (2, 7); to run in the woods **im Wald laufen** (2)

word **das Wort, ⸚er** (A)

work **die Arbeit, -en** (1); (product) **das Werk, -e** (9); from work **von der Arbeit** (3); kitchen work **die Küchenarbeit, -en** (5); to go to work **zur Arbeit gehen** (1); to work **arbeiten, gearbeitet** (1); to work (take effect) **wirken, gewirkt** (11); work permit **die Arbeitserlaubnis, -se** (12)

workbook **das Arbeitsbuch, ⸚er** (3)

worker **der Arbeiter, -** / **die Arbeiterin, -nen** (5)

world **die Welt, -en** (7)

wound **die Wunde, -n** (11)

to write **schreiben (schreibt), schrieb, geschrieben** (A); to write down **notieren, notiert** (7); **auf·schreiben (schreibt . . . auf), schrieb . . . auf, aufgeschrieben** (11)

writer **der Schriftsteller, -** / **die Schriftstellerin, -nen** (5)

writing paper **das Briefpapier** (5)

written **schriftlich** (10)

wrong **falsch** (2); to be wrong with (s.o.) **fehlen** (+ dat.), **gefehlt** (11); to get up on the wrong side of the bed **mit dem linken Fuß auf·stehen** (4)

to X-ray **röntgen, geröntgt** (11)

yacht **die Jacht, -en** (7)

year **das Jahr, -e** (2)

to yell **schreien (schreit), schrie, geschrien** (3)

yellow **gelb** (A)

yes (on the contrary) **doch!** (4); yes please? **bitte schön?** (7)

yesterday **gestern** (4); the day before yesterday **vorgestern** (4)

you (acc.) **dich** (2)

young **jung** (B)

your (infor. sg.) **dein(e)** (B, 2); (infor. pl.) **euer, eure** (2); (for.) **Ihr(e)** (B, 2)

youth **die Jugend** (9); youth hostel **die Jugendherberge, -n** (10)

Yugoslavia **(das) Jugoslawien** (B)

zebra **das Zebra, -s** (10)

zeppelin **der Zeppelin, -e** (7)

zoo **der Zoo, -s** (10)

Index

This index is organized into three subsections: Culture, Grammar, and Vocabulary. The notation "n" following a page number indicates that the subject is treated in a footnote on that page. Reading titles are included in the Culture section.

Grateful acknowledgment is made for use of the following photographs, realia, and readings:

Photographs: *Page 2* Buchheim Museum, Bernried, Germany. © 2004 Artists Rights Society (ARS), New York/VG Bild-Kunst, Bonn; *10* © Stuart Cohen; *13* © Stuart Cohen; *24* Blauel/Gnamm/Artothek; *28* left & right © Stuart Cohen; *33* © Stuart Cohen; *48* Joachim Blauel/Artothek; *55* © Stuart Cohen; *65* © Stuart Cohen; *78* Artothek. © (for works by E. L. Kirchner) by Ingeborg & Dr. Wolfgang Henze-Ketterer, Wichtrach/Bern.; *83* © Stuart Cohen; *90* © Jorg Reichardt/STERN; *108* Hans Hinz/Artothek; *118* © Christoph Becker/BlueBox; *120* © Stuart Cohen; *138* © Kiymet B. Bock; *141* © Stuart Cohen; *149* top © AKG London; *149* bottom © John and Helga Lade Fotoagentur/Peter Arnold, Inc.; *153* © AKG London; *170* Artothek; *183* left & right © Stuart Cohen; *187* © Spencer Grant/Stock, Boston; *202* © J. Harel, Vienna. Photo: Artothek; *206* top © Stuart Cohen; *206* bottom left & right © Stuart Cohen; *208* © Stuart Cohen; *210* left © Stuart Cohen; *210* right © Sandro Vannini/Corbis; *211* top © Lee Snider/The Image Works; *211* bottom © Hermann Bredehorst/Polaris Images; *214* © Stuart Cohen; *219* © Bettmann/Corbis; *220* top © Stuart Cohen; *220* bottom © M. Granitsas/The Image Works; *236* Blauel/Gnamm/Artothek; *268* AKG London; *270* Dirk E. Hasenpusch; *271* top & bottom Dirk E. Hasenpusch; *280* top & bottom Dirk E. Hasenpusch; *281* Dirk E. Hasenpusch; *283* top © Stuart Cohen; *283* bottom Courtesy of Haribo; *284* © Lee Snider/The Image Works; *302* Erich Lessing/Art Resource, NY; *306* © Stuart Cohen; *308* © Stuart Cohen; *336* Ernst Reinhold/Artothek; *340* © Stuart Cohen; *345* © Jochen Kallhardt/BlueBox; *350* © Hans Karl Prigge/www.schleswig-flensburg.city-map.de; *353* © Stuart Cohen; *355* © Archivo Iconografico, S.A./Corbis; *356* © Paul Almasy/Corbis; *372* Kunsthalle Bremen; *404* AKG London

Readings: *Page 113* "Das Geheimnis der Küchenbank" by Ulrike Kaup from *Ein Vampir vom Flohmarkt,* © Verlag Friedrich Oetinger, Hamburg, 1998; *122* "Die PISA-Studie" adapted from www.schulentwicklung-plus.de "Schulleistungsstudie PISA"; *143* "Aufräumen" by Martin Auer from *Was niemand wissen kann* (Weinheim, Germany: Verlag Beltz & Gelberg, 1986), reprinted with permission of Martin Auer; *244* Adapted from "Kurvenreiche Motorradtour" by Christine Egger from Aufgepasst, Juli Falk! (Düsseldorf: Patmos Verlaghaus, 1997), © Patmos Verlag GmbH & Co. KG; *345* "Husum" from *Der Grofle ADAC Reiseführer Norddeutschland,* reprinted with permission of Verlaghaus Stuttgart, München, 1986; *350* Text adapted from *Baedeker Deutschland,* 1998. © Baedeker Verlag; *389* "Montagmorgengeschichte" by Susanne Killian, from Hans-Joachim Gleberg (hrsg.), *Am Montag fängt die Woche an.* (Gulliver Tb). 1973, 1990 Beltz Verlag, Weinheim und Basel, Programm Beltz & Gelberg, Weinheim; *411* Cultural note annotations adapted from *aktuell 2003,* p. 208, copyright: Harenberg Lexikon Verlag in der Harenberg Kommunikation Verlags- und Medien GmbH & Co. KG, Dortmund, 2002; *412* "Deutsche Kastanien" by Yüksel Pazarkaya, from *Heimat in der Fremde?* (Stuttgart: Ararat Verlag, 1979). Reprinted with permission; *419* Text adapted from *aktuell 2003,* pp. 128ñ129, copyright: Harenberg Lexikon Verlag in der Harenberg Kommunikation Verlags- und Medien GmbH & Co. KG, Dortmund, 2002.

Realia: *Page 6* Gesellschaft für deutsche Sprache, Wiesbaden; *11* Reprinted with permission of Suzy's ZooÆ, San Diego, California. © Suzy Spafford; *29* Studie: Untreu und politisch © *Focus-Magazin;* *81* Euro images from *http://www.euro.gv.at/* and *Ratgeber Euro;* *93* Focus-Frage © Focus-Magazin; *175* Ladenschluss in Europa © Focus-Magazin; *153* Focus-Frage © *Focus-Magazin;* *156* Heinrich-Heine-Universität, Düsseldorf; *179* Schwitzen fürs Image © Focus-Magazin; *252* Focus-Frage © *Focus-Magazin;* *274* Multi-Kulti-Küche © *Focus-Magazin;* *287* Focus-Frage © *Focus-Magazin;* *308* Der Spiegel; *380* Cartoon by Raymond, reprinted with permission of *Bravo;* *341* Deutsche Bahn; *350* Image of Badekarren *city-map agentur nord, www.schleswig-flensburg.city-map.de;* *375* Grüner Tee... / Natürlich heilen © *Focus-Magazin;* *408* From *Vielleicht sind wir eben zu verschieden* by Eva Heller (Oldenburg: Lappan Verlag, 1980). Reprinted with permission of Eva Heller.

Videoblick stills: *Pages 13, 34, 62, 89, 115, 152, 182, 215, 243, 273, 312, 347, 377, 409:* courtesy of ZDF and PICS.

Videoecke stills: *Pages 16, 37, 66, 94, 127, 157, 188, 221, 252, 289, 324, 357, 391, 425:* courtesy of Edge Productions